68,-

Internationales Marketing

Klaus Backhaus/Joachim Büschken/Markus Voeth

Internationales Marketing

2., überarbeitete und erweiterte Auflage

1998
Schäffer-Poeschel Verlag Stuttgart

Verfasser:
Prof. Dr. Klaus Backhaus
Betriebswirtschaftliches Institut für Anlagen und Systemtechnologien
Westfälische Wilhelms-Universität Münster

Prof. Dr. Joachim Büschken
Lehrstuhl für Allgemeine Betriebswirtschaftslehre, Absatzwirtschaft und Marketing
Katholische Universität Eichstätt

Dr. Markus Voeth
Betriebswirtschaftliches Institut für Anlagen und Systemtechnologien
Westfälische Wilhelms-Universität Münster

Die Deutsche Bibliothek – CIP-Einheitsaufnahme

Backhaus, Klaus:
Internationales Marketing /Klaus Backhaus/Joachim Büschken/Markus Voeth.
_ 2., überarb. und erg. Aufl. - Stuttgart : Schäffer-Poeschel, 1998
   ISBN 3-7910-1229-0

Gedruckt auf säure- und chlorfreiem, alterungsbeständigem Papier.

ISBN 3-7910-1229-0

© 1998 Schäffer-Poeschel Verlag für Wirtschaft · Steuern · Recht GmbH & Co. KG
Einbandgestaltung: Willy Löffelhardt
Druck und Bindung: Franz Spiegel Buch GmbH, Ulm
Printed in Germany

Schäffer-Poeschel Verlag Stuttgart
Ein Tochterunternehmen der Verlagsgruppe Handelsblatt

Vorwort zur 2. Auflage

Im Vorwort zur 1. Auflage dieses Lehrbuches hatten wir darauf hingewiesen, daß eine große Anzahl von Lehrbüchern zum internationalen Marketing bereits vorliegt und wir hatten versucht, deutlich zu machen, daß sich das vorliegende Lehrbuch weniger als Konkurrenz zu den vorliegenden Textbüchern zum Internationalen Marketing versteht, sondern eher als *Ergänzung*. Diese Ergänzung besteht u. E. darin, daß wir die Koordinationsperspektive internationaler Märkte, die ja auch im Begriff *inter*national deutlich wird, in den Vordergrund unserer Überlegungen gestellt haben.

Die relativ rasch erschienene 2. Auflage zeigt, daß für eine solche Konzeption offensichtlich Bedarf besteht. Aus diesem Grund haben wir uns in der 2. Auflage bemüht, die Besonderheiten der Koordinationsperspektive noch deutlicher zu betonen. Daher haben wir die grundsätzliche Konzeption des Buches beibehalten, aber einzelne Teile neu gestaltet und vertieft:

- Die Einführung in die Bedeutung internationaler Märkte und die Stellung Deutschlands im Weltmarkt (*Kapitel A*) wurde aufgrund der veränderten Datenlage aktualisiert und die mit der Internationalisierung in Zusammenhang stehenden Phänomene vor dem Hintergrund des Beispiels der Textilindustrie problemzentriert.

- Im *Kapitel B* wird der Unterschied zwischen dem Internationalen Marketing und dem Multinationalen Marketing stärker betont.

- Die neue und umfangreiche Fallstudie „Deutsche Werkzeugmaschinen AG" als Bestandteil des *Kapitels C* beleuchtet die Problematik des Markteintritts am Beispiel der USA.

- Die Diskussion organisatorischer Koordinationsinstrumente in *Kapitel D* wurde erheblich ausgeweitet. Herrn Prof. Dr. *Christian Homburg* von der WHU Koblenz verdanken wir den Hinweis auf die Notwendigkeit einer stärkeren Behandlung organisatorischer Überlegungen.

Die Analyse auseinanderbrechender Märkte in *Kapitel D* wurde im wesentlichen neu gestaltet und durch die Fallstudie „Petrolub" ergänzt. Dabei hat uns Herr cand. rer. pol. *Manfred Ackermann* im Rahmen seiner Diplomarbeit wertvolle Anregungen gegeben.

Wie schon in der 1. Auflage stellen wir gerne für Dozenten auf Anforderung Lösungshinweise zu den Fallstudien sowie ein Chartbook aller Abbildungen in Power Point 97 als fotokopierfähige Unterlage unter nachfolgender Adresse zur Verfügung:

Prof. Dr. K. Backhaus
Westfälische Wilhelms-Universität Münster
Betriebswirtschaftliches Institut für Anlagen und Systemtechnologien
Universitätsstr. 14-16
48143 Münster
Tel. : 02 51/83-22 86 1
Fax : 02 51/83-22 90 3
E-mail: 03klba@wiwix.uni-muenster.de

Viele Diskussionen mit Mitarbeitern, Kollegen, Praktikern und vor allem auch Studenten in den Veranstaltungen sind in das Buch eingeflossen. Dafür gilt allen Beteiligten unser Dank.

Besonderen Dank schulden wir Herrn Dipl.-Kfm. *Frank Possmeier*, der die Neuauflage des Buches in bewährt straffem Projektmanagement koordiniert hat. Die Abbildungen hat Frau cand. rer. pol. *Susanne Korn* erstellt. Herr cand. rer. pol. *Holger Zieroth* hat - wie bei allen von ihm betreuten Büchern - wieder für eine reibungslose Abwicklung bei der Formatierung des Textes gesorgt. Frau *Gabriele Rüter* hat uns mit ihrer vorbildlichen Korrekturarbeit unterstützt. Ohne diese Hilfen wäre das Buch noch nicht am Markt.

Münster, Ingolstadt, im April 1998   Klaus Backhaus

                                               Joachim Büschken

                                               Markus Voeth

Vorwort zur 1. Auflage

Sowohl im deutschen Sprachbereich wie in der internationalen (fremdsprachigen) Literatur existiert eine große Anzahl von Lehrbüchern zum Internationalen Marketing. Warum dann noch ein weiteres Textbuch?

Aufgrund einer Vielzahl von Diskussionen sind wir zu der Überzeugung gelangt, daß *eine* Perspektive des Internationalen Marketings in den gängigen Lehrbüchern z. T. zu wenig, nur implizit oder nicht konsequent genug betrachtet wird:

Die Koordinationsperspektive internationaler Märkte.

Dieses Buch stellt diese Perspektive ganz in den Vordergrund der Betrachtungen und macht es zum konstitutiven Merkmal des Internationalen Marketings. An die Stelle vieler „Marketings in ... (Indien, USA, Japan etc.)", die wir als „Multi-Nationale Marketingprobleme" kennzeichnen, liegt für uns das zentrale Unterscheidungsmerkmal des *Inter*nationalen Marketings darin, daß Entscheidungen nicht für einzelne (Länder-) Märkte isoliert getroffen werden können, weil sie Rückkopplungen zu anderen (Länder-) Märkten entstehen lassen. Immer dann, wenn die Marktauftritte in einem Land Auswirkungen auf das Handlungsspektrum in einem anderen Land haben („was wir in Frankreich tun, hat Auswirkungen auf unsere Aktivitäten in Spanien"), sprechen wir von Internationalem Marketing. Wir stellen somit den Koordinationsaspekt in den Vordergrund, was dazu führt, daß z. B. Arbitrageprozesse und Kostenrückwirkungen zwischen Ländermärkten zu Kernelementen internationaler Marketingentscheidungen werden.

Damit wird klar: Das vorgelegte Textbuch zum Internationalen Marketing versteht sich nicht als Konkurrenz zu den bestehenden Lehrbüchern, sondern als *Ergänzung*.

Um zu zeigen, daß die theoretischen Grundüberlegungen unmittelbare Praxisrelevanz besitzen, haben wir uns bemüht, kleine Fallbeispiele in den Text zu integrieren.

Darüber hinaus finden sich am Ende des Buches drei komplexe Fallstudien zu internationalen Marketingproblemen, für die wir auf Anforderung unter der nachfolgenden Adresse gerne Lösungshinweise für Dozenten zur Verfügung stellen.

Prof. Dr. K. Backhaus
Betriebswirtschaftliches Institut
für Anlagen und Systemtechnologien
Westfälische Wilhelms-Universität Münster
Universitätsstr. 14-16
48143 Münster
Tel.: 0251/83-28 61
Fax.: 0251/83-29 03
E-mail: klaus.backhaus@wiwi.uni-muenster.de

Bei der Erstellung des Buches haben wir vielfältige Unterstützung erfahren. Das Ergebnis vieler Diskussionen mit Mitarbeitern, Kollegen, Praktikern und Studenten ist in das Buch eingeflossen. Dafür gilt allen Beteiligten unser Dank. Besonderen Dank schulden wir den Mitarbeitern und Kollegen am Betriebswirtschaftlichen Institut für Anlagen und Systemtechnologien der Universität Münster, die direkt an der Erstellung des Buches beteiligt waren: *Dr. Kai Gruner* hat uns die Fallstudie Fillkar Electric AG, die er im Rahmen eines Institutsprojektes erhoben hat, zur Verfügung gestellt. Dipl.-Kfm. *Christian Hahn* und Dipl.-Kfm. *Ekkehard Stadie* haben uns in einzelnen Kapiteln mit Textvorschlägen unterstützt. Frau *Gabriele Kranz* und Frau *Simone Schuirmann* haben wesentliche Hilfestellungen bei der Erzeugung von Graphiken sowie dem Schreiben und Korrigieren der Texte geleistet. Herr cand. rer. pol. *Ulf Nordmann* hat die formale Gestaltung des Textes erledigt. Ohne diese Hilfen hätte das Buch nicht so schnell vorgelegt werden können.

Münster, im März 1996

Klaus Backhaus
Joachim Büschken
Markus Voeth

Inhaltsverzeichnis

Vorwort...5

Inhaltsverzeichnis...9

Abbildungsverzeichnis...14

Tabellenverzeichnis..19

A. Die Bedeutung internationaler Märkte

1. Die Internationalisierung des Welthandels...21

2. Die Position Deutschlands im Welthandel..35

3. Fallstudie „Fillkar Electric AG"...43

B. Begriff und Aufgabengebiete des Internationalen Marketings

1. Marketing als das Management von komparativen Konkurrenzvorteilen............65

2. Der Begriff des Internationalen Marketings...67

2.1 Das klassische Verständnis des Internationalen Marketings.....................67

2.2 Besonderheiten der internationalen Marktbearbeitung............................68

2.3 Internationales Marketing als Koordinationsaufgabe..............................71

2.3.1 Koordination im Kontext der internationalen Marktbearbeitung............71

2.3.2 Rückkopplungen zwischen Ländermärkten.................................74

2.3.2.1 Anbieterbezogene Rückkopplungen...................................75

2.3.2.2 Nachfragerbezogene Rückkopplungen................................83

2.3.2.3 Rückkopplungen und Koordination...................................89

2.3.3 Definition und Abgrenzung des Internationalen Marketings.............91

C. Markteintrittsentscheidungen im Internationalen Marketing: „Going International"

1. Die Marktauswahlentscheidung 98

1.1 Bewertung von Ländermärkten 98

1.1.1 Marktattraktivität 98

1.1.2 Marktbarrieren 100

1.1.3 Markttypen als Ergebnis der Bewertung von Ländermärkten 112

1.2 Auswahl der Ländermärkte 114

1.2.1 Verfahren zur Auswahl von Ländermärkten 114

1.2.2 Auswahl von Ländermärkten und Internationalisierungsstrategie 119

1.2.2.1 Auswahl bei ethnozentrischer Orientierung 120

1.2.2.2 Auswahl bei polyzentrischer Orientierung 123

1.2.2.3 Auswahl bei geozentrischer Ausrichtung 124

1.3 Marktauswahl und interdependente Märkte 127

2. Strategien der Markterschließung 129

2.1 Internationalisierungsmuster und Timing des Markteintritts 129

2.1.1 Internationalisierungsmuster 129

2.1.2 Timingstrategien 131

2.1.2.1 Wasserfall-Strategie 131

2.1.2.2 Sprinkler-Strategie 137

2.2 Markterschließungsstrategien 138

3. Fallstudie „Deutsche Werkzeugmaschinen AG" 145

D. Koordinationsentscheidungen im Internationalen Marketing: „Being International"

1. Koordinationsprobleme im Internationalen Marketing 181

1.1 Ziele der Koordination im Internationalen Marketing 181

1.2 Koordinationsprobleme im Internationalen Marketing und Dynamik von Ländermärkten ... 183

1.2.1 Veränderungen institutioneller Rahmenbedingungen 184

1.2.1.1 Homogenisierung institutioneller Rahmenbedingungen 187

1.2.1.1.1 Stufen der Homogenisierung 187

1.2.1.1.2 Homogenisierungstendenzen in der Praxis 188

1.2.1.1.2.1 Europäische Union (EU) 190

1.2.1.1.2.1.1 Vertikale Integration innerhalb der EU 191

1.2.1.1.2.1.1.1 Europäischer Binnenmarkt 191

1.2.1.1.2.1.1.2 Europäische Wirtschafts- und Währungsunion 200

1.2.1.1.2.1.2 Horizontale Erweiterung der EU 206

1.2.1.1.2.2 Integrationstendenzen in anderen Regionen des Weltmarktes 206

1.2.1.2 Heterogenisierung institutioneller Rahmenbedingungen 211

1.2.2 Veränderungen auf der Ebene der Marktpartner 217

1.2.2.1 Nachfragerbezogene Veränderungen 217

1.2.2.1.1 Konvergenzprozesse des Nachfragerverhaltens 217

1.2.2.1.2 Regionalisierung des Nachfragerverhaltens 221

1.2.2.2 Anbieterbezogene Veränderungen 222

1.2.2.2.1 Globalisierungstendenzen 222

1.2.2.2.2 Veränderungen relativer Wettbewerbspositionen 224

1.3 Problemfelder des „Being International" 231

2. Koordinationsprobleme auf zusammenwachsenden Märkten 233

2.1 Herkunft des Koordinationsproblems auf zusammenwachsenden Märkten 233

2.2 Ausmaß der Koordinationsprobleme auf zusammenwachsenden Märkten 239

2.2.1 Koordinationsausmaß auf Marktebene 239

2.2.2 Koordinationsausmaß auf Unternehmensebene 244

2.2.2.1 Indikatoren anbieterbezogener Rückkopplungen 245

2.2.2.2 Indikatoren nachfragerbezogener Rückkopplungen 249

2.3 Koordinationsstrategien auf zusammenwachsenden Märkten 262

2.3.1 Koordinationsbedarfsdeckende Strategien 264

2.3.1.1 Instrumentelle Anpassung 264

2.3.1.1.1 Produktstandardisierung 264

2.3.1.1.1.1 Gegenstandsbereiche der Produktstandardisierung 265

2.3.1.1.1.1.1 Produktkern 266

2.3.1.1.1.1.2 Verpackung 268

2.3.1.1.1.1.3 Markierung 271

2.3.1.1.1.1.4 Dienstleistungen 283

2.3.1.1.1.2 Ausmaß der Anpassung der Produktelemente 288

2.3.1.1.1.2.1 Standardisierungsgrad und anbieterbezogene Rückkopplungen 288

2.3.1.1.1.2.2 Standardisierungsgrad und nachfragerbezogene Rückkopplungen 292

2.3.1.1.1.2.3 Anpassungspfade 295

2.3.1.1.2 Preiskoordination 296

2.3.1.1.2.1 Auswirkungen zusammenwachsender Märkte auf die Preispolitik 296

2.3.1.1.2.1.1 Einflußfaktoren auf das Ausmaß der Preisstandardisierung 298

2.3.1.1.2.1.2 Preispolitische Auswirkungen am Beispiel der EU-Währungsunion 306

2.3.1.1.2.2 Abstimmung von Preisen auf zusammenwachsenden Märkten 309

2.3.1.1.2.2.1 Ansätze zur statischen Preiskoordination 311

2.3.1.1.2.2.1.1 Preisoptimierung in Abhängigkeit von der Arbitrageneigung 311

2.3.1.1.2.2.1.2 Weitergehende Optimierungsansätze in der Literatur 322

2.3.1.1.2.2.2 Ansätze zur dynamischen Preiskoordination 328

2.3.1.1.3 Anpassung der Kommunikationspolitik 331

2.3.1.1.3.1 Determinanten der Koordinationsentscheidung 335

2.3.1.1.3.2 Der Standardisierungspfad in der Kommunikationspolitik 343

2.3.1.1.4 Veränderungen in der Distributionspolitik 347

2.3.1.2 Wahl geeigneter Marktein- und -austrittszeitpunkte 349

2.3.2 Koordinationsbedarfsreduzierende Strategien 354

2.3.2.1 Reduktion nachfragerbezogener Rückkopplungen 355

2.3.2.1.1 Produktmodifikation 356

2.3.2.1.1.1 Elemente einer Modifikationsstrategie 358

2.3.2.1.1.1.1 Sachliche Produktmodifikation 358

2.3.2.1.1.1.2 Informatorische Produktmodifikation 362

2.3.2.1.1.2 Optimales Ausmaß der Produktmodifikation 364

2.3.2.1.2 Angebotssteuerung 367

2.3.2.1.2.1 Beschränkung nationaler Angebotsmengen 367

2.3.2.1.2.2 Steuerung durch Einflußnahme auf die Distributeure 370

2.3.2.1.2.3 Grenzen der Angebotssteuerung am Beispiel der EU 372

2.3.2.2 Reduktion anbieterbezogener Rückkopplungen 375

2.3.2.2.1 Organisatorische Maßnahmen 375

2.3.2.2.1.1 Grundlagen organisatorischer Koordinationsinstrumente 375

2.3.2.2.1.2 Zentralisierung von Marketingentscheidungen 379

2.3.2.2.1.3 Formalkoordination durch Prozeßstandardisierung 381

2.3.2.2.1.4 Koordination durch Anpassung der formalen Organisationsstruktur 386

2.3.2.2.1.5 Koordination durch Verhaltenssteuerung 389

2.3.2.2.2 Kostenstrukturmaßnahmen 392

2.4 Fallstudie „PharmaCo GmbH" 397

3. Koordinationsprobleme auf auseinanderbrechenden Märkten 404

3.1 Herkunft des Koordinationsproblems 407

3.2 Koordinationsausmaß 412

3.2.1 Anbieterrelevante Typen von Spaltungsprozessen 412

3.2.2 Auswirkungen auseinanderbrechender Märkte 417

3.2.2.1 Die Auswirkungen der Fragmentierung des Weltmarktes als Folge der Schaffung von Wirtschaftsblöcken am Beispiel der EU-Bananenmarktverordnung 418

3.2.2.2 Die Auswirkungen der Desintegration von Ländermärkten am Beispiel des Auseinanderbrechens der ehemaligen UdSSR 421

3.3 Koordinationsstrategien auf auseinanderbrechenden Märkten 424

3.3.1 Anpassungsstrategien beim Auseinanderbrechen institutioneller Rahmenbedingungen 424

3.3.2 Anpassungsstrategien bei der Heterogenisierung des Kaufverhaltens 426

3.4 Fallstudie „Petrolub AG" 429

Literaturverzeichnis 445

Stichwortverzeichnis 465

Abbildungsverzeichnis

Abb. A-1:   *Vergleich der Entwicklung von Weltwirtschaftsleistung, weltweiten Exporten und Direktinvestitionen* 21

Abb. A-2:   *Anteile von Länderregionen am gesamten Welthandel (1992)* 22

Abb. A-3:   *Ranking der 15 größten transnationalen Unternehmen 1996* 23

Abb. A-4:   *Entwicklung des privaten Textilverbrauchs in der BRD* 25

Abb. A-5:   *Entwicklung des Textilaußenhandels zwischen 1970 und 1992* 25

Abb. A-6:   *Entwicklung von Unternehmen und Beschäftigten in der deutschen Textil- und Bekleidungsindustrie* 26

Abb. A-7:   *Produktionskostenvergleich für 1 Yard Stoff zwischen Deutschland und Indien* 27

Abb. A-8:   *Die größten Textilindustrieunternehmen 1992 (in Mrd. DM)* 28

Abb. A-9:   *Die größten Exportnationen im Jahre 1995* 35

Abb. A-10:   *Exportentwicklung im Ländervergleich* 36

Abb. A-11:   *Die 10 größten Ausfuhrländer der BRD 1996 (in Mrd. DM)* 37

Abb. A-12:   *Anteil verschiedener Länderregionen am deutschen Export und am Welthandel* 38

Abb. A-13:   *Die deutsche Wettbewerbssituation nach Technologiesektoren* 39

Abb. A-14:   *Die deutsche Wettbewerbssituation nach internationalen Patentanmeldungen* 40

Abb. A-15:   *Die deutsche Wettbewerbsposition nach Branchen* 41

Abb. B-1:   *Systematisierung der Probleme der grenzüberschreitenden Marktbearbeitung* 70

Abb. B-2:   *Koordinationsaufgaben der internationalen Unternehmung* 72

Abb. B-3:   *Aufgabenbereiche des Internationalen Marketings* 74

Abb. B-4:   *Produktionsstandorte für den Fiat Palio* 77

Abb. B-5:   *Internet-Rechner in verschiedenen Regionen des Weltmarktes (pro 10.000 Einwohner)* 86

Abb. B-6:   *Beispiel für das Angebot von Preisagenturen im Internet* 87

Abb. B-7:   *Rückkopplungen und Koordination im Internationalen Marketing* 90

Abb. B-8:   *Positionierung der Aufgabenbereiche im Internationalen Marketing* 92

Abb. B-9:   *Beispiel für Aktivitäten im Rahmen des „Multi-Nationalen Marketing"* 93

Abb. C-1:   *Kreditwürdigkeit der Weltländer 1995* 105

Abb. C-2:   *Systematisierung von Länderrisiko-Beurteilungskonzepten* 107

Abb. C-3:   *Ländermarkttypologie* 113

Abb. C-4:   *Ländergruppenspezifische Marktsegmente* 115

Abb. C-5:   *Länderselektion am Beispiel eines baumarktabhängigen Unternehmens* 116

Abb. C-6:   *Stufenweises Vorgehen im Rahmen der Marktselektion* 116

Abb. C-7:   *Ländereingrenzung bei ethnozentrischer Ausrichtung* 122

Abb. C-8:   *Grundtypen von Internationalisierungsstrategien* 130

Abb. C-9:   *Die Wasserfall-Strategie* 132

Abb. C-10:   *Produktlebenszyklen auf einzelnen Ländermärkten* 134

Abb. C-11:   *Umsatzvergleich "Wasserfall-Strategie" versus "Paralleleinführung"* 135

Abb. C-12:   *Sprinkler-Strategie* 137

Abb. C-13:   *Markterschließungsstrategien und situativer Kontext* 143

Abb. D-1:   *Ebenen der Marktdynamik* 184

Abb. D-2:   *Typen der Veränderung institutioneller Rahmenbedingungen* 186

Abb. D-3:   *Regionale Freihandelszonen und Zollunion-Zusammenschlüsse zwischen 1948-1994* 189

Abb. D-4:   *Marktzusammenschlüsse und Handelsabkommen* 190

Abb. D-5:   *Umsatzsteuersätze im EU-Vergleich (1997)* 192

Abb. D-6:   *Anzahl der Ausschreibungsverfahren in der EU* 194

Abb. D-7:   *Basisalternativen zur Beseitigung von technischen Schranken* 198

Abb. D-8:   *Phasen des Übergangsszenarios* 202

Abb. D-9:   *Erfüllung der Konvergenzkriterien durch die EU-Staaten* 204

Abb. D-10:   *Entwicklung der Inflationsraten in den EU-Staaten zwischen 1980 und 1996* 205

Abb. D-11:   *Weitere geplante regionale Handelsabkommen* 210

Abb. D-12:   *Ausprägungsformen auseinanderbrechender Märkte* 211

Abb. D-13:   *Karikatur zum Entgegenkommen der japanischen Regierung im Handelsstreit mit den USA im Jahr 1994* 213

Abb. D-14:   *Auswirkungen auf die Zulieferer-Hersteller-Beziehung* 217

Abb. D-15:   *Ursachen der Konvergenz des Nachfragerverhaltens* 218

Abb. D-16:   *Branchenspezifische Vorteilhaftigkeit verschiedener Internationalisierungsstrategien* 224

Abb. D-17:   *Konkurrenzsituation eines internationalen Unternehmens* 225

Abb. D-18:   *Abgesetzte Maschinen von Boeing und Airbus zwischen 1990 und 1996* 229

Abb. D-19:   *Problemfelder des „Being International".* 231

Abb. D-20:   Konzeptionelles Vorgehen zur Ermittlung des optimalen Standardisierungs-
              pfades 238

Abb. D-21:   Branchenspezifische Auswirkungen der Verflechtungen in der EG 240

Abb. D-22:   Mikroökonomische Auswirkungen des Zusammenwachsens von Märkten
              am Beispiel der EU 241

Abb. D-23:   Erfahrungskurve 246

Abb. D-24:   Indikatoren anbieterbezogener Rückkopplungen 246

Abb. D-25:   Beispiel für Reimportangebote im Automobilbereich 253

Abb. D-26:   Veränderungen der Beschaffungsanforderungen von Automobilherstellern 255

Abb. D-27:   Die Entwicklung absoluter Preisdifferenzen und der Integrationsgrad von
              Ländermärkten 260

Abb. D-28:   Systematisierung von Koordinationsstrategien auf zusammenwachsen-
              den Märkten 263

Abb. D-29:   Elemente der Produktpolitik im Hinblick auf die zeitliche und sachliche
              Struktur 265

Abb. D-30:   Produktbestandteile 266

Abb. D-31:   Verpackungsfunktionen 269

Abb. D-32:   Kriterien der Marken-Bilanz 273

Abb. D-33:   Internationalisierungsstrategien ausgewählter Produkte und Marken 274

Abb. D-34:   Beispiele für internationale Produktzeichen 277

Abb. D-35:   Die Produktzeichen von Coca-Cola 277

Abb. D-36:   Nachahmungen des Produktdesigns von „Pattex" 278

Abb. D-37:   Nachahmung des Produktdesigns von „4711" 279

Abb. D-38:   Beispiel für Markenwechsel durch progressive Verschmelzung 280

Abb. D-39:   Begründung des Logo-Wechsels bei der Langnese Iglo GmbH 281

Abb. D-40:   InterRent Europcar als Beispiel für einen „informationsgestützten" Übergang
              des Markennamens 282

Abb. D-41:   Beispiel für Übersetzungsfehler in standardisierten internationalen
              Gebrauchsanweisungen 285

Abb. D-42:   Produktstandardisierung versus -differenzierung 287

Abb. D-43:   Stückkosten und -erlöse in Abhängigkeit vom produktpolitischen Standardisie-
              rungsgrad 290

Abb. D-44:   Optimaler produktpolitischer Standardisierungsgrad 291

Abb. D-45:   Einfluß von Kosten und Arbitrage auf den optimalen Produktstandardisie-
              rungsgrad bei differenzierungsabhängiger Arbitragewirkung 293

Abb. D-46: Einfluß von Kosten und Arbitrage auf den optimalen Produktstandardisierungsgrad bei differenzierungsunabhängiger Arbitragewirkung 295

Abb. D-47: Erlöswirkungen der Produktdifferenzierung auf zusammenwachsenden
Märkten 296

Abb. D-48: Beispiele für Preisunterschiede bei verschiedenen Automodellen in
Europa (1998) 297

Abb. D-49: Einflußfaktoren auf die Standardisierung der Preispolitik auf zusammenwachsenden Märkten 299

Abb. D-50: „Big Mac"-Preisindex 1997 300

Abb. D-51: Internet-Angebot eines Reimporteurs im Automobilmarkt 304

Abb. D-52: Preissenkung zur Schaffung neuer Schwellenpreise nach der Euro-Einführung 307

Abb. D-53: Preisdifferenzen bei geringwertigen Konsumgütern in Europa 308

Abb. D-54: Auswirkungen vollständiger und unvollständiger Arbitrage 312

Abb. D-55: Bestimmung der Arbitragemengen 315

Abb. D-56: Unternehmensgewinn bei alternativen Preisdifferenzen 316

Abb. D-57: Ableitung des Koordinationsgewinns 317

Abb. D-58: Arbitrageneigung als lineare Funktion der Arbitragegewinne 319

Abb. D-59: Optimale Preise bei unvollständiger Arbitrage in Abhängigkeit von der
Arbitrageneigung 320

Abb. D-60: Gewinnsituation bei koordinationsoptimaler Preispolitik und
unvollständiger Arbitrage in Abhängigkeit von der Arbitrageneigung 321

Abb. D-61: Ansätze zur Preisoptimierung auf internationalen Märkten 323

Abb. D-62: Räumliche Entfernung zum in- und ausländischen Verkaufsstandort
als arbitragesteuernde Determinante im Modell von Sander 327

Abb. D-63: Empfohlene Preisanpassung im Europäischen Binnenmarkt nach Simon/Wiese 329

Abb. D-64: Preisanpassung bei abnehmenden Arbitragekosten 330

Abb. D-65: Stufen der Standardisierung innerhalb der internationalen Anzeigenwerbung 331

Abb. D-66: Anzeigenmotive von Lancôme auf dem US-amerikanischen bzw. auf dem
deutschen und britischen Markt im Jahr 1991 333

Abb. D-67: Anzeigenmotiv von Lancôme auf dem US-amerikanischen, deutschen und
britischen Markt im Jahr 1996 334

Abb. D-68: Auswirkungen zusammenwachsender Märkte auf die Standardisierungs-
bzw. Differenzierungsentscheidung in der internationalen Kommunikations-
politik 338

Abb. D-69: Veränderungen des Einsatz differenzierter und standardisierter internationaler
Werbung zwischen 1976, 1986 und 1987 nach einer Untersuchung von
Hite/Fraser 339

Abb. D-70:   *Werbeanzeigen von Ford für das Modell „Mondeo"* 340

Abb. D-71:   *Gestaltungselemente und Stufen der Kommunikationsstandardisierung* 343

Abb. D-72:   *Werbeanzeigen von Mülhens für das Produkt „4711"* 345

Abb. D-73:   *Anteil der Auslandsumsätze am Gesamtumsatz ausgewählter europäischer
                Handelsunternehmen der Lebensmittelbranche (in %)* 348

Abb. D-74:   *Preisdifferenzen und Markteinführungszeitpunkte* 350

Abb. D-75:   *Marktseparierung durch Maßnahmen zur Reduktion nachfragerbezogener
                Rückkopplungen* 356

Abb. D-76:   *Beispiel für „reversible Produktmodifikation"* 357

Abb. D-77:   *Differenzierungsdimensionen von Produktelementen* 359

Abb. D-78:   *Beispiele für kaufphasenspezifische Arten von Dienstleistungen* 361

Abb. D-79:   *Produktmodifikation und Arbitragegewinn* 364

Abb. D-80:   *Direkter und indirekter Export sowie Vertrieb* 369

Abb. D-81:   *Berichterstattung über Diskriminierungsvorwurf gegnüber dem italienischen
                Generalimporteur von VW und Audi* 373

Abb. D-82:   *Berichterstattung über Sanktionierung von VW wegen Angebotssteuerung* 374

Abb. D-83:   *Internationale Koordinationsstelle am Beispiel des internationalen
                Geschäftsbereichs* 377

Abb. D-84:   *Globale Struktur am Beispiel einer Produktstruktur* 378

Abb. D-85:   *Matrixstruktur* 379

Abb. D-86:   *Alternative Kostenstrukturen* 395

Abb. D-87:   *Koordinationsoptimale Preispfade auf dynamischen Märkten* 404

Abb. D-88:   *Umkehrung preispolitischer Anpassungsmaßnahmen beim Auseinanderbrechen
                von Märkten* 405

Abb. D-89:   *Koordinationsprobleme auf auseinanderbrechenden Märkten* 406

Abb. D-90:   *Auszahlungswirksame Stückkosten und Target-Pricing* 411

Abb. D-91:   *Alternative Marktspaltungstypen* 413

Tabellenverzeichnis

Tab. A-1:   *Theoretische Ansätze zur Internationalisierung* 30

Tab. A-2:   *Rangskala der Auslandsinvestitionsmotive* 32

Tab. B-1:   *Ausgewählte Definitionen des Begriffs „Internationales Marketing"* 67

Tab. C-1:   *Merkmale der Ländermarktattraktivität* 99

Tab. C-2:   *Länderrisiken der internationalen Unternehmung* 106

Tab. C-3:   *Berechnung des ORI (1982-III) für Argentinien* 109

Tab. C-4:   *Kriterien der internationalen Marktsegmentierung* 118

Tab. C-5:   *Unterschiede der ethno- und polyzentrischen Ausrichtung* 124

Tab. C-6:   *Beispieldaten zur Wasserfall-Strategie* 134

Tab. C-7:   *Systematisierungsansätze für Markterschließungsstrategien* 140

Tab. D-1:   *Beurteilung verschiedener Handelshemmnisse durch europäische Unternehmen* 196

Tab. D-2:   *Bedeutung technischer Handelshemmnisse nach Industriezweigen* 197

Tab. D-3:   *Beurteilung der Maßnahmen der EU zum Schrankenabbau durch europäische Unternehmen (in % der Befragten)* 200

Tab. D-4:   *Chancen und Risiken der Euro-Einführung* 203

Tab. D-5:   *Unterschiede zwischen Apec-Staaten (1994)* 208

Tab. D-6:   *Anteil ethnischer Minderheiten in den Staaten Süd-Ost-Europas* 215

Tab. D-7:   *Ursachen des Globalen Marketings* 224

Tab. D-8:   *Die größten internationalen Hotelkonzerne* 228

Tab. D-9:   *Entstehung von Preisunterschieden bei Pharmazeutika in Europa* 234

Tab. D-10:   *Wohlstandseffekte der Marktintegration am Beispiel der EU* 242

Tab. D-11:   *Paneuropäische TV-Sender* 250

Tab. D-12:   *Paneuropäische Printmedien* 251

Tab. D-13:   *Trend zur Reduktion der Direktlieferanten in der Automobilindustrie* 255

Tab. D-14:   *Der Wert ausgewählter internationaler Marken 1992* 272

Tab. D-15:   *Dienstleistungsklassifizierung* 284

Tab. D-16:   *Der EU-Preisindex im Automobilmarkt (1998)* 298

Tab. D-17:   *Optimale Preise und Gewinne in Abhängigkeit vom Preiskorridor* 325

Tab. D-18:   *Einordnung von Marktspaltungen in Mittel- und Osteuropa* 416

Tab. D-19:   *EU-Bananenimporte nach Herkunftsregionen 1991* 419

Tab. D-20:   *Zollsätze für Importbananen in der EU* 420

Tab. D-21:   *Umsatzentwicklung eines Schuhsohlenmaschinenherstellers (in TDM)* 423

A. Die Bedeutung internationaler Märkte

1. Die Internationalisierung des Welthandels

Die weltwirtschaftliche Entwicklung nach dem 2. Weltkrieg ist durch einen stetigen Anstieg der internationalen Verflechtung der Volkswirtschaften und der grenzüberschreitenden Geschäftstätigkeit von Unternehmen gekennzeichnet (vgl. *Macharzina*, 1993, S. 687). Dieses Phänomen wird in Theorie und Praxis unter dem Schlagwort der *Internationalisierung* diskutiert und beinhaltet

- eine gesamtwirtschaftliche Begriffsdimension und

- eine einzelwirtschaftliche Perspektive.

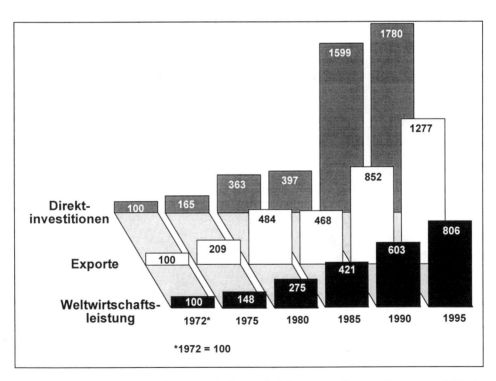

Abb. A-1: Vergleich der Entwicklung von Weltwirtschaftsleistung, weltweiten Exporten und Direktinvestitionen
(Quelle: In Anlehnung an Fels, 1997, S. 3)

Gesamtwirtschaftlich läßt sich die zunehmende Verflechtung der Weltwirtschaft anhand von Indikatoren wie der Entwicklung internationaler Waren-, Investitions- und Finanzströme nachweisen. Deutlich wird dies an dem in *Abb. A-1* wiedergegebenen Vergleich der Entwicklung der Weltwirtschaftsleistung auf der einen und der Entwicklung der weltweiten Exporte bzw. der Direktinvestitionen auf der anderen Seite. Während die Wirtschaftsleistung im Zeitraum zwischen 1972 und 1995 um insgesamt durchschnittlich 9,5 % p.a. anstieg, nahm der Weltexport im Vergleichszeitraum um durchschnittlich 11,7 % im jährlichen Mittel zu (vgl. hierzu auch *Engelke*, 1997). Die Direktinvestitionen wuchsen im gleichen Zeitraum sogar um durchschnittlich 13,3 % jährlich.

Die in *Abb. A-1* gewählte globale Perspektive der Abbildung von Handelsströmen täuscht allerdings über die Tatsache hinweg, daß nicht alle Länder und Regionen in gleichem Maße am Welthandel und dessen zunehmender Bedeutung partizipieren (vgl. *Dieckheuer*, 1995). Statt dessen konzentriert sich der Welthandel stark auf die Regionen Südost-Asien, Nordamerika und Westeuropa (vgl. *Hünerberg*, 1994, S. 33). *Abb. A-2* zeigt, daß die Verflechtung dieser Regionen untereinander 1992 mehr als 80 % des Welthandels ausmachte.

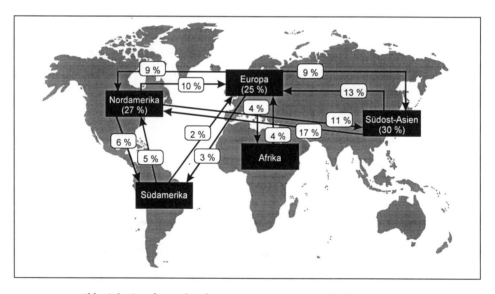

Abb. A-2: Anteile von Länderregionen am gesamten Welthandel (1992)
(Quelle: In Anlehnung an Handelsblatt, 16.12.1993)

Gesamtwirtschaftlich nachweisbare Internationalisierungstendenzen stellen allerdings allein die Aggregation verstärkter länderübergreifender Geschäftstätigkeiten von Unternehmen dar. *Einzelwirtschaftlich* läßt sich der Internationalisierungsgrad von Unternehmen anhand von Kennzahlen - wie beispielsweise dem Verhältnis von Auslands- und Gesamtumsatz (bzw. -gewinn), dem Quotienten von Auslands- und Gesamtvermögen von Unternehmen oder dem Anteil der im Ausland beschäftigten Mitarbeiter an der Gesamtbelegschaft - abbilden (vgl. hierzu u. a. *Hünerberg*, 1994, S. 31).

Zu beachten ist in diesem Zusammenhang, daß der im Begriff der Internationalisierung zum Ausdruck kommenden dynamischen Komponente nur dann Rechnung getragen wird, wenn der Internationalisierungsgrad über die Zeit gemessen wird (vgl. zum Zusammenhang zwischen Internationalisierung und Unternehmensentwicklung *Kutschker*, 1997a). Insofern läßt das in *Abb. A-3* aufgezeigte Ranking „transnationaler" Unternehmen genaugenommen nur Aussagen über die *Internationalität*, nicht aber über den Prozeß der *Internationalisierung* zu. Bei dem von der Konferenz für Handel und Entwicklung der Vereinten Nationen (Unctad - United Nations Conference for Trade and Development) entwickelten „Index der Transnationalität" ist dabei sowohl der Anteil des Auslandsvermögens am Gesamtvermögen der Unternehmen als auch der Anteil des Auslandsumsatzes am Gesamtumsatz sowie der Anteil der im Ausland beschäftigten Mitarbeiter an der Gesamtbelegschaft berücksichtigt worden.

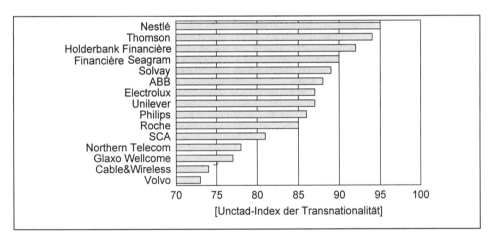

Abb. A-3: Ranking der 15 größten transnationalen Unternehmen 1996
(Quelle: o.V., 1997a, S. 12)

Abb. A-3 unterstützt darüber hinaus die These, daß sich länderübergreifende Geschäftsaktivitäten sowohl bei Industrie- als auch bei bestimmten Konsumgütern finden lassen. In der Literatur wird jedoch zu Recht darauf hingewiesen, daß das Charakteristikum der „Internationalität" eher ein Wesensmerkmal der Industriegüterindustrie ist (vgl. *Suckrow*, 1996; *Hermanns/Wißmeier*, 1995), da das internationale

Engagement aufgrund beschränkter nationaler Nachfrage für viele Industriegüterbranchen eine strategische Notwendigkeit darstellt (vgl. *Backhaus/Voeth*, 1995, S.
390). Im Gegensatz dazu ist der Dienstleistungssektor (noch) stärker national ausgerichtet.

Die Internationalisierung beschränkt sich darüber hinaus nicht allein auf Großunternehmen und -konzerne, sondern erstreckt sich zunehmend auch auf kleine und mittelgroße Unternehmen, sogenannte KMUs (vgl. *Koller/Raithel/Wagner*, 1998; *Heise*,
1997; *Bamberger/Wrona*, 1997); allerdings besteht gerade bei vielen klein- und
mittelständischen Unternehmen zur Zeit noch erheblicher zusätzlicher Internationali-
sierungsbedarf und damit auch ein nicht unerhebliches Internationalisierungspotenti-
al (vgl. hierzu *Link*, 1997). Auch wenn *Durnoik* schon in den 80er Jahren erkannt
haben will, daß sich seit Beginn der 80er Jahre bei vielen mittelständischen Unternehmen die Erkenntnis durchgesetzt habe, daß „sie nicht mehr in sicheren Nischen
des heimatlichen Binnenmarktes ein vom internationalen Konkurrenzdruck unbehel-
ligtes Dasein führen können" (*Durnoik*, 1985, S. 9), fehlt auch heute noch vielen
KMUs die Bereitschaft, auf internationalen Märkten aktiv zu werden. Dies scheint
gerade deshalb langfristig bedenklich, da auf vielen Märkten die Internationalisierung der Geschäftätigkeit keine strategische Option, sondern statt dessen angesichts der Internationalisierungsbemühungen ausländischer Konkurrenten ein strategisches Erfordernis darstellt (vgl. *Bierach*, 1997). Dieses Phänomen der „zwangs-
weisen" Internationalisierung, das in vielen mittelständischen Branchen zu beobachten ist, läßt sich exemplarisch an der Entwicklung der deutschen Textil- und Bekleidungsindustrie in der ersten Hälfte der 90er Jahre nachvollziehen (vgl. hierzu
ausführlich *Backhaus/Voeth*, 1994).

In den 80ern und zu Beginn der 90er Jahre haben sich die Marktbedingungen in der
Textil- und Bekleidungsindustrie grundlegend gewandelt. Die in hohem Maße dynamische
Entwicklung war dabei keineswegs allein das Ergebnis der Veränderung einzelner Marktbedingungen, sondern kam statt dessen durch das Zusammenwirken vieler Einzelfaktoren
zustande. Im einzelnen ergaben sich die geänderten Marktbedingungen und damit die neu-
en Marktherausforderungen durch folgende z. T. interdependente Ursachen:

- Sättigungstendenzen,

- internationale Handelsverflechtungen und

- Kostenstrukturveränderungen.

Sättigungstendenzen

Auf den Märkten für Textil- und Bekleidungserzeugnisse wurden im Verlauf der 80er Jahre starke Sättigungstendenzen sichtbar. Zieht man beispielsweise als Maßgröße für die
Entwicklung den privaten Textilverbrauch in der Bundesrepublik Deutschland heran, so
macht *Abb. A-4* deutlich, daß sich der inflationsbereinigte Anteil von Bekleidungs- sowie
Heim- und Haustextilien am gesamten Verbrauch seit 1970 um nahezu 30 % verringert
hat.

Aus der stagnierenden Nachfrage bei Bekleidung und der sogar kontinuierlich zurückgehenden Nachfrage bei Heim- und Haustextilien resultierten in den 80er Jahren marktinterne Verteilungskämpfe, da sich Erfolge im deutschen Markt nur noch zu Lasten von Wettbewerbern realisieren ließen.

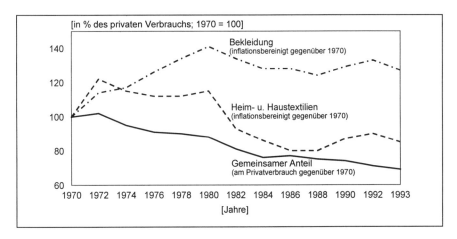

Abb. A-4: Entwicklung des privaten Textilverbrauchs in der BRD
(Quelle: Gesamttextil, 1993)

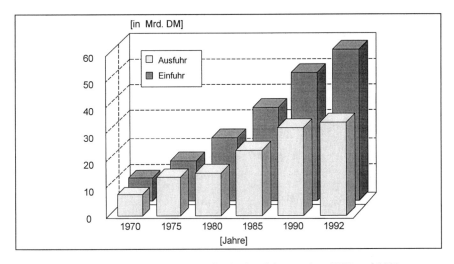

Abb. A-5: Entwicklung des Textilaußenhandels zwischen 1970 und 1992
(Quelle: Textilverband Nord-West, 1993)

Internationale Handelsverflechtungen

Zeitgleich mit diesen Sättigungstendenzen wuchs der internationale Handel mit Bekleidungs- und Textilerzeugnissen - u. a. durch eine zunehmend liberale Handelspolitik im

Textilsektor - stark an. Allerdings zeigt *Abb. A-5*, daß ausländische Märkte nicht in gleichem Maße erschlossen wurden wie andererseits der heimische Markt zum Betätigungs-
feld ausländischer Wettbewerber wurde. Zwischen 1970 und 1992 wuchs das segmentspe-
zifische Außenhandelsdefizit von ca. 2 Mrd. DM auf nahezu 25 Mrd. DM an. Der überwiegende Teil des Defizits war dabei auf das außenwirtschaftliche Mißverhältnis zu asiatischen Wettbewerbern zurückzuführen. So standen 1992 Exporten in diese Region in Höhe von 1,5 Mrd. DM Importe von 16 Mrd. DM gegenüber.

Kostenstrukturveränderungen

Darüber hinaus sah sich die Textil- und Bekleidungsindustrie in den 80er Jahren zunehmend Kostenstrukturveränderungen gegenüber. Auch wenn diese „schleichende" Substitution von variablen durch fixe Kosten kein allein für diese Branche typisches Phänomen ist
(vgl. zu branchenübergreifenden Studien u. a. *Droege/Backhaus/Weiber*, 1992; *Funke*,
1995), erwies sich diese Substitution in der Textil- und Bekleidungsindustrie als besonders
gravierend. Verursachte die Einrichtung eines Textilarbeitsplatzes 1983 in diesem Bereich
noch Kosten in Höhe von 228.000 DM (175.000 DM im Industriedurchschnitt), so stieg
dieser Betrag bis 1993 auf ca. 750.000 DM (250.000 DM im Industriedurchschnitt) an
(vgl. *Meier*, 1993).

Erhöhte Fixkostenanteile an den Gesamtkosten zwingen Unternehmen aber letztlich, geschäftsfeldspezifische Mengenerweiterungen anzustreben, da sich mit jeder zusätzlich ab-
gesetzten Mengeneinheit die stückbezogenen Fixkosten verringern. Bei zunehmend unbe-
deutenderen variablen Kosten kann derjenige Anbieter die größten stückbezogenen
Kostenreduktionen erzielen und über den Preis in Wettbewerbsvorteile umsetzen, der im
entsprechenden Geschäftsfeld die größte Absatzmenge vorweisen kann, weil sich bei ihm
die Fixkosten auf die größte Menge umrechnen lassen und somit seine fixkosteninduzier-
ten Stückkosten am geringsten ausfallen.

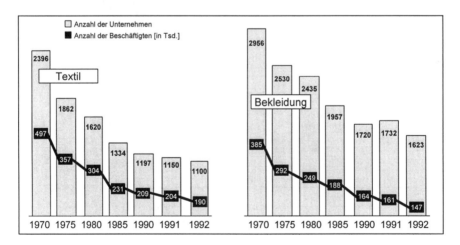

Abb. A-6: Entwicklung von Unternehmen und Beschäftigten in der deutschen
Textil- und Bekleidungsindustrie
(Quelle: Gesamttextil, 1993)

Die skizzierten Marktveränderungen (Sättigungstendenzen, zunehmende internationale Handelsverflechtungen, Kostenstrukturveränderungen) hatten zur Folge, daß die Branche seit Ende der 80er Jahre einen langsamen, aber stetigen Niedergang erfahren hat. *Abb. A-6* verdeutlicht, daß sich über einen Zeitraum von 20 Jahren die Anzahl von Unternehmen und Beschäftigten um mehr als 50 % in beiden Branchen verringert hat.

Der existenzbedrohende Niedergang der gesamten Branche wurde dabei wesentlich dadurch beschleunigt, daß es den deutschen Unternehmen der Textil- und Bekleidungsindustrie nicht gelang, die geeigneten strategischen Anpassungen vorzunehmen. Die deutsche Textilindustrie versuchte beispielsweise, sich den im Vergleich zu asiatischen Wettbewerbern strukturellen Nachteilen des heimischen Standorts dadurch zu entziehen, daß man gezielte Investitionen in kapitalintensive Produktionsformen tätigte. Getreu dem Motto „Teure Maschinen gegen billige Löhne" wurden in den 80er Jahren und zu Beginn der 90er Jahre zweistellige Milliardenbeträge in die technische Aufrüstung der Produktionsanlagen investiert (vgl. *Busse*, 1992). Ziel dieser bewußten „High-Tech-Strategie" war die Kompensation lohnbedingter Kostenvorteile von Entwicklungs- und Schwellenländern durch verfahrensbedingte Fertigungs- und Qualitätsvorteile.

Letztlich hat sich diese Strategie jedoch als nicht erfolgreich erwiesen, da es den deutschen Anbietern durch diese High-Tech-Ausrichtung nicht gelungen ist, Komparative Konkurrenzvorteile (KKVs) (vgl. hierzu *Backhaus*, 1997) gegenüber Konkurrenten aus den asiatischen Billiglohnländern aufzubauen. Entgegen allen Erwartungen der deutschen Textilindustrie haben vor allem Anbieter aus dem ostasiatischen Raum quasi zeitgleich ihre Produktion auf kapitalintensive Fertigungsverfahren umgestellt. *Abb. A-7* zeigt einen beispielhaften Produktionskostenvergleich zwischen Deutschland und Indien für das Jahr 1992.

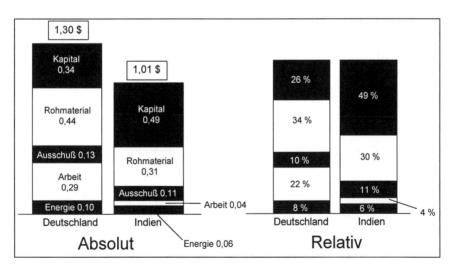

Abb. A-7: Produktionskostenvergleich für 1 Yard Stoff zwischen Deutschland und Indien (Quelle: In Anlehnung an ITMF, 1993)

Die bewußt gewählte Strategie, in kostenintensive Produktionsverfahren zu investieren, hat kaum zur Schaffung von KKVs gegenüber Anbietern aus Entwicklungs- und Schwellenländern beigetragen. Statt dessen ist eine Verschärfung der Fixkostenproblematik in Kauf genommen worden, die sich später für viele deutsche Textilunternehmen quasi als „Fixkostenfalle" erwiesen hat. Die im länderübergreifenden Vergleich höheren Produktionskosten zwangen die Unternehmen so, zu Preisen anzubieten, bei denen über die Deckung der variablen Kosten hinaus nur ein geringer Teil zur Deckung der entstandenen Fixkosten verblieb. Daher konnte eine Amortisation der hohen Vorlaufinvestitionen nur durch eine signifikant erweiterte Absatzmenge erfolgen. Hierzu fehlte jedoch der Mehrzahl der deutschen Textilunternehmen die entsprechende geschäftsfeldspezifische Umsatz- und Unternehmensgröße. Während internationale Konkurrenten aufgrund einer konsequenten Internationalisierungsstrategie Umsätze zwischen 3 und 6 Mrd. DM erreichten, bewegten sich die Umsätze der überwiegend auf den heimischen Markt fokussierten deutschen Textilunternehmen 1992 auf jeweils nicht mehr als 1 Mrd. DM (vgl. *Abb. A-8*).

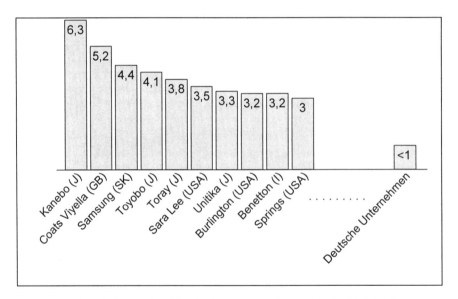

Abb. A-8: Die größten Textilindustrieunternehmen 1992 (in Mrd. DM)
(Quelle: ITMF, 1993)

Zusammenfassend bleibt festzuhalten, daß die überwiegend mittelständisch geprägte deutsche Textil- und Bekleidungsindustrie allein dann eine wirkliche Überlebenschance gehabt hätte, wenn sie erkannt hätte, daß sich die unbedingt notwendigen Mengendegressionseffekte nur bei einer konsequenten Internationalisierung ihrer Geschäftstätigkeit eingestellt hätten. Die Internationalisierung stellte für die Unternehmen dieser Branche also keine strategische Option, sondern ein existenzielles Erfordernis dar. Da die Unternehmen der deutschen Textil- und Bekleidungsindustrie ihre Marktbearbeitung jedoch nicht in ausreichendem Maße auf internationale Märkte ausgedehnt haben, verloren sie im Vergleich zu ausländischen Konkurrenten mehr und mehr ihre Wettbewerbsfähigkeit - auch auf dem deutschen Markt.

Die gestiegene Bedeutung internationaler Geschäftstätigkeiten und die damit einhergehende Verflechtung von Volkswirtschaften hat in der wirtschaftswissenschaftlichen Literatur unter dem Schlagwort der Internationalisierung besondere Beachtung gefunden.

In jüngster Zeit sind die Folgen einer zunehmenden Internationalisierung der Weltwirtschaft verstärkt auch zum Gegenstand der gesellschaftlichen Diskussion geworden. Beispielsweise haben sich *Martin/Schumann* (1996) äußerst kritisch mit den volkswirtschaftlichen und gesellschaftspolitischen Folgen einer immer stärkeren internationalen Handelsverflechtung auseinandergesetzt. *Martin/Schumann* (1996) kommen dabei unter dem Schlagwort der „Globalisierungsfalle" zu dem Ergebnis, daß eine ungehemmte weitere Internationalisierung dazu führe, daß zukünftig die gesamte Produktivleistung der Weltwirtschaft durch ca. 20 % der heute weltweit vorhandenen Beschäftigten erbracht werden könne. Sie stellen darüber hinaus fest, daß die Internationalisierung der Weltwirtschaft nicht das Ergebnis unabänderlicher technologischer oder ökonomischer Veränderungsprozesse sei, sondern bewußt von den in den Industrienationen führenden gesellschaftlichen Gruppierungen herbeigeführt werde. Auf Basis dieser Überlegungen erachten es *Martin/Schumann* (1996) für unbedingt geboten, die Internationalisierung der Weltwirtschaft politisch in bestimmte Schranken zu verweisen.

Gerade für die von *Martin/Schumann* in den Mittelpunkt ihrer Überlegungen gestellte These vom „Ende der Arbeit" in der globalisierten Weltwirtschaft fehlt bislang jedoch der empirische Nachweis. Das *Institut der deutschen Wirtschaft* (1997) kommt beispielsweise bei der Überprüfung der o. g. These von *Martin/Schumann* zu genau gegenteiligen Ergebnissen:

- Die weltweite Beschäftigung hat seit Beginn der Internationalisierung des Welthandels in den 70er Jahren kontinuierlich zugenommen. Beispielsweise stieg die Zahl der Erwerbstätigen in den OECD-Ländern seit 1970 um ca. ein Drittel, was einem jährlichen Zuwachs von 1,2 % entspricht. Während allerdings die Anzahl der Beschäftigten in Kanada in diesem Zeitraum um 74 % und in den USA um ca. 60 % anstieg, wuchs die Beschäftigung in den europäischen Staaten nur marginal.

- Um einen Beschäftigungszuwachs von 1 % zu erreichen, mußten die Industrienationen in den 70er Jahren ein Wirtschaftswachstum von 2,1 % aufweisen, wohingegen hierfür zwischen 1980 und 1995 ein Wirtschaftswachstum von 2,0 % ausreichte. Aus diesem Grunde ist die von *Martin/Schumann* vermutete Entkopplung von Wirtschaftswachstum und Beschäftigung nach Auffassung des *Instituts der deutschen Wirtschaft* nicht gerechtfertigt.

- Ebenfalls positiv entwickelt hat sich seit 1970 das Realeinkommen der Beschäftigten. Dieses wuchs um jährlich 2,3 % in den OECD-Staaten an. Daher findet das *Institut der deutschen Wirtschaft* keine Bestätigung für die ebenfalls von *Martin/Schumann* vertretene Auffassung, wonach sich die Internationalisierung der Weltwirtschaft allein für ausgewählte Bevölkerungsgruppen positiv ausgewirkt habe.

- Schließlich sieht das *Institut der deutschen Wirtschaft* auch keine Anzeichen für einen Zusammenhang zwischen Internationalisierung und Sozialabbau. Zwischen 1970 und 1995 habe sich so die Sozialquote aller OECD-Länder deutlich vergrößert.

Trotz des bereits seit quasi 30 Jahren beobachtbaren Phänomens der Internationalisierung und der in jüngster Zeit über dieses Phänomen aufkommenden öffentlichen Diskussion hat sich bislang jedoch noch keine umfassende Theorie herausgebildet, die sowohl gesamtwirtschaftlich als auch unternehmensbezogen die Internationalisierung abschließend erklären kann (vgl. *Macharzina/Oesterle*, 1997, S. 15 f.; *Hermanns/Wißmeier*, 1995, S.11 f.; *Müller*, 1991, S. 62; *Miesenböck*, 1989, S. 14 ff.). Die vorhandenen (partial-)theoretischen Ansätze (vgl. *Tab. A-1*) sind dabei zum Teil als konkurrierend, zum Teil als ergänzend einzustufen (ausführliche Darstellungen finden sich bei *Glaum*, 1996; *Perlitz*, 1995; *Stein*, 1992; *Dieckheuer*, 1995; *Macharzina*, 1982).

Theorie	Grundgedanke	Vertreter
Theorien des internationalen Güteraustausches		
Theorie der Faktorausstattung (Heckscher-Ohlin-Theorem)	Welthandel entsteht durch die unterschiedliche Ausstattung mit Arbeit und Kapital: Güter, die mit Faktoren erstellt werden, die in einem Land billig beschafft werden können, werden in andere Länder exportiert, in denen die gleichen Faktoren teuer sind.	*Heckscher* (1966) *Ohlin* (1931)
Theorie der technologischen Lücke	Exporte entstehen durch technologische Überlegenheit. Im Importland kann das innovative Produkt nur mit entsprechendem Zeitbedarf imitiert werden (techn. Lücke). Anschließend gehen Importe zurück.	*Posner* (1961) *Arrow* (1962)
Theorie der komparativen Kostenvorteile/Produktivitätsunterschiede	Handelsströme zwischen Ländern ergeben sich durch Kostenunterschiede, die sich aus verschiedenen Arbeitsproduktivitäten ergeben.	*Ricardo* (1817) *Habeler* (1933) *Viner* (1965)
Produktlebenszyklustheorie	Innovative Produkte werden in der Einführungsphase exportiert. Der Export hält an, bis das Produkt im Importland imitiert wird.	*Vernon* (1966) *Hirsch* (1967)
Standort-Theorie	Je höher die Transportkosten, -zeiten und Handelshemmnisse sind und je kürzer der ökonomische Horizont ist, desto geringer ist der Handel zwischen Ländern.	*Linnemann* (1966) *Hufbauer* (1970)
Theorien der Direktinvestition		
Klassische Kapital-Theorie	Direktinvestitionen sind das Ergebnis unterschiedlicher Kapitalkosten im In- und Ausland: Unternehmen investieren so lange im Ausland, wie die Grenzproduktivität des Kapitals im Ausland größer ist als im Inland.	*Aliber* (1970)

Theorie	Grundgedanke	Vertreter
Monopol-Theorie	Direktinvestitionen werden vorgenommen, um Wettbewerb mit ausländischen Konkurrenten - z. B. durch Akquisitionen im Ausland – auszuschalten.	*Hymer* (1960) *Johnson* (1970) *Caves* (1971)
Standort-Theorie	Direktinvestitionen werden dann durchgeführt, wenn das Marktpotential und das Marktwachstum lukrativ sind.	*Jahrreiß* (1984)
Allgemeine Theorien der Internationalisierung		
Long-Run-Theory	Multinationale Unternehmen entstehen durch Transaktionskostenvorteile: Zwischenprodukte und immaterielle Ressourcen können zwischen unternehmenseigenen Länderstützpunkten kostengünstiger disponiert werden als über marktliche Koordinationsmechanismen.	*Buckley/ Casson* (1976) *Magee* (1977)
Eklektische Theorie	Internationalisierung bietet drei Vorteile: (1) Eigentumsbedingte Wettbewerbsvorteile, (2) Standortvorteile der Ländermärkte, (3) Ausnutzung von Marktunvollkommenheiten. Liegen alle vor, dann sollte direkt investiert werden; bei (1) und (3) sollte exportiert werden; liegt nur (1) vor, dann sollten vertragliche Ressourcenübertragungen (Lizenzvergabe etc.) erfolgen.	*Dunning* (1980)

Tab. A-1: Theoretische Ansätze zur Internationalisierung
(Quelle: In Anlehnung an Hünerberg, 1994, S. 41 f.)

Die Theorieansätze weisen in verschiedener Hinsicht Erklärungsmängel auf. Die zentralen Kritikpunkte an den in *Tab. A-1* aufgeführten theoretischen Ansätzen sieht *Perlitz* (1995, S. 135 ff.) in

- der weitgehenden Monokausalität (Herausgreifen von Teilaspekten),

- der ausschließlichen Binationalität (Konzentration auf Inland-Ausland-Fragestellungen),

- der mangelnden dynamischen Ausrichtung (Internationalisierung als statisches Phänomen) und

- der Dominanz von Erklärungs- anstelle von Entscheidungsmodellen.

Motiv	SL	IL	EL
Ausdehnung der Auslandaktivitäten auf neue Märkte	1	1	1
Sicherung und Ausbau eines bisherigen Marktes	2	2	2
Politische Stabilität des Gastlandes	3	5	4
Sicherung und Kontrolle des Vertriebs im Gastland	4	3	3
Erwartung einer hohen Investitionsrendite	5	8	7
Überwindung von Handels- und Exporthemmnissen	6	7	6
Niedrige Lohnkosten	7	12	5
Sicherung der Versorgung im Gastland	8	10	8
Schaffung neuer Arbeitsplätze	9	17	10
Exportbasis für Produkte der Muttergesellschaft	10	4	9
Zulieferer für Gastlandunternehmen	11	6	12
Stärkung der wirtschaftlichen Eigenständigkeit des Gastlandes	12	18	11
Staatl. Förderungsmaßnahmen des Gastlandes	13	16	14
Produktion für die Muttergesellschaft (Reimport)	14	13	20
Verwertung von Technologien, die für die Produktion im Gastland entwickelt wurden	15	15	18
Zulieferer für ein Mutterlandunternehmen, das auch im Gastland tätig ist	16	20	21
Staatliche Förderung des Mutterlandes	17	24	19
Verarbeitung einheimischer Rohstoffe für den Inlandsbedarf	18	19	13
Einsparung von Transportkosten	19	9	16
Wechselkursbedingte Verlagerung	20	11	25
Niedrige Preise für Rohstoffe	21	14	17
Sicherung und Erweiterung der Rohstoffbasis	22	21	15
Sonstige Gründe	23	22	22
Sicherung der Energieversorgung	24	23	23
Förderungsmaßnahmen durch internationale Institutionen	25	25	24

Tab. A-2: Rangskala der Auslandsinvestitionsmotive
(Quelle: In Anlehnung an DIHT, 1981, S. 132)

Angesichts der Diversität und der Defizite theoretischer Erklärungsmuster für Internationalisierungstendenzen weist *Dülfer* (1997) darauf hin, daß allein der Rückgriff auf pragmatische Ansätze sinnvolle Erklärungsmuster für Internationalisierungsentscheidungen liefere. Soweit es dabei um Motive von Direktinvestitionen im Ausland geht, liegen seit 1960 verschiedene amerikanische und deutsche Erhebungen vor (vgl. *Robinson*, 1961; *Behrmann*, 1962; *Alwin*, 1969; *IFO*, 1979; *Pausen-*

berger, 1980; weitere Ansätze finden sich bei *Müller/Kornmeier*, 1997, S. 83). Besondere Beachtung hat dabei eine 1981 vom *Deutschen Industrie- und Handelstag* initiierte Studie (vgl. *Deutscher Industrie- und Handelstag*, 1981) gefunden.

> Der *DIHT* hatte 1981 ca. 650 Unternehmen mit Hilfe der deutschen Auslandshandelskammer über ihre Motive bei Direktinvestitionen im Ausland befragt (vgl. zu Umfrageergebnissen jüngeren Datums *Deutscher Industrie- und Handelstag*, 1997). Das Ergebnis war eine - im Vergleich zu den Studien der 60er und 70er Jahre - um ein Vielfaches detailliertere Motivliste. Besonders aufschlußreich sind die Ergebnisse gerade deshalb, weil die Bedeutung der 25 abgefragten Motive von den Befragten getrennt nach Industrie-, Schwellen- und Entwicklungsländern beurteilt werden sollten. *Tab. A-2* zeigt die Bedeutungsrangfolge differenziert nach den Länderclustern Schwellenländer (SL), Industrieländer (IL) und Entwicklungsländer (EL). Die Studie kommt insofern zu aufschlußreichen Ergebnissen, als sie deutlich macht, daß Direktinvestitionen - und damit letztlich Internationalisierungsbemühungen im allgemeinen - immer auf ein Bündel von Motiven zurückzuführen sind.

Auf Basis solcher empirischer Überlegungen wird in der Literatur z. T. der Versuch unternommen, zentrale Ursachendimensionen für die Internationalisierung der Geschäftstätigkeit von Unternehmen zu identifizieren (vgl. hierzu u. a. *Birkinshaw/ Morrison/Hulland*, 1995; *Cvar*, 1986; *Henzler/Rall*, 1985; *Porter*, 1989; *Yip*, 1992). *Bamberger/Wrona* unterscheiden beispielsweise u. a. zwischen folgenden Ursachendimensionen, die sie als Treiber der Internationalisierung bzw. Globalisierung bezeichnen (vgl. *Bamberger/Wrona*, 1997, S. 714 f., und speziell für mittelständische Unternehmen *Bamberger/Evers*, 1997):

- *politische Treiber* (Abbau von Handelshemmnissen, Bildung von Handelsblöcken, Öffnung der Ostmärkte etc.),

- *technologische Treiber* (allgemeine Beschleunigung technologischer Innovationen, Verbesserungen der Informationstechnologie, die zu geringeren Transport- und Kommunikationskosten führen),

- *ökonomische (marktbezogene) Treiber* (steigende Bedeutung von Mengendegressionseffekten, Erfahrungskurvendefekte, steigende Aufwendungen für Forschung und Entwicklung bei gleichzeitig verkürzten Produktlebenszyklen, Bedeutung von Weltmarken, Angleichung von Einkommensverteilung und Verbrauchsgewohnheiten in industrialisierten Ländern).

Auch wenn diese eher pragmatischen Ansätze wichtige Hinweise zur Erklärung der Internationalisierungsbemühungen von Unternehmen liefern, lassen sich hierauf letztlich keine normativen Aussagen in bezug auf die Fragen begründen, ob und unter welchen Umständen Unternehmen eine Internationalisierung ihrer Geschäftstätigkeit vornehmen sollen. Zusammengenommen ist somit feststellbar, daß bislang eine auch für Managementbelange einsetzbare „Internationalisierungstheorie" weitgehend fehlt, die über die Deskription hinaus die Erklärung und Ableitung von Empfehlungen für die einzelwirtschaftliche Internationalisierung liefert.

2. Die Position Deutschlands im Welthandel

Die nationale volkswirtschaftliche Entwicklung der Bundesrepublik Deutschland ist traditionell eng an die jeweils aktuelle Rolle und Bedeutung Deutschlands im Welthandel geknüpft. *Minc* (1989, S. 43 f.) beschreibt diese Abhängigkeit Deutschlands vom Außenhandel wie folgt:

> „Für die bundesdeutsche Wirtschaft sind Exportmöglichkeiten weit wichtiger als für die Wirtschaft jedes anderen Landes, und zwar nicht wegen des bedeutenden Anteils des Außenhandels am Bruttoinlandsprodukt, sondern deshalb, weil die Bundesrepublik Deutschland als ein Land ohne ausreichenden Nachwuchs und mit stark rückläufiger Bevölkerungszahl darauf angewiesen ist.
>
> Der bundesdeutsche Binnenmarkt ist ausgereizt. Die Nachfrage ist vollauf befriedigt, die übersättigte Bevölkerung hat an Autos, Haushaltsgeräten, Unterhaltungselektronik und so weiter verbraucht, soviel sie nur konnte. [...] Der dramatische Rückgang der Bevölkerungszahl erschüttert nun sämtliche makroökonomische Gleichungen. Deshalb sind Exporte für die Bundesrepublik Deutschland lebenswichtig, als Ausgleich für eine unvermeidlich rückläufige Inlandsnachfrage."

Auch wenn *Minc* (1989) die Problematik sehr stark vereinfacht, hängt die gesamtwirtschaftliche Entwicklung in Deutschland tatsächlich immer mehr von der Exportentwicklung ab. Deutschland gehört in diesem Zusammenhang seit dem Ende der 60er Jahre zu den führenden Exportnationen, wie *Abb. A-9* für 1995 bestätigt.

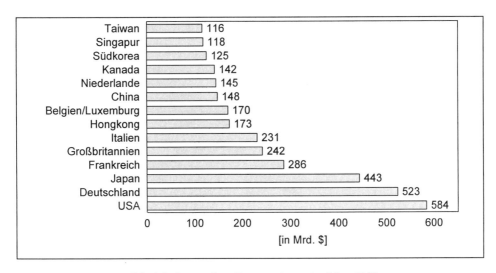

Abb. A-9: Die größten Exportnationen im Jahre 1995
(Quelle: Stat. Bundesamt, 1997)

Die Position Deutschlands im Welthandel ist jedoch seit einigen Jahren durch verschiedene z. T. interdependente Entwicklungen gefährdet. Die Probleme der deutschen Exportwirtschaft lassen sich in diesem Zusammenhang in

- Niveauprobleme und

- Strukturprobleme

aufspalten.

Die öffentliche Diskussion in der Bundesrepublik Deutschland konzentrierte sich
dabei in der ersten Hälfte der 90er Jahre überwiegend auf die *Niveauprobleme* der
deutschen Exportwirtschaft.

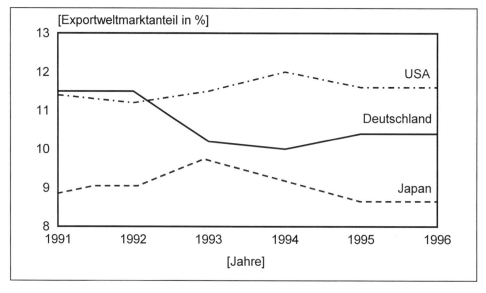

Abb. A-10: Exportentwicklung im Ländervergleich
(Quelle: Stat. Bundesamt, 1997)

Die Etablierung Deutschlands im Kreis der führenden Exportnationen und die zwischenzeitliche Überrundung der USA als größte Exportnation seit Mitte der 80er Jahre hat in
der öffentlichen Diskussion in der Bundesrepublik Deutschland den Glauben festgesetzt,
Deutschland streite beispielsweise mit Japan und den USA um die „Krone der Export-
weltmeisterschaft" (*Nerreter/Stöcher*, 1989, S. 133). Demzufolge nahm der zwischenzeit-
lich zu verzeichnende Rückfall gegenüber den USA und Japan (vgl. *Abb. A-10*) einen
breiten Platz in der öffentlichen Diskussion ein (vgl. exemplarisch *Hünerberg*, 1994, S.
35; *o.V.*, 1994a, S. 1). Auch später fand die am Beginn der zweiten Hälfte der 90er Jahre
einsetzende Konsolidierung des Niveaus der deutschen Exporte überdurchschnittliche Beachtung in der Öffentlichkeit: Im Herbst 1997 wurde Deutschlands gefestigte Position als
zweitgrößte Exportnation unter Überschriften wie „Deutschland im Welthandel Vize-

Meister" in der Presse „gefeiert" (vgl. u. a. *o.V.*, 1997b, S. 13; *Fricke/Klusmann*, 1997, S. 234 ff.).

Bei einer solchen Fokussierung auf die (zwischenzeitlichen) Niveauprobleme der deutschen Exportwirtschaft wird allerdings übersehen, daß die Gefährdung des Exportniveaus das Ergebnis unterschiedlicher *Strukturprobleme* darstellt. Strukturelle Defizite deutscher Unternehmen (vgl. zu zusätzlichen politischen Versäumnissen u. a. *Hermann*, 1997) lassen sich in diesem Zusammenhang vor allem in bezug auf

- Ländermärkte und

- Exportsortimente

konstatieren.

Im Mittelpunkt der Exporttätigkeit deutscher Unternehmen stehen die europäischen Ländermärkte. 1996 wurden so mehr als 56 % des Gesamtexports mit den übrigen Ländern der EU abgewickelt (vgl. *Abb. A-11*).

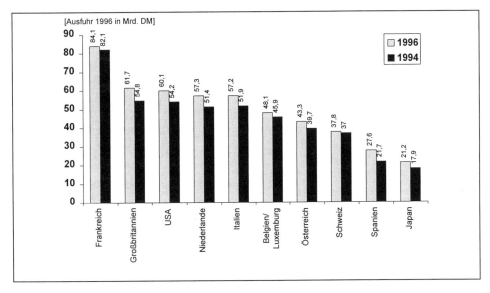

Abb. A-11: Die 10 größten Ausfuhrländer der BRD 1996 (in Mrd. DM)
(Quelle: o.V., 1997b, S. 13)

Diese Konzentration auf die zusammenwachsenden Ländermärkte Europas ist vor dem Hintergrund zukünftiger Schlüsselmärkte nicht unproblematisch (vgl. *Engelke*, 1997, S. 74). Es ist das Verdienst von *Ohmae,* in seinem vielbeachteten Triade-Konzept darauf aufmerksam gemacht zu haben, daß sich Markterfolge in vielen Branchen langfristig nur dann einstellen werden, wenn Unternehmen in zumindest zwei der umsatzstärksten Weltmarktregionen - Europa, USA und Japan - starke Marktstellungen einnehmen (vgl. *Ohmae*, 1985). *Abb. A-12* macht jedoch deutlich, daß deutsche Unternehmen gerade auf dem japanischen, aber auch auf dem amerikanischen Markt offensichtlich über strukturelle Schwächen verfügen. Der Anteil dieser Märkte am deutschen Export nahm 1996 bzw. 1997 ein deutlich geringeres Gewicht ein, als dies der Bedeutung dieser Märkte am gesamten Weltexport entspricht.

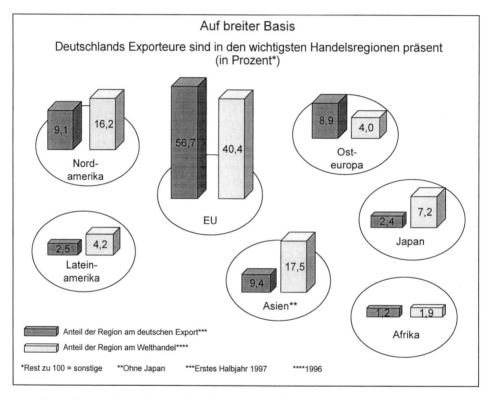

Abb. A-12: Anteil verschiedener Länderregionen am deutschen Export und am Welthandel
(Quelle: Fricke/Klusmann, 1997, S. 237)

Auch andere bislang als zukünftige Schlüsselmärkte eingestufte Ländermärkte in Asien - z. B. die sogenannten „Tigerstaaten" (Hongkong, Südkorea, Taiwan, Singapur, Malaysia, Thailand, Philippinen), China, Vietnam etc. - haben deutsche Unternehmen in der Vergangenheit weitgehend vernachlässigt. Ihr Anteil an den deutschen Exporten nahm 1996 nur 9,4 % ein, wohingegen ihr Anteil am gesamten Welthandel 17,5 % ausmachte (vgl. *Abb. A-12*). Auch wenn deutsche Unternehmen seit Beginn der 90er Jahre die Exportvolumina in diesen Märkten zum Teil deutlich steigern konnten (vgl. *Fricke/Klusmann*, 1997; *Julitz*, 1995), besteht hier noch immer ein erheblicher Nachholbedarf gegenüber japanischen, aber auch amerikanischen Unternehmen.

Allerdings zeigt sich neuerdings, daß die Entwicklungskontinuität einiger asiatischer Staaten - und hier insbesondere der Tigerstaaten - in der Vergangenheit überschätzt worden ist. Gerade Länder wie Südkorea oder Thailand haben so zunehmend mit wirtschaftlichen Schwierigkeiten zu kämpfen (vgl. *Klusmann*, 1997; *Gersemann*, 1997; *Engardio/Moore/Hill*, 1996). Parallel zu dieser wirtschaftlichen Schwächeperiode in einigen südostasiatischen Staaten ergeben sich neuerdings stark anwachsende Exportpotentiale in anderen Länderregionen wie z. B. in Südamerika (vgl. z. B. *Franzen*, 1996). Stetiges Wirtschaftswachstum in Verbindung mit einem drastischen Abbau bisheriger Importzölle - in Ländern wie Brasilien, Paraguay oder Uruguay sind die Importzölle in einigen Wirtschaftssektoren von mehr als 70 % auf ungefähr 10 - 15 % gesenkt worden (vgl. *Hasholzner*, 1996) - führen dazu, daß diesen Ländermärkten eine ähnlich hohe Attraktivität wie den Märkten in Südost-Asien zukommt. Allerdings weist die deutsche Exportwirtschaft auch auf diesen Ländermärkten eine im Vergleich zu amerikanischen oder z. B. spanischen Unternehmen deutlich schlechtere Exportposition auf.

	Hochtechnologiesektor		Mitteltechnologiesektor		Niedrigtechnologiesektor	
Deutschland 1970 1992	97 82	↓	125 119	↓	76 85	↑
Japan 1970 1992	124 144	↑	78 114	↑	114 46	↓
USA 1970 1992	159 151	↘	110 90	↓	64 74	↑

Abb. A-13: Die deutsche Wettbewerbssituation nach Technologiesektoren
(Quelle: OECD, 1994)

Neben der einseitigen Ausrichtung auf den europäischen Markt ist als weiteres grundsätzliches *Strukturproblem* die Zusammensetzung des Exportvolumens deutscher Unternehmen anzuführen. Nach OECD-Angaben ist beispielsweise - ähnlich zur Entwicklung in den USA - der Anteil der deutschen Exporte aus dem Hochtechnologie- und Mitteltechnologiesektor an den deutschen Gesamtexporten zwischen 1970 und 1992 zu Lasten der Exporte aus dem Niedrigtechnologiesektor zurückgegangen (vgl. hierzu u. a. *Höfer*, 1997, und *Abb. A-13*). Die hieraus vor allem im Vergleich zu japanischen Unternehmen ableitbare (Hoch-)Technologieschwäche deutscher Unternehmen läßt sich auch am seit Ende der 70er Jahre zurückgehenden Anteil deutscher (internationaler) Patentanmeldungen an der Gesamtzahl internationaler Patentanmeldungen ablesen. *Abb. A-14* verdeutlicht, daß sich der deutsche Anteil zwischen 1979 und 1994 von ca. 20 % auf 15 % reduziert hat.

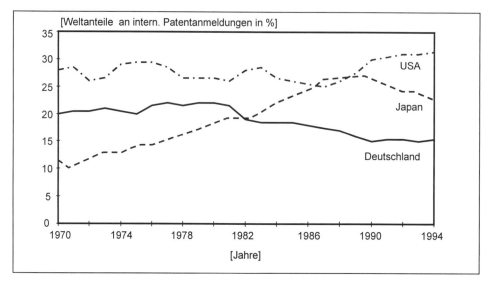

*Abb. A-14: Die deutsche Wettbewerbssituation nach internationalen Patentanmeldungen
(Quelle: ifo Patentstatistik, 1997)*

Betrachtet man darüber hinaus die branchenspezifische Situation der deutschen Exportwirtschaft, so zeigt sich, daß deutsche Unternehmen vor allem in „klassischen" Wirtschaftszweigen wie Automobile, Maschinen oder chemische Basisprodukte über eine starke internationale Wettbewerbsposition verfügen. Allerdings nimmt der internationale Konkurrenzkampf hier wegen des geringen Innovationspotentials und zunehmender Sättigungstendenzen immer mehr zu. Mit Ausnahme der Bereiche Energie- und Umwelttechnik (vgl. zur Position deutscher Unternehmen in diesem Markt *Kutter*, 1997) verfügen deutsche Unternehmen andererseits Mitte der 90er Jahre bei innovativen Zukunftstechnologien (Telekommunikations- und Informationstechnik, Bio- und Gentechnik, Optoelektronik oder Software) über keine ausgeprägten Weltmarktanteile (vgl. *Preissner/Schwarzer*, 1996, und *Abb. A-15*).

Diese Überlegungen zeigen, daß die Auseinandersetzung mit den Problemen der Internationalisierung der Geschäftstätigkeit und der Bearbeitung ausländischer Märkte für deutsche Unternehmen von großer Bedeutung ist. Erhebliche Teile der deutschen Wirtschaft hängen vom Export ab. Gleichzeitig sind diese volkswirtschaftlich bedeutsamen Erwerbsquellen durch die strukturelle Vernachlässigung wichtiger regionaler und sachlicher Zukunftsmärkte gefährdet. Die Erschließung ausländischer

Märkte und deren Bearbeitung wird damit zu einer zentralen Managementaufgabe. Für eine erfolgreiche internationale Unternehmenstätigkeit wird dabei die Bedeutung einer konsequenten Marktorientierung im Rahmen des Internationalen Marketings unterstrichen (vgl. *Meffert/Bolz*, 1998).

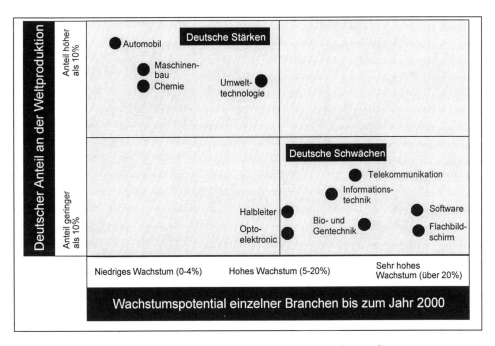

Abb. A-15: Die deutsche Wettbewerbsposition nach Branchen
(Quelle: Preissner/Schwarzer, 1996, S. 122)

IAS International Case Studies Series

Fillkar Electric AG

Dieser Fall wurde von Dr. *Kai Gruner* unter der Anleitung von Professor Dr. Klaus Backhaus, Direktor des Betriebswirtschaftlichen Instituts für Anlagen und Systemtechnologien der Westfälischen Wilhelms-Universität Münster erstellt.

3. Fallstudie „Fillkar Electric AG"

Noch ein paar Minuten nach dem Mittagessen genoß Herr Blüme den Blick aus dem Fenster seines Büros über die Berge jenseits der Mosel, dann setzte er sich wieder an seinen Schreibtisch. Beim Blättern fand er im „Manager Magazin" einen Artikel über den Fillkar Electric Konzern. Er begann zu lesen:

Fillkar Electric auf Talfahrt
Wer ist verantwortlich für die Misere?

Seit einiger Zeit sind für den Fillkar Electric Konzern die fetten Jahre vorbei, an die der belgische Elektroriese so lange gewöhnt war. Die deutsche Tochter des multinationalen Elektrokonzerns hat bei ca. 14 Mrd. DM Umsatz 1993 einen operativen Verlust von 1,6 Mrd. DM hinnehmen müssen.

In ähnlichen Schwierigkeiten steckte der belgische Gesamtkonzern. Obwohl das Bilanzergebnis durch die Auflösung von stillen Reserven noch geschönt werden konnte, muß die Dividende um 30 % gekürzt werden. Nachdem dies letzte Woche auf einer Pressekonferenz bekanntgegeben worden war, waren bereits am nächsten Tag an der Börse sehr heftige Reaktionen gefolgt. Schließlich war Fillkar Electric in den letzten Jahren für eine sehr auf Stabilität ausgerichtete Dividendenpolitik bekannt gewesen. Eine solch dra-stische Dividendenkürzung hatte es in der gesamten Nachkriegsgeschichte nicht gegeben. In dieser Höhe war sie auch von Insidern nicht erwartet worden.

Man fragt sich natürlich nach den Gründen für diese Entwicklung. Einer der Gründe ist mit Sicherheit darin zu sehen, daß Fillkar aufgrund seiner breiten Diversifikation in kaum einem Geschäftsgebiet über die kritische Größe verfügt, die heutzutage oftmals nötig ist. So zumindest sagt der bekannte Unternehmensberater...

...

Er las den Artikel mit allen Spekulationen über die Ursachen der Misere zu Ende, obwohl ihm die Tatsachen eigentlich allzu vertraut waren. Er war der Leiter der Geschäftseinheit A 53 „Unterbrechungsfreie Stromversorgungen" der deutschen Fillkar Electric AG und war gerade von einer großen Konferenz mit allen Geschäftsführern des deutschen Teilkonzerns zurückgekommen. Der Vorstand hatte die Situation des Konzerns in dramatischen Farben dargestellt und alle Geschäftseinheiten zu deutlichen Anstrengungen zur Verbesserung der Situation aufgefordert. Besondere Anstrengungen wurden von den defizitären Bereichen erwartet. Herr Blüme seufzte. Seine Geschäftseinheit gehörte deutlich zu den Verlustbringern. Er war jedoch willens, dies zu ändern und hierfür auch neue Wege zu gehen. Schließlich hatte der Vorstand in der Konferenz immer wieder mehr Ausrichtung auf die Erfordernisse des Marktes gefordert.

Als Grundlage zur Erstellung einer Marketingstrategie hatte Herr Blüme seinen Marketingleiter, Herrn Weiters, gebeten, eine ausführliche Situationsanalyse anzufertigen. Diese Analyse der momentanen Situation des Marktes und seiner Geschäftseinheit lag nun bei seiner Rückkehr auf seinem Schreibtisch. Herr Blüme nahm das Papier zur Hand und begann zu lesen.

Das Produkt

In unserer heutigen Industriegesellschaft ist elektrischer Strom zu etwas Selbstverständlichem und Unentbehrlichem geworden. Nicht nur in den privaten Haushalten, sondern auch gerade in der Industrie sind viele Vorgänge und Abläufe ohne Elektrizität nicht mehr denkbar. Oftmals sind es sehr wichtige und hochsensible Anlagen, die mit Elektrizität gespeist werden und deren Ausfall große Schäden und Risiken mit sich bringen würde. Als Beispiele seien nur genannt: die lebenserhaltenden Geräte in den Krankenhäusern, die Steuerungseinrichtungen in empfindlichen Produktionsprozessen, die Buchungssysteme der Banken usw. Der größte Bereich allerdings ist die ständig wachsende Zahl von Computern, an deren Funktion und Verfügbarkeit die Existenz ganzer Branchen hängt. Die ständige Verfügbarkeit der Elektrizität wird dabei von vielen Laien als selbstverständlich vorausgesetzt. Aufzeichnungen der Elektroversorgungsunternehmen aber zeigen, daß das Stromnetz nicht so stabil ist, wie es im Alltag aussehen mag. Jährlich findet durch unterschiedlichste Ursachen eine hohe Zahl von Störungen der Spannungsversorgung statt. Viele der oben beschriebenen Anwendungen reagieren auf Störungen im Millisekundenbereich bereits sehr empfindlich und mit ernsten Folgen.

Eine Möglichkeit, solche empfindlichen Stromverbraucher gegen Störungen des Stromnetzes abzusichern, besteht im Einsatz einer sogenannten „Unterbrechungsfreien Stromversorgung", kurz „USV". Eine USV wird zwischen den Verbraucher und das Stromnetz geschaltet. Treten nun Störungen wie eine Unterbrechung in der Spannungsversorgung auf, so übernimmt die USV die Speisung des Verbrauchers mit Strom und Spannung. Die dafür nötige Energie wird von Batterien bereitgestellt, denen ein Wechselrichter nachgeschaltet ist.

Die von der USV maximal abstützbare Leistung wird in Kilovoltampere (kVA) angegeben. Je nach Anwendung kommen USVen mit einer Leistung von 0,5 kVA (z. B. Absicherung eines PCs) bis zu einer Leistung von weit über 1000 kVA (z. B. Absicherung eines Großrechenzentrums oder einer großen Produktionsanlage) zum Einsatz. Je nachdem, wie viele Batterieblöcke eingesetzt werden, können Abstützzeiten von wenigen Minuten bis hin zu vielen Stunden realisiert werden.

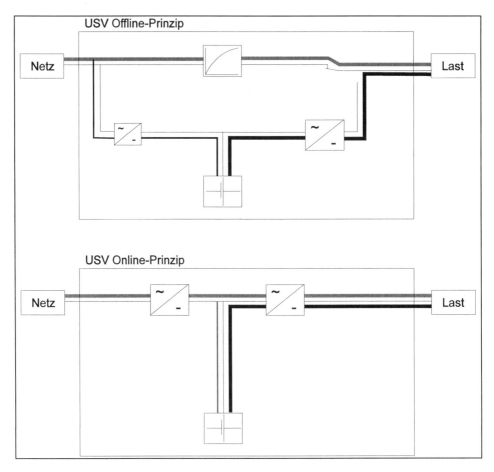

Abb. Fillkar-1: Die Funktionsprinzipien von USVen

Durch die beschränkte Batteriekapazität ist die Zeitdauer begrenzt, für die die USV die Anwendung mit Strom versorgen kann. Sehr wichtig ist daher die Kommunikation zwischen der USV und dem Anwender, falls die Batteriezeit zu Ende geht, bevor das Stromnetz wieder einsatzbereit ist. Bei Computern ist heute eine direkte Kommunikation zwischen der USV und dem Computer üblich, die dafür sorgt, daß der Rechner in diesem Fall alle Anwendungen ordnungsgemäß schließt. Zusätzlich erfolgt eine Meldung an den Kontrollstand oder Supervisor. Gedanklich läßt sich also eine USV in zwei Teile zerlegen, den energiefluß- und hardware-orientierten Energieversorgungsteil und den software-orientierten Kommunikationsteil.

Es existieren zwei unterschiedliche technologische Funktionsprinzipien von USVen, für die keine einheitliche Bezeichnungsweise festgelegt ist. Die beiden Konzepte werden bei Fillkar Electric mit „Online" und „Offline" bezeichnet. Ein stark vereinfachtes Schaltbild von beiden ist in *Abb. Fillkar-1* wiedergegeben.

Auf dem Markt erhältlich sind die Offline-Geräte nur bis zu einer Leistung von ca. 10 kVA. Darüber hinaus ist dieses Konzept aufgrund der dann fließenden Ströme schaltungstechnisch nicht mehr realisierbar. Online-Geräte werden dagegen über den gesamten Leistungsbereich angeboten.

Beim Offline-Konzept fließt im Normalbetrieb der Strom über einen Filter vom Netz zum Verbraucher. Über einen kleinen Gleichrichter fließt ein Ladeerhaltungsstrom in die Batterien. Netzstörungen werden von einem Sensor detektiert, der dafür sorgt, daß mit einer Umschaltzeit im Millisekundenbereich ein Relais auf Batteriebetrieb umschaltet, bei dem die Batteriegleichspannung mittels eines Wechselrichters in eine sinusförmige Wechselspannung verwandelt und dem Verbraucher zur Verfügung gestellt wird.

Beim Online-Konzept wird im Normalbetrieb der gesamte Strom aus dem Netz gleichgerichtet und auf die Batteriespannungsebene gebracht. Der Gleichstrom speist zum einen die Batterie und zum anderen den Wechselrichter, der ständig eine komplett neue sinusförmige Wechselspannung zur Versorgung des Verbrauchers aufbaut. Bei Netzausfall wird die Speisung des Wechselrichters durch die Batterie vorgenommen. Dabei entsteht keine Umschaltzeit.

Aufgrund ihrer Konzepte sind den beiden Varianten bestimmte Vor- und Nachteile zu eigen. Beim Offline-Konzept werden als Nachteile die Umschaltzeit von ca. 5 ms und die relativ schlechte Filterung der Netzspannung genannt. Die Verfechter der Offline-Technologie führen dagegen oft ins Feld, daß heutige Computernetzteile sogar eine Unterbrechung von 15 ms „locker verkraften" könnten. Ein Vorteil ist der deutlich geringere Preis, da viele Bauteile schwächer dimensioniert werden können. Eine Offline-USV kostet zwischen 30 und 40 % weniger als eine Online-USV.

Entsprechend gelten beim Online-Konzept die fehlende Umschaltzeit und die besseren Filtereigenschaften als Vorteile, der höhere Preis dagegen als Nachteil. Gerade in bezug auf die Umschaltzeit wird oft angeführt, daß je nach Phasenlage auch Unterbrechungen kleiner als 5 ms schon Störungen verursachen könnten. Ob On- oder Offline-Geräte eingesetzt werden, ist nicht zuletzt eine Frage der Risikoeinschätzung durch den Anwender.

Eine kleine USV mit z. B. 1 kVA paßt mit einer Batterie problemlos unter den Schreibtisch eines Büros und kostet je nach Technologie und Ausführung zwischen 800 DM und 1.600 DM. Sie wird anschlußfertig geliefert und kann problemlos in Betrieb genommen werden. Eine Großanlage mit z. B. 500 kVA braucht einen eigenen, abgeschlossenen Raum allein schon für die Batterien. Sie muß von Fachpersonal in Betrieb gesetzt werden und kann leicht mehrere hunderttausend Mark kosten.

Als Absicherung für kleine Computer war eine Zeitlang - als kostengünstige Alternative zu einer herkömmlichen USV - eine integrierte Einbaulösung in den Rechner auf der Gleichstromebene im Gespräch. Entsprechende Produkte haben sich aus verschiedenen, auch technischen Gründen nicht am Markt durchgesetzt, so daß solche Lösungskonzepte für die Zukunft als irrelevant zu betrachten sind.

Die Ausgangssituation der Firma Fillkar Electric

Fillkar Electric ist ein belgischer Elektrokonzern, dessen deutsche Tochter ca. 14 Mrd. DM Umsatz macht. Seit der Konzern das Profit-Center-Konzept konsequent umgesetzt hat, ist die Geschäftseinheit A 53 im Gesamtkonzern allein zuständig für die weltweite Entwicklung, die Produktion und den Vertrieb von USVen. Trotz aller Umstrukturierung allerdings war und bleibt Fillkar im Grunde seines Herzens ein recht schwerfälliger Großkonzern. Die Geschäftseinheit A 53 „Unterbrechungsfreie Stromversorgungen" macht ca. 46 Mio. DM Umsatz, davon 19 Mio. DM in Deutschland. Ein weiteres Drittel des Umsatzes wird im übrigen Westeuropa gemacht, der Rest im außereuropäischen Ausland. Die Produktionsstätten sind in Braunschweig und Gladbeck, während die Vertriebszentrale in der deutschen Zentrale in Trier angesiedelt ist.

Zur Verbesserung der Auslandsmarktposition war kurz nach Zerfall des Ostblocks der bedeutendste russische Hersteller von USVen gekauft worden. Dieses Engagement hat sich bis heute noch nicht recht ausgezahlt, doch die Zukunftsaussichten werden als positiv eingeschätzt. Zwar macht der russische USV-Markt im Moment von den Stückzahlen her gerade zwei Drittel des deutschen Marktes aus, doch für die Zukunft werden enorme zweistellige Wachstumsraten prophezeit. Zudem gilt der russische Markt als Schlüsselmarkt für die ehemaligen Sowjetstaaten. Fillkar ist der einzige westliche Anbieter mit einer Insiderposition am russischen Markt. Aufgrund der neu aufgekommenen nationalistischen Denkweise in Rußland ist es für andere ausländische Anbieter zur Zeit praktisch unmöglich, Zugang zum russischen Markt zu bekommen.

Mit einem Marktanteil von 8,6 % ist Fillkar Electric die Nummer fünf auf dem deutschen Markt hinter den Konkurrenten Siemens, Daimler-Industrie, Merlin Gerin und ABB sowie vor einer sehr großen Zahl weiterer Konkurrenten. Fillkar gehört zu den renommiertesten Anbietern von USVen und kann bei den einschlägigen Anwendern auf eine sehr hohe Bekanntheit und Reputation bauen. Dies ist nicht zuletzt darauf zurückzuführen, daß der regelmäßig durchgeführte Service an den USVen systematisch zur Kontaktpflege mit den Betreibern genutzt wird.

Noch bis vor 4 Jahren hat die Geschäftseinheit ordentliche Gewinne erwirtschaftet. Seitdem war aufgrund interner Probleme und geänderter Marktbedingungen ein dramatischer Gewinneinbruch eingetreten, so daß die Geschäftseinheit seit einigen Jahren Verlust machte, dessen Höhe im letzten Jahr 3,7 Mio. DM erreichte. Der Umsatz hatte mit Mühe gehalten werden können, indem man bei einer älteren Baureihe zahlreiche Sonderpreise bewilligt hatte. Einer der Gründe für die Misere ist, daß Fillkar in der preislichen Marktentwicklung nur sehr schwer mithalten kann. Zum einen sind die Produktionskosten für die USVen recht hoch. Dies ist man jedoch aufgrund von Qualitätsaspekten bereit zu akzeptieren. Zum anderen aber fallen sehr hohe Auftragsabwicklungskosten an, die trotz vielfältiger Anstrengungen bisher nicht gesenkt werden konnten. Aufgrund der früheren guten Gewinne ist auf seiten der Unternehmensleitung noch „Goodwill" vorhanden, die Geschäftseinheit in der momentan schwierigen Situation zu unterstützen. Herr Blüme, der als Leiter der Geschäftseinheit die Gesamtverantwortung trägt, ist sich jedoch im klaren, daß der inzwischen selbst angeschlagene Konzern bald nach Zeichen für einen „turn around" seiner Geschäftseinheit suchen wird.

Fillkar Electric ist für seine qualitativ hochwertigen, aber nicht besonders preiswerten Produkte bekannt. Entsprechend des eigenen Qualitätsanspruchs fertigt und vertreibt Fillkar Electric nur Online-USVen. Das Leistungsspektrum reicht dabei bisher von 25 kVA bis zu 1.500 kVA und wird von vier verschiedenen Produktlinien abgedeckt. Eine der vier Linien entspricht nicht mehr dem aktuellen Stand, aber insbesondere die große Baureihe (100 – 1.500 kVA) gilt zur Zeit als eine der besten Baureihen am Markt.

Das traditionelle Geschäft von Fillkar Electric sind USVen für große Anwendungen (ab 100 kVA aufwärts), wo auch über 80 % des Umsatzes getätigt werden. Das Geschäft ist davon geprägt, daß die meisten USVen individuell auf die Bedürfnisse des Nachfragers angepaßt werden müssen. Fillkar ist am Markt dafür bekannt, auch sehr ausgefallene Wünsche realisieren zu können, was z. B. im Kraftwerksgeschäft auch nötig ist.

Wegen dieser hohen Beratungs- und Kontaktintensität des Geschäfts vertreibt Fillkar Electric seine USVen direkt. In den großen Städten Deutschlands existieren Niederlassungen von Fillkar Electric, in denen jeweils ein Mitarbeiter für den Vertrieb von USVen zuständig ist. Fillkar hat Deutschland so in acht Vertriebsregionen aufgeteilt (vgl. *Abb. Fillkar-2*). Die Nachfrager nehmen direkt mit dem Mitarbeiter in der Niederlassung Kontakt auf, der in der Folge für die gesamte Auftragsabwicklung zuständig ist. Je nach Kunde bekommt Fillkar ein fertiges Lastenheft überreicht oder erarbeitet zusammen mit dem Anwender eine Lösung. Der Berater in der Niederlassung erstellt selbst ein Angebot, wenn es sich um eine relativ problemlose Anlage handelt. Wenn Sonderwünsche zu berücksichtigen sind oder ein besonderer Preis erforderlich ist, nimmt er Kontakt mit der Zentrale in Trier auf.

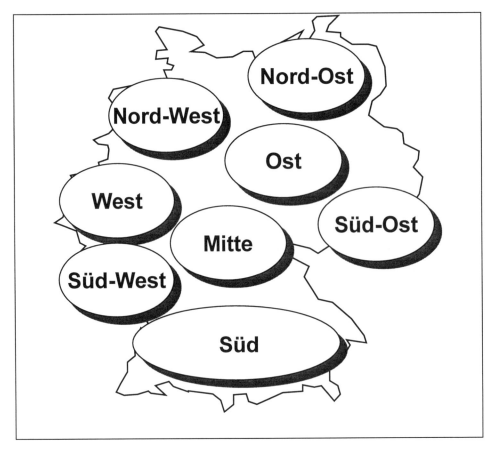

Abb. Fillkar-2:Vertriebsregionen von Fillkar

Der Gesamtmarkt für USVen in Deutschland

Laut einer Studie des bekannten Marktforschungsunternehmens Rost & Pullman soll der Weltmarkt für USVen ca. 3,5 Mrd. DM betragen. Dabei werden ca. 40 % in Nordamerika und je ca. 30 % des Volumens in Europa und in Asien realisiert, während die anderen Kontinente eine untergeordnete Rolle spielen. Der Studie zufolge hatte der USV-Markt in Deutschland 1993 ein Volumen von 240 Mio. DM. Damit macht der deutsche Markt ca. 23 % des europäischen Marktes aus. Über die Verteilung der USVen auf verschiedene Leistungsklassen macht das Unternehmen Rost & Pullman folgende Angaben:

Leistungsklasse	Marktanteil (umsatzbezogen)
< 4 kVA	29 %
4 kVA ... 25 kVA	41 %
> 25 kVA	30 %

Tab. Fillkar-1: Verteilung der USVen auf die Leistungsklassen

Diese Angaben beziehen sich auf den deutschen Markt, gelten von der Größenordnung her allerdings praktisch für alle Märkte.

Für Deutschland wird von einem jährlichen Wachstum von ca. 7 % ausgegangen, nachdem der Markt in den letzten Jahren im Schnitt mit knapp 10 % gewachsen war. Das Wachstum ist allerdings ungleichmäßig auf die Segmente verteilt. Während das große Segment relativ stabil ist und nur leicht wächst, sind im mittleren Bereich Rückgänge zu erwarten, da sich die hier relevanten Anwendungen von diesem Leistungsgebiet weg verlagern - entweder nach oben oder nach unten. Der kleine Leistungsbereich ist der am stärksten wachsende.

Eine Analyse der durch USVen abgesicherten Anwendungen hatte bei Rost & Pullman ergeben, daß ca. 70 % aller USVen zur Absicherung von Computeranlagen dienen. Auf den weiteren Plätzen liegen nachrichten- und prozeßtechnische Anwendungen. Dabei gilt die Tendenzaussage, daß USVen großer Leistungsklassen in weniger als 70 % der Fälle zur Absicherung von Computeranlagen eingesetzt werden, während kleine USVen fast ausschließlich zur Computerabsicherung eingesetzt werden, so daß hier andere Anwendungen praktisch zu vernachlässigen sind.

Besonderes Augenmerk verdient die kleine Leistungsklasse von 0 - 4 kVA. Noch vor 10 Jahren waren hier praktisch keine nennenswerten Umsätze zu verzeichnen. Seit vielen Jahren schon - und auch für die nächste Zukunft - ist dieser Teilmarkt der mit Abstand am schnellsten wachsende. Inzwischen repräsentiert er bereits ein knappes Drittel des Gesamtmarktes. Der Grund für diese Entwicklung besteht in dem Trend zur Dezentralisierung der EDV und dem daraus folgenden starken Anwachsen der Zahl von LANs (Local Area Networks) mit verteilter Intelligenz sowie der stärker werdenden Durchdringung der Bürowelt mit PCs. Dadurch entsteht ein steigender Bedarf nach Absicherung der verteilt gespeicherten Daten. Für diese Anwendungen sind USVen mit weniger als 4 kVA vollkommen ausreichend. Folglich liegt der Haupteinsatzbereich von USVen mit 0 - 4 kVA in der Absicherung von Netzwerkservern. Diese PC-Netzwerke werden zur Zeit noch fast immer neu installiert; der Nachrüstungsbedarf ist relativ gering.

In den oberen Leistungsklassen (ab 25 kVA) ist nur das Online-Prinzip vertreten, in den unteren konkurrieren das Online- und das Offline-Prinzip. Dabei hat sich ein Verhältnis von On- zu Offline in bezug auf verkaufte Stückzahlen von ca. 1:1 eingestellt.

Interessant ist am deutschen Markt, daß in den neuen Bundesländern immer noch ein starker Nachholbedarf an USVen besteht. Zum einen hat das Stromnetz im Ostteil Deutschlands noch längst nicht die Stabilität des Westens erreicht. Zum anderen bauen viele Unternehmen jetzt erst ihre EDV aus. Während also der Westteil Deutschlands nur leicht wächst, kommen wesentliche Teile des Marktwachstums aus der Sonderkonjunktur im Ostteil. Viele USV-Anbieter, darunter auch Fillkar, sind allerdings im Osten immer noch unterproportional mit Personal vertreten. Ein Großteil des Geschäfts wird nach wie vor aus dem Westen abgewickelt. Das verursacht oftmals Probleme in den Geschäftsbeziehungen. Bei einigen Unternehmen, so auch bei Fillkar, laufen daher Überlegungen, das Engagement in den neuen Bundesländern auszubauen. Da es aber schwierig einzuschätzen ist, wie lange das Sonderwachstum im Osten noch andauern wird, hat man sich bisher noch nicht zu einem weitergehenden Engagement entschließen können.

Die Zukunftspläne von Fillkar Electric

Schon vor einigen Jahren war von Herrn Blüme und seiner Geschäftseinheit erkannt worden, daß sich mit der Klasse der kleinen USVen sehr schnell ein komplett neues Marktsegment entwickeln würde. Es machte ihnen daher ernsthafte Sorgen, daß Fillkar Electric in dieser Leistungsklasse überhaupt nicht vertreten war. Daher war vor zwei Jahren der Entschluß gefallen, dieses umsatzstarke Segment der kleinen USVen in Zukunft mit einer eigenen kleinen Baureihe zu bearbeiten. Allerdings war in diesem Markt bereits eine ganze Reihe von Anbietern tätig. Man war sich daher der Tatsache bewußt, daß man den Markt als „später Folger" betreten würde. Da der Markt des mittleren Leistungssegments von 4 bis 25 kVA gemäß allen Analysen in

Zukunft mit Umsatzrückgängen würde rechnen müssen, war man nach langen Diskussionen übereingekommen, dieses Segment auch in Zukunft nicht zu bearbeiten.

Fillkar war entschlossen, USVen der kleinen Leistungsklasse selbst zu fertigen und nicht, wie viele der Wettbewerber, fremdzubeziehen und „umzulabeln". Es war definitive Unternehmenspolitik, nicht zum Handelshaus zu werden und somit lediglich fremde Ware zu vertreiben. Geplant war eine Baureihe, die von 0,5 bis 5 kVA reichen und die im Werk in Gladbeck gefertigt werden sollte. Aufgrund des Selbstverständnisses kam von vornherein auch für die kleine Baureihe nur die Online-Technologie in Frage. Vor zwei Jahren war ein Pflichtenheft erstellt worden, anhand dessen die Produktentwicklung vorgenommen wurde. Die Vorkalkulation hatte ergeben, daß bei den durchschnittlichen Stückkosten eine Situation erreichen werden kann, die der der großen taiwanesischen Massenhersteller nahekommt, worauf der Entwicklungsleiter besonders stolz ist. Möglich ist dies durch die Tatsache, daß man sich der gleichen neuen Produktionstechnologie bedient, die auch im gerade fertiggestellten und in Betrieb genommenen, vollkommen neuen Werk des größten taiwanesischen Herstellers angewandt wird. Damit schien in bezug auf die Kosten im Wettbewerbsvergleich ein guter Wert erreicht zu sein, zumal man hoffte, ab 10.000 Stück einen Erfahrungskurveneffekt von ca. 20 % realisieren zu können. Bei der Konzeption war man von einer Orientierung an den erfolgreichsten USVen am Markt ausgegangen, da diese die Marktbedürfnisse sehr genau zu treffen schienen.

Die geplante Stückzahl war zunächst mit 5.000 Stück pro Jahr festgelegt worden. Auch wenn der Werksleiter vollmundig verkündet hatte, „praktisch unbegrenzte Produktionskapazitäten" bereitstellen zu können und auch wenn von der Auslastung des Werkes her eine deutlich größere Stückzahl möglich wäre, ließen die Marktsituation und die Tatsache, daß man in diesem Segment bisher nicht vertreten war, Herrn Blüme insgeheim sehr an der Verwirklichung der angestrebten Stückzahl zweifeln. Vor allem schien ihm die zukünftige Kostenentwicklung noch sehr unsicher zu sein.

Inzwischen war die Entwicklung weitgehend abgeschlossen und die Markteinführung konnte in wenigen Monaten beginnen. Ein umfassendes Konzept - gerade im Hinblick auf die Vertriebspolitik der kleinen USVen - aber fehlte bisher.

Das Nachfragerverhalten auf dem USV-Markt

Im Hause Fillkar waren bis dato praktisch keine Informationen über den Markt der kleinen USVen vorhanden. Da Herr Weiters ein gründlicher Mann ist, hatte er seine Nachforschungen folglich sehr umfassend angelegt. Welche der Informationen davon später für die anstehenden Entscheidungen brauchbar sein würden, konnte er zu diesem Zeitpunkt noch nicht sagen. Seinen neuen Erkenntnissen stellte er die Erfahrungen im Markt der großen USVen gegenüber. Dabei nahm er eine bewußte Zweiteilung des Marktes in kleine USVen (0 - 5 kVA) und große USVen (> 100 kVA) vor, obwohl dies so nicht genau den Marktgegebenheiten entsprach. Diese Polarisierung erschien ihm aber für seine Untersuchung sinnvoll, denn zum einen ist Fillkar in der Welt der großen USVen zu Hause, zum anderen wurden so vielleicht die Unterschiede zwischen den Märkten deutlicher.

Der typische Geschäftsablauf in der Leistungsklasse ab 100 kVA ist folgendermaßen: Eine große Anwendung, z. B. ein Rechenzentrum, befindet sich in der Planungsphase. Oftmals wird dabei die Hilfe von Ingenieurbüros in Anspruch genommen. Im Rahmen der Projektierung der gesamten Stromversorgung wird auch der Einbau einer USV geplant. Der Planer erstellt typischerweise ein Lastenheft und schickt eine Ausschreibung an verschiedene Hersteller. Der Anbieter gibt daraufhin ein Angebot ab. Diesem Angebot können zahlreiche Kontakte und Gespräche mit dem Auftraggeber vorausgehen oder nachfolgen. U. U. kann sich die Abwicklung eines solchen Projektes über viele Monate, manchmal sogar Jahre erstrecken, denn große USVen sind relativ individuell auf den jeweiligen Nachfrager zugeschnitten. Fillkar ist am Markt dafür bekannt, auch sehr ausgefallene Kundenwünsche realisieren zu können.

Die Projektierung erfolgt meistens von Elektrofachleuten, die mit der Problematik der Stromversorgungsplanung sehr vertraut sind. Folglich besteht dieser Personenkreis, die klassische Fillkar Electric-Klientel, aus Fachleuten, die zum einen verstehen und zum anderen daran interessiert sind, was in einer USV vor sich geht. Je nach Anwendungsgebiet legen die Nachfrager den Schwerpunkt ihrer Auswahlkriterien sehr unterschiedlich. Häufig vorkommende Kriterien sind Oberwellengehalt des Sinus, Überlastfähigkeit der USV, Platzbedarf, Funkentstörgrad, Netzrückwirkungen usw. Die USV-Vertreter in den Niederlassungen haben eine ähnliche Ausbildung wie die Nachfrager, sie sprechen die Sprache der Kunden und denken in den gleichen Kategorien.

Kleine USVen dagegen werden nicht als Teil der Elektroinstallation angesehen, sondern als Peripherie der Datenverarbeitung. Sie werden daher von EDV-Fachleuten beschafft, die keine elektrotechnische Vorbildung haben. Wie alle EDV-Fachleute ist auch diese Nachfragergruppe sehr stark software-interessiert und -fokussiert. Entsprechend ist auch das Interesse an elektrotechnischen Problemen gering. Zunächst ist kein ausgeprägtes Problembewußtsein in bezug auf die Sicherheit der Stromversorgung vorhanden. Darüber hinaus ist selbst nach einer Problemerkennung das Interesse an der technischen Problemlösung gering. Dies haben drei der Vertriebsmitarbeiter herausgefunden, die sich die Mühe gemacht haben, eine Woche lang eine telefonische Befragungsaktion mit Anwendern durchzuführen.

Weiterhin hatte man herausgefunden, daß die kleinen USVen auf seiten der Endverbraucher offenbar absolute „low interest"-Produkte darstellen, was die Fillkar-Mitarbeiter etwas in ihrer Ehre gekränkt hatte. Scheinbar akzeptieren die Anwender irgendwie die Notwendigkeit einer USV, wollen aber, daß diese nach dem Kauf möglichst nie gebraucht wird und daß man sie getrost vergessen kann. Weiterhin ist auf Nachfragerebene ein hohes Maß an Aufklärungsarbeit nötig, denn viele Anwender haben keinerlei Kenntnisse über USVen und kennen nicht den Unterschied zwischen Online und Offline, geschweige denn weitergehende Details.

Ein sehr interessantes Ergebnis dieser Aktion war, daß trotz allem offenbar eine relativ geringe Substitutionsmöglichkeit von Online-USVen durch Offline-USVen und umgekehrt gesehen wurde. Da kleine USVen „low interest"-Produkte darstellen, bilden sich die Anwender in einem nicht sehr extensiven Entscheidungsprozeß eine Meinung und eine Präferenz für eine Technologie. Diese Präferenz sind sie später nicht mehr bereit zu hinterfragen. Das führt dazu, daß Offline-Käufer nicht die Zahlungsbereitschaft haben, die für die Online-Technologie nötig ist, und andererseits die Online-Käufer auch durch Preisvorteile kaum zum Kauf eines in ihren Augen nicht ausreichenden Schaltungskonzepts bewegt werden können.

Abgesehen von der Unterscheidung zwischen Online und Offline ist ein weniger differenziertes Preis-Leistungs-Empfinden zu beobachten als bei den großen USVen. Das äußert sich darin, daß die Nachfrager relativ preiskritisch sind und ab einem bestimmten Preisniveau komplett auf eine USV verzichten. Diese Aussage gilt sowohl für die Käufer der Online- als auch für die Käufer der Offline-Technologie. Das potentielle Marktvolumen vergrößert sich also deutlich mit sinkendem Preis.

Die kleinen USVen sind sehr stark standardisierte Produkte. Der Nachfrager kann nur auf sehr wenige Produkteigenschaften Einfluß nehmen. Wie auch in vielen anderen Branchen werden diese standardisierten USVen oftmals aus Fernost eingeführt, wo sie in großen Stückzahlen hergestellt werden. Als Produzent zu nennen ist hier z. B. in Taiwan die Phoenixtec Ltd., der größte USV-Hersteller Taiwans, deren Fabrik einen Jahresausstoß von ca. 25.000 Online-USVen der Leistungsklasse 0,5 - 5 kVA hat. In einer anderen Fabrik stellt Phoenixtec ca. die gleiche Anzahl an Offline-Geräten her.

Bei den kleinen USVen liegt der Schwerpunkt der Wahlmöglichkeiten nicht auf der Hardware-Seite, sondern auf der angebotenen Software. Es existiert eine Vielzahl von unterschiedlich ausgestalteten Kommunikations- und „Shut down"-Software-Pakete für den Server, die die Kommunikation zwischen USV und Rechner ermöglichen und das ordnungsgemäße Schließen der Anwendungen beim Ende der Batteriestützzeit koordinieren.

Analog zum Preiskampf auf dem Computermarkt herrscht auch hier seit ein paar Jahren ein ruinöser Preisverfall. Die Folge hiervon ist ein starker Anbieter-shake out, dem vor allem die kleinen Anbieter zum Opfer fallen. So sind die Preise für kleine USVen in den letzten zwei Jahren um bis zu 35 % gefallen.

Aus der Rost & Pullman-Studie war bereits bekannt, daß das Hauptanwendungsgebiet der kleinen USVen die Absicherung von Servern in PC-Netzen war. Herr Weiters hatte folglich angefangen, in PC-Zeitschriften ganz allgemein Informationen über PC-Netze und ihre Beschaffung zu suchen. Was ihm beim Studium der PC-Zeitschriften aufgefallen war, waren die teilweise recht poppig und oberflächlich aufgemachten Anzeigen verschiedener USV-Hersteller mit Sprüchen wie „Strom weg, Daten weg. USVen von xy." Na ja, der Aufmerksamkeitswert war ja ganz nett, aber Informationen kamen eigentlich nicht 'rüber.

Fillkar hat bisher nur sehr spärlich mit Anzeigen als Werbeinstrument gearbeitet. Anzeigen wurden, wenn überhaupt, nur in elektrotechnischen Fachzeitschriften geschaltet, wo eine sehr sachliche und nüchterne Darstellung im Vordergrund steht. Fillkar hat in der Vergangenheit vor allem vor bedeutenden Messen Anzeigen aufgegeben, um potentielle Messebesucher auf den Fillkar-Stand einzuladen. Oftmals werden den Anzeigen Coupons für ein kleines Geschenk beigelegt, das sich die Besucher auf dem Messestand abholen können. Man war in der Vergangenheit recht zufrieden mit dem Erfolg dieser Aktionen gewesen.

In bezug auf die Marktkommunikation bei kleinen USVen fiel Herrn Weiters die Stellung der großen Messen auf. Allein auf der letzten CeBIT waren über 250 Anbieter aus aller Welt vertreten. Ähnliche Zahlen gelten für die anderen Elektronik-Messen. Es scheint praktisch keinen USV-Anbieter zu geben, der nicht auf den großen Elektronik-Messen vertreten ist. Herrn Weiters erstaunt dies, denn er weiß, daß die Ausstellung auf den großen Messen ein sehr teures Vergnügen ist. Fillkar war es bisher gewöhnt, auf Elektrofachmessen und Messen für Anlagenbauer auszustellen. Diese Messen sind im Vergleich wesentlich kleiner und daher preiswerter.

Bei seinen Recherchen war Herr Weiters in einer Computerzeitschrift auf folgenden Artikel gestoßen, von dem er nicht so recht wußte, ob er eigentlich so richtig den Kern seines Informationsbedarfs befriedigte. Schließlich wurde das Thema USVen darin gar nicht angesprochen; und auch über die Art des Beschaffungsprozesses auf Nachfragerseite waren nur wenige Informationen enthalten. Der Artikel schien aber einen guten Überblick über die Marktstruktur zu geben.

Auf dem ursprünglich sehr unübersichtlichen PC-Markt hat sich inzwischen eine gewisse Marktstruktur etabliert. Ein Teil der EDV-Händler hat sich auf die Bedienung von Privatpersonen, z. B. Studenten, konzentriert.

Andere Händler haben sich ganz dem Segment der Industriekunden zugewandt. Speziell in diesem Segment kommt inzwischen der Installation von PC-Netzwerken eine zentrale Bedeutung zu. Die EDV-Händler haben dabei im Netzwerk-Markt eine Schlüsselstellung ein-

*genommen, da kaum ein Unternehmen mehr ein Netz ohne die konzeptionelle Beratungs-
leistung eines EDV-Händlers vornimmt.*

*Die Größe der Händler bleibt nach wie vor recht überschaubar. Typischerweise verkauft
ein solcher EDV-Händler im Jahr zwischen 20 und 40 PC-Netzwerke. Interessant ist es,
daß der Händler stets das komplette Netz plant und liefert. Der entbündelte Bezug von
mehreren Händlern stellt die ganz große Ausnahme dar. Der Kompetenz des EDV-Händlers kommt dabei eine entscheidende Bedeutung zu, denn die meistens netzwerktechnisch
vollkommen unbelasteten Endkunden verlassen sich bei der gesamten Planung des Netzes
sehr stark auf den EDV-Händler. Viele Händler geben offen zu, daß sie es sind, die letztendlich bestimmen, welche Komponenten und Peripherieprodukte zum Einsatz kommen.*

*Weiterhin lassen sich die EDV-Händler dahingehend unterscheiden, ob sie markengebun-
dene Vertragshändler von IBM, SNI, DEC usw. sind oder ungebundene „no name"-
Händler. Im Bereich der PC-Netze sind die beiden Gruppen in etwa gleich stark vertreten.
Die Vertragshändler beziehen alle Rechner, Komponenten und Peripherieprodukte von ih-
rem Vertragspartner. Allerdings ist inzwischen im Bereich der Peripherieprodukte eine
Lockerung der absoluten Bindung an die Komponenten des Vertragspartners zu beobach-
ten. Die freien Händler beziehen ihre Ware, wie allgemein bekannt ist, von EDV-
Großhändlern wie z. B. Computer 2000.*

*Was der gesamten PC-Branche zur Zeit schwer zu schaffen macht, sind die starken
Preiserosionen. Dies hat dazu geführt, daß der Preis als Marketinginstrument im PC-
Bereich mit Abstand die höchste Bedeutung hat. Weiterhin verschlechtert der Preiskampf
nicht nur die Margen der Hersteller, sondern auch die Margen der Händler, die dadurch
unter erhöhtem Druck zur Kosteneinsparung stehen. Der Druck zur Rationalisierung
reicht sogar bis in das Informationsbeschaffungsverhalten der Händler. Ein allgemeines,
ständiges Informieren über die Angebote der Märkte bezieht sich nur auf die technologischen Lösungen, nicht aber auf konkrete Angebote verschiedener Hersteller. Nur wenn die
Entscheidung über den Bezug einer bestimmten Komponente ansteht, werden ganz gezielt
Informationen über die wenigen ihnen bekannten Anbieter eingeholt und die Auswahl unter diesen getroffen.*

*Trotz der gegenwärtig angespannten Situation äußern sich Vertreter der PC-Branche zu-
versichtlich über die Zukunftsaussichten. Man gehe davon aus, daß die momentan schwierige Lage kein Ende des PC-Booms einläuten würde, sondern nur eine normale Phase im
Prozeß der Marktstrukturierung und des Marktaufbaus darstellt.*

In einer anderen Zeitschrift fand Herr Weiters einen Artikel über die Position der
EDV-Großhändler.

*Im Gegensatz zu EDV-Händlern, bei denen Beratung einen hohen Stellenwert hat, verste-
hen sich EDV-Großhändler als reine „box-mover". Sie wollen keine Produkte pushen,
sondern warten darauf, daß vom Markt ein Pull entsteht. Zitat eines Großhändlers: „Unsere Produkte müssen von selbst laufen, das ist ein K.O.-Kriterium. Wir beraten auch
nicht, wir verschicken nur." Um die Angebotspalette möglichst übersichtlich zu halten und
günstige Preise bieten zu können, listen die Großhändler meist nur ein oder zwei Artikel
einer Produktart. Der hohe Preiswettbewerb der gesamten EDV-Branche spiegelt sich*

auch in der Situation der Großhändler wider, die über dramatisch gesunkene Spannen klagen.

Daher tritt für die Großhändler in letzter Zeit immer mehr der Aspekt einer langfristigen Geschäftsbeziehung zum Lieferanten in den Vordergrund. Sie sind intensiv dabei, ihren gesamten Geschäftsablauf zu vereinfachen. Daher wird die Auswahl der Lieferanten sehr sorgfältig und unter Berücksichtigung vieler Faktoren wie Logistikkonzept, Lieferbedingungen, Marktauftritt, Flexibilität usw. vorgenommen. Durch diesen Trend geraten vor allem die weit entfernt angesiedelten Anbieter aus Fernost unter Druck.

In der Vergangenheit ist es den Großhändlern durch eine sehr ausgeprägte Rabattpolitik auf den Gesamtumsatz eines Händlers gelungen, eine hohe Händlerbindung zu erreichen. Die EDV-Händler entwickeln so eine hohe Präferenz, möglichst viel Umsatz bei einem Großhändler zu tätigen. "

Was Herrn Weiters beim Lesen der Artikel deutlich geworden war, war die Schwierigkeit der Ansprache von Anwendern und Endabnehmern. Bei den großen USVen, speziell ab 500 kVA, gibt es nur eine Handvoll Hersteller auf Anbieterseite und wenige Großprojekte auf Nachfragerseite. Dadurch ist eine hohe Markttransparenz gegeben - Fillkar erfährt als ein sehr renommierter Anbieter quasi automatisch von allen potentiellen Aufträgen.

Anders ist die Situation bei den kleinen USVen, wo sehr große Stückzahlen abgesetzt werden. Der Gedanke, mit diesen Mengen und entsprechend vielen Anwendern umgehen zu müssen und nicht von allen potentiellen Aufträgen zu erfahren, ist für Herrn Weiters doch etwas ungewohnt. Es ist ihm vollkommen unklar, wie man potentielle Kunden identifizieren und ansprechen kann. Auf der einen Seite scheint ihm die Ansprache schwierig zu sein, da die große Masse eine Anonymität mit sich bringt, die die Kontaktaufnahme erschwert, auf der anderen Seite scheint es einfach zu sein, da praktisch jede Firma ein potentieller Kunde ist, was das Identifizierungsproblem reduziert. Er ist sich sicher, daß auf seinen Vertrieb jedenfalls noch ein schönes Stück Arbeit zukommt.

Aus der Analyse von Konkurrenzmitteilungen war bekannt, daß die Nachfrager aus allen Branchen stammten, sowohl aus Dienstleistungsunternehmen als auch aus der Industrie, vom großen Handwerksbetrieb und Steuerberater bis hin zum Großunternehmen. Genauere Daten waren nicht erhältlich. Aus den Unterlagen von Rost & Pullman konnte zumindest die Verteilung der USVen < 1 kVA auf die einzelnen Branchen entnommen werden:

Line of Business	Market Share UPS < 1 kVA
Banking, Finance & Insurance	12,6 %
Manufacturing	35,6 %
Government & Defense	10,0 %
Utilities	6,4 %
Medical & Health Care	4,6 %
Retail & Distribution	5,0 %
Transportation	9,2 %
Communications	3,6 %
Petrochem	10,0 %
Other End-users	3,0 %

Tab. Fillkar-2: Verteilung der kleinen USVen auf Branchen

Wie bereits gesagt, ist das Hauptanwendungsgebiet für USVen in allen Leistungs-klassen die Absicherung von Rechnern. Aus diesem Grund haben sich schon seit vielen Jahren zwischen USV-Herstellern und Rechnerherstellern teilweise sehr enge Beziehungen entwickelt. So setzt jeder Rechnerhersteller bevorzugt die USVen be-stimmter ausgewählter USV-Anbieter ein. Dabei kommt u. U. für jede Rechnerfa-milie bzw. -größe ein anderer USV-Anbieter zum Zug.

Wegen der relativ großen Stückzahlen, die von Rechnerherstellern verkauft werden, werden über diese Lieferungen genau ausverhandelte Rahmenverträge abgeschlos-sen. Die Personen, die auf seiten der Rechnerhersteller die Auswahlentscheidung treffen, sind Elektrofachleute und Spezialisten auf dem Gebiet der Stromabsiche-rung. Die Rechnerhersteller akzeptieren als Partner nur Firmen, die ihnen von Größe und Marktauftritt her entsprechen, was die Chancen der kleinen Anbieter stark be-einträchtigt. Um nicht in Abhängigkeit von einem Anbieter zu geraten, betreiben alle Hersteller konsequent das Prinzip des „multiple sourcing". Überhaupt spielt das Ab-sicherungsdenken in bezug auf die Lieferanten eine große Rolle, weswegen die Rechnerhersteller aus Gründen der Verfügbarkeit und des Zugriffs eine gewisse Prä-ferenz für deutsche oder zumindest europäische USV-Anbieter haben.

Das Marktsegment der Rechnerhersteller ist von Fillkar lange vernachlässigt wor-den. Erst seit kurzem bemüht man sich um Kontakte. Ein erster Erfolg war kürzlich das Listing neben zwei anderen Anbietern bei DEC.

Die Konkurrenzsituation

Weltweit werden USVen hauptsächlich in den drei Triadeblöcken USA, Asien und Europa hergestellt. Der Bereich der großen USVen ist dabei stark auf den Heimatmarkt ausgerichtet, da diese USVen speziell vor Ort projektiert werden müssen und ein weiter Transport sich kaum lohnt. Die asiatischen Anbieter sind alle recht groß und bieten ein komplettes Produktspektrum an. Die meisten gehören zu diversifizierten Großkonzernen.

In den USA sind im Rahmen des Netzwerkbooms einige Anbieter kleiner USVen neu entstanden und inzwischen fest am Markt etabliert. Diese relativ jungen Firmen haben den Markt für kleine USVen fest im Griff. Die meisten von ihnen sind ausschließlich auf dem US-Markt tätig.

In Deutschland sind im gesamten Markt für USVen Hunderte von Anbietern tätig. Bei der Betrachtung der relevanten Konkurrenten muß jedoch auch hier nach Leistungsklassen der USVen unterschieden werden. Im Bereich der großen USVen gibt es lediglich eine Handvoll etablierter Anbieter, darunter neben Fillkar die bereits genannten Firmen Daimler-Industrie, Siemens, ABB, Merlin Gerin sowie Emerson und Piller. Sie sind alle bereits seit Jahrzehnten in diesem Geschäft tätig und haben traditionell eine enge Verbindung zum Anlagenbau und den planenden Ingenieurbüros. Die Vertriebsstruktur ist bei allen ähnlich der von Fillkar Electric. Die Mitarbeiter der Firmen kennen nicht nur die Produktlinien der Konkurrenz, sondern auch deren Vertriebsmitarbeiter – und diese oft schon seit vielen Jahren.

Eine ganz andere Konkurrenzsituation prägt das Bild bei den kleinen USVen. Zunächst sind auch auf diesem Markt die Anbieter der großen USVen inzwischen tätig. Einige dieser Firmen haben in den vergangenen Jahren kleine Baureihen entwickelt und auf den Markt gebracht. Die meisten beziehen die kleinen USVen fremd aus Fernost. Während der überwiegende Teil der Anbieter den Geschäftsschwerpunkt auch in Zukunft bei den großen USVen sieht, engagiert sich Merlin Gerin sehr deutlich im Markt der kleinen USVen. Sie benutzt ihr dichtes Filialnetz, um ihre aus Asien stammenden USVen mit Macht in den Markt zu drücken.

Die meisten dieser „großen" Anbieter taten sich allerdings schwer, die kleinen USVen zu einem ihrer Marktstellung im großen Bereich ähnlichen Erfolg führen zu können. Inzwischen aber sind die kleinen Baureihen in die Programme integriert und werden bei allen Anbietern von den Niederlassungen gleichberechtigt neben den großen Baureihen vertrieben und betreut.

Darüber hinaus aber gibt es eine unüberschaubare Anzahl von Anbietern kleiner USVen, von denen inzwischen nur noch der kleinere Teil eine eigene Fertigung hat. Die meisten beziehen die USVen aus Fernost und vertreiben sie als Handelsware.

Insgesamt stammt der allergrößte Teil der kleinen USVen in hiesigen Absatzkanälen aus fernöstlichen Fabriken.

Die meisten der Anbieter kleiner USVen verkaufen direkt an die Endverbraucher. Es sind meist kleinere Firmen, die ausgerichtet auf eine Marktnische den sehr zeitintensiven Kontakt zu den Abnehmern aufrechterhalten. Vom Marktauftritt her repräsentativ für viele kleinere Anbieter, jedoch bedeutend marktstärker als die meisten ist die Firma Convertomatic in Köln. Als sich im Rahmen des „Down-Sizing" die EDV-Strukturen in vielen Firmen änderten, ist es ihr gelungen, durch zeit- und personalintensiven Einsatz einen guten Kontakt zu den Personen herzustellen und zu halten, die die Verantwortung für die verteilte Rechnerleistung haben. Diese Stellen wenden sich dann im Bedarfsfall telefonisch an Convertomatic, die dann ein Angebot ausarbeitet und zufaxt. Von allen Anbietern kleiner USVen hat Convertomatic mit Abstand die meisten Kontakte zu den Anwendern. Mit 6 Mio. DM Umsatz ist die Firma einer der größeren Anbieter am deutschen Markt. Die USVen werden aus Fernost bezogen. Nach einigen Qualitätsproblemen mit den Online-Geräten des damaligen Lieferanten, eines mittelgroßen Koreaners, bezieht man seit zwei Jahren nur noch die Offline-Geräte von diesem Anbieter, während man bei den Online-USVen zum größten taiwanesischen Anbieter gewechselt hat.

Ein anderes Konzept verfolgt die hessische Firma Sola Sinus GmbH, die ihren Geschäftsbereich in den deutschsprachigen Ländern und Italien hat. Sola Sinus verkauft seine USVen nicht direkt, sondern ausschließlich über EDV-Händler. Sie vertreibt USVen des taiwanesischen Herstellers Phoenixtec unter eigenem Label. Durch eine geschickte Lagerhaltung schafft sie es, vorkommende Lieferengpässe der Taiwanesen zu umgehen und ihre Kunden immer kurzfristig beliefern zu können. Durch einen hervorragenden Service hat sich die Sola Sinus GmbH ein hohes Qualitätsimage aufgebaut. Unterstützt durch aggressive Kommunikationspolitik hat sie in Deutschland inzwischen im Markt der USVen bis 4 kVA einen Marktanteil von ca. 11 % erobert. Der Umsatz betrug im letzten Jahr ca. 7 Mio. DM, davon ca. 80 % im Online-Bereich. Damit zählt sie zu den bedeutendsten Anbietern auf dem deutschen Markt.

Eine besondere Rolle am Markt spielen die Anbieter aus Fernost. Besonders stark etabliert haben sich Produkte aus taiwanesischer Produktion. Diese Hersteller vertreiben in Europa nicht unter eigenem Label, sondern liefern ausschließlich an OEMs und Wiederverkäufer, die die USVen unter eigenem Namen vertreiben. Die größeren unter diesen Anbietern haben sich auf diese Weise in Europa eine recht starke, aber durch das verdeckte Auftreten schwer einschätzbare Marktposition aufgebaut. Zu ihren Abnehmern gehören u. a. auch renommierte Hersteller großer USVen.

Als besonders preisaggressiver Anbieter aus den USA ist in erster Linie die erst 15 Jahre alte Firma American Power Conversion (APC) zu nennen. In ihren Broschüren rühmt sich APC, insgesamt bereits mehr als 700.000 USVen gebaut und verkauft zu haben und momentan weltweit die meisten USVen der Leistungsklasse bis 3 kVA zu verkaufen. In den USA ist man in diesem Segment mit 15 % Marktanteil Marktführer. Seit ein paar Jahren verhält sie sich sehr expansiv. Inzwischen vertreibt APC in ganz Westeuropa und strebt ein weltweites Engagement an. APC bietet USVen nur bis zu 5 kVA an. Alle angebotenen USVen arbeiten nach dem Offline-Prinzip. Neben der aggressiven Preispolitik ist es vor allem die Konzentration auf eine gute Kommunikations-Software zum Rechner, die für den Erfolg der Firma in den letzten Jahren verantwortlich gemacht werden kann. Die in den USA sehr erfolgreiche Firma ist seit einigen Jahren auch auf dem deutschen Markt vertreten und ist in dieser Zeit mit 15 % Marktanteil zur Nummer eins des Segments für kleine USVen avanciert. APC vertreibt in Deutschland unter eigenem Label. APC ist bei den wichtigsten EDV-Großhändlern gelistet und hat bei den EDV-Händlern die höchste Bekanntheit.

Ein weiterer US-Anbieter, der den deutschen Markt seit kurzem aggressiv bearbeitet, ist die Firma Conversion Industries, die auf dem deutschen Markt der kleinen USVen mit einer Online-Baureihe vertreten ist. Für Furore hat gesorgt, daß Conversion Industries ihre USVen nach dem Vorbild mancher PC-Anbieter nur per Katalogversand anbietet. Es ist nicht zu eruieren, ob Conversion die USVen selbst fertigt oder fremdbezieht. Fest steht, daß es sich um eine relativ junge und kleine Firma handelt. Nach einem fulminanten Start in Deutschland vor drei Jahren begann der Umsatz allerdings bald schon wieder zu sinken, was die Firma durch radikale Preissenkungen abzufangen versuchte. Es ist zur Zeit unklar, welche Strategie die Firma in Zukunft verfolgen wird.

Aufgabenstellung zur Fillkar Electric AG

Die endgültigen Produktbeschreibungen der neuen kleinen Baureihe waren vor wenigen Tagen an die Vertriebsmitarbeiter gegangen. Sie wurden im Rahmen der Unterlagen für die anstehende Vertriebstagung in drei Wochen verschickt. Ein Hauptthema der Vertriebstagung soll die Vorstellung der kleinen USVen durch den Produktmanager, Herrn Parting, sein. Anschließend wird es besonders wichtig sein, zusammen mit den Vertriebsmitarbeitern aus den Niederlassungen eine Strategie für den Vertrieb der kleinen Baureihe auszuarbeiten und abzustimmen. Über die richtige Strategie waren nämlich bereits im Vorfeld heftige Diskussionen entbrannt.

Da vom Erfolg der kleinen Baureihe sehr viel für seine Geschäfteinheit abhängt, beschließt Herr Blüme, bereits im Vorfeld der Tagung einen strukturierten, umfassenden und begründeten Vorschlag für eine umfassende Marketingstrategie für die neue kleine Baureihe von einer Gruppe seiner besten Mitarbeiter ausarbeiten zu lassen.

Im einzelnen sind folgende Fragen von besonderer Bedeutung:

(1) Was halten Sie von Fillkars Plänen im Hinblick auf die kleinen USVen? Welche Vorschläge würden Sie als Strategie für die kleinen USVen machen?

(2) Analysieren Sie das internationale Konkurrenznetzwerk.

(3) Ist das Problem von Fillkar mit einer national ausgerichteten Strategie lösbar?

(4) Wie ist der Vertrieb für die kleinen USVen vor dem Hintergrund ihrer strategischen Positionierung zu gestalten?

(5) Soll man versuchen, zusätzlich einen Kooperationspartner für den Vertrieb zu finden? Wenn ja, welche Voraussetzungen müßte er erfüllen?

B. Begriff und Aufgabengebiete des Internationalen Marketings

1. Marketing als das Management von komparativen Konkurrenzvorteilen

Die Behandlung internationaler Marketingprobleme setzt zunächst ein klares Verständnis dessen voraus, was unter „Marketing" verstanden werden soll. Trotz vieler Beiträge zu einem einheitlichen Marketingverständnis ist noch immer erklärungsbedürftig, was unter dem Begriff „Marketing" zu verstehen ist. Dies trifft um so mehr zu, als daß sich die Vorstellungswelt, die mit Marketing verbunden wird, in den letzten Jahren gewandelt hat (vgl. *Backhaus*, 1997).

Anfänglich betrachtete man Marketing - wie Finanzen, Produktion oder Forschung & Entwicklung - als eine Unternehmens*funktion*. Diese rein funktionale Sichtweise gipfelte häufig in der Gleichstellung von Marketing mit Werbung und Verkaufsförderung. Auch in der Literatur besteht keine Einigkeit darüber, was genau den Kern des Marketings ausmacht, wie an ausgewählten Definitionen deutlich gemacht werden kann.

Meffert: „In der klassischen Interpretation bedeutet Marketing die Planung, Koordination und Kontrolle aller auf die aktuellen und potentiellen Märkte ausgerichteten Unternehmensaktivitäten. Durch eine dauerhafte Befriedigung der Kundenbedürfnisse sollen die Unternehmensziele verwirklicht werden" (*Meffert*, 1998, S. 7).

Kotler: „Marketing is a social and managerial process by which individuals and groups obtain what they need and want through creating, offering and exchanging products of value with others" (*Kotler*, 1991, S. 4).

Nieschlag/Dichtl/Hörschgen: „Marketing ist deshalb immer mehr zu einem Schlagwort für eine gewisse Grundhaltung der für ein Unternehmen Verantwortlichen und der in ihm Tätigen geworden, die sich mit einer konsequenten Ausrichtung aller unmittelbar und mittelbar den Markt berührenden Entscheidungen an den Erfordernissen und Bedürfnissen der Verbraucher bzw. Bedarfsträger umschreiben läßt (Marketing als Maxime). Man sieht sich dabei unablässig herausgefordert, sich auf den Nutzen, den eine Leistung den Abnehmern vermittelt, zu konzentrieren und ein Höchstmaß an Kundenzufriedenheit zu erreichen. Dies ist nicht nur eine Frage der Mentalität, sondern auch ein Ergebnis des gezielten Einsatzes von Instrumenten (Marketing als Mittel) und einer systematischen Entscheidungsfindung (Marketing als Methode)" (*Nieschlag/Dichtl/Hörschgen*, 1997, S. 13).

Während *Meffert* die Kundenorientierung in den Vordergrund stellt, betont *Kotler* vor allem die Austauschbeziehungen. *Nieschlag/Dichtl/Hörschgen* sehen dagegen die Mehrdimensionalität des Marketings als wesentlich an.

Zunehmend wird Marketing funktionsübergreifend interpretiert. Dabei fällt dem Marketing die Aufgabe zu, alle Funktionen eines Unternehmens produktspezifisch auf die Markterfordernisse auszurichten. Ziel muß es dabei sein, im Wahrnehmungsfeld der Nachfrager besser beurteilt zu werden als die relevanten Wettbewerber, um so Komparative Konkurrenzvorteile (KKVs) zu generieren (vgl. *Backhaus*, 1997, S. 21 ff.). Zusätzlich fällt dem Marketing die Aufgabe zu, eine geschäftsfeldspezifische Koordination von Unternehmensfunktionen wie Beschaffung, Fertigung, Vertrieb und Finanzierung so vorzunehmen, daß die angestrebte KKV-Position erreicht wird (vgl. *Backhaus*, 1991, S. 1). Die Quelle von KKVs kann in jedem einzelnen Funktionsbereich des Unternehmens liegen, der aus Kundensicht Konkurrenzvorteile erzeugt. Kunden können das Leistungsprogramm einer Unternehmung dem der Konkurrenz vorziehen, weil z. B. das Leistungspaket bei der Konkurrenz nicht vorhandene Leistungsmerkmale enthält (Produktvorteil), weil die Unternehmung eine schnellere Lieferzeit gewährleisten kann (Zeitvorteil) oder aber weil die Unternehmung ein Finanzierungskonzept anbietet, das für den Kunden günstiger ist als das der Konkurrenz (Finanzierungsvorteil).

2. Der Begriff des Internationalen Marketings

Das Verständnis von Marketing als Management von KKVs ist dadurch gekennzeichnet, daß von Aspekten wie dem Überschreiten von Ländergrenzen als Charakteristikum der internationalen Geschäftstätigkeit zunächst vollkommen abstrahiert wird. Es stellt sich daher vor dem Hintergrund der bisherigen Überlegungen die Frage, was unter dem Begriff des *Internationalen Marketings* zu verstehen ist. Denn eine eigenständige Auseinandersetzung mit grenzüberschreitenden Vermarktungsproblemen ist nur dann notwendig, wenn es sich dabei um eine eigenständige und vom herkömmlichen Marketingverständnis abweichende oder diese in grundsätzlicher Weise ergänzende Problematik handelt. Anderenfalls wäre Marketing im internationalen Kontext lediglich ein spezifischer Anwendungsfall bereits bekannten und allgemeingültigen Marketingwissens (vgl. *Meffert/Althans*, 1982, S. 23).

2.1 Das klassische Verständnis des Internationalen Marketings

Das klassische Verständnis von Begriff und Inhalt des Internationalen Marketings spiegelt sich in den hierzu in der Literatur vorhandenen Definitionen wider. *Tab. B-1* zeigt einige ausgewählte Definitionen des Internationalen Marketings:

Autor/en	Definition des Internationalen Marketings
Kahler/Kramer (1977)	Export oder internationale Geschäftstätigkeit
Terpstra (1987)	Marketing über Ländergrenzen hinweg
Bradley (1991)	Einrichtung langfristig konzipierter Organisationen zur Bearbeitung internationaler Märkte - in zwei oder mehr Ländern
Stahr (1993)	Gesamtheit aller kundengewinnenden Aktivitäten einer Unternehmung in ausgewählten Ländern
Czinkota/Ronkainen (1993)	Planung und Durchführung von (Markt-)Transaktionen über Ländergrenzen hinweg
Wißmeier (1992), *Hermanns* (1995)	Planung, Koordination und Kontrolle aller auf die aktuellen und potentiellen internationalen Märkte bzw. den Weltmarkt ausgerichteten Unternehmensaktivitäten
Meffert/Bolz (1998)	Analyse, Planung, Durchführung, Koordination und Kontrolle marktbezogener Unternehmensaktivitäten bei einer Geschäftstätigkeit in mehr als einem Land

Tab. B-1: Ausgewählte Definitionen des Begriffs „Internationales Marketing"

Die hier aufgeführten Definitionen betonen unterschiedliche Aspekte. *Kahler/ Kramer* und *Bradley* sehen schon im Überschreiten von Ländergrenzen selbst das zentrale Merkmal des Internationalen Marketings, ohne einen unmittelbaren Bezug zum Markt und den Nachfragern herzustellen. Andere Autoren betonen - in unterschiedlicher Weise - die Bedeutung des „klassischen" Marketingverständnisses auch im internationalen Kontext. Solche Definitionen wie die von *Meffert/Bolz, Wißmeier* und *Hermanns* sind als im Grunde aus dem von Ländergrenzen abstrahierenden, nationalen Zusammenhang bereits bekannte Ansätze zu kennzeichnen, die um den „grenzüberschreitenden Aspekt", allerdings ohne inhaltliche Konkretisierung, ergänzt wurden.

Kennzeichnend für die in der Literatur zum Internationalen Marketing vorherrschenden Definitionen ist daher zum einen die Betonung des Überschreitens von Ländergrenzen und zum anderen eine enge Anlehnung an die herkömmlichen Marketingdefinitionen. Dies zeigt ein zentrales Problem des klassischen Verständnisses des Internationalen Marketings auf: Unklar bleibt, welche Besonderheiten das Internationale Marketing ausmachen und worin es sich vom bekannten (nationalen) Marketing unterscheidet.

Damit wird die Frage aufgeworfen, warum eine eigenständige Auseinandersetzung mit dem Internationalen Marketing erforderlich ist und worin die besondere, grundsätzliche Problematik des Überschreitens von Ländergrenzen liegt. Handelte es sich lediglich um die aus dem nationalen bzw. von Ländergrenzen abstrahierenden Kontext her bekannten Probleme, wären die dort aufzufindenden Fragen, Sätze und Erkenntnisse offenbar ebenso geeignet, Handlungsunterstützung und Erkenntnisfortschritt auch im internationalen Kontext zu bieten. Dies hätte aber zur Konsequenz, daß eine Auseinandersetzung mit dem Internationalen Marketing letztlich nicht notwendig wäre. Unsere Suche gilt daher einer Klasse von neuen und an die Überschreitung von Ländergrenzen gekoppelten marktbezogenen Problemen, mit denen sich das Internationale Marketing beschäftigen muß. Zu betonen ist dabei, daß es sich um Grundsatzprobleme handeln muß, die nicht den Charakter von Einzelfallstudien („Marketing in Japan") tragen und deren Systematisierung und Lösung einen hohen Grad an Allgemeingültigkeit aufweisen.

2.2 Besonderheiten der internationalen Marktbearbeitung

Ausgangspunkt unserer Überlegungen einer das Verständnis erweiternden Eingrenzung des Internationalen Marketings sind die Besonderheiten der grenzüberschreitenden Marktbearbeitung, da diese offenbar eine allgemein akzeptierte Grundlage einer Abgrenzung zum generellen Marketingverständnis darstellen. So werden als

Folge des Überschreitens von Ländergrenzen gemeinhin folgende Besonderheiten der grenzüberschreitenden Marktbearbeitung konstatiert:

Informationsbedarf: Die Erschließung neuer Ländermärkte erzeugt einen erheblichen zusätzlichen Informationsbedarf angesichts wenig vertrauter Marktverhältnisse und Rahmenbedingungen. Dieser Informationsbedarf stößt auf z. T. nur schwer überwindbare Probleme bei der Informationsbeschaffung, da Informationsquellen erst noch gesucht und erschlossen werden müssen (vgl. z. B. *Meissner*, 1995; *Berekoven*, 1983; *Kulhavy*, 1986).

Risiko: Eng geknüpft an das Problem des Informationsbedarfs ist das erhöhte unternehmerische Risiko beim Überschreiten von Ländergrenzen. Liegen weniger Informationen vor, nimmt die Unsicherheit bzgl. der Ergebnisse unternehmerischen Handelns aufgrund des unbestimmteren Ausgangs zu (vgl. *Kulhavy*, 1986).

Koordinationsbedarf: Unternehmen, die auf mehreren Ländermärkten gleichzeitig tätig werden, müssen ihre nationalen Aktivitäten gegenseitig abstimmen (vgl. u. a. *Quack*, 1995; *Berekoven*, 1983), wenn diese voneinander abhängig sind. Hierunter fällt auch das Problem der optimalen Allokation knapper Unternehmensressourcen - z. B. im Finanz- und Personalbereich auf die einzelnen länderbezogenen Aktivitäten -, da die Zuordnung bestimmter Ressourcen zu einem Land immer deren Nichtzuordnung zu einem anderen Land zur Folge hat. Insofern erzeugt die Allokation knapper Ressourcen automatisch gegenseitige Abhängigkeiten länderbezogener Entscheidungen.

Komplexität und Managementanforderungen: Als Resultat dieser Besonderheiten der grenzüberschreitenden Marktbearbeitung wird durch das Betreten neuer Ländermärkte die Komplexität und Differenziertheit der Management- und Marketingaufgabe größer (vgl. *Schurawitzki*, 1995; *Terpstra*, 1977; *Cateora*, 1990; *Keegan*, 1984). Betont werden in diesem Zusammenhang die besondere Wichtigkeit einer sorgfältigen Entscheidungsvorbereitung und die aus der Komplexität erwachsenden besonderen Anforderungen an die Fähigkeiten und Fertigkeiten des Managements (vgl. *Kulhavy*, 1986).

Bei Betrachtung dieser in der Literatur postulierten Besonderheiten der grenzüberschreitenden Marktbearbeitung fällt nicht nur auf, daß diese nicht unabhängig voneinander sind, auch die unmittelbare und ausschließliche Zuordnung zum Phänomen „Überschreiten von Ländergrenzen" fällt zunächst schwer. Auch im nationalen Kontext kann der Informationsbedarf - z. B. bei der Entwicklung neuer Technologien - erheblich, das Risiko bei Erschließung neuer (Teil-)Märkte mit den daraus hervorgegangenen Produktinnovationen größer und die daraus resultierende Komplexität der Marketing- und Managementaufgabe bedeutsam sein. Damit bleibt die Frage danach, was die *originären Probleme des Internationalen Marketings* sind und wie diese systematisiert werden können.

Unterscheidet man zwischen Entscheidungsproblemen beim Überschreiten von Ländergrenzen, die sich auf den *Einstieg* und die *kontinuierliche Bearbeitung* von Ländermärkten beziehen (vgl. *Abb. B-1*), wird klar, daß Probleme wie der Informationsbedarf und das Risiko im Zeitablauf einer andauernden Internationalisierung abnehmen und sich auf ein „normales" Niveau reduzieren. Alle Entscheidungen, die mit
dem *Einstieg in neue Ländermärkte* zusammenhängen, sind gerade dadurch gekennzeichnet, daß hier der Informationsbedarf am größten und das Risiko besonders hoch
ist. Neue Ländermärkte, die wenig bekannt und vertraut sind, erzeugen hohe Unsicherheit, denen das Management mit entsprechenden Maßnahmen zur Unsicher-
heitsreduktion - wie dem Beschaffen zusätzlicher Informationen - begegnen wird. Zu
berücksichtigen ist, daß wichtige Informationen zu den Fragen des „Ob" und „Wie"
im Zusammenhang mit der Einstiegsentscheidung a priori nicht verfügbar sind.
Hierzu zählen z. B. Reaktionen der auf dem betreffenden Ländermarkt bereits präsenten Konkurrenten auf den Markteintritt des Newcomers, die nur mit Hilfe unterschiedlicher Szenarien und deren Auswirkungen in das Entscheidungskalkül mitein-
bezogen werden können.

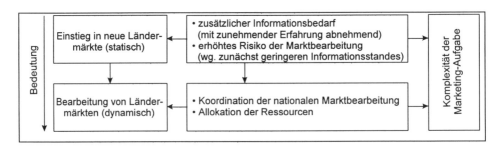

Abb. B-1: Systematisierung der Probleme der grenzüberschreitenden
Marktbearbeitung

Charakteristisch für dieses statische - weil nicht kontinuierliche - Entscheidungsproblem ist aber, daß Informationsbedarf und Risiko nach dem Markteintritt mit zunehmender Dauer der Marktbearbeitung zurückgehen und sich auf ein gewisses
Maß - wie es auch aus den bisherigen Märkten bekannt ist - reduzieren. So „lernt"
ein Unternehmen mit der Zeit, wie oder durch wen bestimmte relevante Informationen beschafft werden können und welche Konkurrenzreaktionen tatsächlich relevant
sind. Das nationale Management erfährt dabei quasi einen Reifungsprozeß, der das
Beurteilungsvermögen der Auswirkungen alternativer Marketingstrategien und
-instrumente durch das Sammeln von Erfahrung steigen läßt. Im Laufe dieser Entwicklung bearbeitet das Unternehmen einen ehemals neuen Ländermarkt schließlich
unter ähnlichen Risiko- und Informationsbedingungen wie den ursprünglichen Heimatmarkt. Daraus erkennt man, daß die Bedeutung von Informationsbedarf und Ri-

siko zwar im statischen Zusammenhang, also der Markteinstiegsentscheidung, hoch ist, aber im Laufe der kontinuierlichen Marktbearbeitung abnimmt und somit auch für das Internationale Marketing an Bedeutung verliert.

Die andauernde Bearbeitung der einzelnen Ländermärkte hingegen erfordert angesichts der heute typischen dynamischen Rahmenbedingungen eine ständige Abstimmung der nationalen Aktivitäten - und immer wieder werden Entscheidungen über die Allokation von Ressourcen in den jeweiligen Ländermärkten notwendig. Daher handelt es sich um Problembereiche, deren Bedeutung im internationalen Kontext konstant bleibt oder sogar an Wichtigkeit zunehmen kann: „In der Tatsache, daß die für einen Markt getroffenen Entscheidungen im Gesamtzusammenhang mit den Entscheidungen stehen, die für andere Märkte getroffen werden, die Entscheidungen sich somit gegenseitig bedingen, wird in der Literatur häufig das wesentliche Charakteristikum des internationalen Marketing gesehen" (*Berekoven*, 1985, S. 21). Sowohl die besonderen Probleme, die im Rahmen von Markteinstiegsentscheidungen auftreten, als auch die andauernde Koordinationsaufgabe sorgen für eine höhere Komplexität der internationalen Marketingaufgabe.

2.3 Internationales Marketing als Koordinationsaufgabe

2.3.1 Koordination im Kontext der internationalen Marktbearbeitung

Die Betonung der Koordination der Bearbeitung nationaler Ländermärkte, die aufgrund *gegenseitiger Abhängigkeiten zwischen diesen Ländermärkten* erforderlich ist, kennzeichnet ein Verständnis des Internationalen Marketings, das sich von dem in der Literatur üblicherweise vertretenen Verständnis zumindest partiell unterscheidet. Die bisherige Diskussion zum Internationalen Marketing zeichnet sich vor allem dadurch aus, daß Internationales Marketing entweder als eine Fülle von durch vielerlei Facetten gekennzeichneten lokalen Problemen ist („Lokalstrategien") oder als Umschreibung für eine weitgehende Vereinheitlichung des weltweiten Marktauftritts („Standardisierungsstrategien") verstanden wird (vgl. *Takeuchi/Porter*, 1989). Unter dieser Perspektive wird häufig auch „Koordination" anders interpretiert. So verstehen *Porter* (1989) und auch *Perlitz* (1995) unter Koordination letztlich die *Vereinheitlichung* oder *Standardisierung* der ländermarktbezogenen Aktivitäten:

> „Sowohl im Hinblick auf die Konfiguration [nach *Porter* der strukturelle Aufbau der weltweiten Unternehmensaktivitäten (Anm. d. Verf.)] als auch die auf die Koordination jeder Wertaktivität stehen einem Unternehmen eine ganze Reihe von Möglichkeiten zur Verfügung. [...] Auch im Hinblick auf die Koordination bietet sich ein breites Spektrum an Möglichkeiten, wobei im Extremfall auch auf jegliche Koordination verzichtet werden kann. Wenn ein Unternehmen beispielsweise drei Produktionsstätten unterhält, kann es je-

dem dieser Werke uneingeschränkte Autonomie gewähren, so daß es die innerbetrieblichen Produktionsabläufe eigenständig gestalten [...] kann. Der entgegengesetzte Fall sieht so aus, daß die Betriebe durch den Einsatz desselben Informationssystems, eines einheitlichen Produktionsprozesses oder identischer Teile und technischer Vorgaben eng miteinander verknüpft sind. [...] Der Kopier-Riese Xerox beispielsweise hat bis vor kurzem seine F&E-Tätigkeit schwerpunktmäßig in den USA gebündelt, während die anderen Unternehmensaktivitäten geographisch breit gestreut sind. [...] Doch auch diese gestreuten Aktivitäten weisen einen hohen Koordinationsgrad auf. Den Markennamen, das Marketing und den Kundendienst hat das Unternehmen weltweit standardisiert" (*Porter*, 1989, S. 27 ff.; ähnlich auch *Takeuchi/Porter*, 1989).

Meffert und *Bolz* stellen im Gegensatz dazu in ihrem Verständnis von Koordination vor allem den Aspekt der Zusammenarbeit der einzelnen, über die Ländermärkte verstreuten Unternehmenseinheiten zur Verbesserung der gemeinsamen Strategieumsetzung in den Vordergrund und setzen den Koordinationsbegriff in diesem Sinne mit der *Steuerung* der nationalen Tochtergesellschaften gleich (vgl. *Meffert/Bolz*, 1998, S. 33, 255 ff.). Hierbei steht für *Meffert* und *Bolz* der Gedanke der Zentralisation und Integration der Aktivitäten im Vordergrund. Für *Hünerberg* bezieht sich Koordination in ähnlicher Weise auf die Abstimmung von Planungs- und Kontrollvorgängen als Prozesse zwischen allen beteiligten Stellen (Zentrale, Niederlassungen). Ziel dieser Abstimmung ist die Erreichung von Gesamtoptima, ein Ausgleich der Interessen der beteiligten Institutionen und die Vermeidung von Konflikten (vgl. *Hünerberg*, 1994).

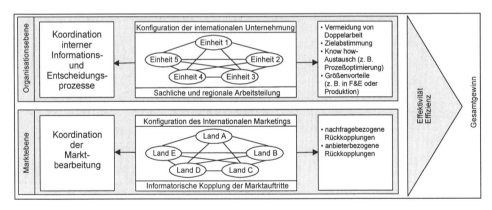

Abb. B-2: Koordinationsaufgaben der internationalen Unternehmung

Den hier aufgeführten und weiter ergänzbaren Koordinationsbegriffen ist gemein, daß das Ziel der Koordination allgemein die Erreichung *optimaler Zustände* - im allgemeinen als Gewinnmaximum definiert - für das *Gesamtunternehmen* ist. Der in der Literatur postulierte Koordinationsbedarf im internationalen Zusammenhang bezieht sich allerdings auf unterschiedliche Ebenen. Grundsätzlich ist offenbar zwischen einer Koordination auf der Ebene der *Organisation* (intern) und auf der Ebene der *Marktbearbeitung* (extern) zu unterscheiden (vgl. *Abb. B-2*).

Aus der regionalen und sachlichen Arbeitsteilung (z. B. die regionale Konfiguration von Produktion und F&E) resultieren *organisatorische Schnittstellen* zwischen den Unternehmenseinheiten. Diese Schnittstellen trennen Organisationseinheiten voneinander, die zur optimalen Erfüllung der Gesamtaufgabe zusammenarbeiten müssen. Der Suche nach Spezialisierungsvorteilen in diesen Einheiten steht daher die Notwendigkeit einer Abstimmung der Maßnahmen zwischen diesen gegenüber. Diese Notwendigkeit beruht auf *informatorischen Schnittstellen* zwischen den in den einzelnen Unternehmenseinheiten zu treffenden Maßnahmen. So sind die Produktionseinheiten zur Festlegung des (kosten-)optimalen Produktionsprogramms auf Informationen über die voraussichtlichen Absatzmengen auf den bearbeiteten Ländermärkten angewiesen. Insofern sind die organisationsinternen Informations- und Entscheidungsprozesse zur Erreichung maximaler Gesamtgewinne miteinander abzustimmen. Diese Abstimmung kann durch Zentralisierung der Entscheidungskompetenzen auf eine oder wenige Personen oder aber bei dezentraler Entscheidungsfindung durch Formalisierung (Vereinheitlichung und Institutionalisierung der Entscheidungsfindung) und durch Sozialisation der Mitarbeiter (gemeinsame Unternehmenskultur) erfolgen (vgl. *Bartlett/Ghoshal*, 1990). Ohne die Existenz informatorischer Schnittstellen zwischen den Organisationseinheiten wäre die Arbeitsteilung und damit die Organisationsstruktur eines Unternehmens aus Koordinationsgesichtspunkten ohne Bedeutung.

Gegenstand des *Internationalen Marketings* ist in Abgrenzung dazu die Frage der *Bearbeitung der jeweiligen Ländermärkte*. Das Problem der Koordination im Internationalen Marketing setzt dabei ebenfalls an der Erreichung gesamtunternehmensbezogener Ziele an, bezieht sich aber auf eine andere Grundlage. Ausgangspunkt sind zwischen den einzelnen Ländermärkten auftretende Rückkopplungen, die eine gegenseitige Abstimmung der Marketingaktivitäten erfordern. Diese Rückkopplungen führen dazu, daß die Freiheitsgrade bei der Marktbearbeitung und deren Ergebnisse in den einzelnen Ländermärkten nicht unabhängig voneinander sind. Das Agieren auf einem Ländermarkt beeinflußt dann die Art und Weise, wie auf anderen Ländermärkten agiert wird oder agiert werden kann (und vice versa). Die damit notwendig werdende *gegenseitige Abstimmung ländermarktbezogener Marketingaktivitäten* wird zur zentralen Aufgabe des Internationalen Marketings. Dieser Koordinationsaspekt kann allerdings nur dann von Bedeutung sein, wenn Abstimmungsbedarf existiert. Abstimmungsbedarf tritt immer dann auf, wenn die jeweiligen länderspezifischen Marketingprogramme ebensolche *Rückkopplungen* aufweisen, die dazu führen, daß eine länderspezifische Maßnahme relevante Ausstrahlungseffekte auf einen oder mehrere andere Ländermärkte hat, auf denen sich ein Unternehmen bewegt. Diese Ausstrahlungseffekte führen zur Interdependenz länderspezifischer Aktivitäten und sind im Planungs- und Implementierungsprozeß zu berücksichtigen. Damit ergeben sich folgende Aufgabenbereiche des Internationalen Marketings (vgl. *Abb. B-3*):

Abb. B-3: Aufgabenbereiche des Internationalen Marketings

Treten derartige Interdependenzen in Form von Rückkopplungen nicht auf, sind die länderspezifischen Marketingmaßnahmen unabhängig voneinander. In diesem Fall wären die Planungs- und die Durchführungsaufgabe in den einzelnen Ländermärkten voneinander trennbar, ein Abstimmungsbedarf nicht vorhanden. Beispielsweise wäre „Marketing in Japan" dann unabhängig vom „Marketing in den USA" - und beide Fälle wären letztlich voneinander losgelöste Anwendungsbereiche des klassischen (nationalen) Marketingverständnisses.

2.3.2 Rückkopplungen zwischen Ländermärkten

Rückkopplungen erzeugen Abhängigkeiten zwischen Ländermärkten in bezug auf deren Bearbeitung: „Wie wir in den USA am Markt agieren können, hängt davon ab, was wir in Europa tun!" Sie sind grundsätzlich auf zwei Ursachen zurückzuführen:

Anbieterbezogene Rückkopplungen: Die Erschließung eines Ländermarktes oder mehrerer neuer Ländermärkte bzw. die Veränderung seiner oder ihrer Bearbeitung verändert die Rahmenbedingungen innerhalb des anbietenden Unternehmens so, daß sich die Freiheitsgrade bei der Marktbearbeitung anderer Ländermärkte verändern. Mithin muß die nationale Marketingpolitik angepaßt werden.

Nachfragerbezogene Rückkopplungen: Die Erschließung eines Ländermarktes oder mehrerer neuer Ländermärkte bzw. die Veränderung seiner oder ihrer Bearbeitung beeinflußt in der Folge das Verhalten der relevanten Marktparteien (Nachfrager, Konkurrenz) in anderen Ländermärkten.

In beiden Fällen ergibt sich für das anbietende Unternehmen das Problem, die Erschließung neuer oder die Bearbeitung alter Ländermärkte nicht als isoliertes Marketingproblem ansehen zu können, wofür die klassischen Marketingkonzepte ausreichen würden. Die aus den Rückkopplungen resultierende Interdependenz zwingt zu einem die betroffenen Ländermärkte *simultan* berücksichtigenden Planungsansatz. Die Gründe hierfür sind allerdings bei anbieter- und nachfragerbezogenen Rückkopplungen unterschiedlich.

2.3.2.1 Anbieterbezogene Rückkopplungen

Als Ursachen anbieterbezogener Rückkopplungen mit Auswirkungen auf die Freiheitsgrade nationaler Marketingaktivitäten kommen unterschiedliche unternehmensinterne Einflußgrößen in Betracht. Als solche sind zu nennen:

- Konfiguration der internationalen Aktivitäten,

- Kosten als marketingrelevante Einflußgrößen,

- ländermarktübergreifende Unternehmensziele.

Konfiguration der internationalen Aktivitäten

Die Konfiguration internationaler Aktivitäten als struktureller Aufbau der internationalen Unternehmensaktivitäten einschließlich der Zahl der Einheiten und deren geographischer Standort (vgl. *Porter*, 1989) erzeugt Rückkopplungen zwischen Ländermärkten, wenn durch die Konfiguration nationale Einheiten entstehen, die auf die gegenseitige Abnahme oder Zulieferung von Ressourcen angewiesen sind. Die Struktur international tätiger Unternehmen ist ein zentraler Forschungsbereich des internationalen Managements (vgl. *Porter*, 1989). In diesem wird insbesondere diskutiert, in welchem Maße die Unternehmensaktivitäten über die Ländermärkte gestreut oder an einem oder wenigen Punkten konzentriert werden sollen und welchen *Zentralisationsgrad* die marktbezogenen Entscheidungsstrukturen mithin aufweisen. In Abhängigkeit vom Zentralisationsgrad werden unterschiedliche idealtypische Organisationstypen internationaler Unternehmen unterschieden (vgl. z. B. *Meffert/Bolz*, 1998; *Bartlett/Ghoshal*, 1990):

- *Multinationale Unternehmen* bilden stark dezentralisierte und voneinander weitgehend unabhängige nationale Einheiten. Ziel dieser Konfiguration ist die Erkennung und Realisierung regionaler bzw. nationaler Marktchancen durch eine weitgehende Anpassung der Marketingaktivitäten an die jeweiligen nationalen Marktbedürfnisse. Damit einher geht eine starke Differenzierung der einzelnen nationalen Marketingpolitiken. In diesem Sinne kennzeichnet multinationale Unternehmen das Streben nach Differenzierungsvorteilen und Marketing*effektivität*.

Typische Beispiele für multinationale Unternehmen finden sich in der Lebensmittelbranche. Nachdem Unternehmen wie Unilever oder Nestlé in der Vergangenheit z. T. versucht haben, ihre Leistungen länderübergreifend zu standardisieren, ist man in der Zwischenzeit wieder zu länderspezifischen Leistungen übergegangen (vgl. zur „Renaissance multinationaler Unternehmensstrategien" auch *Becker*, 1996). Morris Tabaksblat, Chairman von Unilever, bringt den zwischenzeitlichen Versuch eines globalen Marktauftritts und die spätere Rückkehr zur multinationalen Ausrichtung wie folgt zum Ausdruck: „Wir haben es [Anm. d. Verf.: globales Agieren] redlich versucht, zum Beispiel mit Magarine. Die verkauft sich ganz gut - in Europa und in den USA. Aber nicht in Asien. Dort wird kein Brot gegessen, also wofür Margarine? Wir haben versucht, den Asiaten beizubringen, daß Brot ganz köstlich schmeckt und dabei gelernt, besser etwas zu verkaufen, was die Menschen gerne essen, anstatt sie zu bewegen, etwas zu essen, was wir gerne verkaufen. [...] Die Ernährungsgewohnheiten sind verschieden. Die Deutschen essen Würstchen, Kartoffeln und Soße. Die Italiener lieben ihre Pasta, die Chinesen Nudeln, in Indonesien wird Reis gegessen. Wir verkaufen unsere Ware in 160 Ländern der Erde, und wir produzieren in rund 90 Ländern. Aber unterschiedliche Produkte - nicht nur bei Lebensmitteln, auch bei Waschpulver und Hygieneartikeln" (zitiert nach *Baron/Bierach/Thelen*, 1997, S. 130).

- *Globale Unternehmen* sind weltmarktorientierte Unternehmen mit einer weitestgehenden Zentralisierung von Entscheidungsfindung und Kompetenzen. Die Marktbearbeitung wird weitgehend standardisiert, wobei die nationalen Einheiten den Charakter ausführender Organe haben. Länderspezifische Besonderheiten in den Marktverhältnissen sind weitgehend ohne Belang. Ziel dieser Konfiguration ist die Ausschöpfung von economies of scale (Größenvorteile). Globale Unternehmen kennzeichnet das Streben nach Standardisierungsvorteilen und Marketing*effizienz*.

  Die Firma Adidas hat beispielsweise ihre Design-, Entwicklungs-, Produktions- und Vertriebsstätten an wenigen Standorten zentralisiert. Alle Produkte von Adidas werden in Südost-Asien produziert und über ein Logistikzentrum in Hongkong an die wenigen Vertriebszentren in Europa, Nord- und Südamerika ausgeliefert. Zudem wird die gesamte Kommunikationspolitik des Unternehmens zentral von einer Werbeagentur in London gesteuert (vgl. *Boldt/Hirn*, 1997).

- *Internationale Unternehmen* stellen Mischformen dieser beiden Extremtypen dar, die sowohl Elemente globaler als auch multinationaler Unternehmen in sich vereinigen. Bestimmte Kompetenzen und Entscheidungsstrukturen werden auf die Zentrale, die übrigen - in gleicher Weise - auf die nationalen Einheiten verlagert. Internationale Unternehmen streben nach einem sinnvollen Ausgleich von *Marketingeffizienz und -effektivität*.

Die Konzeption internationaler Unternehmen wurde in jüngster Vergangenheit z. B. vom Automobilhersteller Fiat bei der Markteinführung des Fiat Palio verfolgt. Das Unternehmen wurde bei der Entwicklung dieser Modellreihe von der Erkenntnis geleitet, daß sich die Anforderungen von Kunden in Entwicklungsländern deutlich von denen in Industrieländern unterscheiden. Aus diesem Grunde verzichtete der italienische Automobilkonzern darauf, den speziell für die Ländermärkte in Europa und Nordamerika entwickelten Kleinwagen Fiat Punto auch in Entwicklungsländern zu vermarkten. Damit nahm das Unternehmen bewußt von einer globalen Konzeption im Kleinwagen-Segment Abstand. Andererseits wollte man auch kein spezielles Automodell für einzelne Ländermärkte entwickeln (multinationale Konzeption) und beschloß daher, eine Produktvariante des auf die Kundenanforderungen in Industrieländern zugeschnittenen Fiat Punto anzubieten. Der hierzu entwickelte Fiat Palio weist im Gegensatz zum Fiat Punto eine Verstärkung bei Fahrgestell und Karosserie auf, besitzt - zur Nutzung auf schlechteren Straßen - längere Federwege bei den Rädern, größere Radausschnitte sowie gegen Steinschlag und Schmutz geschützte Stoßdämpfer. Darüber hinaus wurden im Vergleich zum Fiat Punto Einsparungen bei der Sitzpolsterung und der Sitzverstellung vorgenommen. Dieses Modell wird dezentral in verschiedenen Produktionsstandorten hergestellt (vgl. *Abb. B-4*), wobei die Fertigung und Logistik zentral aus der Konzernzentrale in Turin kontrolliert wird. Beispielsweise werden alle Materialbewegungen per Satellit registriert und entsprechend gesteuert.

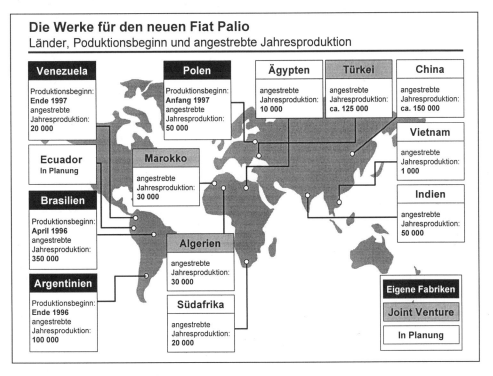

Abb. B-4: Produktionsstandorte für den Fiat Palio
(Quelle: Frankfurter Allgemeine Zeitung, 1.8.1996)

Letztlich unterscheidet diese drei Organisationstypen (multinational, global und international) der Zentralisationsgrad und die daraus hervorgehende Betonung von Effizienz *oder* Effektivität. *Bartlett* und *Ghoshal* stellen hingegen fest, daß sich das Streben nach Effektivität und das Streben nach Effizienz nicht gegenseitig ausschließen. Sie postulieren einen neuen Organisationstyp, das sog. *transnationale Unternehmen*, das die Vorteile von Marktnähe (Differenzierung) mit den Vorteilen der Größe (Standardisierung) verbinden soll (vgl. *Bartlett/Ghoshal*, 1990).

Kennzeichen transnationaler Unternehmen ist in der Vorstellung von *Bartlett* und *Ghoshal* die Tatsache, daß Kompetenzen und Entscheidungsstrukturen gerade nicht nach dem eindimensionalen Kriterium des Zentralisationsgrades auf die Zentrale und nationale Einheiten verteilt werden. Eindimensional ist dieses Kriterium deshalb, weil in Abhängigkeit von den Kompetenzen der Zentrale alle nationalen Einheiten in gleichem Umfang (Gegenstand, Ausmaß) mit den verbleibenden Kompetenzen ausgestattet werden. Die nationalen Einheiten sind in diesem Sinne immer mit identischen Kompetenzen versehen. Transnationale Unternehmen verteilen demgegenüber Kompetenzen nach dem Kriterium der *wettbewerbsbezogenen Selektion*. Ressourcen, Know-how und Aufgaben werden selektiv so alloziiert, daß die weltweite Wettbewerbsfähigkeit optimiert wird. Ziel ist die weltweite Realisierung Komparativer Konkurrenzvorteile. So kann es zur Erzielung von Wettbewerbsvorteilen sinnvoll sein, Ressourcen zu monopolisieren (Maximierung von Größenvorteilen) - was aber nicht automatisch bedeutet, daß diese Ressourcen in der Zentrale monopolisiert werden -, aber auch gleiche Funktionen an mehrere Standorte zu legen (Differenzierungsvorteile).

> Ein Beispiel erläutert das Prinzip (vgl. *Bartlett/Ghoshal*, 1990): Wie die Grundlagenforschung im Rahmen der F&E eines Großunternehmens wird auch die strategische Unternehmensplanung sinnvollerweise in der Zentrale positioniert. Die Massenproduktion standardisierter Bauelemente hingegen wird zur Realisierung von Kosten- und Größenvorteilen an einem Standort - zweckmäßigerweise in einem Niedriglohnland - konzentriert. Der Einsatz fortschrittlicher Technologien erfolgt dann auf den innovationsorientierten und nachfragestarken und positionierungskräftigen Märkten der Triade. „Das transnationale Unternehmen konzentriert manche Ressourcen im Hauptquartier, andere Ressourcen im Ausland, wieder andere werden unter den zahlreichen nationalen Filialen aufgeteilt. Daraus resultiert eine komplexe Konfiguration von verstreuten, aber spezialisierten Vermögenswerten und Kompetenzen. Die weitgestreuten Ressourcen werden durch starke Interdependenzen in das Unternehmen eingebunden. [...] Solche Interdependenzen sind eher reziprok als sequentiell. [...] Manche Abhängigkeiten sind zwangsläufige Folge der spezialisierten und verstreuten Konfiguration von Anlagevermögen und Ressourcen" (*Bartlett/Ghoshal*, 1990, S. 85).

Resultat einer solchen Konfiguration sind *internationale Netzwerke* bestehend aus einzelnen Einheiten, die auf den ständigen gegenseitigen Austausch von Komponenten, Produkten, Ressourcen, Informationen und Personal zur Sicherstellung der

Wettbewerbsfähigkeit angewiesen sind. Diese Einheiten können mit einzelnen nationalen Niederlassungen identisch sein, müssen dies aber nicht.

Das Konzept der transnationalen Organisationen wird stellenweise zum Anlaß genommen, die „Auferstehung" vormals überholt geglaubter multinationaler Konzerne zu feiern: „Die Liste der großen, international operierenden Unternehmen, die Ende der 80er Jahre weit schlechter dastanden als am Anfang des Jahrzehnts, liest sich wie ein Who's who führender Konzerne: Boeing, Caterpillar, Du Pont, Salamon Brothers, Texas Instruments, Westinghouse, Xerox" (o.V., 1996a, S. 3). Die besonderen Fähigkeiten von Großunternehmen als vernetzte Einheiten sollen diese aber in die Lage versetzen, an die Erfolge der Vergangenheit anzuknüpfen. Hierzu zählt vor allem „die Möglichkeit, Fertigkeiten und Wissen aus verschiedenen Teilen der Welt zu kombinieren. In der einfachsten Weise ist dies beim Sportartikelhersteller Nike die erfolgreiche Mixtur aus amerikanischen Köpfen und philippinischen Händen. In einer anspruchsvolleren Variante holen sich Unternehmen ihre Grundtechnik aus Europa, die Steuerungssysteme und die Software aus den USA. Elektrolux besitzt ein Forschungszentrum in Finnland, ein Entwicklungszentrum in Schweden und eine Designergruppe in Italien. Die führenden Unternehmen unterstützen den Prozeß der Verbreitung von Fähigkeiten und Wissen über die Grenzen hinweg durch einen stetigen Fluß von Informationen" (o.V., 1996a, S. 22).

Wenn grenzüberschreitend tätige Unternehmen ihre Aktivitäten im Sinne eines transnationalen Unternehmens konfigurieren, werden vielfältige zusätzliche Interdependenzen und Rückkopplungen erzeugt. Die vormals über und in Hoheit der Zentrale laufenden Abstimmungsprozesse müssen nun auf allen austauschrelevanten Ebenen der Organisation vollzogen werden. Diese Ebenen sind aber von der ursprünglich relevanten Unterscheidung zwischen Zentrale und nationaler Einheit vollkommen unabhängig. Abstimmungsprozesse müssen nun auch auf direkter Ebene zwischen den nationalen Einheiten vollzogen werden, die auf einen gegenseitigen Ressourcen- oder Know-how-Austausch angewiesen sind.

Der Ansatz von *Bartlett* und *Ghoshal* verdeutlicht damit den Zusammenhang von internationaler Konfiguration und Koordination. In Abhängigkeit von der Wahl internationaler Organisationstypen ergeben sich unterschiedliche Koordinationsanforderungen auf unterschiedlichen Organisationsebenen. Allerdings weist das von *Bartlett* und *Ghoshal* entwickelte Konzept transnationaler Unternehmen einige Schwächen auf:

Letztlich ist die dem Konzept transnationaler Unternehmen zugrundeliegende Idee, die Vorteile einer differenzierten und einer standardisierten Marktbearbeitung miteinander zu verknüpfen, nicht neu. Schon in den 80er Jahren ist im Rahmen der Diskussion über die Vor- und Nachteile globaler und multinationaler Unternehmen darauf hingewiesen worden, daß einerseits auch globale Unternehmen nach Marktnähe streben müssen und sich andererseits multinationale Unternehmen um Kosteneffizienz bemühen sollten. In der Literatur ist diese Diskussion beispielsweise unter Schlagworten wie bifokales, multifokales, duales oder hybrides Unternehmen geführt worden (vgl. hierzu *Scholl*, 1989; *Prahalad/Doz*, 1987; *Meffert*, 1986).

Unabhängig davon, daß die dem Konzept zugrundeliegende Idee also offenbar nicht vollkommen neuartig ist, weist das Konzept darüber hinaus folgende Schwächen auf (vgl. zur Kritik auch *Dähn*, 1996, S. 115 ff.):

- Vernachlässigung der Konvergenz-Diskussion,

- fehlende Berücksichtigung der anwachsenden Koordinationskosten und

- fehlender empirischer Nachweis der zugrunde gelegten Annahmen.

Die im Konzept transnationaler Unternehmen generell und damit branchenübergreifend postulierte Forderung, daß internationale Unternehmen neben Kosteneffizienz auch Marktnähe anstreben sollten, vernachlässigt die Tatsache, daß sich in vielen Märkten eine länderübergreifende Angleichung von Kundenbedürfnissen beobachten läßt. Diese von *Levitt* 1983 erstmals vertretene Konvergenzthese (vgl. *Levitt*, 1983) führt aber strenggenommen dazu, daß das Ziel der Marktnähe in den von den Konvergenzprozessen betroffenen Märkten zunehmend hinter das Ziel der Kosteneffizienz zurücktritt. M. a. W. erscheint auf Märkten, auf denen die Kunden immer ähnlichere Anforderungen an das internationale Unternehmen stellen, der Umbau eines globalen zu einem transnationalen Unternehmen wenig zweckmäßig zu sein, da hier das gleichzeitige Verfolgen von Marktnähe und Kosteneffizienz nicht notwendig ist.

Darüber hinaus ordnen *Bartlett* und *Ghoshal* in ihrem Konzept transnationaler Unternehmen den im Vergleich zur Organisationsform globaler oder multinationaler Unternehmen notwendigerweise höheren Koordinationskosten ein zu geringes Gewicht zu. In vielen Branchen dürften allerdings die bei der Organisationsform transnationaler Unternehmen zusätzlich permanent anfallenden Konfliktbewältigungs- und Koordinationskosten die Vorteile dieser Organisationsform mehr oder weniger zunichte machen.

Schließlich ist kritisch anzumerken, daß bislang für die dem Konzept zugrundeliegenden Annahmen ein wirklicher empirischer Nachweis fehlt. *Bartlett* und *Ghoshal* leiten ihre Überlegungen beispielsweise allein aus einem Vergleich der (Miß-)Erfolgsursachen von 9 internationalen Unternehmen (Matsushita, Kao, NEC, Unilever, Procter&Gamble, Philips, General Electric, ITT, Ericsson) ab. Sie kommen dabei zu dem Schluß, daß einige dieser Unternehmen allein deshalb erfolgreich seien, weil diese zugleich nach Kosteneffizienz und Marktnähe strebten. Im Gegensatz dazu sei der Mißerfolg der übrigen Unternehmen darauf zurückzuführen, daß diese weiterhin entweder nur Kosteneffizienz oder nur Marktnähe zum Ziel hätten. *Bartlett* und *Ghoshal* vernachlässigen dabei jedoch, daß durchaus auch andere Ursachen für den unterschiedlichen Erfolg der analysierten Unternehmen verantwortlich sein können. Eine abschließende Beurteilung des Konzeptes transnationaler Unternehmen - insbesondere in Abgrenzung zu den Konzepten multinationaler und globaler Unternehmen - erscheint daher erst dann möglich, wenn ein vor allem branchenspezifischer Nachweis vorgenommen wird.

Kosten als marketingrelevante Einflußgrößen

Ein die produzierende Industrie prägendes Phänomen ist die zunehmende Fixkostenintensität der Unternehmen. Der Anteil der von der Produktionsmenge (innerhalb eines bestimmten Betrachtungszeitraumes) unabhängigen Kosten steigt, wie empirische Studien zeigen, kontinuierlich an (vgl. *Droege/Backhaus/Weiber*, 1993; *Funke*, 1995; *Backhaus/Funke*, 1996). Eine empirische Studie von *Funke* auf der Basis von 422 befragten mittelständischen Unternehmen kommt beispielsweise zu folgenden Ergebnissen (vgl. *Funke*, 1995):

- Über alle untersuchten Branchen hinweg ist der Anteil der Fixkosten von 38 % im Jahr 1972 über 42 % (in 1982) auf 47 % im Jahr 1992 gestiegen. Dies entspricht einer Zunahme von nahezu einem Viertel.

- Dramatisch ist die Zunahme des Anteils derjenigen Unternehmen in der Untersuchung, deren Fixkostenanteil mindestens 50 % beträgt: Dieser Anteil hat sich von 22 % (in 1972) auf 51 % (in 1992) mehr als verdoppelt. Eine große Mehrheit der befragten Unternehmen geht zudem von weiter steigenden Fixkostenanteilen aus.

Die Hauptursachen für die zunehmende Fixkostenintensität (vgl. hierzu *Backhaus/ Funke*, 1994; *dies.*, 1996) liegen zum einen in den „fixer" werdenden Personalkosten. Hier wirken sich gesetzliche Einschränkungen in der Personalfreisetzung und die abnehmende Bedeutung leistungsbezogener Vergütungssysteme aus. Weitere zentrale Gründe für die zunehmende Fixkostenintensität sind in dem steigenden Anteil der Kosten für Forschung und Entwicklung, die zum überwiegenden Teil anfallen, bevor ein Unternehmen mit daraus hervorgegangenen Produkten oder Diensten am Markt auftritt (sunk costs), und in der fortschreitenden Kapitalintensivierung der Produktion zu sehen, die - zumindest mittel- bis langfristig - variable Personalkosten durch langfristig fixe Abschreibungen ersetzt.

Kennzeichen fixkostenintensiver Unternehmen ist eine hohe Abhängigkeit der Stückkosten vom Produktions- und Absatzvolumen, da sich Veränderungen auf der Produktions- und Absatzseite nur wenig auf die variablen Kosten, um so stärker aber auf die anteiligen fixen Kosten auswirken. Damit einher geht eine relativ geringe Flexibilität der (Gesamt-)Kostenposition bei schwankenden Produktions- und Absatzmengen.

Die Erschließung neuer Ländermärkte wird auf die Kostenposition erheblichen Einfluß haben, wenn mehrere Ländermärkte aus dem vorhandenen oder aus einem für diese gemeinsam noch zu errichtenden Produktionsapparat mit hohem Fixkostenanteil zu bedienen sind. Zusätzliche Absatzmengen, die aus der Erschließung neuer Ländermärkte resultieren, wirken sich dabei auf die Verteilung der Fixkosten und damit auf die Stückkosten um so stärker aus, je größer die hinzu zu gewinnenden

Absatzmengen sind und je größer der Fixkostenanteil der Produktion ist. Die Nutzung von Kostendegressionseffekten zur Senkung der Produktionskosten und der Erhalt der Wettbewerbsfähigkeit zählen daher zu den zentralen Motiven einer Internationalisierung der Geschäftstätigkeit (vgl. *Meffert/Bolz*, 1998). Die Vergrößerung der Gesamtabsatzmenge wird allerdings zusätzliche marketingpolitische Freiheitsgrade in *allen* bearbeiteten Ländermärkten erzeugen, auf denen ein Unternehmen mit einem Produkt vertreten ist. Denn die Auswirkungen in Form sinkender Stückkosten ergeben sich für alle Ländermärkte gleichzeitig. Damit ergeben sich Rückkopplungen zwischen dem Eintritt in neue Ländermärkte als Maßnahme des Internationalen Marketings und den Marketingmaßnahmen in anderen Ländermärkten. Dies ist vor allem für die Preispolitik von Bedeutung, da bei sinkenden Stückkosten neue Preisspielräume gewonnen werden, die für Preissenkungen - zur Nachfragebelebung oder zur Abschreckung potentieller Wettbewerber vom Markteintritt - genutzt werden können.

Die einzelnen Ländermärkte stehen also in Rückkopplungen zueinander, wenn sich - für alle Ländermärkte - marketingrelevante Kostenpositionen durch Eintritt in neue Ländermärkte verändern. Die Veränderung länderübergreifender Kostenpositionen wird um so größer sein, je stärker die fixkostenintensive Produktion zentralisiert ist. Insofern hat auch die Konfiguration der internationalen Organisation Einfluß auf das Ausmaß der Auswirkungen von Fixkostenanteilen auf ländermarktübergreifende Kostenpositionen.

Ländermarktübergreifende Unternehmensziele

Die Internationalisierung von Unternehmen ist weniger Ziel der Unternehmenstätigkeit selbst als ein Instrument zur Erreichung von Unternehmenszielen. In diesem Sinne stellt die Internationalisierung keinen Selbstzweck dar, sondern muß anhand eines operationalen Zielsystems auf ihre ökonomischen Auswirkungen (Sinnhaftigkeit) hin beurteilt werden können. Die bereits angesprochene Fixkostendegression durch Erschließung zusätzlicher Ländermärkte ist z. B. als ein Instrument zur Erreichung unternehmensübergreifender Kostenziele anzusehen. Gleiches gilt auch für unterschiedliche Organisationstypen der internationalen Geschäftstätigkeit, die zur Realisierung übergreifender Zielsetzungen gewählt werden. Dies bedeutet, daß Unternehmensziele definiert werden müssen, die Anhaltspunkte für länderspezifische Ziele, Strategien und Maßnahmen geben und anhand derer die Auswirkungen der Internationalisierung kontrolliert werden können.

Im Mittelpunkt der Unternehmensziele stehen *Marktstellungs*- (Marktanteil, Umsatz, Marktabdeckung), *Kosten*- (Wirtschaftlichkeit, Produktivität) und *Rentabilitätsziele* (Gewinn, Kapital- und Umsatzrentabilität) (vgl. *Becker*, 1993). Sie werden z. T. ergänzt durch finanzielle Ziele (Liquidität, Kapitalstruktur), soziale Ziele (Sicherheit,

Arbeitszufriedenheit) und Prestigeziele (Image etc.) (vgl. *Meffert/Bolz*, 1998). Diese Ziele zeichnen sich dadurch aus, daß sie zunächst von einzelnen Ländermärkten abstrahieren (Gesamtziele) und sich auf das gesamte Unternehmen beziehen. Darauf aufbauend werden in einem mehrstufigen Zielbildungsprozeß länder- oder regionenspezifische Ziele abgeleitet, die zur Erreichung dieser Gesamt-Unternehmensziele dienen sollen (vgl. *Becker*, 1993).

Die Festlegung ländermarktbezogener (Sub-)Ziele erzeugt Abhängigkeiten zwischen den einzelnen Ländermärkten, wenn die länderspezifischen *Zielerreichungsgrade* voneinander *abhängig* sind. Wäre hingegen z. B. der Gewinnbeitrag eines Ländermarktes von den möglichen Gewinnbeiträgen aller anderen Ländermärkte unabhängig, bestünden über das Zielsystem eines international tätigen Unternehmens keine Rückkopplungen. Gerade dies wird aber in den meisten Fällen nicht zu erwarten sein, da der Zielerreichungsgrad (hier: Ausmaß des erzielten Gewinns) im allgemeinen auch eine Funktion der investierten unternehmensweiten Ressourcen (Kapital, Managementzeit etc.) ist. Diese sind aber i. d. R. knapp, so daß die ländermarktspezifischen Zielerreichungsgrade über die Ressourcenallokation aneinander gekoppelt sind (vgl. *Berekoven*, 1985). Formal würde dies bedeuten, daß der Gesamtgewinn eines international tätigen Unternehmens keine lineare Funktion (voneinander unabhängiger) der auf den einzelnen Ländermärkten erzielten Gewinne darstellt, da sich die länderspezifischen Erträge gegenseitig bedingen. Länder- oder regionenspezifische Ziele wären damit stets in einen Gesamtkontext unternehmensübergreifender Ziele eingebunden. Über das Zielsystem einer Unternehmung ergeben sich unter diesen Bedingungen zusätzliche anbieterbezogene Rückkopplungen.

2.3.2.2 Nachfragerbezogene Rückkopplungen

Zentrale Ursache nachfragerbezogener Rückkopplungen mit Auswirkungen auf die Freiheitsgrade nationaler Marketingaktivitäten ist vor allem der grenzüberschreitende *Informations*- und *Güteraustausch* auf Nachfragerebene. Beide Faktoren sind letztlich Grundlage für die zunehmende Verflechtung der nationalen Volkswirtschaften untereinander (vgl. Kap. A).

Informationsaustausch zwischen Ländermärkten

Wir leben heute in einer Gesellschaft, die als „Kommunikations- und Informationsgesellschaft" bezeichnet wird. Kennzeichen dieser Gesellschaft ist ein häufig nur über den Preis gesteuerter, nahezu schrankenloser Zugriff auf eine stetig wachsende Zahl von Kommunikations- und Informationsmitteln. Unterstützt durch eine z. T. explosionsartige Verbreitung neuer Technologien sinken die Preise für Innovationen in diesem Bereich drastisch und ermöglichen so eine erhebliche Erweiterung der Zahl potentieller Nachfrager. Informations- und Kommunikationskanäle machen dabei vor Ländergrenzen nicht halt. Die steigenden Investitionen, die für neue Technologien erforderlich werden (z. B. weltweit funktionale, satellitengestützte Mobiltelefone), erzwingen geradezu die Ausdehnung auf eine möglichst große Zahl von Ländermärkten („*Globalisierungs-Push*").

Die Bedeutung des grenzüberschreitenden Informationsflusses für das Internationale Marketing ist unumstritten. So wird die Globalisierung der Märkte in Form einer Vereinheitlichung der Nachfragerbedürfnisse auch auf die Vereinheitlichung der Informationsmittel zurückgeführt (sog. „*Globalisierungs-Pull*"; vgl. hierzu *Meffert/Bolz*, 1998, und zur Globalisierungsthese *Levitt*, 1983).

> CNN (Cable News Network) kann wohl als das Paradebeispiel für ein weltweit vertretenes, weitgehend standardisiertes Informationsinstrument bezeichnet werden. CNN hat sich seit seiner Gründung im Jahre 1985 in nur 10 Jahren als erstes weltweit organisiertes Nachrichten-TV-Programm etabliert. Als Programmanbieter, der rund um die Uhr Nachrichten sendet, ist er in allen relevanten Wirtschaftszonen der Welt präsent. Das Programm wird hauptsächlich zentral in Atlanta, USA, und z. T. auch in London für den Weltmarkt produziert und über Satellit gesendet.

Ein nahezu ungehemmter grenzüberschreitender Informationsfluß bezieht seine Bedeutung für das Internationale Marketing nicht nur aus einem Globalisierungs-Pull, der auf eine Vereinheitlichung des Nachfrageverhaltens hinwirkt. Da sich mit der Liberalisierung der Informations- und Kommunikationsmärkte auch der Zugang zu beschaffungsrelevanten Informationen vereinfacht hat, erhält diese Entwicklung eine koordinationsbezogene Dimension für das Internationale Marketing. Nachfrager können sich in vielen Ländern über das Angebot oder das Anbieterverhalten in einem für sie relevanten Bereich informieren. Diese Informationen können ihr Nachfrageverhalten auf den Heimatmärkten beeinflussen.

Der Austausch von Informationen kann eine eigenständige Ursache für nachfragerbezogene Rückkopplungen sein. Die Ursachen hierfür können vielfältig sein:

- Auf ausländischen Märkten eingeholte Angebote können dazu benutzt werden, inländische Anbieter unter Anpassungsdruck (Preis, Qualität) zu setzen.

- Urlauber lernen auf ausländischen Märkten neue Produkte kennen, die ihre Präferenzen nachhaltig ändern. Diese Präferenzänderungen führen zu einem geänderten Nachfrageverhalten auf dem Heimatmarkt.

- Der Zugang zu ausländischen TV-Programmen in Deutschland führt im Rahmen der TV-Werbung zur Konfrontation mit evtl. anderen kommunikativen Positionierungen von Produkten, die vom Heimatmarkt her bekannt sind.

- Grenzüberschreitende Informationsquellen wie das Internet bieten einen ungehinderten Zugriff auf Informationsanbieter aus einer Vielzahl von Ländern. Dazu zählen mittlerweile - bei stark steigender Tendenz - auch kommerzielle Anbieter. Diese informieren über ihr Angebot und geben z. T. direkte Möglichkeiten zur Bestellung. Vor allem für Unternehmen, deren Produkte auf dem Versandweg oder über Datenleitungen (z. B. Software) vertrieben werden können, hat sich hier ein völlig neuer Vertriebsweg eröffnet. Beispielsweise gibt der PC-Direktvertreiber Dell an, daß er in den USA täglich Bestellungen im Wert von 2 Mio. US-$ über das Internet erhält. Auch in Deutschland hat das Unternehmen nach Einrichten einer entsprechenden Internet-Homepage im Mai 1997 gute Erfahrungen gemacht. Wöchentlich werden mehr als 300 Computer über das Internet bei Dell bestellt (vgl. *Crolly*, 1997).

Angesichts der Tatsache, daß Experten davon ausgehen, daß sich bis zum Jahr 2000 die Zahl der Internet-User weltweit auf ca. 250 Mio. vergrößern wird (vgl. *Böndel*, 1995), ist verständlich, daß bereits heute viele Unternehmen das Internet als Informationsmedium nutzen. In Deutschland ist bereits zum jetzigen Zeitpunkt eine Vielzahl von (zumeist Groß-)Unternehmen im Internet vertreten. In Branchen wie EDV, Elektronik, Medien oder Tourismus sind so beispielsweise augenblicklich schon quasi alle größeren deutschen Unternehmen im Internet vertreten (vgl. *o.V.*, 1997c). Diese stark zunehmende anbieter- und nachfragerseitige Nutzung des Internets läßt erwarten, daß über das Internet zukünftig ein hohes Warenvolumen abgewickelt wird. Schätzungen für das Jahr 2000 gehen davon aus, daß über das Internet dann weltweit Umsätze von 150 bis 500 Mrd. Dollar abgewikkelt werden. Der auf deutsche Unternehmen entfallende Anteil wird dabei auf ca. 25 Mrd. Dollar geschätzt (vgl. *o.V.*, 1997d). Allerdings ist bei der Nutzung des Internets als Informations- oder Transaktionsmedium zu berücksichtigen, daß sich mit Hilfe dieses Mediums nicht alle Ländermärkte in gleicher Weise erreichen lassen. *Abb. B-5* legt den Verdacht nahe, daß das Internet auf absehbare Zeit in erster Linie von Haushalten in den Industrienationen genutzt wird.

Abgesehen davon, daß das Internet Nachfragern einen ungehinderten Zugriff auf die Informationsanbieter in einer Vielzahl von Ländern erlaubt und damit den Informationsaustausch zwischen Ländermärkten vereinfacht, werden die hierdurch verstärkten nachfragerbezogenen Rückkopplungen noch dadurch vergrößert, daß sich im Internet Dienstleister etablieren, die Nachfragern anbieter- und länderübergreifende Angebotsvergleiche offerieren. Schon heute existiert eine Vielzahl von Preisagenturen im Internet (vgl. *Abb. B-6*), die ihren Kunden die jeweils preisgünstigste Offerte für ein Produkt eines bestimmten Anbieters zur Verfügung stellen.

Die in *Abb. B-6* dargestellte Preisagentur „PA Jaus" bietet ihren Kunden beispielsweise an, für diese nach den preisgünstigsten Angeboten bestimmter hochwertiger Waren wie TV-Geräte, Möbel, Fotoapparate o. ä. weltweit zu suchen. Die Agentur wird dabei ab einem Warenwert von 350 DM tätig. Gelingt es ihr, das billigste Angebot, das der Kunde benennen kann, durch ihre Recherchen zu unterbieten, so behält die Agentur einen Teil des Einsparungsbetrages als Honorar ein.

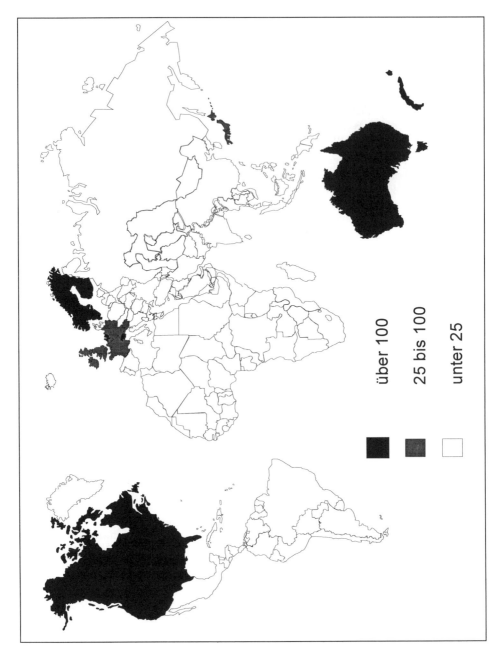

Abb. B-5: Internet-Rechner in verschiedenen Regionen
des Weltmarktes (pro 10.000 Einwohner)
(Quelle: Backhaus/Stadie/Voeth, 1997, S. 96)

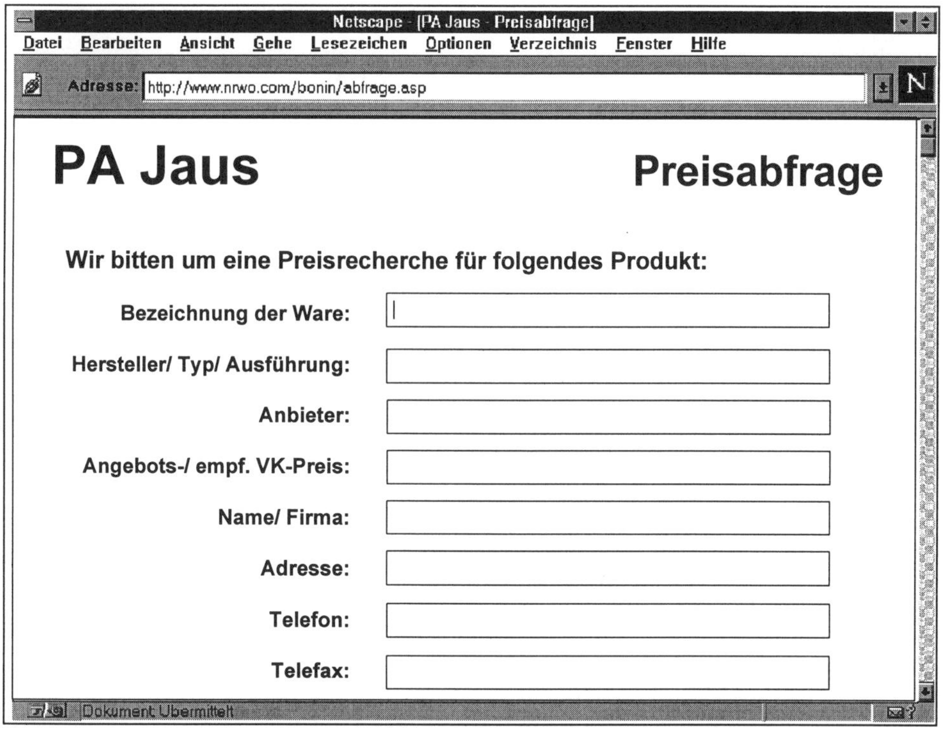

Abb. B-6: Beispiel für das Angebot von Preisagenturen im Internet

Güteraustausch

Informationen sind eine notwendige Bedingung für einen grenzüberschreitenden *Güteraustausch* zur Ausnutzung länderspezifischer Preis- oder Qualitätsunterschiede (Arbitrage). In vielen Industriegüterbereichen, in denen eine grenzüberschreitende Beschaffung schon länger von Bedeutung ist („Global Sourcing"), und auch in vielen Konsumgüterbranchen sind die Nachfrager in der Wahl ihrer regionalen oder länderbezogenen Beschaffungsmärkte grundsätzlich frei (vgl. zu Arbitragestrategien von Unternehmen auch *Kutschker/Bäurle*, 1997, S. 116). Sind länderspezifische Preis- und/oder Qualitätsunterschiede bekannt (Information als notwendige Bedingung) und wiegen die durch die Beschaffung entstehenden Transaktionskosten die relativen Nutzenvorteile der Auslandsmarktbeschaffung nicht auf (hinreichende Bedingung), so wird Arbitrage stattfinden.

Für Anbieter, die auf mehreren Ländermärkten mit auf ähnliche Zielgruppen orientierten, aber nicht standardisierten Produkten vertreten sind, kann sich daraus ein erhebliches Koordinationsproblem ergeben. Arbitrage zwischen den Ländermärkten führt häufig zu einem erheblichen Druck auf differenzierte Produktprogramme.

> Einige deutsche Automobilhersteller sind aufgrund ihrer differenzierten Preispolitik in Europa, die z. T. auch durch unterschiedliche gesetzliche Regelungen in den europäischen Ländern (z. B. unterschiedliche Steuersätze) bedingt ist, in jüngerer Vergangenheit unter Druck geraten. Der Anteil sog. „reimportierter" Fahrzeuge, die europaweit weitestgehend vereinheitlicht sind, ist stark angestiegen. Händler und Endkunden nutzen dabei die starken Preisunterschiede z. B. zwischen Deutschland und Italien aus; sie kaufen ihr Fahrzeug im Ausland und führen es nach Deutschland ein. Dabei sind in einigen Fahrzeugklassen Preisnachlässe von bis zu 30 % realisierbar. Während noch vor einigen Jahren die Hersteller diese Praxis durch die Androhung wegfallender Gewährleistungsansprüche eindämmen konnten, ist dies bei europaweit geltenden Garantien jetzt nicht mehr möglich. Als ein relativ schwaches Argument ist ihnen oft nur noch der Hinweis auf länderspezifische Modelle (z. B. Audi 80 mit 1,6 Liter/100 PS „Italien"-Motor) geblieben, für die die Ersatzteilbeschaffung in Deutschland länger dauern kann. Ähnliches läßt sich auch für Hersteller von Pharmazeutika feststellen, die das gleiche Produkt - z. T. mit unterschiedlichen Produktnamen, aber identischer Wirkstoffkombination - zu unterschiedlichen Preisen in Europa verkaufen. Auch hier gibt es starken Druck auf die Preisdifferenzierung durch Reimporte.

Güteraustausch zwingt die betroffenen Anbieter zu einer Anpassung ihrer internationalen Marketingaktivitäten. In der Vergangenheit stand hier bei einigen Anbietern die Strategie im Vordergrund, durch die Behinderung des Güteraustausches den Koordinationsbedarf zu verringern. Einige Automobilhersteller versuchten, z. B. durch die Androhung der Vertragskündigung ihre ausländischen Händler dazu zu bewegen, aus dem lukrativen Reimport-Geschäft auszusteigen. Einer solchen Strategie wird jedoch im Rahmen eines freien, grenzüberschreitenden Handels insbesondere bei einer Harmonisierung der gesetzlichen Rahmenbedingungen die Grundlage entzogen.

Koordinationsprobleme aufgrund von Arbitrageprozessen der Nachfrager können nur bei Gütern auftreten, die zwischen Ländermärkten potentiell austauschfähig sind. Austauschfähig sind zunächst solche Güter, die lagerfähig und physisch zwischen Ländermärkten transportierbar sind. Dies gilt für viele Konsumgüter (z. B. PKWs, Parfüm, Unterhaltungselektronik, Pharmazeutika) und Industriegüter, beispielsweise aber nicht für nur lokal verwertbare Dienstleistungen (Mietwagen oder Bewirtungsdienste). Die physische Transportierbarkeit eines Produktes ist allerdings keine notwendige Bedingung. So wäre es auch denkbar, daß ausländische Händler oder Niederlassungen des Herstellers als Vertragspartner gewählt werden, das beschaffte Produkt aber auf dem Heimatmarkt ausgeliefert wird (so agieren einige Re-Importeure von PKWs). Entscheidend ist, daß auf verschiedenen Ländermärkten für ein bestimmtes Produkt Vertragspartner zur Verfügung stehen, die Nutzung dieses

Produktes aber von den Standorten dieser Vertragspartner unabhängig ist (z. B. Einkauf von Flugtickets).

2.3.2.3 Rückkopplungen und Koordination

Anbieter- und nachfragerbezogene Rückkopplungen zwischen zwei Ländermärkten erzeugen Koordinationsbedarf der Marketingaktivitäten, wenn ein Anbieter gleichzeitig auf diesen Ländermärkten tätig ist und eine zwischen den Ländermärkten abgestimmte - also eine die Abhängigkeitsbeziehungen berücksichtigende - Marktbearbeitung den Gesamtgewinn der Unternehmung verbessert. Rückkopplungen erzeugen informatorische Kopplungen, die Abhängigkeitsbeziehungen zwischen Entscheidungsvariablen (z. B. nationale Preise für Ländermärkte) beschreiben (vgl. hierzu *Adam, D.*, 1996).

Informatorisch sind zwei Entscheidungsvariablen x_1 und x_2 aneinander gekoppelt, wenn Informationen über das Niveau einer Variablen erforderlich sind, um über das Niveau einer anderen Variable entscheiden zu können (*sachliche Rückkopplung*). So könnte die Preisentscheidung in Land A (x_1) daran gebunden sein, welche Preisentscheidung für Land B (x_2) getroffen wird. Das Preisniveau in B wirkt dann als Restriktion für die Preisentscheidung in Land A und muß demzufolge a priori bestimmt werden. Die Abhängigkeitsbeziehung zwischen den nationalen Preisentscheidungen ist *einseitig*, da die Restriktion nur in eine Richtung wirkt ($x_2 \rightarrow x_1$: Die Preisentscheidung in Land A hängt in unserem Beispiel von B ab, nicht aber umgekehrt).

Neben einseitigen existieren *beidseitige* Abhängigkeitsbeziehungen (vgl. *Adam, D.*, 1996). Bei beidseitigen Abhängigkeitsbeziehungen hängt das zielsetzungsgerechte Niveau einer Variable vom Niveau anderer Variablen ab und vice versa: $x_1 \rightarrow x_2$ *und* $x_2 \rightarrow x_1$. Ursache beidseitiger Abhängigkeitsbeziehungen ist z. B. die gegenseitige Rückkopplung von Variablen über eine gemeinsame extremale Zielfunktion, wenn also zwei oder mehr Entscheidungsvariablen über eine extremale Zielfunktion miteinander verbunden sind. Man spricht in diesem Fall von Erfolgskopplungen. Eine typische extremale Zielfunktion ist die Gewinnmaximierung. Bei der internationalen Marktbearbeitung entstehen Interdependenzen dann, wenn ländermarktübergreifende Gewinnmaximierungsziele verfolgt werden. Rückkopplungen zwischen den Ländermärkten führen dann dazu, daß ländermarktspezifische Gewinne keine alleinige Funktion nationaler Entscheidungen sind, sondern von den Entscheidungen auf anderen Ländermärkten beeinflußt werden. Das Ziel der Gewinn-*maximierung* führt dazu, daß dann Entscheidungen über die den Gewinn beeinflussenden Variablen auf den einzelnen Ländermärkten nur *simultan* getroffen werden können. Anders wäre dies beim Anstreben bestimmter (befriedigender) Zielniveaus. In unserem Beispiel könnte das Preisniveau in Land B festgelegt werden, um *an-*

schließend zu prüfen, welches Preisniveau in Land A erforderlich ist, um dieses Zielniveau zu erreichen.

Die aus ein- und beidseitigen Abhängigkeiten zwischen Entscheidungsvariablen resultierenden Koordinationsprobleme sind unterschiedlicher Natur. Während einseitig gekoppelte Variablen sukzessiv bestimmt werden können, ist für eine zielgerechte Lösung beidseitig gekoppelter Entscheidungsvariablen ein Simultanansatz notwendig (vgl. *Adam, D.*, 1996). In beiden Fällen sind jedoch die Entscheidungsvariablen informatorisch aneinander gebunden.

Für die Entstehung von Koordinations*problemen*, die Handlungsbedarf erzeugen, sind die Ertragsauswirkungen von anbieter- und nachfragerbezogenen Rückkopplungen maßgeblich. Ein Koordinationsbedarf entsteht nur dann, wenn Abstimmung notwendig ist, um maximale Erträge sicherzustellen. In diesem Sinne erzeugen die Rückkopplungen zwischen den Ländermärkten nur dann Handlungsbedarf - nämlich den der Abstimmung der nationalen Marktbearbeitung -, wenn diese gewinnreduzierend wirken, mithin *ertragsrelevant* sind.

Die Bedeutung von Rückkopplungen für die internationale Marktbearbeitung faßt *Abb. B-7* zusammen.

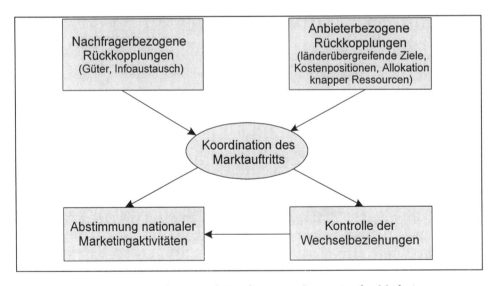

Abb. B-7: Rückkopplungen und Koordination im Internationalen Marketing

Resultat von Rückkopplungen ist aber nicht nur die Notwendigkeit einer gegenseitigen Abstimmung der Marketingaktivitäten im Sinne einer marktbezogenen Koordination. Voraussetzung für eine inhaltliche Konkretisierung der Abstimmungsaufgabe

(*„Was* wird *wie* abgestimmt?") ist die Kontrolle der durch die Rückkopplungen erzeugten Wechselbeziehungen zwischen den Ländermärkten. Hierunter ist die kontinuierliche Prüfung bzw. Messung des Ausmaßes der Rückkopplungen zwischen den
Ländermärkten zu verstehen, auf denen sich ein Unternehmen bewegt.

2.3.3 Definition und Abgrenzung des Internationalen Marketings

Die bisherige Diskussion hat gezeigt, daß dem Internationalen Marketing Problembereiche und Besonderheiten immanent sind, die im nationalen Kontext ebenso auftreten können (Risiko, Unsicherheit, Komplexität), aber auch solche, die überwiegend im grenzüberschreitenden Kontext von besonderem Gewicht sind. Hierzu zählt
vor allem das Problem einer Koordination der nationalen Marketingaktivitäten im
Sinne einer gegenseitigen Abstimmung der marktbezogenen Strategien und Maßnahmen.

Internationales Marketing ist also

- ausgehend von der **Festlegung der Markteintrittsentscheidung** („Ob" und
  „Wie" des „Going International"),
- das **Management** (Analyse, Planung und Kontrolle) **marktbezogener Rückkopplungen**, und - sofern ertragsrelevante Rückkopplungen existieren oder entstehen -
- die **gegenseitige Abstimmung der nationalen Marketingaktivitäten** (*grenzüberschreitende* Probleme des „Being International")
- mit dem **Ziel** der Realisierung **Komparativer Konkurrenzvorteile** auf den Ländermärkten.

Abb. B-8 zeigt vor dem Hintergrund dieses Verständnisses die Aufgabenbereiche des
Internationalen Marketings im Zusammenhang.

Ist ein Unternehmen auf einem bestimmten Ziel-Ländermarkt nicht präsent (Markt-
abstinenz), ergibt sich im Internationalen Marketing zunächst ein Entscheidungsproblem hinsichtlich der Festlegung der Markteintrittsentscheidung („Eintritt"). Tritt
das Unternehmen in einen Ländermarkt ein, der Rückkopplungen zu einem anderen
Ländermarkt aufweist, auf dem das Unternehmen bereits tätig ist, ergibt sich das
zusätzliche Problem, die Eintrittsentscheidung bereits unter Koordinationsaspekten
betrachten zu müssen („Eintritt + Koordination"). Die Präsenz auf in marktrelevan-
ten Wechselbeziehungen zueinander stehenden Ländermärkten führt zu einem kontinuierlichen Koordinationsproblem. Im Falle schwacher oder nicht existenter Rückkopplungen ist zunächst festzuhalten, daß eine Koordination der Marketingaktivitä-

ten nicht erforderlich ist. Dies führt zu der Konsequenz, daß die Präsenz auf nicht in Rückkopplungen zueinander stehenden Ländermärkten *nicht zu einem für das Internationale Marketing relevanten Planungs- und Entscheidungsproblem führt.* Denn hier ist die Einstiegsentscheidung schon gefallen und die fortwährende Bearbeitung trifft auf keinen Koordinationsbedarf. Die Marketingaktivitäten sind hier grundsätzlich unabhängig voneinander plan- und durchführbar. Hier gelten die für den nationalen Kontext entwickelten, klassischen Lösungsansätze des (nationalen) Marketings. Wir bezeichnen dies als „Multi-Nationales Marketing".

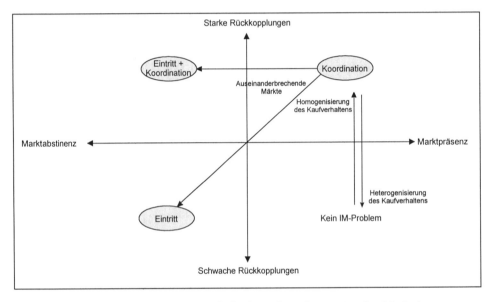

Abb. B-8: Positionierung der Aufgabenbereiche im Internationalen Marketing

M. a. W. bedeutet dies letztlich auch, daß Aktivitäten, die auf die Besonderheiten der Marktbearbeitung in einzelnen Ländermärkten abstellen („Marketing in Indien", „Marketing in Japan" etc.) – ein typisches Beispiel zeigt *Abb. B-9* -, nicht zwangsläufig dem Bereich des Internationalen Marketings zuzuordnen sind. Sofern es sich hierbei um isolierte Problemstellungen handelt, die keine Auswirkungen auf die Marktbearbeitung in anderen Ländermärkten aufweisen, sind diese *nicht* dem Internationalen Marketing zu subsumieren. Hier werden statt dessen allein Besonderheiten eines länderspezifischen nationalen Marketings aufgegriffen.

Abb. B-9: Beispiel für Aktivitäten im Rahmen des „Multi-Nationalen Marketings"

Mitunter werden in der Literatur solche länderspezifischen nationalen Marketingfrage-stellungen dem Internationalen Marketing subsumiert (z. B. „Verhandeln mit Chinesen"; vgl. *Stucken*, 1996 oder auch *Kutschker*, 1997c), teilweise sogar zum Kern des Internatio-nalen Marketings erhoben (vgl. z. B. *Quack*, 1995), wie nachfolgendes, längeres Zitat deutlich macht (ein ähnliches Grundverständnis findet sich bei *Cateora*, 1990):

„Worin liegt nun eigentlich der Unterschied zwischen nationalem und internationalem Marketing? Im internationalen Marketing wird zunächst das übliche Marketingwissen eingesetzt, d. h. ein Experiment zur Preisfindung in Geschäften in Düsseldorf ist im Prin-zip gleichartig wie ein solches in New York. Das in der Literatur vorhandene Grundwis-sen über Experimente kann in beiden Städten voll eingesetzt werden. Aber die genaue Ausgestaltung der Experimente ist sehr verschieden. Neben der unterschiedlichen Gestal-tung und Funktion der Geschäfte sind der Wettbewerb, die Kommunikation, die Sprache, das Verhalten der Konsumenten sehr verschieden. Auf die Unterschiede muß in der Anla-ge der Experimente Rücksicht genommen werden. Auch die Vergleichbarkeit der gewon-nenen Ergebnisse ist meist nicht gegeben. Noch schwieriger wird es beim Entwickeln ei-nes TV-Spots. Das Wissen, wie man den Verbrauchernutzen findet oder welche Gestal-tungstechniken besonders wirksam sind, findet sich ausgiebig in der Literatur. Aber der endgültige TV-Spot z. B. für ein Duschgel wird in Deutschland und in China doch sehr unterschiedlich ausfallen. In China gilt bereits das Zeigen der 'nackten' Schulter als Por-nographie und ist damit in einem TV-Spot verboten - ein großer Unterschied zu den eher 'großzügigen' Darstellungen in einigen TV-Spots für Duschgel in Deutschland. Dieser Unterschied führt letztlich zur Auswahl einer anderen Gestaltungstechnik und evtl. auch zu anderen Aussagen in den TV-Spots. Aus diesen Andeutungen ist bereits deutlich ge-worden, daß internationales Marketing nur mit einem soliden Wissen und mehrjähriger Erfahrung im nationalen Marketing ausgeübt werden sollte. Zunächst ist eine solide Mar-ketingbasis notwendig, um dann die Unterschiede und Feinheiten im internationalen Be-reich 'draufzusatteln'" (*Quack*, 1995, S. 9 f.).

Ein solches Grundverständnis des Internationalen Marketings rechtfertigt allerdings keine eigenständige wissenschaftliche Betrachtung, da die Besonderheit ausschließlich auf län-derspezifische Vermarktungsanforderungen reduziert wird. In diesem Fall würde die Be-schäftigung mit Fragestellungen des Internationalen Marketings darin bestehen, die spezi-fischen Vermarktungsanforderungen der ca. 180 Ländermärkte aufzulisten. Da dies jedoch nicht der Gegenstand einer wissenschaftlichen Auseinandersetzung - und auch nicht Aus-bildung - sein kann, wird dieses Grundverständnis im folgenden nicht weiter zugrunde gelegt und statt dessen der Kern des Internationalen Marketings in der rückkopplungsbe-dingten Koordination des Marktauftritts auf internationalen Märkten gesehen.

Die bisher aufgeführten Problembereiche des Internationalen Marketings wurden ausschließlich unter *statischen* Aspekten diskutiert. Kennzeichen dieser statischen Perspektive ist die Annahme gleichbleibender Rahmenbedingungen der betrachteten Ländermärkte. Dynamische Entwicklungen auf den Ländermärkten können jedoch zu Veränderungen dieser Einordnung von Planungs- und Entscheidungsproblemen im Internationalen Marketing führen. Ausgangspunkt unserer Überlegungen ist dabei zunächst die bereits angesprochene Globalisierungsthese („Globalisierungs-Pull") mit der Folge einer Vereinheitlichung des Kaufverhaltens der Nachfrager. Diese *Homogenisierung des Kaufverhaltens* kann dazu führen, daß bisher unabhängige

Ländermärkte interdependent und damit koordinationsrelevant werden. Demgegenüber kann im umgekehrten Fall die *Heterogenisierung* des Kaufverhaltens dazu führen, daß die Rückkopplungen zwischen zwei Ländermärkten abnehmen und das Koordinationserfordernis entsprechend schwächer wird. Das Beispiel der Nachfolgestaaten der GUS zeigt darüber hinaus, daß in einem Staatenbund (UdSSR) bisher eng verbundene Teilstaaten in weitgehend unabhängige autonome Staaten *auseinanderbrechen* können, so daß neue Markteintrittsentscheidungen erzwungen werden. Diese können, je nachdem, ob diese Nachfolgestaaten Rückkopplungen aufweisen, nach erfolgtem Markteintritt Koordinationserfordernisse erzeugen oder nicht.

C. Markteintrittsentscheidungen im Internationalen Marketing: „Going International"

Im Rahmen der Erschließung ausländischer Märkte werden Unternehmen erstmals auf Auslandsmärkten aktiv oder sie vergrößern die Anzahl der bearbeiteten Ländermärkte. Hierbei sind interdependente Initialentscheidungen in bezug auf

- die Marktauswahl und

- die Markterschließung

zu treffen.

Die *Marktauswahl* bezieht sich auf die Selektion geeigneter Auslandsmärkte, die *Markterschließung* auf die Wahl geeigneter Erschließungsstrategien in sachlicher (Wahl der Strategieelemente) und zeitlicher Hinsicht (Timing der Implementierung der Strategieelemente).

Bei der Marktauswahlentscheidung spielen Rückkopplungen zwischen Ländermärkten und der hieraus erwachsende Koordinationsbedarf sowohl bei der erstmaligen Internationalisierung als auch bei der Ausweitung eines bestehenden internationalen Engagements eine zentrale Rolle. Unternehmen, die bislang allein auf dem Heimatmarkt tätig waren, haben bei der geplanten Internationalisierung die möglicherweise entstehenden Rückkopplungen zwischen dem Heimatmarkt und den potentiellen Auslandsmärkten ebenso in ihr Planungskalkül zu integrieren wie Unternehmen, die die Anzahl der bearbeiteten Auslandsmärkte vergrößern.

Diese Entscheidungstatbestände im Rahmen des „Going International" sind daher immer vor dem Hintergrund der konstitutiven Merkmale des Internationalen Marketings zu betrachten. Rückkopplungen zwischen Ländermärkten sind aber nur dann entscheidungsrelevant, wenn ein Unternehmen auf zwei interdependenten Ländermärkten tätig ist oder tätig sein wird. Insofern hat die Auswahl von Ländermärkten eine entscheidende Bedeutung für das Internationale Marketing. Nur wenn interdependente Märkte ausgewählt werden, entsteht ein Koordinationserfordernis. Besteht das Länderportfolio eines grenzüberschreitend tätigen Unternehmens aus voneinander unabhängigen Märkten, entsteht kein Koordinationsbedarf. Ein Unternehmen kann damit durch die Auswahl der Ländermärkte das Koordinationsproblem steuern.

1. Die Marktauswahlentscheidung

1.1 Bewertung von Ländermärkten

Grundlegendes Ziel des Marktauswahlprozesses ist die Abgrenzung von Länder-märkten, die generell - sei es zukünftig oder gelegentlich - bearbeitet werden sollen, und solchen, die grundsätzlich nicht bearbeitet werden sollen (vgl. *Meffert/Bolz*, 1998, S. 108). Allein die im Rahmen des Marktauswahlprozesses identifizierten Ländermärkte werden anschließend zum Gegenstand der strategischen Markter-schließungsplanungen.

In der Literatur wird die Bewertung von Ländermärkten in erster Linie vor dem Hintergrund von Chancen- und/oder Risiko-Betrachtungen diskutiert (vgl. *Meissner*, 1988; *Hummel*, 1994; *Jenner*, 1994). Als Indikatoren hierfür werden insbesondere

- die Marktattraktivität und

- die Marktbarrieren

herangezogen (vgl. *Carl*, 1989; *Backhaus*, 1997). Die Begriffspaare Chance/Risiko und Attraktivität/Barrieren sind dabei insofern ähnlich, als daß Märkte, die gute Er-folgschancen bieten, für Unternehmen attraktiv sind und Risiken bei der Länderbe-arbeitung in der Regel wie Marktbarrieren wirken. Da sich jedoch andererseits nicht jede Marktbarriere auf Risikoüberlegungen zurückführen läßt und zugleich die Marktattraktivität über die alleinige Analyse von Erfolgspotentialen hinausgeht, stellen die Abgrenzungsdeterminanten Marktattraktivität/Marktbarrieren den umfas-senderen Ansatz dar.

1.1.1 Marktattraktivität

Die Attraktivität von Ländermärkten beschreibt die auf diesen Märkten möglichen ökonomischen Ertragschancen. Sie werden zumeist multidimensional, d.h. durch Kombination verschiedener Merkmale gemessen. Dabei spielt neben unmittelbar er-tragsrelevanten Merkmalen wie Marktvolumen oder Marktwachstum auch eine Rei-he mittelbarer Erfolgsgrößen eine wichtige Rolle (vgl. vertiefend *Carl*, 1989):

> Ein Land kann auch deshalb von hoher Attraktivität sein, weil es Unternehmen als Brük-kenkopf oder Referenzmarkt zur Erschließung anderer Ländermärkte dient. Frankreich gilt beispielsweise als Referenzmarkt für die französisch sprechenden Länder Nordafrikas und die USA für den südamerikanischen Kontinent. Auch wenn Frankreich und die USA evtl. keine direkten Erfolgspotentiale für Unternehmen bieten, so sind sie doch in hohem Maße

attraktiv, wenn ein Engagement auf diesen Märkten die Voraussetzung für Aktivitäten in anderen erfolgversprechenden Ländern ist.

In der Praxis werden verschiedene Kriterien zur Beurteilung der Ländermarktattraktivität herangezogen. Die bereits angeführte Studie des DIHT (vgl. auch Kap. A) macht jedoch deutlich, daß von im Ausland tätigen Unternehmen allein einige wenige Faktoren als tatsächlich bedeutsam angesehen werden. *Tab. C-1* zeigt das Ergebnis einer Befragung deutscher Unternehmen über die Bedeutung einzelner Attraktivitätsdimensionen (Skala: 0 = keine Bedeutung; 1 = geringe Bedeutung; 2 = große Bedeutung; 3 = sehr große Bedeutung):

Rang	Merkmale	Durchschnittliche Gewichtung
1	Ausdehnung der Auslandsaktivitäten auf neue Märkte	2,97
2	Sicherung und Ausbau eines bisherigen Marktes	2,48
3	Sicherung und Kontrolle des Vertriebs im Gastland	2,07
4	Politische Stabilität des Gastlandes	1,71
5	Exportbasis für Produkte der deutschen Muttergesellschaft	1,37
6	Überwindung von Handels- und Exporthemmnissen	1,34
7	Erwartung einer hohen Investitionsrendite	1,18
8	Zulieferer für Gastlandunternehmen	1,04
9	Niedrige Lohnkosten	1,02
10	Sicherung der Versorgung im Gastland	0,99
11	Schaffung von Arbeitsplätzen	0,76
12	Stärkung der wirtschaftlichen Eigenständigkeit des Gastlandes	0,67
13	Einsparung von Transportkosten	0,60
14	Staatliche Förderungsmaßnahmen für Direktinvestitionen durch das Gastland	0,56
15	Produktion für die „Muttergesellschaft" in Deutschland (Reimport)	0,54

Rang	Merkmale	Durchschnittliche Gewichtung
16	Verwertung von Technologien, die für besondere Bedürfnisse des Gastlandes entwickelt wurden	0,52
17	Verarbeitung einheimischer Rohstoffe für den Inlandsbedarf des Gastlandes	0,47
18	Wechselkursbedingte Verlagerung	0,47
19	Zulieferer für ein deutsches Großunternehmen, das ebenfalls im Gastland tätig ist	0,43
20	Niedrige Preise für Roh- und Betriebsstoffe	0,40
21	Staatliche Förderungsmaßnahmen für Direktinvestitionen durch die Bundesrepublik Deutschland	0,36
22	Sicherung und Erweiterung der Rohstoffbasis	0,31
23	Sicherung der Energieversorgung	0,16
24	Förderungsmaßnahmen für Direktinvestitionen durch internationale Institutionen	0,10

Tab. C-1: Merkmale der Ländermarktattraktivität
(Quelle: DIHT, 1981)

1.1.2 Marktbarrieren

Unter Marktbarrieren versteht man die Gesamtheit aller Bedingungen, deren Erfüllung zum Eintritt in einen Ländermarkt und zur bedarfsgerechten Marktbearbeitung notwendig ist (vgl. *Backhaus*, 1997, S. 238). Unterschieden wird zwischen strukturellen (natürlichen) und strategischen (von anderen Marktparteien bewußt aufgebauten) Markteintrittsbarrieren. *Bain* sieht in Eintrittsbarrieren „advantages of established sellers in an industry over potential entrant sellers, these advantages being reflected in the extent to which established sellers can persistently raise their prices above a competitive level without attracting new firms to enter the industry" (*Bain*, 1956, S. 3). Eintrittsbarrieren führen also für die etablierten (präsenten) Anbieter zu Preisspielräumen auf einzelnen Ländermärkten, die aufrechterhalten werden können, solange die für Neueinsteiger entstehenden Kosten bei der Überwindung der Marktbarrieren - und Markterschließung - größer sind, als die durch den

Preis beeinflußten Ertragschancen auf diesem Markt. Erst wenn die Preise auf einem durch Barrieren geschützten Ländermarkt über ein bestimmtes Maß steigen, lohnt es sich, in die Überwindung der Marktbarrieren und die Erschließung des jeweiligen Ländermarktes zu investieren. Preisdifferenzen zwischen Ländermärkten für ein bestimmtes Produkt sind daher im Sinne *Bains* ein Indikator für die Existenz und die Höhe von Marktbarrieren.

Markteintrittsbarrieren können dabei aus einer Vielzahl von Gründen relevant werden (vgl. *Simon*, 1989, Sp. 1441). Sie lassen sich auf

- ökonomische,

- protektionistische oder

- verhaltensbedingte Ursachen

zurückführen.

Als Beispiele für *ökonomische Eintrittsbarrieren* nennt *Porter* (1986) Betriebskostenvorteile (economies of scale) etablierter Wettbewerber, Kapitalerfordernisse beim Markteinstieg oder „switching costs" bei den Nachfragern. Betriebskostenvorteile entstehen, wenn ein Anbieter Absatzmengen akkumulieren konnte, die ihm Kostenvorteile gegenüber einem neu eintretenden Wettbewerber verschaffen. Markteinsteiger weisen dann gegenüber den etablierten Wettbewerbern erfahrungskurvenbedingte Kostennachteile auf. Diese Kostennachteile führen bei „Nachzüglern" zu geringeren Deckungsbeiträgen, die die Rendite eines Markteintritts nachhaltig schmälern können.

Hohe Einstiegsinvestitionen wirken als Markthürden, wenn die Kapitalerfordernisse die Kapitalbeschaffungsmöglichkeiten eines Unternehmens übersteigen oder aber die Investitionen in einen Ländermarkt mit einem zu hohen Risiko belasten. Anhaltspunkte für das Eintrittsrisiko sind das Ausmaß, in dem die Rendite der Markteintrittsinvestition in Abhängigkeit von externen Faktoren (Preisniveau, realisierte Absatzmengen, politische Veränderungen etc.) schwankt, oder der Grad der Gefährdung des Unternehmens bei Mißerfolg des Markteintritts.

Darüber hinaus können die Einstiegsinvestitionen indirekt den Eintritt erschweren, wenn diese eine hohe Spezifität aufweisen. Hohe Spezifität liegt dann vor, wenn die nächstbeste Verwertung der Investitionen in die Erschließung eines neuen Ländermarktes eine wesentlich geringere Rendite erwirtschaftet (vgl. *Williamson*, 1991). Ein Unternehmen investiert also dann hochspezifisch in die Erschließung eines neuen Ländermarktes, wenn diese Investitionen bei Mißerfolg des Markteintritts unwiederbringlich sind (Anlagen oder Kundenbeziehungen, die auf anderen Märkten von nur geringem Wert sind). In dieser Eigenschaft erschweren sie nicht nur den

Marktaustritt, sondern wirken auch bereits im Vorfeld wegen des gestiegenen Risikos eintrittshemmend (Marktaustrittsbarriere als Markteintrittsbarriere).

Ökonomische Eintrittsbarrieren haben überwiegend den Charakter struktureller Marktbarrieren (Betriebskostennachteile, Kapitalerfordernisse, Spezifitätsgrad). Mitunter bauen jedoch etablierte Wettbewerber gezielt ökonomische Eintrittsbarrieren auf, wenn sie bei den Kunden Umstellungskosten beim Wechsel zu alternativen Anbietern entstehen lassen oder diese gezielt erhöhen. Wechselkosten von einem Anbieter zum anderen können unterschiedlicher Natur sein. Technologische Bindungen wie z. B. bei proprietären DV-Systemen erfordern neue Investitionen in die Ausbildung der DV-Mitarbeiter für alternative Systeme. Preissysteme wie Jahresumsatzboni hätten den Verzicht auf akkumulierte Nachlässe bei einem Anbieterwechsel zur Folge. Auf diese Weise erzeugte „switching costs" zwingen Neueinsteiger im Rahmen der Kundenakquisition zu preislichen oder leistungsbezogenen Zugeständnissen, die sich negativ auf das Ergebnis und damit die Rendite des Markteinstiegs auswirken.

Protektionistische Ursachen für Markteintrittsbarrieren entstehen durch tarifäre und nicht-tarifäre Handelshemmnisse (vgl. *Glismann/Horn*, 1984, S. 73 ff.), die von Staaten zum Schutz der heimischen Wirtschaft bzw. einzelner Wirtschaftszweige aufgebaut werden. Trotz oder gerade wegen des für viele Bereiche in den früheren GATT-Verhandlungsrunden (vgl. zu den Ergebnissen *Richter*, 1988; *Schaps*, 1991; *Siems*, 1994; *OECD*, 1996) erreichten Abbaus tarifärer Maßnahmen spielen nicht-tarifäre Handelshemmnisse weiterhin eine besondere Rolle. Generelle Einfuhrverbote, Kontingentierungen, „local-content"-Vorschriften oder divergierende technische Normen beschränken auf vielen Ländermärkten die Bearbeitungsmöglichkeiten für ausländische Anbieter. Protektionistische Maßnahmen gehören dabei aufgrund ihrer gezielten Errichtung zu den strategischen Markteintrittsbarrieren.

Trotz des Abbaus tarifärer Handelshemmnisse - *Siems* (1994) bezeichnet den japanischen Markt in diesem Zusammenhang als vorbildlich - verfügen ausländische Anbieter im japanischen Markt in vielen Branchen über keine „echten" Marktzugangsmöglichkeiten. Ein nur wenig ausgeprägtes Wettbewerbsrecht, ein auf Präferierung nationaler Anbieter ausgerichtetes öffentliches Beschaffungsverhalten oder ein staatlich gefördertes enges Beziehungsgeflecht zwischen Produzenten und Zulieferern sind nur einige Gründe dafür, daß ausländische Anbieter in der Vergangenheit in vielen japanischen Branchen keine nennenswerten Marktanteile erreichen konnten. *Deysson* (1994) nennt exemplarisch den Automobilsektor, in dem ausländische Anbieter 1994 allein über einen Marktanteil von 3 % verfügten, den Versicherungsmarkt (2 %) oder den Markt für Papiererzeugnisse (3,7 %).

Da japanische Unternehmen zugleich jedoch in weit größerem Maße Produkte in den europäischen oder amerikanischen Markt exportieren konnten, erzielte die japanische Wirtschaft erhebliche Exportüberschüsse. 1992 belief sich das Handelsdefizit der USA gegenüber Japan auf 49,5 Mrd. Dollar (vgl. *Bauer*, 1993); im darauffolgenden Jahr wuchs es sogar auf ca. 60 Mrd. Dollar an (vgl. *o.V.*, 1994b).

Die USA versuchten daraufhin, in bilateralen Handelsgesprächen eine Öffnung der japanischen Märkte für amerikanische Unternehmen zu erreichen. Im Mittelpunkt stand dabei der Telekommunikationssektor (z. B. Telefonapparate), in dem japanische Unternehmen in den USA über hohe Marktanteile verfügten, zugleich aber amerikanische Unternehmen wie Motorola der Marktzugang in Japan verwehrt war. Trotz eines Handelsabkommens zwischen Japan und den USA aus dem Jahre 1989, in dem sich die japanische Regierung verpflichtete, Motorola den Zugang zum japanischen Funktelefonmarkt zu öffnen, hatte das amerikanische Unternehmen in der Zwischenzeit keine signifikanten Marktanteile in Japan erzielen können (vgl. *o.V.*, 1994e).

Nachdem sich zu Beginn des Jahres 1994 ein Scheitern dieser Gespräche abzeichnete, drohte die US-Regierung Japan - wegen Nichterfüllung des Handelsabkommens aus dem Jahre 1989 - mit dem Ergreifen entsprechender Gegenmaßnahmen. Insbesondere wurde in den USA das sogenannte „Super 301-Verfahren" wieder eingesetzt, das die US-Regierung ermächtigt, einseitige Strafen wegen Diskriminierung amerikanischer Produkte zu verhängen. Erst als die USA die Einführung eines Strafzolls für japanische Telekommunikationsendgeräte ankündigte, lenkte die japanische Regierung ein und stellte in Aussicht, Motorola einen umfassenden Marktzugang zu ermöglichen.

Im einzelnen sah die zwischen den Regierungen geschlossene Vereinbarung vor, daß die japanische Regierung dem japanischen Mobilfunk-Netzbetreiber Idou Tsushin Corp. (Ido) vergünstigte Kredite der japanischen Entwicklungsbank gewährt, damit Ido das eigene Mobilfunknetz so umrüstet, daß die Endgeräte der amerikanischen Motorola verwendbar werden. In der Vergangenheit verfügte Motorola nämlich allein deshalb in Japan über keinerlei Marktchancen, weil sich die japanischen Netzbetreiber - nicht zuletzt auf politischen Druck hin - weigerten, ihre Übermittlungsnetze auf die international üblichen 6,5 Megahertz-Frequenzen umzustellen und statt dessen 8 Megahertz-Frequenzen verwandten. Angesichts dieser höheren Sendefrequenz konnten jedoch Endgeräte von ausländischen Herstellern nicht an die japanischen Telekommunikationssysteme angeschlossen werden.

Schließlich können Marktbarrieren auch *verhaltensbedingte Ursachen* haben. Sie können aus Kundenverhalten resultieren, wenn z. B. inländische Leistungsangebote von Nachfragern bevorzugt werden („buy british"). Verhaltensbedingte Barrieren können sich darüber hinaus auch aus einer subjektiven Auslandsorientierung des exportierenden Unternehmens ergeben. *Dichtl u. a.* haben empirisch nachgewiesen, daß das Persönlichkeitsmerkmal „Auslandsorientierung" einen erheblichen Einfluß auf die Marktauswahl von Unternehmen besitzt (vgl. *Dichtl u. a.*, 1983). Abneigungen gegen bestimmte Zielländer können dann als interne Barrieren den Eintritt in den Ländermarkt verhindern.

Eine besonders relevante Gruppe von Marktbarrieren bilden die sog. *Länderrisiken*, die Merkmale aller genannten Dimensionen ökonomischer, protektionistischer und verhaltensbedingter Marktbarrieren als Ursachen aufweisen. Länderrisiken haben vor allem im Zusammenhang mit der weltweiten Verschuldungskrise Beachtung gefunden (vgl. *Meyer*, 1987).

Die weltweite Verschuldungskrise hat sich seit Beginn der 70er Jahre wie folgt entwickelt:

- Bis zum Beginn der 70er Jahre wurden Kredite von Entwicklungs- und Schwellenländern vor allem für Industrialisierungsmaßnahmen nachgefragt. Von einer Verschuldungskrise ist bis zu diesem Zeitpunkt nicht zu sprechen, da die Kredite zur Schaffung von Produktivvermögen eingesetzt wurden.

- Die weltweite Verschuldungsdynamik ist eng mit den „Ölpreisschocks" von 1974 und 1979 verbunden (vgl. auch *Dieckheuer*, 1995). Die vom OPEC-Kartell durchgesetzten Preiserhöhungen zwangen die erdölimportierenden Staaten, weitere Kredite in Anspruch zu nehmen, die nun jedoch nicht für Industrialisierungsmaßnahmen, sondern zur Überbrückung von Versorgungsengpässen benötigt wurden.

- Die Kreditvergabe vor allem durch amerikanische Geschäftsbanken wurde möglich, da einige der OPEC-Staaten einen Teil der im Erdölgeschäft erwirtschafteten Überschüsse auf dem amerikanischen Kapitalmarkt investierten.

- Die z. T. unterbrochenen Industrialisierungsmaßnahmen in Verbindung mit den Auswirkungen der weltweiten Rezessionen in den 80er Jahren und zu Beginn der 90er Jahre haben dazu geführt, daß viele Entwicklungs- und Schwellenländer Neukredite zum Schuldendienst aufnehmen mußten.

- Viele der Schuldnerländer haben später den Schuldendienst wegen Zahlungsunfähigkeit eingestellt. Die vor allem betroffenen amerikanischen Geschäftsbanken haben als Reaktion die zumeist kurzfristigen Verbindlichkeiten in langfristige umwandeln müssen, um einen existenzgefährdenden Forderungsausfall zu vermeiden. Die *Weltbank* (1988) beziffert die allein in den Jahren 1983 bis 1987 vorgenommenen weltweiten Umschuldungen auf 400 Mrd. Dollar.

- Einigkeit besteht heute dahingehend, daß die weltweite Verschuldungskrise nur durch eine generelle Lösung zu beseitigen ist. Neben den in der Literatur entwickelten Lösungsvorschlägen (vgl. hierzu u. a. *Dieckheuer*, 1995) wird seit Ende der 80er Jahre zunehmend die Auffassung vertreten, daß sich die internationale Verschuldungskrise nur durch ein partielles oder vollständiges Schuldenmoratorium erreichen läßt. *Dieckheuer* (1995) weist jedoch zurecht daraufhin, daß ein genereller Schuldenerlaß sowohl für die Gläubiger als auch für die Schuldner nicht in Frage kommt, da der damit einhergehende Forderungsausfall öffentliche und private Gläubiger in Schwierigkeiten bringen würde. Darüber hinaus wäre ein vollständiges Schuldenmoratorium auch für die Schuldnerländer ein Nachteil, weil diese Länder zukünftig keine weiteren Kredite von privaten Gläubigern erhalten würden und zudem der wirtschaftspolitische Anpassungsdruck abnehmen würde.

  Die in *Abb. C-1* dargestellte Kreditwürdigkeit der Weltländer im Jahr 1997 unterstreicht das Ausmaß der weltweiten Verschuldungskrise. Darüber hinaus macht sie zweierlei deutlich.

- 1997 wurden in erster Linie die Triade-Ländern (USA, Japan, Europa) als bedingungslos kreditwürdig angesehen. Die Verschuldungskrise stellt also kein auf bestimmte Märkte beschränktes Risiko dar, sondern hat sich mehr und mehr zu einem allgemeinen Problem des Welthandels entwickelt.

Abb. C-1: Kreditwürdigkeit der Weltländer 1997
(Quelle: In Anlehnung an Institutional Investor, 1997)

- Es besteht hinsichtlich der Kreditwürdigkeit ein ausgeprägtes Nord-Süd-Gefälle. Abgesehen von den Ausnahmen wie Australien liegen alle kreditwürdigen Länder auf der nördlichen Halbkugel. Die Gründe für die mangelnde Kreditwürdigkeit der „Südstaaten" sind in den klimatisch erschwerten Bedingungen wie auch in den historisch gewachsenen Strukturen des Kolonialismus zu sehen.

Die in vielen Ländern bestehende eingeschränkte Zahlungsfähigkeit öffentlicher und privater Auftraggeber rückt grundsätzliche Risikoaspekte in den Mittelpunkt der Marktauswahl (vgl. *Meissner*, 1988, S. 85). Als Länderrisiken werden diejenigen Risiken bezeichnet, die im wirtschaftlichen Verkehr mit dem Ausland auftreten können und ohne konkreten Projektbezug sind. Zu nennen sind insbesondere Transfer-, Dispositions- und Enteignungsrisiken. *Tab. C-2* gibt einen Überblick über mögliche Ausprägungen der Komponenten von Länderrisiken.

Länderrisiken können darüber hinaus je nach Art und Ausmaß wie

- K.O.-Barrieren oder

- kompensatorische Barrieren

wirken. Bestehen beispielsweise Handelshemmnisse in Form von Zöllen in einem Land, die dazu dienen, Kostenvorteile ausländischer Wettbewerber zu beseitigen, so liegt eine *kompensatorische Marktbarriere* vor. Bedingen die erhobenen Zölle hingegen kostenmäßige Wettbewerbsnachteile, kann sich hieraus eine *K.O.-Barriere* entwickeln, wenn hierdurch ein Engagement grundsätzlich ausgeschlossen wird.

Länderrisikokomponenten	Kurzbeschreibung
Transferrisiken i. w. S.	Beeinträchtigung der grenzüberschreitenden Unternehmensaktivitäten
- Zahlungsunfähigkeit (Transferrisiko i. e. S.)	Ein Land ist nicht mehr fähig oder bereit, seinen Zahlungsverpflichtungen für Zins und Tilgung sowie Gewinn und Kapital nachzukommen. Das Schuldnerland verhängt ein Zahlungsverbot oder Moratorium bzw. die Konvertierung oder Transferierung von Beträgen erfolgt nicht.
- Wechselkursrisiken	Die Austauschrelationen zwischen der kontrahierten Währung des In- und Auslandes können sich ändern.
- Handelshemmnisse	Die Regierung erhebt Einfuhrbeschränkungen und Zölle.
Dispositionsrisiken	Die Geschäftsaktivitäten der Unternehmung im Ausland werden beeinträchtigt durch Maßnahmen der Regierung, durch soziale und politische Unruhen oder Krieg.
Enteignung i. w. S.	Die Regierung nimmt teilweisen oder vollständigen Zugriff auf Rechte und Vermögen der ausländischen Unternehmung - mit oder ohne Entschädigung.
- Enteignung i. e. S.	Die Regierung nimmt Zugriff auf Rechte und Vermögen einer einzelnen Unternehmung und zahlt eine angemessene Entschädigung.
- Nationalisierung	Die Verstaatlichung richtet sich gegen eine ganze Gruppe von Unternehmen und ist meistens mit Entschädigungszahlungen verbunden.
- Konfiszierung	Sie erfaßt die gesamte Wirtschaft eines Landes und kommt im allgemeinen nur nach Revolutionen vor. Sie ist i. d. R. nicht mit Entschädigungszahlungen verbunden.

Tab. C-2: Länderrisiken der internationalen Unternehmung
(Quelle: Backhaus/Siepert, 1987)

Aufgrund der strukturellen Verschlechterung von Länderrisiken seit der zweiten Hälfte der 70er Jahre ist eine Vielzahl von Beurteilungskonzepten für Länderrisiken entwickelt worden. Versucht man, die verschiedenen Ansätze zu strukturieren, so bietet sich die in *Abb. C-2* vorgenommene Unterscheidung in qualitative und quantitative Beurteilungskonzepte an (vgl. grundlegend bereits *Backhaus/Meyer*, 1986).

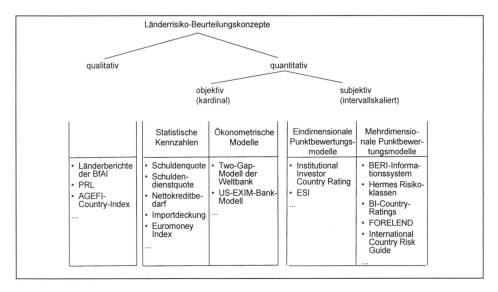

Abb. C-2: Systematisierung von Länderrisiko-Beurteilungskonzepten

Qualitative Beurteilungskonzepte sind dadurch gekennzeichnet, daß sie ohne vorgegebenen Kriterienkatalog die - aus Sicht der Herausgeber - relevanten Risikokomponenten beschreiben und teilweise zu Gesamtempfehlungen zusammenfassen. Zu den qualitativen Beurteilungskonzepten zählen z. B. die Länderberichte der Bundesstelle für Außenhandelsinformationen (BfAI), der Political Risk Letter (PRL) oder der AGEFI-Country-Index.

Bei *quantitativen Beurteilungsansätzen* sind Konzepte, die auf objektivem (statistischem) Datenmaterial aufbauen, von subjektiven Bewertungen zu unterscheiden. Die objektiven Ansätze bauen dabei entweder auf statistischen Kennzahlen wie der Schuldenquote bzw. dem Nettokreditbedarf oder auf ökonometrischen Modellen auf. Beispiele für solche ökonometrischen Modelle sind das Two-Gap-Modell der Weltbank und das US-EXIM-Bank-Modell (vgl. *Stockner*, 1984). Daneben spielen vor allem die subjektiven Konzepte bei der Beurteilung von Länderrisiken eine große Rolle. In diesem Zusammenhang ist zwischen ein- und mehrdimensionalen Punktbewertungsmodellen zu unterscheiden.

Eindimensionale Punktbewertungsmodelle zeichnen sich dadurch aus, daß sie das Länderrisiko anhand nur eines Kriteriums explizit bewerten, auch wenn sich hinter der abgefragten Dimension weitere Beurteilungsrisiken verbergen. Ein Beispiel für eindimensionale Punktbewertungsmodelle ist das Country-Ratingsystem des Institutional Investor Magazine, dessen Ergebnis bereits beispielhaft in *Abb. C-1* wiedergegeben wurde. Bei diesem Konzept wird ein Panel von Bankexperten gebeten, die Kreditwürdigkeit einzelner Länder auf einer Hundert-Punkte-Skala zu beurteilen. Ähnlich geht das Ifo-Institut bei der Ermittlung seines Economic Survey International (ESI)-Konzeptes vor. Zwar werden im ESI-Konzept verschiedene Kriterien erhoben, ein Ländervergleich erfolgt jedoch stets nur anhand einer Dimension.

Im Gegensatz dazu wird bei mehrdimensionalen Punktbewertungsmodellen das Länderrisiko in verschiedene Teilkomponenten zerlegt, wobei diese Komponenten von Experten-Panels länderspezifisch beurteilt werden. Häufig werden die Teilbeurteilungen gewichtet und zu einem Gesamtpunktwert zusammengefaßt. Eines der bekanntesten mehrdimensionalen Punktbewertungsmodelle stellt das Informationssystem des BERI-Instituts dar (vgl. auch *Meyer*, 1985; *dies.*,1987).

Das BERI-Institut bewertet in seiner Geschäftsrisiko-Beurteilung dreimal jährlich das gegenwärtige Geschäftsklima in 48 Ländern anhand überwiegend quantitativer Daten. Zusätzlich wird jeweils auch eine Prognose für das Geschäftsklima in fünf Jahren ermittelt. Das in einem umfassenden Scoring-Modell ermittelte Gesamturteil entsteht dabei jeweils durch Aggregation von drei Subindizes,

- dem *Operation Risk Index* (Geschäftsklima-Index),
- dem *Political Risk Index* (Politischer Risiko-Index) und
- dem *R-Factor* (Rückzahlungsfaktor).

Aus der Addition der 5-Jahres-Prognosen dieser Indizes wird außerdem ein weiterer Index ermittelt, die *Profit Opportunity Recommendation* (Empfehlungen zur Gewinnerzielung).

Die Vorgehensweise des BERI-Instituts kann exemplarisch an der Bestimmung des Operation Risk Index (ORI) nachvollzogen werden. Bei diesem Subindex geht es um die Beurteilung der Bedingungen, die das Erreichen von Unternehmensgewinnen im Ausland erschweren und insgesamt das Geschäfts- bzw. Investitionsklima eines Landes kennzeichnen. Ca. 100 Experten aus Industrieunternehmen, Banken, Regierungsbehörden und sonstigen Institutionen bilden ein weltweites Panel, mit dessen Hilfe beim ORI in vier aufeinander aufbauenden Stufen der Index ermittelt wird.

1. Stufe: 10 bis 15 Experten beurteilen auf einer Ratingskala von 0 (unakzeptable Bedingungen) bis 4 (sehr gute Bedingungen) jeweils ein Land anhand verschiedener Kriterien (vgl. *Tab. C-3*). Da die Experten auch Zwischenwerte von jeweils 1/10 vergeben können, liegt dem Index im Prinzip eine Fünfziger-Skala zugrunde.

2. Stufe: Für jedes der in *Tab. C-3* aufgeführten Kriterien wird das arithmetische Mittel und die Standardabweichung der Bewertungen ermittelt. Um extreme Einschätzungsunterschiede zu vermeiden, wird jedes Panel-Mitglied mit der Durchschnittsbeurteilung konfrontiert und ihm die Möglichkeit eingeräumt, nachträgliche Korrekturen vorzunehmen (Delphi-Methode).

Kriterien (i = 1, 2, ... , 15)	(a_i)	(g_i)	$(a_i \cdot g_i)$
1. Politische Stabilität	1,5	3,0	4,50
2. Einstellung gegenüber ausländischen Investoren und Gewinnen	2,1	1,5	3,15
3. Enteignung	2,1	1,5	3,15
4. Inflation	0,8	1,5	1,20
5. Zahlungsbilanz	1,7	1,5	2,55
6. Bürokratische Hemmnisse	1,6	1,0	1,60
7. Wirtschaftswachstum	1,3	2,5	3,25
8. Währungskonvertibilität	1,3	2,5	3,25
9. Durchsetzbarkeit von Verträgen	2,1	1,5	3,15
10. Lohnkosten/Produktivität	1,8	2,0	3,60
11. Verfügbarkeit örtlicher Fachleute und Lieferanten	2,3	0,5	1,15
12. Nachrichten/Transport	2,0	1,0	2,00
13. Ortsansässiges Management und Partner	2,0	1,0	2,00
14. Verfügbarkeit kurzfristiger Kredite	1,4	2,0	2,80
15. Verfügbarkeit langfristiger Kredite und Eigenkapital	1,2	2,0	2,40
max. → 25·4 = 100 Punkte		$\sum_{i=1}^{15} g_i = 25$	$\sum_{i=1}^{15} a_i \cdot g_i = 39{,}75$

Tab. C-3: Berechnung des ORI (1982-III) für Argentinien
(Quelle: Meyer, 1987, S. 92)

3. Stufe: Die gemittelten und ggf. korrigierten Merkmalsausprägungen werden mit vorgegebenen Gewichten multipliziert und zu einem Gesamtpunktwert aufaddiert.

4. Stufe: In Abhängigkeit vom jeweiligen Gesamtpunktwert werden die beurteilten Länder den Risikoklassen
- prohibitives Risiko (0 - 40),
- hohes Risiko (40 - 55),
- mäßiges Risiko (55 - 70) und
- geringes Risiko (70 - 100)

zugeordnet.

Tab. C-3 stellt am Beispiel von Argentinien die Vorgehensweise des Scoring-Modells dar. Der Gesamtwert von 39,75 Punkten, der sich für Argentinien 1982 im 3. Quartal ergab, ordnet das Land der Gruppe der Länder mit prohibitivem Risiko und unakzeptablen Geschäftsbedingungen zu.

Aus der einfachen Addition der drei Einzelindizes des BERI wird anschließend der *POR* (Profit Opportunity Recommendation) berechnet. Auf der Basis des solchermaßen berechneten POR werden vom BERI-Institut folgende Empfehlungen in Abhängigkeit vom länderspezifisch erreichten Wert abgeleitet:

- unbeschränkter grenzüberschreitender Kapitaltransfer für $210 > POR \geq 180$,
- eingeschränkter Kapitaltransfer für $180 > POR \geq 160$,
- grenzüberschreitender Handel auf der Basis unmittelbarer Kompensation durch den/die Handelspartner ohne Finanzierungs- und Investitionserfordernis für $160 > POR \geq 140$,
- kein Auslandsengagement für $POR < 140$.

Mit der Bewertung des mit dem Eintritt in einen bestimmten Ländermarkt verbundenen Risikos anhand des BERI oder auch damit verwandter multidimensionaler Ansätze sind vielfältige Probleme verknüpft. Diese beziehen sich zum einem auf die eher grundsätzlichen Probleme multidimensionaler Punktbewertungsmodelle. Hierzu zählen:

- die Auswahl von Kriterien,

- die Gewichtung von Kriterien,

- die Aggregationsregel und

- die Unabhängigkeitsprämisse der Kriterien (bei einem linear-additiven Modell wie dem BERI-Modell).

Zum anderen sind die von BERI abgeleiteten Empfehlungen in Abhängigkeit des POR kritisch zu betrachten. Die Abgrenzung der verschiedenen Handlungsoptionen, die lediglich nach dem Ausmaß der grenzüberschreitenden Kapitaltransfers unterschieden werden, bleibt letztlich über die Definition der Schwellenwerte des POR willkürlich. Zudem handelt es sich bei den einzelnen Handlungsoptionen wiederum nicht um diskrete, klar abgrenzbare, sondern „kontinuierliche" Maßnahmen. So bleibt völlig offen, im welchem Umfang ein bestimmter Kapitaltransfer „eingeschränkt" oder „uneingeschränkt" ist. Eine optimale auslandsmarktbezogene Investitionsintensität läßt sich mit Hilfe des POR nicht ableiten.

Der Zeithorizont des BERI von fünf Jahren ist angesichts erheblicher wirtschaftlicher und politischer Turbulenzen darüber hinaus fragwürdig. Dies macht vor allem das Beispiel der südostasiatischen Volkswirtschaften deutlich, welche erst in jüngster Zeit unter erheblichen Zins- und währungsbezogenen Abwertungsdruck geraten sind.

Auslöser der wirtschaftspolitischen Schwäche (nicht nur) der asiatischen „Tigerstaaten" sind nach Meinung von Experten (vgl. z. B. *Engardio/Moore/Hill*, 1996, S. 40 ff.)

- der Aufbau von Überkapazitäten großer Unternehmenskonglomerate wie Hyundai oder Samsung in Bereichen wie der Produktion von Automobilen, Halbleitern, Unterhaltungselektronik oder chemischer Erzeugnisse,

- schwache und teilweise staatlich beeinflußte Großunternehmen,

- einseitig bevorzugende lokale Kapitalmärkte,

- ein das Produktivitätswachstum z. T. dramatisch übersteigendes Lohnwachstum,

- schlechte Infrastruktur und Ausbildung sowie

- Korruption.

Die Folgen dieser Entwicklung sind dabei augenblicklich kaum noch zu übersehen:

„Multinationals from outside the region will feel the shakeout as well. Many U.S. and European cooperations have staked their plans for future profits in Asia's insatiable appetite for Autos, telecom equipment, and power plants. Slow growth means more competition and lower profits. Latecomers to the Asian game are finding fewer chances for huge profits. [...] But no one should expect a return of the almost limitless optimism about Asia that existed just three years ago. Back then, the exhilaration of boom times was hard to miss. Entire cities were rising out of rice fields up and down China's coast. [...] A few years ago Economists such as Stanford's University's Paul Krugman argued that East Asia was good at mobilizing cheap labor and foreign capital but lacked the productivity and innovation to guarantee continued growth. As the region exhausted these "inputs" Krugman asserted, growth would hit a wall and the Asian miracle would vanish. Such naysayers were shouted down. But now, prominent Asians are voicing the same fears, and policymakers are starting to tackle these thorny issues" (*ibid*, S. 42).

Die Vorhersehbarkeit kurzfristiger, z. T. radikaler Veränderungen nationaler Volkswirtschaften und des damit verbundenen Länderrisikos ist trotz der Warnungen (einzelner) Experten durch Länderrisikoindizes nicht gegeben, wenn diese auf der Extrapolation von Trends der Vergangenheit beruhen. Dies erscheint umso erstaunlicher, als daß sich die fundamentalen Ursachen für den „Asien-Crash" bereits zu Beginn der 90er Jahre abzeichneten.

Darüber hinaus ist es eine inhärente Eigenschaft von Länderrisikokonzepten in einer *isolierten* Risikobetrachtung der Bearbeitung einzelner Ländermärkten zu sehen. Dies ist im Zusammenhang mit einer Betrachtung von Koordinationsproblemen im Internationalen Marketing kaum sinnvoll. Denn die Betrachtung einzelner Ländermärkte negiert gerade mögliche, ökonomisch bedeutsame Interdependenzen zwischen den Ziel-Ländermärkten eines Unternehmens. Diese Interdependenzen können sich auch auf die Risiken der Bearbeitung ausländischer Märkte beziehen. Für das international tätige Unternehmen ist letztlich das sich aus seinem *Portfolio von Ländermärkten ergebende Gesamtrisiko* relevant. Dies mag durch die zusätzliche Aufnahme eines stark-risikobehafteten Ländermarktes dann wenig beeinflußt werden, wenn gleichzeitig eine Veränderung dieses (gesamten) Portfolios zum Ausgleich dieses (Einzel-)Risikos vorgenommen wird. Die Betrachtung ländermarktbezogener Risiken ist demgegenüber nur dann sinnvoll, wenn zwischen den Ländermärkten des betrachteten Unternehmens keine Interdependenzen bestehen und ein Risikoausgleich nicht möglich ist.

Die am Beispiel des BERI aufgezeigten Problemfelder quantitativ-subjektiver Beurteilungskonzepte für Länderrisiken werden auch von den meisten der in den vergangenen Jahren entwickelten „neuen" Konzepte zur Länderrisiko-Bewertung nicht vollständig gelöst, da diese ebenfalls im Kern auf Punktbewertungsmodellen aufbauen:

- Beispielsweise stellt das von *Miller* (1992 u. 1993) entwickelte Beurteilungskonzept („Miller's Measure of Perceived Environmental Uncertainties") nur insofern eine Verbesserung im Vergleich zu traditionellen Beurteilungskonzepten dar, als daß bei diesem Modell die zugrunde gelegten Kriterien weitgehend unabhängig voneinander sind, da sie durch eine konfirmatorische Faktorenanalyse (vgl. hierzu *Backhaus/Erichson/ Plinke/Weiber*, 1996) gewonnen wurden.

- Während sich *Miller* in seinem Beurteilungskonzept auf eine Verbesserung der Kriteriengewinnung und –unabhängigkeit konzentriert, versuchen *Cook/Hebner* (1993) in ihrem Präferenzmodell, eine unternehmensindividuelle Kriteriengewichtung zu ermöglichen. Hierdurch soll der Anwender in die Lage versetzt werden, die zugrunde gelegten Beurteilungskriterien entsprechend seinem Risikoempfinden zu gewichten. Da Länderrisiken jedoch keinen konkreten Projektbezug aufweisen, ist es fraglich, ob eine solche Unternehmens- und damit letztlich Projektindividualisierung erforderlich bzw. sinnvoll ist.

- Auch der von *Przybylski* (1993) entwickelte „Politisch Ökonomische Länderrisiko Index" (POLaR) stellt im Kern ein Punktbewertungsmodell dar. Dieses wird durch Elemente „künstlicher Intelligenz" (Expertensysteme und Neuronale Netze) erweitert, so daß zumindest die Voraussetzungen für eine verbesserte Prognosegüte im Vergleich zu einfacheren Beurteilungskonzepten gegeben sind. Allerdings liegen bislang keine umfassenden empirischen Anwendungen des Modells vor, so daß dessen Vorteilhaftigkeit gegenüber traditionellen Beurteilungskonzepten erst noch nachgewiesen werden muß (vgl. *Schöneweis*, 1998).

1.1.3 Markttypen als Ergebnis der Bewertung von Ländermärkten

Ziel der Marktauswahl ist die Festlegung der zu bearbeitenden Ländermärkte und deren Bearbeitungsintensität. Erste Anhaltspunkte lassen sich durch die Kombination der übergeordneten Kriterien „Marktattraktivität" und „Marktbarrieren" gewinnen (vgl. *Carl*, 1989). Ländermärkte, die eine hohe Attraktivität bei gleichzeitig geringen Marktbarrieren aufweisen, stellen die zentralen Zielmärkte von Unternehmen dar. Sie werden dauerhaft und mit hoher Intensität bearbeitet und können daher als *Kernmärkte* bezeichnet werden. Bei Ländermärkten, die zwar ebenso leicht zu erschließen sind, deren Attraktivität jedoch begrenzt ist, muß eine länder- und projektbezogene Entscheidung über die Bearbeitung gefällt werden. Da diese Märkte nur sporadisch bearbeitet werden, bezeichnen wir diese Märkte als *Gelegenheitsmärkte*. Ein dritter Typus von Märkten ist durch hohe Marktattraktivität und hohe Eintrittsbarrieren charakterisiert. Ein Engagement auf solchen Märkten ist z. Z. wegen kaum oder nur unter unverhältnismäßig hohem Aufwand zu überwindenden Barrieren nicht möglich. Diese Länder stellen *Hoffnungsmärkte* dar und erfordern eine dauerhafte Beobachtung. Bei einer zukünftigen Verringerung der Marktbarrieren können sie sich zu Kernmärkten von Unternehmen entwickeln. Schließlich bieten *Abstinenzmärkte* weder Erfolgschancen noch Erschließungsmöglichkeiten. Sie scheiden für Unternehmen als Zielmärkte aus.

Abb. C-3 faßt die identifizierten Markttypen zusammen und macht zudem deutlich, daß sich die Beurteilung von Ländermärkten im Zeitablauf ändern kann. Beispielsweise können sich auf Märkten, die in der Vergangenheit wegen hoher Barrieren als Hoffnungsmärkte galten, die Eintrittshemmnisse reduzieren, so daß sie sich zu Kernmärkten entwickeln. Bei im Zeitablauf sinkender Marktattraktivität kann es darüber hinaus sinnvoll sein, diese später nur noch gelegentlich zu bedienen. Aus Kernmärkten sind in diesem Fall Gelegenheitsmärkte geworden.

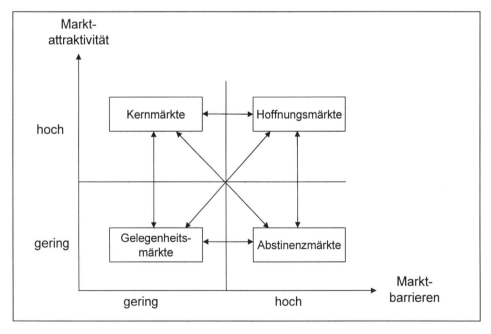

Abb. C-3: Ländermarkttypologie
(Quelle: Backhaus, 1997, S. 242)

1.2 Auswahl der Ländermärkte

1.2.1 Verfahren zur Auswahl von Ländermärkten

Ländermarkttypologien stellen ein hochaggregiertes Ergebnis von Marktauswahl-prozessen dar. In den seltensten Fällen aber gelingt es, die Marktattraktivität und das Ausmaß der Marktbarrieren für einzelne Länder exakt zu bestimmen. Zudem darf nicht übersehen werden, daß die beschriebenen Kriterien häufig in einem Abhängig-keitsverhältnis zueinander stehen. In attraktiven Märkten tendieren etablierte Wett-bewerber beispielsweise eher dazu, strategische Markteintrittsbarrieren aufzubauen, als dies auf weniger attraktiven Märkten der Fall ist. Wenn aber Ländermarktportfo-lios (vgl. *Abb. C-3*) das Ziel und Ergebnis von Marktauswahlprozessen sind, dann ist zu fragen, welche methodischen Ansätze zu deren Ableitung zu unterscheiden sind.

Im überwiegenden Teil der Literatur werden Methoden der Marktauswahl nur am Rande betrachtet. *Berekoven* nennt als mögliche pragmatische Ansätze u. a. einfache Checklistverfahren, Punktbewertungsverfahren, multivariate Analyseverfahren und Entscheidungsbaumverfahren (vgl. *Berekoven*, 1985, S. 120 ff.). Hinsichtlich der methodischen Vorgehensweise lassen sich diese Ansätze den eher grundsätzlichen Methoden,

• der Gruppierungsverfahren oder

• der Filterverfahren,

zuordnen (vgl. *Schneider/Müller*, 1989; *Backhaus*, 1997).

Bei *Gruppierungsverfahren* werden alle in Frage kommenden Ländermärkte zu-nächst nach Ähnlichkeiten im Hinblick auf relevante Determinanten gruppiert, um anschließend Kombinationen von Ländermärkten als Zielmärkte auszuwählen. Bei Gruppierungsverfahren wird somit ein zweistufiger Prozeß zur Marktauswahl durch-geführt. In einem ersten Schritt wird die eigentliche Gruppierung vorgenommen, die einer internationalen Marktsegmentierung gleichkommt. Anschließend muß mit Hil-fe von Plausibilitätsüberlegungen die Gruppenauswahl erfolgen. Häufig geschieht dies durch einen Vergleich der Segmentanforderungen mit dem Stärken-/ Schwächen-Profil der Unternehmung. In *Abb. C-4* ist ein Beispiel für ein Gruppie-rungsverfahren dargestellt. Die Ländergruppen wurden anhand der Ähnlichkeiten im Auftragsvergabeverhalten bei Industriegütern gebildet.

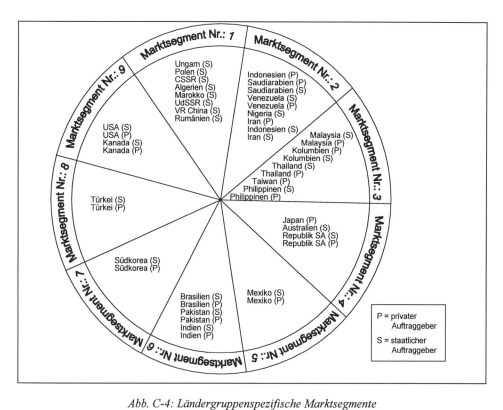

Abb. C-4: Ländergruppenspezifische Marktsegmente
(Quelle: Backhaus, 1977, S. 69)

Anders als bei Gruppierungsverfahren, bei denen alle relevanten Determinanten gleichzeitig in das Verfahren eingehen, wird bei *Filterverfahren* ein stufenweiser Prozeß gewählt (vgl. *Schneider*, 1984; *Köhler/Hüttemann*, 1989). Bei Filterverfahren steht nicht die Bildung von Marktsegmenten, sondern die eigentliche Marktauswahl im Vordergrund. Auf jeder Filterstufe wird die Gesamtzahl der in Frage kommenden Länder um diejenigen reduziert, die den Anforderungen der jeweiligen Filterstufe nicht gerecht werden. Mit jeder Filterstufe kommen dabei spezifischere Kriterien zur Anwendung, wobei in den ersten Filterstufen häufig sogenannte Muß- oder K.O.-Kriterien verwandt werden, deren Nichterfüllung den Ausschluß aus dem Auswahlprozeß zur Folge hat. Am Ende des Prozesses bleiben allein die Länder übrig, die alle Anforderungen erfüllen und die sich für eine Marktbearbeitung anbieten. In bezug auf die Anzahl der Filterungen schlägt *Henzler* (1979) einen vierstufigen Prozeß vor (vgl. *Abb. C-5*), während *Schneider/Müller* (1989) einen dreistufigen Ansatz präferieren (vgl. *Abb. C-6*). Ebenfalls einen dreistufigen Marktauswahlprozeß favorisiert *Wörner* (1997).

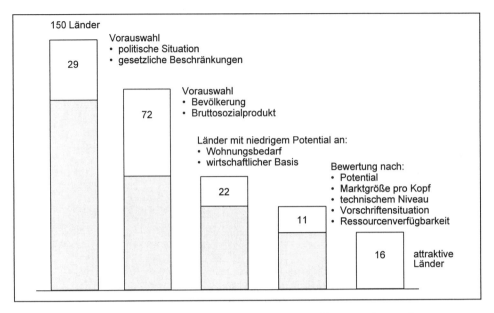

Abb. C-5: Länderselektion am Beispiel eines baumarktabhängigen Unternehmens
(Quelle: Henzler, 1979)

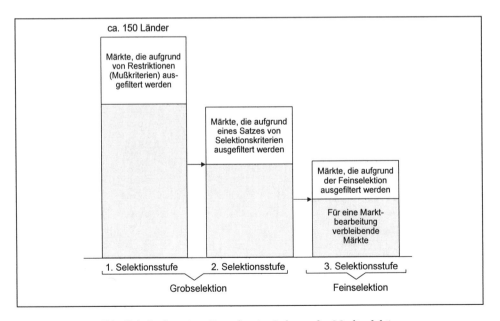

Abb. C-6: Stufenweises Vorgehen im Rahmen der Marktselektion
(Quelle: Schneider/Müller, 1989)

Gruppierungs- und Filterverfahren unterscheiden sich im Hinblick auf die methodische Vorgehensweise deutlich voneinander und weisen entgegengesetzte Vor- und Nachteile auf. Der wesentliche Vorteil bei Gruppierungsverfahren ist in einer hohen Genauigkeit zu sehen. Durch die gleichzeitige Verwendung aller relevanten Determinanten wird vor allem dem kompensatorischen Charakter vieler Beurteilungskriterien Rechnung getragen. Suboptimale Ausprägungen bei einzelnen Kriterien könen durch die überdurchschnittliche Beurteilung bei anderen Kriterien ausgeglichen werden. *Schneider/Müller* (1989, S. 7 ff.) argumentieren jedoch zutreffend, daß Gruppierungsverfahren einige zentrale methodische und anwendungsorientierte Probleme aufwerfen. Methodische Grenzen des Verfahrens liegen vor allem in der fehlenden Aussage über die von Unternehmen zu wählenden Ländersegmente. Zudem werden Art und Anzahl der parallel analysierten Kriterien wesentlich durch die den Unternehmen zur Verfügung stehenden quantitativen und qualitativen Daten determiniert. Neben diesen eher methodischen Problemen ist ein weiterer Nachteil von Gruppierungsverfahren darin zu sehen, daß sie vergleichsweise aufwendig in der Durchführung sind. Für kleinere Unternehmen, die nur auf einigen ausgewählten Auslandsmärkten tätig sein wollen, scheidet der Einsatz von Gruppierungsverfahren häufig wegen der notwendigen umfangreichen Datenbeschaffung aus.

Im Gegensatz dazu erfordern Filterverfahren - zumindest auf den ersten Filterstufen - keine speziellen Primärinformationen. Die weite Verbreitung von Filterverfahren in praxi ist daher insbesondere auf deren einfache Durchführung zurückzuführen. Methodische Probleme können sich bei Filterverfahren jedoch im Hinblick auf die verfahrensimmanente Beurteilungssubjektivität und die Verwendung kompensatorischer Kriterien ergeben. Durch die Auswahl der Filtervariablen und die Beurteilung qualitativer Kriterien hängt das Ergebnis von Filterverfahren häufig wesentlich von den Einschätzungen des Analysten ab. Daneben impliziert das sukzessive Vorgehen im Verfahren das Problem, daß Ländermärkte mitunter wegen Nichterfüllung kompensatorischer Kriterien aus der weiteren Analyse ausgeschlossen werden, obwohl eine Marktbearbeitung - über alle Kriterien gemeinsam betrachtet - von Vorteil ist.

Insgesamt weisen sowohl Filter- als auch Gruppierungsverfahren somit einige zentrale Schwächen auf, die einen isolierten Einsatz der Verfahren fraglich erscheinen lassen. Aus diesem Grunde bietet sich eine *Kombination der Verfahren* an. Unterteilt man - wie in der Literatur vorgeschlagen - den Marktauswahlprozeß in eine Grob- und eine Feinanalyse (vgl. *Meffert/Bolz*, 1998; *Berekoven*, 1985; *Köhler/Hüttemann*, 1989), so kann in einem ersten Schritt die Anzahl der weiter zu analysierenden Ländermärkte mit Hilfe einer Filterung reduziert werden. Wird die Selektion allein anhand von K.O.-Kriterien durchgeführt, werden zudem die genannten methodischen Probleme von Filterverfahren beseitigt. Aufgrund der so reduzierten Analysemenge kann die anschließende Feinselektion auf Basis von Gruppierungsverfahren vorgenommen werden. Unumgänglich bleibt jedoch auch bei einer solchen Kombination der Verfahren, daß letztlich die Segmentauswahl anhand von Plausibilitätsüberlegungen zu erfolgen hat.

Unabhängig vom gewählten Verfahren müssen die zur Marktauswahl herangezogenen Kriterien verschiedene Anforderungen erfüllen. *Meffert/Bolz* sehen in Analogie zum nationalen Marketing folgende Anforderungen als besonders relevant an (vgl. *Meffert/Bolz*, 1998, S. 110; *Meffert*, 1998, S. 178 f.):

- Verhaltensrelevanz,

- Meßbarkeit,

- zeitliche Stabilität,

- Bezug zur Marktbearbeitung,

- Gewährleistung erreichbarer Segmente und

- Bildung ausreichend großer Segmente.

	Verhaltensrelevanz	Meßbarkeit	Zeitliche Stabilität	Bezug zur Markt-bearbeitung
Ökonom. Merkmale - Marktvolumen - Konkurrenzsituation	Relativ enger Bezug zu den Kaufvoraussetzungen (Einkommensverteilung etc.) Konkurrenzsituation globaler Hinweis über eigene Marktchancen	Leicht erfaßbar durch Länderstatistiken etc.	Relativ hoch	Gering: Lediglich generelle und globale Bezeichnung von Verkaufschancen
Natürliche und technische Merkmale - Topographie - Klima - Entwicklungsstand - Infrastruktur - Grad der Verstädterung	Relativ gering: Natürliche Merkmale beeinflussen das generelle Kaufverhalten (Verstädterung), haben aber keinen Einfluß auf das Bewertungsverhalten; Hinweis auf die Kaufvoraussetzungen	Leicht erfaßbar; sekundärstatistisches Material	Hoch	Kenntnis dieser Merkmale, insbesondere der Infrastruktur, zeigt die Grenzen der Einsatzmöglichkeiten der Marketinginstrumente auf
Politisch-rechtliche Merkmale - Unternehmertätigkeit des Staates - Gesellschaftsordnung - Politische Stabilität - Wirtschaftspolitik - Außenhandelsgesetze - Ausl. Rechtsprechung - Internationale Vereinbarungen	Relativ enger Bezug zu den Kaufvoraussetzungen (Importbedingungen); Globale Hinweise auf das Bewertungsverhalten (Gesellschaftsordnung)	Rechtliche Aspekte sind problem- und lückenlos zu erheben; Zur Erfassung der politischen Situation eines Landes sollte auf Experten zurückgegriffen werden.	Geringe Stabilität der politischen Merkmale möglich; Rechtliche Merkmale verfügen i.A. über eine hohe zeitliche Stabilität	Rechtliche Merkmale zeigen die Grenzen der Marktbearbeitungsmaßnahmen auf; Politische Merkmale geben Hinweise auf die inhaltliche Gestaltung des Marketing
Soziale und kulturelle Merkmale - Sprache - Bildungssystem - Werte und Einstellungen - Religion - Sozialgefüge	Hinweise auf Gebrauchs- und Kaufgewohnheiten unterschiedlicher sozialer und kultureller Gruppen in einem Land; Allerdings zu global, um auf das tatsächliche Käuferverhalten zu schließen	Relativ leicht erfaßbar anhand von sekundärstatistischem Material	Sehr hohe zeitliche Stabilität	Hinweise auf eine notwendige abnehmerspezifische Marktsegmentierung; Generelle Hinweise auf die Art der Marktbearbeitung

Tab. C-4: Kriterien der internationalen Marktsegmentierung
(Quelle: Meffert/Althans, 1982, S. 59)

Tab. C-4 zeigt den Erfüllungsgrad in bezug auf einige dieser Anforderungen für die von *Meffert/Althans* (1982) unterschiedenen Arten von Segmentierungskriterien (ökonomische, natürliche und technische, politisch-rechtliche sowie soziale und kulturelle Kriterien).

1.2.2 Auswahl von Ländermärkten und Internationalisierungsstrategie

Die Auswahl von Ländermärkten weist nicht allein eine verfahrensbezogene Problemstellung auf, sondern wird auch wesentlich durch die von Unternehmen angestrebte Internationalisierungsstrategie beeinflußt. Unter Internationalisierungsstrategien versteht man dabei die Grundorientierung des Managements bei der Gestaltung der grenzüberschreitenden Unternehmenstätigkeit (vgl. *Meffert/Bolz*, 1998). Zu unterscheiden ist in diesem Zusammenhang zwischen

- einer ethnozentrischen Orientierung,

- einer polyzentrischen Orientierung und

- einer geozentrischen Orientierung.

Von einer *ethnozentrischen* Marktausrichtung wird immer dann gesprochen, wenn die Bearbeitung von Auslandsmärkten durch eine starke Dominanz des Heimatmarktes geprägt ist und nur wenige, ausgewählte Ländermärkte bearbeitet werden. Eine ethnozentrische Orientierung liegt somit dann vor, wenn sich Anbieter im Hinblick auf ihre Marketingaktivitäten auf die Bearbeitung des jeweiligen Heimatmarktes konzentrieren und von den sich auf Auslandsmärkten ergebenden Marktchancen nur beim Auftreten entsprechender, isolierter Gelegenheiten Gebrauch machen (*Heenan/Perlmutter*, 1979). Der Focus der Internationalisierung beruht dabei auf der Nutzung des auf dem Heimatmarkt erworbenen Marketingwissens zur größtmöglichen Wahrnehmung dieser Gelegenheiten. Zielmärkte einer ethozentrischen Marktausrichtung sind daher vor allem solche Märkte, auf denen dieses Wissen von Relevanz ist. Diese Relevanz ist vor allem bei hoher *Ähnlichkeit* von Heimatmarkt und anvisiertem Auslandsmarkt gegeben. Kennzeichnend für die Marktauswahl ethnozentrischer Unternehmens ist daher das Prinzip des ‚*looking for similarity*‘.

Von einer *polyzentrischen* Ausrichtung von Unternehmen wird demgegenüber immer dann gesprochen, wenn Unternehmen neben ihrem Heimatmarkt weitere Auslandsmärkte durch ihre Unternehmenstätigkeit abdecken. Im Gegensatz zur ethnozentrischen Ausrichtung sind die Anbieter in diesem Fall jedoch bereit, auf die Besonderheiten des Auslandsmarktes einzugehen und landesspezifische Strategiefestsetzungen und -umsetzungen durchzuführen. Die organisatorische Verankerung dieses Vorhabens erfolgt dabei in aller Regel durch die Bildung separater Tochtergesellschaften. Diesen Tochtergesellschaften wird dabei in einem solchen Maße Entscheidungsfreiheit bezüglich der zu verfolgenden Strategie und der anzuwendenden Marketingmaßnahmen eingeräumt, daß sie quasi wie nationale Unternehmen auf den einzelnen Auslandsmärkten auftreten und somit faktisch zu festen Bestandteilen der Wirtschaft des Gastlandes werden.

> Vor dem Hintergrund des zugrunde gelegten Verständnisses, wonach im „Management von Rückkopplungen" (vgl. Kap. B) das konstitutive Merkmal des Internationalen Marketings zu sehen ist, geht mit einer polyzentrischen Internationalisierungsstrategie mitunter keine dem Internationalen Marketing subsumierbare Aufgabenstellung für das Management einher. Sofern die polyzentrische Strategie bedingt, daß Auslandsmärkte jeweils durch vollkommen eigenständige Tochtergesellschaften bearbeitet werden, die weder durch nachfrager- noch durch anbieterbezogene Rückkopplungen miteinander verknüpft sind, so ist die Marktbearbeitung auf jedem einzelnen Auslandsmarkt ausschließlich durch nationale Marketingprobleme gekennzeichnet. In einem solchen Fall liegt zwar - aus Sicht des Gesamtunternehmens - eine Vielzahl nationaler Marketingperspektiven vor („Marketing in ..."-Probleme), nicht jedoch eine Problemstellung des Internationalen Marketings. Allerdings ist dieser Extremfall in praxi eher selten anzutreffen, da häufig zumindest anbieterbezogene Rückkopplungen (Kapital-, Produktions- oder Beschaffungskopplungen zwischen ansonsten eigenständigen Tochtergesellschaften) vorhanden sind.

Im Rahmen einer *geozentrischen* Orientierung werden schließlich die einzelnen Ländermärkte aus der Sicht des Anbieters als ein einheitlicher Markt betrachtet, der mit standardisierten Produkten - ohne Berücksichtigung nationaler Bedürfnisse - bedient wird. Kennzeichen dieser Internationalisierungsstrategie ist die konsequente Suche nach Kosten- und damit Preisvorteilen auf der Grundlage großer Absatzmengen.

1.2.2.1 Auswahl bei ethnozentrischer Orientierung

Tendenziell verfolgen vor allem kleinere und mittelgroße Unternehmen ethnozentrische Internationalisierungsstrategien. Auslandsmärkte werden im Rahmen dieses Ansatzes nicht systematisch erschlossen. Statt dessen werden sie allein dann in die Marktbearbeitung aufgenommen, wenn auf diesen Märkten die Marktchancen kurzfristig die -risiken übersteigen. Bei einer solchermaßen sporadischen Auslandsaktivität sind die Unternehmen in aller Regel bemüht, nur auf den Ländermärkten aktiv zu werden, auf denen ihnen aufgrund geringer Austrittsbarrieren jederzeit die Möglichkeit offensteht, das Engagement zu beenden, sofern sich die Chancen-Risiken-Konstellation ändert oder anders als erwartet darstellt.

Vor diesem Hintergrund sind auch die bei Unternehmen mit einer ethnozentrischen Marktausrichtung häufig anzutreffenden Organisationsformen des Auslandsgeschäftes zu sehen. So werden die ausgewählten Ländermärkte häufig allein von unselbständigen Länderniederlassungen bearbeitet. Diese Niederlassungen sind dabei i. d. R. eng an das Stammunternehmen gekettet, was konkret bedeutet, daß die Niederlassungen durch Direktiven und Anweisungen vom Stammhaus detailliert in ihren Aktivitäten gesteuert werden. So ist es dem Stammunternehmen möglich, einerseits das kapitalmäßige Engagement in Grenzen zu halten, da man z. B. auf Produktionsstätten im Ausland oder auf die Beteiligung an Auslandsunternehmen verzichtet und statt dessen nur personell schwach besetzte Büros auf den Auslandsmärkten unterhält. Andererseits gewährleistet die ethnozentrische Orientierung eine strikte Umsetzung der im Stammhaus erarbeiteten Strategien auch auf den gewählten Auslandsmärkten, da die Niederlassungen gezwungen sind, alle wesentlichen strategischen und operativen Fragen mit der Unternehmensleitung im Heimatland abzuklären (vgl. auch *Kreutzer*, 1989).

Die Tatsache, daß Unternehmen eine ethnozentrische Ausrichtung verfolgen, läßt sich jedoch nicht immer mit ihrer geringen Größe begründen, die es notwendig erscheinen läßt, das kapitalmäßige Risiko des Auslandsgeschäftes zu begrenzen. Ein weiterer Grund ist in der eingeschränkten Fähigkeit ethnozentrisch ausgerichteter Unternehmen zu sehen, sich auf die Erfordernisse und die spezifischen Besonderheiten ausländischer Märkte einzulassen. Mangelnde Risikobereitschaft des Managements oder eine fehlende Verankerung der Auslandsaktivitäten in der Organisationsform des Unternehmens verhindern ausgedehntere Aktivitäten auf Auslandsmärkten.

Ethnozentrisch orientierte Unternehmen wählen typischerweise solche Auslandsmärkte aus, die eine hohe Ähnlichkeit zum Heimatmarkt aufweisen. Dies läßt sich damit begründen, daß ein erfolgreiches Operieren auf ausländischen Märkten mit der im Heimatland verfolgten Strategie nur dann möglich ist, wenn die Nachfrager über vergleichbare Präferenzen verfügen und die im Auslandsmarkt etablierte Konkurrenz auf die Strategie des agierenden Unternehmens ähnlich reagiert wie die auf dem Heimatmarkt anbietenden Konkurrenzunternehmen.

Abb. C-7 macht deutlich, daß sich somit die Anzahl der in Frage kommenden Länder signifikant verkleinert. Grundsätzlich scheiden diejenigen Länder für ein mögliches Engagement aus, bei denen sich das erwartete Nachfragerverhalten von dem Nachfragerverhalten auf dem Heimatmarkt deutlich unterscheidet. Weiterhin bieten sich auch die Länder nicht zur Marktbearbeitung an, bei denen zwar ein ähnliches Nachfragerverhalten feststellbar ist, die dortigen Konkurrenten jedoch auf die strategische Vorgehensweise des betrachteten Unternehmens anders reagieren, als dies die Unternehmung von den Konkurrenten auf dem Heimatmarkt gewohnt ist. Schließlich ist bei Ländermärkten, die durch ähnliches Konkurrenz- und Nachfragerverhalten bzw. durch gleiches Nachfrager-, aber heterogenes Konkurrenzverhalten gekennzeichnet sind, fallweise zu untersuchen, ob ein Engagement erfolgreich erscheint.

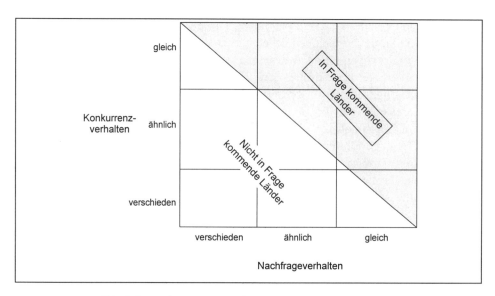

Abb. C-7: Ländereingrenzung bei ethnozentrischer Ausrichtung

Das Problem, welche der weiterhin in Frage kommenden Länder nun bedient werden sollen, kann durch die zuvor dargestellten Auswahlverfahren gelöst werden. Prinzipiell bieten sich dabei sowohl Gruppierungs- als auch Filterverfahren an, wobei letztere Verfahren jedoch vorteilhafter erscheinen. Da insbesondere kleinere und mittlere Unternehmen eine ethnozentrische Ausrichtung aufweisen, kann davon ausgegangen werden, daß diese durch die bei Gruppierungsverfahren notwendige umfangreiche Datenbeschaffung und -quantifizierung mitunter überfordert sind. Hingegen erfordert die Durchführung von Filterverfahren kein vergleichbares Verfahrens-Know-how, wie auch andererseits nur eine geringere Menge an Marktinformationen zu beschaffen ist.

Die von Unternehmen mit einer ethnozentrischen Ausrichtung häufig vorgenommene Beschränkung auf benachbarte Ländermärkte ist in diesem Zusammenhang als eine vorgeschaltete Filterung innerhalb des Marktauswahlverfahrens zu interpretieren. Die Gesamtzahl der möglichen Auslandsmärkte wird hierbei auf einer ersten Verfahrensstufe anhand des Kriteriums „regionale Marktnähe" reduziert, so daß allein die dem Heimatmarkt angrenzenden Ländermärkte einer näheren Betrachtung bedürfen.

Zumeist ist die ethnozentrische Ausrichtung Kennzeichen für Unternehmen, die am Beginn des Internationalisierungsprozesses stehen. Ziel ist die Sammlung erster Erfahrungen auf einigen wenigen Auslandsmärkten. Infolgedessen ist eine ethnozentrische Ausrichtung mit einem relativ geringen Koordinationsaufwand zur Abstimmung der Marketingaktivitäten in den einzelnen Ländern verbunden. Die sporadische Wahrnehmung von Gelegenheiten erfordert lediglich eine ebenso sporadische Koordination. Zudem geht dieser Internationalisierungsansatz häufig mit dem Export als typischer Erschließungsstrategie einher, der die Koordination aufgrund der räumlichen und zum Teil auch persönlichen Konzentration der Kompetenzen erleichtert.

1.2.2.2 Auswahl bei polyzentrischer Orientierung

Werden im Rahmen einer polyzentrischen Orientierung mehrere Auslandsmärkte durch rechtlich voll und wirtschaftlich zum großen Teil selbständige Tochtergesellschaften bearbeitet, so existiert u. U. eine ebenso große Anzahl von Strategien wie zu bearbeitender Auslandsmärkte. Das intensive Eingehen auf ländermarktspezifische Besonderheiten führt dazu, daß die Angebotpolitik differenziert wird. Diese Differenzierung ist Grundlage für das Entstehen von Austauschprozessen (Information, Güter) und damit für das Zustandekommen von Rückkopplungen. Preisdifferenzen - z. B. aufgrund unterschiedlicher Zahlungsbereitschaften - können dann dazu führen, daß Arbitrage entsteht, die das Erreichen der ursprünglich gesetzten Ziele verhindert. Eine polyzentrische Ausrichtung ist daher als ein wichtiger Auslöser für Koordinationsprobleme zu betrachten. Aufgabe einer polyzentrisch ausgerichteten Unternehmung ist es daher, die Strategien der Töchter so zu koordinieren, daß es zur Erreichung gesamtunternehmensbezogener Optima unter Berücksichtigung der Austauschprozesse kommt.

Die polyzentrische Orientierung weist dabei Elemente dezentraler Führungskonzepte auf, was sich auch in der Personalpolitik polyzentrischer Unternehmen niederschlägt. So werden i. d. R. nicht nur das untere und das mittlere Management der Tochtergesellschaften durch Führungskräfte des jeweiligen Auslandes wahrgenommen, sondern häufig werden auch die Managementpositionen der Unternehmensleitung der Tochtergesellschaften mit einheimischen Fachkräften besetzt.

In *Tab. C-5* sind die zentralen Unterschiede zwischen einer ethnozentrischen und einer polyzentrischen Orientierung international agierender Unternehmen zusammengestellt.

Ein intensives Eingehen auf ländermarktspezifische Bedingungen als charakteristisches Element polyzentrischer Unternehmen bedingt, daß die Ähnlichkeit von Ländermärkten mit dem Heimatmarkt im Gegensatz zu ethnozentrischen Unternehmen eine nur geringe Rolle im Auswahlprozeß spielt. Während für ethnozentrische Unternehmen die Übertragbarkeit bekannter und auf dem Heimatmarkt erfolgreich getesteter Konzepte auf neuen Ländermärkten eine zentrale Rolle spielt, sehen polyzentrische Unternehmen bei der Anpassung an nationale Präferenzen größere Chancen. Die Auswahl der Ländermärkte wird sich daher eher an Faktoren wie dem zusätzlichen Kapitalbedarf, den notwendigen personellen (auch lokal) und technologischen Ressourcen zur Realisierung ländermarktspezifischer Produkte und der Fähigkeit zur Koordination der einzelnen Ländermarktaktivitäten ausrichten. Letztere ist ein wesentlicher Faktor bei der Auswahl neuer Ländermärkte, da ungesteuerte Austauschprozesse den Markterfolg nachhaltig beeinträchtigen können.

Merkmal	Ausprägung	
	bei ethnozentrischer Ausrichtung	bei polyzentrischer Ausrichtung
Anzahl der Auslandsmärkte ist ...	gering	hoch
Organisationsform der Auslandsaktivität erfolgt durch ...	Niederlassungen, Büros	Tochtergesellschaften
Ansiedlung der Entscheidungskompetenz liegt im ...	Heimatland	Gastland
Unternehmensleitung kommt aus ...	Heimatland	Gastland
Entsendungsquote aus dem Heimatland ist ...	gering	hoch

Tab. C-5: Unterschiede der ethno- und polyzentrischen Ausrichtung

1.2.2.3 Auswahl bei geozentrischer Ausrichtung

In vielen Branchen wie z. B. der Telekommunikations-, Mikroelektronik-, Automobil- oder Luftfahrtindustrie lassen sich heute Markterfolge nur noch dann erringen, wenn es den Anbietern gelingt, auf allen wichtigen Weltmärkten zugleich vertreten zu sein (vgl. *Backhaus/Voeth*, 1995). Diese Neuorientierung des Wettbewerbs ergibt sich dabei nicht zuletzt aus der Notwendigkeit der Massenproduktion, die es den Anbietern u. a. allein dann möglich macht, den Anteil der Fixkosten an den entstehenden Gesamtkosten zu decken, wenn sie global operieren und über die entsprechenden Weltmarktanteile verfügen.

Die Verlagerung vom Ausschöpfen der Erlöspotentiale hin zur Ausnutzung der Kostenvorteile durch standardisierte Massenproduktion hat bei der geozentrischen Strategie, die unter dem moderneren Schlagwort „Globalisierung" (vgl. *Levitt*, 1983) Eingang in Theorie und Praxis gefunden hat, zur Folge, daß einzelne Tochtergesellschaften nicht mehr unabhängig voneinander auf nationalen Märkten operieren können. Statt dessen müssen sie in ein Netzwerk von Arbeitsteilung und Spezialisierung eingebunden werden. Daher nehmen Unternehmen mit einer geozentrischen Marketingausrichtung in Kauf, auf einzelnen Ländermärkten suboptimale Strategien zu verfolgen, indem sie keine vollkommene Anpassung an die jeweiligen Markterfordernisse anstreben, um so eine übergeordnete Strategie verwirklichen zu können.

Ziel einer geozentrischen Marketingausrichtung ist es daher, alle Unternehmensaktivitäten in ein Gesamtsystem zu integrieren, um die internationale Wettbewerbsfähigkeit durch die Erringung von „economies of scale" (Größenvorteile) und „economies of scope" (Verbundvorteile) zu sichern (vgl. *Meffert*, 1989a). Wesentliche Kennzeichen einer geozentrischen Marktausrichtung sind dabei folgende Merkmale:

- Zentralisation der Entscheidungskompetenz

  Im Gegensatz zur polyzentrischen Ausrichtung liegt die Handlungsautonomie bei einer globalen Marktausrichtung in den Händen des Mutterunternehmens. Dabei stoßen gerade Unternehmen, die in der Vergangenheit durch eine polyzentrische Orientierung gekennzeichnet waren, beim Übergang zur globalen Ausrichtung auf Akzeptanzprobleme bei den zuvor weitgehend unabhängigen Länderniederlassungen, da sich diese (zu Recht) in ihrem Entscheidungsspielraum eingeschränkt fühlen. Die Rückführung von Entscheidungskompetenz in Richtung der Unternehmenszentrale wird daher durch die Widerstände der einzelnen Länderniederlassungen begrenzt.

- Weltweite Personalakquisition

  Da sich global agierende Unternehmen hinsichtlich ihrer "corporate identity" kaum noch als überwiegend deutsche, englische oder amerikanische Unternehmen bezeichnen und sich statt dessen häufig als "global player" sehen, gilt für diese, auch im Rahmen der Personalakquisition Mitarbeiter zu finden, die für den weltweiten Einsatz qualifiziert sind. Somit steht weniger die Nationalität als vielmehr die Kompetenz bei der Mitarbeiterakquisition im Vordergrund.

- Geschäftsfeldspezifische Globalisierung

  Nationale wie auch internationale Großunternehmen weisen häufig eine stark diversifizierte Angebotspalette auf, die aus Gründen der Risikostreuung aufgebaut wird. Eine geozentrische Ausrichtung des Gesamtunternehmens bedeutet dabei nicht unbedingt zwangsläufig, daß in allen strategischen Geschäftsfeldern (SGF) eine globale Marktpräsenz angestrebt wird. Statt dessen kann sich die regionale Marktpräsenz an den Spezifika der verschiedenen SGF ausrichten.

Das Verfolgen einer geozentrischen Marketingausrichtung kann jedoch nur dann erfolgreich sein, wenn gewisse Erfolgsbedingungen als erfüllt angesehen werden können. *Meffert* (1989a) spricht in diesem Zusammenhang von

- externen Erfolgsbedingungen und

- internen Erfolgsbedingungen.

Externe Erfolgsbedingungen werden dabei durch die Beschaffenheit der Auslands-märkte determiniert. So erscheint eine globale Ausrichtung nur dann sinnvoll, wenn insgesamt eine weitreichende Gleichheit der Kundenbedürfnisse, eine Ähnlichkeit der technologischen Anforderungen, aber auch tatsächliche Marktzugangsmöglich-keiten bestehen. Ebenso müssen jedoch auch von der Unternehmung gewisse Vor-aussetzungen erfüllt werden. Als Beispiele für solche *internen Erfolgsbedingungen* sind die Anpassung der Unternehmensorganisation oder aber das Vorhandensein möglicher Kostensenkungspotentiale zu nennen, die sich als Folge der Massenpro-duktion ergeben.

Hinsichtlich des Marktauswahlverfahrens bieten sich für die hier betrachteten „glo-bal player" insbesondere Gruppierungsverfahren an. So ermöglichen diese mit Hilfe der beschriebenen Bildung von Ländersegmenten dem global ausgerichteten Unter-nehmen, das tendenziell bereit ist, alle Ländermärkte zu bedienen, die Bestimmung derjenigen Länder, auf die sich die Marketinganstrengungen schwerpunktmäßig konzentrieren müssen (Kernmärkte). Darüber hinaus erlauben sie auch die Identifi-kation solcher Ländergruppen, die entweder zukünftig von Bedeutung sein können (Hoffnungsmärkte) oder die aufgrund ihrer vergleichsweise geringen Attraktivität nur eine gelegentliche Bearbeitung verdienen (Gelegenheitsmärkte).

Die Bearbeitung einer Vielzahl von nationalen Ländermärkten mit ähnlichen Präfe-renzstrukturen innerhalb des relevanten Marktes und demzufolge mit weitgehend standardisierten Produkten entzieht den Austauschprozessen und damit auch dem Koordinationsbedarf tendenziell die Grundlage. Solange die wahrgenommenen Preis- und Qualitätsdifferenzen aus Sicht der Käufer geringer sind als die beim Gü-teraustausch entstehenden Transaktionskosten, wird Güteraustausch unterbleiben. Bei vollkommen standardisiertem Marktauftritt wird Arbitrage daher nicht stattfin-den. Entsprechend spielt die Fähigkeit zur Koordination nationaler Marketingaktivi-täten bei der Marktauswahl keine Rolle. Wesentlich bedeutsamer für die Auswahl ist daher die Frage, welche Ländermärkte die Bearbeitung mit einem standardisierten Konzept zulassen und welche Absatzmengen mit diesem dort zu erzielen sind. Im Grunde geht es - im Gegensatz zu polyzentrischen Unternehmen - nicht darum, ob und wie man sich an nationale Bedürfnisse anpaßt, sondern um die Frage, welche Ländermärkte (noch) zum eigenen Konzept „passen".

1.3 Marktauswahl und interdependente Märkte

Die Auswahl zukünftig zu bearbeitender Ländermärkte vollzieht sich unabhängig von den verwandten Verfahren in der Praxis zumeist anhand der *individuellen* Ländermarkt-Charakteristika. Die relevant erscheinenden Ländermärkte werden auf der Basis isoliert zurechenbarer Eigenschaften (Kriterien für die Marktattraktivität und die Marktbarrieren) verglichen, um Aussagen über die relative Vorziehenswürdigkeit ableiten zu können. Dabei spielen Interdependenzen zwischen den Ländermärkten zunächst keine Rolle.

Koordinationsrelevante Merkmale stellen demgegenüber in der Praxis zumeist noch kein relevantes Beurteilungskriterium dar. Die Verflechtung von Ländermärkten und die daraus erwachsenden Anforderungen werden offenbar bislang in der Praxis nicht als internationales Managementproblem erkannt. Die Attraktivität einzelner Ländermärkte kann allerdings davon abhängen, welche *Kombination* von Ländermärkten bearbeitet wird:

- Der Veränderung von ländermarktübergreifenden Kostenpositionen durch die Erschließung zusätzlicher Absatzmärkte kommt bei zentralisierter Produktion (vgl. Kap. B 2.3.2.1) eine hohe synergetische Bedeutung zu. Bei zunehmender Fixkostenintensität der Unternehmen ist dies kaum zu unterschätzen.

- Das Management von Rückkopplungen wird bei Eintritt in einen Ländermarkt dann zum Problem, wenn der entsprechende Markt zu anderen Ländermärkten, auf denen ein Unternehmen bereits vertreten ist, in hoher Interdependenz steht. Die möglicherweise entstehenden Austauschprozesse können zum einen ertragsschmälernd wirken, zum anderen kann der Einsatz von Instrumenten zur Begrenzung der Austauschprozesse Kosten verursachen.

Die Bedeutung koordinationsrelevanter Indikatoren der Attraktivität von Ländermärkten unterstreicht, daß die Bewertung einzelner Ländermärkte bei Interdependenz zwischen diesen Ländermärkten nicht isoliert voneinander vollzogen werden kann. Die Frage, in welchem Maße ein bestimmter Ländermarkt ökonomisch attraktiv ist, hängt bei interdependenten Märkten davon ab, welche Wirkungen die zwischen diesen entstehenden Rückkopplungen entfalten. Diese Wirkungen müssen bei der Ländermarktbewertung im Sinne einer simultanen Bewertung berücksichtigt werden. Die simultane Bewertung muß dadurch erfolgen, daß ein Unternehmen in die Ländermarktbewertung die aus den Interdependenzen resultierenden Effekte explizit mit einbezieht.

Die Folge hiervon ist, daß die Attraktivität von Märkten vom Ausmaß der Interdependenzen und den daraus resultierenden Konsequenzen bzw. den aufgrund der Interdependenzen notwendig werdenden Maßnahmen für ein Unternehmen abhängt.

So kann es erforderlich sein, zur Vermeidung von Reimporten Preisdifferenzen abzubauen, indem hohe Preise auf einem bestimmten Ländermarkt reduziert werden. Dies hat im Gegenzug Einfluß auf die Attraktivität von Ländermärkten, da Umsatzeinbußen drohen, wenn die aus den Preissenkungen resultierenden Absatzmengensteigerungen die Erlöseinbußen aus den Preissenkungen nicht überkompensieren. Damit ist die Bewertung von Ländermärkten nicht von der Frage der Bearbeitung interdependenter Märkte mit Maßnahmen zu trennen, die Einfluß auf deren Attraktivität haben.

So können Ländermärkte - z. B. aufgrund geringer Konkurrenzintensität oder geringer Wechselkosten der Nachfrager - isoliert eine hohe Attraktivität und geringe Markteintrittsbarrieren aufweisen. Gleichzeitig können solche Märkte jedoch erhebliche Koordinationsprobleme verursachen, die enorme negative Rückwirkungen auf anderen Ländermärkten hervorrufen.

> Hierbei wird es sich um solche Ländermärkte handeln, deren isolierter Beitrag zum Gesamtergebnis in Relation zu den negativen Folgen der durch die Präsenz auf diesen Märkten erzeugten Rückwirkungen gering ist. Aus Sicht deutscher Hersteller sind vor allem Niedrigpreismärkte wie Polen, Ungarn oder Tschechien dafür prädestiniert. Die zunehmende Durchlässigkeit der Grenzen zu diesen Ländern und auch der mögliche EU-Beitritt bei gleichzeitig geringem Preisniveau auf diesen Märkten sorgt für hohe Arbitragepotentiale. Diese können - je nach Ausmaß - z. B. zu einem erheblichen preislichen Anpassungsbedarf nicht nur auf dem Heimatmarkt führen. Mit diesem preislichen Anpassungsbedarf wären entsprechende Erlöseinbußen verbunden.

Eine isolierte Bewertung von Ländermärkten kann dazu führen, daß wichtige Attraktivitäts- bzw. Risikodimensionen, die allein *im Zusammenhang mit den zu bewertenden Ländermärkten* offensichtlich werden, außer acht gelassen werden. Bei Existenz entsprechend hoher potentieller nachfragerbezogener Rückkopplungen kann damit die Bewertung einzelner Ländermärkte nicht von der Bewertung der von den Rückkopplungen betroffenen Ländermärkte gelöst werden.

Gegenstand der Marktbewertung sind damit bei ausreichend hohen Rückkopplungen nicht einzelne Ländermärkte, sondern stets *Sets von Ländermärkten*, deren untereinander bestehende Rückkopplungen eine isolierte Attraktivitätsbewertung nicht zulassen. Unabhängig vom gewählten Verfahren oder der verfolgten Internationalisierungsstrategie hat die Entscheidung über die Marktauswahl demnach grundsätzlich unter Einbeziehung von Marktinterdependenzen und somit von Rückkopplungen zu erfolgen.

2. Strategien der Markterschließung

2.1 Internationalisierungsmuster und Timing des Markteintritts

Sind die zu bearbeitenden Ländermärkte festgelegt, erfolgt die Bestimmung der Strategien der Markterschließung. Hierbei geht es um die Frage, wie und wann ein bestimmter Ländermarkt erschlossen werden soll. Da im Rahmen der Timingstrategien die Eintrittszeitpunkte nicht nur isoliert geplant werden, sondern eine länderübergreifende Abstimmung der Eintrittszeitpunkte zu erfolgen hat, hängen die Timingstrategien wesentlich von der generell verfolgten Internationalisierungsphilosophie ab (vgl. auch Kap. C 1.2.2).

2.1.1 Internationalisierungsmuster

Kahmann (1972) und *Meffert* (1988 und 1989a) unterscheiden folgende Grundformen der Internationalisierung:

- internationale Marktausrichtungen,

- multinationale Marktausrichtungen und

- globale Marktausrichtungen.

Bei einer *internationalen Marktausrichtung* werden Unternehmen durch eine ethnozentrische Internationalisierungsphilosophie geprägt. Die Marketingaktivitäten sind in diesem Fall schwerpunktmäßig auf den Heimatmarkt ausgerichtet (vgl. *Meffert*, 1989b). Auslandsmärkte werden bei ethnozentrischer Ausrichtung nur sporadisch bearbeitet, wenn sich projekt- bzw. landesbezogen Marktchancen einstellen. Unternehmen mit ethnozentrischer Orientierung definieren nur den Heimatmarkt als ihren Kernmarkt und weisen darüber hinaus einige wenige internationale Gelegenheitsmärkte auf. Empirisch läßt sich nachweisen, daß eine internationale Marktausrichtung insbesondere kleinere und mittlere Unternehmen kennzeichnet. In vielen Fällen stellt sie zudem die Einstiegsorientierung dar, die im Zeitablauf durch eine poly- oder geozentrische Ausrichtung ersetzt wird.

Im Unterschied dazu gehört bei multinationalen und globalen Unternehmen eine Vielzahl von Ländermärkten zum Kernsegment. Während bei einer *multinationalen Marktausrichtung* (polyzentrische Orientierung) länderspezifische Strategien ent-

wickelt werden und hierdurch auf die Erfordernisse und Anforderungen des jeweiligen Auslandsmarktes eingegangen wird, ist ein länderunabhängiges Marketing
Kennzeichen der *globalen Marktausrichtung* (geozentrische Orientierung). Polyzentrisches Marketing ist demnach immer dann vorteilhaft, wenn die Differenzierungsvorteile auf den angestrebten Ländermärkten überwiegen. In vielen Branchen haben
jedoch die Vorteile eines auf Integration ausgerichteten Marketings in den vergangenen Jahren an Bedeutung gewonnen. Nach *Meffert* (1989a, S. 445) stand schon Ende
der 80er Jahre ein Drittel der Weltproduktion im globalen Wettbewerb und ein weiteres Viertel befand sich auf dem Weg dorthin.

Abb. C-8 verdeutlicht den dynamischen Aspekt von Internationalisierungsmustern.
Generell lassen sich dabei zwei Internationalisierungspfade unterscheiden. Während
insbesondere japanische Unternehmen häufig den direkten Übergang von der internationalen zur globalen Marktausrichtung wählen (vgl. *Frentz*, 1993), haben zahlreiche europäische Anbieter den „Umweg" über eine zwischenzeitliche multinationale
Orientierung gewählt.

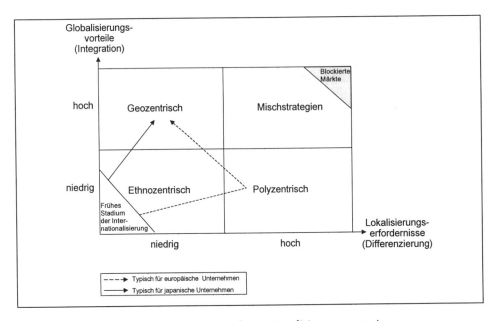

Abb. C-8: Grundtypen von Internationalisierungsstrategien
(Quelle: Meffert, 1989b)

Kutschker (1994a; 1994b; 1997a; 1997b) betrachtet im Hinblick auf den dynamischen Aspekt der Internationalisierung weniger die Frage, welches Internationalisierungsmuster im Ergebnis innerhalb des Internationalisierungsprozesses erreicht wird, als vielmehr den Internationalisierungsprozeß (vgl. hierzu auch *Bäurle*, 1996) als solchen. Dabei unterscheidet er drei unterschiedliche Prozeßarten (vgl. *Kutschker*, 1997a, S. 55; *Kutschker/Bäurle/Schmid*, 1997):

- Die Internationalisierung erfolgt durch eine *„kontinuierliche, inkrementale Veränderung der Unternehmensinternationalität"*.

- Die Internationalisierung vollzieht sich schubweise in Form sogenannter *„Internationalisierungsepisoden"*.

- Die Internationalisierung wird in *„Internationalisierungsepochen"* durchgeführt, die durch strategische Programme gezielt gesteuert werden.

Für jede dieser verschiedenen Prozeßarten identifiziert *Kutschker* unterschiedliche Führungsaufgaben und liefert damit einen wichtigen Hinweis darauf, daß die Internationalisierung mit einer Vielzahl von (internen) Managementaufgaben verbunden ist.

2.1.2 Timingstrategien

Die Wahl der Internationalisierungsstrategie und die Wahl von Markteintrittszeitpunkten stehen in einem engen Zusammenhang zueinander. Als alternative Markteintrittszeitpunkte zur Erschließung der im Rahmen der Marktauswahl selektierten Ländermärkte stehen die sukzessive („Wasserfall-Strategie") und die gleichzeitige Erschließung der Ziel-Ländermärkte („Sprinkler-Strategie") zur Verfügung (vgl. zu weiteren Aspekten des Timings im Internationalen Marketing u. a. *Meffert/Pues*, 1997).

2.1.2.1 Wasserfall-Strategie

Für Unternehmen, die sich durch eine ethnozentrische Orientierung auszeichnen, kommt zumeist nur eine schrittweise Ausweitung der bearbeiteten Ländermärkte in Frage, da die Zahl von Ländermärkten mit Ähnlichkeiten zum Heimatmarkt begrenzt ist und ausreichende Ressourcen für die simultane Erschließung von Ländermärkten aufgrund der Unternehmensgröße häufig fehlen. Die schrittweise Ausweitung der grenzüberschreitenden Marktbearbeitung wird durch die Reihenfolge bestimmt, in der die einzelnen Ländermärkte angegangen werden (vgl. hierzu *Ohmae*, 1985; *Henzler/Rall*, 1985; *Ayal/Zif*, 1985; *Kreutzer*, 1989):

Abb. C-9 macht das Grundprinzip der Wasserfall-Strategie deutlich. Die Anbieter erweitern die Anzahl der von ihnen bearbeiteten Länder sukzessiv. Nach einer ein-

leitenden Stufe, auf der im Heimatland Erfahrungen mit dem einzuführenden Produkt gesammelt worden sind, führt der Anbieter auf einer zweiten Stufe zusätzlich
das Produkt auf ausgewählten Auslandsmärkten ein.

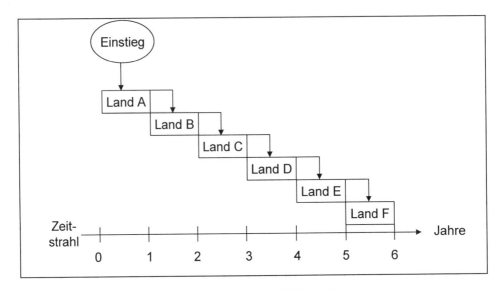

Abb. C-9: Die Wasserfall-Strategie

Dabei bietet es sich an, die Auslandsmärkte so auszuwählen, daß eine größtmögliche
Ähnlichkeit zum Heimatmarkt besteht. Nur mit Hilfe eines solchen Vorgehens kann
der Anbieter sicherstellen, daß er auf die im Heimatmarkt gemachten Erfahrungen
zurückgreifen kann. Mit jeder weiteren Stufe des Modells steigt der Grad der Heterogenität der zusätzlich aufgenommenen Länder.

Das grundlegende Prinzip kommt dabei in dem Versuch zum Ausdruck, die Anzahl
der bearbeiteten Länder systematisch zu erhöhen, wobei zwei unterschiedliche Vorgehensweisen bei der Planung denkbar sind. Einerseits kann sich das Unternehmen
am Ende jeder Einführungsphase, also auf jeder Stufe des oben beschriebenen Modells, erneut Gedanken über die im folgenden zusätzlich zu bearbeitenden Ländermärkte machen. In diesem Fall ist es der Unternehmung in jeder Planungsstufe
möglich, einer eventuell geänderten Datensituation Rechnung zu tragen. Andererseits kann es für Unternehmen sinnvoll sein, vor dem ersten Auslandsengagement -
also auf der ersten Stufe des Wasserfall-Modells - nicht nur festzulegen, welche
Auslandsmärkte zuerst bearbeitet werden sollen, sondern bereits zu diesem Zeitpunkt zu entscheiden, welche Länder darüber hinaus auf späteren Stufen in die Bearbeitung aufgenommen werden sollen.

Das Verfolgen einer Wasserfall-Strategie bietet gegenüber einem Simultanansatz eine Reihe von Vorteilen (vgl. *Kreutzer*, 1989):

(1) Die Tatsache, daß man sich mit dieser Strategie quasi in das Auslandsgeschäft hineintastet und somit nicht sofort, sondern erst am Ende des Prozesses die Gesamtzahl der anvisierten Ländermärkte bedient, trägt der Tatsache Rechnung, daß Anbieter häufig nicht über die Ressourcen verfügen, um zu Beginn des Internationalisierungsprozesses viele Ländermärkte parallel zu bedienen. Die Unternehmung besitzt so die Chance, organisational und in bezug auf die Ressourcen mit der Vergrößerung des Auslandsgeschäftes zu wachsen.

(2) Ebenso hält sich das bei jedem Auslandsengagement existierende Risiko in Grenzen. Tastet man sich Schritt für Schritt an die Anzahl der gewünschten Ländermärkte heran, so ist es dem Unternehmen jederzeit, also auf jeder Stufe des Modells möglich, das Engagement abzubrechen, wenn offenbar wird, daß das Produkt einen geringeren Erfolg im Ausland erzielt, als ursprünglich erwartet werden konnte.

(3) Geradezu zwingend notwendig ist ein schrittweises Hineintasten in das Auslandsgeschäft immer dann, wenn zur Bearbeitung einzelner Ländermärkte das vormalige Anbieten auf anderen Märkten erforderlich ist, wenn also strategische Brückenköpfe zur Bearbeitung bestimmter Ländermärkte notwendig sind.

(4) Die schrittweise Einführung von Produkten birgt den Vorteil in sich, daß es hierdurch zu einer Verlängerung des Produktlebenszyklusses kommen kann, wenn es gelingt, im Heimatmarkt in der Reifephase befindliche Produkte auf Auslandsmärkten erfolgreich einzuführen.

(5) Die Wasserfall-Strategie erschließt zunehmend unähnlicher werdende Ländermärkte über einen relativ langen Zeitraum. Dies hat Konsequenzen für einen möglicherweise entstehenden Koordinationsaufwand zwischen den Ländermärkten. Zum einen werden die Ländermärkte nach der Maßgabe der Ähnlichkeit zum Heimatmarkt erschlossen. Damit einher geht die Möglichkeit, den Marktauftritt auf den Auslandsmärkten dem Marktauftritt auf dem Heimatmarkt anzupassen. Mithin existieren tendenziell geringere Koordinationsprobleme, da mit der Ähnlichkeit der Produkte das Austauschproblem abnimmt. Zum anderen eröffnet der relativ lange Erschließungszeitraum die Möglichkeit zur Anpassung an die jeweiligen Marktentwicklungen und damit an die tatsächlich stattfindenden Austauschprozesse. Koordinationspotentiale und -instrumente müssen nicht unter großem Zeitdruck aufgebaut werden.

Jahr	Umsatz Land A	Umsatz Land B	Umsatz Land C	Summe der Umsätze gemäß Wasserfall-Strategie	Summe der Umsätze bei gleichzeitiger Einführung
1983	0	-	-	0	0
1984	50	-	-	50	120
1985	80	0	-	80	192
1986	90	40	-	130	216
1987	80	64	0	144	192
1988	50	72	30	152	120
1989	-	64	48	112	-
1990	-	40	54	94	-
1991	-	-	48	48	-
1992	-	-	30	30	-

Tab. C-6: Beispieldaten zur Wasserfall-Strategie

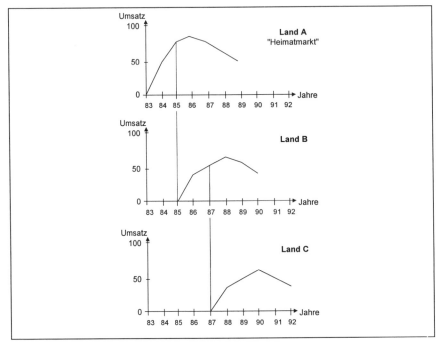

Abb. C-10: Produktlebenszyklen auf einzelnen Ländermärkten

Ein Beispiel liefern die in *Tab. C-6* zusammengestellten Daten: Eine Unternehmung führt eine Produktneuerung nach der Wasserfall-Strategie sukzessive auf den Ländermärkten A, B und C ein. Die Einführung vollzieht sich dabei 1983 auf dem Heimatmarkt (Land A), 1985 in Land B und 1987 in Land C. Die Unternehmung verfolgt des weiteren die Strategie, daß sie Produkte in dem Jahr eliminiert, in dem die Umsätze zum zweiten Mal im Vergleich zum Vorjahr fallend sind.

Die in *Abb. C-10* dargestellte Graphik der in *Tab. C-6* aufgeführten Daten macht darüber hinaus deutlich, daß das Unternehmen damit rechnet, daß sich der Markterfolg des Produktes auf den später bearbeiteten Ländermärkten B und C nur in abgeschwächter Form einstellt. Vergleicht man die Gesamtumsatzentwicklung, die sich bei der Wasserfall-Strategie ergibt, mit der Umsatzentwicklung bei gleichzeitiger Produkteinführung auf allen drei Ländermärkten, so ergibt sich die in *Abb. C-11* gezeigte Darstellung.

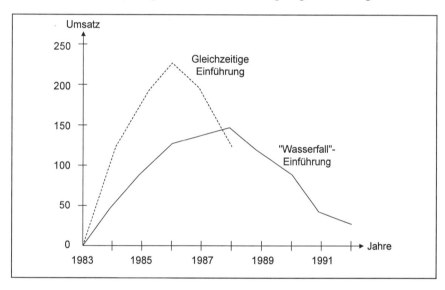

Abb. C-11: Umsatzvergleich „Wasserfall-Strategie" versus „Paralleleinführung"

Obwohl eine gleichzeitige Einführung des Produktes auf allen drei Ländermärkten dazu führt, daß zwischen 1984 und 1987 höhere Umsätze im Vergleich zur Einführung nach der Wasserfall-Strategie erzielt werden, schlägt dieser Vorteil bei genauerer Betrachtung ins Gegenteil um: Einerseits werden die höheren Umsätze in den angeführten Jahren durch die Inkaufnahme eines um 4 Jahre früheren Marktaustritts erzielt. Wesentlich bedeutsamer erscheint jedoch, daß sich andererseits hinter den höheren Umsätzen auch höhere Produktionsmengen verbergen. Somit muß sich die Produktionskapazität des Unternehmens, die allein für einen kurzen Zeitraum aufgebaut werden muß, an der Maximalausbringungsmenge des Jahres 1986 orientieren. Da diese Kapazität jedoch signifikant über der bei der Wasserfall-Strategie notwendigen Produktionskapazität liegt, kann davon ausgegangen werden, daß die Wasserfall-Strategie über eine Verlängerung des Produktlebenszyklusses zum Aufbau geringerer Kapazitäten in der Produktion führt und daß es gleichzeitig zu einer verbesserten Auslastung eben dieser Kapazitäten kommt.

Neben den genannten Vorteilen ist anzumerken, daß die Wasserfall-Strategie dann problematisch sein kann, wenn man bereits auf der ersten Stufe des Modells, also beim Anbieten auf wenigen Ländermärkten, einen geringen Erfolg erzielt und als Folge dessen auf eine zusätzliche oder alternative Vermarktung in den Ländern späterer Stufen des Modells verzichtet. So kann es durchaus der Fall sein, daß trotz mäßigen Erfolges auf einigen Ländermärkten das Produkt wesentlich positiver von den Nachfragern anderer Länder aufgenommen wird.

Ein Engagement auf internationalen Märkten nach der skizzierten Wasserfall-Strategie kann auch dann wenig erfolgreich sein, wenn es sich bei der einzuführenden Produktinnovation um eine nachahmungswürdige Neuerung handelt. In einem solchen Fall läuft man Gefahr, daß innerhalb der Zeitspanne, in der man sich allein auf den Heimatmarkt und/oder auf wenige andere Auslandsmärkte konzentriert, Konkurrenten Imitationen der Produktidee auf den Ländermärkten anbieten, die nach der Wasserfall-Strategie erst auf späteren Stufen bearbeitet werden sollten.

Neben den immanenten Vor- und Nachteilen einer Wasserfall-Strategie für den Markteintritt beeinflußt schließlich eine Reihe von *externen Rahmenbedingungen* die Strategieauswahl des Unternehmens. Als Einflußfaktoren, die die Auswahl einer Wasserfall-Strategie gegenüber einer Sprinkler-Strategie nahelegen, identifizieren *Kalish/Mahajan/Muller* (1995) auf der Grundlage modelltheoretischer Überlegungen folgende Marktbedingungen:

- Es existiert ein langer zu erwartender Lebenszyklus des Produktes, mit dem der Markteintritt vollzogen werden soll.

  Mit der Länge des Lebenszyklusses steigen die Möglichkeiten von Lead Usern auf neuen Ländermärkten, von Erfahrungen der Nutzer auf bereits bearbeiteten Ländermärkten zu profitieren. Dieser Kommunikationsfluß hat positiven Einfluß auf die Adoption des Produktes auf den noch zu betretenden Ländermärkten. Je länger die Zeitspanne zwischen dem Eintritt in zwei Ländermärkten ist, desto größer wird dieser Einfluß sein ("lead effect"). Das Hinauszögern des Erschließens neuer Ländermärkte hat dann positiven Einfluß auf die Marktentwicklung für das betroffene Produkt.

- Es bestehen unattraktive Bedingungen für einen Markteintritt.

  Sind die noch zu bearbeitenden Ländermärkte bzw. die dort realisierbaren Absatzpotentiale klein, das Wachstum dieser Märkte gering, ihre Innovativität wenig ausgeprägt oder die (Fix-) Kosten des Markteintritts hoch, ist ein verzögerter Markteintritt einem simultanen Markteintritt vorzuziehen. Kleine Märkte führen ebenso wie geringes Wachstum und eine wenig ausgeprägte Innovationsneigung der Nachfrager oder Händler zu einem relativ großen "lead effect", der wiederum die Wasserfall-Strategie nahelegt. Hohe Fixkosten des Markteintritts führen bei gegebenen Ergebnispotentialen zu geringerer grundsätzlicher Attraktivität des Markteintritts und zur Verlagerung der Aktivitäten auf andere Ländermärkte.

- Es liegt eine geringe Kompetitivität der zu betretenden Ländermärkte vor.

  Sind die prospektiven Wettbewerber auf den noch zu betretenden Ländermärkten schwach, ist die Gefahr eines zwischenzeitlichen Absatzpotentialverlustes durch Besetzung von Zielmarktpositionen durch andere geringer. Dies gilt besonders dann, wenn mit einer Monopolsituation gerechnet werden kann.

2.1.2.2 Sprinkler-Strategie

Im Rahmen der Sprinkler-Strategie werden die einzelnen Auslandsmärkte nicht sukzessiv, sondern innerhalb einer relativ kurzen Zeitspanne simultan erschlossen. Dabei können einzelne Länder oder Ländergruppen vor anderen Ländern in die Aktivitäten aufgenommen werden. Im Gegensatz zur Wasserfall-Strategie ist der Zeitraum, der bis zur Aufnahme eines weiteren Länderbündels in die Gruppe der bearbeiteten Länder verstreicht, aber deutlich geringer. Nicht selten dauert es dabei nicht mehr als ein bis zwei Jahre, bis auch das letzte der ausgewählten Länder in die Bearbeitung aufgenommen worden ist. Somit kommt der in der Praxis auch für die polyzentrische Strategie zu beobachtenden Tatsache unterschiedlicher Eintrittszeitpunkte nicht die Rolle einer wesentlichen Eigenschaft zu. Unterschiedliche Eintrittszeitpunkte ergeben sich vielmehr aus operativen Problemen im Zusammenhang mit der Gründung von Tochtergesellschaften. *Abb. C-12* verdeutlicht das Grundprinzip der Sprinkler-Strategie.

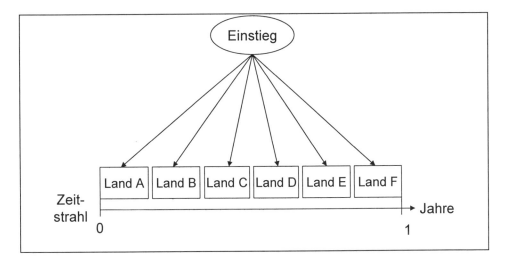

Abb. C-12: Sprinkler-Strategie

Für eine Ausweitung der Unternehmensaktivitäten gemäß der Sprinkler-Strategie sprechen in erster Linie folgende Gründe (vgl. *Kreutzer*, 1989):

- In vielen Branchen lassen sich Tendenzen zu *verkürzten Produkt- und Technologiezyklen* beobachten. In solchen Branchen (Halbleiter, Computer etc.) sind Unternehmen gezwungen, ihre Produkte weitgehend simultan auf allen ausgewählten Ländermärkten einzuführen, da die innerhalb kürzester Zeit zu erwartenden Produktfolgegenerationen keine Möglichkeit lassen, Auslandsmärkte sukzessiv zu erschließen. Der Versuch eines sukzessiven Erschließens kann so die Gefahr mit sich bringen, daß die nächste technologische Generation eher marktfähig ist und von Konkurrenten bereits angeboten wird, bevor der letzte angestrebte Ländermarkt erschlossen wurde.

- Mit der Verkürzung von Produkt- und Technologiezyklen geht häufig eine *Verlängerung der Forschungs- und Entwicklungszeiten* einher. Diese Verlängerung der F&E-Zeiten bewirkt, daß auch die in die Entwicklung neuer Produkte zu investierenden Mittel zunehmen. In Verbindung mit der skizzierten Verkürzung der Produkt- und Technologiezyklen hat dies zur Folge, daß den Unternehmen immer weniger Zeit verbleibt, um die erhöhten F&E-Ausgaben am Markt zu amortisieren. Die größte Chance einer vollständigen Amortisation der F&E-Ausgaben bietet sich dann, wenn Unternehmen auf möglichst allen ausgewählten Märkten zu einem frühen Zeitpunkt präsent sind.

- Durch einen frühzeitigen Markteintritt auf allen ausgewählten Auslandsmärkten kann es Unternehmen darüber hinaus gelingen, Marktbarrieren für solche Konkurrenten zu schaffen, die zu einem späteren Zeitpunkt den Markteintritt anstreben. Das frühzeitige Engagement kann so zum *Aufbau eines Imagevorteils* genutzt werden, mit dessen Hilfe Markteintrittsbemühungen von Konkurrenten abgewehrt werden können.

Die simultane Erschließung der Ziel-Ländermärkte führt allerdings dazu, daß alle zwischen den Ländermärkten existierenden Rückkopplungen aufgrund der Marktpräsenz koordinationsrelevant werden. Für einen Anbieter ergibt sich somit ein vom Ausmaß her „maximales" Koordinationsproblem. Zudem sind die daher notwendigen Koordinationsinstrumente relativ schnell zu entwickeln, da die im Rahmen der Wasserfall-Strategie vorhandene Anpassungszeit fehlt.

2.2 Markterschließungsstrategien

Zur Erschließung ausländischer Zielmärkte steht eine Vielzahl alternativer Erschließungsstrategien zur Verfügung. Zu den wichtigsten Typen zählen folgende Formen (vgl. z. B. *Berekoven*, 1985; *Meffert/Bolz*, 1998; *Schanz*, 1995):

- *indirekter Export*: Die Kontaktanbahnung zu Kunden oder die Auftragsakquisition und Lieferung erfolgt über zwischengeschaltete, rechtlich und wirtschaftlich selbständige Dritte zumeist mit Sitz im Ländermarkt.

- *direkter Export*: Der Vertrieb der Leistungen erfolgt ohne Mittler (über Generalvertreter, Repräsentanzen oder Niederlassungen).

- *Lizenz-/Know-how-Vertrag*: Die Übertragung der Nutzungserlaubnis am intellektuellen Eigentum des Lizenzgebers durch den Lizenznehmer wird gegen Zahlung eines entsprechenden nutzungsunabhängigen ("lump sum") und/oder nutzungsabhängigen Entgeltes ("royalties") gestattet.

- *Vertragsproduktion*: Die Produktion eines Gutes oder Teile hiervon werden einem Dritten auf vertraglicher Basis übertragen.

- *Joint Venture*: Zwei oder mehr Partner gründen ein gemeinschaftlich geführtes Unternehmen, in dem Kapital, Know-how und gegebenenfalls auch schon existierende Unternehmensteile eingebracht werden. Die Eigentums- und Kontrollrechte entsprechen i. d. R. den Kapitalanteilen. Entsprechend unterscheidet man majority, equity und minority joint ventures.

- *Tochtergesellschaft*: Hierbei handelt es sich um ein direktes Kapitalengagement ohne Partner auf dem Ländermarkt, wobei unterschiedliche Ausgestaltungsformen (vom reinen Vertrieb über die Produktion bis hin zu autonomer F&E-Tätigkeit) möglich sind.

Diese Markterschließungstypen sind in der Praxis wiederum in vielen Varianten anzutreffen. Eine Systematisierung ist daher notwendig, um einen Überblick über diese Varianten zu schaffen. Zur Systematisierung können verschiedene Kriterien herangezogen werden:

- *Kontrolle*: Welchen Grad an Einfluß hat das Unternehmen auf die Aktivitäten auf dem Ländermarkt (vgl. hierzu *Stahr*, 1993)?

- *Kapitaltransfer und -beteiligung*: In welchem Maße wird Kapital auf den Ländermarkt verlagert (vgl. u. a. *Meissner/Gerber*, 1980; *Meissner*, 1987)?

- *Wertschöpfungsschwerpunkt*: Liegt der räumliche Schwerpunkt der Wertschöpfungsaktivitäten im In- oder im Ausland (vgl. hierzu *Backhaus*, 1997)?

Tab. C-7 zeigt einen Überblick über unterschiedliche Ansätze zur Systematisierung von Markterschließungsstrategien auf der Grundlage dieser Kriterien.

Ein neuerer Ansatz differenziert alternative Markterschließungsstrategien nach den dabei entstehenden *Transaktionskosten* mit dem Ziel, bei der Wahl der Markterschließungsstrategie eine an den Kosten der jeweiligen Alternative orientierte Auswahlhilfe zu geben. (vgl. *Hildebrandt/Weiss*, 1997; *Helm*, 1997; *Weiss*, 1996; *Kutschker*, 1992; *Kappich*, 1989).

Autor (Jahr)	Systematisierungs-kriterien	Ausgestaltungsformen
Anderson & Gatingnon (1992)	Kontrolle	high control modes: vollständige Tochtergesellschaft; Mehrheitsbeteiligung bei Joint Venture; medium control modes: paritätische Gemeinschaftsunternehmen; Vertragsfertigung, Lizenzen, Franchising; low control modes: Minderheitsbeteiligung bei Gemeinschaftsunternehmen; bestimmte Lizenzformen
Brooke (1966)	Leistungs-, Know-how- und Kapitaltransfer	Export; Know-how-Transfer (Lizenzen, Franchising, Managementverträge, Vertragsfertigung, technische Hilfe, "construction contracts"); Direkt- und Portfolioinvestitionen
Hill, Hwang, Kim (1990)	Kontrolle; Ressource Commitment	Lizenzen; Joint Ventures; "wholly-owned subsidiaries"
Berg (1991)	Intended lifespan; state of government regulations in the finance and trade sector; condition of trade contracts between countries; perceived political risk; commitment of resources	Spot contracts; Complex contracts; Joint Ventures, Mergers and Akquisitions
Dahringer, Mühlbacher (1991)	Standort der Leistungserstellung; Kapitalintensität	Leistungserstellung im Heimatland: Exporte; Vertriebsgesellschaften; Leistungserstellung im Gastland: Lizenzen; Franchising; Vertragsfertigung; Management-Verträge; Gemeinschaftsunternehmen; Direktinvestitionen
Dülfer (1991)	funktionale und institutionelle Internationalisierung (Transferintensität)	Export (direkt, indirekt); direkter Import; Lizenzen; Franchising; Auslandsleasing; Vertrags-Management für ausländische Partner; Errichtung und Lieferung schlüsselfertiger Anlagen; Errichtung und Unterhaltung eines Fertigungsbetriebs/Montagebetriebs/Verkaufsniederlassung (jeweils in Eigenregie als Tochtergesellschaft, als Joint Venture)
Weiss (1991)	Kontrolle; Flexibilität	Indirekter Export: vertragliche Markteintrittsformen (Lizenzen, Franchising, Managementvertrag, Turnkey contracts, Vertragsfertigung); Direktinvestitionen: Vertriebsgesellschaft (Joint Venture, eigenständige Tochtergesellschaft); Produktionsgesellschaft (Joint Venture, eigenständige Tochtergesellschaft)
Backhaus (1992)	Standort des Wertschöpfungsschwerpunkts	Wertschöpfungsschwerpunkt im Inland: Indirekter Export (Exporteigenhandel, Exportgemeinschaft); direkter Export (Direktexport ohne Einschaltung von Absatzmittlern im Ausland; Direktexport an ausländischen Generalvertreter, Repräsentanz, Zweigniederlassung) Wertschöpfungsschwerpunkt im Ausland: Strategien ohne Kapitaltransfer (Lizenzen/Know-how-Verträge, Vertragsproduktion); Strategien mit Kapitaltransfer (Joint Ventures, Tochtergesellschaften)
Grabner-Kräuter (1992)	Standort der Leistungserstellung	Leistungserstellung im Inland: Indirekter Export/direkter Export (mit/ohne Direktinvestitionen) Leistungserstellung im Ausland: ohne Direktinvestitionen (Lizenzvergabe, Managementvertrag, Auftragsfertigung); mit Direktinvestition (Joint Venture, Alleineigentum)

Autor (Jahr)	Systematisierungs-kriterien	Ausgestaltungsformen
Kutschker (1992)	I: notwendige Mitwirkung anderer für Erfolg; Eigenkapitalanteil II: Investition/Kontrollierbarkeit/Risiko/Kapitalkosten; Transaktionskosten III: Ressourcenbeanspruchung; Schnelligkeit des Markteintritts	Akquisition; Equity Joint Venture; Contractural Joint Venture; Allianzen; "Gründung"; Portfolioinvestitionen; Export
Walldorf (1992)	k. A.	Export; Contractural Joint Venture; Tochtergesellschaft Gründung 100 % Gesellschaft; Akquisition, Joint Venture Export (indirekt, direkt); Kooperation im Rahmen der Anbahnung, Durchführung und Nachbetreuung von Auslandsgeschäften (Exportkooperation, Joint Venture, Sonderformen der Kooperation); Lizenzvergabe; Management-Verträge; Contract Manufacturing (Teilefertigung, Endproduktion, passive Veredelung, komplette Fertigung); Joint Venture (Vertriebs-Joint Venture, Produktions-Joint Venture, F&E-Joint Venture); Endfertigung im Ausland durch eigene Niederlassung; Auslandsproduktion durch eigene Niederlassung
Stahr (1993)	Intensitätsgrad des Marktengagements; Kontrollspanne über die Aktivitäten auf dem Auslandsmarkt	geringer Kapitaleinsatz mit geringer Kontrollspanne: Export (indirekt, direkt); Lizenzen/Franchising hoher Kapitaleinsatz mit geringer Kontrollspanne: Minderheitsbeteiligung; Joint Venture; Projektbeteiligung; Ko-Produktion; Kontraktproduktion geringer Kapitaleinsatz mit hoher Kontrollspanne: technische Kooperationsabkommen, Kontraktmanagement, "Direkter Export mit Direktvertrieb" hoher Kapitaleinsatz mit hoher Kontrollspanne: Vertriebsniederlassung; Vertriebsgesellschaft; Montageunternehmen; Produktionsunternehmen; vollintegrierte Fertigungsunternehmen
Wesnitzer (1993)	Kooperation; Eigenleistung bzw. Kapitalbeteiligung; Produktverlagerung; Eigenleistung versus Fremdvergabe	direkter und indirekter Export; Lizenzvergabe; Vertriebsgesellschaften; Gemeinschaftsunternehmen; vollständige Tochtergesellschaften
Zentes (1993)	Wertschöpfungsschwerpunkt (Inland, Ausland); Kapitaltransfer (mit, ohne)	Export; vertragliche Markterschließungsformen: Lizenzen; Know-how-Verträge; Franchising; Joint Ventures; Tochtergesellschaften; Akquisition
Meissner, Gerber (1980)	Umfang der Kapital- und Managementleistungen im Gastland und Heimatland	Exporte; Lizenzvergabe; Franchising; Joint Venture; Auslandsniederlassung; Produktionsbetrieb; Tochtergesellschaft
Root (1988)	Kontrolle, Risiko	Export entry modes: Indirect, direct agent/distributor, direkt branch/subsidiary, other Contractual entry modes: Licensing, Franchising, Technical Agreement, Service Contracts, Construction/Turnkey Contracts, Contract Manufacture, Coproduction Agreements, other Investment entry modes: sole venture (new establishment, acquisition), Joint Venture, majority, 50-50, minority)
Johanson, Wiedersheim-Paul (1974)	Internationale Erfahrung (market knowledge; market commitment)	no regular export activity; export via independent representatives or agents; sales subsidiaries; production/manufacturing plants

Tab. C-7: Systematisierungsansätze für Markterschließungsstrategien
(Quelle: In Anlehnung an Pues, 1994)

Kennzeichen dieses Ansatzes ist die Annahme, daß unterschiedliche Markterschließungs-strategien Transaktionskosten in unterschiedlicher Höhe verursachen. Unter Transaktions-kosten werden in diesem Zusammenhang alle Kosten zur Anbahnung, Absicherung und Kontrolle aller Transaktionen verstanden (vgl. *Williamson*, 1991; *Backhaus/Aufderheide/Späth*, 1994), die zur Erschließung eines Ländermarktes notwendig sind. Eine Unternehmung hat dabei die Wahl zwischen unterschiedlichen Erschließungs-designs, die sich hinsichtlich des Eigentumanteils oder auch des Integrationsgrades unter-scheiden. Während es auf der einen Seite möglich ist, Märkte vollständig über unterneh-menseigene Institutionen (Integration) zu erschließen, können auf der anderen Seite diese auch über unternehmensfremde Institutionen bedient werden (externer Partner).

Es wird nun das Erschließungsdesign gewählt, das die Summe aus Produktions- und Transaktionskosten (alle Kosten zur Erreichung der Marktpräsenz des angestrebten Pro-duktes auf dem Zielmarkt) minimiert. Können diese Transaktionen bei konstanten Pro-duktionskosten intern „billiger" vollzogen werden als über den Markt, so wird internali-siert (Tochtergesellschaft, direkter Export über Generalvertretung oder Repräsentanz). Anderenfalls bietet sich der Weg über einen Partner (indirekter Export oder Lizenzverga-be) an. Zwischenformen sind ebenfalls möglich, bei denen nur eine teilweise Integration der Transaktionen vorgenommen wird. Beispielhaft sei hier das Joint Venture genannt, das aufgrund der Kapitalbeteiligung Elemente sowohl des internationalisierenden Unter-nehmens als auch des externen Partners in sich vereinigt.

Unabhängig vom gewählten Systematisierungsansatz für Markterschließungsstrate-gien zeigt sich, daß die Wahl der Erschließungsalternative vom *situativen Kontext* der Unternehmung abhängt. Der situative Kontext läßt sich dabei durch eine Viel-zahl von Einflußfaktoren beschreiben. *Abb. C-13* zeigt hierzu einen Überblick.

Die Wahl der Markterschließungsstrategie ist dabei kein statisches Entscheidungs-problem. Typischerweise ändert sich im Laufe der Zeit die Art und Weise, mit der ein Unternehmen einen Ländermarkt bearbeitet. Während in der Frühphase der In-ternationalisierung risikoarme Ansätze (z. B. direkter oder indirekter Export) domi-nieren, werden mit zunehmender Erfahrung größere Wertschöpfungsanteile in das Ausland verlagert. Dies ist u. a. darauf zurückzuführen, daß ein intensiver Konkur-renzkampf häufig eine stärkere Kundennähe aller Entscheidungseinheiten verlangt.

Die zunehmende Verlagerung von Wertschöpfungsaktivitäten in ausländische Märkte bedingt gleichzeitig eine Zunahme des Koordinationsbedarfs im Internatio-nalen Marketing. Je stärker das Engagement in die Ländermärkte verlagert wird, de-sto größer wird tendenziell die Autonomie der nationalen Einheiten. Daher besteht aufgrund der höheren Freiheitsgrade die verstärkte Gefahr, daß national ausgerich-tete Entscheidungen getroffen werden, die erhebliche Koordinationsprobleme auf anderen Ländermärkten erzeugen. Die Verlagerung von Entscheidungsautonomie in die nationalen Einheiten muß sich daher an den Interdependenzen zwischen den be-arbeiteten Ländermärkten orientieren, um anbieter- und nachfragerbezogene Rück-kopplungen berücksichtigen zu können.

Unternehmensbezogene Faktoren		Produkt-bezogene Faktoren	Marktbezogene Faktoren				
Strategie	Kosten-situation		Rechtliche Situation	Ökonom. Situation	Wettbew.-situation	Handels-situation	Konsumen-tensituation
• Internatio-nalisierungs-strategie • zu bearbei-tende Marktseg-mente • Wettbewerbs-strategie • realisierte Markt-stellung (Bekannt-heitsgrad, Image etc.)	• Technologie • Standorte • Faktorkosten • Produktivität • Skalen- und Erfahrungs-kurveneffekte • Vertriebs-kosten • Kapazitäts-auslastung	• Produktart • Phase im PLZ • Neuigkeitsgrad • Ausmaß der Produkt-differenzierung	• Ex- und Import-beschrän-kungen • Dumping-Bestim-mungen • Steuern • Preis-kontrollen • Local-Content-Vorschrif-ten	• Markt-volumen • Markt-struktur • Wechsel-kurse • Inflation	• Anzahl und Wett-bewerbs-stärke der Konkur-renten • Substitu-tionsgüter	• Anzahl und Macht-position der Absatz-mittler • Konditio-nen-struktur	• Einkom-men • Preiselasti-zität • Nachfrage-verhalten • Markttrans-parenz

Abb. C-13: Markterschließungsstrategien und situativer Kontext
(Quelle: Meffert/Bolz, 1998, S. 144)

IAS International Case Studies Series

Deutsche Werkzeugmaschinen AG

Dieser Fall wurde von Dipl.-Kfm. *Matthias Bauer* unter der Anleitung von Professor Dr. Klaus Backhaus, Direktor des Betriebswirtschaftlichen Instituts für Anlagen und Systemtechnologien der Westfälischen Wilhelms-Universität Münster erstellt.

3. Fallstudie „Deutsche Werkzeugmaschinen AG"

Mit dem Verkauf von vier DMU-63V, zwei CTX 600, einer CT-200 und zwei MF-Doppelspindelmaschinen auf der IMTS in Chicago, der größten Messe für die Werkzeugmaschinenindustrie in Nordamerika im September 1996, war Tom Kratzman, Präsident von TL-DWM America, der amerikanischen Tochtergesellschaft des Deutsche Werkzeugmaschinen (DWM)-Konzerns, mehr als zufrieden. Die Verkäufe mit einem Volumen von über 4,5 Mio. DM bewertete er für TL-DWM Americas ersten breiter ausgerichteten Marktauftritt in den USA als großen Erfolg. Neben diesen Abschlüssen hatte es mehr als 1.200 Anfragen und Kontakte mit möglichen Kunden am Messestand von TL-DWM America gegeben. Einige dieser Kontakte bewertete er als äußerst erfolgversprechend und rechnete damit, daß seine Verkäufer in den nächsten Monaten eine Menge zu tun bekommen würden. Kratzman war überzeugt, daß die Gründung einer US-Tochtergesellschaft Anfang 1995 die richtige Entscheidung gewesen war, die zugleich als letzte Möglichkeit gesehen wurde, im amerikanischen Markt Fuß zu fassen. Doch trotz des Messeerfolgs war es immer noch ein großes Problem, eine geeignete Distributionsstrategie zu finden, um sich im amerikanischen Markt erfolgreich zu behaupten. Mit gemischten Gefühlen erinnerte sich Kratzman an die Entwicklung DWMs im amerikanischen Markt.

Das Unternehmen

Die großen europäischen Werkzeugmaschinenhersteller kommen aus Deutschland und sind Musterbeispiele des Mittelstandes, welche oftmals eine lange Unternehmensgeschichte aufweisen. Eines dieser Unternehmen ist die 1920 gegründete DWM AG, Landshut, welche zu den weltweit führenden Unternehmen für Bearbeitungszentren und Drehmaschinen-Technologie zählt. Die Umsätze betrugen 1996 knapp 720 Mio. DM, womit DWM zu den größten europäischen Werkzeugmaschinenherstellern zählt. Insgesamt besitzt DWM zwölf Verkaufsgesellschaften und über vierzig Verkaufspartner in der ganzen Welt.

Jahrzehntelang war es DWMs Komparativer Konkurrenzvorteil (KKV) gewesen, spezialisierte, hochqualitative Drehmaschinen zu entwickeln, die dem neuesten Stand der Technik entsprachen. Der Werkzeugmaschinenmarkt war lange Zeit für DWM ein Verkäufermarkt gewesen, in welchem die Kunden eine geringere Preissensibilität zeigten und sogar regelmäßige Lieferverzögerungen akzeptierten. In diesen Phasen konnte DWM hohe Gewinne erzielen, ohne Markteintritte neuer Wettbewerber befürchten zu müssen. Anfang der 90er Jahre belastete neben der weltweiten Rezession zusätzlich auch eine fundamentale strukturelle Krise die gesamte

Werkzeugmaschinenindustrie. Auf die deutschen Werkzeugmaschinenhersteller wirkte sich zusätzlich noch der langsame und sehr kostspielige Prozeß der Wiedervereinigung drastisch aus. Die Hoffnungen auf einen Investmentboom in Osteuropa und Rußland verwirklichten sich nicht. Gerade diese Länder waren lange Zeit die größten und profitabelsten Märkte für DWM gewesen, da die Geschäfte dort durch öffentliche Kredite gefördert wurden. Die wirtschaftliche Krise dieser Länder führte zu scharfen Umsatzeinbrüchen. DWM reagierte nicht auf diese Strukturveränderungen und geriet in eine schwere Krise. Zwei andere deutsche Werkzeugmaschinenhersteller (Tromax und Lorand) wurden von der Rezession und dem Zusammenbruch der osteuropäischen Märkte sogar noch stärker getroffen. Diese mittelständischen Unternehmen waren beide auf die Entwicklung von Fräs- und Bohrmaschinen sowie Bearbeitungszentren spezialisiert und repräsentierten somit ein anderes Segment der Werkzeugmaschinenindustrie. Kurz vor ihrem Zusammenbruch 1993 kam auf Druck der Deutschen Bank, welche zugleich Hausbank und größter Schuldner von Tromax und Lorand war, eine Fusion zustande. Wider Erwarten brachte diese Fusion in den nächsten fünf Monaten keine positive Veränderung. Es gab keinerlei Anzeichen, daß der Unternehmensverbund Tromax/Lorand in der Lage war, sich in dem starken Wettbewerb eines schrumpfenden Marktes zu behaupten. So mußte der Unternehmensverbund im Mai 1994 Vergleich anmelden.

Nachdem eine gewisse kritische Unternehmensgröße allgemein als Erfolgsfaktor eingeschätzt wurde und DWM allein nicht dazu in der Lage war, diese Größe zu erreichen, drängte die Hausbank von DWM auf einen Zusammenschluß mit der maroden Tromax/Lorand. DWM zahlte 70 Mio. DM für die Vermögensgegenstände von Tromax/Lorand. Diese Akquisition wurde als richtungsweisender Schritt gesehen, zumal DWM dadurch eine starke Stellung im Bereich der Fräsmaschinen und Bearbeitungszentren aufbauen konnte und damit seine eigene Produktpalette erweiterte. Drei deutsche Werkzeugmaschinenhersteller, alle mit einer ausgeprägten Tradition, konnten nun als ein Unternehmen eine breite Palette von Werkzeugmaschinen anbieten. Kurzfristig war es damals zunächst entscheidend gewesen, die beiden Firmen Tromax und Lorand in das bestehende Unternehmen DWM einzugliedern. Danach galt es, den Wandel von einer technologiegetriebenen zu einer marktorientierten Unternehmung zu vollziehen, was auch 1996 immer noch nicht vollständig geschafft wurde.

Die Zahlen (vgl. *Tab. DWM-1*) verdeutlichen den dramatischen Wandel in DWMs Entwicklung. 1992 war der Umsatz signifikant gefallen und es kam zu Verlusten in den Folgejahren. Obwohl inzwischen die Umsätze gesteigert werden konnten, ist DWM noch nicht wieder profitabel. Obwohl 1995 der Verlust auf 9 Mio. DM reduziert werden konnte, sind umfangreiche Maßnahmen notwendig, um die Gewinnzone zu erreichen. 1994 sind erstmals die Aktivitäten von Lorand und Tromax in der Bilanz berücksichtigt worden. Durch die erste Vollkonsolidierung 1995 erreichte

DWM wieder seine ursprüngliche Größe aus den frühen 90er Jahren. Dies gilt nicht
für die Anzahl der Mitarbeiter. Aufgrund der strukturellen Maßnahmen und Kosten-
senkungsprogramme wurde die Mitarbeiterzahl um 30 % gesenkt. Verglichen mit
der Größe der ursprünglichen drei Einzelgesellschaften sank die Beschäftigtenzahl
um 60 %. In der gesamten deutschen Werkzeugmaschinenbranche hatte jeder dritte
von früher 100.000 Mitarbeitern seinen Job verloren. Zahlreiche deutsche Werkzeugmaschinenunternehmen waren in der Zwischenzeit bankrott gegangen. Die gesamten Verkäufe der deutschen Werkzeugmaschinenindustrie betrugen nur noch ein
Drittel des Wertes von 1989.

Jahr	1989	1990	1991	1992	1993	1994*	1995
Umsatz in Mio. DM	688	764	672	404	271	435	795
Gewinn/Verlust in Mio. DM	+ 16,2	+ 11	- 19,2	-51,1	- 39,5	- 27,5	-6,2
Beschäftigte	3462	3742	3510	1799	1482	2517	2644
Exportquote	50	44	40	43	54	45,5	48
Ordereingang in Mio. DM	768	680	580	350	234	537	840
* 1994 war das erste Jahr nach der Fusion mit Tromax und Lorand							

Tab. DWM-1: Wichtigste Zahlen der DWM AG 1989 - 1995 (in Mio. DM)

Das Organigramm (vgl. *Abb. DWM-1*) des DWM-Konzerns verdeutlicht die Aus-
wirkungen der Fusion. Der DWM-Konzern umfaßt nun Tromax/Lorand mit zwei
Produktionsstätten für Fräs- und Bohrmaschinen nahe München sowie eine weitere
Fertigungsstätte in der früheren DDR. Diese hatte Lorand im Zuge der deutschen
Wiedervereinigung 1990 von der deutschen Treuhand übernommen. Drehmaschinen
werden in Landshut produziert, wo sich gleichzeitig die Konzernzentrale befindet.
Die weltweiten Verkaufs- und Service-Aktivitäten sind inzwischen in der TL-DWM-
Vertriebsgesellschaft zusammengefaßt. Eine weitere 100 %ige Tochtergesellschaft,
die DWM Italiana (Gital), befindet sich in Bergamo, Italien. 1996 wurde diese
Tochtergesellschaft aufgrund von Finanzproblemen und eines guten Angebots (80
Mio. DM) verkauft. DWM Italiana blieb trotzdem eng mit DWM verbunden, da alle
Produkte über TL-DWM weltweit vertrieben werden.

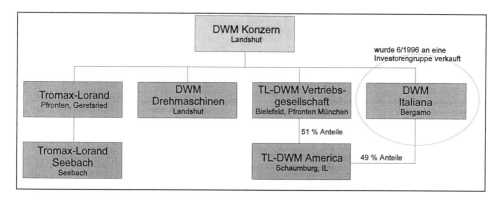

Abb. DWM-1: Organisationsstruktur des DWM Konzerns

Nachdem Auslandsmärkte für die deutschen Werkzeugmaschinenbauer immer eine bedeutende Rolle gespielt haben, ist die Exportquote eine wichtige Kennziffer. Der größte Exportmarkt für die gesamte deutsche Werkzeugmaschinenindustrie war der US-Markt. 13,4 % der weltweiten Exporte in Höhe von 7.526 Mio. DM wurden dort erzielt, gefolgt von 10 % der Exporte, die nach China gehen. Deutlich geringere Anteile werden in Frankreich und Italien (beide 6,7 %) erzielt (vgl. *Anhang 1*). Die Bedeutung der einzelnen Märkte hat sich innerhalb der letzten fünf Jahre verändert. Während die deutschen Werkzeugmaschinenhersteller 1990 noch zwei Drittel ihrer Maschinen innerhalb der EU exportierten, hat sich dieses Verhältnis 1995 auf 51 % reduziert, während sich die Anteile des amerikanischen Marktes (17 %) und des asiatischen Marktes (22 %) nach oben verschoben haben. Diese Zahlen repräsentieren den Durchschnitt der deutschen Werkzeugmaschinenunternehmen. Bei DWM schwankte die Exportquote zwischen 40 und 50 % in den letzten Jahren. Bei einer genaueren Analyse läßt sich eine einseitige Konzentration feststellen. DWM war deutlich stärker auf die europäischen Märkte konzentriert, wo ungefähr 68 % der Exporterlöse erzielt worden sind. Lediglich 4 % des aktuellen Geschäftsvolumens wird in Nordamerika erzielt, wohingegen die deutlich kleinere Schweiz 3 % der Umsatzerlöse erzielt. DWM hatte den anderen großen Märkten in der Werkzeugmaschinenindustrie wie Asien oder Amerika keine ausreichende Beachtung geschenkt. Berücksichtigt man die Notwendigkeit einer Restrukturierung von DWM und einer Ausweitung der Internationalisierung des Geschäfts,so war es erforderlich, eine neue Strategie für die internationalen Märkte zu finden.

Technische Grundlagen

Werkzeugmaschinen sind Investitionsgüter, mit denen andere Güter hergestellt werden können. Beispielsweise sind Werkzeugmaschinen zwingend notwendig, um

Automobile, Flugzeuge, Hausgeräte, Kraftwerke, Landmaschinen und viele andere Produkte einer industrialisierten Gesellschaft herzustellen. Die Chinesen nannten Werkzeugmaschinen wegen ihrer entscheidenden Rolle im Produktionsprozeß „Muttermaschinen". Mit Hilfe von Werkzeugmaschinen können Einzelteile im Produktionsprozeß präzise in großen Serien hergestellt werden. Ohne Werkzeugmaschinen wäre die Massenproduktion in der Industrie undenkbar.

Zum besseren Verständnis des Geschäftsfelds von DWM werden die verschiedenen Segmente der Werkzeugmaschinenindustrie beschrieben. Eine Werkzeugmaschine ist eine Maschine, mit der durch die Bewegungen des Rohmaterials und des an der Maschine befindlichen Werkzeuges die Form eines Arbeitsstückes verändert werden kann. Dieser Prozeß erfolgt mehr oder weniger mechanisch oder automatisiert. Man unterscheidet zwischen zwei großen Subsegmenten: metallschneidende Maschinen und metallformende Maschinen. Bei metallformenden Maschinen entstehen im Rahmen des Bearbeitungsprozesses keine Splitter an den Rohmaterialien, während metallschneidende Maschinen unter Verwendung verschiedener Techniken Material von einem Einzelstück entfernen (vgl. *Anhang 2*). Es gibt keine Unternehmung, die die gesamte Palette dieser Bearbeitungsmöglichkeiten anbietet. Die meisten Firmen spezialisieren sich, so wie DWM, auf wenige Segmente. Der DWM-Konzern hat in seiner Angebotspalette Dreh-, Bohr- und Frästechniken, welche alle zu dem Subsegment der metallschneidenden Maschinen zählen.

Neben diesen technischen Funktionen können Maschinen auch nach ihrem Automationsgrad unterteilt werden. Gegenwärtig werden NC (Numerical Control-) -Maschinen ersetzt durch CNC-Maschinen, die ein computergestütztes Kontrollsystem besitzen, welches höhere Produktivität und Flexibilität ermöglicht. Es gibt nur noch wenige Firmen, die noch NC-Maschinen anbieten. Nichtsdestotrotz gibt es zahlreiche NC-Maschinen, die in der Industrie benutzt werden.

Eine andere Systematisierung unterscheidet zwischen Einzelmaschinen und Mehrmaschinensystemen wie beispielsweise Transferstraßen, welche den Trade-Off zwischen Flexibilität und Produktivität repräsentieren. Eine Einzelmaschine kann sehr viele verschiedene Aufgaben erfüllen, muß aber individuell angepaßt werden. Der größte Nutzen von Mehrmaschinensystemen besteht in der Fähigkeit, hohe Volumina produzieren zu können. Die Rüstzeiten für den Austausch verschiedener Werkzeuge erfolgt innerhalb von Sekunden, die Ausrüstung auf neue Aufgaben wie der Produktion eines anderen Teils ist dagegen teuer und zeitaufwendig (vgl. *Anhang 3*). Im Drehmaschinenbereich bietet DWM vor allem Einzelmaschinen als Universalmaschinen an. Universalmaschinen bieten hohe Flexibilität, welche durch einen Werkzeugwechsler sichergestellt wird, der bis zu 200 verschiedene Werkzeuge umfassen kann.

Neben den Einzelmaschinen in ihrem Fräs- und Bohrbereich enthält DWMs Programm seit der Übernahme von Tromax/Lorand auch Bearbeitungszentren. Bearbeitungszentren zählen zu den flexiblen Produktionssystemen. Ein Palettenwechsler ermöglicht die umfassendere Bearbeitung bei immer noch hoher Flexibilität im Produktionsprozeß, welche für größere Serien benötigt wird. Unterschieden wird zwischen horizontalen und vertikalen Bearbeitungszentren, je nachdem, wie die Achse des jeweiligen Werkzeugs gelagert ist. Die neuesten Entwicklungen von Bearbeitungszentren ermöglichen durch die Kombination beider Arbeitsweisen eine noch höhere Flexibilität.

Der US-amerikanische Werkzeugmaschinenmarkt

Die weltweite Werkzeugmaschinenindustrie war schon immer eine zyklische Branche, die konjunkturellen Schwankungen unterworfen war. 1994 konnte eine weltweite Erholung in der Produktion von Werkzeugmaschinen festgestellt werden. Studien schätzen die weltweite Werkzeugmaschinenproduktion im Jahr 1995 auf 58,4 Mrd. DM, was eine Steigerung von 29 % bedeutet (vgl. *Anhang 4a*). Die höchsten Wachstumsraten wurden hierbei von Japan und Deutschland erzielt. Danach folgen Italien, die USA und die Schweiz. Die führenden Werkzeugmaschinenhersteller sind Japan und Deutschland. Die USA weist die weltweit größte Nachfrage nach Werkzeugmaschinen auf und bietet somit interessantes Absatzpotential. Mit knapp 9 Mrd. DM Umsatz im Jahr 1995 ist die amerikanische Werkzeugmaschinenbranche - verglichen mit anderen Industrien wie z. B. der Automobilindustrie - relativ klein. Trotzdem ist die amerikanische Werkzeugmaschinenbranche, gemessen an dem nationalen Verbrauch, der größte einzelne Ländermarkt weltweit (vgl *Anhang 4b*). Der nationale Verbrauch ist die entscheidende Größe, um das Marktpotential eines einzelnen Landes zu bewerten. Der Verbrauch wird definiert als die Summe der nationalen Produktionen sowie der Importe abzüglich der jeweiligen Exporte. Lange Zeit gab es bedeutende Werkzeugmaschinenhersteller in den USA, bis diese Rolle in den frühen 80er Jahren verlorenging. Bis zum Ende der 70er Jahre beruhte die Marktführerschaft von US-Unternehmen auf der großen Binnennachfrage und regelmäßigen technologischen Innovationen, die auf die Forschung für die Rüstungsindustrie zurückzuführen war. Somit revolutionierten US-amerikanische Unternehmen die Entwicklung von Technologien durch die Erfindung von CNC-Technologien.

Trotzdem verlor die amerikanische Werkzeugmaschinenindustrie innerhalb eines Jahrzehnts die führende Stellung, die von Deutschland und Japan übernommen wurde. Die Expansion der japanischen Unternehmen während der 70er Jahre wurde unterstützt durch das MITI (Ministerium für internationalen Handel und Industrie) und konzentrierte sich zunächst auf die Massenherstellung von Maschinen des Einstieglevels. Im Zusammenhang mit der Diffusion von Mikroprozessoren und

DNC/CNC-Technologien konnten japanische Unternehmen die Qualität ihrer Maschinen erheblich steigern und übernahmen die Technologieführerschaft. Dies führte zu verstärktem globalen Wettbewerb und dramatischen strukturellen Veränderungen. Wachsende Marktpenetration ermöglichte japanischen Unternehmen, die verkaufte Anzahl von Maschinen zu steigern und somit Kostenvorteile zu erzielen, die vor allem auf Lernkurveneffekte zurückzuführen waren. Außerdem wurden Kostenvorteile durch lokale Produktionsstätten realisiert. Sogenannte Transplants in Auslandsmärkten steigerten die Marktnähe und trugen dazu bei, Marktbarrieren zu überwinden. Der Marktanteil der USA in der weltweiten Produktion von Werkzeugmaschinen fiel von 20 % im Jahr 1980 auf etwa 7 % zehn Jahre später. Der Verlust der Wettbewerbsfähigkeit amerikanischer Unternehmen fiel am deutlichsten im Heimatmarkt aus. Die Importquote stieg drastisch von 24 auf 54 % innerhalb von sieben Jahren. Dadurch halbierte sich die Größe der amerikanischen Werkzeugmaschineneninindustrie. Die Produktion im Jahr 1994 betrug gegenüber 1980 nur noch 45 % des Volumens. Besonders kleine Firmen waren hiervon betroffen und über 600 Unternehmen gingen bankrott. Anfang der 80er Jahre kamen fünf der zehn weltgrößten Werkzeugmaschinenhersteller aus den USA. Diese Unternehmen vereinigten über 15 % der weltweiten Produktion. 1995 gab es nur noch zwei Unternehmen unter den zehn größten Herstellern (vgl. *Anhang 5*). Ähnlich wie deutsche Unternehmen waren die US-Hersteller vor allem durch die hohen Importe von standardisierten, eher niedrigpreisigen CNC-Maschinen beeinträchtigt. In einigen teureren und höherwertigen Segmenten wie z. B. Transferstraßen konnten sie einen höheren Marktanteil behaupten. Gerade in diesen Segmenten war es japanischen Unternehmen nicht möglich, die speziellen Anforderungen der Kunden zu erfüllen (vgl. *Anhang 6*).

AMT (American Machine Tool Association) macht für den Rückgang in den 80er Jahren drei Faktoren verantwortlich: die Abhängigkeit der Werkzeugmaschinenbranche vom Inlandsverbrauch mit einer schwach ausgeprägten Exportstruktur, die sinkende Produktivität, während japanische Unternehmen signifikante Effizienzverbesserungen durch das Redesign von Produkten und Prozessen erzielen konnten, und die Währungsstärke, welche sich erheblich auf die Wettbewerbsfähigkeit in Auslandsmärkten ausgewirkt hat. Durch diesen Druck waren viele Unternehmen gezwungen, ihre Preise radikal zu senken und ihre Unternehmensstrategie neu zu überdenken. Seit den 90er Jahren konnte die Importquote zwischen 46 und 50 % stabilisiert werden, zumal auch der Dollar an Wert verlor und zahlreiche Importeure inzwischen Produktionsstätten in den USA eröffnet haben. Vor allem japanische Unternehmen haben progressiv ihre Produktion in die USA verlagert. Japan war bei weitem der größte Importeur in die USA - gefolgt von Deutschland (vgl. *Anhang 7*). Trotz der zahlreichen Probleme in der Automobilindustrie, der Importflut und einem übersättigten Gebrauchtmaschinenmarkt fiel das Wachstum der amerikanischen Werkzeugmaschinenbranche in den Jahren 1992 und 1993 höher als der Zuwachs des Bruttosozialprodukts aus, als die ersten Anzeichen einer Erholung von der Rezession deutlich wurden. Auftragseingänge als wichtigster Indikator für zukünftige Verkäufe sprangen 1994 um 30 % nach oben und zeigten signifikante Erholungserscheinungen. Ein detaillierterer Blick auf die verschiedenen Segmente des amerikanischen Werkzeugmaschinenmarktes offenbart differenzierte Entwicklungen gerade für die Segmente, in denen DWM vertreten ist. Die Zahlen geben nicht exakt das Marktpotential für DWM wieder, da in ihnen auch Mikrosegmente enthalten sind, die nicht von DWM bedient werden (vgl. *Anhang 8*).

Branchenstruktur und Wettbewerb

Die amerikanische Werkzeugmaschinenbranche besteht aus einer geringen Anzahl von großen Herstellern, die den größten Anteil der Produktion und der Exporte auf sich vereinen, sowie hunderte kleiner, oftmals familienbetriebener Firmen. Nahezu alle Unternehmen spezialisieren sich auf ausgewählte Produkt- oder Kundensegmente. Insgesamt wird der Markt beherrscht von den großen internationalen Gesellschaften aus Japan, Deutschland und den USA. Die Unternehmenszentralen liegen vor allem an den Küsten und der Lake Area. Es gibt eine Vielzahl verschiedener Produktmärkte. Während die Branche insgesamt spürbare Einbußen erlitten hat, konnten sich einige Firmen erfolgreich behaupten. Einige Neugründungen konnten sich in profitablen Marktnischen etablieren. Eine Umfrage des AMT im Jahr 1993 identifizierte drei verschiedene Strategien für den Wettbewerb: Unternehmen, die sich auf High Technology spezialisieren oder kundenindividuelle Maschinen fabrizieren, Unternehmen mit einer diversifizierten Produktlinie, die oftmals Standardmaschinen im mittleren Bereich produzieren, und kleine Firmen, die sich auf die Lower- and CNC-Maschinen spezialisieren. Im US-Markt ist DWM immer noch ein vergleichsweise unbedeutender Wettbewerber. Der Jahresumsatz beträgt ungefähr 42 Mio. DM. Die Marktposition ist weitaus schwächer als in Europa. Aufgrund der Vielzahl von Unternehmen ist es relativ schwierig, die Hauptwettbewerber von DWM einzugrenzen. Der Überblick enthält die wichtigsten Wettbewerber, die wie DWM Standardmaschinen anbieten. Ein Schwerpunkt wird hierbei auf Besonderheiten in der jeweiligen Marketing- und Distributionsstrategie gelegt.

Mazak-Cooperation

Mazak ist eine Tochtergesellschaft von Yamazaki-Mazak, einem führenden japanischen Werkzeugmaschinenhersteller. Die Produktionsstätte in Florence, Kentucky, gilt als das älteste Transplant in den USA und wurde 1974 errichtet. Mazak konzentriert sich auf den großen Markt von Bearbeitungszentren. Anders als die meisten Transplants von japanischen Unternehmen betreibt Mazak nicht nur ein reines

Montagewerk mit einer angeschlossenen Vertriebsgesellschaft. Mit Ausnahme einer Forschungs- und Entwicklungsabteilung reicht das Engagement in den USA sehr weit. Die Produktion besticht durch einen hohen Grad an Automation. Die weltweiten Umsätze im Jahr 1995 betrugen 1.630 Mio. DM. Schätzungen zufolge wird ungefähr 30 % hiervon auf dem US-Markt erzielt. Damit gilt Mazak als die größte japanische Werkzeugmaschinengesellschaft im US-Markt. Neben der effizienten Produktionstechnologie liegt die herausragende Stärke von Mazak in der Marktpräsenz. Aufgrund von fünf regionalen Technologie-Centern und 32 Händlern mit Tech-Center kann Mazak den Kunden seine Kompetenz besser als irgendeine andere Firma demonstrieren. Acht Mega-Händler mit Mazak-eigenen Ausstellungsräumen bieten ausschließlich Mazak-Produkte an. Das Konzept der ausgeprägten Kundennähe ist in der Werkzeugmaschinenbranche einzigartig und ermöglicht schnellen und zuverlässigen Service. Zusätzlich unterhält Mazak ein technisches Schulungszentrum in der Nähe der Zentrale in Kentucky, wo sowohl Kunden als auch Händler in der Bedienung von komplexen Maschinen geschult werden.

Okuma

Eine weitere japanische Firma im amerikanischen Markt ist Okuma mit einem weltweiten Umsatz von ca. 1.150 Mio. DM. Okuma verfolgt eine High-Tech-Strategie, die sich ursprünglich ausschließlich auf Hochgeschwindigkeitsmaschinen konzentrierte. Inzwischen bietet sie zunehmend auch kleinere Maschinen an, die zu einem wettbewerbsfähigen Preisniveau angeboten werden. Die Marktpräsenz fällt mit 36 Händlern ähnlich aus wie bei Mazak, wobei es weder Tech-Center noch Exklusiv-Händler gibt. Okuma überlegte, die Tech-Center-Strategie von Mazak zu imitieren. Die Entscheidung, die Händler statt dessen großzügig mit Maschinen für deren Showräume auszustatten, erwies sich ebenfalls als Erfolg. Okuma wirbt weiterhin intensiv Kunden mit seinem sogenannten Okuma-Tech-Track, wo Maschinendemonstrationen und Testproduktionsläufe durchgeführt werden.

Haas

Die amerikanische Firma Haas, Chatsworth, bietet Maschinen im Einstiegssegment an. Als relativ junger Einsteiger in den Werkzeugmaschinenmarkt entwickelte man die ersten Bearbeitungszentren 1988. Durch die schnelle Einführung neuer Modelle im Bereich vertikaler und horizontaler Bearbeitungszentren und CNC-Maschinen konnte Haas ein außerordentliches Umsatzwachstum erzielen. Die Verkäufe konnten von 140 Mio. DM in 1994 auf 270 Mio. DM in 1995 gesteigert werden. 1996 rechnet man mit einem Umsatz von etwa 385 Mio. DM. Während man ursprünglich nur Maschinen an US-Firmen verkaufte, begann Haas inzwischen, seine Geschäftstätigkeiten zu globalisieren. Der CEO, Dennis Depuis, gab das ehrgeizige Ziel heraus, innerhalb der nächsten zehn Jahre der größte Werkzeugmaschinenanbieter der Welt zu werden. Die Standardmaschinen werden nach einem festen Plan hergestellt und als Commodities verkauft. Der Wettbewerbsvorteil als Kostenführer ist vor allem auf die effiziente Produktionstechnik zurückzuführen. Zahlreiche Schlüsselkunden ermöglichen Referenzen in wichtigen Industrien wie der Automobilindustrie, der Medizintechnik, der Ölindustrie oder der Luftfahrtindustrie. Haas-Produkte werden über 52 Händler vertrieben.

Fadal (seit 1995 Tochtergesellschaft von Giddings & Lewis)

Fadal, Chatsworth, ist der größte Hersteller von niedrigpreisigen vertikalen Bearbeitungszentren (65.000 DM bis 160.000 DM) in den USA. Die Akquisition durch Giddings & Lewis 1995 steht beispielhaft für den Konzentrationsprozeß der Werkzeugmaschinenbranche. Im Jahr des Aufkaufs beschäftigte Fadal 300 Mitarbeiter und erzielte Umsatzerlöse von ca. 300 Mio. DM. Fadal ist eine relativ junge Firma, die 1982 mit der Herstellung von Werkzeugmaschinen begonnen hat. Gegen Ende der Rezession der 90er Jahre begann ein stürmisches Unternehmenswachstum. Die Profitabilität dieser früher familienbetriebenen Unternehmung wird auf ungefähr 12 % geschätzt, während die durchschnittliche Branchenrendite dagegen ca. 2 % beträgt. Fadal bedient vor allem den Binnenmarkt. Die Exportquote betrug unmittelbar vor der Übernahme durch Giddings & Lewis etwa 10 %. Giddings & Lewis läßt Fadal weitestgehend unabhängig und stellt vor allem ausreichend Finanzmittel zur Verfügung, um die Erschließung von Exportmärkten zu erleichtern. Obwohl man sich vor allem auf den niedrigpreisigen Bereich konzentriert, ist Fadal durchaus auch in bezug auf die Qualität wettbewerbsfähig. Die Strategie von Fadal zielt auf eine enge Entwicklungskooperation mit Zulieferern und Händlern. Dadurch konnten die Produkte kontinuierlich verbessert werden. Ein Schlüsselfaktor für den Unternehmenserfolg wird in der Beziehung zu den Händlern gesehen. Fadal zahlt seinen Händlern doppelt soviel wie der Durchschnitt, erwartet hierfür aber Loyalität und exzellenten Kundenservice. Das Händlernetz ist extrem dicht gespannt und basiert auf exklusiven Gebietsrechten. Obwohl insgesamt über 3.000 Maschineneinheiten verkauft worden sind, fällt der Umsatz eines einzelnen Händlers relativ gering aus.

Cincinnati Milacron

Cincinnati Milacron erzielte ungefähr 3 Mrd. DM Umsatz in 1996 und beschäftigte 8.200 Mitarbeiter. Milacron ist eine etablierte Firma, die bereits im späten 18. Jahrhundert gegründet wurde. Milacron unterteilt sich in drei Divisionen, die ungefähr ähnliche Verkaufsanteile erzielen: Werkzeugmaschinen, Plastikmaschinen und Industrieprodukte. Milacrons Werkzeugmaschinendivision ist der zweitgrößte Werkzeugmaschinenhersteller in den USA mit Fabriken in Kanada, Europa, Japan und Mexiko. Die Werkzeugmaschinendivision bietet eine sehr breit gefächerte Produktpalette an. Neben Werkzeugmaschinen für den Luftverkehrsbau gibt es Standardmaschinen, Fertigungszellen und Drehmaschinen. Als die Firma Ende der 80er Jahre ins Strudeln geriet, wurde ein Simultaneous Engineering-Programm gestartet mit dem Ziel, die Neuproduktentwicklungen zu beschleunigen. Durch dieses Programm konnten über 44 neue Produkte im Werkzeugmaschinenbereich entwickelt werden. Der Strategiewechsel, standardisierte Produkte für den ganzen Weltmarkt anzubieten, ermöglichte eine rasche Expansion in den 90er Jahren. In diesem Zusammenhang wurden auch einige so bekannte Firmen wie Valonite, Widia und Weldon innerhalb der letzten Jahre übernommen.

Mori Seiki

Mori Seiki ist der weltweit größte Hersteller von standardisierten horizontalen und vertikalen Bearbeitungszentren sowie auch Drehmaschinen. 1994/95 wurden 1.120 Mio. DM Umsatz erzielt. Für das Geschäftsjahr 1995/96 erwartet man 1,2 Mrd. DM Umsatz und liegt damit in den Top Ten der größten Werkzeugmaschinenhersteller. 62 % der Umsätze werden durch Exporte erzielt. Die Schätzungen für den US-Markt liegen bei etwa 370 Mio. DM. Während der letzten Jahre unternahm Mori Seiki große Investitionen in Produktinnovationen, um auch stärker High-Tech-Produkte anbieten zu können. Die Vertriebsstrategie von Mori Seiki wird stark unterstützt durch das japanische Handelshaus Yamazen, welches ausschließlich sechs verschiedene japanische Hersteller (Brother Industries, Daito Seiki, Kuraki, NTC, Shizuhuka und Mori Seiki) vertritt. Yamazen konzentriert sich auf die acht bedeutendsten Regionen der USA. In den anderen Staaten kooperiert Mori Seiki mit Händlern, die ca. zehn bis zwanzig Firmen in ihrem Sortiment anbieten. Mori Seiki adaptierte Mazaks Service-Strategie und gründete sieben Tech-Center, um dem Kunden bestmöglichen Service bieten zu können.

Neben diesen beschriebenen Gesellschaften gibt es eine Reihe von anderen wichtigen Anbietern wie z. B. die japanische Firma Makino, welche Ende der 80er Jahre die amerikanische Firma Leblond übernommen hatte, um Leblonds Händlernetz benutzen zu können und somit das Vertrauen amerikanischer Kunden zu gewinnen. Diese Strategie erwies sich als sehr erfolgreich. Makino konnte seinen Marktanteil signifikant steigern.

Im Bereich der einfachen Standardmaschinen bearbeiten vor allem koreanische und taiwanesische Firmen den Markt mit Hilfe einer aggressiven Preissetzung. Ursprünglich hatten diese Unternehmen als Lizenzpartner europäischer oder japanischer Firmen begonnen. Während einige dieser Vereinbarungen immer noch gültig sind, produzieren und vermarkten sie inzwischen auch auf ihre eigene Rechnung. Leadwell z. B. produziert die CT 200-Maschine für DWM in Korea. Die asiatischen Firmen besitzen oftmals die Finanzkraft ihrer Konzernmutter mit breit diversifizierten Geschäftsfeldern wie etwa Daewoo, Hyundai oder Chevalier. Diese Unternehmen arbeiten daran, die Qualität ihrer Produkte zu steigern. Es ist damit zu rechnen, daß einige dieser Unternehmen versuchen werden, den Erfolg japanischer Unternehmen während der 80er Jahre nun in den 90er Jahren zu kopieren.

Eine andere deutsche Firma im amerikanischen Markt neben DWM ist Traub-Hermle, Manomony Falls. Traub-Hermle weist eine ähnliche Geschichte auf wie DWM und erzielte im US-Markt Umsätze in Höhe von 36 Mio. DM. Die einst sehr profitable Firma Traub, die sich auf die Drehmaschinenproduktion spezialisiert hat, übernahm 1992 Hermle, welche dieselben Produktsegmente wie Tromax und Lorand anbot. Finanzielle Engpässe und ein Mangel an Innovationen schränken allerdings Traub-Hermles Markterfolg ein. Jüngst ist man dazu übergegangen, eine Standardmaschine in den USA zu montieren, um das „Made in USA-Logo" als Marketingmaßnahme zu benutzen.

Schließlich gibt es einige kleinere lokale amerikanische Unternehmen wie z. B. Southbend Lathe oder Hardinge, die Standardmaschinen nicht gerade mit der allerneuesten Technik anbieten, dafür aber sehr aggressive Preispolitik betreiben und durch die Teilnahme an lokalen Verkaufsmessen und einem breiten Händlernetz eine hohe Marktpräsenz aufweisen. Einige dieser Firmen wie z. B. Hardinge unterhalten ein eigenes Verkaufsteam neben den Händlern.

Kunden von Werkzeugmaschinenherstellern

„Wenn man das Interesse amerikanischer Nachfrager für Werkzeugmaschinen gewinnen möchte, muß man ihnen einen exzellenten Preis machen oder eine nackte Frau als Beigabe liefern", scherzt ein Experte auf der IMTS. Diese freilich nicht ernsthafte Option drückt die hohe Bedeutung des Preises aus. Es gab in den letzten Jahren eine verstärkte Tendenz, die Funktionen der Maschinen zu beschneiden, um wettbewerbsfähige Preise realisieren zu können. Dadurch ergab sich ein Trend zu hochstandardisierten Maschinen im amerikanischen Werkzeugmaschinenmarkt. Mit Hilfe weiterentwickelter Steuereinheiten konnten auch mit standardisierten Maschinen kundenindividuelle Spezifizierungen angeboten werden. Diese Maschinen bieten inzwischen eine ähnliche Anwendungsbreite wie kundenindividuelle Maschinen, sind aber viel billiger. Die Industrie entwickelte modulare Komponenten, mit denen eine Basismaschine auf die kundenindividuellen Kundenwünsche angepaßt werden konnte. Standardisierte und zugleich flexible Fertigungssysteme wurden bevorzugt, die im Rahmen dezentralisierter Produktion mit CNC-Maschinen eingesetzt werden konnten. Es gibt in den USA immer noch eine Reihe von Firmen, vor allem kleine Firmen, die keine einzige CNC-Maschine besitzen. Es ist aber damit zu rechnen, daß viele Unternehmen diese neue Technologie innerhalb der nächsten Jahre überneh- men. Im Vertrauen auf die sich erholende Wirtschaftskonjunktur haben viele Unter- nehmen Investitionsprogramme gestartet. Ein anderer Trend besteht darin, daß in- zwischen Bearbeitungszentren Drehmaschinen vorgezogen werden. Das größte Ziel besteht darin, mit Hilfe von flexibler Produktionstechnologie ähnlich billig wie mit- tels Massenfertigung produzieren zu können. Flexible Fertigungszellen, die genau diese Anforderungen erfüllen können, sind oft zu teuer und zudem auch noch feh- leranfällig. Innerhalb der Bearbeitungszentren übertrifft das Segment horizontaler Bearbeitungszentren das vertikale.

Die US-Nachfrage nach Werkzeugmaschinen wird vor allem von der Automobil- und der Luftfahrtindustrie angetrieben. Diese beiden Kundensegmente sind zugleich die wichtigsten und profitabelsten Märkte für mehr als die Hälfte aller amerikani- schen Werkzeugmaschinenhersteller. Insgesamt ist die Kundenstruktur sehr hetero- gen. Neben den Automobilzulieferern und der Luftfahrtindustrie kommen Kunden auch aus vielen anderen Industriebereichen. Hierzu zählen die Elektroindustrie, die Schwer- und Leichtmetallindustrie, die Sanitärindustrie und auch die Werkzeugma- schinenindustrie selbst. Die Strategie, sich auf einige wenige Industriezweige zu konzentrieren, wird nur für spezialisierte Hersteller für erfolgreich gehalten.

Auch TL-DWM America ist in den verschiedensten Industrien tätig, wobei auch die Größe der einzelnen Unternehmen erheblich variiert. Es gibt Fortune 500- Unternehmen wie z. B. Ford, es gibt mittelgroße Unternehmen, die zwischen 200 und 1.000 Mitarbeiter beschäftigen, und es gibt kleine Unternehmen mit 20 bis 200 Mitarbeitern. Der durchschnittliche Kunde der TL-DWM America beschäftigt zwi- schen 50 und 500 Mitarbeiter. Normalerweise verhandelt TL-DWM America hierbei mit dem Präsidenten der Unternehmung oder einem Vizepräsidenten, der für die Produktion in diesem Unternehmen verantwortlich ist. In den großen Unternehmen gibt es spezielle Einkaufsmanager, die für den Kauf von Werkzeugmaschinen ver- antwortlich sind. Statistiken des AMT geben einen Überblick über die Anzahl der insgesamt verkauften Maschinen in 1993 nach einzelnen Regionen (vgl. *Anhang 9*). Mit diesen Zahlen ist es möglich, die Attraktivität einzelner Staaten mittels einer ABC-Analyse zu bewerten. In einigen Punkten unterscheiden sich amerikanische Kunden wesentlich von europäischen Kunden. Besonders der Prozeß der Informati- onssuche und die Auswahl der möglichen Hersteller unterscheiden sich stark von Europa. Während Europäer meistens am Anfang einer Verhandlung jedes Detail klä- ren wollen, fragt der Amerikaner relativ wenig Information nach, z. B. die Machbar- keit eines bestimmten Einzelteils, während er sich auf den Preis der Maschine kon- zentriert. Gerade im Bereich von Standardmaschinen gibt es intensive Preisverhandlungen. Aber auch im Segment von High-Tech-Maschinen besteht Zahlungsbereitschaft nur für ausgewählte Zusatz-Features.

„Es ist wichtig, ein gutes Produkt zu einem wettbewerbsfähigen Preis anzubieten. Aber ohne Service kann man keine Maschine heutzutage verkaufen", sagt ein Vertriebsingenieur, der früher für Mazak und inzwischen für TL-DWM America arbeitet. Service-Leistungen kann man unterteilen in Standardservice-Leistungen und Service-Leistungen, die Differenzierungspotential gegenüber Wettbewerbern ermöglichen. Standardservices sind hierbei ein Muß aus der Sicht der Kundenwahrnehmung. Die Konkurrenten unterscheiden sich hierbei hauptsächlich in bezug auf ihre Service-Qualität und ihre Fähigkeit, auf Kundenprobleme schnell zu reagieren, nicht aber im Angebot der entsprechenden Services. Zu den Standardservices zählen Machbarkeitsstudien, Reinzeichnungen und die Angebotserstellung, welche eine herausragende Bedeutung einnimmt. Die Nutzer verlangen eine Produktivitätssteigerung mit jeder neuen gekauften Maschine. Deshalb ist es notwendig, daß ein Werkzeugmaschinenhersteller das aktuelle Produktionssystem des Kunden versteht. Zwischen Hersteller und Nutzer besteht im Idealfall eine partnerschaftliche Beziehung, die sich über den gesamten Lebenszyklus der Maschine erspannt. Die Demonstration von Maschinen für ausgewählte Kundenteile in den Schauräumen, die Installation und auch die Pflege von Maschinen zählen zu weiteren Standarddienstleistungen. Der Handel mit gebrauchten Maschinen wird in der Regel als notwendiges Übel gesehen - auch wenn dies inzwischen einige Manager als wichtiger werdendes Marketinginstrument ansehen. Ein weiteres wichtiges Kriterium ist der Service vor Ort, der sich auf Reparaturen, Trouble-Shooting, vorbeugende Wartungsmaßnahmen, Trainingsmaßnahmen und Installationen bezieht. Der wichtigste Service ist die Lieferung von Ersatzteilen, weil dadurch die Produktivität von Unternehmen entscheidend beeinflußt werden kann. Ein Schlüsselwort der Branche ist inzwischen das Liefern von Gesamtlösungen. Dies erklärt die hohe Attraktivität von Turn Key-Verträgen, wo ein Projekt durch alle Stufen von der liefernden Firma begleitet wird. Konsequenterweise steigt auch der Kooperationsgrad zwischen Kunden und Herstellern. Der Kunde wünscht, daß der Hersteller die Maschineninstallation begleitet und die Maschine bedient, bis die volle Produktionshöhe erreicht ist. Je komplexer die Produktionsarchitektur des Kunden ausfällt, desto wichtiger werden die Beratungsfähigkeiten in Ergänzung zu dem Produkt. Turn Key-Kontrakte sind eine ausgezeichnete Möglichkeit, sich von Wettbewerbern zu differenzieren, zumal immer öfter neue Maschinen in komplexe Produktionssysteme integriert werden müssen.

Händler im amerikanischen Werkzeugmaschinenmarkt

Der amerikanische Werkzeugmaschinenmarkt ist stark händlerorientiert. Selbst die großen Werkzeugmaschinenhersteller vertreiben ihre Produkte über Händler. „Wenn man hier im Markt erfolgreich sein möchte, muß man eine enge Beziehung zum Kunden pflegen und möglichst viel Service um das Produkt herum bieten", beschreibt ein CEO eines großen Werkzeugmaschinenherstellers die Anforderungen des amerikanischen Marktes. Viele Werkzeugmaschinenhändler firmieren als Kapitalgesellschaften mit begrenzter Haftung. Die Größe der Händler schwankt hierbei stark. Es gibt etwa drei bis fünf große Händler, die eine Reihe von Filialen in verschiedenen Städten haben und einen jährlichen Umsatz zwischen 160 und 500 Mio. DM erzielen. Es gibt auch einige mittelgroße Händler mit Umsätzen zwischen 40 und 130 Mio. DM sowie zahlreiche kleinere Händler mit niedrigeren Umsätzen. Es gibt keinen einzigen Händler, der im gesamten Land präsent ist. Dadurch, daß ein Hersteller zahlreiche regionale Beziehungen unterhalten muß, besteht ein hohes Koordinations- und auch Trainingserfordernis. Im Durchschnitt beschäftigt ein einzelner Händler 30 bis 50 Mitarbeiter, von denen 15 bis 20 Verkäufer sind. Es gibt zwei verschiedene Gruppen von Händlern: High-Tech-Händler und Industriehändler. Während sich die Industriehändler mehr auf Volumensgeschäfte und standardisierte Maschinen konzentrieren, unterhalten die High-Tech-Händler alle eigene Schauräume mit High-Tech-Geräten. Händler mit spezialisierten Maschinen haben oftmals bis zu 15 Unternehmen in ihrem Angebot, um verschiedene Werkzeugmaschinensegmente abzudecken. Inzwischen beginnt man, sich auf einige ausgewählte Segmente zu konzentrieren. Die Händler von standardisierten Maschinen besitzen oftmals lediglich drei bis sechs verschiedene Hersteller in ihrem Programm. In der Regel benötigt ein Händler ca. vier bis fünf erfolgreiche Produktlinien, um ausreichend Geschäft machen zu können. Ein mittelgroßer Händler verkauft ungefähr drei bis vier Standardmaschinen pro Monat, während Mazak-Händler, die zu den größten in der Branche zählen, in der Regel 10 bis 15 Maschinen verkaufen. Ein Händler erhält ca. 10 % Marge im Bereich der Standardmaschinen und 15 % Marge im Bereich der Spezialmaschinen.

Je größer ein Händler ist, desto mehr Service kann er dem Kunden liefern und somit einen KKV sicherstellen. Aus Sicht europäischer Werkzeugmaschinenhersteller kann zwischen sogenannten „Dropship-Verkäufen" und klassischen „Händlerverkäufen" unterschieden werden. Dropship-Verkäufe sind Verkäufe über Agenten und wurden in der Vergangenheit oftmals von europäischen Firmen durchgeführt. Eine Maschine wurde hierbei nur verkauft, wenn der Käufer ausdrücklich diese Maschine wünschte. Die Händler stellten dann einen Kontakt zwischen Hersteller und Nutzer her und vereinnahmten eine Provision. Bei Dropship-Verkäufen spielt der Händler im weiteren Verlauf der Hersteller-Kunden-Beziehung keine Rolle. Bei Händlerverkäufen wird dagegen versucht, eine langfristige Beziehung durch das Angebot von kontinuierlichem Service aufzubauen. Die Beziehung zwischen dem Händler und dem Hersteller ist von der Größe einer einzelnen Partei abhängig. Während die Position großer Hersteller mit hohem Volumen sehr stark ist, haben kleine Hersteller oftmals Probleme, qualifizierte Händler zu finden.

AMTDA, die Vereinigung amerikanischer Werkzeugmaschinenhändler, hat die entscheidenden Erfolgskriterien für Händler und Hersteller in einer Studie untersucht. Aus Händlersicht gibt es drei entscheidende Faktoren für die Beziehung zum Hersteller. Erstens wird ein Händler unabhängig von der Höhe der Herstellerprovisionen niemals ein Produkt aufnehmen, welches sich nicht gut verkaufen läßt. Neue Produkte müssen zu der Gesamtstrategie des Händlers passen. Wachstumsmöglichkeiten werden vor allem innerhalb des bestehenden Kundenkreises gesehen. Das zweite entscheidende Kriterium ist somit ein „Fit" mit der bestehenden Produktpalette. Das bedeutet wiederum, daß neue Produktlinien zur Kompetenz des Händlers passen müssen. Drittens wird ein Händler nur Produkte akzeptieren, mit denen er sich auskennt. Händler wollen sich nicht besonders um ihre Kunden kümmern müssen. Sie wollen sich sicher sein, daß der Hersteller sie intensiv unterstützt. „Der Hersteller muß sich zu dem Markt bekennen. Sie müssen in den USA präsent sein. Das umfaßt die Lieferung von Ersatzteilen und die Unterstützung mit Services", fordert ein typischer Händler. Unterstützung heißt vor allem die Fähigkeit, dem Kunden Gesamtlösungen bieten und einen hervorragenden After Sales-Service mit einer exzellenten Reaktionszeit garantieren zu können.

Aus Herstellersicht ist es wichtig, daß ein Händler keine Konkurrenzprodukte in seinem Angebot hat. Im Gegenzug garantieren große Herstellerunternehmen Exklusivverkaufsrechte innerhalb eines Gebietes, um Wettbewerb zwischen verschiedenen Händlern zu vermeiden. Daneben spielen Kriterien wie die bestehende Kundenbasis des Händlers, die Service-Einrichtungen, die ergänzenden Produktlinien sowie die Bereitschaft des Händlers, sich mit der Maschine auseinanderzusetzen und seine technische Ausbildung zu erweitern, eine entscheidende Rolle im Prozeß der Händlerauswahl. Hersteller streben inzwischen danach, eine gewisse Stabilität in die Partnerschaft zu bringen, weil dies ihre Reputation erhöht. Ein Händler kann das Image eines Herstellers entscheidend beeinflussen. Trotzdem gibt es natürlich beständige Händlerwechsel in der Werkzeugmaschinenbranche.

Manche Händler neigen dazu, ihre Service-Palette auszuweiten, wenn sie vermuten, dadurch den Kunden besser binden zu können. Es gibt einen unterschiedlichen Grad an Dezentralisation für bestimmte Services. Während die Verwaltung von Ersatzteilen normalerweise zentralisiert ist, wird die Wartung oder auch die Anpassung von Maschinen manchmal schon von Händlern oder Tech-Centern übernommen. Dies hängt meistens von der Größe und der Service-Strategie der Gesellschaft ab. Den Herstellern ist durchaus bewußt, daß sie durch die Dezentralisierung kurzfristig Umsätze verlieren und zugleich abhängiger von Händlern werden. Einige frühere Händler von Lorand unterhalten beispielsweise eigene Service-Abteilungen. Im Gegensatz hierzu glaubt man von einigen Herstellern, daß sie daran interessiert sind, große Händler zu kaufen, um ihre eigene Expansion forcieren zu können.

Der Internationalisierungsprozeß von DWM in den USA

Gerade mittelständische Unternehmen haben oftmals Probleme mit ihrer Internationalisierung aufgrund des hohen Kapitalbedarfs. Anfang der 70er Jahre wurde der amerikanische Markt zwar von DWM als potentieller Markt angesehen, aber der Zugang zu verschiedenen europäischen Märkten wurde für leichter gehalten. Das Ausmaß der internationalen Expansion war eng begrenzt durch finanzielle Restriktionen. Es gab kaum ein europäisches Werkzeugmaschinenunternehmen, welches damals im Ausland Transplants errichtete, was die beste Möglichkeit zur Erschließung des US-Marktes war. Lediglich zwei deutsche Unternehmen haben diese Strategie verfolgt, wohingegen zehn japanische Firmen sich entschieden, Werkzeugmaschinen in den USA zu produzieren.

Für DWM kam diese Markteintrittsoption niemals in Frage. Statt dessen versuchte man, den Markt durch Kooperationen zu erschließen. 1975 startete man seine ersten Aktivitäten in den USA zusammen mit einem Hersteller namens Cosa. Diese Unternehmung hatte den Hauptsitz in Montvale, New Jersey, und arbeitete mit einer typischen Importeurstruktur, was bedeutete, daß die lokalen Händler von Cosa DWM-Produkte in ihren Katalogen anboten und Abschlüsse vornahmen. Die Maschinen wurden dann anschließend von DWM verschifft und in den USA beim Kunden aufgebaut. Cosa unterhielt mit 15 bis 20 europäischen Herstellern eine Beziehung, ohne ein einzelnes Unternehmen besonders zu unterstützen. Die einzige Möglichkeit, Maschinen zu verkaufen, bestand in der Möglichkeit einer aggressiven Preissetzung. Im Rahmen dieser Kooperation wurde nur eine geringe Anzahl von Maschinen verkauft. Ein Grund hierfür lag in der einseitig ausgerichteten Kundenstruktur von Cosa, die fast ausschließlich Kunden der Automobil- und Zulieferindustrie sowie der Landmaschinenindustrie enthielt. Außerdem wurde DWM durch die Händler nicht besonders unterstützt. Die Verkäufer hatten oftmals nicht das notwendige Know-how, um die Kunden angemessen zu beraten.

DWM hielt Ausschau nach einer neuen Partnerschaft und arbeitete ab 1982 mit der Händlergesellschaft Litton Industries, Mason, zusammen. Es gab eine Kapitalverflechtung zwischen DWM und Litton in Höhe von 10 %. Litton war mit der gut bekannten Herstellerfirma New Britain Tools, die in Hartford saß, verbunden. Einige Monate lang wurde die Möglichkeit einer Lizenzproduktion zwischen den Unternehmen diskutiert. Eine lokale Produktion von DWM-Maschinen hätte erheblicher Investitionen bedurft, um die Fabriken von New Britain Tools umzurüsten. Es bestanden damals Uneinigkeiten über die Aufteilung der Umrüstungskosten. Außer-

dem hätte eine langfristige Beziehung enormen weiteren Investitionsbedarf sowie
eine breit angelegte Produktprogrammbereinigung auf beiden Seiten erfordert.
Trotzdem war DWM sehr stark interessiert an dieser Beziehung. Wirtschaftliche und
finanzielle Schwierigkeiten von Litton Industries begrenzten dadurch allerdings
weitere Potentiale.

In der Zwischenzeit ging DWM eine weitere Kooperation mit der Firma Leblond
ein. Schnell wurde Einigung erzielt, Drehmaschinen unter der Lizenz von DWM zu
produzieren. Diese Kooperation bezog sich vor allem auf die Produktion, ohne hierbei Vertriebskräfte einzubinden. Nichtsdestotrotz wurden innerhalb der nächsten
fünf Jahre über 400 Maschinen produziert und verkauft. Anfang der 90er Jahre wurde Leblond von der japanischen Firma Makino übernommen, was dazu führte, daß
Makino auf einen Schlag den Vorteil eines herausragenden Händlernetzes nutzen
konnte.

Nach der fehlgeschlagenen Kooperation mit New Britain Machine Tools kam ein
Kontakt zwischen DWM und American Pfauter, Rockford, Illinois, Mitte der 80er
Jahre zustande. American Pfauter war die US-Tochtergesellschaft von Pfauter, einem traditionsreichen deutschen Werkzeugmaschinenunternehmen, welches auf die
Produktion von Verzahnungsmaschinen spezialisiert war. Für alle Problemstellungen
im Verzahnungsbereich bot Pfauters Produktpalette Lösungen. Die Kernkompetenz
von Pfauter bestand im Angebot von CNC-Maschinen für zylindrische Verzahnungen. Das Unternehmen war einer der wenigen deutschen Werkzeugmaschinenhersteller, welches einige Transplants in der Welt hatte und in den USA mit Direktinvestitionen engagiert war. Die US-Tochtergesellschaft war 1971 gegründet worden.
Mit einem Umsatz von 50 Mio. DM im Jahr 1985 zählte American Pfauter zu den
führenden Herstellern in dieser hochspezialisierten Marktnische. Der Umsatz der
Gesamtgruppe belief sich auf ungefähr 300 Mio. DM in 1987. Inzwischen sind die
Marktaktivitäten von Pfauter in Amerika die bedeutendsten für den gesamten Konzern. Innerhalb der letzten Jahre übernahm Pfauter einige amerikanische Firmen wie
z. B. Barber Kohlmann (1987), Cleveland Reamer (1993) und Illinois Tool Works
(1995). Der gesamte Konzernumsatz belief sich 1995 auf etwa 450 Mio. DM. Zunächst schien Pfauter mit seiner extrem guten Reputation und den nicht vorhandenen
Überschneidungen im Produktprogramm der ideale Partner zu sein. Die erste Eupho-
rie legte sich jedoch schnell. Das Hauptziel einer höheren Marktpenetration konnte
genausowenig erreicht werden wie mit den Unternehmen davor, obwohl beide Unternehmen High-Tech-Produkte mit Premiumqualität anboten. Der Grund lag darin,
daß Pfauter extrem spezialisierte Kundensegmente bediente. Die Maschinen wurden
lediglich 50 Kunden im gesamten US-Markt angeboten. Die meisten dieser Kunden
befanden sich unter den großen Unternehmen der Automobilzulieferindustrie. Die
Kundenstruktur wich somit erheblich von DWMs Kundenstruktur ab, welche vor
allem im Bereich mittelständischer Unternehmen zu finden war. Die Verkaufsakti-

vitäten brachten somit wenig Synergien. Selbst bei den bestehenden Unternehmen gab es keine Vorteile, da für den Einkauf von Drehmaschinen und Verzahnungsmaschinen oftmals unterschiedliche Einkäufer verantwortlich waren. DWM mußte folglich wiederum von vorne anfangen. Ähnlich wie während der Zusammenarbeit mit New Britain wurde in den Fabriken von Pfauter in Rockford für einige Jahre eine geringe Anzahl von Maschinen unter Lizenz produziert. Durch den Mangel an geeigneten Distributionskanälen blieb die Produktion allerdings immer auf einem unbefriedigenden Level. Als DWM merkte, daß auch mit Pfauter ein durchschlagender Markterfolg nicht realisiert werden konnte, wurden neue strategische Optionen für den US-Markt in Erwägung gezogen.

1993/94 startete DWMs US-Management, Gespräche mit der zweitgrößten amerikanischen Werkzeugmaschinenunternehmung, Cincinnati Milacron, zu führen. Milacron war auf der Suche nach einer Partnerschaft mit einem europäischen Unternehmen, wobei man eine Akquisition oder ein Joint Venture erwog. Beide Unternehmen bemühten sich intensiv darum, ein Abkommen zu schließen. Der Vertrag sollte Milacrons Möglichkeiten im europäischen Markt stärken, wo das Verkaufsnetz von DWM genutzt werden sollte, welches als das beste in Europa innerhalb der Branche galt. Die Marktpenetration von Milacron in Europa war bislang aufgrund von Zollbeschränkungen für Nicht-EU-Länder behindert worden. Im Gegenzug hätte von DWM das Händlernetz von Milacron genutzt werden können. Milacron hatte als Massenhersteller von Werkzeugmaschinen Schauräume in 36 Staaten und bot eines der am besten entwickelten Händlernetze. Zudem besaß Milacron eine ausgezeichnete Reputation im US-Markt. Zusätzlich gab es auch noch mögliche Synergien für den asiatischen Markt, wo Milacron eine starke Position innehielt. Aus DWMs Sicht war Cincinnati Milacron der ideale Partner, um die Internationalisierung stärker voranzutreiben und im amerikanischen Markt Fuß zu fassen. Neben einer Verkaufskooperation gab es auch Gerüchte, daß Milacron überlegte, 25 % der Anteile an DWM zu kaufen.

Die Verhandlungen gerieten ins Stocken, als DWM den fundamentalen Veränderungen in Deutschland ausgesetzt war. Zu Beginn der 90er Jahre hatte DWM eine Verkaufskooperation mit Tromax, einer mittelgroßen Werkzeugmaschinengesellschaft, geschlossen, welche auf Fräs- und Bohrmaschinen spezialisiert war. Diese Kooperation brachte eine Erweiterung der Produktpalette mit sich, was als KKV gesehen wurde. Darüber hinaus konnten die Stärken auf einzelnen Märkten kombiniert werden. DWM hatte beispielsweise eine herausragende Stellung im französischen Markt, während Tromax sehr gute Verbindungen im asiatischen Markt über die Repräsentanz in Singapur hatte. Diese Kooperation führte zu einer Gründung der Tromax-DWM-Vertriebsgesellschaft (Tromax-DWM), ein Joint Venture, an dem jedes Unternehmen 50 % Anteil hielt, welches die weltweiten Service- und Vertriebsaktivitäten für Tromax- und DWM-Produkte übernahm. Kurz bevor Tromax und dessen größter Wettbewerber in diesem Segment, Lorand, vor dem Konkurs standen, fusionierten beide unter dem Druck ihrer Banken. Aber auch die Verbindung Tromax/Lorand war nicht wettbewerbsfähig. Der drohende Konkurs von Tromax/Lorand hätte auch die Vertriebsgesellschaft, die inzwischen Tl-DWM hieß, betroffen, weil diese zu 50 % Tromax/Lorand gehörte. DWM hatte folglich keine andere Wahl, als Tromax/Lorand zu übernehmen. Auch diese Übernahme kam auf Druck der Banken und nicht zuletzt auch aufgrund der möglichen Folgen für die TL-DWM-Vertriebsgesellschaft zustande. Die TL-DWM-Vertriebsgesellschaft wurde eine 100 %ige Tochter von DWM. Diese Fusion beeinflußt natürlich auch DWMs Verkaufsstruktur. Durch die Fusion war die TL-DWM-Vertriebsgesellschaft nun für die Produkte von DWM, Tromax und Lorand verantwortlich (vgl. *Abb. DWM-2*).

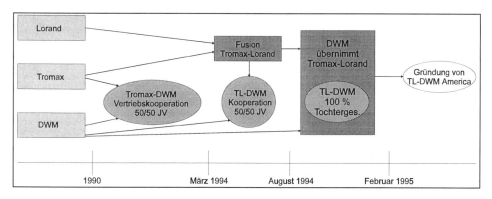

Abb. DWM-2: Entwicklung der Vertriebsorganisation von DWM

Die Übernahme beeinflußte die Verhandlungen mit Milacron. Während die Produktprogramme von DWM und Milacron perfekt zueinander gepaßt hätten, gab es Überschneidungen mit dem hinzugekommenen Tromax-Programm. Die horizontalen Bearbeitungszentren von Tromax waren so veraltet, daß die Gesellschaft begonnen hatte, neue Typen zu entwickeln und hierfür bereits Investitionen vorgenommen hatte. Genau diese Segmente hatten allerdings eine zentrale Bedeutung für Milacrons Markteintrittsstrategie für den europäischen Markt. Obwohl der Umfang dieser Maschinen - verglichen mit den Möglichkeiten im amerikanischen Markt - vernachlässigbar war, stoppten Tromax/Lorand-Manager die Verhandlungen. Innerhalb des DWM-Konzerns wurde lange darüber diskutiert, doch letztendlich konnte keine Lösung gefunden werden.

Nach den gescheiterten Verhandlungen wurden DWMs und Tromax/Lorands Verkaufsaktivitäten auf Synergien untersucht und die strategische Rolle der einzelnen Segmente bestimmt. DWM unterhielt immer noch eine Kooperation mit Pfauter, während Lorand und Tromax seit Anfang der 80er Jahre eigene Tochtergesellschaften in den USA hatten. Zunächst schloß man die Vertretung von Tromax in Amerika, weil die Lorand-Tochtergesellschaft eine bessere Stellung im amerikanischen Markt hatte. Eine intensive Diskussion begann, ob man die Kooperation mit Pfauter neu verhandeln oder eine eigene Tochtergesellschaft für den US-Markt gründen sollte. Aufgrund der gestiegenen Komplexität von drei früheren Einzelgesellschaften und den Erfahrungen mit den Milacron-Verhandlungen entschied man sich für die letztere Lösung.

Im Februar 1995 wurde TL-DWM America als 51 %ige Tochtergesellschaft von TL-DWM gegründet, an der Gital mit 49 % beteiligt war. Schließlich beendete man auch die Zusammenarbeit mit Pfauter im Juli 1995. Die gesamten Mitarbeiter von DWM zogen von Rockford nach Schaumburg, nordwestlich von Chicago, um. Dieser Standort wurde gewählt, weil in der Nähe von Chicago zahlreiche Werkzeugmaschinenhersteller sitzen als auch große Unternehmen wie beispielsweise Siemens, die als potentielle Kunden in Frage kommen.

TL-DWM America Strategie

Hauptvorteile der neu gegründeten TL-DWM America wurden darin gesehen, auf Basis einer bereinigten Produktpalette eine koordinierte Marketingstrategie zu verfolgen und zudem das gesamte Service-Personal zu konzentrieren. Die Strategie von TL-DWM sah vor, zunächst die Service-Infrastruktur zu gestalten und dann das Verkaufsteam auszuweiten. Service wurde als wichtigste Einflußgröße auf das Kaufverhalten und die Kundenzufriedenheit gesehen. 1996 arbeiten über 35 Angestellte für TL-DWM America, von denen 22 Mitarbeiter zur Service-Abteilung zählen, die ungefähr zwei Drittel der Fixkosten von TL-DWM America verursacht. Man schätzt die Umsätze für 1996 auf ca. 41 Mio. DM, wobei hiervon 25 % durch Service-Leistungen erzielt werden. Dies ist erheblich mehr als im Branchendurchschnitt, wo der Service-Anteil ungefähr bei 12 % liegt. TL-DWM America verstärkte seine Service-Leistungsfähigkeit durch das Angebot einer breiten Palette wie z. B. Maschinendemonstration, Training potentieller Kunden, Reparatur und Wartung. Zudem forcierte TL-DWM America ein Programm zur Beschleunigung der Lieferung von kritischen Ersatzteilen, um Zuverlässigkeit zu demonstrieren. TL-DWM America gibt eine Liefergarantie für den Folgetag auf alle Aufträge, die vor fünf Uhr nachmittags vom Kunden aufgegeben werden. Als zusätzliche Marketingmaßnahmen werden Finanzierungsprogramme sowie Sale- und Lease-Back-Programme für neue Maschinen angeboten. Außerdem wurde ein regionales Netz von erfahrenen und gut ausgebildeten Service-Kräften etabliert.

In einem ersten Schritt wurde versucht, die früheren Kunden im amerikanischen Markt von DWM, Tromax, Lorand sowie auch von Leblond und Gital zu sammeln. Dies war teilweise recht schwierig, weil Kundenlisten über Jahre nicht mehr aktualisiert worden waren oder gar nicht mehr existierten. Mit vielen Kunden hatte man seit Jahren keinen Kontakt mehr gehabt. Nach Schätzungen waren insgesamt über 1.200 CNC-Maschinen von den genannten Firmen innerhalb des letzten Jahrzehnts verkauft worden. Man wollte für diese Maschinen Service-Geschäfte akquirieren und interessantes Cross Selling-Potential nutzen. Unternehmen, die gute Erfahrungen mit Drehspindelmaschinen von Gital gemacht haben, könnten auch potentielle Käufer für Bearbeitungszentren sein. Die Strategie sah also vor, durch die Service-Bereitschaft für alte Maschinen neue Maschinen verkaufen zu können.

Die Neukundenakquisition von TL-DWM America sollte auf Basis einer intensiven Produktprogrammbereinigung erfolgen, weil ein Drittel der Produkte für zwei Drittel der Gesamtverluste verantwortlich war. Ausgeweitet wurde die Produktpalette im Lower End-Bereich, wo nun auch abgespeckte, nicht mehr overengineerte Maschinen zu wettbewerbsfähigen Preisen angeboten wurden. Diese Maschinen wurden als „Door Opener" gesehen, um in Kontakt mit denjenigen Firmen zu kommen, die bislang DWM-Maschinen aufgrund ihres Preises nicht in Erwägung gezogen hatten. DWMs Entwicklungsabteilung hatte analysiert, welche Bestandteile zwingend für eine effiziente Produktion notwendig waren und sich von den restlichen Funktionen getrennt. In der Folge konnte die Anzahl der Teile um über 40 % reduziert werden. Das Einstiegssegment konnte nun mit Preisen um 160.000 DM oder sogar niedriger angesprochen werden. Im Bereich der Drehmaschinen wurde die CT 200-Maschine in Südkorea durch die Firma Leadwell unter der Lizenz von DWM produziert. Im Segment der Bearbeitungszentren hatte der Preis von TL-DWM immer deutlich über 400.000 DM gelegen. Nun bot man eine geeignete Maschine (DMU 63V) an, die zu einem Preis von etwa 180.000 DM geliefert werden konnte. Dies war möglich geworden durch eine Vormontage zu 40 % in Polen und einer Endmontage in Deutschland. Verglichen mit den früheren Maschinen fiel die Marge bei diesen beiden neuen Maschinen deutlich geringer aus. Man hoffte, dies über Mengeneffekte ausgleichen zu können. Außerdem sollten bei diesen Maschinen durch After Sales-Dienstleistungen Erträge erzielt werden. Gegenüber Händlern bot sie den Vorteil, wenig Verkaufsaufwand bei gleichzeitig niedrigem Technik-Know-how zu erfordern.

Die Distributionsstrategie von TL-DWM America

TL-DWM America weist eine dreistufige Verkaufsstruktur auf. Je nach Komplexität des Verkaufsprozesses sind Händler, die Tochtergesellschaft und/oder Vertriebsingenieure involviert. Prinzipiell ist TL-DWM America verantwortlich für den gesamten US-Markt. Bei Großprojekten und kundenindividuellem Anpassungsbedarf gibt es Unterstützung durch hochqualifizierte Vertriebsingenieure, welche fallweise aus Deutschland einfliegen. Insgesamt beschäftigt DWM 10 Vertriebsingenieure, wobei nur einer für den US-Markt zuständig ist. Aufgrund ihres hohen Gehalts und der mit den Reisetätigkeiten verbundenen Kosten sind Vertriebsingenieure relativ teuer. Im Gegensatz zu Europa gibt es im US-Vertriebsnetzwerk eine dritte Dimension: Die Händler von TL-DWM erhalten 15 % Marge auf die verkauften Produkte. Unabhängig von der Tatsache, daß DWM es sich als mittelständisches Unternehmen kaum leisten kann, ein Netz mit Exklusivhändlern in einem Markt mit der Größe der USA unterhalten zu können, besteht der Zwang, die Strategien der großen Wettbewerber zu adaptieren. In Europa bestand DWMs Strategie immer darin, eigene Verkaufskräfte zu unterhalten, die zahlreiche Vorteile boten. Ein direktes Verkaufssystem ermöglicht DWM, die Vertriebskräfte zu kontrollieren und zusätzliche Kundeninformationen zu erhalten. Ein weiterer Grund besteht in der Komplexität der DWM-Produkte. Die Ausbildung von Vertriebskräften galt immer als Schlüsselerfolgsfaktor für DWM im Markt. Im großflächigen US-Markt konnte dieser Vertriebsweg dagegen nicht gewählt werden. Deswegen mußte DWM - genauso wie vorher auch Lorand und Tromax - immer mit Händlern kooperieren. Dies führte zu einem ausgesprochen heterogenen Händlernetz innerhalb der USA. In den letzten zwei Jahren hatte es ständige Wechsel innerhalb des Händlernetzes gegeben, ohne hierbei eine Strategie zu verfolgen. Eine Zusammenarbeit mit einzelnen Händlern erfolgte mehr oder weniger zufallsbasiert. Als TL-DWM America seine Geschäftsaktivitäten startete, sah es sich folgenden regionalen Clustern ausgesetzt (vgl. *Anhang 10*):

- Staaten, in denen Händler nur DWM-(Dreh-)maschinen verkauften,

- Staaten mit Händlern aus der früheren Tromax/Lorand-Kooperation, die nur Fräs- und Bohrmaschinen verkauften,

- Staaten, in denen das gesamte Produktprogramm aus Dreh-, Fräs- und Bohrmaschinen angeboten wurde, und schließlich

- Staaten, in denen ein Händler das Tromax/Lorand-Programm und andere Händler das DWM-Programm anboten.

Beispielsweise haben die Händler für Tromax/Lorand-Produkte in Kalifornien beispielsweise haben gleichzeitig die Drehmaschinen der japanischen Firma Okuma im Programm, welche aber ein Hauptwettbewerber von DWM ist. Weil diese Konstellation zu hohen Koordinationsanforderungen an das Marketing von TL-DWM America führte, hielt der DWM-Konzernvorstand die Restrukturierung des Händlernetzes für einen entscheidenden Erfolgsfaktor für die Zukunft. Um den Wettbewerbsvorteil einer kompletten Produktpalette vollständig nutzen zu können, wäre es notwendig, hierfür entsprechende Händler zu finden. Eine weitere strategische Fragestellung für TL-DWM war die Händlerpräsenz in einzelnen Staaten. Von Milacron war bekannt, daß sich die Händler auf Schlüsselregionen konzentrierten (36 Staaten). 50 % des

Umsatzes wurde hierbei in lediglich 8 Staaten erzielt. DWM analysierte daraufhin seinen Kundenanteil pro Staat und nutzte Statistiken des AMT, um die Attraktivität einzelner Regionen zu bewerten. Es stellte sich heraus, daß Illinois bei weitem der attraktivste Staat mit über 600 potentiellen Kunden war. Der Nachbarstaat Wisconsin galt ebenso als ziemlich attraktiv. Demzufolge modifizierte DWM seine Vertriebsstrategie am Anfang nur leicht. Nachdem die Händler für Illinois und Wisconsin innerhalb der letzten 15 Monate lediglich eine Maschine verkauft hatten, trennte sich TL-DWM America von diesen, was innerhalb von zwei Monaten vollzogen werden konnte. TL-DWM stellte vier zusätzliche Vertriebsingenieure neu ein, um in diesen beiden Staaten direkte Verkaufsaktivitäten vorzunehmen. Man rechnete dabei mit ersten Abschlüssen nach sechs Monaten. Diese direkte Verkaufsstrategie in Illinois und Wisconsin war von DWM lediglich als allererster Schritt gedacht und wurde nicht als langfristige abschließende Lösung für den gesamten Markt angesehen. Um die zukünftige Vertriebsstruktur zu planen, wurden einige Annahmen getroffen. Für jeden Staat, in dem man seine bestehende Vertriebsstrategie ändern wollte, mußte man mit Kosten von 130.000 DM rechnen. Die Kosten für eine Direktvertriebsstrategie ergeben sich aus dem Gehalt eines Verkäufers (geschätzt: 100.000 DM p.a.), einer Sekretärin auf Halbtagsbasis (35.000 DM pro Jahr), Reisespesen (40.000 DM p.a.), einem Büro (40.000 DM p.a.) sowie einem Marketingbudget (50.000 DM p.a.). Man schätzte die Kostensteigerungen auf 7 % pro Jahr. Für jeden Staat würde man mindestens zwei Verkäufer benötigen. Für den Staat Illinois fallen lediglich die Kosten für die Verkäufer, die Reisekosten sowie das Marketingbudget an. Je nach Attraktivität des einzelnen Staates schätzte man grob die möglichen Umsätze für die nächsten drei Jahre.

Staat	Umsätze im ersten Jahr (in Mio. DM)	Steigerung im 2. Jahr (in %)	Steigerung im 3. Jahr (in %)
A	1,45	42	16
B	0,9	38	18
C	0,5	31	10

Tab. DWM-2: Umsatzerwartungen für verschiedene Bundesstaaten

Entsprechend der Attraktivität einer Region und der durch einen Händler angebotenen Produktpalette wurden die folgenden Jahresumsätze mit der bestehenden Händlerstruktur geschätzt (vgl. *Anhang 10*). Man vermutet die höchsten Umsätze in Staaten mit Händlern, die die gesamte TL-DWM-Palette anbieten. In Staaten mit getrennten Händlern für die TL-Produktpalette und die DWM-Produktpalette fallen die Umsätze geringfügig höher aus als die Summe von den jeweils einzelnen Händlern.

Dies liegt daran, daß bei dieser Konstellation eine höhere Marktpenetration unterstellt wird.

Staat	TL-DWM-Palette (in Mio. DM)	TL-Palette (in Mio. DM)	DWM-Palette (in Mio. DM)	getrennte Händler für TL-Palette und DWM-Palette (in Mio. DM)
A	1,15	0,55	0,4	1,0
B	0,8	0,4	0,2	0,7
C	0,4	0,2	0,1	0,35

Tab. DWM-3: Produktpaletten verschiedener Vertriebskanäle

Zukünftige Strategie

Innerhalb der nächsten drei folgenden Jahre will TL-DWM America jährliche Umsätze in Höhe von 70 bis 80 Mio. DM erzielen. Der Konzernvorstand setzte ein Strategietreffen mit zwei leitenden Managern von TL-DWM America an. Neben Fragen zur Reorganisation des Händlernetzes fragte der CEO von DWM seine Kollegen nach Vorschlägen für die zukünftige Marketingstrategie und einzelne Marketingmaßnahmen.

Das Treffen begann mit einem kurzen Bericht von Tom Kratzman, dem Präsidenten von TL-DWM America. Er zeigte auf, daß die Anstrengungen, einen neuen Kunden zu gewinnen, zehnmal höher ausfallen als die Anstrengungen, einen bestehenden zu halten. Außerdem zeigte er auf, daß man mit zufriedenen Kunden von Jahr zu Jahr steigende Gewinne erzielen kann, wobei der Kundenwert hierbei überproportional wächst. Daher war er dafür, sofortige Maßnahmen einzuleiten, um bestehende Kunden zu binden. Der wichtigste Service für die Kunden in der After Sales-Phase liegt in einer guten Alltagsunterstützung. Die im US-Markt verkauften Maschinen sind sehr unterschiedlich; und die Verkäufe können den verschiedenen Phasen von DWM und Tromax/Lorand zugeordnet werden.

„Um die Beziehung zum Kunden zu verbessern, sollte man neben der großen IMTS-Messe auch an den jährlichen regionalen Handelsmessen regelmäßig teilnehmen", forderte Mark Egelhoff, VP für Marketing von TL-DWM America. Obwohl Handelsmessen relativ intensiv vorausgeplant werden müssen, sind sie ein vergleichsweise günstiges Marketing-Instrument. Die regionalen Messen sind oftmals mehr für Händler als für Hersteller geeignet. Händler zahlen einen gewissen Anteil an der Standmiete, welche zusätzlich durch den Hersteller subventioniert wird. Außerdem kommt die Herstellerfirma für das An- und Abliefern von Demonstrationsmaschinen auf. Egelhoff betonte, daß regionale Verkaufsmessen eine exzellente Gelegenheit bieten, die Wettbewerbsfähigkeit der Produkte und die Nähe zu potentiellen Kunden zu demonstrieren.

Der Chef von TL-DWM-weltweit, Francois Duchamp, schlug vor, unmittelbar mit der Neukundenakquisition zu beginnen. Er führte aus, daß es aus seiner Sicht unmöglich wäre, für die vorhandene Anzahl von Kunden entsprechenden Service bieten zu können. Statt dessen sollten die großen Unternehmen mit Heimatsitz in Europa, die in den USA Fertigungsstätten besitzen, als Zielgruppe angegangen werden. Mit Hilfe von Referenzprojekten in Europa hätte man eine größere Möglichkeit für zukünftige Verkäufe als bei amerikanischen Unternehmen, wo man oftmals nach der Vorauswahl nicht mehr berücksichtigt wird. Duchamp präsentierte eine Liste mit Unternehmen, die man über ihren europäischen Konzernhauptsitz kontaktieren sollte. Außerdem sollten die Anfragen der IMTS-Messe als Basis für intensive Kundenakquisitionen genutzt werden. Schließlich präsentierte er auch eine Studie einer Unternehmensberatung, welche die Bedeutung unterschiedlicher Kommunikationsmaßnahmen in der Werkzeugmaschinenindustrie untersucht hatte. Ungefähr 300 deutsche und amerikanische Unternehmen haben 18 verschiedene Maßnahmen bewertet (vgl. *Anhang 11*). Die Bedeutung einzelner Aktivitäten im Marketing-Mix unterscheidet sich hierbei erheblich zwischen Deutschland und den USA. Die Resultate dieser Untersuchung sollten in der Diskussion über die zukünftige Strategie berücksichtigt werden.

Das für das Ressort Technik verantwortliche Vorstandsmitglied, Klaus-Peter Siebert, betonte, daß seiner Meinung nach der entscheidende Erfolgsfaktor die Produktpolitik bleibe. Speziell für den amerikanischen Markt sollten neue Maschinen entwickelt und vermarktet werden. Er favorisierte ein gerade neu entwickeltes Nischenprodukt, welches eine Komplettbearbeitung über eine CNC-Produktion ermöglicht. Dieses Produkt könnte nicht über den Preis, sondern über die Produktivitätssteigerungen verkauft werden, womit die Preisdifferenz zu den asiatischen Produkten neutralisiert werden könne. Die technische Kompetenz sollte den Kunden effektiver während der Angebotsphase demonstriert werden, was oftmals sehr schwerfällt, weil nicht jeder Händler Maschinen in seinen Schauräumen besitzt. Würden diese Demonstrationen nicht mehr nur allgemein, sondern kundenindividuell gestaltet werden können, gäbe es keine Notwendigkeit, auf regionalen Messen vertreten zu sein. Seiner Meinung nach war das unzureichende Know-how bei einigen Maschinen ein großes Manko. Daher sollten intensive Trainingsmaßnahmen für Händler gestartet werden.

Auf Basis dieser Vorschläge fragte der CEO seine Kollegen, Schlüsse und Prioritäten zur Entwicklung einer Strategie zu ziehen.

Aufgabenstellung zu DWM

(1) Analysieren Sie die augenblickliche Situation von DWM bezüglich der Pläne für den US-Markt! Diskutieren Sie hierbei zunächst die Attraktivität des amerikanischen Werkzeugmaschinenmarktes. Berücksichtigen Sie im folgenden die Key Issues zu den Wettbewerbern, Kunden und Händlern als auch zu DWM.

(2) Welche grundsätzlichen Markteintrittsstrategien können im Rahmen des „Going International" gewählt werden? Diskutieren Sie unter Berücksichtigung der Chancen- und Risikopotentiale, welche dieser Möglichkeiten für DWM in Frage kommen bzw. in der Vergangenheit gewählt worden sind. Ziehen Sie in Ihre Überlegungen auch das Scheitern der früheren Aktivitäten mit Kooperationspartnern ein. Was waren die grundsätzlichen Probleme von DWM im Rahmen der Joint Ventures?

(3) Diskutieren Sie die grundsätzlichen Optionen von TL-DWM America, wie sie im Vorstandstreffen gegeben werden.

(4) Beurteilen Sie die bestehende Händlerstruktur von TL-DWM America. Wie würden Sie die Strategie, Vertriebskräfte zusätzlich hinzuzufügen, bewerten? Berücksichtigen Sie hierbei die grundsätzlichen Vor- und Nachteile einer direkten bzw. indirekten Verkaufsstrategie für Werkzeugmaschinen. Versuchen Sie, die Optionen dieser verschiedenen Verkaufsstrategien auf Basis der in der Fallstudie gegebenen Informationen zu bewerten. Was wäre demnach das optimale Distributions-Mix für die unterschiedlichen Staaten auf Basis der gegebenen Zahlen? Diskutieren Sie Ihre Ergebnisse. Berücksichtigen Sie auch die möglichen Auswirkungen einer Misch-Strategie.

(5) Sehen Sie langfristig irgendwelche anderen Möglichkeiten für TL-DWM America? Können Sie sich grundsätzlich andere Alternativen vorstellen?

Anhang zu DWM

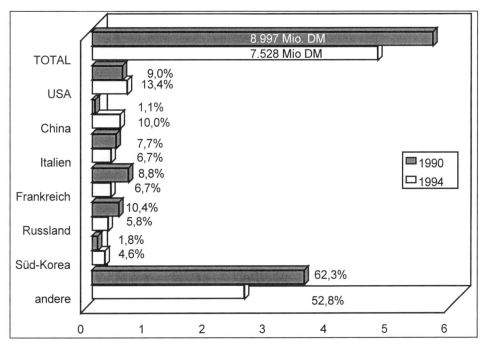

Anhang 1: Wichtigste Exportländer für die deutsche Werkzeugmaschinenindustrie 1990 - 1994
in Mio. DM, Exporte insg. 1994: 7.526 Mio. DM

Bei **metallformenden** WZM gibt es folgende Produktionstechnologien:

Schmiedemaschine: bringen ein Arbeitsstück durch einen einzelnen oder mehrere Stöße in die gewünscht Form.

Biegemaschine: verbiegen Arbeitsmaterial, welches die Form einer Platte oder Röhre hat.

Pressmaschine: Maschinen mit einem festen Bett und einem beweglichen Schleifer, der durch eine ausgesteuerte senkrechte Auf- und Abwärtsbewegung ein Arbeitsstück verformen kann.

Stanzmaschine: stanzt Löcher in Arbeitsmaterial.

Die wichtigsten Technologien im Bereich **metallschneidender** Maschinen sind:

Feinbohrmaschine: werden benutzt, um Löcher zu vergrößern, auszuformen oder feinzubohren, die druch eine Bohrmaschine angebracht worden sind. Ein sich drehendes Schneidewerkzeug bearbeitet ein befestigtes Arbeitsstück.

Fräsmaschine: entfernen Material von einem befestigten Arbeitsstück durch ein sich drehendes Schneidewerkzeug.

Bohrmaschine: bohren Löcher in ein befestigtes Arbeitsstück durch ein sich drehendes Werkzeug.

Verzahnungsmaschine: eine spezielle Fräsmaschine, welche Verzahnungen in ein zylindrisch geformtes Arbeitsstück formt.

Schleifmaschine: entfernt Material von einem Arbeitsstück durch ein Schleifrad.

Drehmaschine: halten ein Schneidewerkzeug gegen ein sich drehendes Arbeitsstück wodurch Material entfernt wird. Die Achse, die das Arbeitsstück befestigt kann entweder horizontal oder vertikal gelagert sein. Die sich drehende Achse kann entweder ein oder mehrspindelig ausfallen, was die Anzahl der möglichen beabeitbaren Einzelteile erhöht.

Anhang 2: Beschreibung verschiedener Bearbeitungstechniken in der Wekzeugmaschinenindustrie

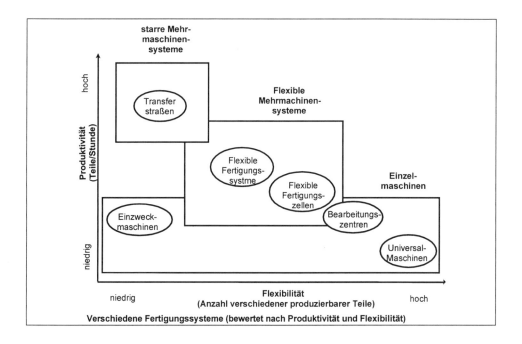

Anhang 3: Verschiedene Fertigungssysteme

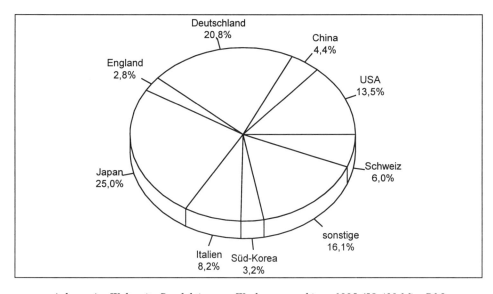

Anhang 4a: Weltweite Produktion von Werkzeugmaschinen 1995 (58.400 Mio. DM)

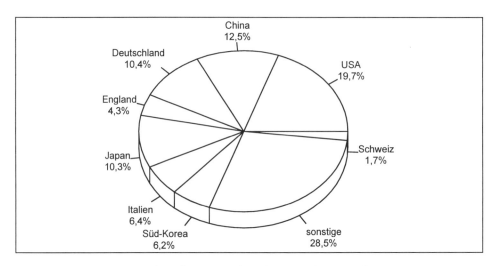

Anhang 4b: Weltweiter Verbrauch von Werkzeugmaschinen
nach Ländern 1994 (insg. 42.430 Mio. DM)

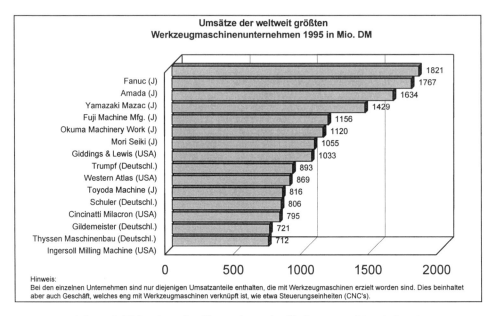

Anhang 5: Weltweit größte Unternehmen der Werkzeugmaschinenindustrie

Marktvolumen der
Wekzeugmaschinensegmente in Mio. DM

Segmente	US-Verbrauch 1994	in %	US-Importe 1994	in %	Produktion Deutschland 1994	in %
Werkzeugmaschinen insg.	8368	100	4214	100	8517	100
Metallschneidende Maschinen	5798	69,3	3309	78,5	5581	65,5
Transfermaschinen	486	5,8	99	2,4	635	7,5
Bearbeitungszentren	1614	19,3	821	19,5	832	9,8
Drehmaschinen	1411	16,9	952	22,6	1115	13,1
Bohrmaschinen	350	4,2	144	3,4	213	2,5
Fräsmaschinen	256	3,1	114	2,7	542	6,4
Schleifmaschinen	846	10,1	426	10,1	1002	11,8
Verzahnungsmaschinen	206	2,5	96	2,3	302	3,6
sonstige	627	7,5	658	15,6	939	11
Metallformende Maschinen Total	2570	30,7	906	21,5	2936	34,5

Anhang 6: Marktvolumen von Werkzeugmaschinensegmenten

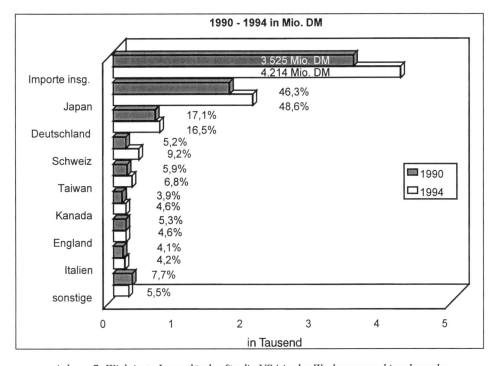

Anhang 7: Wichtigste Importländer für die USA in der Werkzeugmaschinenbranche

Marktvolumen der DMG-Segmente in den USA 1990-1994 in Mio. DM

	1990	1991	1992	1993	1994	Entwicklung 90-94 in %
Weltweiter Verbrauch	**56520**	**61994**	**49787**	**42584**	**42430**	**-24,9**
Verbrauch USA	7434,0	6715	5933	6962	8368	12,6
Produktion USA	5450	4997	4832	5067	5922	8,7
Verbrauch Metallschneidende Machinen	**5538**	**4997**	**4310**	**4968**	**5798**	**4,7**
Drehmaschinen insg.	907	825	766	949	1239	36,6
Horizontale Drehmaschinen	782	679	659	840	1163	48,7
Vertikale Drehmaschinen	125	147,0	107,0	109,0	77,0	-38,9
Bearbeitungszentren	1248,0	985	1095	1278	1615	29,3
Fräsmaschinen	417	381	364	368	256	-38,6
Bohrmaschinen	368	265	272	232	349	-5
Marktpotential für DMG America	**2940**	**2457**	**2496**	**2827**	**3459**	**17,7**

Anhang 8: Marktvolumen der Segmente von DMG America

Staat	Verkaufs-umsätze	Prozent	Attraktivität	Staat	Verkaufs-umsätze	Prozent	Attraktivität
Alaska	10,9	0,21	D	Nebraska	42,4	0,81	C
Alabama	39,8	0,76	C	Nevada	32,6	0,62	C
Arizona	99,7	1,91	B	New Hampshire	86,8	1,66	B
Arkansas	27,9	0,53	C	New Jersey	129,7	2,48	B
California	445,5	8,52	A	New Mexico	99,2	1,90	B
Colorado	84,2	1,61	B	New York State	200,0	3,82	A
Connecticut	197,4	3,77	A	North Carolina	111,6	2,13	B
Delaware	110,1	2,10	B	North Dakota	33,6	0,64	C
Florida	59,4	1,14	C	Ohio	200,0	3,82	A
Georgia	135,9	2,60	B	Oklahoma	94,1	1,80	B
Hawaii	4,7	0,09	D	Oregon	26,9	0,51	C
Idaho	41,9	0,80	C	Pennsylvania	166,4	3,18	A
Illinois	455,8	8,72	A	Richmond	78,6	1,50	B
Indiana	160,7	3,07	A	South Carolina	88,9	1,70	B
Iowa	51,7	0,99	C	South Dakota	41,3	0,79	C
Kansas	92,5	1,77	B	Tennessee	92,0	1,76	B
Kentucky	54,3	1,04	C	Texas	197,4	3,77	A
Louisiana	98,7	1,89	B	Utah	68,7	1,31	C
Maine	42,9	0,82	C	Vermont	66,7	1,27	C
Maryland	88,9	1,70	B	Virginia	91,5	1,75	B
Massachusetts	113,2	2,16	B	Washington	57,9	1,11	C
Michigan	302,3	5,78	B	West Virginia	67,7	1,29	C
Minnesota	109,6	2,09	B	Wisconsin	191,2	3,66	A
Missouri	81,7	1,56	B	Wyoming	30,0	0,57	C
Montana	25,3	0,48	C	**Insgesamt**	**5230**	**100,00**	

Anhang 9: Verkäufe nach Staat, USA 1993

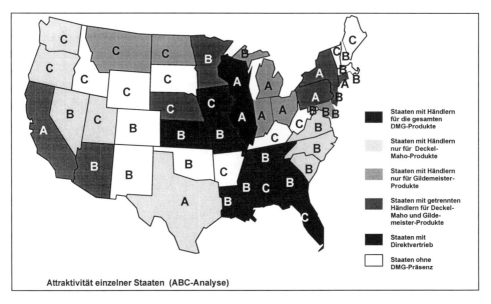

Anhang 11: DMG America's Händlernetz

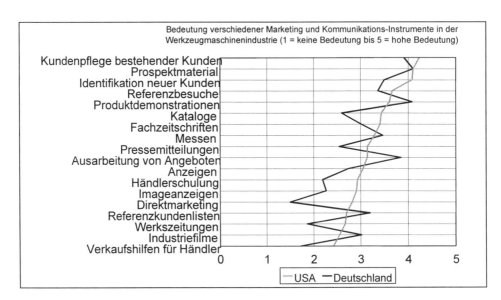

*Anhang 12: Bedeutung verschiedener Marketingaktivitäten im deutschen und
amerikanischen Werkzeugmaschinenmarkt*

D. Koordinationsentscheidungen im Internationalen Marketing: „Being International"

1. Koordinationsprobleme im Internationalen Marketing

1.1 Ziele der Koordination im Internationalen Marketing

Die Bearbeitung ausländischer Märkte zieht das Problem der Koordination nationaler Marketingaktivitäten nach sich, wenn die bearbeiteten Ländermärkte interdependent sind und somit nachfrager- und/oder anbieterbezogene Rückkopplungen aufweisen (vgl. Kap. B 2.3). Dieser Zusammenhang ist kennzeichnend für *internationale Entscheidungsprobleme*, bei denen die *gegenseitige Abstimmung* marktbezogener Entscheidungen im Vordergrund steht. Liegen keine interdependenten Ländermärkte vor, ergeben sich auf den Ländermärkten voneinander isolierbare nationale Entscheidungsprobleme, die nicht im Zusammenhang zueinander stehen.

Die Interdependenz von Ländermärkten erzeugt dann Koordinationsbedarf, wenn die gegenseitige Abstimmung der länderspezifischen Marktbearbeitung höhere Gewinne als die unkoordinierte Marktbearbeitung entstehen läßt. Entscheidend ist hierbei eine auf das Gesamtunternehmen gerichtete Perspektive. So kann das Ergreifen von Koordinationsmaßnahmen dazu führen, daß auf einzelnen Ländermärkten geringere Erträge erwirtschaftet werden. Die Vernachlässigung länderspezifischer Optima ist jedoch kennzeichnend für eine Managementperspektive, die auf die *inter*nationalen Zusammenhänge gerichtet ist.

> *Hermanns* und *Wißmeier* sprechen in diesem Zusammenhang von einer „Weltmarktkonzeption", die erforderlich ist, „um über integrierte Ansätze eine Optimierung der Unternehmensaktivitäten auf den Absatzmärkten zu erreichen" (*Hermanns/Wißmeier*, 1995, S. 476). Weltmarktkonzepte beziehen sich demnach auf die Gesamtheit aller in- und ausländischen Absatzmärkte und entwickeln für diese ein Orientierungssystem im Sinne langfristiger Marketingziele, -strategien und -maßnahmen. Zentrales Merkmal einer solchen Konzeption ist das Denken in Gesamtoptima, das sich von länderspezifischen Optimallösungen löst und gesamtunternehmensbezogen ausgerichtet ist. Weitere Kennzeichen der Weltmarktkonzeption sind (vgl. *Hermanns/Wißmeier*, 1995)
>
> - die Gesamtbetrachtung des in- und ausländischen Unternehmensengagements,
>
> - die Förderung des Denkens und Handelns in Gesamtzusammenhängen und
>
> - eine systematische Analyse und Planung nationaler und internationaler strategischer Marketingentscheidungen im Verbund.

Hermanns und *Wißmeier* unterstreichen, daß diese Konzeption mit dem weltweit einheitlichen, standardisierten Marktauftritt eines „global players" nicht zu verwechseln ist (vgl. zur global player-Konzeption *Meffert/Bolz*, 1998). Eine globale Ausrichtung beschreibt mit der weltweiten Standardisierung des Marktauftritts bereits das *Ergebnis* einer ländermarktübergreifenden Marketingplanung. Ein am Weltmarkt ausgerichtetes Marketing-Denken ist zunächst jedoch nur ein Planungs*ansatz*, der aufgrund der Interdependenzen zwischen den Ländermärkten, die länderspezifische Optima im Gesamtzusammenhang suboptimal werden lassen, die Notwendigkeit einer ländermarktübergreifenden Planung betont. Das Ergebnis eines solchermaßen global ausgerichteten Planungsansatzes *kann* die weltweite Standardisierung der nationalen Marktauftritte sein, wenn - und nur wenn - auf diese Weise das Gewinnmaximum erreicht wird.

Als Ergebnis einer Koordination der Marktbearbeitung - sofern diese notwendig ist - kann sich eine Verringerung des Differenzierungsgrades ergeben; die Koordination muß aber nicht automatisch in eine Standardisierung des Marktauftritts münden. Statt dessen gilt es, im Rahmen der Koordination den vor dem Hintergrund des Interdependenzgrades der Ländermärkte (als Ergebnis nachfrager- und anbieterbezogener Rückkopplungen) und der Unternehmensziele *optimalen Differenzierungs-* bzw. *Standardisierungsgrad der Marktbearbeitung* zu identifizieren. Dieser optimale Standardisierungs- bzw. Differenzierungsgrad ist stets Ergebnis eines ökonomischen Kalküls, das auf den Kosten- und Erlöswirkungen einer Anpassung von Leistungen an nationale oder regionale Präferenzen der Nachfrager aufsetzt (vgl. Kap. D 2.3.1.1). Allgemein und auf den Kern dieses Kalküls reduziert ist Differenzierung nur dann sinnvoll, wenn den zusätzlichen Kosten der Differenzierung angemessene zusätzliche Erlöse gegenüberstehen.

Das maßgebliche Kriterium für die Notwendigkeit eines koordinierten Marktauftritts sind - bei konsequenter Ausrichtung des Unternehmens am erzielten Gewinn - die *Ergebnisauswirkungen* der Koordination. Steigt der unternehmensübergreifende Gesamtgewinn als Folge der gegenseitigen marktlichen Abstimmung, sind Koordinationsmaßnahmen sinnvoll. Ergibt sich aus der Koordination der nationalen Marketingaktivitäten kein positiver Beitrag zum Gesamtergebnis, kann isoliert gehandelt werden. In diesem Fall maximiert ein Anbieter den Gesamtgewinn, wenn die nationalen Gewinne optimiert werden. Bestimmt werden die Ergebnisauswirkungen der Koordination vom Interdependenzgrad der bearbeiteten Ländermärkte. Je höher dieser ist, desto größer sind die Gewinnpotentiale der Koordination.

Der erzielbare *Koordinationsgewinn* stellt demnach den Unterschied zwischen der Gewinnsituation bei isolierter Bearbeitung der Ländermärkte und der Gewinnsituation bei optimal abgestimmter Marktbearbeitung als Ergebnis der ergriffenen Koordinationsmaßnahmen dar. Dabei treten *Koordinationskosten* auf, die sich u. a. auf die lokalen Gewinneinbußen - aufgrund einer suboptimalen Bearbeitung einzelner Ländermärkte - als Ergebnis der Koordination beziehen. Das Abweichen von länderspezifischen Optima ist unweigerlich mit einem länderspezifischen Ergebnisrückgang verbunden. Diese Einbußen lassen sich als Kosten des koordinierenden Eingriffs auf den betroffenen Ländermärkten verstehen. Die *Koordinationserlöse* liegen demgegenüber in zusätzlichen Gewinnen, die durch eine Reduzierung von Arbitrageprozessen (nachfragerbezogene Rückkopplung) oder - aufgrund eines höheren Standardisierungsgrades der Marktbearbeitung - Kosteneinsparungen (anbieterbezogene Rückkopplung) realisiert werden können.

1.2 Koordinationsprobleme im Internationalen Marketing und Dynamik von Ländermärkten

Vor diesem Hintergrund ist zu fragen, welche Faktoren auf das Koordinationsproblem im Internationalen Marketing Einfluß nehmen. Hierbei geht es um die Frage, unter welchen Bedingungen welche Abstimmungsprobleme in Inhalt und Ausmaß entstehen. Entscheidend ist in diesem Zusammenhang die *Dynamik der Ländermärkte* als Auslöser kontinuierlicher Koordinationsprobleme für das Internationale Marketing (vgl. zur Bedeutung der Dynamik im nationalen Marketingverständnis *Sabel/Weiser*, 1998). Nur wenn sich der Interdependenzgrad zwischen den bearbeiteten Ländermärkten verändert, ergibt sich im Internationalen Marketing ein kontinuierliches Koordinationsproblem. Unter statischen Bedingungen ist lediglich ein einmaliger Abstimmungsvorgang der nationalen Marketingaktivitäten erforderlich. Verändert sich hingegen die Intensität der Rückkopplungen zwischen den Ländermärkten, ergibt sich ein erneuter Abstimmungsbedarf. Insofern ist vor allem die rückkopplungsrelevante Dynamik von Ländermärkten für grenzüberschreitend tätige Unternehmen der entscheidende Auslöser für kontinuierliche Koordinationsprobleme. Es lassen sich dabei verschiedene Ebenen koordinationsrelevanter Marktveränderungen unterscheiden (vgl. *Abb. D-1*).

Koordinationsrelevante Veränderungen von Ländermärkten liegen - indirekt - in ihren institutionellen Rahmenbedingungen oder - unmittelbar - in Veränderungen der Markttransaktionspartner und ihrer Beziehungen zueinander begründet. Beide Ebenen werden im folgenden näher betrachtet.

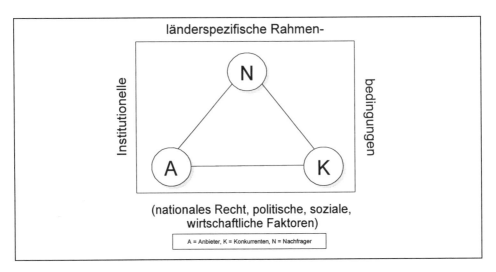

Abb. D-1: Ebenen der Marktdynamik

1.2.1 Veränderungen institutioneller Rahmenbedingungen

Die institutionellen Rahmenbedingungen der Marktbearbeitung sind einem z. T. schnellen und auch drastischen Wandel ausgesetzt. Veränderungen von Elementen wie marketingrelevantes Recht, politische, soziale oder wirtschaftliche Faktoren führen dabei zu neuen „Spielregeln", die den Wettbewerb verändern. Für Interdependenzen zwischen Ländermärkten ist von besonderer Bedeutung, ob sich diese Veränderungen nur auf einzelne Ländermärkte (länderspezifische Veränderungen) oder aber auf mehrere Ländermärkte gleichzeitig (länderübergreifende Veränderungen) beziehen.

Länderspezifische Veränderungen haben immer die Prüfung der Frage zur Folge, ob hieraus tatsächlich ein Koordinationsproblem im Sinne eines grenzüberschreitenden Abstimmungsproblems erwächst. Hierzu müssen Veränderungen auf einzelnen Ländermärkten Rückwirkungen für den Marktauftritt auf anderen Ländermärkten erzeugen. Beide Möglichkeiten sind denkbar, wie die folgenden Beispiele zeigen:

- In Land A hat ein Unternehmen der Zigarettenindustrie sein auf die länderspezifischen Bedürfnisse hin entwickeltes und im Land produziertes Produkt bislang mit einer länderspezifischen Kommunikationsstrategie in TV und Print Medien beworben. Land A verbietet nun Zigarettenwerbung grundsätzlich in allen Medien. Die nationale Marketingstrategie muß zwar darauf reagieren (nationales Marketingproblem), diese Änderung institutioneller Rahmenbedingungen hat aber nicht unbedingt einen Einfluß auf den Marktauftritt in anderen Ländermärkten.

- Land B hat bisher ausländischen Unternehmen den Marktzutritt nur gestattet, wenn im Land produziert und dabei ein bestimmter Wertschöpfungsanteil am Gesamtprodukt erreicht wurde (Die USA und das Vereinigte Königreich praktizieren solche Regelungen im Bereich der Automobilindustrie. Dort wird den japanischen Anbietern die Erfüllung bestimmter inländischer Wertschöpfungsquoten bei der Automobilproduktion zur Auflage gemacht. Als Folge haben einige dieser Anbieter Produktionsstätten in diesen Ländern errichtet.). Wir nehmen nun an, die entsprechenden rechtlichen Grundlagen würden dahingehend geändert, daß auch der direkte Export möglich ist. Damit würde es für ein anbietendes Unternehmen möglich, die für Land B vorgesehenen Absatzmengen an einem anderen Standort zu produzieren. Läßt sich dadurch eine Zentralisation der Produktion durchführen, so können "economies of scale" realisiert werden. Die daraus resultierende Veränderung der Kostenposition betrifft alle aus diesem Standort belieferten Ländermärkte und nicht nur Land B (anbieterbezogene Rückkopplung).

Länderspezifische Veränderungen institutioneller Rahmenbedingungen müssen daher nicht in jedem Fall Koordinationserfordernisse nach sich ziehen. Anders ist dies bei länder*über*greifenden Veränderungen institutioneller Rahmenbedingungen, die in jedem Fall Abstimmungsprobleme erzeugen. Die immer wieder auftretenden Abstimmungsprobleme sind darauf zurückzuführen, daß in diesem Fall mehrere Länder gleichzeitig betroffen sind.

Ohmae (1996) sieht die Ursache für solche länderübergreifenden oder länderspezifischen Veränderungen institutioneller Rahmenbedingungen in der Tatsache, daß die Grenzen vieler Nationalstaaten nicht mit den Grenzen natürlicher Wirtschaftsräume oder Kulturkreise übereinstimmen. Vor diesem Hintergrund prognostiziert *Ohmae* das Ende vieler Nationalstaaten und die Entstehung sogenannter Regionalstaaten (vgl. hierzu auch *Pfetsch*, 1997), unter denen er - je nach Umfang der zugrundeliegenden Wirtschafts- und Kulturräume - entweder Teile einzelner Nationalstaaten oder aber den Zusammenschluß verschiedener Nationalstaaten begreift.

> [Es (Anm. d. Verf.)] „löst sich zumindest das auf traditionelle Nationalstaaten fixierte Wirtschaftsgefüge nach und nach auf. Gebeutelt von plötzlichen Veränderungen in der Industrieökonomik, in den verfügbaren Informationen, in den Verbraucherpräferenzen und im Kapitalfluß; belastet von Forderungen nach staatlichem Minimum und uferlosen Subventionen im Namen des nationalen Interesses; gebunden durch politische Systeme, die sich neuen Herausforderungen immer weniger gewachsen erweisen, haben diese politischen Gebilde ihre Bedeutung als geschlossene Einheiten in der Wirtschaft von heute verloren. Sie sind zwar noch immer da, noch immer wichtige Akteure auf der Weltbühne, aber die wirtschaftliche Entwicklung behindern sie eher. [...] Im Unterschied dazu gibt es auch sinnvolle territoriale Grenzlinien im wirtschaftlichen Sinne. Sie umgeben das, was ich 'Regionalstaat' nenne. [...] In einer grenzenlosen Welt sind das die natürlichen wirtschaftlichen Zonen. Sie mögen zwar von begrenzter geographischer Größe sein, haben aber oft immensen wirtschaftlichen Einfluß. [...] Diese Regionalstaaten können innerhalb der Grenzen einer bestimmten Nation liegen, sie müssen es aber nicht. Das ist purer historischer Zufall" (*Ohmae*, 1996, S. 115 ff.).

Folgt man *Ohmaes* Prognose in bezug auf den Übergang traditioneller Nationalstaaten zu sogenannten „Regionalstaaten", dann sind zwei generelle Veränderungsrichtungen zu unterscheiden:

- Regionalstaaten entstehen durch den Zusammenschluß einzelner Nationalstaaten, wenn die traditionellen Staatengebilde in einem einheitlichen Wirtschafts- und Kulturraum liegen.

- Regionalstaaten entstehen durch die Aufspaltung einzelner Nationalstaaten, wenn der betrachtete Nationalstaat durch den „künstlichen" Zusammenschluß verschiedener Wirtschafts- und Kulturkreise zustande gekommen ist.

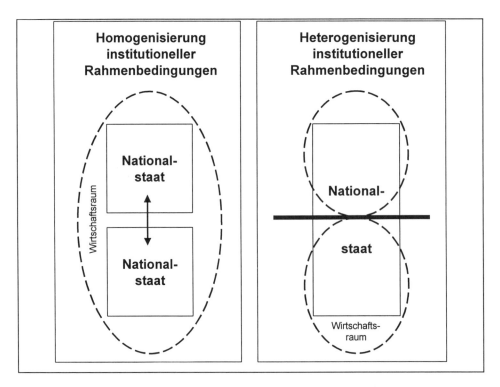

Abb. D-2: Typen der Veränderung institutioneller Rahmenbedingungen

Als Erscheinungsformen länderübergreifender Veränderungen sind daher die *Heterogenisierung* und die *Homogenisierung* institutioneller Rahmenbedingungen zu nennen (vgl. *Abb. D-2*). Unter Homogenisierung fallen alle Formen der ländermarktübergreifenden Vereinheitlichung marketingrelevanter Rechtsgrundlagen bzw. politischer, sozialer und wirtschaftlicher Faktoren („Bildung von Regionalstaaten durch Zusammenschluß einzelner Nationalstaaten"), unter Heterogenisierung alle

Formen des Auseinanderbrechens vormals einheitlicher Rahmenbedingungen („Bildung von Regionalstaaten durch Aufspaltung ehemaliger Nationalstaaten").

1.2.1.1 Homogenisierung institutioneller Rahmenbedingungen

1.2.1.1.1 Stufen der Homogenisierung

Die Homogenisierung institutioneller Rahmenbedingungen ist ein auf internationalen Märkten bekanntes und zunehmend häufig auftretendes Phänomen (vgl. auch *Proff/Proff*, 1996), bei dem das Ziel verfolgt wird, Beschränkungen wirtschaftlicher Austauschprozesse zwischen Ländern vollständig oder zumindest teilweise zu beseitigen. In Abhängigkeit von der angestrebten Integrationstiefe und dem jeweiligen Geltungsbereich lassen sich dabei unterschiedliche Stufen der Homogenisierung institutioneller Rahmenbedingungen unterscheiden. *Dieckheuer* (1995, S. 485 ff.) differenziert in diesem Zusammenhang folgende Stufen der Integration:

(1) Präferenzzone

Von einer *Präferenzzone*, die die niedrigste Stufe der Integration zwischen Ländermärkten darstellt, ist immer dann zu sprechen, wenn zwei oder mehr Länder in bi- oder multilateralen Verträgen vereinbaren, sich für den Handel mit bestimmten Gütern Vorzugsbedingungen (z. B. niedrige Zölle oder höhere Ein- und Ausfuhrkontingente) einzuräumen.

(2) Freihandelszone

Während sich die Vorzugsbedingungen in einer Präferenzzone in der Regel nur auf einzelne Produkte beziehen, wird in einer *Freihandelszone* zumeist der gesamte Güterverkehr einbezogen. Die Mitgliedsstaaten verpflichten sich hierbei, die bestehenden Handelsschranken - zumindest weitgehend - abzubauen und somit Freihandel zu gewährleisten. Allerdings betreiben die Mitgliedsstaaten keine einheitliche Handelspolitik gegenüber Drittstaaten, so daß mitunter unterschiedliche Außenzölle bestehen bleiben. Um Unternehmen aus Drittländern nicht die Möglichkeit einzuräumen, diese unterschiedlichen Außenzölle in der Weise auszunutzen, daß sie ihre Waren in das Mitgliedsland mit den geringsten Außenzöllen exportieren, um es von dort zollfrei in andere Mitgliedsstaaten weiterzuleiten, sind in Freihandelszonen Kontrollen des Güterverkehrs (inkl. Herkunftslandnachweis) erforderlich.

(3) Zollunion

Neben der Beseitigung interner Handelsbeschränkungen zeichnet sich eine *Zollunion* auch dadurch aus, daß die Mitgliedsstaaten einheitliche Außenzölle festlegen. Hierdurch werden Warenkontrollen, wie sie für Freihandelszonen typisch sind, überflüssig.

(4) Gemeinsamer Markt

Im Gegensatz zur Präferenz- und Freihandelszone sowie zur Zollunion, bei denen sich der Abbau der Handelsbeschränkungen allein auf Güter richtete, ist der *Gemeinsame Markt* darüber hinaus durch eine uneingeschränkte Mobilität aller Produktionsfaktoren (Niederlassungsfreiheit für Unternehmen, freie Arbeitsplatzwahl sowie freier Kapitalverkehr) gekennzeichnet.

(5) Wirtschafts- und Währungsunion

Wenn neben Freihandel und vollkommener Mobilität der Produktionsfaktoren schließlich auch eine Harmonisierung aller Bereiche der Wirtschaftspolitik vorgenommen wird, so liegt eine *Wirtschaftsunion* vor - *Dieckheuer* (1995, S. 486) spricht in diesem Zusammenhang von der Zwischenstufe einer Gemeinsamen Marktordnung, wenn sich die Harmonisierung der Wirtschaftspolitik allein auf spezifische Märkte richtet. Die in einer Wirtschaftsunion vollzogene Harmonisierung bezieht sich dabei zugleich auf die Wettbewerbs-, Sozial-, Steuer- und Ausgaben-, Geld-, Beschäftigungs-, Wachstums-, Regional-, Verkehrs- sowie Industriepolitik. I. d. R. setzt eine Wirtschaftsunion eine *Währungsunion* voraus, da eine gemeinsame Währungspolitik feste Paritäten zwischen den Währungen sowie eine vollkommen freie Konvertibilität der Mitgliedswährungen zur Grundlage hat. Aufgrund der politisch leichteren Durchsetzbarkeit einer Währungsunion im Vergleich zur Wirtschaftsunion geht *Dieckheuer* (1995) darüber hinaus davon aus, daß eine Währungsunion i. d. R. einer Wirtschaftsunion vorzuschalten ist.

(6) Einheitlicher Wirtschaftsraum

Die höchste Stufe der Integration ist dann erreicht, wenn alle wirtschaftspolitischen Entscheidungs- und Handlungskompetenzen bei einer supranationalen Behörde liegen, die divergierende nationale Wirtschaftspolitiken unmöglich macht. In diesem Fall liegt ein *einheitlicher Wirtschaftsraum* vor.

1.2.1.1.2 Homogenisierungstendenzen in der Praxis

Parallel zu den mit dem Ende des 2. Weltkrieges einsetzenden, übergeordneten Bemühungen um eine Koordination weltweiter Handelspolitik im Rahmen von GATT (General Agreement on Tariffs and Trade) – jetzt WTO (World Trade Organization)-, UNO (United Nations Organization) sowie OECD (Organization for Economic Co-Operation and Development) zeichneten sich schon früh regionale Homogenisierungstendenzen in Europa ab. Schon 1951 gründeten die Bundesrepublik Deutschland, Belgien, Frankreich, Italien, Luxemburg und die Niederlande die Europäische Gemeinschaft für Kohle und Stahl (Montanunion), die insbesondere durch die „Römischen Verträge" von 1957 zur Europäischen Gemeinschaft ausgebaut wurde. Ziel der europäischen Staaten war dabei die Überwindung der vergleichsweise kleinen einzelstaatlichen Absatzmärkte.

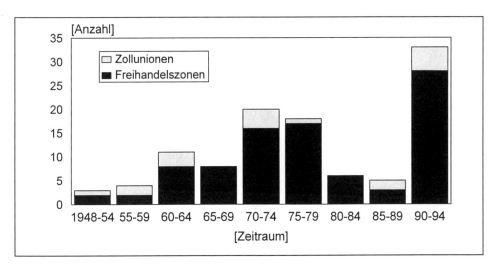

*Abb. D-3: Regionale Freihandelszonen und Zollunion-Zusammenschlüsse zwischen 1948 und 1994
(Quelle: de Jonquières, 1997, S. 10)*

Zwar fand die europäische „Idee" in der Folgezeit in verschiedenen Regionen der Welt Nachahmung (vgl. auch *Abb. D-3*), die so geschaffenen Bündnisse kamen jedoch kaum über den Status lockerer Zusammenschlüsse (Präferenzzonen) hinaus. Erst seit Ende der 80er Jahre lassen sich verstärkt Tendenzen beobachten, neue (straffere) Freihandelszonen zu schaffen bzw. bestehende Handelsabkommen zu erweitern. Interessanterweise lassen sich die Motive der beteiligten Staaten in Abhängigkeit zur wirtschaftlichen Entwicklung der jeweiligen Länder signifikant differenzieren. Daher sehen sich viele Industrienationen seit den 80er Jahren weitgehend gesättigten heimischen Märkten gegenüber und versuchen daher, durch die Initiierung von Handelsabkommen der eigenen Wirtschaft neue Absatzmärkte zu eröffnen. Andererseits befürchten gerade viele Entwicklungsländer die hierdurch bedingte handelspolitische Macht der entstandenen Handelsblöcke. Als wirtschaftspolitische Antwort kommt für zahlreiche Entwicklungsländer mitunter allein der Zusammenschluß mit anderen Entwicklungsländern in Frage, um die eigene handelspolitische Position zu stärken. *Abb. D-4* gibt einen Überblick über ausgewählte regionale Handelszusammenschlüsse.

Da der Marktintegrationsprozeß in der EU am weitesten vorangeschritten ist und daher anderen Länderregionen z. T. als Vorbild dient, wird die schrittweise Homogenisierung institutioneller Rahmenbedingungen in Europa im folgenden ausführlich analysiert. Im Anschluß daran werden die Integrationstendenzen in anderen Regionen des Weltmarktes skizziert (vgl. Kap. D 1.2.1.1.2.2).

Die wichtigsten regionalen Handels- zusammenschlüsse	
Region und Bezeichnung	Zahl der Mitglieder
Afrika	
1 Communauté Economique de l'Afrique de l'Ouest	7
2 Communauté Economique de Pays des Grans Lacs	3
3 Economic Community of West African States	16
4 Indian Ocean Commission	5
5 Mano River Union	3
6 Preferential Trade Area for Eastern and Southern Africa	18
7 Southern African Customs Union	4
8 Southern African Development Coordination Conference	10
9 Union Douaniere et Economique de l'Afrique Centrale	6
Asien und Pazifisches Becken	
10 Australia-New Zealand Closer Economic Relations Trade Agreement	2
11 Association of South Asian Nations (ASEAN)	5
12 Asiatic Pacific Economic Cooperation (APEC)	18
Mittlerer Osten	
13 The Arab Common Market	7
14 Economic Cooperation Organization	3
15 Gulf Cooperation Council	6
Amerika	
16 North American Free Trade Area (NAFTA)	3
17 Andean Pact	5
18 Central American Common Market	5
19 Caribbean Community	13
20 Mercosur	4

Abb. D-4: Marktzusammenschlüsse und Handelsabkommen
(Quelle: In Anlehnung an o.V., 1996f, S. 28)

1.2.1.1.2.1 Europäische Union (EU)

Der Beginn der europäischen Integration setzte bereits unmittelbar nach dem 2. Weltkrieg mit der Gründung der Europäischen Gemeinschaft für Kohle und Stahl (Montanunion) ein. In der Zwischenzeit ist die Integrationsstufe eines Gemeinsamen Marktes durch den zum 31. Dezember 1992 gegründeten Binnenmarkt erreicht und die Vorbereitung für die Wirtschafts- und Währungsunion sind eingeleitet worden.

Neben diesen vertikalen Integrationsbemühungen wird in Europa auch eine weitergehende horizontale Integration durch die Aufnahme weiterer europäischer Mitgliedsstaaten angestrebt.

1.2.1.1.2.1.1 Vertikale Integration innerhalb der EU

1.2.1.1.2.1.1.1 Europäischer Binnenmarkt

Ziel des auf Basis der 1986 verabschiedeten Einheitlichen Europäischen Akte (EEA)
geschaffenen Binnenmarktes der Europäischen Gemeinschaften, die seit dem 1. November 1995 als Europäische Union firmiert, ist der freie Verkehr von Waren,
Dienstleistungen, Personen und Kapital. Durch diese sogenannten „4 Freiheiten"
(*Schütz*, 1989, S. 1; *Streil/Weyringer*, 1991) soll die jahrhundertealte Zersplitterung
des europäischen Wirtschaftsraumes verringert oder beseitigt werden.

Obschon die Vorbereitungen für den Binnenmarkt mehrere Jahre umfaßten und der
Gemeinsame Markt nun schon einige Jahre - zumindest formal - existiert, wurde jedoch eine wirkliche Vollendung des europäischen Binnenmarktes bislang noch nicht
erreicht. Dies kann in erster Linie damit begründet werden, daß die dem o. g. freien
Verkehr von Waren, Dienstleistungen, Personen und Kapital entgegenstehenden tra-
dierten Handelsbeschränkungen bis zu diesem Zeitpunkt von den Mitgliedsstaaten
noch nicht vollständig abgebaut wurden. An Schranken, die einem freien Verkehr
innerhalb der EU entgegenstehen, sind vor allem folgende zu nennen:

→ physische Schranken,

→ administrative Schranken,

→ steuerliche Schranken und

→ technische Schranken.

Physische Schranken entstehen sowohl durch den unterschiedlichen infrastrukturel-
len Entwicklungsstand verschiedener Mitgliedsstaaten als auch durch sonstige Be-
einträchtigungen des Handels - z. B. durch Grenzkontrollen. *Administrativen
Schranken* sind in erster Linie alle Versuche staatlicher Stellen zuzurechnen, durch
Kontingentierung, Quotierungen oder Kontrollen die inländische Wirtschaft vor
ausländischer Konkurrenz zu schützen. Administrative Schranken können dabei auf
kodifiziertes oder aber auch auf unkodifiziertes Recht zurückgehen und somit entweder in konkreten Verwaltungsvorschriften und Gesetzen oder aber in informalen
Verhaltensweisen staatlicher Stellen ihren Niederschlag finden. *Steuerliche Schranken* beruhen auf den stark voneinander abweichenden Besteuerungssystemen in den
einzelnen Mitgliedsstaaten der EU (vgl. zu Umsatzsteuersätzen *Abb. D-5*). Unter

technischen Schranken schließlich werden die unterschiedlichen technischen Anforderungen verstanden, die seitens einzelner Mitgliedsstaaten an Produkte gerichtet werden (vgl. *Berschens/Dunkel*, 1997).

Als eines der zentralen Kennzeichen des entstehenden europäischen Binnenmarktes ist das Bemühen anzusehen, die einem freien Verkehr von Gütern, Dienstleistungen, Personen oder Kapital entgegenstehenden Schranken abzubauen. Zu diesem Zweck haben sich die Mitgliedsstaaten bei den verschiedenen o. g. Schranken auf unterschiedliche Vorgehensweisen geeinigt.

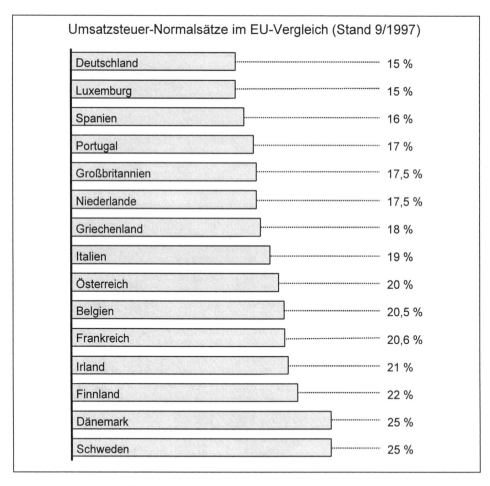

Abb. D-5: Umsatzsteuersätze im EU-Vergleich (1997)
(Quelle: Siems, 1997, S. 25)

Abbau physischer Schranken

Das Ziel, physische Schranken zu beseitigen, liegt umfangreichen Infrastrukturprogrammen der EU zugrunde. Für den Bereich der Telekommunikation wurde so bereits 1987 das STAR-Programm (Special Telecommunications Action for Regional Development) initiiert, mit dessen Hilfe die informationstechnologisch unterentwickelten Regionen Europas - wie z. B. Griechenland, Portugal oder Teile Italiens - an das Niveau anderer EU-Mitgliedsstaaten angepaßt werden sollen. Daneben dienen Programme wie RACE (Research and development on Advanced Communications technologies in Europe) dem Aufbau moderner Kommunikationstechniken in allen Regionen der EU und sollen damit u. a. in allen Mitgliedsstaaten der EU eine annähernd gleiche Technologieinfrastruktur gewährleisten.

Der Abbau physischer Schranken im o. g. Sinne ist dabei keineswegs allein einem „Sozialcharakter" der am Binnenmarkt beteiligten Staaten zuzurechnen, sondern berücksichtigt in erster Linie die Erkenntnis, daß ein freier Transfer von Gütern, Dienstleistungen, Kapital und Personen nur dann zu erwarten ist, wenn alle Binnenmarktregionen über eine ähnlich ausgeprägte technologische Infrastruktur verfügen. Gerade ein signifikantes Gefälle auf dem Gebiet technologischer Infrastruktur würde ansonsten zu einem einseitigen Transfer der genannten Komponenten von den weniger weit entwickelten Regionen in die vergleichsweise gut entwickelten Regionen führen. Um somit die Entwicklungsdiskrepanz innerhalb des Binnenmarktes nicht noch weiter zu vergrößern, stellt der Abbau infrastruktureller Unterschiede eine unbedingte Notwendigkeit dar.

Abbau administrativer Schranken

Im Bereich administrativer Schranken strebt die EU vor allem die Beseitigung des nationalistischen Beschaffungsverhaltens öffentlicher Verwaltungen an. Die Dringlichkeit dieses Vorhabens wird deutlich, wenn man sich vor Augen führt, daß 1987 allein 2 % des Beschaffungsvolumens öffentlicher Verwaltungen auf Unternehmen anderer EU-Staaten entfielen (vgl. *Walter/Böttcher*, 1991, S. 61; *Erhart*, 1991, S. 736).

Einen wesentlichen Beitrag zum Abbau administrativer Schranken liefert dabei die sogenannte „Beschaffungsrichtlinie" des Rates der EG (ab 1. November 1993: Rat der EU) von 1990. In dieser „Richtlinie des Rates vom 17. September 1990 betreffend die Auftragsvergabe durch Auftraggeber im Bereich der Wasser-, Energie- und Verkehrsversorgung sowie im Telekommunikationssektor" (90/531/EWG) werden die Mitgliedsstaaten erstmals verbindlich dazu gezwungen, öffentliche Aufträge der genannten Bereiche dann europaweit auszuschreiben, wenn diese ein in der Richtlinie festgeschriebenes Wertvolumen übersteigen. Mit Hilfe dieser Richtlinie machten die EG-Kommission und der Rat der EU

einen ersten Schritt, um das bis dahin weitverbreitete nationalistische Beschaffungsverhalten öffentlicher Auftraggeber in der EU zu erschweren.

Darüber hinaus führt das seit 1997 gültige EU-Vergaberecht dazu, daß öffentliche Verwaltungen nun quasi in allen Bereichen das bisherige „nationalistische" Beschaffungsverhalten überprüfen müssen. In diesem Zusammenhang hat das Bundeswirtschaftsministe-
rium Anfang 1998 z. B. auch geprüft, inwieweit sich die seit knapp 50 Jahren bei der
Hamburger Hermes Kreditversicherungs-AG liegende Verwaltung der Hermes-
Bürgschaften mit dem neuen EU-Vergaberecht vereinbaren läßt bzw. inwieweit dieses
Mandat zukünftig europaweit ausgeschrieben werden muß (vgl. *o.V.*, 1998b).

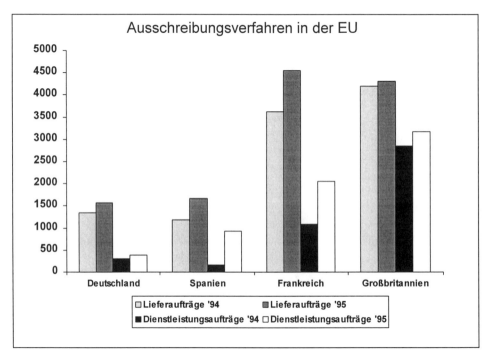

Abb. D-6: Anzahl der Ausschreibungsverfahren in der EU
(Quelle: Welt am Sonntag, 24.11.1996, S. 56)

Abzuwarten bleibt jedoch, inwieweit bereits die Verpflichtung, öffentlich auszuschreiben, zu einer Verringerung nationaler Beschaffungsanteile führen wird. So
kann erwartet werden, daß trotz europaweiter Ausschreibungen öffentliche Verwaltungen gerade angesichts starker rezessiver Tendenzen dazu neigen, auch weiterhin
nationalen Anbietern bei Beschaffungsentscheidungen den Vorzug zu geben.
Abb. D-6 verdeutlicht in diesem Zusammenhang, daß insbesondere in Deutschland
öffentliche Verwaltungen noch immer dazu neigen, Aufträge ohne europaweite Ausschreibungen an deutsche Unternehmen zu vergeben. Letztendlich wird dies auch

nicht durch die Klagemöglichkeit beim Europäischen Gerichtshof verhindert, da allein gegen die Nichtausschreibung, nicht aber gegen die Anbieterauswahl geklagt werden kann.

Abbau steuerlicher Schranken

Als kurzfristig kaum durchführbar erwies sich der Abbau steuerlicher Schranken. Nicht zuletzt aufgrund der Tatsache, daß einzelnen Steuern in den verschiedenen Mitgliedsstaaten der EU eine unterschiedliche Bedeutung im Hinblick auf die Finanzierung der Staatshaushalte zukommt (vgl. *Tietz*, 1989, S. 272 f.; *Schaft*, 1989, S. 289 ff.), schied eine kurzfristige Steuerharmonisierung aus. Während einige Mitgliedsstaaten insbesondere direkte Steuern wie die Einkommen- oder die Körperschaftssteuer zur Finanzierung staatlicher Aufgaben verwenden, zeichnen sich andere Staaten durch vergleichsweise geringe direkte, aber hohe indirekte Steuern aus. Eine Steuerharmonisierung wird sich also kaum auf einzelne Steuerarten beschränken, sondern allein dann möglich sein, wenn sich die Vereinheitlichung auf das gesamte Steuer- und Abgabensystem der Mitgliedsstaaten erstreckt. Als zentrale Schwierigkeit wird sich aber diesbezüglich langfristig auch die Tatsache erweisen, daß sich die Mitgliedsstaaten der Besteuerung als wirtschaftspolitische Lenkungs- bzw. Förderungsmaßnahme bedienen. Aus diesem Grunde hat sich die EU darauf beschränkt, für einzelne Steuerarten, die zur Durchsetzung der skizzierten Freiheiten besonders bedeutsam sind, Zielkorridore vorzugeben.

Insbesondere für die Mehrwertsteuer erwies es sich als zwingend notwendig, zumindest eine Annäherung der in der EU existierenden verschiedenen Steuersätze anzustreben. So schlug die Kommission den Mitgliedsstaaten vor, daß die nationalen Steuersätze in einem Zielkorridor von 15 bis 20 % für den normalen Mehrwertsteuersatz und in einem Bereich von 4 bis 9 % für den ermäßigten Mehrwertsteuersatz liegen sollten. *Abb. D-5* zeigt, daß sich jedoch auch einige Jahre nach „Vollendung" des Binnenmarktes einige Länder noch außerhalb des vorgegebenen Zielkorridors befinden. Die Mehrwertsteuersätze in Frankreich, Belgien, Irland, Dänemark und Schweden liegen weiterhin oberhalb der von EU geplanten 20 %-Grenze.

Abbau technischer Schranken

Die umfangreichste und sich am schwierigsten gestaltende Aufgabe zur Schaffung eines Binnenmarktes ist schließlich im Abbau technischer Schranken zu sehen. Gerade die Vielzahl von unterschiedlichen technischen Normen und Vorschriften steht einem europaweiten Wettbewerb entgegen und verursachte in der Vergangenheit hohe volkswirtschaftliche Gesamtkosten in Europa (vgl. *de Zoeten*, 1993, S. 28). Die Kommission der Europäischen Gemeinschaften bezifferte diese Kosten Ende der 80er Jahre - allerdings ohne Zeitangabe - auf mehr als 100 Mrd. DM (vgl. *Kommis-*

sion der Europäischen Gemeinschaften, 1988). Die hohe Bedeutung technischer Schranken wird auch an einer europaweiten Befragung von 11.000 Unternehmen aus dem Jahre 1988 deutlich, in der abweichenden technischen Vorschriften und Normen hinter administrativen Schranken von den befragten Unternehmen in vielen Ländern die größte Bedeutung beigemessen wurde (vgl. *Tab. D-1*).

Handelshemmnisse	EG	B	DK	D	GR	E	F	IRL	I	L	NL	P	GB
abweichende technische Vorschriften und Normen	2	2	1	1	7	6	1	2	4	2	3	4	1
öffentliches Auftragswesen	8	6	8	8	8	8	7	7	2	8	7	3	4
administrative Schranken	1	1	2	2	1	1	2	1	1	1	1	1	2
Grenzformalitäten	3	3	3	4	3	2	4	3	3	3	2	2	3
unterschiedliche Mehrwertsteuersätze	6	8	7	5	4	7	3	6	7	7	8	8	8
Vorschriften für den Güterfernverkehr	7	5	5	6	5	3	5	4	8	5	4	5	5
Beschränkungen des Kapitalverkehrs	5	4	6	7	2	5	8	5	5	4	6	6	7
gemeinschaftliche Vorschriften	4	7	4	3	6	4	6	8	6	6	5	7	6

Dieser Rangliste lag die Frage zugrunde: „Wie wichtig ist Ihnen die Beseitigung dieser Handelshürden?" (Rangfolge: von „1 = am wichtigsten" bis „8 = am unwichtigsten")
Legende:
EG = Europäische Gemeinschaft; B = Belgien; DK = Dänemark; D = Bundesrepublik Deutschland; GR = Griechenland; E = Spanien; F = Frankreich; IRL = Irland; I = Italien; L = Luxemburg; NL = Niederlande; P = Portugal; GB = Großbritannien

Tab. D-1: Beurteilung verschiedener Handelshemmnisse durch europäische Unternehmen (Quelle: Cecchini, 1988, S. 26)

Allerdings zeigt die Detailanalyse der Ergebnisse dieser Befragung europäischer Unternehmen (vgl. *Tab. D-2*), daß die Beseitigung technischer Schranken nicht für alle Branchen in gleicher Weise bedeutsam ist. Während der Abbau technischer Schranken z. B. von Unternehmen der Elektrotechnik, des Maschinenbaus oder der Medizintechnik als bedeutsam erachtet wird, spielen diese Schranken vor allem für Konsumgüterhersteller - eine Ausnahme stellt der Bereich der Nahrungs- und Genußmittel dar - keine besondere Rolle.

Angesichts der für viele, insbesondere Industriegüterbranchen großen Bedeutung des Abbaus technischer Schranken hat sich die EU diesem Bereich schon frühzeitig im Vorfeld des Gemeinsamen Marktes gewidmet (vgl. hierzu beispielhaft die Entschließung des Rates über eine neue Konzeption auf dem Gebiet der technischen Harmonisierung und Normung aus dem Jahre 1985). Zur Beseitigung der bestehenden Regelungsdisparitäten standen ihr dabei verschiedene Basisalternativen (vgl. zum folgenden ausführlich *de Zoeten*, 1993, S. 71 ff.) zur Verfügung (vgl. *Abb. D-7*).

Branche	Bedeutung des Abbaus technischer Schranken		
	groß	mittel	gering
Kraftfahrzeuge		●	
Elektrotechnik	●		
Maschinenbau	●		
Chemie, darunter: - pharmazeutische - sonstige	●		●
Nichtmetallische Mineralien		●	
Sonstiger Fahrzeugbau			●
Nahrungs- und Genußmittel	●		
Leder			●
Feinmechanische und medizinische Geräte	●		
Metallwaren		●	
Gummiwaren		●	
Kunststofferzeugnisse			●
Holz und Möbel			●
Metalle			●
Büromaschinen und Datenverarbeitungsgeräte		●	
Textilien			●
Schuhe und Bekleidung			●
Erdölprodukte			●
Papier und Druckerzeugnisse			●
Kunstfasern			●

Tab. D-2: Bedeutung technischer Handelshemmnisse nach Industriezweigen
(Quelle: Emerson, 1989, S. 122)

Die verschiedenen Basisalternativen zur Beseitigung technischer Schranken lassen sich zunächst danach unterscheiden, ob sie auf gemeinschaftlichen technischen Rechtsvorschriften („Gemeinschaftliche Regelungsansätze") beruhen oder nicht („Verfahren ohne Erlaß technischer Rechtsvorschriften"). Erstere zeichnen sich dadurch aus, daß hier der Versuch unternommen wird, die voneinander abweichenden einzelstaatlichen Rechtsvorschriften über ein zu schaffendes „technisches Gemeinschaftsrecht" zu vereinheitlichen. Hierbei ist nun zwischen sogenannten „Zweifach-Regelungsansätzen" und einer vollständigen Rechtsvereinheitlichung zu unterscheiden. Bei den „Zweifach- Regelungsansätzen" besteht die Besonderheit darin, daß hier neben dem zu schaffenden technischen Gemeinschaftsrecht nationale Bestimmungen weiterhin Bestand haben können. Dementsprechend besteht eine weitere Unterscheidung darin, ob die für bestimmte Bereiche formulierten gemeinschaftlichen Rechtsvorschriften die bisherigen nationalen Bestimmungen ablösen („partielle Harmonisierung") oder neben die weiterhin bestehenden nationalen Regelungen treten und der Importeur zwischen nationalen und gemeinschaftlichen Regelungen fallweise wählen kann („optionale Harmonisierung"). Darüber hinaus kann sowohl bei der partiellen als auch bei der optionalen Harmonisierung inländischen Unternehmen ggf. ein sogenanntes „Inländerwahlrecht" eingeräumt werden.

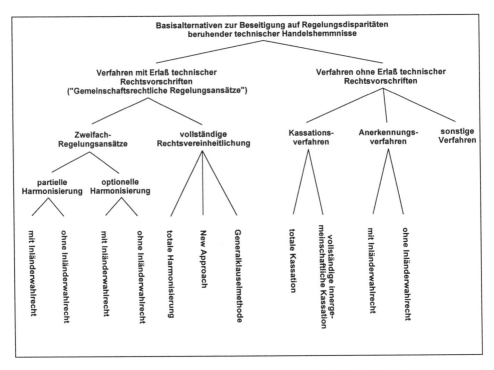

Abb. D-7: Basisalternativen zur Beseitigung von technischen Schranken
(Quelle: de Zoeten, 1993, S. 72)

Im Gegensatz dazu werden bei einer vollständigen Rechtsvereinheitlichung die nationalen Bestimmungen vollständig durch Gemeinschaftsbestimmungen ersetzt, wobei sich hier in Abhängigkeit vom Detaillierungsgrad des Gemeinschaftsrechts wiederum unterschiedliche Fälle differenzieren lassen. Bei der „totalen Harmonisierung" werden die technischen Anforderungen umfassend und bis ins Detail gehend formuliert, wohingegen bei der „Generalklauselmethode" (mit Bezug auf private Normen) und dem „New Approach" (ohne Bezug auf private Normen) eine geringere Regelungsintensität vorliegt.

Neben diesen Verfahren, die jeweils den Erlaß technischer Rechtsvorschriften durch die Gemeinschaft voraussetzen, besteht eine zweite generelle Möglichkeit darin, auf die Formulierung eines technischen Gemeinschaftsrechts zu verzichten. Beim Kassationsverfahren erreicht man den gewünschten Abbau technischer Schranken dadurch, daß alle nationalen Bestimmungen für den betreffenden Bereich ersatzlos aufgehoben werden. Gilt die Aufhebung dabei nur für Unternehmen aus den Mitgliedsstaaten, so spricht *de Zoeten* (1993, S. 75) von einer „vollständigen innergemeinschaftlichen Kassation", wohingegen er einer totalen Kassation den Fall subsumiert, daß die Aufhebung auch für Anbieter aus Nicht-Mitgliedsstaaten gilt. Anders als beim Kassationsverfahren geht das Anerkennungsverfahren nicht von einem generellen Regelungsverzicht aus. Statt dessen bleiben hier die nationalen Vorschriften gültig - geändert wird allein deren Anwendungsbereich. Da bei diesem Verfahren jedes Mitgliedsland die Vorschriften aller übrigen Mitgliedsländer akzeptiert, reicht es für den innerhalb der Gemeinschaft erfolgenden Warenverkehr, daß Anbieter den technischen Anforderungen eines Mitgliedsstaates, in der Regel des Ursprungslandes, Genüge tun.

In Europa sind quasi alle der o. g. Basisalternativen intensiv diskutiert worden. Eine vollkommene Harmonisierung ließ sich dabei jedoch nicht durchsetzen, weil jedes Mitgliedsland befürchtete, daß aus einheitlichen technischen Vorschriften Wettbewerbsnachteile entstehen könnten: Länder mit tendenziell hohen Sicherheitsanforderungen gingen davon aus, daß die „Euronorm" ein geringeres Sicherheitsniveau aufweisen würde und die eigenen Märkte daher mit Produkten überschwemmt würden, die wegen geringerer Sicherheitsanforderungen Preisvorteile hätten. Ebenso waren diejenigen Mitgliedsstaaten gegen eine Euronorm, deren bestehende Normen ein geringes Niveau aufwiesen. Sie befürchteten, daß die heimische Wirtschaft nicht in der Lage wäre, die Anforderungen einer technisch anspruchsvolleren Euronorm zu erfüllen.

Wegen dieses kaum zu lösenden Einigungshindernisses wurde von seiten der Kommission eine zweigeteilte Vorgehensweise gewählt. Einerseits wählte man das Anerkennungsverfahren auf der Basis des Ursprungslandprinzips. Hiernach werden Produktstandards und Normen in allen EU-Staaten anerkannt, wenn sie den nationalen Vorschriften eines Mitgliedsstaates, nämlich des Ursprungslandes, genügen (vgl. *de Zoeten*, 1993). Eine solche Einigung auf einen Euro-Mindeststandard wäre jedoch wegen der zu erwartenden Ablehnung derjenigen Länder, die tendenziell über stark ausgeprägte Sicherheitsanforderungen verfügen, nicht zustande gekommen, wenn nicht andererseits parallel hierzu die Schaffung eines europäischen Produkthaftungsrechtes (vgl. z. B. *von Dörnberg*, 1991) einhergegangen wäre.

Trotz aller Fortschritte, die in der Zwischenzeit im Hinblick auf den Abbau physischer, administrativer, steuerlicher und technischer Schranken erzielt wurden, ist der Abbau der o. g. Schranken und damit die Vollendung des Binnenmarktes bislang noch keineswegs vollständig gelungen. Eine Befragung von ca. 13.500 europäischen Industrie- und Dienstleistungsunternehmen kommt beispielsweise zu dem Ergebnis, daß die von der EU ergriffenen Maßnahmen in vielen Bereichen wirkungslos geblieben sind (vgl. *Tab. D-3*).

Maßnahmen der EU	günstig	wirkungs-los	ungünstig	ohne Mei-nung
Abschaffung der Zollformalitäten	60	30	5	5
Keine Verzögerung bei Grenzübertritt	56	35	2	7
Liberalisierung des Güterverkehrs	43	43	3	11
Gegenseitige Anerkennung von Normen	32	49	7	12
Neues Verfahren bei Mehrwertsteuer-Erhebung	32	41	15	12
Harmonisierung technischer Regeln	31	51	9	9
Liberalisierung des Kapitalverkehrs	23	61	2	14
Marktöffnung für öffentliche Aufträge	9	71	4	16
Der Erhebung lag folgende Frage zugrunde: „Halten Sie die von der EU in den folgenden Bereichen ergriffenen Maßnahmen für günstig, wirkungslos oder ungünstig?				

Tab. D-3: Beurteilung der Maßnahmen der EU zum Schrankenabbau durch europäische Unternehmen (in % der Befragten)
(Quelle: o.V., 1996d, S. 8)

1.2.1.1.2.1.1.2 Europäische Wirtschafts- und Währungsunion

Mit dem im Jahre 1992 geschlossenen Maastrichter Vertrag (Vertrag über die Europäische Union), der im November 1993 in Kraft getreten ist, haben die Mitgliedsstaaten der EU die Schaffung einer Wirtschafts- und Währungsunion bis spätestens 1999 beschlossen. In der o. g. Terminologie aufeinander aufbauender Integrationsstufen der Homogenisierung institutioneller Rahmenbedingungen (vgl. Kap. D 1.2.1.1.1) handelt es sich jedoch im Kern allein um eine Währungsunion mit ersten zusätzlichen konstitutiven Elementen einer Wirtschaftsunion, da zumindest zunächst keine einheitliche Wirtschaftspolitik der Mitgliedsstaaten geplant ist, sondern nur eine Koordination der einzelstaatlichen Wirtschaftspolitiken erfolgen soll.

Mit Hilfe der geplanten Währungsunion wird eine Intensivierung des EU-Binnenmarktes und damit eine weitergehende Integration der Mitgliedsstaaten angestrebt. U. a. sollen durch die Beseitigung der europäischen Währungsvielfalt währungsbedingte Transaktionskosten eingespart werden. Experten gehen so beispielsweise davon aus, daß allein durch die Existenz von 14 unterschiedlichen Währungen in Europa Unternehmen und Privathaushalten jährlich Transaktionskosten von ca. 45 Mrd. DM entstehen (vgl. *Hirschburger/Zahorka*, 1996, S. 20), wobei hierin z. B. Kosten für Wechselkurssicherungen noch nicht eingerechnet sind, so daß die Höhe der tatsächlichen Transaktionskosten noch um einiges größer sein dürfte.

Hirschburger/Zahorka (1996, S. 23) veranschaulichen die Auswirkungen verschiedener Währungen in eindrucksvoller Weise am Beispiel der Privathaushalte:
„Machen Sie mit 1000 DM eine Reise durch alle Länder der EU und tauschen Sie - ohne auch nur 1 DM auszugeben - dieses Geld in jedem Land in die nationale Währung um. Am Ende würden Sie mit weniger als der Hälfte des Geldes nach Hause zurückkehren. Berechnungen zeigen, daß zwischen 270 und 550 DM übrigbleiben (Die Differenz zwischen 270 und 550 DM ergibt sich aus der Reiseroute und daraus, ob Sie im Ausgangs- oder Zielland tauschen)."

Für die konkrete Durchführung der Währungsunion sieht der Maastrichter Vertrag einen 3 Stufenplan vor (vgl. auch *Borchert*, 1997, S. 470 ff.):

1. Stufe der Währungsunion (Beginn: 1.7.1990)

In einer ersten Stufe, die bereits vor der Verabschiedung des Maastrichter Vertrages begonnen hatte, wurde der Kapitalverkehr innerhalb der EU vollständig liberalisiert. Zudem verstärkten die Mitgliedsstaaten der EU die Koordination ihrer jeweiligen Wirtschafts- und Finanzpolitiken.

2. Stufe der Währungsunion (Beginn: 1.1.1994)

Die konkrete Vorbereitungsphase für die Währungsunion begann nach der Ratifizierung des Maastrichter Vertrages am 1.1.1994. Im einzelnen wurden bzw. werden in dieser Phase folgende Maßnahmen ergriffen:

(1) Beseitigung der Hindernisse zur ECU-Verwendung,

(2) Gründung des Europäischen Währungsinstitutes (EWI),

(3) Grünbuch der Kommission über praktische Fragen des Übergangs,

(4) Festlegung des konkreten Übergangsszenarios auf dem Madrider EU-Gipfel im Dezember 1995,

(5) Beschluß, daß die europäische Währung den Namen „EURO" tragen soll,

(6) verstärkte Überwachung der Wirtschafts- und Finanzpolitik der Mitgliedsstaaten,

(7) keine Notenbankfinanzierung öffentlicher Defizite,

(8) Beschluß des Haftungsausschlusses der EU und der Mitgliedsstaaten für Verbindlichkeiten der Unionsstaaten,

(9) Entscheidung über die Teilnehmerstaaten (diese Entscheidung wird auf Basis der Ist-Zahlen des Jahres 1997 in der ersten Hälfte des Jahres 1998 gefällt).

3. Stufe der Währungsunion (Beginn: 1.1.1999)

Auf dieser abschließenden Stufe der Währungsunion wird der konkrete Übergang nach dem bereits im Dezember 1995 beschlossenen Übergangsszenario vollzogen. *Abb. D-8* zeigt die 4 Phasen des Übergangsszenarios (die Phase A gehört strenggenommen noch in die 2. Stufe der Währungsunion).

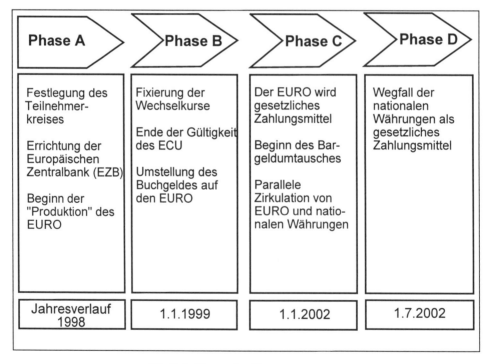

Abb. D-8: Phasen des Übergangsszenarios
(Quelle: In Anlehnung an Europäische Kommission, 1996)

Trotz der detaillierten und weit vorangeschrittenen Planung der Währungsunion wird das „Ob" und das „Wie" der Einführung des Euro noch immer äußerst kontrovers in Europa diskutiert. *Tab. D-4* zeigt eine Zusammenstellung der wichtigsten Argumente für und gegen die Einführung des Euro.

Chancen der Euro-Einführung	Risiken der Euro-Einführung
↑ Die Kosten für Unternehmen und Verbraucher sinken, da Umtauschgebühren und Sicherungskosten für das Wechselkursrisiko entfallen.	↓ Bei einer gemeinsamen Währung entfällt der Wechselkurs als Instrument zur Anpassung an unterschiedliche Produktivitätsentwicklungen in Europa.
↑ Die Planungssicherheit für die Unternehmen erhöht sich durch den Wegfall des innereuropäischen Währungsrisikos.	↓ Im Falle eines „weichen" Euro entfallen die potentiellen gesamtwirtschaftlichen Vorteile und kehren sich ins Gegenteil um.
↑ Wettbewerbsverzerrungen durch spekulativ verursachte innereuropäische Wechselkursschwankungen entfallen.	↓ In der Bevölkerung besteht zur Zeit noch Euro-Skepsis. Es fehlt das Vertrauen in die Stabilität der Währung.
↑ Verbraucher und Unternehmen können von mehr Preistransparenz profitieren.	↓ Eine kleine Währungsunion kann zur Spaltung Europas führen.
↑ Die Beschäftigung steigt, da die wirtschaftliche Dynamik innerhalb der EU zunimmt.	↓ Durch die Einführung des Euro entstehen einmalige, aber z. T. erhebliche Umstellungskosten.
↑ Durch den gemeinsamen Währungsraum steigt das Gewicht Europas innerhalb der Weltwirtschaft. Die Wettbewerbschancen europäischer Unternehmen auf dem Weltmarkt nehmen zu.	↓ Die politischen Gremien, die den Kurs der EZB beeinflussen können, stellen sich keiner demokratischen Legitimierung.
	↓ Diejenigen Teilnehmer, die in der Vergangenheit von den EWS-Abwertungen ihrer nationalen Währungen profitiert haben, sind zu erheblichen Anpassungen gezwungen.

Tab. D-4: Chancen und Risiken der Euro-Einführung
(Quelle: In Anlehnung an Hülsbömer/Sach, 1997, S. 81 ff.)

Viele der augenblicklich diskutierten Risiken beruhen auf der Befürchtung, daß die gemeinsame Währung keine ausreichende Stabilität aufweisen werde. Schon allein aus diesem Grunde kommt der Einhaltung der im Maastrichter Vertrag festgelegten Konvergenzkriterien eine zentrale Bedeutung für die Vor- oder Nachteilhaftigkeit der gemeinsamen Währung zu. Im einzelnen nennt der Maastrichter Vertrag folgende Konvergenzkriterien:

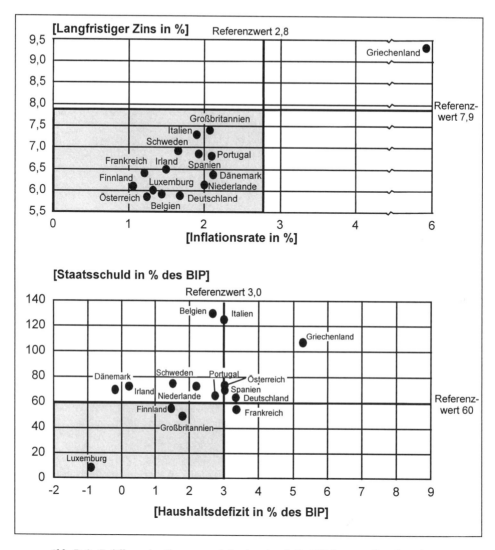

Abb. D-9: Erfüllung der Konvergenzkriterien durch die EU-Staaten (Stand: 11/1997)
(Quelle: Becker, 1997)

- **Preisstabilität**: Der Preisanstieg der beteiligten Länder darf nicht mehr als 1,5 Prozentpunkte über dem Durchschnitt der Steigerungsraten der drei preisstabilsten EU-Staaten liegen.

- **Zinsniveaustabilität**: Die langfristigen Zinsen dürfen die Zinssätze in den drei preisstabilsten EU-Staaten nur um maximal 2 Prozentpunkte übersteigen.

- **Staatsverschuldung**: Die Nettoneuverschuldung darf höchstens 3 Prozent des Bruttoinlandsproduktes (BIP) und die gesamte Staatsschuld maximal 60 % des BIP betragen.

- **Währungsstabilität**: Die teilnehmenden Währungen dürfen innerhalb der letzten 2 Jahre vor Einführung der gemeinsamen Währung nicht innerhalb der Bandbreiten des EWS (Europäisches Währungssystem) abgewertet worden sein.

Im Hinblick auf die ersten 3 der o. g. Konvergenzkriterien zeigt *Abb. D-9*, daß im November 1997 allein Luxemburg, Großbritannien und Finnland alle Konvergenzkriterien erfüllt haben. Allerdings haben insbesondere Deutschland, Frankreich, Österreich, die Niederlande, Irland und Belgien ihre Anstrengungen zur Einhaltung intensiviert, so daß diese Staaten ebenfalls als „Gründungsteilnehmer" in Frage kommen.

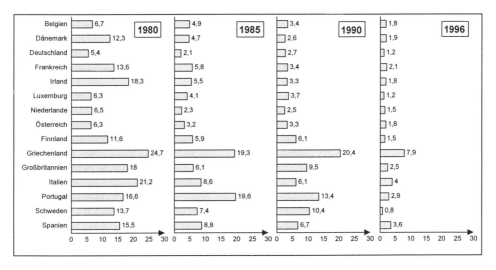

Abb. D-10: Entwicklung der Inflationsraten in den EU-Staaten zwischen 1980 und 1996 (Quelle: Hülsbömer/Sach, 1997, S. 85)

Darüber hinaus macht *Abb. D-10* deutlich, daß der europäische Integrationsprozeß - und zwar unabhängig von den erst sehr viel später formulierten Konvergenzkriterien im Vertrag von Maastricht - insgesamt zu einer Angleichung der staatlichen Wirtschaftspolitik in Europa geführt hat. Die in *Abb. D-10* aufgeführte Entwicklung der Inflationsraten zwischen 1980 und 1996 zeigt, daß die Spanne in Europa in diesem Zeitraum von 19,3 % (zwischen Griechenland und Deutschland) auf 7,1 % (zwischen Griechenland und Schweden) gesunken ist. Schon allein aus diesem Grunde kann erwartet werden, daß auch diejenigen Mitgliedsstaaten, die nicht zu den Gründungsteilnehmern der Währungsunion gehören, in absehbarer Zeit die Anforderungen für eine Teilnahme erfüllen werden.

1.2.1.1.2.1.2 Horizontale Erweiterung der EU

Neben den Bemühungen innerhalb der EU um eine zunehmende vertikale Integration wird in Europa auch eine weitere horizontale Integration angestrebt. Als Kandidaten für einen möglichen EU-Beitritt kommen dabei u. a. die ehemaligen europäischen RGW-Staaten in Frage. Konkretes Interesse an einem EU-Beitritt haben Bulgarien, Estland, Lettland, Litauen, Polen, Rumänien, die Slowakei, Slowenien, Ungarn und die Tschechische Republik signalisiert. Darüber hinaus ist auch die Türkei an einer Mitgliedschaft in der EU interessiert. Allerdings erwartet die EU von den Beitrittskandidaten im Vorfeld der Aufnahme von Beitrittsverhandlungen die Erfüllung bestimmter Grundvoraussetzungen in den Bereichen

- Demokratisierung,

- wirtschaftspolitische Angleichung an die Binnenmarktregeln,

- innere Sicherheit und

- Justiz.

Da nach Auffassung der EU-Kommission allein Polen, Ungarn, Slowenien, Estland und die Tschechische Republik augenblicklich die Grundvoraussetzungen in den o. g. Bereichen erfüllt haben, ist auf Vorschlag der Kommission auf dem EU-Gipfel in Luxemburg im Dezember 1997 beschlossen worden, nur diese Staaten zu Beitrittsverhandlungen einzuladen. Über die Aufnahme von Beitrittsverhandlungen mit den übrigen Staaten soll zu einem späteren Zeitpunkt erneut beraten werden.

1.2.1.1.2.2 Integrationstendenzen in anderen Regionen des Weltmarktes

Neben der EU, deren Prozeß des institutionellen Zusammenwachsens gegenüber anderen Ländergruppen vergleichsweise weit fortgeschritten ist, wurde bereits im Kapitel D 1.2.1.1.2 herausgestellt, daß darüber hinaus weltweit eine Vielzahl weiterer Handelszusammenschlüsse existiert. Eine besondere Bedeutung kommt in diesem Zusammenhang den nachfolgenden regionalen Handelszusammenschlüssen zu.

Nafta (North American Free Trade Area)

Die im November 1993 zwischen den USA, Mexiko und Kanada gegründete Freihandelszone, die zum 1.1.1994 in Kraft getreten ist, sieht den Abbau von Zöllen und nicht-tarifären Handelshemmnissen zwischen den beteiligten Staaten bis zum Jahr 2004 vor. Die Nafta stellt dabei eine Erweiterung des bereits 1989 zwischen den USA und Kanada abgeschlossenen Handelsabkommens, des „Canada-US Free Trade Agreement", dar.

Im Gegensatz zur EU handelt es sich bei der Nafta jedoch um keinen Gemeinsamen Markt, sondern allein um eine Freihandelszone. So ist von den Mitgliedsstaaten eine Gesetzesangleichung nach dem europäischen Vorbild nicht geplant. Vor allem unterliegen Importe von Gütern aus Nicht-Mitgliedsstaaten nach wie vor den jeweils nationalen und somit unterschiedlichen Zöllen und Einfuhrregelungen der drei Mitgliedsstaaten. Ebenso können solche Güter nach ihrer Einfuhr in einen Nafta-Staat nicht ohne weiteres in ein anderes Nafta-Land wieder ausgeführt werden.

> Verhindert wird so, daß sich beispielsweise ein deutscher Anbieter die niedrigen Einfuhrzölle Mexikos bei einem geplanten Export in die USA in der Weise zunutze macht, daß er zuerst nach Mexiko und von dort aus zollfrei weiter in die USA exportiert, indem er die Freihandelsvergünstigungen der Nafta in Anspruch nimmt.

Daher kommt der Nafta zur Zeit allein eine Bedeutung für die Unternehmen der beteiligten Länder zu. Beispielsweise steigerte sich der bilaterale Handel zwischen den Nafta-Staaten Mexiko und USA bereits im ersten Jahr um 23 % und im darauffolgenden Jahr um weitere 12 % (vgl. *Schirm*, 1997, S. 70; *Borrus/Symonds/Smith*, 1996). Für externe Anbieter gelten hingegen weiterhin die einzelstaatlichen Importvorschriften. Für die Zukunft kann allerdings nicht ausgeschlossen werden, daß sich auch für die Nafta ein Prozeß des weiteren Zusammenwachsens der Mitgliedsstaaten ergibt, die Freihandelszone sich zu einer Zollunion oder sogar einem Gemeinsamen Markt entwickelt und ihr somit in der Zukunft auch eine externe Bedeutung zukommt.

Apec (Asiatic Pacific Economic Cooperation)

Die Apec stellt einen ursprünglich lockeren Zusammenschluß von Staaten der asiatisch-pazifischen Region dar. Die beteiligten Länder (vgl. *Tab. D-5*) verstanden die Apec bei deren Gründung 1989 weniger als Handelsblock als vielmehr als konsultatives Wirtschaftsforum. Seit dem Gipfeltreffen 1993 in Seattle und 1995 in Osaka steuert die Gemeinschaft jedoch auf die Bildung einer Freihandelszone zu, da nunmehr vor allem Handels- und Investitionsschranken abgebaut werden sollen. Die Planungen der Mitgliedsstaaten sehen in diesem Zusammenhang vor, bis zum Jahr 2020 den Aufbau einer Freihandelszone abgeschlossen zu haben (vgl. *Dieter*, 1996, S. 276).

Länder	Bevölkerung (in Mio.)	Gebiet (1.000 km²)	BSP pro Kopf (in US-$)	BSP-Wachstum 1985-1994 (in % p.a.)
Australien	17,8	7713	18000	1,2
Brunei	0,27	6	14240	1,7
Chile	14,0	757	3520	6,5
China*	1190,9	9561	530	7,8
Hongkong	6,1	1	21650	5,3
Indonesien	190,4	1905	880	6,0
Japan	125,0	378	34630	3,2
Kanada	29,2	9976	19510	0,3
Malaysia	19,7	330	3480	5,6
Mexiko	88,5	1958	4180	0,9
Neuseeland	3,5	271	13350	0,7
Papua Neuginea	4,2	463	1240	2,2
Philippinen	67,0	1905	950	6,0
Singapur	2,9	1	22500	6,1
Südkorea	44,5	99	8260	7,8
Taiwan	20,9	36	10400	5,9
Thailand	58,0	513	2410	8,6
USA	260,6	9364	25880	1,3

* ohne Hongkong

Tab. D-5: Unterschiede zwischen Apec-Staaten (1994)
(Quelle: Hilpert/Nehls, 1996, S. 47)

Angesichts der aus *Tab. D-5* deutlich werdenden wirtschaftlichen Unterschiede der beteiligten Staaten ist jedoch einsichtig, daß die Staaten mit der Apec z. T. sehr unterschiedliche Ziele verbinden. Während insbesondere die USA, Australien, Kanada und Neuseeland auf den weitestgehenden Abbau von handelsbeschränkenden Vorschriften drängen, fühlen sich kleinere Mitgliedsstaaten der Wirtschaftsmacht eben dieser „Freihandelsbefürworter" nicht gewachsen und bevorzugen daher einen eher vorsichtigen Prozeß bei der Bildung der Freihandelszone. Aufgrund der unterschiedlichen Interessenlagen der Apec-Mitglieder kann davon ausgegangen werden, daß der Prozeß der Schaffung einer Apec-Freihandelszone in den kommenden Jahren vergleichsweise langsam vonstatten gehen wird.

Anden-Pakt

Der seit 1969 bestehende Anden-Pakt, zu dem Bolivien, Ecuador, Kolumbien, Venezuela und Peru gehören, hat sich zum Ziel gesetzt, einen Markt ohne Binnenzölle, aber mit einheitlichen Außenzöllen, also eine Zollunion zu schaffen. Daher haben sich die Mitglieder auf einheitliche Außenzölle geeinigt, die zum 1.1.1994 in Kraft getreten sind.

Mercosur (Mercado Commun del Coño Sur)

Ähnlich dem Anden-Pakt haben 1991 Argentinien, Brasilien, Paraguay und Uruguay die Mercosur-Gemeinschaft gegründet, deren Ziel es ist, ebenfalls alle internen Handelsschranken zu beseitigen und eine einheitliche Regelung für die Außenzölle gegenüber Drittstaaten zu finden. Darüber hinaus streben die Mitgliedsstaaten eine gemeinsame Wechselkurspolitik für die Zukunft an. 1996 ist Chile mehr oder weniger der Mercosur-Gemeinschaft beigetreten. Zwischen den eigentlichen Mitgliedsstaaten und Chile wurde vereinbart, bis zum Jahr 2014 alle Handelshemmnisse abzubauen (vgl. *o.V.*, 1996g).

Asean (Association of Southeast Asian Nations)

Der 1967 von den Staaten Brunei, Indonesien, Malaysia, den Philippinen, Singapur und Thailand gegründete Asean (Association of Southeast Asian Nations)-Bund stellte in seiner ursprünglichen Intention ein „Abwehrbollwerk" gegen den kommunistischen Einfluß Chinas, Vietnams und der UdSSR dar. Die sechs Mitglieder, die zugleich auch Mitglieder der Apec sind, beschlossen jedoch 1992, innerhalb der nächsten 10 bis 15 Jahre eine eigene Freihandelszone durch den hierzu erforderlichen Zollabbau zu schaffen. Die Gemeinschaft plant allerdings, den Zollabbau auf solche Güter zu beschränken, die einen Wertschöpfungsanteil innerhalb der Mitgliedsländer von mindestens 40 % aufweisen, um die Attraktivität dieser Region für ausländische Investoren nicht zu gefährden. Nachdem in der Zwischenzeit Vietnam der Asean bereits beigetreten ist, planen Laos, Kambodscha und Myanmar (früher Birma) die Mitgliedschaft für die nahe Zukunft (vgl. *o.V.*, 1997f).

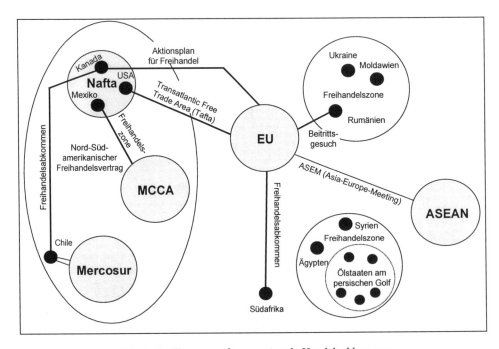

Abb. D-11: Weitere geplante regionale Handelsabkommen

Angesichts der großen Zahl bereits vorhandener oder für die Zukunft geplanter regionaler Handelsabkommen (vgl. *Abb. D-11*) kann Handelsgemeinschaften generell für die Zukunft eine erhöhte Bedeutung zugeordnet werden. *Abb. D-11* verdeutlicht in diesem Zusammenhang, daß sich einzelne Staaten nicht ausschließlich einer Handelsgemeinschaft anschließen müssen. Beispielsweise war die USA in der Vergangenheit die treibende Kraft beim Aufbau der Nafta, was die USA jedoch nicht davon abhielt, zusätzlich eine asiatisch-pazifische Handelsgemeinschaft (Apec) anzustoßen und zudem neuerdings mit den Europäern über eine transatlantische Handelsgemeinschaft zu verhandeln. Auch wenn der sogenannten *Tafta* (Transatlantic Free Trade Area) keine besonders großen Realisierungschancen eingeräumt werden (vgl. zur Tafta *Piazolo*, 1996; *o.V.*, 1996h), zeigt diese Entwicklung jedoch die dynamische Komponente von Handelsgemeinschaften auf. Gerade dem Phänomen der Dynamik ist dabei aus Marketingsicht eine exponierte Rolle zuzuschreiben. Die Veränderungstendenzen, die zusammenwachsende Märkte und somit entstehende Präferenzzonen, gemeinsame Märkte etc. mit sich bringen, machen es für in solchen Regionen tätige Unternehmen notwendig, ihr Marketing auf die neuen Markterfordernisse einzustellen.

Die Auswirkungen, die sich als Folge zusammenwachsender Marktstrukturen für das Marketing internationaler Unternehmen ergeben, lassen sich am treffendsten für entstehende Binnenmärkte (Gemeinsame Märkte) herausarbeiten, da bei diesen eine weitergehendere Änderung der Marktstrukturen als bei Freihandels- oder Präferenzzonen zu beobachten ist (vgl. hierzu ausführlich Kap. D 2).

1.2.1.2 Heterogenisierung institutioneller Rahmenbedingungen

Eine dem Phänomen zusammenwachsender Märkte entgegengesetzte Problematik ergibt sich aus dem institutionellen Auseinanderbrechen von Märkten. Unter einem „auseinanderbrechenden Markt" ist dabei die Division eines in der Vergangenheit räumlich abgegrenzten Marktes in mehrere, rechtlich selbständige Teilmärkte zu verstehen, wobei die Marktspaltung mit einer Heterogenisierung vormals uniformer Rahmenbedingungen einhergeht.

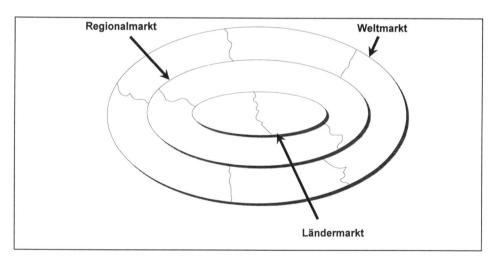

Abb. D-12: Ausprägungsformen auseinanderbrechender Märkte
(Quelle: Ackermann, 1997, S. 4)

Das Phänomen „Marktspaltung" kann im Rahmen einer Querschnittsbetrachtung auf unterschiedlichen Marktstufen identifiziert werden. Entsprechend *Abb. D-12* ist zwischen dem Auseinanderbrechen

- des Weltmarktes,

- von Regionalmärkten und

- einzelner Ländermärkte

zu unterscheiden.

Fragmentierung des Weltmarktes

Das Auseinanderbrechen kann sich zum einen auf den „Weltmarkt" beziehen. Als Weltmarkt oder globaler Markt können alle auf der Welt existierenden Ländermärkte verstanden werden, von denen sich die meisten nach dem 2. Weltkrieg im GATT zusammengeschlossen haben. Das Ziel dieses Zoll- und Handelsabkommens bestand von Beginn an in der Festlegung weltweit akzeptierter Regeln für den Welthandel sowie in der Liberalisierung des Welthandels (vgl. u. a. *May*, 1995). Da die Nachfolgeorganisation des GATT - das GATT wurde zum 1.1.1995 in die „World Trade Organization (WTO)" überführt - weiterhin an diesen Zielen festhält und in der WTO 124 Länder organisiert sind, deren Handel zusammen über 90 % des gesamten Welthandels ausmacht, können GATT bzw. WTO als Versuch gewertet werden, einen Weltmarkt zu schaffen.

Obwohl es das erklärte Ziel der WTO ist, den Freihandel zu fördern, lassen sich innerhalb der WTO in jüngster Zeit gegenläufige Tendenzen beobachten (vgl. *Zänker*, 1996). So greift z. B. die USA - früher Protagonist eines weltweiten Freihandels - aufgrund chronischer Handelsbilanzdefizite immer häufiger zu protektionistischen Maßnahmen - mitunter auch zur Durchsetzung nicht-wirtschaftspolitischer Ziele (vgl. *Wettwer*, 1996).

> Besondere Beachtung hat in der Vergangenheit der Handelsstreit zwischen den USA und Japan gefunden (vgl. hierzu auch Kap. C 1.1.2). Aufgrund des in der ersten Hälfte der 90er Jahre stark angewachsenen Handelsdefizits im Handel mit Japan bemüht sich die amerikanische Regierung seit 1993, eine Öffnung des japanischen Marktes für amerikanische Anbieter zu erreichen. Auch wenn die japanische Regierung den amerikanischen Forderungen in vielen Fällen weitgehend nachkam, änderte dies nur wenig an den für amerikanische Anbieter schwierigen Marktverhältnissen im japanischen Markt. Ursächlich hierfür sind die traditionell festgefügten Beziehungsstrukturen zwischen japanischen Hersteller- und Zulieferunternehmen auf der einen und die weitverzweigten Vertriebsstrukturen auf der anderen Seite. Aus diesem Grunde änderte das Entgegenkommen der japanischen Regierung im Bereich von Importquoten und Zöllen nur wenig an der Abschottung des japanischen Marktes, was auch in der Karikatur in *Abb. D-13* zum Ausdruck kommt.

Abb. D-13: Karikatur zum Entgegenkommen der japanischen Regierung im
Handelsstreit mit den USA im Jahr 1994
(Quelle: Siems, 1994, S. 34)

Untergraben werden die Ziele der WTO jedoch auch durch die o. g. regionalen Integrationstendenzen (vgl. Kap. D 1.2.1.1.2). Diese bewirken zwar einerseits für die an der regionalen Integration beteiligten Länder eine Auflösung der einzelstaatlichen Marktabschottung und damit einhergehend eine Intensivierung des Handels; andererseits gehen regionale Integrationstendenzen jedoch häufig zu Lasten von Anbietern aus außenstehenden Ländern. Beispielsweise wurde der EU in der ersten Hälfte der 90er Jahre insbesondere von seiten der USA immer wieder vorgeworfen, den europäischen Binnenmarkt zu einer „Festung Europa" auszubauen, da die USA befürchtete, daß sich die Wettbewerbschancen amerikanischer Anbieter aufgrund protektionistischer Maßnahmen der EU innerhalb des Binnenmarktes tendenziell verringern würden (vgl. *Adam, B.*, 1993a; *ders.*, 1993b). Tatsächlich hat die EU mit der Gründung des Binnenmarktes in verschiedenen Wirtschaftsbereichen Maßnahmen ergriffen, die Unternehmen aus Nicht-EU-Staaten schlechter stellen als innereuropäische Anbieter (vgl. z. B. die EU-Bananenmarktordnung von 1993; vgl. zur Analyse der EU-Bananenmarktordnung *Wolffgang*, 1996). Insofern ist davon auszugehen, daß die zunehmende regionale Integration in vielen Teilen der Welt der Fraktur von Bestrebungen zur Schaffung eines Weltmarktes Vorschub leistet.

Zersplitterung von Länderblöcken

Ebenso wie sich einzelne Länder zu übergeordneten Wirtschaftseinheiten zusammenschließen können (vgl. Kap. D 1.2.1.1.2), können solche Regionalmärkte anschließend wieder auseinanderbrechen. Das wohl bekannteste Beispiel für die Aufspaltung von Länderblöcken stellt die Auflösung des „Rates für Gegenseitige Wirtschaftshilfe (RGW)" im Jahre 1991 dar.

Parallel zu den Einigungsbemühungen in Westeuropa gründeten 1949 sieben osteuropäische Staaten (UdSSR, Bulgarien, Ungarn, Polen, Rumänien, Tschechoslowakei und Albanien) auf Druck der damaligen UdSSR den RGW, dem sich in der Folgezeit die DDR (1950), die Mongolische Volksrepublik (1962), Kuba (1972) und Vietnam (1978) als weitere Mitglieder anschlossen. Ziel des RGW war von Beginn an die Schaffung eines Gemeinsamen Marktes (vgl. zum Begriff Kap. D 1.2.1.1.1), der zum einen seinen Mitgliedern die Rohstoffzufuhr sichern und zum anderen einen größeren Absatzmarkt für die Erzeugnisse aus den Mitgliedsstaaten gewährleisten sollte.

Die Auflösung des RGW im Juni 1991 warf für viele Mitgliedsstaaten, auch für die zuvor nicht autonomen Nachfolgestaaten der UdSSR, erhebliche Probleme auf. Besonders hemmend erwiesen sich nun die in der Vergangenheit umfassend aufgebauten Bezugs- und Lieferverflechtungen zwischen Unternehmen der verschiedenen RGW-Staaten. Durch die Auflösung des RGW brach dieses Netzwerk zusammen, weil zum einen bisherige Vorlieferanten aus dem Markt ausschieden und zum anderen Bezüge und Lieferungen in nunmehr ausländischer Valuta abgerechnet werden mußten, die in allen RGW-Staaten knapp waren. Der Produktionseinbruch wurde überdies noch dadurch beschleunigt, daß die bestehenden Betriebe nach der Auflösung des RGW mit Wettbewerbern aus westlichen Ländern kaum noch konkurrieren konnten und daher nur unter großen Anstrengungen Abnehmer für ihre Produkte finden konnten.

Desintegration einzelner Ländermärkte

Das Auseinanderbrechen von Märkten kann sich schließlich auch auf einzelne Ländermärkte beziehen. Als Beispiele hierfür lassen sich die Aufspaltung der Tschechoslowakei, der UdSSR oder Jugoslawiens anführen. Darüber hinaus ist dies jedoch kein ausschließliches Phänomen, das in Mittel- und Osteuropa auftritt. Statt dessen haben die Bemühungen der Provinz Québec in Kanada deutlich gemacht, daß sich Desintegrationstendenzen auch in anderen Regionen finden lassen (vgl. *o.V.,* 1996d).

Der Hauptgrund für ein Auseinanderbrechen eines nationalen Marktes ist in der „künstlichen" Zusammenfassung verschiedener Wirtschaftsräume oder ethnisch heterogener Gruppen zu sehen.

- Im Falle der Zusammenfassung unterschiedlicher Wirtschaftsräume zu einem National-staat ergeben sich immer dann Desintegrationstendenzen, wenn ein starkes wirtschaftli-ches Gefälle zwischen den Wirtschaftsräumen besteht. Beispielsweise ist eine wesentliche Triebfeder für die Aufspaltung Jugoslawiens darin zu sehen, daß die „reichen" Regionen des Nordens Jugoslawiens (Kroatien und Slowenien) die eher ärmlichen südlichen Regio-nen nicht weiter „quersubventionieren" wollten (vgl. *Lavigne,* 1995).

- Ein mindestens ebenso großes Desintegrationspotential liegt dann vor, wenn einzelne Staaten über heterogene ethnische Strukturen verfügen. Beispielsweise wurde die Desin-tegration der ehemaligen Tschechoslowakei wesentlich von der Bevölkerungsgruppe der Slowaken vorangetrieben, obwohl diese ökonomisch nicht unerheblich vom wirtschaftlich stärkeren Rest der ehemaligen Tschechoslowakei profitierte. Hintergrund der Bestrebun-gen war jedoch die Tatsache, daß sich die Slowaken mit dem tschechoslowakischen Staat nicht identifizierten und daher trotz ökonomischer Nachteile eine Aufspaltung befürwor-teten (vgl. *Musil,* 1995; *Kusy,* 1995; *Suda,* 1995).

Tab. D-6 verdeutlicht, daß auch nach dem Auseinanderbrechen von Tschechoslowakei und Ju-goslawien noch weitere Desintegrationen in Südost-Europa möglich sind, da noch immer in einer Vielzahl von Staaten starke ethnische Heterogenität besteht.

Anteil ethnischer Minderhei-ten an der Gesamtbevölke-rung	<u>vor</u> Auseinanderbrechen von Tschechoslowakei und Jugo-slawien	<u>nach</u> Auseinanderbrechen von Tschechoslowakei und Jugoslawien
unter 10 %	Albanien, Ungarn, Polen	Albanien, Ungarn, Polen, Slo-wenien, Tschechien
10 - 25 %	Bulgarien, Rumänien	Bulgarien, Rumänien, Kroa-tien, Slowakei
25 - 40 %		Mazedonien, Montenegro, Serbien
mehr als 40 %	Jugoslawien, Tschechoslowakei	Bosnien, Herzegowina

Tab. D-6: Anteil ethnischer Minderheiten in den Staaten Süd-Ost-Europas
(Quelle: In Anlehnung an Hatschikjan, 1995, S. 15)

Unabhängig davon, ob die Marktdynamik auf den von einem Anbieter bearbeiteten Ländermärkten durch eine Heterogenisierung der institutionellen Rahmenbedingun-gen in Form einer Fragmentierung des Weltmarktes, einer Zersplitterung von Länderblöcken oder einer Desintegration einzelner Ländermärkte bedingt wird, ergeben sich aus dem Auseinanderbrechen marketingrelevante Veränderungen für international tätige Unternehmen. Auch hierbei ist zwischen Änderungen zu unterscheiden, die sich in erster Linie auf sogenannte „interne Anbieter" auswirken, und solchen Änderungen, die sich auf „externe Anbieter" beziehen. Während von *internen Anbietern* dabei dann gesprochen wird, wenn diese auf den auseinanderbrechenden Märkten beheimatet sind, stammen *externe Anbieter* aus solchen Ländern, in denen keine Marktstrukturveränderungen feststellbar sind. Trotzdem lassen sich auch für letztere marketingrelevante Auswirkungen konstatieren, da diese innerhalb ihrer Auslandstätigkeit mit der Strukturdynamik konfrontiert werden.

Dabei ergibt sich für interne wie auch für externe Unternehmen ein besonderes Erschwernis aus der Geschwindigkeit der Umwandlungen im Zusammenhang mit dem Auseinanderbrechen von Märkten. Für zusammenwachsende Märkte läßt sich zeigen, daß der Umstrukturierungsprozeß hier häufig über Jahrzehnte abläuft und somit vergleichsweise langsam vonstatten geht. Im Gegensatz dazu zeichnen sich gerade die Erosionserscheinungen in Osteuropa durch eine „schockartige" Schnelligkeit aus (vgl. *Losonez*, 1990, S. 341). Zu berücksichtigen ist hierbei allerdings, daß die Geschwindigkeit des Auseinanderbrechens nicht unwesentlich durch den parallel stattfindenden Transformationsprozeß (vgl. hierzu *Trommsdorff/Schuchardt*, 1998) bedingt wird.

Als eines der Hauptprobleme für Unternehmen auf auseinanderbrechenden Märkten stellt sich in diesem Zusammenhang die Tatsache dar, daß die Marktaufspaltung zu einer Zerstörung der unternehmerischen Wertschöpfungskette führt. Gerade solche Branchen, deren Produk-tionsprozesse durch ein hohes Maß an Arbeitsteilung gekennzeichnet sind und die vor dem Auseinanderbrechen Vorprodukte an Zulieferer fremdvergeben haben, sehen sich nunmehr der Situation gegenüber, schlagartig zahlreiche „ausländische" Zulieferer zu besitzen.

Betrachtet man zur Erläuterung *Abb. D-14*, in der eine Zulieferer-Hersteller-Beziehung für die ehemalige UdSSR dargestellt ist, so wird die Tragweite der sich ergebenden Änderungen deutlich.

Gehörten vormals Zuliefer- und Herstellerunternehmen einem gemeinsamen Ländermarkt an und sahen sich daher identischen wirtschafts- und ordnungspolitischen Gegebenheiten gegenüber, wird die Zuliefer-Hersteller-Beziehung im Beispiel der *Abb. D-14* nun nach dem Zerfall der UdSSR u. a. durch die politischen Entwicklungen in vier verschiedenen Staaten beeinflußt. Unterschiedliche Währungen, zahlreiche Grenzüberschreitungen oder verschiedenartige Subventions- und Wirtschaftslenkungsmechanismen sind dabei nur die offensichtlichen Erschwernisse, die die Zulieferer-Hersteller-Beziehungen der Vergangenheit quasi zum Scheitern verurteilen.

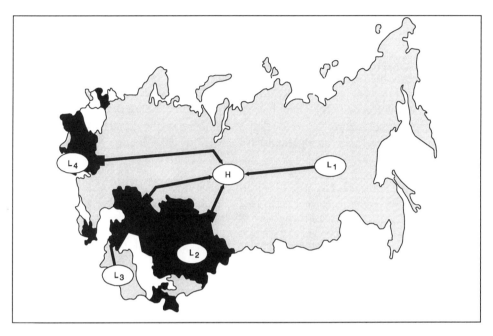

Abb. D-14: Auswirkungen auf die Zulieferer-Hersteller-Beziehung

1.2.2 Veränderungen auf der Ebene der Marktpartner

Veränderungen können nicht nur auf der Ebene institutioneller Rahmenbedingungen, sondern auch auf der Ebene der Transaktionspartner stattfinden, wobei sie sich auf die Anbieter- und die Nachfragerseite beziehen können. Im Mittelpunkt der Diskussion stehen dabei die Veränderungen des Nachfragerverhaltens, da sie für das Marketing unmittelbar relevant sind. Anbieterbezogene Maßnahmen sind als Reaktion darauf oder als Auslöser nachfragerbezogener Veränderungsprozesse von Bedeutung.

1.2.2.1 Nachfragerbezogene Veränderungen

1.2.2.1.1 Konvergenzprozesse des Nachfragerverhaltens

Eines der wesentlichen Merkmale nachfragerbezogener Veränderungen im Internationalen Marketing ist die Annahme einer Homogenisierung des Kaufverhaltens (vgl. *Levitt*, 1983; *Ohmae*, 1985). Grenzüberschreitend identifizierbare Zielgruppen konvergieren nach dieser These zu einem immer ähnlicheren Verhalten bei der Beschaffung von Produkten auf der Grundlage ähnlicher werdender Präferenzen. Diese gleichartige Entwicklung wird als entscheidende Voraussetzung für ein geozentrisch ausgerichtetes Internationales Marketing betrachtet (vgl. u. a. *Kreutzer*, 1989; *Levitt*, 1983). Die Konvergenzthese beinhaltet dabei eine über Ländergrenzen hinweg zu beobachtende Angleichung von Konsumgewohnheiten und darauf fußender Kaufprozesse, aber auch eine weitgehende Annäherung der Lebensstile verschiedener Länder.

Anzunehmen ist, daß die Konvergenz des Kaufverhaltens auf den Märkten für Industriegüter wesentlich weiter vorangeschritten ist als für viele Konsumgüter, bei denen regionale oder nationale Präferenzen teilweise noch von großer Bedeutung sind. Demgegenüber stellen viele Unternehmen oder öffentliche Institutionen Beschaffungsrichtlinien für bestimmte Beschaffungsprobleme auf (z. B. Werkzeugmaschinen, Anlagen zur Stromerzeugung, Telekommunikationsausrüstung), die von den einzelnen nationalen Niederlassungen zu beachten sind. Zudem gehen immer mehr Unternehmen dazu über, in konkreten Beschaffungssituationen grenzüberschreitend Angebote alternativer Anbieter einzuholen. Ähnliche oder sogar vollkommen identische Kundenprobleme verstärken den Trend. So zeigen *Backhaus/Evers/Büschken/Fonger* (1992) im Rahmen einer empirischen Studie für den Markt für Gütertransportdienste auf der Grundlage von Unternehmensbefragungen in Frankreich, den Niederlanden und Deutschland, daß bei der Beschaffung dieser Dienste keine nationalen Präferenzen identifizierbar sind.

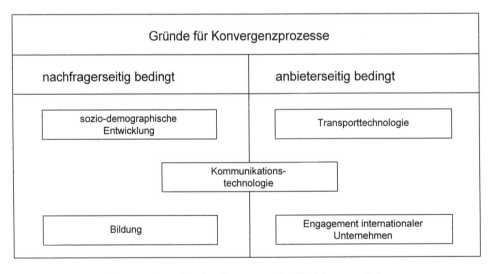

Abb. D-15: Ursachen der Konvergenz des Nachfragerverhaltens

Die Konvergenz des Nachfragerverhaltens ist vor allem innerhalb der Industrienationen (HIC: Highly Industrialized Countries) zu beobachten. Da aber auch in den
sogenannten Schwellenländern Imitationen von Lebensweisen der Bevölkerung in
Industrieländern zu beobachten sind, kann die Konvergenzthese tendenziell über die
Gruppe der Industrienationen hinaus aufrechterhalten werden. Als Gründe für die
Angleichung der Kundenpräferenzen und des Nachfragerverhaltens sind nach *Kreutzer* (1989, S. 41 ff.) die in *Abb. D-15* aufgeführten Gründe zu nennen.

Abb. D-15 macht deutlich, daß die Ursachen für die Konvergenz des Nachfragerverhaltens nicht nur auf Nachfragerebene, sondern auch als Folge neuartiger Technologien entstehen, deren Verwendung durch die Anbieter Konvergenzprozesse auslösen. Nachfrager- und anbieterbezogene Veränderungen als Elemente dynamischer
Marktveränderungen lassen sich daher nicht strikt voneinander trennen.

- Sozio-demographische Entwicklung

Die in den vergangenen Jahrzehnten im Welthandel führenden Industrienationen
zeichnen sich durch parallele sozio-demographische Entwicklungen aus. Ein kaum
noch vorhandenes oder sogar negatives Bevölkerungswachstum hat zu einer Umkehrung der Alterspyramide geführt, als dessen Folge die Bevölkerung der Industrienationen zunehmend Überalterungstendenzen aufweist. Darüber hinaus hat sich der zu
Beginn dieses Jahrhunderts einsetzende Übergang von Großfamilien hin zu sogenannten Kleinfamilien in der Weise fortgesetzt, daß die Anzahl von Single-Haushal-
ten ständig zunimmt. Diese Parallelität der sozio-demographischen Entwicklungen
hat wesentlich dazu beigetragen, die Kundenpräferenzen und Kaufverhaltensweisen
über ähnliche Lebensweisen zu assimilieren.

- Bildung

Ein weiterer nachfragerseitiger Grund für die ausgemachten Konvergenztendenzen,
die sich - wie erwähnt - vornehmlich in den Industrienationen offenbaren, ist in dem
hohen Bildungsniveau der Bevölkerung zu sehen. Stark abnehmendes Analpha-
betentum, verbesserte Ausbildung, aber auch ein traditionell stark ausgeprägtes kul-
turelles Interesse der Bevölkerung haben unzweifelhaft zu einer Angleichung des
Nachfragerverhaltens geführt. So hat ein hohes durchschnittliches Bildungsniveau
ein frühzeitiges Auseinandersetzen mit fremden Kulturen gefördert und dadurch die
Aufgeschlossenheit gegenüber ausländischen Anbietern und deren Produkten erhöht.

- Kommunikationstechnologie

Die revolutionäre Entwicklung kommunikationstechnologischer Möglichkeiten läßt
sich weder eindeutig den nachfrager- noch den anbieterseitigen Gründen zuordnen,
da diese neuen Technologien sowohl das Nachfragerverhalten durch eine explosi-
onsartig zunehmende Informationsversorgung verändert und angeglichen als auch

den Unternehmen erst die Möglichkeit eröffnet haben, unterschiedliche Ländermärkte gleichartig zu bedienen.

Hinsichtlich des Nachfragerverhaltens hat gerade die Tatsache, daß Konsumenten
verschiedener Länder die gleichen Informationen zugänglich gemacht werden und
mit Hilfe dieser Informationen ähnliche Bedürfnisse geweckt werden, die Angleichung der Kundenpräferenzen und -verhaltensweisen unterstützt.

Ebenso haben sich jedoch die annähernd vollkommene Informationsgeschwindigkeit
und die hieraus resultierende Markttransparenz auf das Anbieterverhalten ausgewirkt. Bedenkt man z. B., daß per Satellit gesendete nationale TV-Programme
gleichzeitig von Zuschauern in aller Welt empfangen werden können, so ist es ein-
leuchtend, daß dies Auswirkungen auf die Strategien und den Instrumenteeinsatz
von Anbietern hat, da eine länderspezifische Ausrichtung beispielsweise kommunikationspolitischer Instrumente erschwert oder sogar unmöglich gemacht wird.

- Transporttechnologie

Eine den Kommunikationstechnologien ähnlich dramatische Entwicklung haben die
Transporttechnologien in den vergangenen Jahrzehnten genommen. Moderne Trans-
portsysteme ermöglichen es Anbietern, große räumliche Distanzen zu vergleichsweise geringen Kosten zu überwinden. Die hieraus resultierende Möglichkeit, mit dem
eigenen Leistungsprogramm alle gewünschten Märkte unabhängig von deren geographischer Lage bedienen zu können, hat den Konvergenzprozeß geprägt, da die
globale Produktpräsenz dazu beigetragen hat, einen gleichartigen Nachfragerbedarf
zu wecken.

- Engagement internationaler Unternehmen

International agierende Unternehmen tragen bewußt und unbewußt zur Verstärkung
von Konvergenztendenzen bei. So können solche Unternehmen durch ein in diese
Richtung zielendes Marketing bemüht sein, nationale Unterschiede zu beseitigen,
indem sie bewußt auf Strukturänderungen in den Bedürfnissen der jeweiligen Nachfrager abstellen.

> Bemüht sich beispielsweise ein Unternehmen, das im Land A mit Erfolg ein neuartiges
> Produkt in den Markt eingeführt hat, in einem anderen Land, bei dessen Nachfragern bis-
> lang noch keinerlei Präferenzen für dieses neue Produkt bestanden, über gezielte Werbung
> Bedarf an diesem Leistungsangebot zu wecken, so trägt dieses Unternehmen direkt zur
> Angleichung der Kundenpräferenzen bei.

Ebenso unterstützen solche Unternehmen Konvergenztendenzen unbewußt. So tragen sie zur Beseitigung nationaler Unterschiede durch intensiven länderübergreifen-

den Kommunikationsfluß, intensiven Personaltransfer oder durch die Übertragung von Management- bzw. Technologie-Know-how bei (vgl. *Kreutzer*, 1989, S. 47).

1.2.2.1.2 Regionalisierung des Nachfragerverhaltens

Unter der Regionalisierung des Nachfragerverhaltens wird ein Prozeß verstanden, der ein der Angleichung des Konsumentenverhaltens und der Kaufprozesse entgegengesetztes Phänomen beschreibt. Mit der Regionalisierung des Nachfragerverhaltens wird ein Vorgang beschrieben, in dessen Rahmen sich Nachfrager von übergeordneten nationalen Eigenheiten des Konsums bzw. der Beschaffung lösen und regionale Besonderheiten herausbilden. Die dabei entstehenden „Beschaffungsregionen" können ursprünglich nationale Grenzen überschreiten (vgl. *Ohmae*, 1996). Die Ursachen für eine Regionalisierung des Nachfragerverhaltens sind vielfältig (vgl. *Kreutzer*, 1989) und beziehen sich vor allem auf folgende Aspekte:

- länderinterne Spannungen,
- Streben nach differenzierter Bedürfnisbefriedigung,
- grenzüberschreitende, regionale Entwicklungsprogramme.

Länderinterne Spannungen als Folge politischer, kultureller, religiöser oder ethnischer Auseinandersetzungen zwischen nationalen Gruppen lassen sich in der jüngsten Vergangenheit in zunehmender Zahl beobachten. Beispiele wie Indien, Sri Lanka, der Libanon oder das ehemalige Jugoslawien zeigen, daß politischer Wille zu einer regionalen Aufsplitterung des vormals nationalen Marktes führen kann. Der Einfluß kultureller und religiöser Normen ist dabei aufgrund ihrer langfristigen und z. T. starken Wirkung erheblich (vgl. *Terpstra*, 1987; *Perlitz*, 1995).

Die Entstehung regionaler Besonderheiten ist nicht nur auf den extremen Fall des Zerfalls nationaler Einheiten zurückzuführen. Ebenso können regionale kulturelle Besonderheiten entsprechende Marktregionalisierungen hervorrufen. Ursachen hierfür können die Urbanisierung von Gesellschaften (vgl. *Hünerberg*, 1994) bei gleichzeitiger Verschärfung der Gegensätze zwischen ländlichen und städtischen Regionen, die Betonung regionaler Identitäten („Bei uns im Norden") oder das Bestreben, die regionale kulturelle Identität zu bewahren („Back to the roots-Syndrom"), sein. Im Ergebnis führen solche Entwicklungen zum Streben nach einer *differenzierten Bedürfnisbefriedigung*, die auf den Märkten in Form einer Regionalisierung oder sogar Individualisierung des Kaufverhaltens („Multiple option society": *Naisbitt*, 1984) auftritt.

Die Regionalisierung des Nachfragerverhaltens ist darüber hinaus Folge der Förderung grenzüberschreitender Regionen im Rahmen *internationaler Entwicklungspro-*

gramme. So fördert die EU regionale Entwicklungsprogramme vor allem dann, wenn durch diese die Überwindung nationaler Grenzen in der EU beschleunigt wird.

Auf der Grundlage dieser Förderungspolitik schließen sich regionale, aber auch internationale Planungseinheiten zusammen, um für gemeinsame Maßnahmen (z. B. Ausbau und Verbesserung der Infrastruktur) in den Genuß von Fördermitteln zu kommen. Ein Beispiel für eine solche Gruppe ist die MHAL, eine Kooperation der Städte Maastricht, Heerlen, Hasselt, Aachen und Lüttich im Dreiländereck Niederlande, Belgien und Deutschland. Im Rahmen eines umfangreichen Programms fördert die EU hier Projekte zur gemeinsamen und zwischen den Städten abgestimmten Raumordnungsplanung, Verkehrsplanung, Gewerbegebietsplanung oder zur Entwicklung des Tourismus (vgl. *MHAL*, 1993). Die Integration dieser Region ist dabei z. T. schon weit vorangeschritten. So führen Strecken des öffentlichen Personennahverkehrs teilweise über die Ländergrenzen hinweg (z. B. Aachen-Vals). Die Streckenplanung erfolgt damit in abgestimmter Form. Daneben ist es erklärter Wille der Entscheidungsträger dieser Kooperation, in der Region die Dreisprachigkeit der Bevölkerung zu fördern, um die Integration auf persönlicher Ebene voranzutreiben.

Grenzüberschreitende regionale Entwicklungsprogramme entfalten marktrelevante Wirkungen auf direkte und indirekte Weise. Die Integration von Planungs- und Entscheidungsinstanzen der öffentlichen Hand kann Beschaffungsentscheidungen dieser Institutionen direkt im Sinne einer regionalen Vereinheitlichung, aber gleichzeitigen Abgrenzung von bisherigen nationalen Praktiken verändern. Eine zunehmende Integration der regionalen Bevölkerung kann den gegenseitigen Austausch kultureller Elemente und damit indirekt die gegenseitige Anpassung des Kaufverhaltens ebenfalls bei gleichzeitiger Abgrenzung von nationalen Gewohnheiten fördern.

1.2.2.2 Anbieterbezogene Veränderungen

1.2.2.2.1 Globalisierungstendenzen

Wenn Beschaffungsprozesse grenzüberschreitend ähnlicher werden, wird es für Anbieter attraktiver, sich nicht allein auf den Heimatmarkt zu konzentrieren, wenn zugleich die Nachfrage in anderen Ländern mit einem ähnlichen Leistungsprogramm, ähnlicher Strategie und einem gleichartigen Instrumenteeinsatz bedient werden kann. Zudem befinden sich Konkurrenten aus anderen Ländern in einer vergleichbaren Ausgangssituation und engagieren sich demzufolge zunehmend im Ausland. Hieraus ergibt sich ein erheblicher Internationalisierungsdruck: Anbieter sind auf homogener werdenden Märkten zunehmend gezwungen, sich zu „global players" zu entwickeln.

Dieser Druck ist darauf zurückzuführen, daß bei ausbleibender Internationalisierung Marktanteile an die internationale Konkurrenz verlorengehen. So ist in vielen Branchen davon auszugehen, daß zusätzlicher Absatz auf Auslandsmärkten als Folge der Skalensensitivität moderner Produktionstechnologien zu Kostenvorteilen beim anbietenden Unternehmen führt (vgl. *Ghemawat/Spence*, 1989). Daraus resultierende Erfahrungskurveneffekte bewirken, daß diejenigen Anbieter, die die höchsten kumulierten Ausbringungsmengen aufweisen, auch die geringsten Stückkosten zu erwarten haben. Die Positionierung als „global player" stellt daher häufig keine unabhängige strategische Wahl dar, sondern vielmehr eine gezwungenermaßen übernommene Ausrichtung.

Konvergenzprozesse laufen zumeist auf den Märkten der führenden Industrienationen ab. Geozentrisches Marketing beinhaltet daher häufig die Konzentration auf eben diese Märkte. Aus diesem Grunde steht die Konzeption des Global Marketing auch in enger Verwandtschaft zu dem bereits skizzierten Konzept der Triade. Dieses von *Ohmae* entworfene Konstrukt besagt, daß Anbieter in allen Teilmärkten der Triade vertreten sein müssen (vgl. *Ohmae*, 1985). Dies wird auch damit erklärt, daß Unternehmen verschiedenster Branchen auf den umsatzstärksten Märkten vertreten sein müssen, da sie nur so in der Lage sind, die durch kapitalintensivere Produktionsformen insbesondere entstehenden Fixkosten - z. B. für Forschung und Entwicklung - in adäquater Zeit zu amortisieren, was wegen zunehmend kürzerer Produktlebenszyklen allein bei einem Engagement auf allen Teilmärkten der Triade möglich ist.

Das Triade-Konzept zeichnet sich dabei nicht zwangsläufig durch feststehende Ländermärkte aus. So sind nicht in jedem Fall Japan, Europa und die USA notwendige Zielländer für ein globales Engagement. Statt dessen sollten mit Hilfe einer globalen Strategie jeweils diejenigen Ländermärkte anvisiert werden, auf denen wesentliche Teile des Weltumsatzes getätigt werden und die sich darüber hinaus durch ähnliche, wenn nicht gleiche Kundenpräferenzen und Kaufverhaltensweisen auszeichnen.

Das Fokussieren auf die Triade und die damit verbundene Realisierung eines Globalen Marketings kann nun jedoch keineswegs pauschal für alle Branchen als sinnvoll erachtet werden. Statt dessen ist sorgfältig zwischen den Vor- und Nachteilen einer möglichen Globalisierung abzuwägen. In *Tab. D-7* sind mögliche Gründe zusammengetragen worden, die für eine Globalisierung sprechen können.

Neben der Überprüfung, welche Ausprägungen eben diese Gründe in der eigenen Branche und Unternehmenssituation aufweisen, sollten Unternehmen im Rahmen der Festlegung der eigenen strategischen Grundsatzausrichtung auch die Vorteile anderer Internationalisierungsstrategien berücksichtigen. *Abb. D-16* zeigt eine Zusammenstellung einiger ausgewählter Branchen, die entsprechend den bei diesen für möglich gehaltenen Globalisierungsvorteilen, aber auch hinsichtlich der eventuellen Vorteile einer polyzentrischen Ausrichtung positioniert sind.

Ursachen des Globalen Marketings	
Anbieterseitig bedingt	**Nachfragerseitig bedingt**
• Betriebsgrößenvorteile • verbesserter Ressourcenzugang • hohe Fixkosten • Notwendigkeit schneller Amortisation von Investitionen bei kürzer werdenden Produktlebenszyklen	• Homogenität der Kundenbedürfnisse und -verhaltensweisen • Vereinheitlichung technischer Standards • günstige wirtschaftliche und wirtschafts-politische Rahmenbedingungen

Tab. D-7: Ursachen des Globalen Marketings
(Quelle: In Anlehnung an Meffert, 1989a, S. 448)

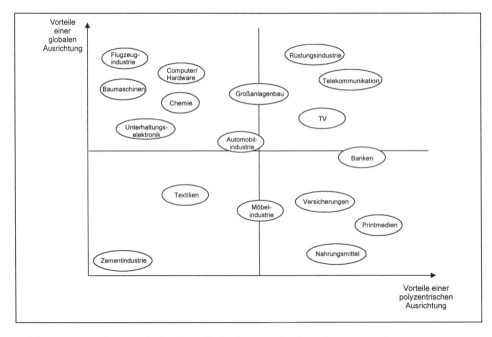

Abb. D-16: Branchenspezifische Vorteilhaftigkeit verschiedener Internationalisierungsstrategien
(Quelle: In Anlehnung an Meffert, 1989a)

1.2.2.2.2 Veränderungen relativer Wettbewerbspositionen

Koordinationsprobleme können für internationale Unternehmen auch durch eine Veränderung der relativen Wettbewerbssituation entstehen. Eine solche Veränderung tritt ein, wenn Konkurrenzunternehmen auf einem oder auf mehreren vom Anbieter bearbeiteten Ländermärkten einen Strategiewechsel vornehmen oder wenn eine nicht alle Anbieter in gleicher Weise tangierende Veränderung der institutionellen Rahmenbedingungen implementiert wird. *Abb. D-17* zeigt eine schematische Darstellung der Konkurrenzsituation eines internationalen Unternehmens.

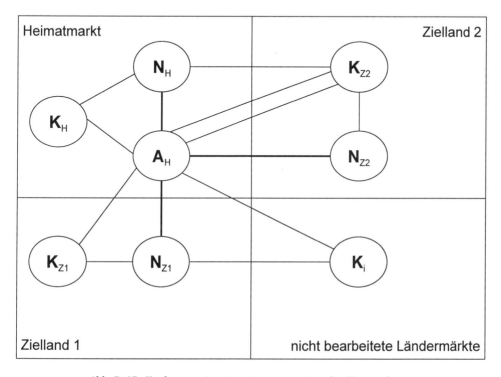

Abb. D-17: Konkurrenzsituation eines internationalen Unternehmens

Im Beispiel der *Abb. D-17* ist das internationale Unternehmen (A_H) neben dem Heimatmarkt auf zwei weiteren Ländermärkten (Zielland 1 und 2) tätig. In jedem der drei bearbeiteten Ländermärkte steht der Anbieter mit auf dem jeweiligen Markt beheimateten Unternehmen (K_H, K_{Z1}, K_{Z2}) im Wettbewerb, die ggf. auch andere Ländermärkte bedienen, auf denen das internationale Unternehmen tätig ist. Der aus dem Zielland 2 stammende Anbieter (K_{Z2}) bearbeitet so auch den Heimatmarkt des betrachteten Unternehmens. Darüber hinaus sind für das internationale Unternehmen jedoch auch diejenigen Konkurrenten (K_i) relevant, die aus Ländern stammen, die das betrachtete Unternehmen nicht bearbeitet.

Somit sieht sich das internationale Unternehmen unterschiedlichen Typen von Wettbewerbern gegenüber, die ein *Konkurrenznetzwerk* bilden:

- Konkurrenten, die allein auf einzelnen vom internationalen Unternehmen bearbeiteten Ländermärkten als Heimatmarktanbieter aktiv sind (nationale Wettbewerber),

- Konkurrenten, die auf einigen oder allen vom internationalen Unternehmen bearbeiteten Ländermärkten tätig sind (internationale Wettbewerber), und

- Konkurrenten, die einzelne Ländermärkte im Rahmen der internationalen Marktbearbeitung adressieren (Drittlandwettbewerber).

Auswirkungen veränderten Konkurrenzverhaltens

Trotz konstanten Nachfragerverhaltens, feststehender Rahmenbedingungen und gleichbleibender Marktbearbeitung durch das internationale Unternehmen können Koordinationsprobleme entstehen, wenn Konkurrenten ihre Marktbearbeitungsstrategien verändern. Ein Strategiewechsel des Anbieters K_{Z1} - beispielsweise in Form einer Preisreduzierung für die von ihm angebotenen Produkte - verändert die Wettbewerbsposition des internationalen Unternehmens im Zielland 1. Allerdings kann diese zunächst national wirkende Veränderung der Wettbewerbsposition auch Auswirkungen auf die Marktbearbeitung anderer Ländermärkte haben. Paßt das internationale Unternehmen seine Preispolitik im Zielland 1 der veränderten (nationalen) Wettbewerbsstrategie an, so erwächst hieraus evtl. auch ein Anpassungsdruck auf die Preispolitik in anderen bearbeiteten Ländern, weil die entstehende Schieflage zwischen den bearbeiteten Ländermärkten mit Arbitragemöglichkeiten einhergehen kann.

Andererseits kann auch der Verzicht auf eine Strategieanpassung im Zielland 1 Auswirkungen auf die Marktbearbeitung in anderen Ländern haben. Reduziert sich aufgrund der Preisreduktion des nationalen Wettbewerbers im Zielland 1 die realisierbare Absatzmenge des internationalen Unternehmens, so verringert sich hierdurch auch die gesamte Produktionsmenge des Unternehmens. Über geringere Erfahrungskurveneffekte kann sich hierdurch die Kosten- und damit die Wettbewerbsposition in allen übrigen Ländermärkten verschlechtern. Das Beispiel in *Abb. D-17* zeigt, daß der Strategiewechsel des Anbieters K_{Z1} nicht nur die Wettbewerbsposition im Zielland 1 verschlechtern würde, sondern eventuell auch die im Heimatmarkt und die im Zielland 2.

Veränderungen der relativen Wettbewerbspositionen, die durch ein verändertes Konkurrenzverhalten zustande kommen und die Koordinationstätigkeiten im Rahmen des Being International notwendig machen, stellen kein branchenspezifisches Phänomen dar. Statt dessen lassen sich solche konkurrenzbedingten Koordinationserfordernisse in vielen Märkten aufzeigen, wie die nachfolgenden Beispiele deutlich machen:

- Der Kreditkartenmarkt war in der Vergangenheit in Europa mehr oder weniger zwischen den Unternehmen Visa International und Europay International (Euro- und Mastercard) regional aufgeteilt. Während der deutschsprachige Raum und Nordeuropa überwiegend von Europay International beherrscht wurde, dominierte Visa vornehmlich in Großbritannien, Frankreich und Südeuropa.

  1994 nahm jedoch Visa einen Strategiewechsel vor und bemühte sich in der Folgezeit mit aggressiver Händler- und Kundenwerbung, die Vormachtstellung von Europay vor allem im deutschen Markt anzugreifen. Im Gegensatz zu Europay, der es zwischen 1994 und 1996 kaum noch gelang, das ca. 250.000 Einzelhändler umspannende Netz in Deutschland auszubauen, konnte Visa im gleichen Zeitraum mehr als 20.000 neue Einzelhändler akquirieren und das eigene Netz auf 256.000 Einzelhändler ausbauen. Da Europay der Bedrohung der traditionell starken Marktstellung in Deutschland durch Visa mit keiner geeigneten Gegenstrategie begegnete, verlor das Unternehmen in der Folgezeit nicht allein bedeutende Marktanteile in Deutschland, sondern auch in den bisher dominierten Ländermärkten Dänemark und Niederlande.

  Angesichts dieser durch den Strategiewechsel von Visa hervorgerufenen Veränderung der relativen Wettbewerbsposition von Europay sah sich das Unternehmen gezwungen, geeignete Gegenstrategien zu entwickeln. Im Mittelpunkt der seit 1996 verfolgten Strategie steht dabei der Versuch, die marktbeherrschende Stellung von Visa in südeuropäischen Ländern aufzubrechen. Beispielsweise im spanischen Markt, in dem Visa in der Vergangenheit einen Marktanteil von ca. 90 % aufwies, hat Europay Ende 1996 die größte spanische Geschäftsbank, Sistema 4 B, dazu bewegen können, auch Euro- und Mastercards auszugeben (vgl. *Burgmaier*, 1997).

- Mit dem Ende der strikten Deregulierung des Flugverkehrsmarktes entwickelt sich ein zunehmend stärker werdender Wettbewerb zwischen den früher überwiegend staatlichen Fluggesellschaften. Um den Kunden ein vernetztes, weltweites Angebot offerieren zu können, schmieden mehr und mehr Fluggesellschaften globale Netzwerke. Nachdem bereits Austrian, Swissair, Delta Airline und Singapore Airline auf der einen und British Airways, Quantas und American Airlines auf der anderen Seite ihre Angebote miteinander verknüpft hatten, beschlossen im Mai 1997 die Deutsche Lufthansa, Air Canada, SAS, Thai Airways und United Airlines die Gründung der Allianz „Star Alliance", der im Oktober 1997 noch die brasilianische Fluggesellschaft Varig beitrat. Angesichts dieser Blockbildung sehen sich alle noch nicht in solchen Netzwerken organisierten Fluggesellschaften zum Handeln gezwungen. Marktexperten gehen davon aus, daß sich langfristig jede größere Fluggesellschaft einer der weltweit operierenden Gruppen anschließen muß, wenn sie nicht zu einem Nischenanbieter degenerieren will (vgl. *Kiani-Kress*, 1997).

- Das Hotel- und Gaststättengewerbe hat seit Ende der 80er Jahre weltweit mit sinkenden Umsätzen zu kämpfen. Gerade im Bereich der Luxushotels, deren Kunden zu 70 - 80 % aus Geschäftsreisenden bestehen, hat die rezessive Entwicklung in vielen Industrieländern zu z. T. dramatischen Umsatzrückgängen geführt. Während in der Vergangenheit die meisten international operierenden Hotelkonzerne versuchten, dieser Verschlechterung der Marktbedingungen durch ein konsequentes Kostenmanagement und durch erhebliche Preisreduktionen zu begegnen, zeichnet sich nun im Markt eine starke Konzentrationswelle ab.

Nachdem im Januar 1997 bekannt wurde, daß der amerikanische Hotelkonzern Hilton im Rahmen einer feindlichen Übernahme die Sheraton-Mutter ITT übernehmen würde, sahen sich auch andere internationale Hotelkonzerne gezwungen, ihre Konzerngröße auszuweiten. So ging die Carlson-Gruppe (Hauptmarken Radisson und SAS) eine Allianz mit den kanadischen Häusern Four Season/Regent ein und der Marriott-Konzern übernahm 49 % an der Ritz-Charlton-Kette.

Hintergrund dieser durch das strategische Vorgehen des Hilton-Konzerns ausgelösten Konzentrationswelle waren u. a. die im Zeitablauf veränderten Anforderungen der internationalen Firmenkunden. Diese favorisieren zunehmend Hotelkonzerne, die über ein weltweites Filialnetz verfügen, um über weitreichende Rahmenverträge umfangreiche Mengenrabatte zu erzielen. Angesichts der Übernahme der Sheraton-Kette durch den Hilton-Konzern sind daher auch andere Hotelketten zur Ausweitung ihrer Aktivitäten gezwungen, da sie ansonsten den Anforderungen internationaler Geschäftskunden im Gegensatz zur Sheraton/Hilton-Gruppe nicht mehr gerecht werden können. *Tab. D-8* verdeutlicht in diesem Zusammenhang, daß die deutschen Wettbewerber in diesem Marktsegment kaum über eine ausreichende Marktgröße verfügen, um in diesem globalen Wettlauf bestehen zu können.

Rang	Name	Herkunftsland	Zimmer	Hotels
1.	Hospitality Franchise System	USA	509.500	5.430
2.	Holiday Inn Worldwide	USA	369.738	2.096
3.	Best Western International	USA	282.062	3.462
4.	Hilton International/ITT	USA/England	272.143	794
5.	Accor	Frankreich	268.256	2.378
6.	Choice Hotels International	USA	249.926	2.902
7.	Marriott International	USA	198.000	976
8.	Promus Cos.	USA	88.117	669
9.	Carlson/Radisson/SAS	USA	84.607	383
10.	Hyatt International	USA	79.483	172
	...			
45.	Maritim Hotels	Deutschland	12.517	41
54.	Steigenberger Hotels	Deutschland	9.283	57
62.	Treff Hotels	Deutschland	8.428	59
72.	Dorint Hotels & Ressorts	Deutschland	7.065	46

Tab. D-8: Die größten internationalen Hotelkonzerne

- Der Markt für Passagierflugzeuge wird traditionell weltweit von einigen wenigen Herstellern dominiert. In der Vergangenheit vereinigten beispielsweise der Hersteller Airbus, ein britisch-deutsch-französisches Konsortium, sowie die amerikanischen Hersteller Boeing und McDonnell Douglas mehr als 80 % des weltweiten Marktvolumens auf sich. Die Ursache für diese starke Marktkonzentration ist u. a. darin zu sehen, daß die Entwicklung von Passagierflugzeugen mit extrem hohen Forschungs- und Entwicklungs-

kosten verbunden ist. Beispielsweise beziffert Boeing die Entwicklungskosten für den geplanten neuen Langstreckenjet Boeing 747-600X (548 Sitzplätze, 14.350 km maximale
Reichweite) auf ca. 7 Mrd. US-Dollar, wohingegen Airbus für das bis 2003 fertigzustel-
lende Konkurrenzmodell Airbus A3XX (555 Sitzplätze, 13.800 km maximale Reichweite)
F&E-Kosten von sogar 10 Mrd. US-Dollar einplant.

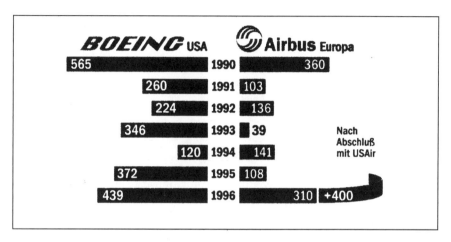

Abb. D-18: Abgesetzte Maschinen von Boeing und Airbus zwischen 1990 und 1996

Neben hohen Entwicklungskosten ist der Markt für Passagierflugzeuge darüber hinaus
durch starke Absatzschwankungen gekennzeichnet. Während z. B. Airbus und Boeing
1990 zusammen noch 925 Flugzeuge absetzen konnten, verringerte sich dieser Wert bis
zum Jahr 1994 auf 261 Maschinen (vgl. *Abb. D-18*). Ursächlich für diese starken Ab-
satzeinbußen ist das zyklische Beschaffungsverhalten der Fluggesellschaften. Nachdem
diese vor allem in den 80er Jahren ihre Fluglinien umfassend modernisierten, bestand in
der ersten Hälfte der 90er Jahre für weitere Modernisierungen kein Anlaß. Zudem führte
der zunehmende Wettbewerb im gesamten Flugverkehrsmarkt dazu, daß den Fluggesellschaften für die Beschaffung von weiteren neuen Flugzeugen häufig das erforderliche Kapital fehlte. Für die kommenden Jahre erwarten Experten jedoch einen neuerlichen Be-
schaffungsboom. Dies liegt nicht zuletzt daran, daß das Durchschnittsalter der Maschinen
vieler Fluggesellschaften in der Zwischenzeit stark angewachsen ist. Beispielsweise erhöhte sich im Zeitraum zwischen 1985 und 1995 das Durchschnittsalter der Flugzeuge
amerikanischer Fluggesellschaften von 7 auf nahezu 14 Jahre.

Im globalen Wettbewerb mit dem Hauptkonkurrenten Boeing gelang dem europäischen
Konsortium Airbus Ende 1996 scheinbar der große Durchbruch. Nachdem bislang die
meisten amerikanischen Fluggesellschaften Großaufträge an die amerikanischen Konkurrenten Boeing und McDonnell Douglas erteilt hatten, gelang es Airbus im Herbst 1996,
120 Maschinen der Typen A319, A320 und A321 an die sechstgrößte amerikanische
Fluggesellschaft, USAir, zu verkaufen. Darüber hinaus sicherte sich Airbus die Option auf
die spätere Lieferung weiterer 280 Maschinen. Angesichts dieses Auftrages im Gesamtwert von mehr als 20 Mrd. DM schien es Airbus erstmals gelungen zu sein, den Vor-
sprung des Marktführers Boeing weitgehend aufgeholt zu haben.

Nur wenige Monate später nahm jedoch Boeing einen für das Airbus-Konsortium folgen-schweren Strategiewechsel vor: Boeing verkündete im Dezember 1996 die Übernahme des drittgrößten Flugzeugherstellers McDonnell Douglas (vgl. *Reinhardt/Browder/ Stodghill*, 1996). Da Airbus der von Boeing angebotenen 747-400-Maschine (440 Sitz-plätze) vor der Marktfähigkeit des o. g. A3XX kein entsprechendes Gegenmodell entge-genzusetzen hat - die bislang größte Airbus-Maschine A340-300 bietet nur 315 Sitz-plätze -, beseitigte Boeing durch die Übernahme von McDonnell Douglas den einzigen echten Wettbewerber in diesem zukunftsträchtigen Marktsegment. Zudem vergrößerte Boeing durch die Übernahme der von McDonnell Douglas mit verschiedenen Fluggesell-schaften eingegangenen Ausschließlichkeitsverträge, die z. T. auf eine Dauer von bis zu 20 Jahren abgeschlossen worden waren, seinen Marktanteil in einigen anderen Segmenten auf nahezu 80 %. Angesichts dieses erneuten Vorsprungs von Boeing hielten es Marktbe-obachter für realistisch, daß Airbus mittelfristig in ernste Schwierigkeiten kommen werde (vgl. hierzu u. a. *Edmondson/Browder*, 1996; *o.V.*, 1996c; *o.V.*, 1997e).

Auswirkungen veränderter Rahmenbedingungen

Eine Veränderung der relativen Wettbewerbssituation tritt auch dann ein, wenn in einem oder in mehreren Ländermärkten der institutionelle Rahmen in der Weise ge-ändert wird, daß hiervon nicht alle Anbieter des Konkurrenznetzwerks in gleicher Weise betroffen sind. Bilden beispielsweise das Heimatland des in *Abb. D-17* be-trachteten Anbieters sowie das Zielland 1 einen Binnenmarkt, so kann sich hieraus eine Veränderung der Wettbewerbsposition für alle Anbieter im Konkurrenznetz-werk ergeben. Ein solcher Fall tritt dann ein, wenn mit der Binnenmarktgründung Handelshemmnisse zwischen den beteiligten Ländern abgebaut werden, jedoch an-dererseits die bestehenden Handelsrestriktionen im Verhältnis zu anderen Ländern unberührt bleiben oder sogar vergrößert werden („Binnenmarktfestung").

> Im Zuge der Schaffung des europäischen Binnenmarktes haben auch in Europa die pro-tektionistischen Tendenzen zugenommen. Bereits 1993 hat die EU-Kommission „Leitlini-en für ein neues europäisches Wirtschaftsmodell" formuliert, die auch industriepolitische Elemente beinhalteten. U. a. wurden Sanktionsmechanismen gegenüber Anbietern aus nicht-europäischen Ländern gefordert, die Preisvorteile gegenüber europäischen Konkur-renten aufweisen (vgl. *Adam, B.*,1993b).

In einer Situation, in der die Veränderung der institutionellen Rahmenbedingungen zu unterschiedlichen Auswirkungen für „interne" und „externe" Anbieter führt, ver-bessern sich die Wettbewerbschancen von Anbietern aus Binnenmarktländern (A_H, K_H, K_{Z1}) sowohl in anderen Binnenmarktländern als auch in nicht beteiligten Län-dern. Für den Anbieter A_H vereinfacht sich die Marktbearbeitung beispielsweise im Zielland 1, da die bislang bestehenden Handelshemmnisse abgebaut werden und er somit quasi zu einem „internen Anbieter" im Zielland 1 wird. Durch diese Verände-rung der Ausgangssituation verbessert sich auch seine Wettbewerbsposition auf Nicht-Binnenmarktländern (Zielland 2). Während sich der dort ansässige Anbieter

(K_{Z2}) erschwerten Wettbewerbsbedingungen im geschaffenen Binnenmarkt gegenübersieht, kann der Binnenmarkt-Anbieter die z. B. über eine vergrößerte Absatzmenge im Binnenmarkt erzielten Kosten- bzw. Erfahrungskurvenvorteile in seine Marktbearbeitung im Zielland 2 einbringen.

1.3 Problemfelder des „Being International"

Vor dem Hintergrund der Koordination der nationalen Marketingaktivitäten bei interdependenten Ländermärkten bestimmt die Dynamik der Ländermärkte in Form einer Veränderung institutioneller Rahmenbedingungen oder einer Veränderung des Verhaltens der Transaktionspartner im Markt den situativen Kontext des Internationalen Marketings. Damit lassen sich die in *Abb. D-19* dargestellten Problemfelder des „Being International" eingrenzen.

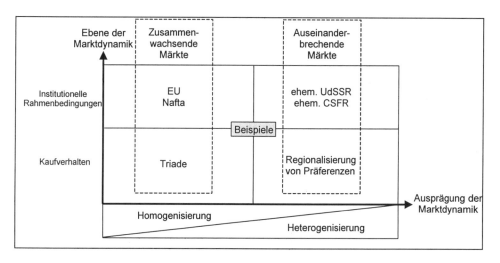

Abb. D-19: Problemfelder des „Being International"

Die vier Quadranten dieser Matrix beschreiben unterschiedliche Ausgangslagen für das Internationale Marketing. Von herausragender Bedeutung ist dabei vor allem das Element der *Marktdynamik* (Homogenisierung vs. Heterogenisierung), da nur sie kontinuierliche Koordinationsprobleme anstelle einmaliger Koordinationsaufgaben erzeugen kann.

Die Dynamik der Ländermärkte definiert die grundsätzliche Qualität des Koordinationsproblems. Für international tätige Unternehmen ergeben sich daher in den einzelnen Problemfeldern unterschiedliche Koordinationsanforderungen. In einem *ho-*

mogener werdenden Marktumfeld werden Standardisierungsstrategien erleichtert, die einen effizienteren - da breiteren - Einsatz eines einheitlichen Marketing-Instrumentariums gestatten. Der Zusammenhang zwischen der Homogenisierung und den Koordinationserfordernissen wird deutlich, wenn man den (theoretischen) Extremfall einer vollständigen Vereinheitlichung der bearbeiteten Ländermärkte wählt. In diesem Fall gibt es kein nachfragerbezogenes Koordinationsproblem, da auf den Ländermärkten vollkommen identische Produkte zu identischen Preisen über identische Distributionskanäle angeboten werden können. Der Arbitrage ist durch die Vereinheitlichung die Grundlage entzogen. Anders sieht dies hingegen aus, wenn die Nachfragerpräferenzen *heterogener* werden. Heterogenität ist die Grundlage für eine erfolgreiche Differenzierungspolitik und damit auch für einen möglichen Güteraustausch zwischen den Ländermärkten. Dieser Güteraustausch erzeugt nachfragerbezogene Rückkopplungen, die mit zunehmender Heterogenität potentiell wachsen. Dies gilt, solange die Präferenzen der Nachfrager nicht so weit auseinanderlaufen, als daß der Arbitrage durch fehlende Produktakzeptanz in den jeweils anderen Ländermärkten die Grundlage entzogen ist.

Deutlich wird, daß die Dynamik der Ländermärkte - hier beschrieben in der Form der Veränderung des Kaufverhaltens - ein Spektrum unterschiedlicher Ähnlichkeiten von Ländermärkten beschreibt, auf dem Koordinationsprobleme unterschiedlicher Art vorzufinden sind. Kennzeichnend für dieses Spektrum ist, daß an den Rändern dieses Spektrums (vollkommene Homo-/Heterogenität) keine Koordinationsprobleme existieren.

Für die Vielzahl möglicher Positionen zwischen den Extremen stellt sich jedoch die Frage, in welcher Weise die international tätige Unternehmung auf die kontinuierlichen Koordinationsprobleme reagieren soll. Hier sind folgende Untersuchungsbereiche zu unterscheiden:

- *Herkunft* des Koordinationsproblems,
- *Ausmaß* des Koordinationserfordernisses,
- Auswahl alternativer Koordinations*strategien.*

Eine zielgerichtete Auswahl alternativer Koordinationsstrategien steht im Mittelpunkt der Betrachtung. Gegenstand dieser Auswahl ist die Frage, *wie* (also unter Einsatz welcher Instrumente) der Marktauftritt zwischen den Ländermärkten koordiniert wird. Diese Auswahl ist jedoch von der Herkunft und dem Ausmaß des Koordinationsproblems abhängig.

2. Koordinationsprobleme auf zusammenwachsenden Märkten

2.1 Herkunft des Koordinationsproblems auf zusammenwachsenden Märkten

Kennzeichnend für Koordinationsprobleme auf zusammenwachsenden Märkten ist die Zunahme anbieter- und nachfragerbezogener Rückkopplungen aufgrund der Vereinheitlichung des Nachfragerverhaltens und/oder der Beseitigung von Handelsschranken, die den freien Verkehr von Produkten, Personen und Kapital behindern (vgl. Kap. D 1.2). Die zunehmende Integration ist zentrale Ursache für das Entstehen nachfragerbezogener Rückkopplungen, da die Integrationseffekte (geringere Transaktionskosten, größere Markttransparenz) den Informations- und Güteraustausch beschleunigen.

Charakteristisch für zusammenwachsende Märkte ist daher ein mit dem Integrationsgrad der Ländermärkte potentiell *zunehmendes Koordinationserfordernis*. Dieses Koordinationserfordernis mündet aber nur dann in ein tatsächliches *Koordinationsproblem* des Internationalen Marketings, wenn ein Anbieter auf zusammenwachsenden Ländermärkten versucht, ein Maß an Differenzierung des Leistungsprogramms aufrechtzuerhalten, das aufgrund möglicher Arbitrage (nachfragerbezogene Rückkopplung) und differenzierungsbedingter Kostenwirkungen (anbieterbezogene Rückkopplung) suboptimale Ergebnisse erzeugt. Dieser Zusammenhang zwischen der Marktbearbeitungsstrategie des Anbieters, dem Integrationsgrad der Ländermärkte und dem daraus resultierenden Koordinationsproblem soll am europäischen PKW-Markt erläutert werden.

Die Entstehung eines Re- und Parallelimportmarktes in Europa für Personenwagen ist zum einen Resultat einer zunehmenden Integration der Ländermärkte der Mitgliedsstaaten der EU, die sich durch sinkende Transaktionskosten (sinkende Transportpreise, höhere Markttransparenz und geringer werdende rechtliche Probleme bei der Zulassung von PKWs) beim Erwerb von PKWs auf ausländischen Märkten der EU auszeichnet. Sinkende Transaktionskosten allein erklären aber die Entstehung des grauen Marktes nicht. Sie ist zum anderen notwendigerweise Ergebnis des Versuchs der Automobilhersteller, ein hohes Maß an Preisdifferenzierung auf den Ländermärkten für nahezu identische Produkte aufrechtzuerhalten. Dieses Verhalten der Anbieter wird zusammen mit den erleichterten Bedingungen für den Güteraustausch zum Auslöser von Arbitrageprozessen. Eine europaweit vereinheitlichte Preisstrategie, die Preisdifferenzen auf die Höhe der Transaktionskosten der Arbitrage reduziert, würde hingegen der Arbitrage die Grundlage entziehen.

Mitunter entsteht das Koordinationsproblem für Anbieter auf zusammenwachsenden Märkten jedoch - trotz zunehmender nachfragerseitiger Rückkopplungen – nicht aus der beibehaltenen Differenzierung des Leistungsprogramms, sondern aus weiterhin bestehenden Strukturunterschieden. Beispielsweise müssen auf zusammenwachsenden Märkten die Arbitrageprozesse auslösenden Preisdifferenzen nicht zwangsläufig durch eine bewußte Preisdifferenzierungspolitik des Anbieters ausgelöst werden. Statt dessen können auch unterschiedliche Anforderungen der Distributionskanäle in verschiedenen Ländermärkten für die Entstehung von Preisdifferenzen verantwortlich sein, wie am Beispiel von Pharmazeutika deutlich gemacht werden kann.

Die z. T. erheblichen Preisdifferenzen für Pharmazeutika in Europa sind insbesondere die Folge unterschiedlicher landesüblicher Handelsspannen im Groß- und Einzelhandel in Europa. Während beispielsweise die durchschnittliche Großhandelsspanne für Pharmazeutika in Italien bei 10 % liegt, beträgt diese in Deutschland 25 %. Auch die typischen Einzelhandelsspannen sind in Europa teilweise sehr unterschiedlich. Beispielsweise beträgt die durchschnittliche Einzelhandelsspanne in Italien ca. 38 %, wohingegen sich die Einzelhandelsspanne in Deutschland auf 92 % beläuft. Berücksichtigt man darüber hinaus die ebenfalls in Europa divergierenden Mehrwertsteuersätze für pharmazeutische Produkte, dann ergeben sich trotz gleicher Herstellerpreise die z. T. erheblichen Unterschiede der Endverbraucherpreise in Europa (vgl. *Tab. D-9*).

Land	Hersteller-preis	Handels-spanne Groß-handel	Handels-spanne Ein-zelhandel	MWSt	Endpreis
Deutschland	100	25	92	24	241
Frankreich	100	12	56	34	202
Großbritannien	100	18	59	14	191
Italien	100	10	38	9	157

Tab. D-9: Entstehung von Preisunterschieden bei Pharmazeutika in Europa
(Quelle: Terpstra/Sarathy, 1994, S. 576)

Da die angesichts großer Preisdifferenzen mögliche Entstehung grauer Märkte für den im Beispiel der *Tab. D-9* betrachteten Hersteller pharmazeutischer Produkte solange unerheblich ist, wie sich hieraus nicht konkurrenzbedingte anbieterseitige Rückkopplungseffekte ergeben, wird verständlich, daß sich aus dem Zusammenwachsen der europäischen Märkte kein der Situation im Automobilsektor vergleichbarer Koordinationsbedarf für die Hersteller pharmazeutischer Produkte ergibt. Das Entstehen grauer Märkte ist in diesem Fall für den Hersteller ergebnisneutral, da es für ihn unerheblich ist, ob die von ihm hergestellten Pharmazeutika z. B. aus Italien nach Deutschland reimportiert werden. Statt dessen besteht hier ein relevantes Koordinationsproblem für die nachgelagerten Distributionsstufen von Groß- und Einzelhandel.

Entscheidend für die Existenz eines Handlungsbedarf erzeugenden Koordinations-problems ist also die *Ergebnisrelevanz* der Rückkopplungen - das Hervorrufen suboptimaler Ergebnissituationen bei Verzicht auf koordinierende Eingriffe. So sind auch z. B. die Effekte nachfragerbezogener Rückkopplungen - hier am Beispiel ent-stehender Re- oder Parallelimporte erläutert - nur dann ergebnisrelevant, wenn durch die Interdependenz der Ländermärkte eine suboptimale Ergebnissituation eintritt. Um dies beurteilen zu können, müssen die im Rahmen des Entstehens grauer Märkte auftretenden Phänomene näher analysiert werden. Ansatzpunkt unserer Überlegun-gen hierzu sind zunächst die alternativen Reaktionsmöglichkeiten der Käufer auf Re- und Parallelimporte und deren Wirkungen auf die Erlöse derjenigen Wertschöp-fungsstufen, die durch die entstehenden Arbitrageprozesse betroffen sind.

(1) Kauf reimportierter Ware des gleichen Anbieters

In diesem Fall hat der graue Markt über den sinkenden Durchschnittspreis eine senkende Wirkung auf die insgesamt erzielten Erlöse. Der Durchschnittspreis sinkt, da der Kauf des reimportierten Produktes zu einem geringeren Preis erfolgt. Der Einfluß auf die insgesamt erzielten Erlöse ist *negativ*.

Geht man beispielsweise davon aus, daß ein international tätiger Großhändler für pharmazeutische Produkte (vgl. *Tab. D-9*) vor der Entstehung des Gemeinsamen Marktes in Europa 80 Mengeneinheiten im deutschen und 20 Mengeneinheiten im italienischen Markt abgesetzt hat, so hat er in dieser Situation einen Erlös von 2.200 Geldeinheiten (80 x 25 + 20 x 10) erwirtschaftet. Wenn nun Reimporte auftreten, also beispielsweise 30 Mengeneinheiten zusätzlich in Italien nachgefragt werden, die nach Deutschland reimportiert werden und die dortige Absatzmenge des Großhändlers auf 50 Mengeneinheiten reduzieren, dann verringert sich der Erlös des Großhändlers auf 1.750 Geldeinheiten (50 x 25 + 50 x 10).

(2) Zugewinn neuer Kunden, die bislang andere Anbieter bevorzugten

Das typischerweise geringere Preisniveau grauer Märkte lockt Kunden an, die bisher von anderen Anbietern beliefert wurden. Diese Kunden werden hinzugewonnen, so daß dieser Effekt *erlössteigernd* wirkt.

In Fortführung des obigen Beispiels kann sich die Erlössituation für den betrachteten Großhändler durch die Reimporte dann verbessern, wenn sich durch die aus Italien reimportierten Produkte nicht allein die eigene, sondern auch die Absatzmenge konkurrierender Großhändler verringert. Beispielsweise könnten die Reimporte dazu führen, daß der betrachtete Großhändler nur 10 Mengeneinheiten im deutschen Markt verliert, weil der Reimporteur die übrigen 20 Mengeneinheiten an Kunden anderer Großhändler vertreibt. In diesem Fall würde der betrachtete Großhändler einen Erlös von 2.250 Geldeinheiten (70 x 25 + 50 x 10) realisieren. Die Entstehung grauer Märkte hätte sich somit erlössteigernd ausgewirkt.

(3) Kunden wandern zu anderen Anbietern ab

Grundsätzlich besteht die Möglichkeit, daß Kunden – durch unterschiedliche Preise für regulär und auf grauen Märkten angebotene Produkte verärgert oder irritiert - zu anderen Herstellern abwandern. Hiermit wären *Erlösverschlechterungen* verbunden.

Im o. g. Beispiel des pharmazeutischen Großhändlers wäre es denkbar, daß sich die Absatzmenge des Großhändlers im deutschen Markt um mehr als 30 Mengeneinheiten verringert, weil bisherige Kunden - irritiert durch die bestehenden Preisunterschiede zwischen den „regulären" Leistungen des Großhändlers und den reimportierten Produkten - zur Konkurrenz abwandern. Würden beispielsweise weitere 10 Mengeneinheiten durch solche Kunden verlorengehen, dann könnte der Großhändler allein einen Erlös von 1.500 Geldeinheiten (40 x 25 + 50 x 10) erwirtschaften.

(4) Keine Änderung des Kaufverhaltens

Das Angebot re- oder paralellimportierte Ware muß nicht unbedingt Änderungen des Kaufverhaltens erzeugen. Dies wird vor allem dann der Fall sein, wenn der Preisunterschied bei einem Produkt den Nachfragern zu gering erscheint. Hierbei wird angenommen, daß nicht die Vertriebsorgane eines Produzenten als Arbitrageure auftreten. Wenn die Konstanz des Kaufverhaltens nur einzelne *Marktsegmente* betrifft (wovon im Regelfall auszugehen ist), kann es sich um ein dauerhaftes Phänomen handeln. Würde es sich um eine die gesamte potentielle Käuferschicht betreffendes Phänomen handeln, könnte sich kein grauer Markt auf Dauer etablieren.

In diesem Fall hat die Entstehung von grauen Märkten keinen Einfluß auf den erzielbaren Preis und die realisierbare Absatzmenge. Keine Änderungen des Kaufverhaltens sind dabei dann zu erwarten, wenn potentielle Nachfrager neben ausgeprägten Produktpräferenzen auch starke Präferenzen für herstellereigene Vertriebsorgane aufweisen. Diese können z. B. durch ein entsprechendes Serviceangebot geschaffen werden.

Unter der Annahme, daß räumliche Verlagerungen der Absatzmenge keinen Einfluß auf die Kostensituation haben, läge also eine Ergebnisrelevanz der nachfragerbezogenen Rückkopplungen und damit ein *Koordinationsproblem* dann vor, wenn die insgesamt erlittenen Erlösverluste [(1) + (3)] größer wären als die mit der Entstehung grauer Märkte verbundenen Erlössteigerungen [(2)]. Würden zusätzlich noch Kostenveränderungen eintreten, müßten diese den Erlösveränderungen gegenübergestellt werden. Dabei sind Kostenauswirkungen bei (1) dann auszuschließen, wenn der Ursprungsort eines Produktes keinen Einfluß auf die Kostenposition hat, es mithin also keine Kostenauswirkungen hat, auf welchem der alternativen Ländermärkte eine Einheit des betreffenden Produktes verkauft wird. (2) wird dann positive Kosteneffekte (Kostensenkungen) nach sich ziehen, wenn zusätzliche Absatzmengen Kostendegressionseffekte erzeugen. Entsprechend würde für (3) gelten, daß sich die Kostenposition durch Abwanderungseffekte verschlechtert.

Im Extremfall löst sich bei vollständig integrierten Märkten mit vollkommen homogenem Nachfragerverhalten (gleiche Produktpräferenzen und Zahlungsbereitschaften) und identischen rechtlichen Rahmenbedingungen das nachfragerseitige Koordinationserfordernis stets auf, wenn Anbieter die Marktbearbeitung vollständig standardisieren.

Dieser Zusammenhang beschreibt das zentrale Entscheidungsproblem im Internationalen Marketing auf interdependenten und zusammenwachsenden Ländermärkten. Nur solange die bearbeiteten Ländermärkte vor allem hinsichtlich der Nachfragerpräferenzen nicht vollkommen integriert sind, existieren unterschiedliche Produktpräferenzen und Zahlungsbereitschaften. Unter diesen Bedingungen ist es ökonomisch sinnvoll, diese Unterschiede durch Leistungsprogrammdifferenzierung auszubeuten, solange die dadurch entstehenden Erlöswirkungen (Effektivität der Marktbearbeitung) größer sind als die zusätzlichen Kosten, die mit der Differenzierung verbunden sind (Effizienz der Marktbearbeitung). Dieses von der Bearbeitung mehrerer Ländermärkte zunächst vollkommen unabhängige Entscheidungskalkül wird durch den Aspekt der Koordination erweitert, wenn die bearbeiteten Ländermärkte interdependent sind. Auf interdependenten Ländermärkten erzeugen Arbitrageprozesse neben den Kostenwirkungen zusätzlichen Druck auf differenzierte Leistungsprogramme.

Das Koordinationsproblem auf zusammenwachsenden Märkten ist daher auf zwei Ursachen zurückzuführen:

- das Ausmaß der Marktintegration und das damit verbliebene Potential einer gewinnträchtigen Differenzierung der Marktbearbeitung sowie

- das Ausmaß des aus der Differenzierung resultierenden Güteraustausches auf den Ländermärkten.

Zusammenwachsende Märkte führen durch die Vereinheitlichung rechtlicher Rahmenbedingungen zu sinkenden Transaktionskosten. Steigende Marktintegration führt damit ceteris paribus zu steigenden Arbitragegewinnen. Die Höhe der Arbitragegewinne ist abhängig vom Ausmaß der Leistungsprogrammdifferenzierung. Je stärker diese ausgeprägt ist, desto größer werden die Arbitragegewinne (bei konstanten Transaktionskosten) sein.

Sind die bei einer vollkommenen Standardisierung der Marktbearbeitung erzielbaren Kosteneinsparungen so groß, daß die potentiellen Erlöswirkungen der Differenzierung überkompensiert werden, ist ein gewinnträchtiges Differenzierungspotential nicht vorhanden. In diesem Fall ist die Frage belanglos, ob ein Anbieter auf interdependenten Ländermärkten tätig ist, da der Arbitrage wegen der fehlenden Leistungs- und Preisdifferenzierung die Grundlage entzogen ist. Ein Koordinationsproblem im hier beschriebenen Sinne existiert dann nicht mehr. Nur wenn ein gewinnträchtiges

Differenzierungspotential existiert, kann die Frage, ob die bearbeiteten Ländermärkte interdependent sind, von Bedeutung sein. Beide Ursachen müssen mithin *gemeinsam* auftreten, um die Schwierigkeit der gegenseitigen Abstimmung der Marktbearbeitung als Koordinationsproblem des Internationalen Marketings entstehen zu lassen. Die Betrachtung von Koordinationsproblemen auf interdependenten und zusammenwachsenden Ländermärkten ist somit nur dann sinnvoll, wenn die Marktbearbeitung *nicht vollkommen standardisiert* ist.

Für die Diskussion der Koordinationsprobleme auf zusammenwachsenden Märkten im Rahmen des Internationalen Marketings ist vor allem der Einfluß der zunehmenden Marktintegration auf die Marktbearbeitung von Interesse. Hierbei stellt sich die Frage, welches *Ausmaß* der Standardisierung bzw. Differenzierung der Marktbearbeitung in Abhängigkeit vom Integrationsgrad erforderlich ist. Tendenziell kann dabei angenommen werden, daß mit zunehmendem Integrationsgrad auch der Standardisierungsgrad aufgrund der steigenden Arbitrageneigung der Nachfrager zunehmen muß.

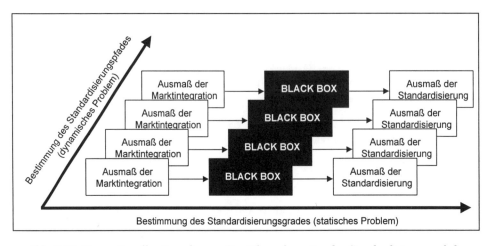

Abb. D-20: Konzeptionelles Vorgehen zur Ermittlung des optimalen Standardisierungspfades

Fraglich ist jedoch, welcher Standardisierungsgrad zu einem bestimmten Zeitpunkt in Abhängigkeit vom Integrationsgrad - und natürlich auch der Kostensituation - optimal ist. Dieses Koordinationsproblem ist grundsätzlich so zu lösen, daß bei gegebenem Marktintegrationsgrad der gewinnmaximierende Standardisierungs- bzw. Differenzierungsgrad als Resultat des Ausmaßes nachfrager- und anbieterbezogener Rückkopplungen realisiert wird. Das Koordinationsproblem auf dynamischen, zusammenwachsenden Ländermärkten ist daher in der Identifikation des optimalen *Standardisierungspfades* zu sehen, der bei zunehmender Marktintegration die zeitliche Abfolge *gewinnmaximierender Standardisierungsgrade* der Marktbearbeitung

unter Kosten- (Lerneffekte, Fixkostendegression, economies of scale) und Erlösge-
sichtspunkten (Zahlungsbereitschaften, Arbitrage) aufzeigt. *Abb. D-20* verdeutlicht
in diesem Zusammenhang, daß die Ermittlung des optimalen Standardisierungsgrades ein statisches Problem darstellt, wohingegen sich durch die (dynamische) permanente Bestimmung des jeweils in Abhängigkeit vom realisierten Ausmaß der
Marktintegration ergebenden Standardisierungsgrades der optimale Standardisierungspfad ergibt.

2.2 Ausmaß der Koordinationsprobleme auf zusammenwachsenden Märkten

Das Ausmaß der Koordinationsprobleme ist auf die Zunahme von anbieter- und
nachfragerbezogenen Rückkopplungen zwischen Ländermärkten bei gleichzeitiger
Differenzierung der Marktbearbeitung zurückzuführen. Diese Zunahme der Interdependenzen kann auf zwei Ebenen beobachtet werden:

- aggregierte Marktebene,
- individuelle Unternehmensebene.

Maßgeblich für die international tätigen Anbieter ist dabei vor allem die *Unterneh-
mensebene*, die die unmittelbaren Koordinationserfordernisse für das betrachtete
Unternehmen im jeweiligen Geschäftsfeld aufzeigt. Von Bedeutung ist aber auch die
Marktebene, die als Aggregat der einzelbetrieblichen Perspektive auf die Dimension
des gesamtwirtschaftlichen Koordinationsproblems hinweist und insofern auch ein
Indikator für die Summe einzelwirtschaftlicher Koordinationsprobleme ist.

2.2.1 Koordinationsausmaß auf Marktebene

Das Ausmaß der Koordinationsprobleme auf zusammenwachsenden Märkten hängt
zunächst davon ab, welchen Umfang die Rückkopplungen zwischen den betrachteten
Märkten aufweisen. Unter dynamischen Aspekten ist dabei entscheidend, welche
zusätzlichen Rückkopplungen durch die institutionelle Integration der jeweiligen
Ländermärkte - neben den schon vorhandenen Rückkopplungen, die durch die Vereinheitlichung des Nachfragerverhaltens hervorgerufen wurden - erzeugt werden.
Am Beispiel der EU kann gezeigt werden, daß das Ausmaß der durch die Integration
erzeugten zusätzlichen Rückkopplungen branchenspezifisch unterschiedlich ist.

Abb. D-21 zeigt, daß die Auswirkungen einer institutionellen Annäherung der
Märkte der EU dort am größten sind, wo die Bedeutung rechtlicher Handelshemmnisse groß ist (bzw. war). Hier entfaltet die Beseitigung rechtlicher Handelshemm-

nisse entsprechend die größten Wirkungen. In diesem Bereich sind wiederum die stärksten Auswirkungen der institutionellen Vereinheitlichung der europäischen Märkte dort zu finden, wo die bisherigen Verflechtungen des Kaufverhaltens gering waren und insofern die relativ stärksten Homogenisierungswirkungen entfaltet werden. Dies gilt für Bereiche wie den Schiffsbau, die Beschaffung medizinischer Geräte oder die Beschaffung von Eisenbahnmaterial. Die Beispiele sind typisch für Bereiche, in denen als Nachfrager die öffentliche Hand auftritt, für die aufgrund entsprechender Vorschriften bislang nur nationale Anbieter relevant waren.

		Innere Verflechtung der EU	
		gering	hoch
Bedeutung rechtl. Handelshemmnisse	sehr gering	• Metallbau • Werkzeuge und Metallfertigwaren geringe Auswirkungen der EU	• Landmaschinen • Werkzeugmaschinen und Werkzeuge • Textilmaschinen • Maschinen für die Nahrungsmittel-, chemische Industrie geringe Auswirkungen der EU
	eher hoch	• Kesselbau • Schiffsbau • Eisenbahnmaterial • Medizinische, chirurgische, orthopädische Geräte stärkste Auswirkungen der EU	• Büroausstattung und EDV-Geräte • Fernmeldeanlagen, Rechner • Elektromedizinische Geräte hohe Auswirkungen der EU

Abb. D-21: Branchenspezifische Auswirkungen der Verflechtungen in der EU
(Quelle: In Anlehnung an Kommission der Europäischen Gemeinschaften, 1989)

Die Beseitigung von Handelsschranken wird jedoch auch fühlbare Wirkungen in den Branchen auslösen, in denen die wirtschaftliche Verflechtung schon vor der Realisierung des Gemeinsamen Marktes hoch war. Dies gilt vor allem für den Bereich der Datenverarbeitungstechnologien, in dem die Verflechtung durch die Herausbildung internationaler Standards begünstigt wird. Gering sind die Auswirkungen der EU dort, wo Handelsschranken von je her nur eine geringe Bedeutung hatten (vgl. hierzu auch Kap. D 1.2.1.1.1.2.1.1).

Trotz der branchenspezifisch unterschiedlichen Auswirkungen der Beseitigung rechtlicher Handelshemmnisse lassen sich die mikroökonomischen Auswirkungen des Zusammenwachsens von Märkten modellmäßig erfassen (vgl. hierzu den sog. „Cecchini-Bericht": *Cecchini*, 1988).

Ausgangspunkt der Analyse gesamtwirtschaftlicher Effekte der EU-Integration sind folgende Annahmen, in deren Mittelpunkt Kostensenkungseffekte stehen (vgl. *Cecchini*, 1988; *Hermann/Ochel/Wegner*, 1990; *Emerson*, 1989; *de Zoeten*, 1993):

- Der Wegfall handelsrechtlicher Schranken führt zunächst zu einer Reduktion der damit verbundenen Kosten (direkte Senkung der Ausgangskosten).

- Der Wegfall handelsrechtlicher Schranken führt zu einer Intensivierung des Wettbewerbs (höherer Wettbewerbsdruck), der wiederum Rationalisierungsbemühungen zum Ausgleich sinkender Preise nach sich zieht (indirekte Kostensenkung).

- Das sinkende Preisniveau führt zu steigenden Nachfragemengen, was Wachstumseffekte und erneute Kostensenkungen durch Ausnutzen von Skaleneffekten zur Folge hat.

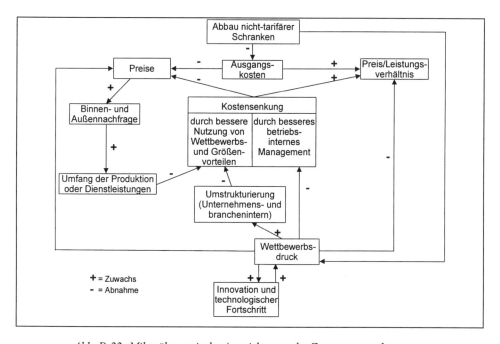

Abb. D-22: Mikroökonomische Auswirkungen des Zusammenwachsens von
Märkten am Beispiel der EU
(Quelle: Cecchini, 1988)

Das für die EU entwickelte Modell beschreibt grundsätzlich die Wirkungen von Marktzusammenschlüssen, da sich die im Modell unterstellten Wirkungszusammenhänge nicht auf Besonderheiten des europäischen Marktes beziehen. Im Rahmen des Modells werden eher allgemeine, vom Einzelfall losgelöste Betrachtungen zu ökonomischen Integrationswirkungen angestellt. Die im Modell unterstellten Zusammenhänge sind allerdings kritisch zu hinterfragen. So stellt *de Zoeten* (1993) vor dem Hintergrund einer kritischen Analyse der in *Abb. D-22* unterstellten Wirkungszusammenhänge fest:

Erreichbare Steigerungen des Wohlstands in der Europäischen Gemeinschaft durch die Marktintegration	in Milliarden ECU	in % des BIP
1. Phase Direkte Vorteile des Abbaus von Handelsschranken	8-9	0,2-0,3
2. Phase Vorteile des Abbaus von Schranken für die Produktion	57-71	2,0-2,4
Vorteile durch den Abbau von Grenzbarrieren (Zwischensumme)	65-80	2,2-2,7
3. Phase Auswirkungen der Nutzung von Größenvorteilen	61	2,1
4. Phase Auswirkungen des verstärkten Wettbewerbs (innerbetriebliche Rationalisierungsmaßnahmen, Beseitigung von Monopolstellungen)	46	1,6
Vorteile der Marktintegration (Zwischensumme)	62-107 (*)	2,1-3,7 (*)
Gesamtsumme - für 7 Mitgliedsstaaten (zu Preisen von 1985)	127-187	4,3-6,4
- für 12 Mitgliedsstaaten (zu Preisen von 1988)	174-258	4,3-6,4
- Mittelwert	216	5,3

Quelle: Kommission der Europäischen Gemeinschaften, The Economics of 1992 - An Assessment of the Potential Effects of Completing the Internal Market of the EC, Brüssel (erscheint in Kürze)

Anmerkungen: Die Bandbreiten ergeben sich aus der Verwendung unterschiedlicher Methoden und Daten. Die in der Tabelle im einzelnen aufgeschlüsselten Zahlen beziehen sich nur auf Angaben auf die sieben Mitgliedsländer, die der Untersuchung weitgehend als Grundlage dienten: Belgien, Deutschland, Frankreich, Italien, Luxemburg, Niederlande und Vereintes Königreich. Auf diese Staaten entfallen 88 % des BIP der Gemeinschaft. Die Hochrechnung dieser Schätzung auf die Zwölfergemeinschaft stellt eher eine Untertreibung dar, da die Vorteile für die übrigen fünf - größtenteils nicht von der Studie erfaßten - Mitgliedsstaaten noch höher liegen dürften.

(*) Diese alternative Schätzung der Summe für die 3. und 4. Phase läßt sich nicht im einzelnen aufschlüsseln.

Tab. D-10: Wohlstandseffekte der Marktintegration am Beispiel der EU
(Quelle: Kommission der Europäischen Gemeinschaften, 1992)

- Die im Modell unterstellten Wirkungszusammenhänge beim Zusammenwachsen von Märkten können, müssen aber nicht eintreten. Allgemeingültige Kausalzusammenhänge existieren nicht.

- Die sich aus dem Zusammenwachsen ergebenden Auswirkungen lassen sich nur für den Einzelfall vor dem Hintergrund der jeweiligen Marktgegebenheiten ermitteln.

Dennoch bietet das Modell einen grundlegenden Ansatz zur Erfassung der wesentlichen Auswirkungen der Integration von Ländermärkten (vgl. *de Zoeten*, 1993). Auf der Grundlage dieser Zusammenhänge ist daher versucht worden, für das Beispiel der EU die im *Cecchini*-Modell beschriebenen qualitativen Auswirkungen des Zusammenwachsens von Märkten zu quantifizieren. In *Tab. D-10* sind die dabei ermittelten Schätzungen zusammengefaßt worden.

Entsprechend dem *Cecchini*-Modell (vgl. *Abb. D-22*) werden die zentralen Auswirkungen der Marktintegration in der Senkung von Kosten durch den Abbau von Handelsschranken und der Möglichkeit, Skaleneffekte in der Produktion zu nutzen, gesehen. Aus den Skaleneffekten resultieren in Abhängigkeit von den Annahmen 70 bis 90 % des gesamten geschätzten Wohlstandseffektes, der für die EU auf ca. 216 Mrd. ECU geschätzt wird. Die im Rahmen der Schätzung ermittelten Bandbreiten sind auf die Verwendung unterschiedlicher Prognosemethoden und Daten zurückzuführen. Die vier Phasen der Prognose reflektieren die zeitlich aufeinanderfolgenden Wirkungen der Marktintegration. Die in der Summe geschätzten absoluten Wohlfahrtssteigerungen sind abhängig von der Zahl der in der EU vereinigten Ländermärkte, da deren Zahl den realisierten Gesamtmarkt und die daraus resultierenden Kostensenkungseffekte über die maximal realisierbaren Absatzvolumina bestimmt.

Die von der EU-Kommission prognostizierten Effekte der Integration des europäischen Marktes beziehen sich vor allem auf *anbieterbezogene Rückkopplungen* bei der Bearbeitung des europäischen Marktes. Sie stellen insbesondere eine Aggregation der Kostenwirkungen durch den Wegfall von Handelshemmnissen auf seiten der Anbieter dar. Die quantitativen Schätzungen zeigen, daß in diesen anbieterbezogenen Rückkopplungen der anteilsbezogen dominante Effekt bei der Marktintegration gesehen wird. Für einen einzelnen Anbieter ist dies ein grober Indikator für die bei der Erschließung Europas (im Durchschnitt) zu erzielenden Effekte. Das *Cecchini*-Modell macht dabei deutlich, daß sich diese Effekte nur erzielen lassen, wenn die einzelnen Ländermärkte Europas simultan bearbeitet werden, sich also aus der gegenseitigen Abhängigkeit der Ländermärkte in bezug auf die Kostenposition der Anbieter ergeben. Insofern ist es schlüssig, wenn mit der Zahl der in die Schätzung einbezogenen Ländermärkte der absolute Effekt anbieterbezogener Rückkopplungen zunimmt (vgl. *Tab. D-10*).

Interessanterweise unterstellen das Integrationsmodell der EU-Kommission und die darauf basierenden Schätzungen der Wohlfahrtswirkungen, daß *nachfragerbezogene Rückkopplungen* keine unmittelbare Folge des Zusammenwachsens von Märkten sind. Dies ist für den Integrationsfall aufgrund folgender Überlegungen durchaus plausibel:

- Die Beseitigung von Handelsschranken ist ein zunächst für die Anbieter maßgeblicher Vorgang, da durch diese die Zugangsmöglichkeiten zu den einzelnen Ländermärkten beeinflußt werden. Hieraus resultiert nicht notwendigerweise eine Veränderung des Nachfragerverhaltens.

- Diese Veränderung kann jedoch langfristig als Folge standardisierter Marketing-Konzepte der Anbieter auf den einzelnen Ländermärkten eintreten, wobei die Konzepte zur größtmöglichen Realisierung von Skaleneffekten (Produktions- und Marketingeffizienz) verfolgt werden. Als kurz- bis mittelfristige Folge der Marktintegration sind Veränderungen des Nachfragerverhaltens allerdings vernachlässigbar.

- Die Märkte der EU weisen in vielen Branchen (vgl. *Abb. D-21*) unabhängig von der Beseitigung rechtlicher Handelshemmnisse, bereits einen hohen Integrationsgrad auf, der die Entstehung zusätzlicher nachfragerbezogener Rückkopplungen - und nur diese sind für eine Betrachtung der Wohlstandssteigerungseffekte relevant - auf die verbleibenden Branchen beschränkt.

Diese Überlegungen zeigen jedoch auch, daß das Ausbleiben nachfragerbezogener Rückkopplungen keine zwangsläufige Folge der Marktintegration ist. Im Gegenteil ist davon auszugehen, daß der Wegfall von Handelsbeschränkungen in Branchen mit geringem Verflechtungsgrad Auswirkungen auf das Nachfragerverhalten hat. Diese Auswirkungen sind jedoch eher langfristiger Natur und nur schlecht quantifizierbar. Sie sind u. a. auf den Abbau der wahrgenommenen Distanz zwischen Ländern und Kulturen als Folge des Wegfalls von Handelsbeschränkungen zurückzuführen (vgl. *Kreutzer*, 1989).

2.2.2 Koordinationsausmaß auf Unternehmensebene

Die im Rahmen des EU-Marktintegrationsmodells geschätzten Effekte werden weder branchen- noch unternehmensspezifisch untergliedert. Angesichts der Informationsbedürfnisse politisch-gesamtwirtschaftlicher Entscheidungsträger ist dies nicht überraschend. Dennoch ist anzunehmen, daß die im Modell unterstellten Effekte für verschiedene Branchen und Unternehmen unterschiedlich ausfallen werden. So hängt beispielsweise die Ausgangsposition eines einzelnen Anbieters in Europa und

damit das Ausmaß der durch die Marktintegration ausgelösten individuellen Rückkopplungen u. a. davon ab, ob die für den Gesamtmarkt relevanten Rechtsvorschriften seinen bisherigen nationalen Vorschriften entsprechen oder nicht, da die Anpassung an neue Bestimmungen mit zusätzlichen Kosten verbunden ist (vgl. *de Zoeten*,
1993).

Prinzipiell entscheidet auch auf der einzelwirtschaftlichen Ebene das Ausmaß er-
tragsrelevanter anbieter- und nachfragerbezogener Rückkopplungen über den Interdependenzgrad von Ländermärkten und damit den Umfang der Koordinationsprobleme. Da dieses Ausmaß sehr stark von der individuellen Situation eines Unternehmens abhängt, benötigt ein Anbieter zunächst Indikatoren, um den Interdependenzgrad der betrachteten Ländermärkte operationalisieren zu können.

2.2.2.1 Indikatoren anbieterbezogener Rückkopplungen

Die im *Cecchini*-Bericht zugrunde gelegten Effekte beschränken sich im Prinzip auf
die Kostenwirkungen der EU-Marktintegration und damit auf anbieterbezogene
Rückkopplungen (vgl. Kap. B 2.3.2.1) als Resultat des Zusammenwachsens von
Märkten. Im Mittelpunkt dieser Kostenwirkungen steht die Erfahrungskurve als Ansatz zur Quantifizierung der aus erhöhten Produktionsvolumina potentiell resultierenden Kostensenkungen (vgl. *Abb. D-23*).

Das Erfahrungskurvenkonzept baut auf einer Reihe von empirischen Untersuchungen auf, die gezeigt haben, daß ein Zusammenhang zwischen den stückbezogenen
zahlungswirksamen Kosten und der Absatzmengenentwicklung eines Produktes besteht (vgl. *Henderson*, 1984, S. 19; *Kreilkamp*, 1987, S. 344 ff.). Das Konzept unterstellt dabei, daß mit jeder Verdopplung der im Zeitablauf akkumulierten Absatzmengen eines Produktes die auf den Wertschöpfungsanteil einer Leistungseinheit
bezogenen zahlungswirksamen (inflationsbereinigten) Stückkosten um 20 bis 30 %
zurückgehen (vgl. *Abb. D-23*). Dieser Effekt läßt sich u. a. damit begründen, daß bei
wachsenden Kapazitäten kostengünstigere Anlagen genutzt oder effizientere Verfahren der Arbeitsvorbereitung und -durchführung entwickelt werden. Zudem ergeben
sich senkende Effekte auf die Stückkosten aus der Fixkostendegression. Die Rationalisierungspotentiale können sich dabei über die Produktion hinaus (z. B. effizien-
ter Vertrieb) auf die gesamte Wertkette des Unternehmens erstrecken (vgl.
Henderson, 1984, S. 26).

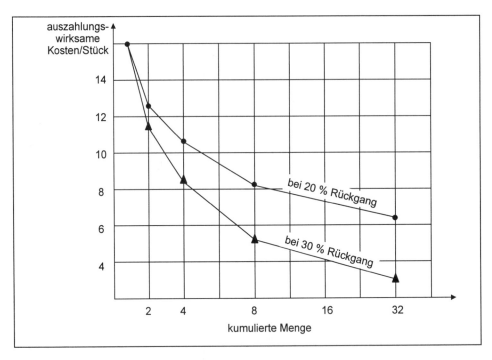

Abb. D-23: Erfahrungskurve

Diese individuellen, unternehmensbezogenen direkten und indirekten Kostenwirkungen der Marktintegration und die sich daraus ergebenden anbieterbezogenen Rückkopplungen hängen stark von den die Kostenveränderungen bestimmenden situativen Bedingungen des jeweiligen Anbieters ab. *Abb. D-24* faßt die wichtigsten Einflußgrößen auf die unternehmensspezifischen Kostenveränderungen und die Indikatoren anbieterbezogener Rückkopplungen zusammen.

- Unternehmensbezogen akkumulierte Produktionsmengen

- Unternehmensspezifisches Potential zusätzlicher Absatzmengen als Folge der Marktintegration

- Produktlebenszyklusphase des betrachteten Produktes

- Timing des Markteintritts

- Standardisierungsgrad der auf den Ländermärkten absetzbaren Produkte

- Zentralisationsgrad (internationale Konfiguration) der Produktion

Abb. D-24: Indikatoren anbieterbezogener Rückkopplungen

Entscheidend für die auf der Grundlage der Erfahrungskurve realisierbaren Kostensenkungspotentiale sind die produktbezogen bereits akkumulierten Produktionsmengen und die darüber hinaus absetzbaren Stückzahlen eines Unternehmens. Da sich der potentielle Erfahrungskurveneffekt auf die akkumulierte Menge bezieht, ist die kostenbezogene Ausgangsposition des Unternehmens für den Kosteneffekt bestimmend. Um eine Verdopplung der Gesamtproduktionsmenge zu erreichen, ist bei niedrigen akkumulierten Stückzahlen eine deutlich geringere zusätzliche Produktionsmenge als bei einer hohen Gesamtproduktionsmenge erforderlich. Umgekehrt gilt, daß bei einer insgesamt hohen ausgebrachten Produktionsmenge entsprechend hohe zusätzliche Produktionsmengen notwendig sind, um eine Verdopplung zu erzielen. Damit hat die zum Zeitpunkt der Betrachtung akkumulierte Produktionsmenge starken Einfluß auf die verbleibenden potentiellen Erfahrungskurveneffekte.

Die tatsächlich erreichten zusätzlichen Produktionsmengen bestimmen die realen unternehmensspezifischen Kostensenkungen als Folge der Marktintegration. Diese Kostensenkungen sind aber nicht ausschließlich von - aufgrund des erhöhten Wettbewerbsdrucks - sinkenden Preisen, wie im EU-Modell unterstellt wird, abhängig. So sind Absatzmengen eines Produktes neben dem Preis auch von anderen Faktoren abhängig, die in wechselseitigen Beziehungen zueinander stehen.

Stehen Produkte in *Verbundbeziehungen* zueinander - wird z. B. ein Produkt als Komponente für ein System verwendet -, wird die Nachfrage nach diesem Produkt von der Nachfrage auf den nachgelagerten (System-)Märkten bestimmt (vgl. *de Zoeten*, 1993). Die Nachfrage kann daher eine markt- und unternehmensspezifische Preiselastizität aufweisen. Die *Lebenszyklusphase*, in der sich ein Produkt befindet, wirkt sich grundsätzlich ebenfalls auf die zusätzlich möglichen Absatzmengen aus. Produkte in späten Phasen des Produktlebenszyklus weisen tendenziell geringere noch verbleibende Absatzpotentiale auf als solche in frühen Phasen. Die innerhalb eines bestimmten zeitlichen Rahmens möglichen (Gesamt-)Absatzmengen sind daneben auch von der Zahl der bearbeiteten Ländermärkte und damit von der *Timingstrategie* eines Unternehmens abhängig (vgl. Kap. C 2.1), da mit der Zahl der gleichzeitig bearbeiteten Ländermärkte auch das Absatzpotential innerhalb eines bestimmten Zeitfensters steigt. Die Wahl einer Sprinkler-Strategie für die Ländermärkte eines zusammenwachsenden Marktes führt zu größeren Absatzpotentialen und damit auch zu höheren potentiellen Kostenwirkungen der Marktintegration für ein Unternehmen.

Das Konzept der Erfahrungskurve geht zudem davon aus, daß ein standardisiertes Produkt produziert wird. Das Angebot auf den Ländermärkten wäre damit (weitgehend) identisch. Mit abnehmendem *Standardisierungsgrad* sinken die Kostensenkungspotentiale, wenn für differenzierte Produkte spezifische Produktionsanlagen vorgehalten werden müssen. Da sich Erfahrungskurveneffekte auf bestimmte

Produktionstechnologien und -einrichtungen beziehen, „splitten" sich diese bei zunehmenden Differenzierungsanforderungen auf. Synergetische Kostensenkungseffekte sind dann nicht mehr möglich. Das Problem des Splittings gilt darüber hinaus auch bei mehreren Produktionsanlagen für ein standardisiertes Produkt. Auch hier sind geringere Kostensenkungseffekte als bei zentralisierter Produktion für eine gegebene Gesamtproduktionsmenge zu erwarten, da z. B. mehrere Produktionsanlagen mit entsprechenden Fixkosten vorhanden sind, deren Fixkosten auf nur relativ geringe Absatzmengen umgelegt werden können. Dieses Problem nimmt mit zunehmender Fixkostenintensität der Produktion zu. Im Resultat nimmt die internationale *Konfiguration der Produktion* über den Zentralisationsgrad Einfluß auf die Kosteneffekte der Marktintegration und damit auf das Ausmaß kostenbezogener (anbieterbezogener) Rückkopplungen.

Zusammenfassend kann festgehalten werden, daß die für einen integrierten (Gesamt-)Markt zu erwartenden Kostenwirkungen nur einen groben Indikator für die aus der Marktintegration resultierenden anbieterbezogenen Rückkopplungen darstellen. Es gilt, daß die Integrationseffekte hohe Branchenspezifität aufweisen. Eine Vielzahl unternehmensspezifischer Faktoren beeinflußt zudem das Ausmaß der individuellen Kosteneffekte. Dies bedeutet gleichzeitig, daß wesentliche Einflußgrößen auf die anbieterbezogenen Rückkopplungen im Einflußbereich des Managements liegen und als Instrumente des Internationalen Marketings betrachtet werden müssen. Eine Analyse des Ausmaßes anbieterbezogener Rückkopplungen als Folge zusammenwachsender Märkte kann daher nicht verallgemeinert werden, sondern muß an der individuellen Situation der Unternehmen (vgl. *Abb. D-24*) ansetzen. Entsprechend sind die durch die Marktintegration entstehenden anbieterbezogenen Kostenrückkopplungen ceteris paribus um so größer,

- je geringer das produktbezogen akkumulierte Produktionsvolumen ist,
- je größer das verbleibende unternehmensspezifische Potential zusätzlicher Absatzmengen als Folge der Marktintegration auf den Ländermärkten des zusammenwachsenden Marktes ist,
- je größer die Zahl der Ländermärkte des zusammenwachsenden Marktes ist, auf denen das betrachtete Unternehmen präsent ist,
- je länger die zu erwartende Marktpräsenzzeit des betrachteten Produktes ist,
- je stärker die auf den Ländermärkten angebotenen Produkte standardisierbar sind und
- je stärker die Produktion zentralisiert ist.

Der Zusammenhang zwischen der Kostenposition eines international tätigen Unternehmens und dem Zentralisationsgrad der Produktion zeigt, daß die Konfiguration der internationalen Aktivitäten - in diesem Fall der Produktion - ein zentraler Einflußfaktor anbieterbezogener Rückkopplungen ist. *Bartlett/Ghoshal* (1990) machen diesen Zusammenhang deutlich, wenn sie im Rahmen des Konzepts transnationaler Unternehmen (vgl. Kap. B 2.3.2.1) die Entwicklung von Rollen und Zuständigkeiten zur Realisierung größtmöglicher globaler Effi-zienz und nationaler Effektivität fordern, die von Ländergrenzen abstrahieren. Hierzu wird z. B. für die Produktion eines standardisierbaren Produktes eine weitgehende Zentralisierung der Produktion an einem die Summe von Produktions- und Transportkosten minimierenden Standort vorgeschlagen.

2.2.2.2 Indikatoren nachfragerbezogener Rückkopplungen

Kennzeichen zusammenwachsender Märkte ist die schrittweise Beseitigung von Handelsschranken zwischen den Ländermärkten und potentiell eine - z. T. dadurch ausgelöste - Vereinheitlichung des Nachfragerverhaltens auf diesen Ländermärkten. Die Homogenisierung führt zu verbesserten Möglichkeiten für die Nachfrager, Informationen über die Angebotssituation auf anderen Ländermärkten zu beschaffen. Für die Prüfung der Frage, in welchem Maße die ausländische Beschaffung zu einer ökonomisch sinnvollen Option für die Nachfrager wird, steht dem Anbieter eine Reihe von Indikatoren zur Verfügung.

Informationsaustausch

Die Beschaffung auf ausländischen Ländermärkten eines zusammenwachsenden Binnenmarktes und der dazu notwendige Vorteilhaftigkeitsvergleich der in- und ausländischen Beschaffung ist zunächst an Informationen über dort verfügbare alternative Angebote bzw. ihre Qualitäts- und Preisdimensionen gebunden. Für die Nachfrager ist daher entscheidend, ob und zu welchen Kosten diese Informationen verfügbar sind. Das Zusammenwachsen eines Marktes wirkt sich dabei fördernd auf die grundsätzlichen Möglichkeiten der Informationsbeschaffung und senkend auf die damit verbundenen Kosten aus.

Informationen über ländermarktspezifische Alternativen können nur dann als Auslöser von Arbitrageprozessen wirken, wenn sie kaufrelevant und in einer konkreten Beschaffungssituation verfügbar sind sowie auch tatsächlich verwendet werden. Es bedarf somit eines entsprechenden Informationsangebotes und einer entsprechenden Informationsnutzung.

Anzahl der Haushalte in Mio. (technische Reichweite)

Sender	Total	EU	UK	IRL	B/L	NL	F	D	I	E	P	GR	DK	S	SF	A	N/CH	Ost-Europa	Rest-Welt
Eurosport	69,6	51,7	5,1	0,5	3,8	4,8	2,5	26,3	0,6	1,2	0,4	n.a.	1,3	2,2	1,0	2,0	3,3	13,0	1,7
NBC	67,2	32,0	1,5	0,4	3,2	3,5	0,7	17,9	0,2	0,4	0,1	0,1	1,1	0,9	0,9	1,1	2,4	31,1	1,7
CNN int.	58,4	45,7	4,9	0,1	3,4	5,5	0,9	22,1	0,4	0,7	0,4	3,2	1,4	1,0	0,0	1,6	2,9	7,2	2,6
MTV Europe	54,7	48,9	5,3	0,4	3,8	4,0	1,1	17,3	11,0	0,1	0,1	1,5	0,9	1,8	0,8	0,7	1,8	2,6	1,5
TV5 Europe	36,0	28,4	0,5	0,3	1,7	5,4	1,7	14,9	-	0,1	0,0	-	0,9	1,4	0,7	0,5	2,1	4,2	1,4
TNT/Cartoon	29,9	21,1	5,0	0,1	0,3	1,2	0,4	9,3	0,4	0,9	0,3	0,0	0,8	0,7	0,0	1,5	1,5	7,3	0,0
Euronews	24,7	19,4	1,2	0,0	1,8	0,7	1,5	12,0	0,1	0,6	0,1	0,1	0,4	0,1	0,2	0,6	1,5	3,3	0,4
BBC World	24,3	18,2	-	-	0,9	0,4	0,6	13,4	0,2	0,2	0,2	0,1	1,0	0,6	0,1	0,3	1,0	3,6	1,5
EBN	15,6	11,6	4,5	0,0	-	0,1	0,6	5,2	0,4	0,1	0,1	0,1	0,1	0,2	0,0	0,3	0,3	2,8	0,8
MCN	14,0	9,4	0,1	0,0	1,2	0,3	2,4	2,9	0,3	0,4	0,2	0,1	0,8	0,2	0,1	0,3	0,1	4,4	0,1
Discovery Europe	11,8	10,9	4,7	0,1	0,0	4,7	-	-	-	-	-	-	1,1	0,3	0,0	-	0,3	0,6	-
BBC Prime	4,0	1,5	-	-	0,0	0,0	0,3	0,0	0,0	0,0	0,1	0,0	0,7	0,2	0,0	0,1	1,6	0,4	0,5

Tab. D-11: Paneuropäische TV-Sender
(Quelle: gwa, 1997, S. 68)

Auflage (1000)

Print-Medien	Total	EU	UK	IRL	B/L	NL	F	D	I	E	P	GR	DK	S	SF	A	N/CH	Ost-Europa	Rest-Welt
Zeitungen																			
Financial Times Europe	249,4	234,6	166,2	3,2	8,6	7,1	13,1	17,1	2,9	3,1	1,6	1,3	3,5	2,9	1,1	2,8	8,8	4,9	1,1
Int. Harald Tribune	145,5	106,6	14,4	0,6	6,4	8,3	33,1	19,4	10,0	5,0	1,1	1,7	0,9	1,7	0,7	3,3	15,2	4,9	18,8
USA Today Europe	47,1	41,0	8,2	0,5	1,0	5,3	4,4	12,8	2,7	1,2	0,4	0,7	1,3	1,2	0,6	0,6	2,8	1,5	1,9
Wall Street Journal Europe	64,2	51,7	12,0	0,4	4,9	5,4	7,3	11,7	3,2	2,0	0,6	0,8	0,8	1,6	0,3	0,8	7,1	3,1	2,4
The European (wö)	165,2	125,6	60,0	2,6	4,2	3,2	20,8	12,0	6,7	4,6	0,8	1,5	1,5	3,5	2,0	2,6	7,9	1,0	30,7
Zeitschriften																			
Business Week Europe	65,2	48,8	12,6	1,1	2,7	3,4	7,9	4,9	4,6	3,1	0,9	1,6	1,0	2,7	1,3	0,9	5,6	3,1	7,7
Economist Europe	238,0	209,7	104,5	3,9	9,2	8,8	19,0	24,5	10,9	9,0	3,2	3,8	3,1	4,7	2,0	3,1	14,0	12,4	1,9
Newsweek Europe	314,4	248,2	31,1	6,9	8,2	7,0	53,2	58,3	18,9	8,8	5,9	11,8	7,4	10,4	13,6	6,6	25,7	23,1	17,5
Fortune Europa	56,5	36,6	10,2	1,3	2,3	3,0	3,1	3,3	2,6	2,4	1,3	1,9	0,7	1,8	1,3	1,1	4,4	0,8	14,9
Time Europa	542,0	481,6	98,3	11,1	22,5	23,1	95,3	95,2	34,4	18,4	13,1	12,7	7,4	24,5	15,6	9,9	34,2	9,1	17,1

Tab. D-12: Paneuropäische Printmedien
(Quelle: gwa, 1997, S. 69)

• Informationsangebot

Die Entstehung von Binnenmärkten fördert die Herausbildung grenzüberschreitender, kaufrelevanter Medien, die beschaffungsbezogene Informationen bereitstellen.
Tab. D-11 und *Tab. D-12* zeigen für den TV- und Print-Medienbereich, daß diese
grenzüberschreitenden Medien bereits heute über eine signifikante Reichweite verfügen.

Diese Medien werden nicht nur anbieterseitig von Unternehmen, sondern auch von
öffentlichen Institutionen geschaffen, die damit die Integration der Ländermärkte
durch die Auslösung von Anpassungsprozessen auf der Nachfrager- und Anbieterseite beschleunigen wollen.

> Ein Beispiel für ein von der öffentlichen Hand geschaffenes, grenzüberschreitendes und
> kaufrelevantes Informationsmedium ist ein institutionalisierter Preisvergleich für den
> Automobilmarkt. In regelmäßigen Abständen veröffentlicht die EU-Kommission einen
> Preisspiegel, der für 75 auf dem europäischen Markt angebotene PKW-Modelle um
> ländermarktspezifische Steuern bereinigte Preisunterschiede aufzeigt (vgl. *o.V.*, 1995a).
> Die EU-Kommission stellte dabei anläßlich des Preisvergleiches von Anfang Mai 1995
> fest, daß bei mehr als der Hälfte der untersuchten Modelle die Preisspanne zwischen dem
> teuersten und dem billigsten Land in Einzelfällen bis zu 55,5 % (Preisunterschied für Ford
> Scorpio zwischen Österreich und Italien), mindestens aber 20 % ausmachte. Beim
> vorangegangenen Preisvergleich betrug diese Quote nur 18 %. Daraus schließt die
> Kommission, daß „das Ziel einer Annäherung der Preise im seit 1993 offiziell
> schrankenlosen Binnenmarkt bisher verfehlt worden sei" (*o.V.*, 1995a, S. 11). Die
> Preisunterschiede werden also erhoben, um das Ausmaß der Marktintegration in dieser
> Branche zu erfassen. Sie können aber gleichzeitig Nachfragern dazu dienen, ohne
> nennenswerte Informationsbeschaffungskosten Preisvergleiche zwischen Ländermärkten
> anzustellen, um die aus ihrer Sicht optimale Wahl des Beschaffungsmarktes treffen zu
> können.

Neben öffentlichen Anbietern grenzüberschreitend kaufrelevanter Informationen
treten auch private Unternehmen selbst „in eigener Sache" in diesem Bereich auf.
Hervorzuheben sind hier u. a. Konsumgüteranbieter, die ihre Produkte im Direktvertrieb europaweit vertreiben und über europaweit ausstrahlende TV-Sender oder
im Internet anbieten. Das Produkt kann dann telefonisch oder online bestellt werden.

> Parallel zum von der EU für den europäischen Automobilmarkt bereitgestellten Informa-
> tionspool hat die Etablierung einer zunehmenden Zahl von Reimporteuren das Informa-
> tionsangebot deutlich verbessert. Diese Anbieter schalten Anzeigen in regionalen und
> überregionalen Tageszeitungen sowie in Automobilfachzeitschriften (vgl. *Abb. D-25*) und
> werben vor allem mit günstigeren Preisen für exakt spezifizierte Modelle. Oft werden die-
> se schon in der Anzeige genannt. Der Preisvergleich wird damit zum „Kinderspiel".

Preisgünstige Neufahrzeuge in Wunschausstattung
von einem der größten EU-Importeure Deutschlands: Fordern Sie die Preisliste an.

Beispiele:	Unverbindliche Preisempfehlung des Herstellers ohne Fracht	Autoplus-Endpreis	Beispiele:	Unverbindliche Preisempfehlung des Herstellers ohne Fracht	Autoplus-Endpreis
Kleinwagen:			**obere Mittelklasse Kombi:**		
Cinquecento 700, 22 kW	-	10.770,-	Omega 2,0i 8V, Extras	44.939,-	37.450,-
Corsa 1,2 Eco, Extras	19.850,-	16.990,-	A6 1,8 Avant, Extras	55.185,-	45.300,-
Fiesta 1,25 16V	21.050,-	17.890,-	Volvo 850 2,5, Extras	59.220,-	46.800,-
untere Mittelklasse (alle 5-türig):			**Cabrios und Coupés:**		
Escort 1,6i FH, RC	29.020,-	23.590,-	Barchetta 1,8	36.800,-	31.100,-
Astra Season 16 V, ZV	30.230,-	25.390,-	Golf Cabrio 1,8, Color	38.135,-	31.100,-
Golf Movie TDi, RC	32.125,-	27.590,-	BMW 318iS Coupé, Extras	49.285,-	40.400,-
Mittelklasse:			**Minivans:**		
Mondeo 1,6 Skyl., Extras	37.210,-	30.690,-	Serena 1,6 LX	33.395,-	27.690,-
Vectra 1,6-16V CD, Extras	37.025,-	30.950,-	Galaxy 2,0 GLX	43.450,-	37.990,-
Audi A4 1,6E	38.000,-	33.690,-	Sharan TDI GL	48.500,-	41.550,-

Folgende Fahrzeuge können Sie bei uns in Wunschausstattung bei freier Farbwahl bestellen:
VW: Polo, Golf, Cabrio, Vento, Caravelle, Passat, Sharan, Audi: A4, A6, Opel: Corsa, Tigra, Astra, Cabrio, Vectra, Calibra, Omega, TransSport, Combo, Frontera, Ford: Fiesta, Escort, Cabrio, Mondeo, Scorpio, Transit, Galaxy, Courier, Windstar, Mustang, BMW: 316i, 318iS, Coupé, Cabrio, Peugeot: 306 Cabrio, Renault: Laguna, Jaguar: XJ, XJ Sport, XJR, Cabrio, Rover: Mini, 200, Cabrio, 400, Tourer, 600, Fiat: Cinquecento, Panda, Punto, Cabrio, Bravo, Brava, Coupé, Ulysse, Barchetta, Ducato, Lancia: Zeta, Seat: Ibiza, Cordoba, Saab: 900, 9000, Volvo: 850, S40/V40, Chrysler: Grand Cherokee, Voyager, Dodge Ram, Neon, Vision, New Yorker, Nissan: Micra, Primera, Maxima, Serena, Honda: Civic, Mercedes: Sprinter, C-Klasse, E-Klasse

Wir vermitteln von autorisierten Vertragshändlern, alle Preise Endpreise, abholbereit in Kassel.

Bitte senden Sie mir die kostenlose 100seitge Preisliste zu.
NAME
STRASSE/NR.
PLZ/ORT

Abb. D-25: Beispiel für Reimportangebote im Automobilbereich
(Quelle: ADAC motorwelt, März 1996)

Neben anbieterinduziertem Informationsaustausch kann dieser auch aktiv von Nachfragern hervorgerufen werden. Dies gilt u. a. für den Bereich der öffentlichen Nachfrage, für den z. B. die EU explizite Regelungen getroffen hat. Angestrebt wird die Beseitigung eines rein nationalen Beschaffungsverhaltens öffentlicher Verwaltungen. Ein wesentlicher Beitrag zum Abbau administrativer Schranken kommt dabei der bereits angeführten Beschaffungsrichtlinie des Rates der EU vom 17. September 1990 zu (vgl. hierzu auch Kap. D 1.2.1.1.2.1.1.1). In dieser Richtlinie - betreffend die Auftragsvergabe durch Auftraggeber im Bereich der Wasser-, Energie- und Verkehrsversorgung sowie im Telekommunikationssektor (90/531/EWG) - werden die Mitgliedsstaaten erstmals verbindlich dazu gezwungen, öffentliche Aufträge der genannten Bereiche dann europaweit auszuschreiben, wenn diese ein in der Richtlinie festgeschriebenes Wertvolumen übersteigen. Mit Hilfe dieser Richtlinie machten Kommission und Rat der EU einen ersten Schritt, um das bis dahin weitverbreitete nationale Beschaffungsverhalten öffentlicher Auftraggeber in der EU zu erschweren.

Unabhängig vom bislang eher zweifelhaften Erfolg dieser EU-Maßnahme (vgl. Kap. D 1.2.1.1.2.1.1.1) führt der Zwang zur europaweiten Ausschreibung notwendigerweise zu einem verbesserten Informationsstand über alternative Angebote und damit zu einer Intensivierung des Informationsaustausches.

Gleiches gilt auch für den ebenfalls von Wirtschaftlichkeitsüberlegungen motivierten Trend privater Unternehmen zur internationalen - im Extremfall sogar weltweiten - Suche nach alternativen Bezugsquellen für Beschaffungsobjekte. Diese als „global sourcing" beschriebene Entwicklung bezieht sich vor allem auf Zulieferungen austauschbarer Komponenten, deren hoher Standardisierungsgrad und deren relativ geringe Komplexität eine große Zahl alternativer Anbieter möglich macht (vgl. *Backhaus*, 1997). *Homburg* (1995) belegt dies auf der Grundlage theoretischer Überlegungen und empirischer Ergebnisse. Seine Untersuchung auf der Basis von 165 Produktionsgüter nachfragenden Unternehmen zeigt, daß die Zahl der Lieferanten für eine bestimmte Beschaffungskomponente mit zunehmender wirtschaftlicher Bedeutung dieser Komponente tendenziell zunimmt. Gleichzeitig kommt die Untersuchung zu dem Ergebnis, daß die Zahl der Lieferanten mit zunehmender Komplexität der Beschaffungssituation tendenziell abnimmt. Für diese Beschaffungssituationen ist also davon auszugehen, daß Nachfrager in stärkerem Maße Informationen über alternative Anbieter suchen. Da es sich hierbei um wenig komplexe Güter handelt, wird ihr Preis zum ausschlaggebenden Entscheidungskriterium bei der Anbieterauswahl (vgl. *Backhaus*, 1997). Anbieter mit Kostenvorteilen aufgrund eines geringeren Lohnniveaus und daraus resultierender Preisattraktivität können daher ihre Marktposition verbessern. Da diese vor allem in Niedriglohnländern ansässig sind, entsteht im Bereich austauschbarer Komponenten ein Trend zur Globalisierung von Beschaffungsprozessen aufgrund einer grenzüberschreitenden Suche nach alternativen Anbietern. Unterstützt wird dieser Trend durch die zunehmende Internationalisierung organisationaler Nachfrager, denen durch ihre Niederlassungen auf ausländischen Märkten der Zugang zu arbitragerelevanten Informationen - z. B. in Form von Preisvergleichen - vereinfacht wird.

Resultat dieser Globalisierung von Beschaffungsprozessen ist eine grenzüberschreitende Suche nach kaufrelevanten Informationen, die sich positiv auf das Ausmaß des Informationsangebotes auswirkt. Sie ist *nachfragerinduziert*, da innerbetriebliche (Kosten-)Aspekte diese Informationssuche auslösen. Dies gilt vornehmlich für den beschriebenen Güterbereich wenig komplexer, aber wirtschaftlich bedeutsamer Zulieferungen. Für komplexe Güter mit geringem Austauschgrad und entsprechend hoher Interaktionsintensität zwischen Anbieter und Nachfrager läßt sich demgegenüber ein Trend zum „single sourcing" feststellen (vgl. *Faulhaber/Schmitt*, 1988; *Backhaus*, 1997).

Der Zusammenhang zwischen Komplexitätsgrad der zu beschaffenden Güter und der von Herstellern verfolgten Sourcing-Strategie läßt sich z. B. in der Automobilindustrie nachweisen. Hier sind gerade die europäischen Automobilhersteller (OEMs) in den vergangenen Jahren verstärkt dazu übergegangen, Integrationsleistungen von ihren Zulieferern zu erwarten, die die OEMs in der Vergangenheit noch weitgehend selbst erbracht haben (vgl. *Adolphs*, 1997). *Abb. D-26* verdeutlicht, daß der Anteil der von OEMs zugekauften

(Norm-) Teile im Zeitablauf im Vergleich zu den beschafften komplexeren Komponenten bzw. Systemen und Modulen deutlich abgenommen hat. M. a. W. haben die OEMs Integrationsleistungen „outgesourced" und damit den Komplexitätsgrad der von ihnen zugekauften Güter systematisch vergrößert.

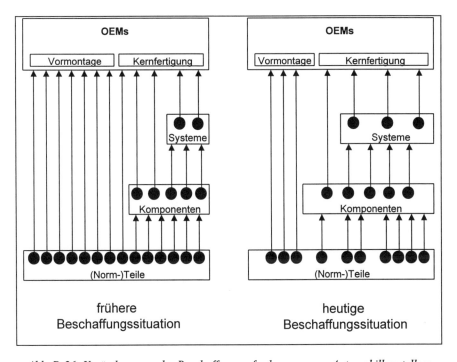

Abb. D-26: Veränderungen der Beschaffungsanforderungen von Automobilherstellern

Parallel hierzu haben sie jedoch auch die Zahl ihrer (Direkt-)Zulieferer drastisch verkleinert. *Tab. D-13* verdeutlicht, daß z. B. alle deutschen Automobilhersteller die Anzahl ihrer Zulieferer deutlich verringert haben oder aber zukünftig noch weiter verringern wollen.

OEM	Anzahl der Zulieferer 1994	Zielwert für Zuliefereranzahl
Volkswagen AG	950	100
Ford AG	900	600
Opel AG	1.100	500
Audi AG	1.000	400
Mercedes-Benz AG	1.100	500
BMW AG	1.200	>900

Tab. D-13: Trend zur Reduktion der Direktlieferanten in der Automobilindustrie
(Quelle: Bullinger/Thaler, 1995)

Zusammenfassend ist festzuhalten, daß das Ausmaß des kaufrelevanten Informationsangebotes für Nachfrager in einer konkreten Beschaffungssituation mit folgenden Einflußgrößen zunimmt:

- Abnahme der Kosten der Informationsbeschaffung,
- Internationalisierung der Anbieter,
- Etablierung von Anbietern arbitragerelevanter Informationen,
- Abnahme der Komplexität der Beschaffungssituation,
- Zunahme der wirtschaftlichen Bedeutung des Beschaffungsobjektes.

- Informationsnutzung

Der Austausch von Informationen über alternative Anbieter und deren Angebote auf verschiedenen Ländermärkten löst Veränderungen des Nachfragerverhaltens aus, wenn diese Informationen von den Nachfragern genutzt werden. Diese Informationsnutzung muß dabei nicht unbedingt in Arbitrage (Beschaffung auf Auslandsmärkten) münden, wie die folgenden Reaktionsmöglichkeiten zeigen:

- (endgültiges) Zurücktreten von Beschaffungsentscheidungen,
- Ausweichen auf alternative Angebote mit geringeren austauschrelevanten Preisdifferenzen,
- (vorläufige) Zurückstellung von Beschaffungsentscheidungen,
- Beschaffung und Nutzung auf dem Auslandsmarkt,
- Beschaffung auf Auslandsmärkten, Parallel- oder Reimport und Nutzung auf dem Heimatmarkt,
- Einwirken preislicher Zugeständnisse vom Originallieferanten,
- kein Einfluß auf die ursprünglich geplante Beschaffungsentscheidung (kein Re- oder Parallelimport, kein Marken- bzw. Anbieterwechsel und kein Verzicht auf die Beschaffungsentscheidung).

Käufer haben eine Vielzahl von Handlungsoptionen bei der Erkennung von Preis- und Qualitätsunterschieden. So können Beschaffungsentscheidungen zeitlich verschoben werden, wenn in der Zukunft die Angleichung ländermarktbezogener Preis- und Qualitätsdifferenzen erwartet wird. Dies wird vor allem dann der Fall sein, wenn Beschaffungsentscheidungen nicht unter Zeitdruck gefällt werden müssen und das wahrgenommene Risiko einer unter Zeitdruck gefällten Kaufentscheidung als hoch wahrgenommen wird. (Weitere) Angleichungen von Preis- und Qualitätsdifferenzen können erwartet werden, wenn erste Preisangleichungen auf dem Markt beobachtet werden können, keine bzw. nur geringe Hemmnisse den Güteraustausch behindern oder die Existenz der Preis- und Qualitätsdifferenzen einer großen Zahl potentieller Nachfrager bekannt ist und das Nachfragerverhalten nachhaltig verändert. Die Reaktion auf das Erkennen von Preis- und Qualitätsunterschieden kann dabei so weit gehen, daß Beschaffungsentscheidungen entweder aus Verärgerung grundsätzlich verworfen werden oder aber Käufer auf alternative Produkte mit deutlich geringeren arbitragerelevanten Preis- und Qualitätsdifferenzen ausweichen. Hintergrund beider Reaktionen könnten z. B. Wahrnehmungen einer „unfairen" Produkt- und Preispolitik der Hersteller sein. Münden demgegenüber arbitragerelevante Informationen in die Beschaffung auf Auslandsmärkten, findet unmittelbarer Güteraustausch statt.

Güteraustausch

Nachfragerbezogene Rückkopplungen entstehen nur dann, wenn Informationen über arbitragerelevante Preis- und Qualitätsdifferenzen zu einer Veränderung des Nachfragerverhaltens führen. Güteraustausch ist ein zentraler Indikator für eine Veränderung des Nachfragerverhaltens. Für die Messung des Ausmaßes des Güteraustausches stehen mit dem *Umfang grauer Märkte* und dem *Konzept der Preisdifferenzen* zwei Indikatoren zur Verfügung. Beide messen auf verschiedene Weise den nachfragerbezogenen Integrationsgrad der betrachteten Ländermärkte.

- Anteil „Grauer Märkte" am Gesamtabsatz

Für die Entstehung von Koordinationsproblemen im Rahmen des Internationalen Marketings ist es zunächst unerheblich, ob Kunden nach der Beschaffung das Produkt reimportieren oder auf dem jeweiligen ausländischen Beschaffungsmarkt nutzen. In beiden Fällen hat die Fremdmarktbeschaffung Auswirkungen auf das nationale Marketing. Zu vermuten ist, daß die Nutzung auf einem Auslandsmarkt eher bei investiver als bei konsumtiver Nachfrage anzutreffen ist.

Die Beschaffung auf Auslandsmärkten ist dann vorteilhaft, wenn die beim Reimport entstehenden Transaktionskosten geringer sind als die Preisdifferenz zwischen den Ländermärkten. Zu den Transaktionskosten sind die gesamten Aufwendungen zu rechnen, die dem Reimporteur entstehen. Beispielhaft ist hier an Transportkosten, Importzölle oder an zusätzliche Aufwendungen aufgrund der Gewährung von Garantien zu denken, mit denen der Händler in die fehlende Produktgarantie des Herstellers eintritt.

Das Vorteilhaftigkeitsprinzip der Fremdmarktbeschaffung ist im Grundsatz einfach: Unterstellt sei z. B. der Fall, daß ein Unternehmen im Ursprungsland A ein Produkt zu einem Preis von 500 GE anbietet, im Land B für das gleiche Produkt von den Nachfragern jedoch 700 GE verlangt. In einer solchen Situation wird es für einen „grauen" Händler interessant sein, Produkte dieses Unternehmens im Niedrigpreisland zu 500 GE aufzukaufen und in das Hochpreisland zu exportieren. Bietet der Händler das Produkt dort zu einem unter 700 GE liegenden Preis an, so wird er in der Lage sein, dem Herstellerunternehmen zumindest einen Teil von dessen Marktanteil streitig zu machen und dadurch dessen Preisdifferenzierungsstrategie in Frage zu stellen. Aus dem Verhalten solcher Händler erwächst dem Herstellerunternehmen somit Konkurrenz mit dem eigenen Produkt.

Der Umfang der im Rahmen der Entstehung grauer Märkte stattfindenden Arbitrageprozesse hängt davon ab, ob die Summe aus Niedrigpreis und notwendigen Transaktionskosten den Hochpreis unterschreitet oder übersteigt. Andererseits nimmt die Gefahr der Entstehung „Grauer Märkte" auch dann zu, wenn Preisdifferenzierung bei solchen Ländern betrieben wird, zwischen denen ein reger Austausch von Informationen und Gütern zu beobachten ist. In diesem Fall nehmen Nachfrager die bestehenden Preisunterschiede eher wahr. Des weiteren können sich reimportwillige Händler bestehender Wege des Güteraustausches bedienen.

Als Indikatoren für das Ausmaß nachfragerbezogener Rückkopplungen aufgrund von Güteraustausch können der Umfang des Re- oder Parallelimports und somit das Ausmaß des hieraus entstehenden Phänomens „Grauer Märkte" herangezogen werden. Solche vom Hersteller zumeist nicht gewollte Güterströme haben in der jüngsten Vergangenheit zunehmend an Bedeutung gewonnen und liegen immer dann vor, wenn Händler und Konsumenten Arbitragegewinne erzielen können.

„Graue Märkte" werden in der juristischen Literatur vornehmlich unter dem Begriff „Parallelimporte" diskutiert (vgl. *Falkenstein*, 1989, S. 109 ff.; *Reich*, 1987, S. 250 ff.; *Krämer*, 1985, S. 88 ff.). In der betriebswirtschaftlichen Literatur finden sich in diesem Zusammenhang synonym verwandte Begriffe wie „cross-selling", „Handelsumlenkung", „intrabrand-Wettbewerb", „Reimport bzw. Reexport" (vgl. *Diller*, 1991, S. 420 ff.; *Dülfer*, 1997, S. 420 ff.; *Terpstra*, 1987, S. 523; *Berekoven*, 1985, S. 183 ff.). Eine überzeugende Klassifizierung „Grauer Märkte" findet sich bei *Simon/Wiese* (1992, S. 251), die als Entstehungsursachen „Grauer Märkte" folgende Faktoren unterscheiden:

– Parallele Importe (nicht autorisierte Exporte aus dem Ursprungsland),

– Reimporte (nicht autorisierte Rückführung in das Ursprungsland) und

– latente graue Importe (nicht autorisierte Ströme zwischen Exportländern).

Kreutzer (1989) differenziert den Reimport darüber hinaus nochmals in den Individual-Reimport und den organisierten Reimport. Während ersterer vor allem im Bereich von Konsumgütern zu finden ist (Tourismus-Reimport), lassen sich organisierte Reimporte vor allem bei PKWs beobachten.

Die Entstehung grauer Märkte wird aus einzel- und gesamtwirtschaftlicher Sicht unterschiedlich beurteilt. Während z. B. die EU-Kommission die Entstehung grauer Märkte und den damit entstehenden Druck auf Preisdifferenzen als Instrument zur Integration von Märkten begreift, betrachten viele Hersteller dieses Phänomen mit Sorge, da es das Ausnutzen unterschiedlicher Zahlungsbereitschaften auf den einzelnen Ländermärkten behindert (vgl. *Jensen*, 1998). Aus einzelwirtschaftlicher Perspektive ist es daher von großer Bedeutung, die Entstehung von Güteraustauschprozessen zu beobachten und deren Umfang abschätzen zu können. *Simon* und *Wiese* (1992) stellen in diesem Zusammenhang fest, daß es aus Sicht betroffener Unternehmen durchaus vorteilhaft sein kann, „einen Teil der grauen Importe zu tolerieren und gleichzeitig die Heterogenität der europäischen Länder zumindest teilweise abzuschöpfen" (*Simon/Wiese*, 1992, S. 246). Ausschlaggebend für dieses Kalkül sind allerdings Informationen über den Umfang grauer Importe und ihrer Ergebniswirkungen. Grundsätzlich ist festzuhalten, daß es ökonomisch sinnvoll sein kann, Preis- und Qualitätsdifferenzen zu einem bestimmten Grad trotz entstehender Arbitrage aufrechtzuerhalten (vgl. Kap. D 2.3).

Der Umfang grauer Märkte ist ein Indikator für den *faktischen* Interdependenzgrad der betrachteten Ländermärkte. Aus dem Ausmaß von Re- und Parallelimport kann auf das Ausmaß der aktuellen nachfragerbezogenen Rückkopplungen geschlossen werden. In diesem offenbart sich die von den Nachfragern wahrgenommene Vorteilhaftigkeit der Fremdmarktbeschaffung gegenüber der Heimatmarktbeschaffung. Diese Vorteilhaftigkeit ist wiederum das Ergebnis einer Vielzahl von Einflußfaktoren. Zum einen bestimmen die durch die Fremdmarktbeschaffung erzielbaren Arbitragegewinne (Preisnachlässe bei konstanter Qualität, Qualitätsverbesserungen bei konstantem Preis) das Ausmaß grauer Märkte. Gleichzeitig ist der Umfang grauer Märkte auch ein Indikator für die Transparenz (Ausmaß der Bekanntheit) dieser Arbitragegewinne im Markt und die Neigung der Nachfrager, bei einem bestimmten und bekannten Arbitragegewinn das re- oder parallelimportierte Produkt vorzuziehen (Arbitrageneigung). Aus dem Umfang grauer Märkte gehen die Wirkungen dieser Einflußfaktoren nicht isoliert, sondern nur im Zusammenwirken hervor.

Zur Messung des Integrationsgrades von Ländermärkten über den Anteil grauer Märkte am Gesamtabsatz ist eine genaue Kenntnis der re- und parallelimportierten Güterströme erforderlich. Die Beobachtung dieser Güterströme ist jedoch nicht einfach, da sie sich der unmittelbaren Beobachtung und Kontrolle des Anbieters entziehen können. Probleme bei der Schätzung führen daher zu Ungenauigkeiten dieses Indikators bei der Messung des Integrationsgrades.

- Konzept der Preisdifferenzen

Der Integrationsgrad von Ländermärkten kann unter bestimmten Bedingungen auch durch *Preisdifferenzen* gemessen werden. Im Rahmen dieses Konzeptes wird der Integrationsgrad von Märkten über das Ausmaß gemessen, in dem Preisänderungen für ein bestimmtes Produkt in einem Markt Preisänderungen auf einem anderen Markt verursachen (vgl. *Ravallion*, 1986; *Silvapulle/Jayasuriya*, 1992).

Dieses Konzept der Preisdifferenzen als Indikator horizontaler oder geographischer Marktintegration wird vor allem in der Wirtschaftspolitik von Entwicklungsländern zur

Identifikation von Regionen verwendet, die anfällig für eine Verknappung von Lebensmitteln und damit für Hungersnöte bei gleichzeitiger Wohlversorgung - z. B. benachbarter Regionen - sind: „The proposition that relates the topic to famine is that poorly integrated markets constitute one factor (among many others) which make a region more vulnerable to famine. If a peripheral market is poorly integrated with a central market that constitutes an important source of supply, then big price movements or a long time period may be necessary to bring supplies to the peripheral market" (*Wyeth*, 1992, S. 3 f.). Hungersnöte in einer Region eines Gebietes mit unterschiedlichem Versorgungsgrad der Bevölkerung entstehen demnach dann, wenn diese Region nur schwach mit anderen, gut versorgten Regionen integriert ist. Der geringe Integrationsgrad führt dazu, daß hohe Preisunterschiede zwischen den Regionen für das betrachtete Produkt nicht verschwinden. Deren Dauerhaftigkeit ist Auslöser von Versorgungsengpässen in von Hungersnöten bedrohten Regionen. Dauerhafte Preisunterschiede werden im Rahmen der Entwicklungspolitik zum Anlaß genommen, Preisunterschiede durch staatliche Handelsgesellschaften zu bekämpfen, die Güteraustausch zwischen schwach integrierten Regionen organisieren.

Die Entwicklung von Preisunterschieden wird damit zum Indikator für den Integrationsgrad der betrachteten Regionen. Im Fall hoher Integration führt Arbitrage zu einer Angleichung von Preisunterschieden bis auf die Höhe der Transaktionskosten, ohne daß staatliche Eingriffe erforderlich wären (vgl. *Wyeth*, 1992). Schwach integrierte Märkte hingegen zeigen steigende oder konstante Preisdifferenzen (vgl. *Abb. D-27*).

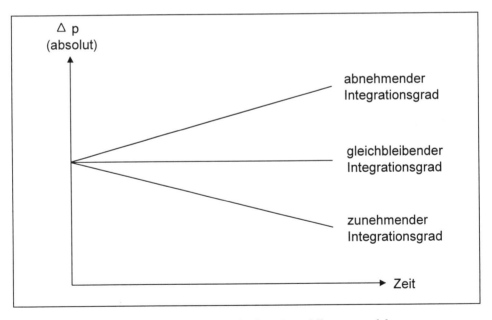

Abb. D-27: Die Entwicklung absoluter Preisdifferenzen und der Integrationsgrad von Ländermärkten

Das Konzept der Preisdifferenzen ist nur unter bestimmten Bedingungen einsetzbar. Voraussetzung für diesen Ansatz ist zunächst, daß das Produkt, für welches der Integrationsgrad gemessen wird, auf den betrachteten Ländermärkten - idealerweise - in identischer Form angeboten wird. Die beobachteten Preisdifferenzen und deren Veränderung im Laufe der Zeit können nur dann aussagekräftig sein, wenn sich diese auf eine vergleichbare Grundlage beziehen. Mit zunehmendem Standardisierungsgrad des Produktes nimmt also die Bedeutung dieses Indikators für die Messung des Integrationsgrades von Märkten zu. Entsprechend finden sich in der Praxis der Integrationsmessung mit Hilfe von Preisdifferenzen Anwendungsbeispiele vorwiegend im Bereich von Commodities wie Reis (vgl. *Ali*, 1984; *Ellis/Magrath/Trotter*, 1991; *Magrath*, 1989; *Ravallion*, 1985; *Tabor*, 1989; *Timmer,* 1974), Weizen (vgl. *Cummings*, 1968) oder Geld (vgl. *Hakkio/Rush*, 1989; *Karfakis/Moschos*, 1990).

Entscheidend ist daneben, daß sich der Standardisierungsgrad - also das Maß der Vergleichbarkeit der Produkte auf den Ländermärkten - nicht im Zeitablauf verändert. Anderenfalls ist unklar, inwiefern Preisangleichungen auf Arbitrage oder schwankende Qualitätsdifferenzen zurückzuführen sind. Für die Messung sind darüber hinaus hinreichend große Preisvariationen auf dem Referenzmarkt notwendig, um die Auswirkungen auf den anderen Märkten überhaupt beobachten zu können. Das Konzept kann daher nur im Fall nicht völlig konstanter Preise im Zeitablauf angewendet werden.

Ein nicht zu vernachlässigender zusätzlicher Einflußfaktor auf die Integrationsmessung ist schließlich im Auftreten unterschiedlicher Inflationsraten zu sehen. Diese sind bei der Aufbereitung der Preiszeitreihen zu berücksichtigen.

> Zieht man das Konzept der Preisdifferenzen zur Messung des Integrationsgrades des europäischen Automobilmarktes heran, so muß gefolgert werden, daß dieser Markt entgegen den politischen Zielvorstellungen einen nur geringen und dazu abnehmenden Integrationsgrad (!) aufweist. So berichtet die EU-Kommission, daß die Preisunterschiede für eine Reihe von PKW-Modellen in der jüngsten Vergangenheit entgegen den Annahmen nicht gesunken, sondern vielmehr angestiegen sind (vgl. *o.V.*, 1995a). Mit einem hohen bzw. steigenden Integrationsgrad wären jedoch sich annähernde Preise verbunden.

2.3   Koordinationsstrategien auf zusammenwachsenden Märkten

Zunehmende Interdependenz der Ländermärkte erzeugt einen kontinuierlichen Koordinationsbedarf innerhalb der Bearbeitung dieser Ländermärkte. Auf diesen Koordinationsbedarf kann ein Unternehmen reagieren, indem es die Marktbearbeitung
kontinuierlich an die sich verändernden Rahmenbedingungen (zunehmende anbieter-
und nachfragerbezogene Rückkopplungen) anpaßt oder versucht, auf das Ausmaß
der Rückkopplungen selbst Einfluß zu nehmen. Während es sich bei der Reaktion
auf die Interdependenzen um eine reine *Anpassungsstrategie* handelt, läßt sich die
Einflußnahme auf den Interdependenzgrad selbst als *Strategie des Gegensteuerns*
kennzeichnen.

Bei der Anpassung an die veränderten Rahmenbedingungen der internationalen
Marktbearbeitung werden die Marktveränderungen von den davon betroffenen Unternehmen als unveränderlich betrachtet. Anpassungsmaßnahmen sind demnach *koordinationsbedarfsdeckende* Maßnahmen (vgl. *Adam, D.*, 1996). Deckung des extern
gegebenen Koordinationsbedarfs bedeutet, die länderspezifische Marktbearbeitung
im Hinblick auf die neuen Marktbedingungen zu optimieren, indem entweder eine
Anpassung der Marketinginstrumente vorgenommen wird oder aber die Anpassung
über die Marktein- und -austrittszeitpunkte erfolgt. Die Anpassung an den wachsenden Interdependenzgrad von Märkten stellt in jedem Fall eine *Reaktion* auf sich ver-
ändernde nachfrager- und anbieterbezogene Rückkopplungen dar. Das Ausmaß bzw.
die Entwicklung der Rückkopplungen zwischen den bearbeiteten Ländermärkten
wird dabei als gegeben und vom Anbieter unveränderlich betrachtet.

Die Strategie des Gegensteuerns fußt hingegen auf der Annahme, daß der Interdependenzgrad der bearbeiteten Ländermärkte beeinflußbar ist. Auf der Grundlage dieser Annahme werden Ansätze verfolgt, um den Interdependenzgrad zielgerichtet zu
verändern (*koordinationsbedarfsreduzierende* Maßnahmen). Dieser Strategieansatz
ist daher als *Aktion* im Hinblick auf die Veränderungen der nachfrager- und anbieterbezogenen Rückkopplungen zu kennzeichnen.

Abb. D-28 zeigt eine Systematisierung für Koordinationsstrategien und macht darüber hinaus deutlich, daß innerhalb der genannten Strategietypen unterschiedliche
Teilstrategien vom internationalen Unternehmen zur Koordination ergriffen werden
können.

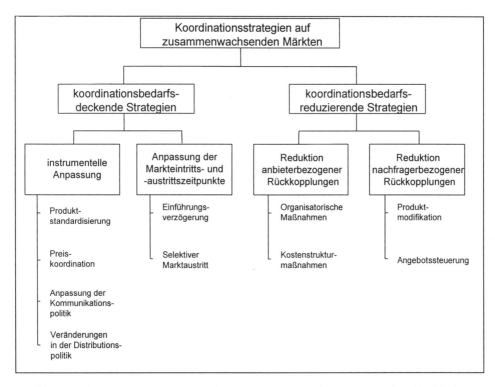

Abb. D-28: Systematisierung von Koordinationsstrategien auf zusammenwachsenden Märkten

Die folgende Betrachtung einzelner Strategien zur Bewältigung von Koordinations-problemen im Internationalen Marketing soll nicht implizieren, daß diese nur isoliert eingesetzt werden können oder etwa sollten. Man muß im Gegenteil davon ausge-hen, daß Unternehmen diese in *Kombination* einsetzen. Dies gilt vor allem für koor-dinationsreduzierende und koordinationsbedarfsdeckende Strategien. Denn im Re-gelfall ist davon auszugehen, daß ein Unternehmen nicht in der Lage ist, durch das Ergreifen entsprechender Maßnahmen die Interdependenzen zwischen seinen Län-dermärkten vollkommen zu beseitigen (sofern dies ökonomisch überhaupt sinnvoll wäre). Insofern könnte der parallele Einsatz koordinationsbedarfsdeckender Maß-nahmen notwendig werden.

2.3.1 Koordinationsbedarfsdeckende Strategien

2.3.1.1 Instrumentelle Anpassung

Eine Reaktion auf zunehmende Rückkopplungen kann darin bestehen, durch eine Änderung der Marktbearbeitung (instrumentelle Anpassung) die Maximierung des Gesamtgewinns der Unternehmung unter den veränderten Rahmenbedingungen sicherzustellen. Im Mittelpunkt der instrumentellen Anpassung an zusammenwachsende Märkte stehen die *Produkt-*, *Preis-* und *Kommunikations-* und *Distributionspolitik* als zentrale Handlungsparameter der international tätigen Unternehmung. Eine Anpassung dieser Marketinginstrumente hat unmittelbaren Einfluß auf die Effekte, die aus nachfrager- *und* anbieterbezogenen Rückkopplungen resultieren.

Die einzelnen Marketinginstrumente können sowohl als alternative wie auch als komplementäre Instrumente der Reaktion auf zunehmende nachfrager- und anbieterbezogene Rückkopplungen betrachtet werden. Sie werden im folgenden separat diskutiert, um die isolierten Wirkungen und Funktionsweisen der Optimierungsansätze zu verdeutlichen. Die Diskussion konzentriert sich im folgenden auf die *aus Rückkopplungen resultierenden Entscheidungsprobleme* aus der Sicht international tätiger Unternehmen. Für die allgemeinen (nationalen) Entscheidungsprobleme im Bereich der Marketinginstrumente wird auf das einschlägige Schrifttum verwiesen (vgl. z. B. *Meffert*, 1998).

2.3.1.1.1 Produktstandardisierung

Ausgangspunkt der Überlegungen zur Standardisierung des Leistungsprogramms ist zunächst die Frage, in welchem *Ausmaß* dieses bei gegebenen Interdependenzen zwischen den Ländermärkten vereinheitlicht werden muß, um die auf das Gesamtunternehmen („Weltmarktkonzeption") gerichteten Ziele zu erreichen. Darüber hinaus ist auf zusammenwachsenden Märkten mit dynamischer Entwicklung des Interdependenzgrades über die *Entwicklung* des Standardisierungsgrades („Standardisierungspfad") zu entscheiden (vgl. auch Kap. D 2.1).

Der optimale Standardisierungsgrad der Produktpolitik ist als ertragsoptimale Reaktion auf die Wirkungen nachfrager- und anbieterbezogener Rückkopplungen zu definieren:

- In bezug auf die nachfragerbezogenen Rückkopplungen ist die Produktstandardisierung als ein mögliches Instrument zur Vermeidung bzw. Reduktion von Arbitrageprozessen zu sehen.

- Des weiteren entfaltet die Standardisierung des Leistungsprogramms z. T. erhebliche Kostenwirkungen, die über einzelne Ländermärkte weit hinausreichen und das gesamte Unternehmen betreffen können.

Im Rahmen der Produktpolitik ist eine Entscheidung darüber zu treffen, welche Bestandteile eines Leistungsprogramms standardisiert und in allen von der Homogenisierung betroffenen Ländern in der gleichen Art und Weise angeboten werden sollen.

2.3.1.1.1.1 Gegenstandsbereiche der Produktstandardisierung

Das notwendige Ausmaß der Standardisierung der Produktpolitik aufgrund nachfrager- und anbieterbezogener Rückkopplungen ist wegen der Vielfalt produktpolitischer Entscheidungstatbestände kein eindimensionales Problem. Es lassen sich unterschiedliche Elemente der Produktpolitik sowohl in zeitlicher Hinsicht (Produkteinführung, -variation, -differenzierung und -elimination) als auch in sachlicher Hinsicht (Produktkern, Packung/Verpackung, Markierung, Dienstleistungen) unterscheiden (vgl. *Abb. D-29*).

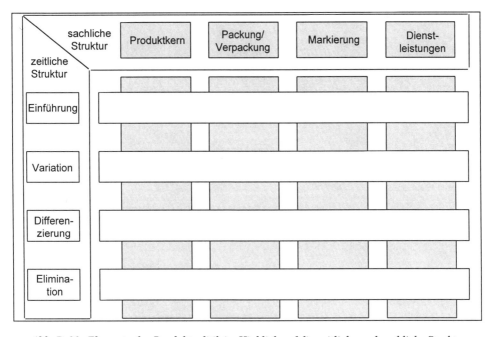

Abb. D-29: Elemente der Produktpolitik im Hinblick auf die zeitliche und sachliche Struktur

Für die hier im Mittelpunkt stehende instrumentelle Anpassung der Marketinginstrumente sind dabei zunächst einmal allein die in sachlicher Hinsicht zu differenzierenden Entscheidungstatbestände der internationalen Produktpolitik von Interesse. Die Diskussion der produktpolitischen Entscheidungen im Zeitablauf stellen eine eigenständige Form koordinationsbedarfsdeckender Strategien dar und werden im Zusammenhang mit der Wahl geeigneter Marktein- und –austrittszeitpunkte in Kap. D 2.3.1.2 separat analysiert.

Bei der Unterscheidung produktpolitischer Entscheidungstatbestände in sachlicher Hinsicht ist zu berücksichtigen, daß sich ein einzelnes Produkt aus verschiedenen Leistungsteilen zusammensetzt. So lassen sich Produktkern, Packung/Verpackung, Markierung und gegebenenfalls zusätzlich erbrachte Dienstleistungen unterscheiden (vgl. *Abb. D-30*).

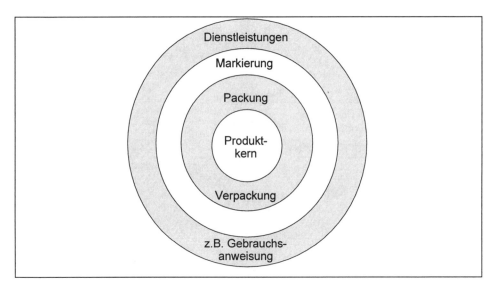

Abb. D-30: Produktbestandteile
(Quelle: In Anlehnung an Kotler/Bliemel, 1995)

2.3.1.1.1.1.1 Produktkern

Der Produktkern umfaßt den Teil des Produktes, der dem Nachfrager einen *originären Grundnutzen* erbringt (vgl. *Sabel*, 1971, S. 29). Hauptaufgabe des Produktkerns ist die Erfüllung einer vom Nachfrager gesuchten Funktion, da der Nachfrager das gesamte Produkt mit der Absicht kauft, mit Hilfe dieser Leistung ein ihm eigenes

Bedürfnis zu befriedigen (Kommunikation → Telefon, Mobilität → PKW). In bezug auf das Standardisierungspotential des Produktkerns ist daher zu vermuten, daß dieses vom Homogenitätsgrad der zugrundeliegenden Kundenbedürfnisse abhängig ist.

Die Möglichkeit der Funktionserfüllung wie auch deren Dauer (Produktlebensdauer) hängen dabei wesentlich von den verwandten stofflichen und konstruktiven Elementen ab. Ebenso kann der Grundnutzen, den der Produktkern determiniert, auch von der Form, der Farbe, der Oberflächenbeschaffenheit etc. abhängen. Als Abgrenzungskriterium zu weiteren Produktbestandteilen ist also die Frage zu klären, ob mit diesen dem Kunden ein Grund- oder ein Zusatznutzen erwächst. Nur wenn das Produktelement allein einen Grundnutzen erzeugt, ist es dem Produktkern zuzurechnen. Dem Grad der Produktkernstandardisierung entsprechend lassen sich vier Grundtypen unterscheiden:

• Differenzierte Produkte

Bei *differenzierten Produkten* weist der Produktkern einen hohen Grad an länderspezifischer Anpassung auf. Bei solchen Produkten (z. B. Lebensmitteln) fehlt neben allen anderen Formen auch das Bemühen um eine Produktkernstandardisierung.

• Modular design

Richten die Kunden verschiedener Länder im Prinzip gleiche Anforderungen an das Produkt, dann kann ein *modulares Design* Verwendung finden, wenn allein gewisse Produktkomponenten länderspezifisch variiert werden müssen, weil dies z. B. aufgrund technischer oder rechtlicher Rahmenbedingungen erforderlich ist. In einem solchen Fall kann das Produkt so konzipiert werden, daß ein global verwendbares Kernprodukt durch den separaten Einbau spezieller Komponenten an die Erfordernisse der einzelnen Ländermarken angepaßt wird (vgl. *Kreutzer*, 1989, S. 281).

Als Beispiel kann die Automobilbranche angeführt werden. Hier wird ausgehend von einem standardisierten Grundprodukt eine länderspezifische Adaption durch Einbau spezieller Module vorgenommen. So wird beispielsweise die Stoßstangenhöhe je nach Landesnorm variiert oder aber die Ausrichtung des Fahrersitzes den Landesgepflogenheiten angepaßt („Rechts- oder Links-Verkehr").

• Built-in-Flexibility

Von einer noch weiter fortgeschrittenen Standardisierung kann bei der sogenannten *Built-in-Flexibility* ausgegangen werden. Hier wird den notwendigen Anpassungspotentialen bei gleichzeitig größtmöglicher Ausschöpfung von Standardisierungspotentialen dadurch Rechnung getragen, daß das Produkt sowohl in der technischen Umwelt des einen als auch des anderen Landes verwendet werden kann.

Die Anpassung wird dabei häufig auf den Nachfrager übertragen, so daß dieser den zu verrichtenden Anpassungsprozeß vollziehen muß.

> Beispielhaft ist hier das Vorgehen vieler Elektrogerätehersteller zu nennen. Diese sehen sich der Notwendigkeit gegenüber, daß sich die Leitungsnetze vieler Länder durch unterschiedliche Stromspannungen und/oder verschiedenartige Zugangsspezifikationen auszeichnen. Daher ist zu beobachten, daß der Anwender vor dem Gebrauch aufgefordert wird, das von ihm benutzte Elektrogerät an die jeweiligen Anforderungen des Landesstromnetzes (z. B. 110 V oder 220 V) durch Einstellen dafür vorgesehener Schalter anzupassen. Einen ähnlichen Zweck erfüllen die von einigen Herstellern von Elektrogeräten beigelegten Adapter, die es verschiedenen Anwendern möglich machen sollen, das Gerät an ihr jeweiliges Leitungsnetz anzuschließen.

- Standardisierte Produkte

Diese liegen immer dann vor, wenn Unternehmen wegen fehlender Differenzierungsnotwendigkeiten das komplette Produkt weltweit identisch vermarkten. Ein solches unmodifiziertes Vermarkten ist z. B. bei Uhren, Fotoapparaten oder ähnlichem zu beobachten (vgl. *Kreutzer*, 1989, S. 280).

2.3.1.1.1.1.2 Verpackung

Unter einer Verpackung wird jegliche Art von Umhüllung eines oder mehrerer Produkte verstanden, wobei von der Funktion der Umhüllung zunächst abstrahiert wird (vgl. *Meffert*, 1998, S. 440). Die in der Vergangenheit angewachsene Bedeutung der Produktverpackung findet ihre Begründung in einem Wandel der an Verpackungen gerichteten Anforderungen und der von Verpackungen zu erfüllenden Funktionen.

Abb. D-31 zeigt, daß die Schutzfunktion der Verpackung zunächst im Vordergrund der Betrachtung stand. Mit Hilfe der Verpackung sollte in erster Linie vermieden werden, daß das Produkt auf seinem Weg vom Hersteller zum Endkonsumenten in irgendeiner Weise zu Schaden kommt. Gerade für den Bereich des Internationalen Marketings besitzt diese Funktion jedoch auch heute noch eine große Bedeutung. Räumliche Entfernungen zwischen Hersteller und Konsument erfordern so z. B., daß mit Hilfe der Verpackung die Qualität im allgemeinen und die Haltbarkeit bei verderblichen Produkten im speziellen aufrechterhalten wird.

> So beklagen sich z. B. Exporteure von Maschinen bei der Einfuhr in China über die dort rechtlich vorgeschriebene „Open Package Inspection (OPI)" (vgl. dazu im einzelnen *Backhaus*, 1996). Diese sieht die Kontrolle der zu importierenden Güter unter Beseitigung

jeglicher Form von Verpackung vor. Deutsche Exporteure sehen hierin vertragsrechtliche Folgeprobleme, da die im Kundenvertrag häufig vereinbarte „seemäßige Verpackung", die die Maschinen vor Wasser-, z. T. auch Luftverschmutzung schützen soll, durch die OPI in ihrer Schutzwirkung beeinträchtigt wird.

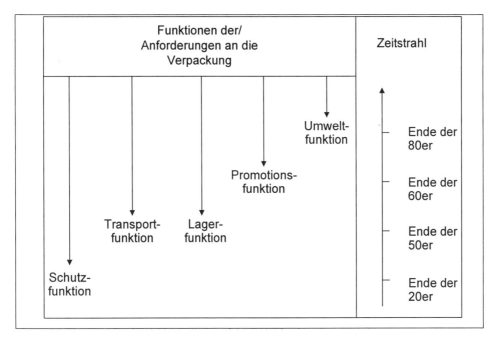

Abb. D-31: Verpackungsfunktionen

Im Zuge der nach dem 2. Weltkrieg in den Industrieländern einsetzenden Massen-produktion - als typische Produktionsform der in diesen Ländern vorherrschenden Verkäufermärkte - erfuhr die Produktverpackung eine Funktionserweiterung. So mußte mit Hilfe der Verpackung zum einen ein müheloser Transport des einzelnen Produktes wie auch größerer Einheiten des Produktes gewährleistet werden. Zum anderen mußte die Verpackung der Tatsache Rechnung tragen, daß der zunehmend knapper werdende Regalplatz beim Handel neue Anforderungen an die Lagerfähig-keit stellte. So waren Verfestigungen der Verpackungen die von den Herstellern durchgeführten Anpassungen, um über eine gesteigerte Stapelfähigkeit Verbesserun-gen der Transport- und Lagermöglichkeiten zu erreichen.

Die Ende der 60er Jahre einsetzende Sättigung, insbesondere der Konsumgüter-märkte, und der damit verbundene Übergang von Verkäufer- zu Käufermärkten be-wirkte wiederum eine Erweiterung der Funktionen von Verpackungen. Als Folge der zunehmend umkämpften Märkte kam der Verpackung nun zusätzlich die Aufgabe zu, der Verkaufsförderung zu dienen. Eine entsprechend gestaltete Verpackung kann so z. B. zu affektiv gesteuerten Impulskäufen anregen.

Die Ende der 80er Jahre einsetzende gesellschaftliche Diskussion über Fragen des Umweltschutzes und der Ressourcenverwendung läßt die Anforderungen und die Funktionen der Verpackung wiederum in einem neuen Licht erscheinen. So wird von Verpackungen verstärkt gefordert, daß bei diesen umweltverträgliche Materialien verwandt werden und darüber hinaus der gesamte Verpackungsaufwand deutlich reduziert wird. Der gesellschaftliche Bewußtseinsprozeß hat so ein Umdenken bei Herstellern, Handel und Verpackungsindustrie bewirkt. Die Umweltfunktion der Verpackung wird so zunehmend als dominante Funktion akzeptiert. Sie wirkt geradezu als Restriktion insbesondere für die Lager- und Transportfunktion. So werden Einbußen bei Lager- und Transportfähigkeit in Kauf genommen, wenn hierdurch in den Augen der Nachfrager ein signifikanter Beitrag zum Umweltschutz geleistet werden kann.

Im Grundsatz überwiegen beim Produktbestandteil „Verpackung" Elemente des Zusatznutzens. Dies gilt, obschon gerade der hinter der Schutzfunktion stehende Sachverhalt eine Grenze zum Grundnutzen darstellt. So kann der mit Hilfe der Verpackung erzielte Schutz z. B. vor Verunreinigung oder Oberflächenbeschädigung - die zwar keinen Einfluß auf die Funktionserfüllung haben müssen, jedoch beispielsweise das ästhetische Empfinden des Kunden wahren - ebenso einen Grundnutzen stiften. Betrachtet man jedoch die Summe aller Funktionen der Verpackung und bedenkt ferner auch die restriktiven Wirkungen der Umweltanforderungen, die zunehmend gestellt werden, so erscheint es opportun, der Verpackung überwiegend Zusatznutzenelemente zuzuweisen.

Verpackungsentscheidungen werfen insbesondere im Hinblick auf das Standardisierungspotential Schwierigkeiten auf. So kann zwar davon ausgegangen werden, daß sich die zu beobachtende Homogenität der Kundenbedürfnisse auch darauf erstreckt, daß z. B. die Nachfrager in den Industrienationen bereit sind, für eine aufwendige, luxuriöse Verpackung Präferenzen zu entwickeln; dennoch setzen gerade länderspezifische gesetzliche Vorschriften und Verordnungen der Verpackungsstandardisierung enge Grenzen. Insbesondere ist in diesem Zusammenhang an eine verschiedenartig weitgehende Verankerung der Umweltschutzfunktion in die Rechtssysteme einzelner Industrieländer zu denken. Vor dem Hintergrund der Harmonisierung rechtlicher Rahmenbedingungen ist allerdings mit einer weitgehenden Angleichung der Umweltschutzverordnung zu rechnen, so daß auch diesbezüglich von einer Verpackungsstandardisierung auszugehen ist. Eine überwiegend identische Verpackung bietet dann erhebliche Vorteile hinsichtlich des Wiedererkennungswertes. So erkennt selbst bei abgedeckten Markenschriftzügen die überwiegende Mehrzahl der Raucher ihre Produktpackung wieder - unabhängig davon, ob es sich nun um Camel, Marlboro, HB oder eine sonstige Marke handelt (vgl. *Hüttel*, 1992, S. 181).

2.3.1.1.1.1.3 Markierung

Da in aller Regel davon auszugehen ist, daß der Kunde bei der Suche nach Produkten, die ihm zur Bedürfnisbefriedigung dienen können, die Leistungen vieler Anbieter in Anspruch nehmen kann, kann es für den einzelnen Anbieter sinnvoll sein, neben der Erbringung des o. g. Grundnutzens zu versuchen, eine Produktidentifizierung beim Nachfrager sowie einen weltweiten Image-Transfer zu erreichen.

> Als ein typisches Beispiel für den Versuch, weniger auf den Grundnutzen eines Produktes, als vielmehr auf ein hohes Maß an Produktidentifikation abzuzielen, gelten Zigarettenhersteller. Der Zigarettenhersteller Philip Morris betont bei seiner Vorzeigemarke „Marlboro" vornehmlich den Erlebniseffekt und bildet daher innerhalb der Kommunikationspolitik nicht das Produkt, sondern eben diesen Erlebniseffekt ab.

Produktidentifikation ist immer dann notwendig, wenn gewährleistet werden soll, daß der Nachfrager bei möglichen Wiederholungskäufen nicht auf die Angebote der Konkurrenz ausweicht, sondern erneut das Produkt des eigenen Unternehmens auswählt. Markierung dient in diesem Zusammenhang dazu, ein Produkt von den vergleichbaren Konkurrenzangeboten zu unterscheiden. Ziel ist es, daß der Kunde allein anhand der Markierung das Produkt des Unternehmens identifizieren kann (vgl. *Sandler*, 1989), was aber nur dann Sinn macht, wenn die Unternehmung in der Lage ist, eine konstante Produktqualität auch über Ländergrenzen hinweg zu sichern. Gelingt dies, dann kann die Marke zum „Esperanto des internationalen Handels" werden (vgl. *Kapferer*, 1992, S. 11).

Die Bedeutung gerade internationaler Marken belegen Firmenaufkäufe in Europa, bei denen die erzielten Verkaufspreise mit den bilanziellen Vermögenswerten (einschließlich evtl. vorhandener stiller Reserven) nichts mehr zu tun haben - ein Indikator dafür, daß offenbar dem Marken-Goodwill besonderer Wert beigemessen wird. Zum Beispiel kaufte Nestlé Rowntree-Macintosh zu einem Preis, der dreimal über dem Börsenwert lag und 26 mal höher war als die von diesem Unternehmen erzielten Erträge (vgl. *Remmerbach/Walters*, 1994, S. 655).

Der *Markenwert* (*brand equity*) ist Ausdruck dafür, welche Bedeutung die Marke als Vertrauenssignal auf den verschiedenen Ländermärkten hat und läßt sich als immaterieller Vermögenswert der internationalen Unternehmung auffassen. Eine Bewertung des Wertes internationaler Marken ist dabei in verschiedenen Situationen erforderlich. *Berndt/Fantapié Altobelli/Sander* (1997, S. 138) nennen u. a. als mögliche Anlässe der Durchführung einer Markenbewertung:

- Unternehmensakquisition,

- Markenführung und -kontrolle,

- Feststellung der Höhe von Lizenzgebühren bei Erteilung einer Markenlizenz,

- Schadensbemessung bei mißbräuchlicher Markennutzung durch Dritte.

Bei internationalen Marken kann der Markenwert dabei z. T. erheblich sein, wie *Tab. D-14* für ausgewählte Marken zeigt.

Marke (Unternehmen)	Produktkategorie	Markenwert in Mrd. Dollar
Marlboro (Philip Morris)	Tabak	39,5
Coca-Cola (Coca-Cola)	Softdrink	33,4
Intel (Intel)	Computer	17,8
Kellogg's (Kellogg's)	Food	9,6
Nescafé (Nestlé)	Kaffee	9,2
Budweiser (Anheuser Busch)	Bier	8,2
Pepsi (Pepsi)	Softdrink	7,5
Gillette (Gillette)	Toiletten-artikel	7,1
Pampers (Pampers)	Hygiene	5,9
Bacardi Rum (Bacardi)	Spirituosen	5,5

Tab. D-14: Der Wert ausgewählter internationaler Marken 1992
(Quelle: o.V., 1993, S. 35)

Zur Bewertung von (internationalen) Marken liegt in der Zwischenzeit ein breites Spektrum unterschiedlicher Verfahren vor (vgl. hierzu überblicksartig *Sattler*, 1995), die sich im Hinblick auf ihre theoretische Fundierung in eher empirisch geleitete und theoretisch fundierte Verfahren unterteilen lassen.

Kategorie/Kriterium	Datenbasis
Was gibt der Markt her?	
1. Größe des Marktes	Größenpotential des relevanten Marktes
2. Entwicklung des Marktes	Lebenszyklus-Stadium des Marktes
3. Wertschöpfung des Marktes	Gewinnpotential aller Anbieter
Welchen Anteil holt die Marke aus ihrem Markt?	
4. Wertmäßiger Marktanteil	Wert- statt Mengenmarktanteil
5. Relativer Marktanteil	Marktanteil im Vergleich zum Marktführer
6. Marktanteilsentwicklung	Bewegungswert der Marke in der Vergangenheit
7. Gewinn-Marktanteil	
Wie bewertet der Handel die Marke?	
8. Gewichtete Distribution	Nachfragepotential der Geschäfte
9. Handelsattraktivität	Rangplatz im Regal
Was tut das Unternehmen für die Marke?	
10. Produktqualität	Beurteilung durch neutrale Experten
11. Preisverhalten	Rolle des Preises bei der Umsatz- und Marktanteilsentwicklung
12. Share of Voice	Werbeaufwand im Vergleich zur werbenden Konkurrenz
Wie stark sind die Konsumenten der Marke verbunden?	
13. Markentreue	Bindungs- oder Zufriedenheitsgrad beim Verbraucher
14. Vertrauenskapital der Marke	Messung der Markenpersönlichkeit
15. Share of Mind	Messung der spontan abgerufenen Marken
16. Werbeerinnerung	Messung der spontan abgerufenen Bild- oder Textelemente
17. Markenidentifikation	Verbindung der Werbeelemente mit der richtigen Marke
Wie groß ist der Geltungsbereich der Marke?	
18. Internationalität der Marke	Grad der Verbreitung der Marke über ihre Stammregion hinaus
19. Internationaler Markenschutz	Grad des Warenzeichenschutzes

Abb. D-32: Kriterien der Marken-Bilanz
(Quelle: Hammann, 1992, S. 223 f.)

Ein von der Praxis entwickeltes Verfahren stellt z. B. der Nielson-Brand-Performancer dar (vgl. hierzu *Schulz/Brandmeyer*, 1989, S. 364 ff.; *Backhaus*, 1997, S. 375 ff.), bei dem zunächst die relative Markenstärke auf Basis einer Marken-Bilanz gemessen wird. In der Marken-Bilanz wird dabei die Markenstärke mit Hilfe eines Scoring-Modells ermittelt, in das die in *Abb. D-32* aufgelisteten Kriterien und Daten eingehen.

Im Anschluß an die so vorgenommene Ermittlung der Markenstärke wird der Markenwert bestimmt, indem die Markenstärke mit dem Gewinnpotential des Unternehmens verknüpft wird.

Im Gegensatz zu der eher pragmatischen Vorgehensweise bei den empirisch geleiteten Verfahren zur Ermittlung des Markenwertes versuchen andere Verfahren, den Markenwert theoretisch fundiert zu ermitteln. Ein Beispiel für solche eher theoretischen Verfahren liefert *Sander* (1994), der ein Verfahren auf Basis der hedonistischen Theorie entwickelt hat. Hierbei wird der Versuch unternommen, einen Zusammenhang zwischen dem Preis und den Eigenschaften eines Produktes zu ermitteln. Da der Wert der Marke als zusätzliche Produkteigenschaft aufgefaßt und bei diesem Verfahren der relative Wert aller Produkteigenschaften ermittelt wird, läßt sich auf diese Weise der Anteil des vom Kunden gezahlten Preises für die Marke des Produktes feststellen. Kommt man bei Anwendung dieses Verfahrens beispielsweise mit Hilfe der Conjoint-Analyse (vgl. hierzu *Backhaus/Erichson/ Plinke/Weiber*, 1996) zu dem Ergebnis, daß auf die Marke durchschnittlich 10 % des Preises entfallen, so kann der Markenwert mit ebenfalls 10 % der insgesamt mit der Marke erzielten augenblicklichen oder zukünftigen Erlöse beziffert werden.

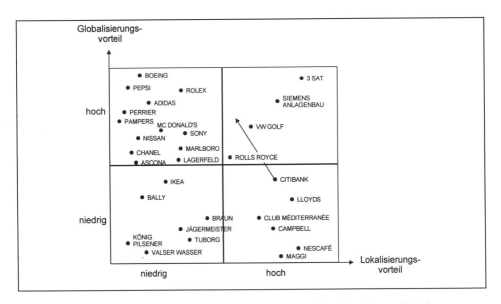

*Abb. D-33: Internationalisierungsstrategien ausgewählter Produkte und Marken
(Quelle: In Anlehnung an Meffert, 1988, S. 272)*

Trotz der zunehmenden Bedeutung internationaler Marken ist jedoch jeweils sorgfältig zu prüfen, ob und unter welchen Bedingungen eine Markeninternationalisierung sinnvoll ist. *Meffert* (1988) hat für ausgewählte Beispiele an den Bezugsdimensionen Globalisierungsvorteil/Lokalisierungsvorteil für das Jahr 1988 gezeigt, daß international tätige Unternehmen auch mit Hilfe eher lokal positionierte Marken erfolgreich sein können (vgl. *Abb. D-33*). Das Beispiel CITIBANK zeigt allerdings auch, daß sich die Positionierung bei dynamischer Betrachtung im Zeitablauf ändern kann: Die CITIBANK hat versucht, in den letzten Jahren eindeutig eine globale Markenposition aufzubauen (vgl. Pfeil in *Abb. D-33*).

Als Möglichkeiten, ein Produkt zu markieren, kommen der Produktname, mögliche Produktzeichen und spezielle Designs in Frage.

- Produktname

Dem Produktnamen kommt hinsichtlich der Markierung eine besondere Bedeutung zu, da nicht zuletzt durch ihn der Wiedererkennungsgrad festgelegt wird. Bei einem Engagement auf zusammenwachsenden Märkten müssen bezüglich der Auswahl u. a. folgende Besonderheiten beachtet werden (vgl. hierzu auch *Kulhavy*, 1986, S. 182 f.):

- Der Produktname sollte in den Sprachen der Länder, die zur Bearbeitung ausge- wählt worden sind, leicht auszusprechen sein. So ist konkret von der Verwen- dung international ungebräuchlicher Laute - wie den im Deutschen existierenden Umlauten, den französischen Akzenten oder den in slawischen Staaten typischen Konsonantenaneinanderreihungen - abzuraten, da solche nationalen Besonder- heiten Nachfragern anderer Länder vermeidbare Schwierigkeiten bereiten.

Sommer (1994) führt als Beispiel für im Ausland unaussprechbare und deshalb wenig er- folgreiche Produkte das „Kipferl"-Gebäck von Bahlsen an. Bahlsen hatte versucht, den deutschen Originalnamen bei der Markteinführung in Frankreich beizubehalten. Das Ge- bäck konnte anfänglich in Frankreich kaum abgesetzt werden, weil der Name für den französischen Verbraucher nur schwierig auszusprechen war. Zu einem Erfolg wurde das Gebäck erst, als sich Bahlsen entschloß, das Produkt in Frankreich unter dem Namen „Croissant de Lune" zu vertreiben.

- Zu beachten ist ferner, daß negative Assoziationen des Produktnamens in Aus- landsmärkten vermieden werden. Daher ist der semantischen Bedeutung des Produktnamens in den verschiedenen Landessprachen besondere Aufmerksam- keit zu widmen.

Als negatives Beispiel kann das Produkt der Firma Chevrolet angeführt werden. Chevrolet hatte in den 80er Jahren im spanischsprachigen Raum einen PKW mit dem Namen „Chevy Nova" einführen wollen. Der Name war mit der Begründung ausgesucht worden, daß er besonders gut in der spanischen Landessprache aussprechbar sei und des weiteren durch die Verwendung von „nova" (neu) positive Assoziationen geweckt würden. Bei der Namensgebung war jedoch vernachlässigt worden, daß „Chevy Nova" klangmäßig nicht von „Chevy no va" zu unterscheiden ist, was soviel bedeutet wie „Der Chevy läuft/funktioniert nicht" (vgl. *Ricks*, 1983).

Auch andere Unternehmen haben offensichtlich in der Vergangenheit dem Problem möglicher Assoziationen bei der Auswahl des Produktnamens zu wenig Beachtung geschenkt:
Der italienische Automobilhersteller Lancia konnte sein Modell „Dedra", das britische
Nachfrager an „dead" erinnerte, ebensowenig erfolgreich im britischen Markt positionieren wie VW sein Modell „Jetta" (Pechsträhne) in Italien. Produkte der Firma Nike wurden
in verschiedenen arabischen Staaten sogar verboten, weil der Name im Arabischen ein
Schimpfwort darstellt (vgl. *Sommer*, 1994).

– Der Markenname sollte auch für Nachfrager anderer Länder aussagefähig sein,
  da dies für die Erinnerungsfähigkeit förderlich ist.

Markttests in englischsprachigen Ländern ergaben beispielsweise, daß der Name des
Fruchtsaftes „Trink 10" für aussagekräftig gehalten wird, der des Substitutes „Hohes C"
jedoch nicht.

– Schließlich sollten bei der Auswahl eines Markennamens die Schützbarkeit sowie die patentrechtliche Verwendbarkeit in den anvisierten Auslandsmärkten
  Beachtung finden.

Kraft Jacobs Suchard führte zu Beginn der 90er Jahre ein Schokoladenprodukt in Italien
unter dem bereits in Deutschland etablierten Namen „Lila Stars" ein. Unmittelbar nach der
mit großem kommunikationspolitischen Aufwand durchgeführten Markteinführung mußte
das Unternehmen feststellen, daß der Produktname „Star" in Italien der rechtlich geschützte Name eines landesweit agierenden Lebensmittelherstellers ist. Daher sah sich
Kraft Jacobs Suchard gezwungen, das gerade eingeführte Produkt in „Lila Dream" umzu-
taufen, um es mit beträchtlichem Kommunikationsaufwand erneut in den Markt einzuführen (vgl. *Sommer*, 1994).

• Produktzeichen

Während der Produktname das Element einer Marke ist, das verbal wiedergegeben
werden kann, stellt das Produktzeichen den Bestandteil der Marke dar, der zwar erkannt, aber mitunter nur umständlich verbal ausgedrückt werden kann. Ein Produktzeichen kann dabei aus einem Symbol, einer Graphik, einer typischen Farbe oder aus
einer Kombination hiervon bestehen (vgl. Beispiele in *Abb. D-34*).

Darüber hinaus kann das Produktzeichen auch mit dem Markennamen verbunden
werden, indem der Markenname zum Produktzeichen ausgebaut wird. Ein typisches
Beispiel hierfür stellt die Marke Coca-Cola dar, bei der der Schriftzug des Markennamens zugleich das Produktzeichen darstellt. Allerdings macht *Abb. D-35* deutlich,
daß diese Verbindung von Markennamen und Produktzeichen quasi notwendigerweise die Standardisierungsmöglichkeiten einschränkt, wenn Märkte bearbeitet werden, auf denen unterschiedliche Schriftarten gebräuchlich sind. Das ansonsten als
typisches globales Unternehmen geltende Unternehmen Coca-Cola ist durch die o. g.

Verbindung von Markennamen und Produktzeichen gezwungen, unterschiedliche Produktzeichen einzusetzen (vgl. *Abb. D-35*).

Abb. D-34: Beispiele für internationale Produktzeichen

Abb. D-35: Die Produktzeichen von Coca-Cola
(Quelle: Bovée/Arens, 1986, S. 605)

• Produktdesign

Der nonverbalen Kennzeichnung von Produkten kann auch das Produktdesign dienen. Dabei wird versucht, dem Produktkern oder der Packung/Verpackung eine spezielle Form oder Farbe zu geben, um ein untrügliches Erkennungsmerkmal zu schaffen. Auch beim Design von Produkten kommt dem Markenschutz dabei eine besondere Bedeutung zu, um sich gegen internationale „Markenpiraterie" abzusichern.

Die negativen Folgen der Nachahmung etablierter Produktdesigns lassen sich wiederum
am Beispiel von Coca-Cola aufzeigen. Der amerikanische Getränkehersteller verfügte
1994 in Großbritannien über einen Marktanteil von 44 % und war damit Marktführer im
Limonaden-Segment. Im Sommer 1994 kopierte die Handelsmarke Sainsbury das Produktdesign von Coca-Cola und führte ebenfalls ein in roten Dosen abgefülltes Cola-
Getränk (Virgin) in den britischen Markt ein. Da das äußerlich kaum erkennbare Plagiat
im Handel unmittelbar neben den Coca-Cola-Produkten plaziert wurde, konnte Sainsbury
von Beginn an erhebliche Marktanteile gewinnen. In einigen Handelsketten sank daraufhin der Marktanteil von Coca-Cola auf 9 % (vgl. *Tödtmann*, 1995).

Daß die Nachahmung von Produktdesigns etablierter Markenartikel keinen Einzelfall darstellt, zeigen auch die nachfolgenden Beispiele (vgl. zu weiteren Beispielen *Namuth*,
1997): Das von Henkel für seinen Klebstoff „Pattex" gewählte gelb-schwarze Design wird
ebenso von einer Vielzahl von Konkurrenten kopiert (vgl. *Abb. D-36*), wie dies bei der
Marke „4711" des Kölner Unternehmens Muelhens der Fall ist (vgl. *Abb. D-37*).

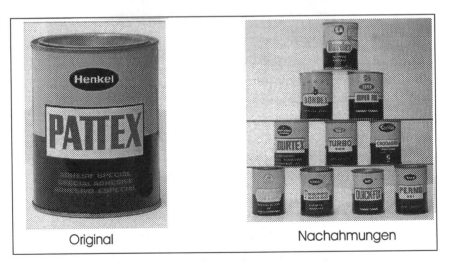

Abb. D-36: Nachahmungen des Produktdesigns von „Pattex"

Original

Nachahmung

Abb. D-37: Nachahmung des Produktdesigns von „4711"

Dynamisches Markenmanagement

Um über die Ausgestaltung der einzelnen Elemente der Markierung Entscheidungen treffen zu können, müssen die möglichen Ziele der Markierung berücksichtigt werden. Prinzipiell steht dabei der Aufbau eines Zusatznutzens für den Nachfrager im Vordergrund, der über den durch den Produktkern bestimmten Grundnutzen hinausgeht. Dieser Zusatznutzen kann darin begründet liegen, daß der Nachfrager nach einem für ihn zufriedenstellenden Erstkauf bei möglicherweise folgenden Wiederholungskäufen Sicherheit hinsichtlich der ihn erwartenden Qualität und Funktionserfüllung des Produktes hat.

Angesichts der Tatsache, daß eine der wesentlichen Aufgaben der Markierung die Entwicklung von *Kundentreue* ist und es das Ziel international agierender Anbieter auf zusammenwachsenden Märkten sein sollte, eine solche Bindung des Kunden an die eigenen Marken auch über Ländergrenzen hinweg zu schaffen, um Austauschprozesse zu vermeiden, kann der Markierung ein hohes Standardisierungspotential zugebilligt werden. So kann im Rahmen der Markierungspolitik wesentlich zur Produktstandardisierung - insbesondere in den Augen der Nachfrager - beigetragen werden.

Unter dynamischen Aspekten des Zusammenwachsens von Märkten ist der Frage der Gestaltung des Übergangs von einer nationalen zu einer internationalen Marke besonderes Augenmerk zu schenken. Eine Vielzahl von Beispielen (KKB → Citibank; Texaco → DEA; Raider → Twix bzw. InterRent → Europcar) belegt dies in eindrucksvoller Weise (vgl. *Remmerbach/Walters*, 1994, S. 668). *Kapferer* (1992) unterscheidet drei unterschiedliche Übergangsstrategien (vgl. auch *Liedtke*, 1992):

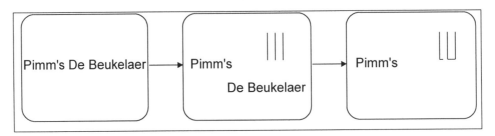

Abb. D-38: Beispiel für Markenwechsel durch progressive Verschmelzung
(Quelle: Kapferer, 1992, S. 226)

- Progressive Verschmelzung

Bei der progressiven Verschmelzung versucht man, die Kunden sukzessive an die neue Marke heranzuführen. Ein Beispiel liefert die Internationalisierung der französischen Marke LU. Aus der in Frankreich verkauften Marke Pimm's, der in Belgien angebotenen Marke Pimm's De Beukelaer und dem in Deutschland angebotenen Keksprodukt De Beukelaer wurde in drei Schritten Pimm's LU (vgl. *Abb. D-38*).

- Informationsgestützter Übergang

Beim informationsgestützten Übergang wird der Kunde explizit und wiederholt auf die Änderung des Namens (in der Regel mit einer Begründung) vorbereitet (vgl. auch *Meissner*, 1994). Die Langnese Iglo GmbH machte beispielsweise Anfang 1998 ihre Kunden im Zusammenhang mit der Einführung eines neuen internationalen Logos darauf aufmerksam (vgl. beispielsweise den Internet-Auszug in *Abb. D-39*), daß die „Lust auf Eis" nicht mehr allein zu heißen Sommertagen gehöre und das Unternehmen daher das alte, durch eine weiß-rot gestreifte Markise gekennzeichnete Logo durch ein neues internationales Logo ersetzt habe.

Abb. D-39: Begründung des Logo-Wechsels bei der Langnese Iglo GmbH

Abb. D-40: InterRent Europcar als Beispiel für einen „informationsgestützten"
Übergang des Markennamens im internationalen Bereich

Mit der Einführung eines neuen internationalen Logos verfolgte die Langnese Iglo GmbH jedoch nicht allein das Ziel, das Logo an das geänderte Nutzungsverhalten ihrer Kunden anzupassen. Statt dessen wurde hierdurch zugleich eine Standardisierung des internationalen Marktauftritts verknüpft. War man in der Vergangenheit beispielsweise allein auf europäischen Märkten mit 8 verschiedenen Logos vertreten, so nutzte das Unternehmen die Einführung eines neuen Logos dazu, in allen bearbeiteten 86 Ländermärkten nun mit dem gleichen Logo aufzutreten. Hierin wurde zudem eine Möglichkeit gesehen, langfristig eine weitere Vereinheitlichung der Produkte durchzuführen und dezentrale durch zentrale Produktionsstätten zu ersetzen (vgl. *o.V.*, 1998c).

Weitere typische Beispiele für diese Form des dynamischen Markenmanagements stellt der Übergang von InterRent auf Europcar (vgl. *Abb. D-40)*, Raider auf Twix oder Texaco auf Dea (vgl. hierzu *Bierwisch*, 1994) dar.

- Methode des glatten Bruchs

Bei der Methode des glatten Bruchs wird eine Marke ohne Vorankündigung durch eine neue Marke ersetzt. Bei dieser Strategie wird der Markenwert der ersetzten Marke vernichtet. Dies bietet sich daher nur an, wenn der Markenwert der alten Marke sehr viel geringer als der der neuen Marke ist und/oder die neue Marke größere Markenwert-Wachstumschancen besitzt (vgl. *Liedtke*, 1992). Ein Beispiel für die unfreiwillige Anwendung der Methode des glatten Bruchs stellt der Versuch der Firma Mars aus dem Jahre 1986 dar, die ohne weitere Ankündigung die Marke „Treets" durch die Marke „M&M" ersetzte. Trotz späteren Bemühens durch Einbindung von Hinweisen wie „Vom Treets-Hersteller" in die Kommunikationspolitik, den markenpolitischen Schaden in Grenzen zu halten, sank der Bekanntheitsgrad der Marke dramatisch, was erhebliche Marktanteilsverluste in Deutschland und Frankreich zur Folge hatte (vgl. *Kapferer*, 1992, S. 258).

2.3.1.1.1.1.4 Dienstleistungen

Da sich im Zuge des Übergangs von Verkäufer- zu Käufermärkten die Märkte vieler Branchen in den Industrieländern zunehmend umkämpft darstellen, rücken zusätzliche Leistungen der Anbieter verstärkt in den Vordergrund der Marketinganstrengungen. So lassen sich die Angebote vieler Hersteller im Produktkern kaum noch unterscheiden. Es ist daher unmöglich, allein über die eigentliche Funktionserfüllung KKVs zu realisieren. Deshalb müssen Anbieter bestrebt sein, z. B. mit zusätzlich erbrachten Dienstleistungen Kundenpräferenzen aufzubauen. Vor dem Hintergrund der Tendenz zusammenwachsender Märkte muß der Hersteller jedoch bemüht sein, die zusätzlichen Dienstleistungen standardisiert über die Ländergrenzen hinweg anzubieten. Ansonsten läuft er Gefahr, daß seine Produkte, die zwar einen

KKV gegenüber den Konkurrenzprodukten aufweisen, nur in den Ländern verkauft werden, in denen der Zusatznutzen angeboten wird. Dadurch kann es zu einem herstellersuboptimalen Arbitrageprozeß kommen.

Das Standardisierungspotential von Dienstleistungen kann nun keineswegs pauschal festgelegt werden. Es ist vor allem abhängig von den Dimensionen

- Zeitpunkt der Erbringung,
- Produktnähe und
- Güterart

der betrachteten Dienstleistungen (vgl. *Tab. D-15*).

Zeitpunkt der Erbringung	Produktnähe			
	produktnah		produktfern	
	Güterart		Güterart	
	Konsumgüter	Investitionsgüter	Konsumgüter	Investitionsgüter
Im Vorfeld des Kaufs	• Beratung • Kataloge etc.	• Angebotserstellung • Demonstration • Referenzanlage	• Kinderhort • Parkraum	• Vorträge • Problemanalyse • Beratung
mit dem Kauf	• Lieferung zur Probe • Gebrauchsanweisung • Installation zur Probe	• Montage • Schulung	• Zusatzgeschenke • Verpackungsservice • Lieferservice	• Finanzierung • Kompensations-geschäfte
nach dem Kauf	• Kundendienst • Ersatzteilservice	• Reparaturdienst • Ersatzteilservice	• Kundenclubs/ -karten • Kundenzeitschrift	• Mitarbeiterschulungen

Tab. D-15: Dienstleistungsklassifizierung

Gerade Dienstleistungen, die der Kategorie "nach dem Kauf" zugeordnet werden können, weisen ein hohes Standardisierungspotential auf, da Nachfrager unabhängig von ihrer Nationalität in aller Regel ein gleichgerichtetes Bedürfnis nach Kundendienst, Ersatzteilversorgung, Schulungen und ähnlichem aufweisen.

Andererseits zeichnen sich schon diejenigen Dienstleistungen, die mit dem Kauf erbracht werden, durch ein zum Teil geringeres Potential aus. Als Beispiel wäre hier die dem eigentlichen Produkt beigelegte Gebrauchsanweisung zu nennen. Bei der Mehrzahl der mit einer solchen Anleitung versehenen Produkte wird den sprachlichen Unterschieden in den Auslandsmärkten in der Weise Rechnung getragen, daß die Gebrauchsanweisung jeweils in der entsprechenden Landessprache abgefaßt und den Produkten beigelegt wird. In diesem Fall wird auf eine Standardisierung dieser Dienstleistung verzichtet. Wird hingegen das Produkt in allen bearbeiteten Ländern mit der gleichen Gebrauchsanweisung ausgestattet, wobei diese Übersetzungsteile in allen in Frage kommenden Sprachen enthält, so liegt eine Standardisierung vor. Allerdings sollten bei der Standardisierung der Gebrauchsanweisung Übersetzungsfehler – in *Abb. D-41* sind einige besonders negative Beispiele zusammengetragen worden - vermieden werden.

KRAFTVERSORGUNG:
Der Rechner wird kraftbetätigt von Solarzellen und einer Baterie für die Not. Sie batätigt unter irgendeinem Kunstlicht. Das Schaubild wird Schwunden wenn die Batterie zum Ersetzen brauchst. „+" Zeichen jeder Batterie muss sufge taucht werden wenn eingesetzt qualitative.

[aus dem „Anweisungshandbuch" des Taschenrechners *CITIZEN* SLD 705]

In unten links Ecke hat die Modem-Karte eine Schlaubenloch.

[aus der Anleitung eines No-Name-Laptops]

Die Maus kommt völlig geladen aus dem Fabrik. Als die Maus nicht wirkt, müssen Sie es vielleicht laden bevor Gebrauch. Die Maus wider laden, musst in Empfänger/Ladenstand. Ein vollgeladen Maus kann bis 8 Stunden ununterbrochen gebraucht werden. Die Maus hat ein fortschrittlich Schlafweise für Stromerhaltung, wenn die Maus kurze Zeit nicht bewegt.

[Anleitung für eine Infrarot Maus der Firma Commodore]

Technische Einführung:
Die STAFF-K9AT tastatur innerseite ist definiert, so dass system software gibt es maximum biegsamkeit. Ubrigens, allen tasten sind schreibmatik und entwickeln beider ein bau und ein pause scancode. Die Tastatur I/O fahrer Können die tasten als schicht tasten oder schreibmatik erklären, als fordert druch die bewerbung.

[Anleitung zur Tastatur STAFF-K9AT]

Abb. D-41: Beispiel für Übersetzungsfehler in standardisierten internationalen Gebrauchsanweisungen

Bei der Frage, ob es günstig erscheint, die vor, mit oder nach dem Kauf freiwillig zu erbringenden Dienstleistungen zu standardisieren, ist dabei die konkrete Unternehmenssituation zu berücksichtigen, um anschließend eine einzelfallspezifische Entscheidung über eine mögliche Standardisierung vornehmen zu können.

Aus der Darstellung der Produktelemente wie auch der zugehörigen Standardisierungspotentiale ist deutlich geworden, daß eine vollständige Produktstandardisierung nicht für jedes Leistungsangebot möglich ist. Auch handelt es sich bei der Frage der Produktstandardisierung um keinen polaren Zustand, sondern eher um einen kontinuierlichen Prozeß, der mit einer sich noch in der Entwicklung befindlichen zunehmenden Homogenisierung der Nachfragerbedürfnisse fortschreitet. Die Strategie des Anpassens zeichnet sich folglich also auch nicht durch ein bereits vollzogenes Erreichen einer vollständigen Produktstandardisierung aus, sondern eher durch das Ziel, diese zu realisieren. Denn auf einem schon standardisiert bearbeiteten, vollständig integrierten Markt mit vollkommen homogenen Nachfragerpräferenzen ergeben sich für den Anbieter keine Koordinationsprobleme.

Die strategische Vorgehensweise, an deren Ende eine vollständige Produktstandardisierung steht, wird sich dabei von „innen nach außen" vollziehen. In einem ersten Schritt richten Unternehmen so ihre Bemühungen auf den Produktkern, wodurch sie nur der Homogenisierung der Nachfragerbedürfnisse Folge leisten. Erst bei vollzogener Angleichung des Produktkerns ist es in einem zweiten Schritt möglich, über eine Markierungs- und Verpackungsstandardisierung den Grad der Gesamtstandardisierung zu erhöhen. Gelingt es anschließend auch noch, die zusätzlich erbrachten Dienstleistungen anzugleichen, kann der Endpunkt der vollständigen Produktstandardisierung als erreicht angesehen werden.

Zu bedenken ist aber, daß die Produktkernstandardisierung auf der einen Seite und die Verpackungs-, Markierungs- und Dienstleistungsstandardisierung auf der anderen Seite nicht auf eine Ebene zu stellen sind. Für jede der o. g. Stufen der Produktkernstandardisierung lassen sich so separate Entscheidungen über das Ausmaß von Verpackungs-, Markierungs- und Dienstleistungsstandardisierung fällen.

Abb. D-42 verdeutlicht, daß sich die Produktstandardisierung als Instrument der Anpassungsstrategie in zusammenwachsenden Märkten, auf denen aufgrund der länderübergreifenden Rückkopplungen Koordinationsbedarf entsteht, nicht allein auf die Produktkernstandardisierung konzentrieren kann; statt dessen ist der Idealpunkt erst dann erreicht ist, wenn zugleich ein hohes Maß an Markierungs-, Verpackungs- und auch Dienstleistungsstandardisierung besteht. Somit stehen alle Elemente der Produktpolitik vor dem Hintergrund zusammenwachsender Märkte im Fokus der Betrachtung.

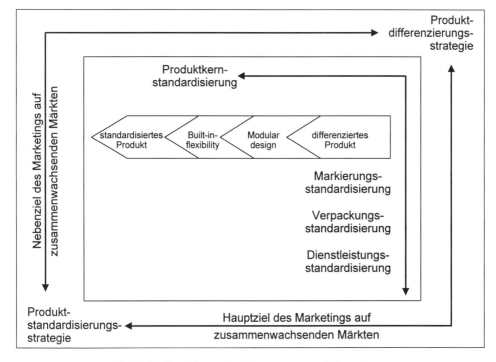

Abb. D-42: Produktstandardisierung versus -differenzierung

Trotzdem liegt das Hauptziel der Anpassungsstrategie in der Produktkernstandardisierung. So sind vor allem mögliche Kostenvorteile zu nennen, die sich aus den angeführten Erfahrungskurveneffekten ergeben können. Solche Kostensenkungen werden jedoch insbesondere dadurch wahrscheinlicher, wenn die Notwendigkeit entfällt, Variationen und Anpassungen am Kern des Produktes vornehmen zu müssen. Eine einheitliche Markierung, identische Verpackungen oder Ähnlichkeiten bei zusätzlich offerierten Dienstleistungen fallen hier weniger ins Gewicht. Somit scheint es opportun, das Bestreben, den Produktkern zu standardisieren, als das Hauptziel der Produktpolitik auszuweisen.

Der Standardisierung der übrigen Elemente kommt insofern nur Nebenzielcharakter zu, da mit ihrer Hilfe zwar der Homogenisierung Rechnung getragen wird, die Hauptprobleme der Rückkopplungseffekte hiermit jedoch nicht gelöst werden können.

Grundsätzlich determinieren jedoch die mit der Standardisierungsentscheidung verbundenen Kosten- und Erlöseffekte die Strategie des Anpassens. Während die Kostenvorteile der Standardisierung vor allem aus der Reduzierung der Produktionsstückkosten resultieren, lassen sich Erlöseffekte durch eine durch die Anpassungsstrategie bedingte Preisharmonisierung erzielen. Die Durchsetzbarkeit einer internationalen Preisdifferenzierung ist bei der Homogenisierung z. B. der rechtlichen Rahmenbedingungen bei produktstandardisierter Marktbearbeitung aufgrund der nunmehr gegebenen Möglichkeit des Arbitrageprozesses wesentlich geringer als bei einer Produktdifferenzierung. Den positiven Kosteneffekten stehen somit Erlösreduzierungen gegenüber, die sich aus der Einschränkung der Ausnutzung länderspezifischer Preisbereitschaften oder Produktdifferenzierungspotentiale ergeben (vgl. *de Zoeten*, 1993, S. 194). Die Differenz dieser beiden Effekte ist darüber hinaus noch um die sonstigen Kosten (z. B. Änderung der Werbestrategie, Umstellung des Maschinenparks) und Erlöse (z. B. langfristig geringere Entwicklungszeiten) der Standardisierung zu ergänzen. Mit anderen Worten steht bei der Anpassungsstrategie die *Suche nach dem optimalen Standardisierungspfad* im Vordergrund. Letztlich muß der Ertrag einer Anpassungsstrategie den entsprechenden Aufwand kompensieren.

2.3.1.1.1.2 Ausmaß der Anpassung der Produktelemente

Eine koordinierende Anpassung des Differenzierungs- bzw. Standardisierungsgrades der Produktelemente wird notwendig, wenn sich dadurch die Ergebnissituation des Gesamtunternehmens verbessern läßt. Dies ist dann zu erwarten, wenn der bestehende Standardisierungs- bzw. Differenzierungsgrad aufgrund nachfrager- und anbieterbezogener Rückkopplungen suboptimal ist. Daher ist der Einfluß anbieterbezogener Rückkopplungen - und hier vor allem der Kosten - und nachfragerbezogener Rückkopplungen (Güteraustausch) auf den Differenzierungsgrad zu untersuchen.

2.3.1.1.1.2.1 Standardisierungsgrad und anbieterbezogene Rückkopplungen

Die Differenzierung der Produktpolitik wird in Abhängigkeit vom Differenzierungsgrad zusätzliche Kosten z. B. aufgrund unterschiedlicher Produktionsverfahren und zusätzlicher Entwicklungskosten verursachen. Die Bereitschaft, die Kosten eines höheren Produktdifferenzierungsgrades zu tragen, ist unabhängig von der Frage, auf welche Produktelemente sich die Differenzierung bezieht, und nur dann ökonomisch sinnvoll, wenn diesen Kosten eine entsprechend *höhere Zahlungsbereitschaft* der Nachfrager (Wertkomponente) und/oder *zusätzliche Nachfrage* (Mengenkomponente) gegenübersteht. Eine für eine bestimmte (Länder-)Zielgruppe entwickelte und produzierte Produktvariante, die zusätzliche Kosten verursacht, muß daher auch eine entsprechend hohe zusätzliche wertmäßige Nachfrage bei der Zielgruppe hervorrufen.

In der Automobilindustrie hat das Fehlen dieser zusätzlichen Zahlungsbereitschaft zu einem starken Standardisierungsgrad der europa- bzw. weltweit angebotenen PKWs geführt. Dies ist u. a. darauf zurückzuführen, daß die Entwicklung neuer Modelle bis zur Marktreife mittlerweile Kosten in Milliardenhöhe verschlingt. Diese Investitionen können sich nur bei hohen Produktionsstückzahlen amortisieren, was wiederum zu einem einheitlichen, länderübergreifenden produktpolitischen Marktauftritt zwingt. Das Produkt selbst wird im Grunde gar nicht (bei „Weltautos" wie z. B. dem Ford Mondeo/Contour) oder nur noch in Nuancen, z. B. der Zahl der angebotenen alternativen Motorisierungen (Audi 80 mit „Italien-Motor") bzw. der Markierung (der Opel Omega wird in England unter der Marke „Vauxhall" und in den USA in Zukunft auch unter der Marke „Cadillac Catera" vertrieben), variiert.

Eine Standardisierung der Produktpolitik kann demgegenüber erhebliche Kostensenkungspotentiale freisetzen. So wird es möglich, aufgrund einheitlicher Produkte größere Produktionseinheiten und Produktionslose zu realisieren und damit „economies of scale" zur Kostensenkung zu nutzen. Zudem kann die Produktion stärker zentralisiert werden, um diese Größeneffekte weiter zu unterstützen.

Weisen die Präferenzen der Nachfrager eine gewisse Heterogenität auf, ist zu erwarten, daß aufgrund einer stärkeren Standardisierung Erlöseinbußen je Einheit auftreten, die auf eine sinkende Zahlungsbereitschaft der Käufer - die auf ihre Bedürfnisse besser angepaßte Produkte wünschen - oder auf Nachfrager zurückzuführen sind, die auf konkurrierende Produkte mit höherer wahrgenommener Anpassung an die eigenen Präferenzen ausweichen. Mit zunehmender Standardisierung (Differenzierung) der Produktpolitik bei heterogener Nachfragerstruktur sind zur Identifikation des optimalen Produktdifferenzierungsgrades die dadurch eingesparten (zusätzlich anfallenden) Kosten den standardisierungsbedingten Verlusten (Gewinnen) gegenüberzustellen. Aus der Gegenüberstellung der Kosten der Differenzierung und der Erlöse ergibt sich ein zunächst nur die Kosteneffekte betrachtendes Kalkül für die Festlegung des optimalen Standardisierungs- bzw. Differenzierungsgrades.

Dieses Kalkül fußt auf der Annahme, daß die Nachfragerpräferenzen auf den einzelnen Ländermärkten zu einem bestimmten Zeitpunkt eine bestimmte Heterogenität aufweisen. Diese ist Voraussetzung für die Annahme einer zusätzlichen Zahlungsbereitschaft für die Produktdifferenzierung bzw. für eine bessere Anpassung an die Präferenzen. Existiert sie nicht, sind also die Präferenzen der Nachfrager vollkommen homogen, so ist Produktdifferenzierung angesichts der damit verbundenen zusätzlichen Kosten grundsätzlich ökonomisch unvorteilhaft.

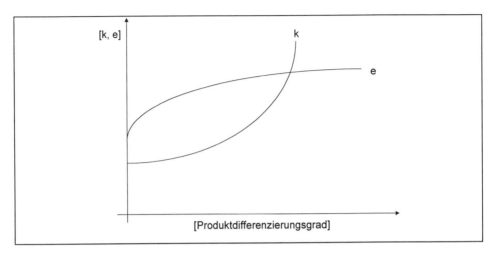

Abb. D-43: Stückkosten und -erlöse in Abhängigkeit vom produktpolitischen Standardisierungsgrad

Im folgenden sollen diese Überlegungen im Rahmen eines Optimierungsmodells konkretisiert werden. Dazu sollen folgende vereinfachende Annahmen herangezogen werden:

- Der Produktdifferenzierungsgrad als zu optimierende unabhängige Variable beeinflußt die erzielten Erlöse in der in *Abb. D-43* dargestellten Weise.

- Zur Vereinfachung sei angenommen, daß die Absatzmenge im hier relevanten Spektrum möglicher Produktdifferenzierungsgrade zunächst konstant bleibt. Diese Annahme ermöglicht eine isolierte Betrachtung der Standardisierungseffekte auf das Gesamtergebnis. Die Betrachtung kann damit auch auf der Ebene von *Stückkosten* bzw. *-erlösen* erfolgen.

- Wir unterstellen weiterhin, daß die Stückkosten für Entwicklung, Produktion und Vertrieb (k) mit dem Produktdifferenzierungsgrad (d) überproportional zunehmen, während sich die durchschnittlichen Erlöse pro Einheit (e) mit steigendem Produktdifferenzierungsgrad (d) einem bestimmten Wert asymptotisch nähren. Bei diesem Wert ist die Heterogenität im Markt produktpolitisch „ausgereizt".

Die überproportionale Zunahme der Stückkosten bei steigendem Produktdifferenzierungsgrad reflektiert die durch zunehmende Variantenzahl beeinflußten Kosten. Ein steigender Produktdifferenzierungsgrad wirkt sich hingegen positiv auf die erzielbaren durchschnittlichen Erlöse pro Einheit aus. Dies ist auf eine steigende Zahlungsbereitschaft der Nachfrager für eine bessere Anpassung der Produkte an eine heterogene Präferenzstruktur zurückzuführen. Die steigende Zahlungsbereitschaft der Nachfrager reflektiert dabei den positiven *Grenznutzen* einer besseren Präferenzanpassung durch Produktdifferenzierung aus Nachfragersicht. Allerdings ist anzunehmen, daß der Grenznutzen einer umfassenderen Anpassung an die Präferenzen der Nachfrager aus deren Sicht zwar positiv ist, aber sinkt. Die durch zusätzliche Produktdifferenzierung erzielbare zusätzliche Zahlungsbereitschaft der Nachfrager wird demnach immer kleiner, da die Nachfrager keine unendlich hohe Präferenzheterogenität aufweisen; zudem existiert eine maximale Zahlungsbereitschaft jedes einzelnen Nachfragers für ein seinen individuellen Präferenzen bestmöglichst angepaßtes Produkt. Die Zahlungsbereitschaft der Nachfrager würde bei steigendem Produktdifferenzierungsgrad somit ebenfalls zunehmen - aber für zunehmende Anpassungen in immer geringerer Höhe.

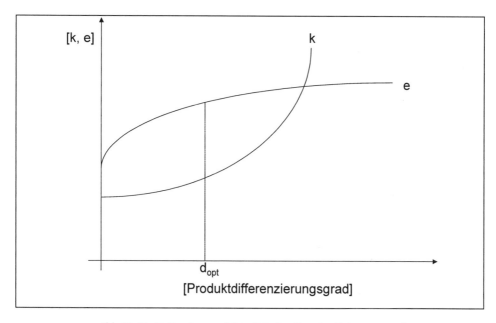

Abb. D-44: Optimaler produktpolitischer Standardisierungsgrad

Nach diesen Annahmen liegt der optimale Produktdifferenzierungsgrad dort, wo - bei streng monotonen Kosten- und Erlösfunktionen - die Grenzkosten der Differenzierung (k'[d]) den Grenzerlösen (e'[d]) entsprechen (vgl. *Abb. D-44*). In diesem Optimum ist die Differenz zwischen Differenzierungskosten und Differenzierungserlösen maximal.

Nehmen wir in Abänderung des Modells nun an, daß eine Erhöhung des Produktdifferenzierungsgrades einen zusätzlichen (positiven) Einfluß auf die Absatzmenge (Mengeneffekt) hat, so müßte dieser Effekt ebenfalls als zusätzliche differenzierungsbedingte Variable berücksichtigt werden. Ein positiver Effekt ist zu vermuten, da durch eine höhere Variantenzahl eine bessere Anpassung an eine heterogene Präferenzstruktur der Nachfrager erfolgt. Der Markt honoriert diese bessere Anpassung an die Präferenzen durch eine Steigerung seiner Nachfrage bei einem bestimmten Anbieter. Diese zusätzliche Nachfrage kann bei neuen Kunden realisiert werden, die bislang Produkte der Konkurrenz gekauft haben, oder auf Mengensteigerungen bisheriger Kunden zurückgeführt werden. Das Ausmaß der Absatzsteigerungen ist für einen gegebenen Zuwachs an Produktdifferenzierung von dem resultierenden Ausmaß an zusätzlicher Anpassung an die Präferenzen der Nachfrager und deren Präferenzen gegenüber den alternativen Konkurrenzangeboten abhängig. Anzunehmen ist weiterhin, daß bei gegebenen Präferenzen gegenüber den Konkurrenzangeboten ceteris paribus zwar die Kaufwahrscheinlichkeit mit dem Produktdifferenzierungsgrad steigt, dies aber nicht unbegrenzt, sondern mit positiver, aber abnehmender Steigung bis zum Erreichen eines Grenzwertes, der den bei einer bestimmten Wettbewerbssituation erreichbaren Maximalwert oder aber die vollständige Abschöpfung des Marktes reflektiert (positiver, aber begrenzter Mengeneffekt). Je größer dieser Mengeneffekt ist, desto stärker wird der optimale Produktdifferenzierungsgrad über das bei konstanter Absatzmenge optimale Maß hinaus steigen.

Dieser Ansatz kann prinzipiell sowohl für die Bestimmung des Standardisierungsgrades eines Gesamtproduktes als auch seiner produktpolitischen Elemente herangezogen werden. Voraussetzung ist dazu zunächst, daß eine Möglichkeit besteht, den Standardisierungsgrad eines Produktes oder eines seiner Elemente in *stetiger* Weise zu *operationalisieren*. Dies wird nicht in allen Fällen möglich sein. Ist der Standardisierungsgrad nur diskret meßbar (z. B. als Zahl der möglichen Produktvarianten), gelten aber grundsätzlich die gleichen Überlegungen, auch wenn das Optimum nicht marginalanalytisch, sondern nur durch Vergleich aller möglichen Zustände in bezug auf deren Kosten- und Erlöswirkungen identifizierbar ist. Zudem ist es notwendig, für unterschiedliche Differenzierungsgrade Kosten und Erlöse mit ausreichender Genauigkeit bestimmen zu können. Zur Messung von Zahlungsbereitschaften für Produkte oder deren Eigenschaften (Produktelemente) kann z. B. die Conjoint-Analyse (vgl. *Backhaus/Erichson/Plinke/Weiber*, 1996) herangezogen werden.

2.3.1.1.1.2.2 Standardisierungsgrad und nachfragerbezogene Rückkopplungen

Eine rein kostenbezogene Anpassung des Produktstandardisierungsgrades vernachlässigt den Einfluß nachfragerbezogener Rückkopplungen. Diese treten auf, wenn auf verschiedenen Ländermärkten Preis- und/oder Qualitätsdifferenzen auftreten, die Arbitragegewinne entstehen lassen. Fraglich ist zunächst, welche Auswirkungen differenzierungsbedingte Qualitätsdifferenzen auf den Güteraustausch haben. Dabei sind grundsätzlich zwei Fälle denkbar:

- Das Ausmaß der Arbitrage ist *differenzierungsabhängig*.

- Das Ausmaß der Arbitrage ist *differenzierungsunabhängig*.

Differenzierungsabhängige Arbitrage

Im Fall *differenzierungsabhängiger Arbitrage* wird diese um so umfangreicher, je geringer der Differenzierungsgrad eines Produktes auf den Ländermärkten ist. Die ländermarktspezifischen Angebote werden dann für Arbitrageure und auch deren Kunden besser vergleichbar und die Preisunterschiede transparenter, da differenzierungsbedingte Qualitätsdifferenzen wegfallen, die nominale Preisunterschiede verzerren. Aus Markterfahrungen her bekannte Zahlungsbereitschaften für ein standardisiertes Produkt auf verschiedenen Ländermärkten (z. B. anhand des Vergleichs von Listenpreisen) verringern die Unsicherheit von Arbitragegewinnen. Sofern Wartungs- oder Service-Dienste zur Aufrechterhaltung der Betriebsbereitschaft benötigt werden, erleichtert eine weitgehende Standardisierung den Arbitrageuren ihre Tätigkeit, da die regulären Anbieter entsprechend „passende" Dienste und Ersatzteile bereithalten. Umgekehrt würde gelten, daß mit zunehmender Differenzierung Preisdifferenzen intransparenter und die Arbitragegewinne kleiner und/oder unsicherer werden.

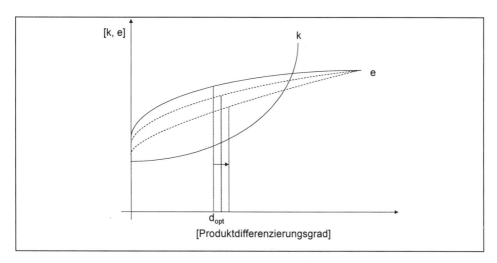

Abb. D-45: Einfluß von Kosten und Arbitrage auf den optimalen Produktstandardisierungsgrad bei differenzierungsabhängiger Arbitragewirkung

Aus diesen Überlegungen ist zu folgern, daß mit zunehmendem Standardisierungsgrad das Ausmaß der Arbitrage und damit der nachfragerbezogenen Rückkopplungen bei gegebenen Preisdifferenzen zunimmt, sofern zwischen den Ländermärkten arbitragerelevante Preisunterschiede (Preisunterschiede > Transaktionskosten der Arbitrage) existieren, was für die folgenden Überlegungen vorausgesetzt wird, da ansonsten die Betrachtung nachfragerbezogener Rückkopplungen irrelevant wäre. Zunehmende nachfragerbezogene Rückkopplungen führen dazu, daß Arbitrage stattfindet und damit das durchschnittliche Preisniveau sinkt, da sich die Arbitrageure billigerer Einkaufsquellen für das gleiche Produkt vom gleichen Hersteller bedienen. Der negative Erlöseffekt ist um so größer, je größer der Anteil der Arbitrage am Gesamtabsatz wird. Auf die Stückerlösfunktion unseres Modells aus dem vorangegangenen Abschnitt hat dies, wie in *Abb. D-45* gezeigt, einen erheblichen Einfluß.

Die Auswirkungen nachfragerbezogener Rückkopplungen auf die Zahlungsbereitschaftsfunktion der Nachfrager führen dazu, daß sich der optimale Differenzierungsgrad unter Berücksichtigung der Kostenwirkungen der Differenzierung verändert. Der *koordinationsoptimale Differenzierungsgrad* wird um so *größer*, je stärker die Stückerlöskurve durch die Arbitrage nach unten verschoben wird. Die Erhöhung des koordinationsoptimalen Differenzierungsgrades ist dabei eine Reaktion auf die stattfindende Arbitrage und gerade so hoch, daß die Kostenwirkungen der zusätzlichen Differenzierung kompensiert werden. Verläuft die Kostenfunktion in Abhängigkeit vom Differenzierungsgrad im relevanten Bereich sehr steil, ist die Zunahme an koordinationsoptimaler Differenzierung relativ gering und vice versa.

Differenzierungsunabhängige Arbitrage

Im Fall *differenzierungsunabhängiger Arbitrage* treten diese Effekte nicht auf. Denn dann müssen differenzierungsbedingte Qualitätsdifferenzen von den Nachfragern direkt in arbitragerelevante Preisdifferenzen „übersetzt" werden können. Auch bei hohen Qualitätsunterschieden wäre demzufolge der entstehende Arbitragegewinn transparent bzw. sicher. Als Folge würde sich die Stückerlösfunktion in Abhängigkeit von der produktpolitischen Differenzierung nicht drehen, sondern parallel verschieben (vgl. *Abb. D-46*). Arbitrage hätte dann keinen Einfluß auf den koordinationsoptimalen produktpolitischen Differenzierungsgrad, da sich die Steigung der Funktion nicht verändern würde. Das Ausmaß der Differenzierung ist dann lediglich eine Frage der dadurch verursachten Kosten.

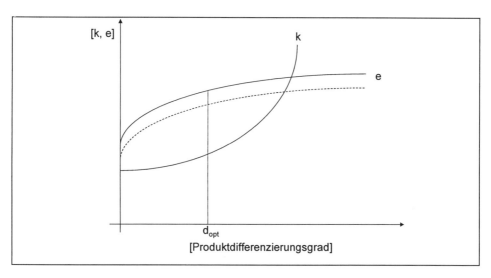

Abb. D-46: Einfluß von Kosten und Arbitrage auf den optimalen Produktstandardisierungsgrad bei differenzierungsunabhängiger Arbitragewirkung

2.3.1.1.1.2.3 Anpassungspfade

Die bisher beschriebenen Effekte gelten nur für statische Marktbedingungen, insbesondere für ein gleichbleibendes Maß nachfrager- und anbieterbezogener Rückkopplungen. Auf zusammenwachsenden Märkten mit zunehmenden Rückkopplungen sind dynamische Effekte in die Überlegungen miteinzubeziehen. Es gilt, einen optimalen dynamischen Standardisierungs*pfad* für die Produktpolitik in Abhängigkeit von den Entwicklungen der Rahmenbedingungen zu identifizieren.

Das Zusammenwachsen von Märkten und die Angleichung der Präferenzen der Nachfrager wirkt sich vor allem auf die differenzierungsbedingten Erlöse aus. Der Einfluß auf die Kosten soll hier zunächst vernachlässigt werden, da die Marktintegration nur auf Teile der Vertriebskosten (Transport, Zölle) Einfluß hat. Im Gesamtzusammenhang aller Kosten (inkl. Produktion und Entwicklung, übrige Vertriebskosten) erscheinen diese zunächst vernachlässigbar.

Die Angleichung der Präferenzen der Nachfrager führt zunächst dazu, daß die Grenzerlöse der Differenzierung sinken. Mit zunehmender Homogenität der Präferenzen werden die durch Produktdifferenzierung erzielbaren Zahlungsbereitschaftszuwächse und Steigerungen der Absatzmengen immer kleiner. Je stärker die Wirkung der Angleichung der Nachfragerpräferenzen auf die Erlösfunktion ist, desto flacher verläuft die Kurve der differenzierungsbedingten Erlöse (vgl. *Abb. D-47*).

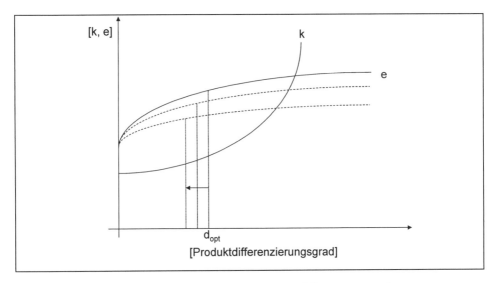

*Abb. D-47: Erlöswirkungen der Produktdifferenzierung auf
zusammenwachsenden Märkten*

Im Extrem einer vollkommen homogenen Präferenzstruktur der Nachfrager verläuft die Erlöskurve in Abhängigkeit von der Produktdifferenzierung parallel zur x-Achse. Eine Differenzierung von den (Einheits-) Präferenzen der Nachfrager führt dann nicht mehr zu zusätzlichen Zahlungsbereitschaften und demzufolge nicht zu zusätzlichen Erlösen. Als Folge dieser Entwicklung sinkt (steigt) der optimale Differenzierungsgrad (Standardisierungsgrad) mit zunehmender Vereinheitlichung der Nachfragerpräferenzen. Bei vollkommen identischen Präferenzen aller Nachfrager ist dementsprechend die vollständige Produktstandardisierung (Differenzierungsgrad „0") optimal.

2.3.1.1.2 Preiskoordination

2.3.1.1.2.1 Auswirkungen zusammenwachsender Märkte auf die Preispolitik

Die Konsequenzen des Zusammenwachsens von Märkten auf die Preispolitik sind in der Vergangenheit äußerst kontrovers diskutiert worden (vgl. zu empirischen Untersuchungen u. a. *Gaul/Lutz*, 1993; *dies.*, 1994). Dabei bewegt sich die Diskussion zwischen den Extrempositionen „Erhalt der Preisdifferenzierung" und „vollständige Preisharmonisierung". Eine vollständige Preisharmonisierung liegt dann vor, wenn Unternehmen von wettbewerbs- oder nachfragebedingten Besonderheiten der Ländermärkte abstrahieren und die länderspezifischen Preise auf der Basis der relevanten Wechselkurse vereinheitlichen.

Meissner betrachtet die Durchsetzung von Preisunterschieden nach Abbau der Handelsschranken in einem gemeinsamen Markt aufgrund der möglichen Handelsumlenkungen als kaum noch möglich (vgl. *Meissner*, 1990). Ähnlich äußern sich *Wenner* und *Köster*, die auf den zusammenwachsenden Ländermärkten einen einheitlichen Preis empfehlen, der unter Berücksichtigung der durchschnittlichen Vertriebs- und Logistikkosten genauso ermittelt werden soll wie bisher die landesspezifischen Preise (vgl. *Wenner/Köster*, 1989, S. 35). Im Gegensatz dazu sprechen sich *Daser* und *Hylton* gegen einen europäischen Einheitspreis aus und plädieren für eine Preispolitik, die „zumindest in einem gewissen Maße weiterhin an die jeweiligen ökonomischen und kulturellen Unterschiede in verschiedenen Märkten angepaßt" (*Daser/Hylton*, 1991, S. 45) werden muß.

Auch *Meffert* betrachtet eine regionale Preisdifferenzierung als weiterhin notwendig, um auch in Zukunft den bestehenden Kaufkraftunterschieden und situativen Einflußfaktoren - z. B. unterschiedliche Mehrwertsteuersätze - Rechnung tragen zu können (vgl. *Meffert*, 1990). Ein Blick in die Praxis zeigt, daß auf zusammenwachsenden Märkten tatsächlich z. T. erhebliche Preisdifferenzen von den Unternehmen beibehalten werden. Beispielsweise lassen sich auch 5 Jahre nach der Vollendung des europäischen Binnenmarktes im Automobilmarkt enorme Preisunterschiede zwischen den einzelnen Ländermärkten nachweisen (vgl. auch Kap. D 2.2.2.2). *Abb. D-48* und *Tab. D-16* verdeutlichen, daß die Preisdifferenz bei einigen Automobilherstellern bis zu 40 % zwischen verschiedenen Ländermärkten innerhalb der EU beträgt.

Auto-Schnäppchen im EU-Markt Angaben in DM	VW Polo 3türig, 50 PS	Opel Corsa 3türig, 45 PS	Audi A4 125 PS, 1,8 l	Ford Mondeo GLX 5türig, 115 PS, 1,8 l
Listenpreis in Deutschland	21.530	19.850	42.900	40.680
Preis in Belgien*	14.700	13.550	30.800	29.000
Preis in Dänemark*	16.600	16.600	30.800	24.500
Preis in Niederlanden*	15.700	15.100	34.600	35.200
Preis in Spanien*	17.000	14.000	32.000	25.400
* Circa-Preise				

Abb. D-48: Beispiele für Preisunterschiede bei verschiedenen Automodellen in Europa (1998)
(Quelle: Kaiser, 1998)

	D	B	E	F	IRL	I	L	NL	A	P	S	UK
Audi A3	109,1	100,7	-	104,3	100,0	106,6	101,0	100,1	108,6	100,9	101,0	106,4
BMW 316i	111,4	107,0	106,9	108,5	118,7	103,9	101,7	100,0	113,6	109,0	105,9	124,7
Citroën Xantia	122,8	113,3	111,9	129,5	119,1	118,1	113,3	103,6	119,1	100,0	105,1	123,8
Fiat Punto	126,2	108,5	107,5	100,0	105,3	113,3	108,5	111,0	122,8	101,0	119,8	127,3
Ford Fiesta	126,2	102,5	124,0	117,1	122,6	121,1	102,5	111,6	121,2	100,0	116,5	133,9
Mercedes C 180	108,3	109,9	100,0	104,7	108,4	101,8	106,4	100,8	106,4	103,6	106,6	117,4
Mitsubishi Carrisma	114,9	100,0	-	-	104,1	106,6	100,5	102,0	114,2	101,5	101,6	117,0
Nissan Primera	115,0	100,0	104,3	108,6	115,1	110,0	100,0	102,7	109,7	112,1	112,5	140,3
Opel Corsa	109,3	102,2	102,8	102,7	110,8	101,9	102,2	111,9	116,2	100,0	120,0	124,1
Renault Mégane	101,2	109,3	100,3	115,8	109,8	106,0	100,3	102,3	105,5	100,0	-	129,8
Seat Ibiza	113,1	105,9	108,6	106,6	114,9	107,0	105,6	102,9	108,8	108,3	100,0	120,0
VW Golf	107,4	108,8	102,6	103,9	114,3	106,7	106,6	100,0	100,1	101,7	107,6	130,9

Hinweis: 100 = durchschnittlich günstigster Preis

Tab. D-16: Der EU-Preisindex im Automobilmarkt (1998)
(Quelle: Kaiser, 1998)

2.3.1.1.2.1.1 Einflußfaktoren auf das Ausmaß der Preisstandardisierung

Angesichts der einerseits bestehenden Uneinigkeit in der Literatur, ob das Zusammenwachsen von Märkten notwendigerweise zu einer weitgehenden Preisstandardisierung führt, und der andererseits in einigen Märkten trotz fortlaufender Marktintegration weiterhin bestehenden Preisdifferenzen stellt sich die Frage, welche Gründe für und wider eine standardisierte Preispolitik sprechen, oder ob - vergleichbar der allgemeinen Diskussion um die Standardisierungspotentiale im Internationalen Marketing - die „Wahrheit" zwischen den extremen Polen „vollkommen einheitliche Preise" versus „differenzierte Preise" liegt (vgl. *Lutz*, 1994, S. 141).

Das Ausmaß ökonomisch sinnvoller Preisstandardisierung bzw. -differenzierung wird durch eine Reihe von Einflußfaktoren bestimmt (vgl. *Abb. D-49*). Hierzu zählen neben anbieter- und nachfragerspezifischen Faktoren auch Umweltbedingungen wie Inflations- und Währungskurseinflüsse (ähnliche Gründe nennt auch *Sander*, 1997).

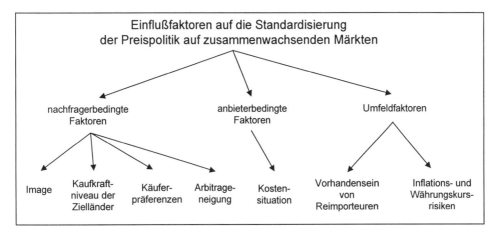

Abb. D-49: Einflußfaktoren auf die Standardisierung der Preispolitik auf zusammenwachsenden Märkten

Image

Bietet ein Unternehmen die gleiche Leistung auf unterschiedlichen Ländermärkten zu deutlich voneinander abweichenden Preisen an und gelingt es dem Unternehmen des weiteren nicht, diese Preisunterschiede entweder vor dem Nachfrager zu verbergen oder aber dem Nachfrager plausibel zu machen, so kann dies zu einer Verunsicherung auf seiten der Nachfrager und damit einhergehend auch zu einer Imageschädigung für das Unternehmen führen (vgl. u. a. *Channon/Jalland*, 1979, S. 282). Obwohl diese Problematik sowohl für Konsum- als auch für Industriegüter zu beobachten ist, scheint sie bei Produkten, die von Unternehmen nachgefragt werden, von größerer Bedeutung zu sein. Als Grund hierfür läßt sich u. a. die größere Markttransparenz auf Industriegütermärkten anführen. Die Folge kann eine Verlagerung der Nachfrage auf andere Anbieter oder ein Verzicht auf die Beschaffungsentscheidung sein. *Lutz* (1994, S. 154 f.) konnte beispielsweise zeigen, daß bereits ohne Arbitragebewegungen der Verhandlungsdruck von Abnehmern aufgrund unterschiedlicher Preise in verschiedenen Ländern als entscheidender Grund für eine Preisharmonisierung angesehen werden kann. Darüber hinaus verstärken die Angleichung der Absatzbedingungen in den jeweiligen Ländern sowie ein durch die Kenntnis von Preisunterschieden erhöhter Vertrauensschwund bei Abnehmern die Tendenz der Preisstandardisierung.

Kaufkraftniveau der Zielländer

Bei der Beantwortung der Frage, ob sich eine Standardisierung der Preispolitik anbietet, ist in jedem Fall das Kaufkraftniveau der ausgewählten Ländermärkte zu beachten. Liegt beispielsweise ein stark divergierendes Niveau vor, so kann sich eine Vereinheitlichung der Preisfestsetzung als problematisch erweisen, wenn man in allen Ländern ähnliche Kundensegmente ansprechen will.

> Richtet sich z. B. ein Modell aus dem Produktangebot eines Automobilherstellers an die Mittelschicht in Deutschland, so ist bei der Preisfestsetzung für andere Ländermärkte zu berücksichtigen, daß die anvisierten Kunden in Deutschland über ein vergleichsweise hohes Einkommen verfügen. Der Mittelschicht angehörende Kunden aus z. B. südeuropäischen Ländern sind jedoch nicht in der Lage, den gleichen Preis wie vergleichbare deutsche Kunden zu zahlen. Dem Automobilhersteller bleiben also nur zwei Möglichkeiten: Entweder er senkt den Preis signifikant in Südeuropa oder aber er wählt auf diesen Märkten als Zielgruppe die gesellschaftliche Oberschicht aus.

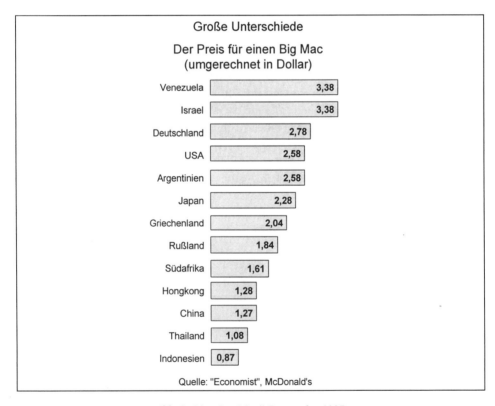

Abb. D-50: „Big Mac"-Preisindex 1997
(Quelle: Wirtschaftswoche, 15.1.1998, S. 11)

Auf zusammenwachsenden Märkten spielen jedoch langfristig - bedingt durch die Homogenisierung der institutionellen Rahmenbedingungen - Differenzen des Kaufkraftniveaus nur eine untergeordnete Rolle, da es ja gerade eine Folge der Harmonisierung ist, daß die Kaufkraftunterschiede sich zunehmend nivellieren. Allerdings verdeutlicht *Abb. D-50* am Beispiel des vom britischen Magazin „Economist" regelmäßig zur Aufdeckung von Kaufkraft(dis-)paritäten ermittelten „Big Mac"-Index, daß auch auf zusammenwachsenden Märkten z. T. erhebliche Kaufkraftunterschiede bestehen. Beispielsweise liegt die mit dem „Big Mac"-Index für Griechenland ermittelte Kaufkraft um mehr als 26 % unterhalb des für Deutschland ermittelten Kaufkraftniveaus. Unabhängig von solchen Kaufkraftunterschieden lassen sich Länder, die sich durch ein annähernd gleiches Kaufkraftniveau auszeichnen, dabei eher durch standardisierte Preise bearbeiten, als dies für Länder mit einem stark auseinanderfallenden Kaufkraftniveau der Fall ist.

Ähnlichkeit der Käuferpräferenzen

Insbesondere bei einem Engagement auf den umsatzstärksten Ländermärkten und somit bei Aktivitäten auf den Märkten der Industrienationen kann über die zu beobachtende Homogenisierung der Kundenbedürfnisse auch davon ausgegangen werden, daß die Zahlungsbereitschaft von Nachfragern in unterschiedlichen Ländern eine Angleichung erfährt. Dies bedeutet aber, daß eine der grundlegenden Ursachen für eine Preisdifferenzierung an Bedeutung verliert. Aus diesem Grunde stellen sich annähernde Zahlungsbereitschaften eine der wesentlichen Ursachen für die Preisstandardisierung dar.

Arbitrageneigung

Neben den o. g. Faktoren stellt die Arbitrageneigung der Nachfrager ein weiteres nachfragerbedingtes Einflußkriterium für die Wahl des Standardisierungsniveaus innerhalb der internationalen Preispolitik auf zusammenwachsenden Märkten dar. Versteht man dabei unter der Arbitrageneigung der Nachfrager die subjektive Neigung der Käufer, bei einem bestimmten Arbitragegewinn (Arbitragegewinn = Preisdifferenz - Transaktionskosten) für ein bestimmtes Produkt die Beschaffung über den „grauen Markt" einer Beschaffung über den regulären Vertriebsweg des Herstellers vorzuziehen, dann sinkt mit zunehmender Arbitrageneigung der Spielraum für eine preispolitische Differenzierung.

Die Arbitrageneigung der Nachfrager hängt in diesem Zusammenhang nicht nur von der generellen Preissensibilität der Nachfrager ab – je höher die Preissensibilität generell ist, desto eher werden Nachfrager schon bei geringen Preisunterschieden bereit sein, auf reimportierte Angebote einzugehen -, sondern auch von anderen Faktoren wie der Erklärungsbedürftigkeit oder dem Vertrauensgutcharakter des jeweiligen

Produktes. Beispielsweise ist die Arbitrageneigung bei pharmazeutischen Produkten generell geringer als bei Automobilen, da Pharmazeutika einen hohen Vertrauens-gutcharakter aufweisen.

Kostensituation der Unternehmung

Als Hauptargument gegen eine Standardisierung der Preispolitik wird nicht selten angeführt, daß bei einer internationalen Geschäftstätigkeit auf Auslandsmärkten schon allein deshalb höhere Preise zu fordern seien, weil die Transportkosten einen relativ hohen Anteil an den Gesamtkosten einnehmen würden. Dieser Auffassung kann aus zweierlei Gründen nur bedingt zugestimmt werden:

(1) Zum einen erleichtert die zunehmende Homogenisierung der rechtlichen Rah-menbedingungen die Möglichkeit, im Zielland Produktionsstätten zu errichten, so daß bei einer weitgehenden Produktion vor Ort das Argument der im Ausland höheren Transportkosten an Bedeutung verliert. Vor allem in Branchen, in denen objektiv betrachtet die Transportkosten für die Überführung von Produkten einen großen Anteil an den Gesamtkosten ausmachen (z. B. bestimmte Lebensmittel-branchen), sind die Anbieter bemüht, diese Kostenbestandteile zu reduzieren. Der Aufbau von Produktionsstätten auf Auslandsmärkten ist somit die logische Schlußfolgerung. Des weiteren erfordert gerade das Selbstverständnis eines län-derübergreifend tätigen Unternehmens - nicht als deutsches oder französisches Unternehmen, sondern als „Weltunternehmen" aufzutreten - dezentrale Produkti-onsstandorte.

(2) Durch die Erschließung zusätzlicher Ländermärkte werden darüber hinaus Ab-satzpotentiale geschaffen, die vor allem bei fixkostenintensiven Anbietern eine Reduzierung der Stückkosten erlauben. Daraus resultiert, daß das Unternehmen aufgrund derartiger Einsparungen - trotz höherer Transportkosten - auf allen Ländern einen einheitlichen niedrigeren Standardpreis fordern kann.

Allerdings kann die Kostensituation der Unternehmung tatsächlich dann für interna-tionale Preisdifferenzen verantwortlich sein, wenn sich das betrachtete Unternehmen länderspezifischen Distributionskosten gegenübersieht (vgl. auch *Sander*, 1997, S. 44 ff.). Die unterschiedliche Verfügbarkeit von Distributionskanälen oder aber starke Unterschiede in den landesüblichen Handelsmargen können z. T. für das Aufrechter-halten von länderübergreifender Preisdifferenzierung verantwortlich sein.

Vorhandensein von Reimporteuren

Eng mit dem unter nachfragerbedingten Einflußfaktoren auf die Standardisierungs-entscheidung diskutierten Kriterium „Arbitrageneigung der Nachfrager" hängt der Umfeldfaktor „Vorhandensein von Reimporteuren" zusammen. Je stärker der Hersteller Preisdifferenzierung auf zusammenwachsenden Märkten betreibt und je höher die Arbitrageneigung der Nachfrager einzuschätzen ist, desto attraktiver wird es für Unternehmen, als Reimporteur aufzutreten. Der Reimporteur kauft dabei Waren des Herstellers in dessen Niedrigpreisland auf und „reimportiert" diese auf eigenes Risiko in die Hochpreisländer des Herstellers, um sie dort unterhalb des Herstellerpreises an Kunden zu verkaufen. Das Vorhandensein von Reimporteuren wird also neben den o. g. Kriterien „Ausmaß der Preisdifferenzierung" und „Arbitrageneigung der Nachfrager" vor allem auch durch die Reimport- oder Arbitragekosten bestimmt. Diese verringern sich jedoch tendenziell auf zusammenwachsenden Märkten, da z. B. durch die Homogenisierung institutioneller Rahmenbedingungen tarifäre, aber auch indirekt kostenwirksame nicht-tarifäre Handelshemmnisse abgebaut werden.

Ein typisches Beispiel für Märkte, auf denen von Reimporteuren ein nicht zu vernachlässigender Druck auf die von den Herstellern noch immer praktizierte Preisdifferenzierung (vgl. *Abb. D-48* und *Tab. D-16*) ausgeht, stellt der bereits mehrmals angeführte Automobilsektor dar. Vor dem Hintergrund einer im Zeitablauf zunehmenden Arbitrageneigung von Automobilkäufern in Europa und parallel hierzu abnehmenden Arbitragekosten auf seiten der Reimporteure hat sich in diesem Sektor ein umfassender „Grauer Markt" gebildet. *Kaiser* (1998) beziffert allein die 1997 in Deutschland verkauften Reimport-PKWs mit 400.000 Stück. Teilweise bieten die Reimporteure dabei ihre Leistungen - auch im Vergleich zum Hersteller- bzw. Händlerpreis - im Internet an, so daß der potentielle Kunde problemlos die Angebote des Reimporteurs analysieren und ggf. hieraus auswählen kann.

Abb. D-51 zeigt das Internet-Angebot eines solchen Reimporteurs. Bei diesem Unternehmen kann der Kunde reimportierte PKWs von nahezu allen Herstellern beziehen. Der untere Teil von *Abb. D-51* zeigt jedoch, daß der Reimporteur – hier bei Modellen von BMW - Preisvorteile gegenüber dem Originalherstellerpreis (UPE) von bis zu 36 % bietet. Trotz der beim Reimporteur anfallenden Arbitragekosten unterbietet der Reimporteur (AVG-Preis) also den Herstellerpreis signifikant, was einen Eindruck von dem im Automobilsektor üblichen Ausmaß der Preisdifferenzierung der Automobilhersteller vermittelt.

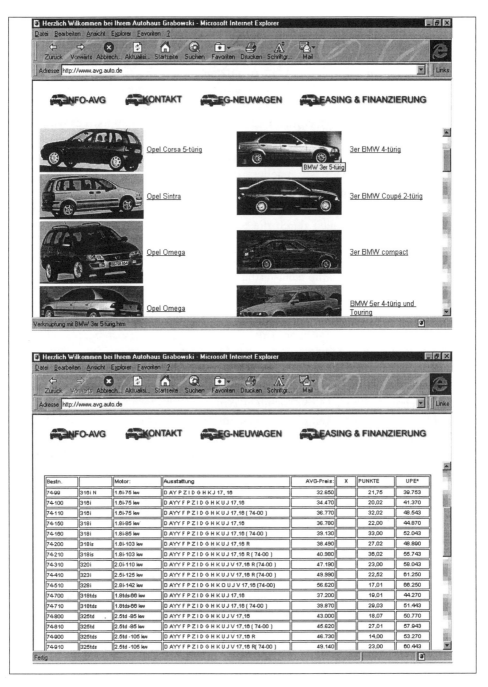

Abb. D-51: Internet-Angebot eines Reimporteurs im Automobilmarkt

Inflations- und Währungskurseinflüsse

Neben den bisher genannten Faktoren besitzen des weiteren Inflations- und Währungskurseinflüsse zumindest dann einen nicht zu unterschätzenden Einfluß auf die Preisentscheidung, wenn das Zusammenwachsen der beteiligten Ländermärkte mit keiner Wirtschafts- und Währungsunion einhergeht. Die Relevanz ergibt sich zum einen aus den umrechnungskursabhängigen Erlösen, die auf Auslandsmärkten erzielt werden können, und dem Problem der Wechselkursabsicherung bei Geschäften in Fremdwährungen mit hinreichend hohen Zeiträumen zwischen Einigung und Zahlungstermin(en). Beispielsweise haben langfristige Aufwertungstendenzen der DM in der ersten Hälfte der 90er Jahre eine Verschlechterung der Absatzchancen deutscher Exporteure zur Folge gehabt, da die Exportgüter in der jeweiligen Fremdwährung teurer wurden. Es ergab sich so ein entsprechender Druck auf die Reduktion der Preise zum Erhalt der Wettbewerbsfähigkeit (vgl. *Hünerberg*, 1994). Umgekehrtes gilt natürlich für eine entsprechende Aufwertung z. B. der DM gegenüber anderen Währungen.

Veränderungen der Wechselkurse haben zudem unmittelbaren Einfluß auf die von Arbitrageuren zu einem bestimmten Zeitpunkt erzielbaren Preisdifferenzen in einer bestimmten Währung.

> Der Verfall der Lira hat in der Vergangenheit beispielsweise dem Reimport von Automobilen aus Italien einen deutlichen Aufschwung beschert. Innerhalb eines relativ kurzen Zeitraumes haben sich zu Beginn der 90er Jahre allein wechselkursbedingt die Beschaffungspreise für deutsche Arbitrageure *unabhängig* von der Preissetzung der deutschen Hersteller drastisch verringert. Für die deutschen Automobilhersteller wurde damit die Entwicklung des Kursverhältnisses zwischen DM und Lira zu einem nicht zu vernachlässigenden Einflußfaktor für die Preisgestaltung.

Schwankende Wechselkurse erzeugen über ihren Einfluß auf die arbitragerelevanten Preisdifferenzen in einer bestimmten Währung unmittelbar nachfragebezogene Rückkopplungen zwischen den von den Kursbewegungen betroffenen Ländermärkten. Sind dabei die Kursveränderungen so stark, daß arbitragerelevante Preisdifferenzen erzeugt bzw. vergrößert werden und Anpassungsbedarf entsteht, stellt sich die Frage, in welcher Weise ein Anbieter reagieren sollte.

Diese Frage bezieht sich nicht nur auf die Notwendigkeit und das Ausmaß der Reaktion (vgl. hierzu Kap. D 2.3.1.1.2.2), sondern auch auf die Frage der Reaktionsgeschwindigkeit. Kursschwankungen auf den Devisenmärkten sind z. T. recht kurzfristiger Natur (vgl. z. B. *o.V.*, 1995b; *Frenkel*, 1994). Eine - optimale - Anpassungspolitik müßte somit ebenfalls kurzfristig ausgerichtet sein. Resultat wäre u. U. eine Veränderung der Preisgestaltung auf ausländischen Absatzmärkten in rascher Folge. In einem solchen Fall wäre zu prüfen, inwiefern kurzfristige Veränderungen der Preise, die bei erheblichen Wechselkursschwankungen entsprechend hoch wären, zu

Irritationen bei den Abnehmern und Vertriebspartnern führen würden. Die daraus resultierenden negativen Effekte sind den aus einer Reduzierung der möglicherweise auftretenden Arbitrage folgenden positiven Effekten gegenüberzustellen.

> So reagiert die Mercedes-Benz AG nach eigener Aussage kurzfristig nicht auf sich ändernde Wechselkurse auf den Absatzmärkten für Automobile. Man betrachtet die jeweilige Preispositionierung als eine strategische Wettbewerbsgröße, die nur langfristig im Einklang mit den langfristigen Zielvorstellungen verändert wird. Wechselkursschwankungsbedingt entstehende, u. U. auch arbitragerelevante Preisdifferenzen, die kurzfristig auftreten, werden ohne preisliche Anpassungsmaßnahme toleriert. Das Unternehmen bewertet also die langfristige Preisstabilität höher als möglicherweise entstehende Verluste aus der wechselkursbedingten Belebung grauer Märkte. Hierzu ist anzumerken, daß aufgrund des relativ hohen Standardisierungsgrades der Preispolitik des Unternehmens die Gefahren arbitragerelevanter Preisveränderungen bedingt durch Wechselkursschwankungen entsprechend gering sind.

Insgesamt läßt die Diskussion der unterschiedlichen Einflußfaktoren auf das Ausmaß von Preisstandardisierung/-differenzierung auf zusammenwachsenden Märkten die eingangs dargestellte Kontroverse in der Literatur in bezug auf eine aus dem Zusammenwachsen sich ergebende Standardisierungsnotwendigkeit verständlich erscheinen. Dies gilt insbesondere deshalb, weil sich je nach Gewichtung der verschiedenen Einflußfaktoren sowohl Gründe für eine Preisstandardisierung als auch Gründe für ein Beibehalten von Preisdifferenzen rechtfertigen lassen. Insofern lassen sich keine pauschalen Empfehlungen für oder wider eine Preisstandardisierung auf zusammenwachsenden Märkten ableiten, wenngleich tendenziell die Einflußfaktoren, die eher die Preisdifferenzierungsmöglichkeiten begrenzen (z. B. Vorhandensein von Reimporteuren), auf zusammenwachsenden Märkten ein größeres Gewicht erlangen. Allerdings erscheint es in jedem Fall erforderlich, in Abhängigkeit vom realisierten Grad des Zusammenwachsens (z. B. des erreichten Integrationsgrades) und den konkreten Marktbedingungen (z. B. Arbitrageneigung der Nachfrager, Assimilierung von Käuferpräferenzen oder Vorhandensein von Reimporteuren) permanent das jeweils adäquate Ausmaß der Preisstandardisierung festzulegen.

2.3.1.1.2.1.2 Preispolitische Auswirkungen am Beispiel der EU-Währungsunion

Ein spezieller preispolitischer Koordinationsbedarf ergibt sich auf zusammenwachsenden Märkten dann, wenn die im Kapitel D 1.2.1.1.1 beschriebene Integrationsstufe einer Währungsunion erreicht wird. Die Besonderheit besteht aus preispolitischer Sicht bei der Realisierung einer Währungsunion darin, daß hieraus zum einen unmittelbare preispolitische Konsequenzen erwachsen und daß es sich zum anderen um kein kontinuierlich anfallendes Koordinationsproblem, sondern um ein eher punktuelles Anpassungsproblem handelt.

Der im Zuge einer Währungsunion entstehende preispolitische Koordinationsbedarf auf internationalen Märkten wird augenblicklich in Theorie und Praxis angesichts der in der EU geplanten Währungsunion (vgl. Kap. D 1.2.1.1.2.1.1.2) intensiv diskutiert (vgl. hierzu u. a. *Huckemann/Dinges*, 1998; *Büchner/Schuppert*, 1998; *Wupperfeld/Kögylmayr*, 1998; *Münzberg*, 1998; *Altstadt/Marlinghaus*, 1997; *Kalka*, 1997; *Meffert*, 1997; *Bonsch/Keßeler*, 1997; *Eirund/Münzberg*, 1997; *dies.*, 1996). Zu unterscheiden ist in diesem Zusammenhang zwischen preispolitischen Problemen, die zwar in allen vom internationalen Unternehmen bearbeiteten EU-Ländermärkten auftreten, die jedoch voneinander unabhängig sind, da sie länderspezifisch gelöst werden können, und solchen Problemen, die eine länderübergreifende Koordination erforderlich machen.

Zur ersten Problemklasse (*länderspezifisch* lösbare Umstellungsprobleme) gehören beispielsweise die möglicherweise im Zuge der Euro-Einführung entstehenden Preisschwellenprobleme (vgl. das Beispiel in *Abb. D-52*).

Neue Schwellenpreise

Beispiel: Umrechnungskurs 1 Euro gleich 1,9745 DM

• Verkaufspreis heute:	DM	9,99
• Verkaufspreis nach Euro-Einführung:	Euro	5,06
• Absenken zum Aufbau einer neuen Preisschwelle	Euro	4,99

Abb. D-52: Preissenkung zur Schaffung neuer Schwellenpreise nach der Euro-Einführung (Quelle: Wupperfeld/Kögylmayr, 1998, S. 5)

Im Beispiel der *Abb. D-52* ergibt sich für das betrachtete Produkt durch die Einführung des Euro ein umgerechneter Preis von 5,06 Euro. Würde das Unternehmen diesen Preis beibehalten, so würde die beim in der Vergangenheit geltenden Preis von 9,99 DM bestehende Preisschwellenfunktion des Preises aufgegeben. Da eine Preissteigerung auf 5,99 Euro einem von den Nachfragern kaum akzeptierten Preisanstieg von rund 17 % entsprechen würde, bleibt dem Unternehmen zur Beibehaltung der Preisschwellenfunktion allein die Möglichkeit, den Preis um ca. 1,4 % auf 4,99 Euro abzusenken (vgl. hierzu auch *Jensen*, 1998). Allerdings weist *Meffert* (1997) zurecht darauf hin, daß sich solche Preisreduktionen im Zuge der Währungsumstellung durch andere Marketingmaßnahmen auffangen lassen. Beispielsweise könnte das Unternehmen parallel zur preispolitischen Reduktion darüber hinaus eine Reduktion der Packungsgröße vornehmen.

Solche preispolitischen Umstellungsprobleme stellen jedoch in der Regel kein Problem des Internationalen Marketings dar, da diese Probleme länderspezifisch zu lösen sind und damit kein länderübergreifendes Koordinationsproblem hervorrufen.

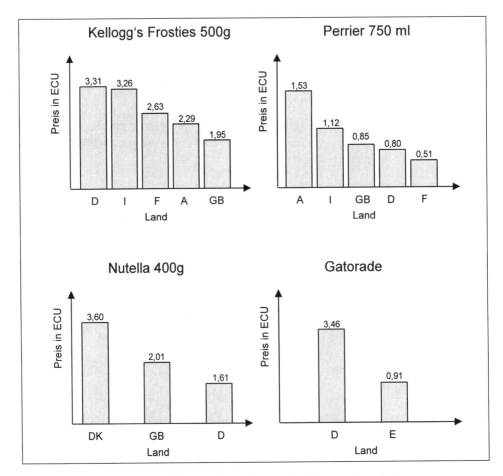

Abb. D-53: Preisdifferenzen bei geringwertigen Konsumgütern in Europa
(Quelle: Eirund/Münzberg, 1997)

Länderübergreifende Koordinationsprobleme entstehen jedoch durch die EU-Währungsunion vor allem im Hinblick auf die mit der Einheitswährung einhergehende hohe Preistransparenz. So führt der europaweite Preisausweis in einer einheitlichen Währung dazu, daß bestehende Preisdifferenzen auf einfache Art und Weise für Nachfrager offensichtlich werden. *Abb. D-53* verdeutlicht in diesem Zusammenhang, daß das Instrument der Preisdifferenzierung bislang auch bei vielen geringwertigen Konsumgütern von internationalen Unternehmen in breitem Umfang eingesetzt worden ist.

Solche gravierenden Preisunterschiede werden im Zuge der Währungsunion zukünftig nur schwer durchsetzbar sein. Dies liegt insbesondere daran, daß die einheitliche Währung nicht nur zur Offenlegung der Preisunterschiede beiträgt und eine Beibehaltung somit erhebliche Imageprobleme mit sich bringen kann. Darüber hinaus verringern sich angesichts des Wegfalls von Währungsrisiken auch die Risiken für Reimporteure, so daß zu erwarten ist, daß im Zuge der Währungsunion Reimporte in den Branchen zunehmen werden, in denen augenblicklich ein hohes Maß an Preisdifferenzierung vorherrscht.

Zusammenfassend ist festzuhalten, daß die Integration von Ländermärkten in Form einer Währungsunion die bereits allgemein für zusammenwachsende Märkte abgeleitete Tendenz zu einer zunehmenden Preisstandardisierung (punktuell) verstärkt, da es für Unternehmen nunmehr unmöglich ist, die bislang gezielt gesetzten Preisdifferenzen weiter hinter unterschiedlichen Währungen zu „verbergen".

2.3.1.1.2.2 Abstimmung von Preisen auf zusammenwachsenden Märkten

Sind die Ländermärkte, die ein Unternehmen bearbeitet, von einem zunehmenden Interdependenzgrad gekennzeichnet, entstehen preispolitisch relevante Koordinationsprobleme bei Existenz arbitragerelevanter Preisdifferenzen. Diese Koordinationsprobleme sind darauf zurückzuführen, daß Preisunterschiede Arbitragegewinne entstehen lassen können, die eine differenzierende Preispolitik unter Druck setzen (vgl. auch *Burmann*, 1991). Daß solche preispolitisch relevanten Koordinationsprobleme nicht allein bei hochwertigen Gütern wie Autos, TV-Geräten oder Kleidung, sondern zunehmend auch bei geringwertigen Gütern auftauchen, zeigt das nachfolgende Beispiel.

> „Das Angebot des belgischen Discounters war unschlagbar. Zu einem derart günstigen Preis hatten die Verbraucher das Waschmittel Dixan des Herstellers Henkel schon lange nicht mehr kaufen können; begeistert griffen sie zu. Daß die Packungen ein wenig anders aussahen als gewohnt und daß die Dosierungsanleitung in spanischer Sprache abgefaßt war, schien die Käufer nicht besonders zu stören. Gleich lastwagenweise hatte die belgische Filialkette das Pulver aus Spanien heranfahren lassen. Die Partie war der Handelsfirma von einer Vermittlungsagentur angeboten worden. Die wiederum hatte die Ware auf ungeklärte Weise in Spanien erworben. Der verschlungene Weg lohnte sich: Das Waschmittel war auf der iberischen Halbinsel viel billiger zu erstehen als beim belgischen Henkel-Ableger.

Was die Manager der Handelskette und die belgischen Verbraucher gleichermaßen freute, sorgte in der Düsseldorfer Henkel-Zentrale für Unruhe. Wenn das Beispiel in großen Stil Nachahmer finden würde, wäre das relativ hohe Preisniveau in vielen Ländern Europas gefährdet" (*Jensen*, 1998, S. 119).

Ein Koordinations- und preislicher Anpassungsbedarf ergibt sich dabei immer dann, wenn eine Situation mit ländermarktübergreifend koordinierten Preisen höhere Gesamtgewinne erwarten läßt.

Negative Ertragsauswirkungen aufgrund nachfragerbezogener Rückkopplungen sind dann zu erwarten, wenn die negativen Auswirkungen der Arbitrage möglicherweise auftretende positive Effekte überkompensieren. Auf dem europäischen Automobilmarkt treten negative Effekte z. B. im Verhältnis zwischen Deutschland und Italien auf dem deutschen Markt zum einen in Form an Reimporteure verlorener Kunden auf. Hierbei handelt es sich um Kunden, die ansonsten das gleiche Produkt beim Vertragshändler erworben hätten (Nicht-Markenwechsler, Händlerwechsler). Durch die Abwanderung an Reimporteure gehen Hersteller und Vertragshändler entsprechende zusätzliche Zahlungsbereitschaften verloren (negativer Umsatzeffekt). Weitere negative Effekte könnten durch Markenwechsel auftreten, wenn durch unterschiedliche Preise verärgerte oder verunsicherte Kunden zur Konkurrenz abwandern. Zum anderen können jedoch in umgekehrter Weise durch die von den Reimporteuren in der Praxis realisierte Preisdifferenzierung für nahezu standardisierte Produkte zusätzliche Kunden gewonnen werden, die ansonsten Produkte der Konkurrenz erworben hätten (positiver Umsatzeffekt). Entscheidend für die Notwendigkeit einer Preiskoordination ist die Frage, ob die negativen Effekte der Preisdifferenzierung die positiven Effekte überwiegen.

Die Identifikation koordinations- und gewinnoptimaler Preise auf interdependenten Märkten wird grundsätzlich von folgenden Faktoren beeinflußt:

- länderspezifische Zahlungsbereitschaften der Nachfrager,

- Arbitrageneigung der Nachfrager und

- Kosten der Produktion und Bereitstellung (Distribution) des betreffenden Gutes.

Sind die länderspezifischen Zahlungsbereitschaften sehr unterschiedlich, der Standardisierungsgrad des betreffenden Gutes aber hoch, ergibt sich tendenziell bei isolierter Betrachtung ein relativ hoher Grad an Preisdifferenzierung für ein gegebenes Produkt. Je höher die Arbitrageneigung der Nachfrager ist, desto stärker wird der Druck auf eine Verringerung der Preisdifferenzen sein. Da die Preise auf interdependenten Märkten gegenseitig voneinander abhängen, ist für die Identifikation gewinnoptimaler Preise ein *simultaner* Planungsansatz notwendig, um die Rückkopplungen zwischen den Preisen auf den Ländermärkten adäquat abbilden zu können.

Die Ergebnisse eines entsprechenden Optimierungsansatzes hängen vor allem von den Annahmen bezüglich des Arbitrageverhaltens der Nachfrager ab. Hierbei ist zu unterscheiden, welches Ausmaß von Arbitrage bei gegebenen Preisdifferenzen entsteht. Dieses Ausmaß der Arbitrage bei gegebenen Preisdifferenzen bezieht sich im folgenden stets auf die Preisdifferenz in der für den Arbitrageur jeweils relevanten Währung. Die Währung ist dabei zunächst völlig unerheblich; entscheidend sind nur die zu einem bestimmten Zeitpunkt realisierbaren Preisunterschiede. Diese können auch auf Veränderungen der Wechselkurse der betrachteten Ländermärkte zurückzuführen sein (vgl. Kap. D 2.3.1.1.2.1). Für die aus den effektiven Preisunterschieden resultierenden Folgen und die Prüfung der Frage, ob und in welchem Ausmaß sich preispolitischer Anpassungsbedarf ergibt, ist die Ursache für Preisunterschiede somit belanglos.

Preiskoordination auf zusammenwachsenden Märkten stellt darüber hinaus kein statisches Problem dar. Statt dessen ist eine permanente Abstimmung der Preise insbesondere dann erforderlich, wenn sich das Zusammenwachsen schrittweise vollzieht. In diesem Fall ist ständig zu überprüfen, inwieweit das in der Vergangenheit erzielte Abstimmungsergebnis dem in der Zwischenzeit erreichten Grad des Zusammenwachsens noch entspricht und ob sich ggf. ein neuerlicher Abstimmungsbedarf ergibt.

Angesichts der aufeinander aufbauenden statischen und dynamischen Problemstellung bei der Anpassung von Preisen auf zusammenwachsenden Märkten wird im folgenden zunächst die statische Problemstellung in den Vordergrund gestellt. In diesem Zusammenhang wird in einem ersten Schritt ein einfaches, auf die Koordinationsperspektive zugeschnittenes Optimierungsmodell diskutiert, bevor in einem zweiten Schritt auf einige weitere in der Literatur diskutierte, z. T. deutlich komplexere Optimierungsansätze verwiesen wird. Abschließend werden dann einige weiterführende Überlegungen zur dynamischen Problemstellung der Preiskoordination vorgestellt.

2.3.1.1.2.2.1 Ansätze zur statischen Preiskoordination

2.3.1.1.2.2.1.1 Preisoptimierung in Abhängigkeit von der Arbitrageneigung

Bereits an anderer Stelle wurde deutlich gemacht, daß die koordinations- und gewinnoptimalen Preise auf interdependenten Märkten vor allem durch die länderspezifischen Zahlungsbereitschaften der Nachfrager, die Bereitstellungs- und Distributionskosten und besonders durch die Arbitrageneigung der Nachfrager beeinflußt werden. Da auf zusammenwachsenden Märkten das Ausmaß der durchsetzbaren Preisdifferenzierung insbesondere durch drohende Reimporte begrenzt wird und diese nicht allein von den bestehenden Transaktions- oder Arbitragekosten, sondern zugleich von der Arbitrageneigung der Nachfrager abhängen, sollen im folgenden einige einfache Optimierungsüberlegungen in bezug auf diesen nachfragerseitigen Einflußfaktor vorgenommen werden.

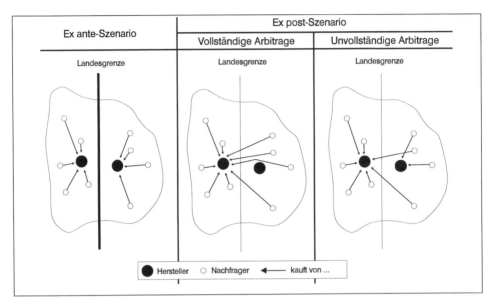

Abb. D-54: Auswirkungen vollständiger und unvollständiger Arbitrage
(Quelle: Backhaus/Voeth, 1998)

Zu unterscheiden ist im Hinblick auf die Arbitrageneigung der Nachfrager zwischen

- *vollständiger* Arbitrageneigung und

- *unvollständiger* Arbitrageneigung.

Im Falle *vollständiger Arbitrage* werden *alle* Nachfrager eines Ländermarktes zu Arbitrageuren, sofern sich für ein gegebenes Produkt Arbitragegewinne erzielen lassen. Ein solches Verhalten unterstellt, daß die Nachfrager in gleicher Weise über die möglichen Arbitragegewinne unterrichtet sind und unendlich schnell mit einer regionalen Verlagerung ihres Kaufverhaltens reagieren. Diese Annahme stellt insofern eine Vereinfachung dar, als daß in praxi nicht alle Nachfrager über die gleiche Arbitrageneigung verfügen. Eher ist zu vermuten, daß mit zunehmender Preisdifferenz auch die Anzahl der Arbitrageure zunimmt, ohne daß sofort alle Nachfrager Reimporte vorziehen (*unvollständige Arbitrage*). *Abb. D-54* verdeutlicht den (idealtypischen) Unterschied zwischen vollständiger und unvollständiger Arbitrage.

Unterstellt wird dabei, daß die Nachfrager vor dem Zusammenwachsen (Ex ante-Szenario) jeweils nur in ihrem Land Leistungen des Anbieters erwerben konnten, da Reimporte durch Handelshemmnisse zwischen den Ländermärkten quasi unmöglich waren. Wachsen nun die beiden betrachteten Ländermärkte zusammen, so nimmt die Bedeutung der Landesgrenze im Hinblick auf Güterströme ab, so daß nun Reimporte möglich werden. In diesem sogenannten Ex post-Szenario lassen sich nun zwei Fälle unterscheiden: Bei *vollständiger Arbitrageneigung* der Nachfrager werden alle Nachfrager des Hochpreislandes dann ihre Nachfrage - z. B. indirekt über Reimporteure - aus dem Niedrigpreisland decken, wenn die Preisdifferenz größer ist als die Arbitragekosten. Im Gegensatz dazu ist im Fall *unvollständiger Arbitrage* davon auszugehen, daß bei gegebener Preisdifferenz - die zudem wiederum oberhalb der Arbitragekosten liegen muß - nur ein Teil der Nachfrager des Hochpreislandes seine Nachfrage im Niedrigpreisland deckt, wohingegen der übrige Teil trotz des vorhandenen Arbitrageangebotes weiterhin die Leistungen von der Niederlassung des Herstellers im Hochpreisland erwirbt.

Preiskoordination bei vollständiger Arbitrage

Obwohl die o. g. Prämissen einer vollständigen Arbitrage der Realität nicht in jeder Hinsicht entsprechen, läßt sich das Prinzip der Preiskoordination auf zusammenwachsenden Märkten an einem Beispiel für den Fall vollständiger Arbitrage recht gut erläutern:

Angenommen sei, daß sich ein Unternehmen auf zwei preislich zu koordinierenden Ländermärkten A und B den isolierten Preis-Absatz-Funktionen $x_A(p_A)$ und $x_B(p_B)$ für ein gegebenes, auf beiden Ländermärkten standardisiertes Produkt gegenübersieht:

$$x_A(p_A) = 30.000 - 4\,p_A \tag{1}$$

$$x_B(p_B) = 30.000 - 6\,p_B \tag{2}$$

mit:
p_j = Preis im Land j,
x_j = Absatzmenge im Land j.

Das Unternehmen befindet sich damit in einer monopolistischen Angebotssituation, da die Preise konkurrierender Produkte keinen Einfluß haben. Dies ist eine wesentliche Vereinfachung des Modells bei gleichzeitiger Einschränkung des Realitätsbezuges. Für Produktion und Vertrieb entstehen dem Unternehmen unabhängig von der Absatzmenge Stückkosten in Höhe von 2.000 GE. Darüber hinaus fallen keine weiteren, insbesondere keine fixen Kosten an. Daher betrachten wir mit diesem Beispiel ausschließlich die Wirkungen nachfragerbezogener Rückkopplungen, da mit der Absatzmenge keine Veränderung der Stückkosten eintritt. Dem Unternehmen sei nun bekannt, daß sich die Nachfrager auf den Ländermärkten A und B durch eine starke Arbitrageneigung auszeichnen. Da sich die im Rahmen von Arbitrageprozessen anfallenden Informations- und Transportkosten auf 500 GE belaufen, ist aus Vereinfachungsgründen davon auszugehen, daß ab einer Preisdifferenz von 500 GE *sämtliche* Nachfrager des Hochpreislandes ihre Nachfrage im Niedrigpreisland decken. Die Auswirkungen der Koordination ergeben sich aus einem Vergleich der Folgen einer koordinierten und damit gesamtunternehmensbezogenen Planung sowie einer „unkoordinierten", also länderspezifischen Optimierung. Daher werden im folgenden die Gewinnauswirkungen koordinierter und isolierter Unternehmensaktivitäten miteinander verglichen.

Gewinnsituation bei isolierter (länderspezifischer) Planung:

Wird in den Ländern A und B die Preissetzung isoliert vorgenommen, bedeutet dies, daß die Arbitrageprozesse von den jeweils Planenden nicht beachtet werden. Daher werden die Preise auf den Ländermärkten A und B isoliert voneinander geplant. Für das Land A ergeben sich für die Umsatzfunktion $U_A(p_A)$ und der Kostenfunktion $K_A(p_A)$ (3) und (4)

$$U_A(p_A) = x_A(p_A) \cdot p_A = (30.000 - 4\ p_A) \cdot p_A = 30.000\ p_A - 4\ p_A^2 \qquad (3)$$

$$K_A(p_A) = x_A(p_A) \cdot 2.000 = (30.000 - 4\ p_A) \cdot 2.000 = 60\ \text{Mio.} - 8.000\ p_A \qquad (4)$$

sowie für die länderspezifische Gewinnfunktion $G_A(x_A)$ (5):

$$G_A(x_A) = 38.000\ p_A - 4\ p_A^2 - 60\ \text{Mio.} \qquad (5)$$

Durch Differenzierung errechnet sich als länderspezifisches Optimum ein Preis von 4.750 GE in A. Analog hierzu kommt man für Land B zu einem optimalen Preis von 3.500 GE. *Abb. D-55* zeigt nun, daß die von den Planenden für Land A (x_A = 11.000 ME) und Land B (x_B = 9.000 ME) erwarteten Absatzmengen aufgrund der „vollständigen" Arbitrage nicht tatsächlich realisiert werden. Statt dessen decken *alle* Nachfrager des Hochpreislandes A annahmegemäß ihren Bedarf im Land B, da sie trotz Arbitragekosten in Höhe von 500 GE pro reimportierter Mengeneinheit einen Gewinn von 750 GE erzielen. Bei der Bestimmung der Arbitragemenge ist zu berücksichtigen, daß nicht nur die Nachfrager aus Land A zu Arbitrageuren werden, die bei einem Preis von 4.750 GE die Leistung der Unternehmung nachgefragt hätten, sondern auch ein Teil derjenigen Nachfrager, die nur weniger zu zahlen bereit waren. Es wird jeder potentielle Nachfrager aus Land A zum Arbitrageur werden, der mindestens 4.000 GE (= Preis in B zuzüglich Arbitragekosten) zu zahlen bereit ist.

Da somit in dem hier diskutierten Extremfall im Land A keine Nachfrage verbleibt und im Land B statt der erwarteten 9.000 ME vielmehr 23.000 ME abgesetzt werden - von Produktions- und Kapazitätsproblemen wird annahmegemäß abstrahiert -, ergibt sich folgende Gewinnsituation:

Land A: $G_A(p_A) = 0$

Land B: $G_B(p_B) = U(p_B) - K(p_B) = 23.000 \cdot 3.500 - 23.000 \cdot 2.000 = 34{,}5\ \text{Mio.}$

Gesamtgewinn: $G\ (p_A, p_B) = G_A(p_A) + G_B(p_B) = 34{,}5\ \text{Mio.}$

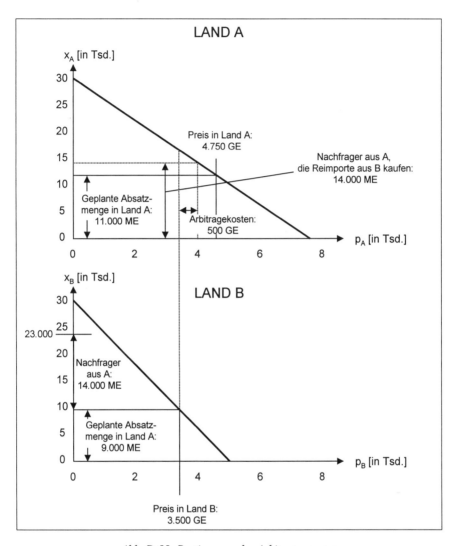

Abb. D-55: Bestimmung der Arbitragemengen

Gewinnsituation bei koordinierter (länderübergreifender) Planung

Eine koordinierte Reaktion auf die entstehenden Arbitrageprozesse setzt voraus, daß die Preisdifferenz zwischen den Ländermärkten maximal 500 GE beträgt, da ansonsten sämtliche Nachfrage aus einem Ländermarkt abwandert. Hierzu ist die Gewinnfunktion $G(p_A, p_B)$ des Gesamtunternehmens

$$G(p_A, p_B) = G_A(p_A) + G_B(p_B) = 38.000\, p_A - 4\, p_A^2 + 42.000\, p_B - 6\, p_B^2 - 120\ \text{Mio.} \qquad (6)$$

unter der Nebenbedingung: $\left| p_A - p_B \right| \leq c$ (7)

zu maximieren. Ersetzt man die Preisdifferenz durch die Variable c und löst das Maximierungsproblem mit Hilfe der Lösungsmethode von Lagrange (vgl. hierzu im einzelnen *Müller-Merbach*, 1973), so erhält man für die Variablen p_A, p_B und für den Lagrange-Multiplikator λ in Abhängigkeit von c (Preisdifferenz zwischen dem Hochpreis- und Niedrigpreisland) folgende Ergebnisse:

$$p_A = 4.000 + 0,6 \cdot c \tag{8}$$

$$p_B = 4.000 - 0,4 \cdot c \tag{9}$$

$$\lambda = 4,8 \cdot c - 6.000 \tag{10}$$

Durch Einsetzen der optimalen Preise in die Gesamtgewinnfunktion (6) erhält man (11):

$$G\,(c) = 40\ \text{Mio.} + 6.000\ c - 2,4\ c^2 \tag{11}$$

Diese in *Abb. D-56* dargestellte Funktion erreicht ihr Maximum bei einer Preisdifferenz von 1.250 GE, was genau der Differenz bei isolierter Preissetzung - ohne Arbitrageprozesse - entspricht.

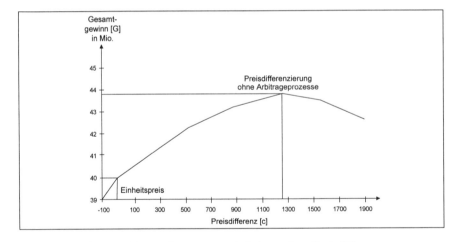

Abb. D-56: Unternehmensgewinn bei alternativen Preisdifferenzen

Da die Funktion (11) bei Preisdifferenzen kleiner 1.250 GE streng monoton ansteigt, ergibt sich hieraus auch, daß eine Preisdifferenz von genau 500 GE jede kleinere Preisdifferenz dominiert. Daher ist es bei der Strategie der Verhinderung von Arbitrageprozessen vorteilhaft, die Preisdifferenz zu maximieren, also auf 500 GE festzuschreiben.

Setzt man in (8) und (9) entsprechend für c einen Wert von 500 ein , so erhält man die optimalen Preise

$p_A = 4.300$,

$p_B = 3.800$.

Im einzelnen lassen sich bei dieser Strategie folgende Gesamtgewinne realisieren:

Land A: $G_A(p_A) = U(p_A) - K(p_A) = 29{,}44$ Mio.

Land B: $G_B(p_B) = U(p_B) - K(p_B) = 12{,}96$ Mio.

Gesamtgewinn: $G(p_A, p_B) = G_A(p_A) + G_B(p_B) = 42{,}4$ Mio.

Abb. D-57 zeigt eine Gegenüberstellung der Gewinnsituation bei Nicht-Koordination und optimaler Preiskoordination.

	Gewinn bei länder-spezifischer Planung und Arbitrage	Gewinn bei koordinierter Planung und Arbitrage	Koordinations-resultat
Land A	$p_A = 4.750$, $x_A = 0$ $G_A = 0$	$p_A = 4.300$, $x_A = 12.800$ $G_A = 29{,}44$ Mio.	$\triangle G_A = 29{,}44$ Mio. (Koordinationsertrag)
Land B	$p_B = 3.500$, $x_B = 23.000$ $G_B = 34{,}5$ Mio.	$p_B = 3.800$, $x_B = 7.200$ $G_B = 12{,}96$ Mio.	$\triangle G_B = -21{,}54$ Mio. (Koordinationskosten)
Gesamt	$G = 34{,}5$ Mio.	$G = 42{,}4$ Mio.	$\triangle G = 7{,}9$ Mio. (Koordinationsgewinn)

Abb. D-57: Ableitung des Koordinationsgewinns

Der *Koordinationsertrag* wird durch den zusätzlichen Gewinn determiniert, den man aufgrund des koordinierenden Eingriffs im Land A erzielt. Während im Fall einer isolierten Preissetzung in Land A kein Gewinn erreicht werden konnte, beläuft sich dieser bei einer optimierten Koordinationstätigkeit auf 29,44 Mio. Die Differenz stellt den Erlös der Koordination dar. Allerdings kann dieser zusätzliche Gewinn nur durch eine Gewinnreduktion in Land B erreicht werden. Hier verringert sich der Gewinn um 21,54 Mio. Dieser Verlust beschreibt somit die *Koordinationskosten*.

Im Ergebnis führt vollständige Arbitrage der Nachfrager zu einer tendenziell standardisierten Preispolitik auf den von den Interdependenzen betroffenen Ländermärkten. Die maximalen Preisdifferenzen entsprechen dabei den Transaktionskosten der Nachfrager für die Durchführung von Arbitrageprozessen. Je geringer diese sind, desto geringer sind die Unterschiede zwischen den länderspezifischen Preisen. Eine Preisdifferenzierung kann demzufolge nur in Abhängigkeit der Transaktionskosten (als weitgehend externe Rahmenbedingung), nicht aber aufgrund unterschiedlicher Zahlungsbereitschaften der Nachfrager auf den Ländermärkten aufrechterhalten werden. Dies zeigt sich an folgenden Überlegungen:

○ Grundsätzlich wäre denkbar, durch Setzen von Preisdifferenzen oberhalb von 500 GE bewußt Arbitrage zuzulassen. Da man im hier diskutierten Beispiel damit in Kauf nimmt, daß alle Nachfrager ihren Bedarf im Niedrigpreisland decken, reduziert sich das Planungsproblem auf die Preissetzung im Niedrigpreisland. Da die größere Preissensibilität der Nachfrager in Land B dieses Land automatisch zum Niedrigpreisland macht, ist zu fragen, welche (Gesamt-)Preis-Absatz-Funktion sich ergibt. Zur Bestimmung sind zwei Transformationsschritte notwendig:

Ein *erster Schritt* besteht in der Bestimmung der Nachfragemenge aus Land A in Abhängigkeit vom Preis in Land B. Da die Arbitragekosten zu berücksichtigen sind, ergibt sich die Preis-Absatz-Funktion der Nachfrage aus Land A geometrisch durch eine Parallelverschiebung der ursprünglichen Preis-Absatz-Funktion. Es gilt also:

$$p_B(x_A) = (7.500 - 0,25\, x_A) - 500 = 7.000 - 0,25\, x_A, \tag{12}$$

wobei der in Klammern gesetzte Term der ursprünglichen Preis-Absatz-Funktion entspricht.

In einem *zweiten Schritt* rechnet man diese in Abhängigkeit vom Preisniveau in Land B aus Land A stammende Nachfrage der Nachfrage aus Land B hinzu. Es ergibt sich die (Gesamt-)Preis-Absatz-Funktion (13):

$$x(p_B) = 58.000 - 10\, p_B \tag{13}$$

Durch die Maximierung der (Gesamt-)Gewinnfunktion (14) erhält man für Land B einen optimalen Preis von 3.900 GE bei einem maximalen Gewinn von 36,1 Mio.

$$G(p_B) = 78.000\, p_B - 10\, p_B{}^2 - 116\, \text{Mio}. \tag{14}$$

Die Strategie des Zulassens von Arbitrageprozessen bei vollständiger Arbitrage führt somit zu einem geringeren Gewinn als bei der Vermeidung der Arbitrageprozesse durch Setzen einer maximalen Preisdifferenzen in Höhe der Transaktionskosten der Arbitrageure. Der optimale Koordinationseingriff besteht unter diesen Bedingungen folglich in einer auf Verhinderung von Arbitrageprozessen ausgerichteten, standardisierten Preispolitik, die maximale Preisdifferenzen in Höhe der Arbitragekosten erlaubt.

Preiskoordination bei unvollständiger Arbitrage

Realistischerweise ist anzunehmen, daß die Arbitrageneigung mit zunehmenden Arbitragegewinnen zunimmt und damit für einen bestimmten Bereich möglicher Preisdifferenzen „unvollständig" bleibt. In diesem Bereich bedienen sich nicht alle Nachfrager der Möglichkeit einer Beschaffung auf Auslandsmärkten, so daß ein gewisser Anteil nationaler Nachfrage auch bei Existenz von Arbitragegewinnen weiterhin auf dem Heimatmarkt kauft. Im Unterschied zur vollständigen Arbitrage resultiert hieraus, daß ein Anbieter unter diesen Bedingungen Preisdifferenzen in einem bestimmten, durch die - unvollständige - Arbitrageneigung der Nachfrager *und* die Transaktionskosten der Arbitrage determinierten Maße aufrechterhalten kann, um unterschiedliche Zahlungsbereitschaften auf den einzelnen Ländermärkten gewinnmaximierend zu nutzen.

Für unser bisheriges Beispiel sei vereinfachend angenommen, daß die Arbitrageneigung b der Nachfrager linear von den möglichen Arbitragegewinnen abhänge (vgl. *Abb. D-58*):

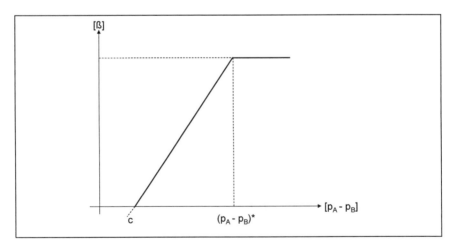

Abb. D-58: Arbitrageneigung als lineare Funktion der Arbitragegewinne

Arbitrage tritt nach dieser Annahme dann auf, wenn die Preisdifferenz (p_A - p_B) über den Arbitragekosten c liegt. Ab einer gewissen Höhe des Arbitragegewinns (p_A - p_B)* werde vollständige Arbitrage (β = 1) erreicht. Die Annahme eines linearen Verlaufs dieser Funktion vereinfacht die analytische Lösung des Problems und läßt uns relativ einfach eine Approximierung der für die vollständige Arbitrage entwickelten Lösung vornehmen. Es gelte daher:

$$\beta = b \, (p_A - p_B - c) \tag{15}$$

mit:

β = Anteil der Arbitragenachfrage auf dem Hochpreismarkt,
b = Arbitrageneigung,
c = Arbitragekosten.

In diesem Fall erhielte die Gesamtgewinnfunktion folgendes Aussehen, wobei unterstellt wird, daß in Land B die Arbitrageure preislich nicht diskriminiert werden:

$$G \, (p_A, p_B) = \; [(p_A - 2.000) \cdot (1-\beta) \cdot (30.000 - 4 \, p_A)] + [(p_B - 2.000) \cdot \beta \cdot (30.000 - \\ 4 \, (p_B + c))] + [(p_B - 2.000) \cdot (30.000 - 6 \, p_B)] \tag{16}$$

mit:
$[(p_A - 2.000) \cdot (1-\beta) \cdot (30.000 - 4 \, p_A)]$ als Nachfrage aus Land A in Land A,
$[(p_B - 2.000) \cdot \beta \cdot (30.000 - 4 \, (p_B + c))]$ als Nachfrage aus Land A in Land B (Arbitrage),
$[(p_B - 2.000) \cdot (30.000 - 6 \, p_B)]$ als Nachfrage aus Land B in Land B.

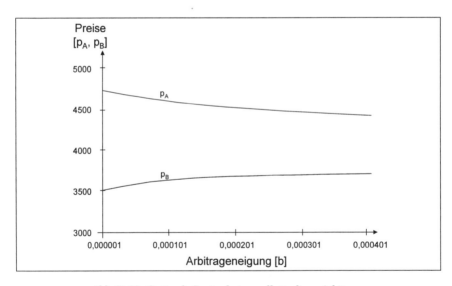

Abb. D-59: Optimale Preise bei unvollständiger Arbitrage
in Abhängigkeit von der Arbitrageneigung

Der marginalanalytische Ansatz zur Maximierung dieser Funktion erreicht trotz der Einfachheit der Annahmen bereits einen erheblichen Komplexitätsgrad. Die Ableitungen von (16) nach p_A bzw. p_B führen zu den in *Abb. D-59* dargestellten optimalen Preisen auf den

Ländern A und B in Abhängigkeit von der Arbitrageneigung (bei konstanten Arbitragekosten von c = 500).

Bei geringer Arbitrageneigung (b = 0,000001) ist die koordinationsoptimale Lösung (p_A = 4.738,48; p_B = 3.512,41) mit der Lösung für isolierte Ländermärkte nahezu identisch. Mit zunehmender Arbitrageneigung ergibt sich jedoch die Notwendigkeit, die Preise auf den betrachteten Ländermärkten stärker anzunähern. Für b = 0,0004 ergeben sich bereits mit p_A = 4.384,83 und p_B = 3.756,41 Länderpreise, die der koordinationsoptimalen Lösung bei vollständiger Arbitrage - unter Zugrundelegung gleicher Arbitragekosten - fast entsprechen.

Daraus ergeben sich die in *Abb. D-60* dargestellten Gewinnsituationen bei koordinationsoptimaler Preispolitik und variabler Arbitrageneigung auf den Ländermärkten A und B.

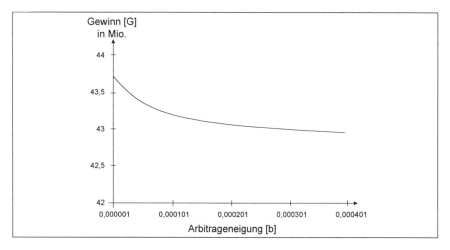

Abb. D-60: Gewinnsituation bei koordinationsoptimaler Preispolitik und unvollständiger Arbitrage in Abhängigkeit von der Arbitrageneigung

Im Vorgriff auf die spätere Diskussion dynamischer Überlegungen zur Preiskoordination (vgl. Kap. D 2.3.1.1.2.2.2) läßt sich die in *Abb. D-57* und *Abb. D-58* dargestellte koordinationsoptimale Preispolitik bei unvollständiger Arbitrage und variabler Arbitrageneigung als *Preispfad* für die betrachteten Ländermärkte auffassen, wenn die Arbitrageneigung der Nachfrager im Zeitablauf zunimmt. Je nach Arbitrageneigung der Nachfrager ist daher ein bestimmtes Maß an Preisdifferenzierung koordinationsoptimal. Auf zusammenwachsenden Märkten kann von einer zunehmenden Arbitrageneigung der Nachfrager dabei z. B. aus folgenden Gründen ausgegangen werden:

- Zunehmende Markttransparenz

Im Laufe der Zeit verbessert sich der Informationsstand der Nachfrager hinsichtlich der durch Arbitrage erreichbaren wirtschaftlichen Vorteile. Dies wird sich in einer für den Gesamtmarkt steigenden Arbitrageneigung ausdrücken, die den Durchschnitt der Arbitrageneigungen aller Nachfrager darstellt.

- Abnehmendes Risiko des Arbitrageurs

Das Risiko der Fremdmarktbeschaffung nimmt im Laufe der Zeit kontinuierlich ab, da unmittelbare eigene Erfahrungen und Erfahrungen Dritter die Konsequenzen der Fremdmarktbeschaffung besser kalkulierbar machen. Wiederholte Arbitrage im Rahmen von Wiederkäufen hat darüber hinaus senkende Effekte auf die Arbitragekosten (z. B. Degressionseffekte auf die fixen Kosten der Informationsbeschaffung) zur Folge.

2.3.1.1.2.2.1.2 *Weitergehende Optimierungsansätze in der Literatur*

In der Literatur ist zur Preisoptimierung auf internationalen Märkten in der Vergangenheit eine Vielzahl unterschiedlicher Ansätze entwickelt worden, die z. T. Überschneidungen mit dem hier vorgestellten Konzept aufweisen, z. T. jedoch auch eine andere Ausrichtung oder eine deutlich höhere Komplexität aufweisen. Dies liegt vor allem daran, daß in diesen Ansätzen z. B. nicht allein die Arbitrageneigung der Nachfrager fokussiert wird, sondern teilweise weitergehende Fragestellungen (z. B. Wechselkursproblematik) berücksichtigt werden. Einen guten Überblick über die in der Literatur diskutierten Optimierungsansätze liefern *Berndt/Fantapié Altobelli/Sander* (1997, S. 173 ff.), die zwischen den in *Abb. D-61* dargestellten Ansätzen unterscheiden.

Bei *kostenorientierten Ansätzen* wird versucht, über bestimmte Kalkulationsschemata die internationalen Preise so festzusetzen, daß zuzüglich zu den länderspezifischen Kosten ein bestimmter Gewinnprozentsatz erreicht wird. Unterschiede zwischen Preisen im internationalen Geschäft ergeben sich bei diesen Ansätzen in erster Linie durch divergierende Produktions- und Distributionskosten.

Im Gegensatz dazu koppelt man die Preisfindung bei *konkurrenzorientierten Ansätzen* an das Preis- und Angebotsverhalten von Wettbewerbern, indem man entweder die Preise an denen der Konkurrenz ausrichtet oder aber bewußt eine gegenläufige Preisstrategie verfolgt. In jedem Fall wird jedoch die Preissetzung weniger unter Kostengesichtspunkten oder aus der Nachfragerperspektive vorgenommen als vielmehr vor dem Hintergrund der länderspezifischen Konkurrenzsituation.

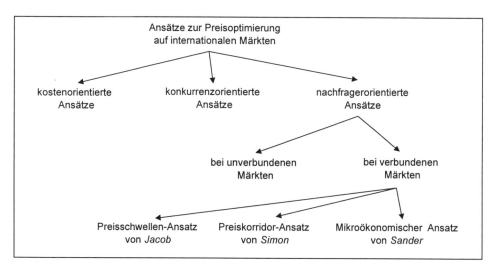

Abb. D-61: Ansätze zur Preisoptimierung auf internationalen Märkten

Da das Zusammenwachsen von Ländermärkten mitunter zu veränderten anbieterbezogenen, auf jeden Fall jedoch zu einer Veränderung nachfragerbezogener Rückkopplungen führt, erscheint die Verwendung kosten- und konkurrenzorientierter Ansätze zur Lösung des Preiskoordinationsproblems auf zusammenwachsenden Märkten wenig geeignet zu sein, da in diesen Ansätzen nachfragerbezogene Rückkopplungen nicht berücksichtigt werden.

Eine solche Berücksichtigung nachfragerbezogener Rückkopplungen ist allein in nachfragerorientierten Ansätzen möglich, die explizit die bei alternativen Preisen absetzbaren Mengen und damit Preis-Absatz-Funktionen zur Grundlage der internationalen Preisentscheidung machen. Allerdings ist mit diesen nachfragerorientierten Ansätzen nur dann das oben beschriebene Preiskoordinationsproblem lösbar, wenn auf die Verbundenheit der bearbeiteten Ländermärkte abgestellt wird und nicht - wie dies bei den Ansätzen für unverbundene Märkte der Fall ist - jegliche nachfragerseitigen Kopplungen zwischen Ländermärkten ausgeblendet und allein isolierte Preisoptimierungen vorgenommen werden. Innerhalb der nachfragerorientierten Ansätze bei verbundenen Märkten haben die Konzepte von *Jacob*, *Simon* und *Sander* eine besondere Beachtung gefunden.

Jacob (1971) geht in seinem *Preisschwellen-Ansatz* davon aus, daß die in einem Länder- oder Teilmarkt ansässigen Nachfrager dann in einem anderen Land bzw. Teilmarkt kaufen, wenn die vom Anbieter in den betrachteten Ländermärkten festgesetzten Preise einen bestimmten Schwellenwert übersteigen. M. a. W. bedeutet dies, daß *Jacob* davon ausgeht, daß die aus den einzelnen (linearen) Preis-Absatz-

Funktionen gebildete Gesamtgewinnfunktion unter der Nebenbedingung (im 2-Länder-Fall)

$$|p_A - p_B| \leq c_{A,B} \tag{17}$$

zu maximieren ist.

Zur Lösung dieses Problems schlägt *Jacob* einen - recht komplizierten - indirekten Lösungsweg vor, indem er zunächst die isolierten Cournotschen Länderpreisoptima bestimmt und erst anschließend die zur Erfüllung der durch die geforderten Schwellenwerte aufgestellten Nebenbedingungen notwendige Abweichung von diesen gewinnoptimalen Preisen vornimmt, indem er die über alle Ländermärkte gebildete Summe der infolge des Abrückens von den Cournotschen Preisen entstehenden Gewinneinbußen entsprechend (18) minimiert (vgl. *Jacob*, 1971, S. 90).

$$\sum_{i=1}^{n} \left[(p_{c,i} - k_i) \cdot x_{c,i} - (p_i - k_i) \cdot x_i \right] \to \text{min!} \tag{18}$$

mit:

$p_{c,i}$ = Cournotscher Preis im Land i,
p_i = gesuchter Preis im Land i,
k_i = variable Stückkosten im Land i,
$x_{c,i}$ = Cournotsche Menge im Land i,
x_i = absetzbare Menge im Land i.

Damit aber entspricht der Ansatz von *Jacob* genau dem im Kapitel D 2.3.1.1.2.2.1.1 gewählten Vorgehen im Rahmen der Preiskoordination bei vollständiger Arbitrage, wenn man den Schwellenwert mit den Transaktions- bzw. Arbitragekosten gleichsetzt. Allerdings erzeugt *Jacob* durch den von ihm gewählten indirekten Lösungsweg eine nicht unbedingt erforderliche mathematische Lösungskomplexität.

Als ein weiterer nachfrageorientierter Ansatz bei verbundenen Märkten kann der Preiskorridor-Ansatz von *Simon* (1992) gelten. In diesem Ansatz wird davon ausgegangen, daß sich auf internationalen Märkten länderspezifische Optima wegen der in diesem Fall drohenden Gefahr von Arbitrageprozessen häufig nicht realisieren lassen. Da jedoch andererseits das Setzen eines einheitlichen Preises - wegen des möglicherweise Nicht-Ausschöpfens länderspezifischer Zahlungsbereitschaften - mit hohen Gewinneinbußen verbunden ist, schlägt *Simon* vor, einen Preiskorridor zu implementieren, der gerade so hoch angesetzt werden sollte, daß Arbitrageprozesse verhindert werden.

Bezeichnet man dabei die Breite des Korridors mit „r" und faßt „r" als prozentuale Reduktion des Hochpreises im Niedrigpreisland auf, so muß für die auf den Ländermärkten A und B zu setzenden Preise (19) gelten:

$$p_A = (1-r) \cdot p_B \qquad (19)$$

Im Ansatz von *Simon* wird nun die wiederum aus den (linearen) Preis-Absatz-Funktionen gebildete Gesamtgewinnfunktion unter der in (19) angegebenen Nebenbedingung mit Hilfe der Lösungsmethode von Lagrange maximiert. Für den 2-Länder-Fall ergibt sich:

$$p_B^* = \frac{1}{2} \cdot \frac{(1-r) \cdot (b_A \cdot k_A + a_A) + b_B \cdot k_B + a_B}{b_A \cdot (1-r)^2 + b_B} \qquad (20)$$

mit:

a_A = absolutes Glied in der Preis-Absatz-Funktion des Landes A,
a_B = absolutes Glied in der Preis-Absatz-Funktion des Landes B,
b_A = Betrag des Steigungsfaktors in der Preis-Absatz-Funktion des Landes A,
b_B = Betrag des Steigungsfaktors in der Preis-Absatz-Funktion des Landes B,
k_A = variable Kosten im Land A,
k_B = variable Kosten im Land B.

Preis-korridor [r]	Preise		Absatzmengen		Gewinne		Gesamt-gewinn	Gewinn-entgang [in %]
	p_A	p_B	x_A	x_B	G_A	G_B		
0,00	4000,00	4000,00	14000,00	6000,00	28 Mio.	12 Mio.	40 Mio.	8,57
0,05	4137,02	3930,16	13451,94	6419,01	28,75 Mio.	12,39 Mio.	41,14 Mio.	5,97
0,10	4277,65	3849,89	12889,39	6900,68	29,36 Mio.	12,77 Mio.	42,13 Mio.	3,72
0,15	4421,12	3757,95	12315,54	7452,31	29,82 Mio.	13,10 Mio.	42,92 Mio.	1,90
0,20	4566,33	3653,06	11734,69	8081,63	30,12 Mio.	13,36 Mio.	43,48 Mio.	0,63
0,25	4711,86	3533,90	11152,54	8796,61	30,24 Mio.	13,49 Mio.	43,73 Mio.	0,03
0,263158	4750,00	3500,00	11000,00	9000,00	30,25 Mio.	13,50 Mio.	43,75 Mio.	0

Tab. D-17: Optimale Preise und Gewinne in Abhängigkeit vom Preiskorridor

Die Gleichungen (19) und (20) verdeutlichen, daß der einzige Unterschied zum Ansatz von *Jacob* und damit auch zu dem im obigen Kapitel D 2.3.1.1.2.2.1.1 diskutierten Konzept der Preiskoordination bei vollständiger Arbitrage darin zu sehen ist, daß die zugelassene Preisdifferenz nunmehr nicht absolut vorgegeben wird, sondern prozentual bestimmt wird.

Für das in Kapitel D 2.3.1.1.2.2.1.1 diskutierte Beispiel ergeben sich bei Anwendung des Ansatzes von *Simon* die in *Tab. D-17* wiedergegebenen optimalen Preise bei Variation des zugrunde gelegten Preiskorridors.

Ein dritter nachfragerorientierter Ansatz bei verbundenen Märkten ist schließlich in jüngster Zeit von *Sander* (1997) vorgelegt worden, der in diesem mikroökonomisch fundierten Ansatz explizit auf die Verhaltensweisen individueller Wirtschaftssubjekte eingeht (vgl. auch *Berndt/Fantapié Altobelli/Sander*, 1997, S. 194 ff.). Im Kern wird die Arbitrageneigung bei *Sander* nicht mehr pauschal im Sinne einer „vollständigen Arbitrage" bei der Preisfindung berücksichtigt, sondern nachfragerindividuell bestimmt. Die nachfragerindividuelle Arbitrageneigung hängt bei *Sander* nicht allein von den vom Anbieter gesetzten Preisdifferenzen ab, sondern zudem von der räumlichen Entfernung des Nachfragers vom in- und ausländischen Verkaufsstandort. *Abb. D-62* verdeutlicht die von *Sander* gewählte Verknüpfung von Arbitragekosten und räumlicher Entfernung zum in- bzw. ausländischen Verkaufsstandort.

Nimmt man nun die räumliche Entfernung des einzelnen Nachfragers zum in- bzw. ausländischen Verkaufsstandort als Maßgröße zur Ermittlung der individuellen Arbitragekosten (Differenz zwischen den Kosten für die Beschaffung im In- und Ausland), dann beschafft der einzelne Nachfrager nur dann im Ausland, wenn die o. g. Arbitragekosten kleiner sind als die vom Anbieter gesetzten Preisdifferenzen. *Sander* ermittelt auf dieser Basis die für das betrachtete Unternehmen gewinnoptimalen internationalen Preise, wobei er nicht allein individualisierte Transaktions- bzw. Arbitragekosten verwendet, sondern zugleich konsequenterweise auch individuelle Preis-Absatz-Funktionen.

Der Ansatz von *Sander*, in dem erstmals der Versuch unternommen wird, die Arbitrageneigung der Nachfrager nicht nur in Abhängigkeit von Preisdifferenzen und damit Arbitrageerlösen aufzufassen - wie dies im obigen Konzept der Preiskoordination bei unvollständiger Arbitrage geschehen ist -, sondern bei dem zugleich die Arbitrageneigung zu anderen Faktoren (Entfernung zum in- und ausländischen Verkaufsstandort) in Beziehung gesetzt wird, weist jedoch für praktische Zwecke einige zentrale Schwächen auf:

- Die Anwendung des Modells setzt einen umfangreichen kundenindividuellen Dateninput voraus. Nachfragerindividuelle Preis-Absatz-Funktionen oder Daten über nachfragerindividuelle

Entfernungen zu in- und ausländischen Verkaufsstandorten lassen sich so kaum für Massen-
märkte in ausreichendem Detaillierungsgrad erheben.

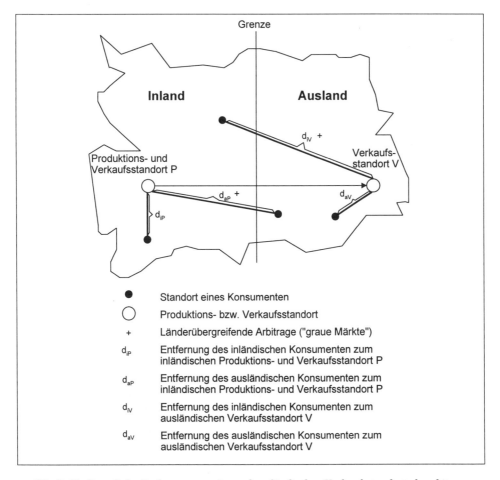

Abb. D-62: Räumliche Entfernung zum in- und ausländischen Verkaufsstandort als arbitrage-
steuernde Determinante im Modell von Sander
(Quelle: Berndt/Fantapié Altobelli/Sander, 1997, S. 197)

- Die von *Sander* in den Mittelpunkt gerückte Entfernung der Nachfrager zu in- und ausländischen Verkaufsstandorten ordnet insbesondere den Transportkosten ein besonderes Gewicht
zu, da davon auszugehen ist, daß diese proportional zum Faktor „Entfernung" zunehmen. Allerdings werden die Arbitragekosten nicht allein durch die Transport-, sondern auf vielen
Märkten auch durch nicht-entfernungsabhängige Kostengrößen wie Wechselkurse, Informati-
onskosten, Zölle etc. beeinflußt.

- Graue Märkte entstehen in den meisten Branchen zudem nicht durch individuelle Auslandsnachfrage, sondern durch eine von z. B. Reimporteuren organisierte Auslandsnachfrage. Da in diesem Fall aber der inländische Nachfrager im Hochpreisland Originalherstellerleistungen und reimportierte Leistungen im Inland erwerben kann, spielt die von *Sander* verwandte Hilfsgröße „Entfernung" keine Rolle.

Insbesondere der beim Ansatz von *Sander* notwendige große (nachfragerindividuelle) Dateninput läßt es fraglich erscheinen, ob sich dieses Modell tatsächlich zur Lösung von Preissetzungsproblemen im Internationalen Marketing anwenden läßt. Statt dessen wird man angesichts nicht-beschaffbarer Individualdaten häufiger dazu gezwungen sein, die Arbitrageneigung (pauschal) allein in Abhängigkeit von möglichen Arbitrageerlösen und damit letztendlich von den Preisdifferenzen des Anbieters zu schätzen. In diesem Fall kommt man mit dem vorgestellten Konzept zur Preiskoordination bei unvollständiger Arbitrage (vgl. Kap. D 2.3.1.1.2.2.1.1), in dem die Arbitrageneigung in Abhängigkeit von den Preisdifferenzen erfaßt wurde, zu ausreichenden Ergebnissen.

2.3.1.1.2.2.2 Ansätze zur dynamischen Preiskoordination

Da sich das Zusammenwachsen von Ländermärkten - anders als das Auseinanderbrechen - eher in einem schrittweisen Prozeß vollzieht, stellt sich hier das Problem der Preiskoordination nicht allein als *zeitpunktbezogene* (statische), sondern darüber hinaus auch als *zeitraumbezogene* und damit dynamische Aufgabe. M. a. W. bedeutet dies, daß in Abhängigkeit vom jeweils erreichten Grad des Zusammenwachsens permanent die Preise auf den bearbeiteten und nun zusammenwachsenden Ländermärkten koordinationsoptimal aufeinander abgestimmt werden müssen.

Simon/Wiese (1992) haben aus diesem Grunde beispielsweise für die Preissetzung innerhalb des europäischen Binnenmarktprozesses empfohlen, die Preise stufenweise einander anzugleichen (vgl. *Abb. D-63*), um damit u. a. der schrittweisen Schaffung des Binnenmarktes in Europa Rechnung zu tragen (vgl. hierzu auch *Belz*, 1997).

Diese Überlegungen lassen sich nun auch mit Hilfe der im Kapitel D 2.3.1.1.2.2.1.1 vorgestellten Koordinationsansätze konkretisieren. Dabei wird die Art der preispolitischen Anpassung im wesentlichen dadurch bestimmt, welche Determinanten der länderübergreifenden Preisentscheidung durch den Prozeß des Zusammenwachsens beeinflußt werden. U. a. kann sich das Fortschreiten der Länderintegration in

- einer zunehmenden Arbitrageneigung der Nachfrager oder

- im Zeitablauf weiter abnehmenden Arbitragekosten

äußern.

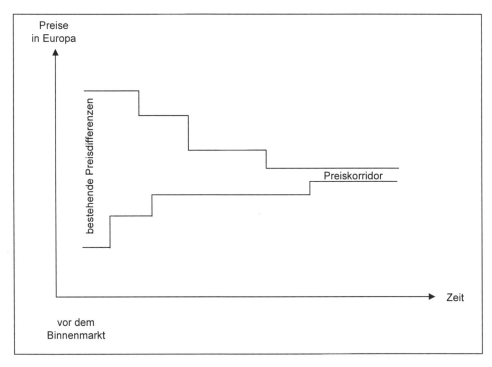

Abb. D-63: Empfohlene Preisanpassung im Europäischen Binnenmarkt nach Simon/Wiese (Quelle: In Anlehnung an Simon/Wiese, 1992, S. 248)

Der Fall einer im Verlauf der Länderintegration *zunehmenden Arbitrageneigung* der Nachfrager wurde bereits bei der Darstellung der Optimierungsmöglichkeiten im Fall unvollständiger Arbitrage diskutiert. Hier wurde deutlich, daß eine sich im Zeitablauf durch das Zusammenwachsen ergebende stärkere Arbitrageneigung der Nachfrager zu dynamischen Anpassungen im Rahmen der Preiskoordination und letztlich auch zu einem tendenziell stärkeren Ausmaß der Preisstandardisierung führt.

Ähnliche Überlegungen lassen sich nun auch für den Fall *sinkender Arbitragekosten* anstellen. Aus Vereinfachungsgründen wird hierzu im folgenden Bezug genommen auf den eher theoretisch als praktisch relevanten Fall „vollständiger Arbitrage", da sich auch für diesen - im Vergleich zur „unvollständigen Arbitrage" - weniger komplexen Fall das grundlegende Phänomen beschreiben läßt.

Zu diesem Zweck greifen wir auf das Beispiel zur Preiskoordination bei vollständiger Arbitrage zurück, das im Kapitel D 2.3.1.1.2.2.1.1 diskutiert wurde. Hier galt bei koordinierter länderübergreifender Planung für die optimalen Preise auf den Ländermärkten A und B in Abhängigkeit von den Transaktions- bzw. Arbitragekosten c:

$$p_A = 4.000 + 0,6 \cdot c \tag{8}$$

$$p_B = 4.000 - 0,4 \cdot c \tag{9}$$

Geht man nun davon aus, daß sich das Zusammenwachsen der Ländermärkte darin äußert, daß sich die Arbitragekosten z. B. durch den fortlaufenden Abbau anfänglich noch bestehender tarifärer Handelshemmnisse schrittweise reduzieren, so ist es für das betrachtete Unternehmen gewinnoptimal, die Preise entsprechend den in *Abb. D-64* dargestellten Funktionen anzupassen.

Sofern es - wie in Kapitel D 2.3.1.1.2.2.1.1 gezeigt – sinnvoll ist, zur Verhinderung von Arbitrage die Differenz der auf den Ländermärkten A und B verlangten Preise jeweils genau der Höhe der Arbitragekosten anzupassen, so zeigt sich, daß das Unternehmen die Preise bei einer fortlaufenden Verringerung der Arbitragekosten einander anpaßt, bis schließlich bei Arbitragekosten von 0 der Einheitspreis von 4.000 GE erreicht wird.

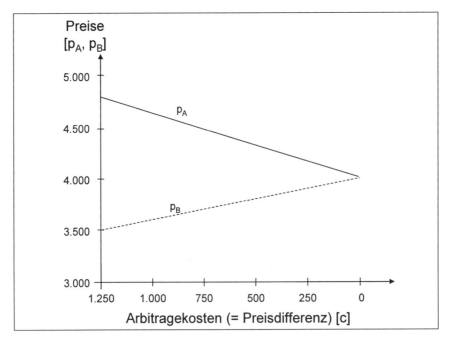

Abb. D-64: Preisanpassung bei abnehmenden Arbitragekosten

2.3.1.1.3 Anpassung der Kommunikationspolitik

Während das Zusammenwachsen von Märkten im Rahmen der Produkt- und Preispolitik international tätiger Unternehmen zu einer Dynamisierung nachfrager- und
anbieterbezogener Rückkopplungen führt, verändern sich innerhalb der Kommunikationspolitik in erster Linie die anbieterbezogenen Interdependenzen. Die auf zusammenwachsenden Märkten feststellbare Homogenisierung von Nachfragerpräferenzen und Zahlungsbereitschaften bzw. die Angleichung institutioneller Rahmenbedingungen ermöglicht es Anbietern, eine Vereinheitlichung kommunikationspolitischer Strategien und Maßnahmen vorzunehmen. Das Zusammenwachsen von
Märkten erfordert somit eine erneute Grenzziehung zwischen einer weiterhin differenzierten Marktkommunikation und einer nunmehr möglichen standardisierten
Kommunikationspolitik.

	völlige Differenzierung	weitgehende Differenzierung	teilw. Differenz. teilw. Standard.	weitgehende Standardisierung	völlige Standardisierung
Medien-strategien		Supranationale Medienkooperationen		Supranationale Medien	
	nationale unverbundene Medien	mehrere Verlage	ein Verlag	mit regionalen Teilbelegungen	ohne regionale Teilbelegungen
Anzeigenge-staltungs-strategien	unterschied-liche nationale Anzeigenmotive	unterschied-liche Anzeigen-motive, aber einige globale Elemente (z.B. Foto, Slogan)	unterschiedliche Anzeigenmotive, aber viele gleiche Elemente	dasselbe An-zeigenmotiv, aber Text in verschiedenen Sprachen	ein einziges supranationa-les Anzeigen-motiv
kombinierte Medien- und Anzeigenge-staltungs-strategien	nationale Me-dien; unter-schiedliche Motive	nationale Me-dien; unter-schiedliche Motive, aber einige globale Elemente	nationale Medien; unterschiedliche Motive, aber viele gleiche Elemente	Medienkoope-rationen; das-selbe Motiv	supranationale Medien, das-selbe Motiv

Abb. D-65: Stufen der Standardisierung innerhalb der internationalen Anzeigenwerbung
(Quelle: Berndt/Fantapié Altobelli/Sander, 1997, S. 271)

Da das Zusammenwachsen von Ländermärkten - zumindest kurz- und mittelfristig - zu keinen identischen Marktbedingungen führt, sondern statt dessen allein einen langfristigen Assimilierungsprozeß zum Ausdruck bringt, stellen koordinationsbedarfsdeckende Maßnahmen, die als Folge dynamischer anbieterbezogener Rückkopplungen im Rahmen der Kommunikationspolitik notwendig werden, kein digitales und einmaliges Entscheidungsproblem dar. Daher ist beispielsweise in Abhängigkeit vom jeweils realisierten Ausmaß des Zusammenwachsens der bearbeiteten Märkte zu prüfen, welcher Grad an Standardisierung innerhalb der eingesetzten Instrumente der internationalen Koordinationspolitik implementiert werden soll. *Abb. D-65* macht deutlich, daß sich ein verschiedenartiges Standardisierungsniveau z. B. innerhalb der internationalen Anzeigenwerbung über die Kriterien „genutzte Medien" und „Anzeigengestaltung" stufenweise realisieren läßt. Beispielhaft kann die stufenweise Vergrößerung des Standardisierungsgrades an den Werbeanzeigen der Firma Lancôme für das Produkt Trésor nachvollzogen werden.

> 1991 wies die internationale Werbung des Unternehmens schon ein hohes Maß an Standardisierung auf. So unterschied sich 1991 die in den USA eingesetzte Anzeige von den in Deutschland und Großbritannien geschalteten Anzeigen allein durch den verwandten Slogan. Während in den USA der Slogan „... the fragrance for treasured moments" verwandt wurde, warb man in Deutschland und Großbritannien mit dem französisch-sprachigen Slogan „Le Parfum des Instants précieux" (vgl. *Abb. D-66*). Später beseitigte das Unternehmen schließlich auch dieses letzte Differenzierungsmerkmal und wirbt seit einiger Zeit in den o. g. Ländern mit dem früher nur in den USA eingesetzten Slogan. *Abb. D-67* zeigt das im Jahr 1996 von Lancôme in den Ländermärkten USA, Großbritannien und Deutschland verwandte, vollkommen vereinheitlichte Anzeigenmotiv.

Das Koordinationsproblem stellt sich somit weniger in bezug auf die Frage, ob eine vollkommen standardisierte oder differenzierte Marktkommunikation durchgeführt werden soll, als vielmehr im Hinblick auf das zeitpunktbezogene Ausmaß und die Ausgestaltung von Standardisierungs- und Differenzierungselementen innerhalb der Kommunikationspolitik. Da sich darüber hinaus das Zusammenwachsen von Ländermärkten schrittweise vollzieht und sich somit das „optimale" Verhältnis von Standardisierungs- und Differenzierungselementen im Zeitablauf wandelt, ergibt sich auch innerhalb der Kommunikationspolitik auf zusammenwachsenden Märkten ein dauerhafter Koordinationsbedarf. Koordinationsbedarfsdeckende Maßnahmen lassen sich demnach wiederum als Festlegung eines *„Standardisierungspfades"* sowie dessen ständige Anpassung an die sich wandelnden Marktbedingungen interpretieren.

Anzeigenmotiv für die USA

Anzeigenmotiv für Deutschland und Großbritannien

Abb. D-66: Anzeigenmotive von Lancôme auf dem US-amerikanischen bzw. auf dem deutschen und britischen Markt im Jahr 1991

Abb. D-67: Anzeigenmotiv von Lancôme auf dem US-amerikanischen, deutschen und britischen Markt im Jahr 1996

2.3.1.1.3.1 Determinanten der Koordinationsentscheidung

Die Entscheidung über das sich im Zeitablauf ändernde Ausmaß der Standardisierung bzw. der Differenzierung kommunikationspolitischer Strategien und Maßnahmen ist im Spannungsfeld von

- Kosten und

- Wirkungseffekten

zu treffen.

Unter *Kostengesichtspunkten* ist eine Standardisierung kommunikationspolitischer Instrumente immer dann vorteilhaft, wenn sich hierdurch Mehrfachaufwendungen im Rahmen der internationalen Marktbearbeitung vermeiden lassen. Auch wenn in der Literatur darauf verwiesen wird, daß das mit einer Kommunikationsstandardisierung einhergehende Kostensenkungspotential häufig überschätzt wird (vgl. u. a. *Kreutzer*, 1989, S. 313), führt eine für mehrere Länder gemeinsam entwickelte Kommunikationspolitik zu einem nur einmaligen Kostenanfall für Konzeptionierungs-, Produktions- oder Kontrolleistungen. Einsparungen lassen sich bei Aufwendungen für Agenturleistungen, Werbemittelproduktionen oder interne Koordination innerhalb des Unternehmens erzielen (vgl. *Tostmann*, 1984). Ebenso bedarf eine einheitliche Konzeption häufig nur einer - in einem Land durchgeführten - einmaligen Testphase, wodurch sich die Kommunikationskosten ebenfalls reduzieren lassen.

Das Ausmaß der mit einer Vereinheitlichung der Kommunikationspolitik einhergehenden Kostensenkung hängt wesentlich von der Höhe der Konzeptionierungskosten ab. *Merkle* (1984) stellt in diesem Zusammenhang fest, daß sich bei einer Vielzahl internationaler Unternehmen der Anteil der Konzeptionierungskosten am gesamten Kommunikationsaufwand auf weniger als 10 % beläuft und den Kostensenkungspotentialen, die durch eine Standardisierung der Kommunikationspolitik ausgeschöpft werden können, daher enge Grenzen gesetzt sind.

Während sich unter Kostengesichtspunkten eine Standardisierung im Rahmen der Kommunikationspolitik als stets - mehr oder weniger - vorteilhaft erweist, fallen die mit einer Vereinheitlichung einhergehenden *Wirkungseffekte* unterschiedlich aus. *Wirkungssteigerungen* lassen sich u. a. durch die länderübergreifende Nutzung kreativer Leistungen innerhalb des Unternehmens, die Bündelung finanzieller Ressourcen, die Nutzung internationaler Medien und durch Overspill-Effekte realisieren:

• Länderübergreifende Nutzung kreativer Leistungen

Bei einer Standardisierung der Kommunikationspolitik ist es möglich, durch eine länderübergreifende Nutzung (unternehmensinterner) kreativer Leistungen Wirkungssteigerungen zu erzielen. Zu einem solchen „Qualitätspush" kommt es dann, wenn das bestehende Marketing-Know-how der einzelnen Länderniederlassungen zusammengeführt wird und beispielsweise mit Hilfe internationaler Arbeitsgruppen qualitativ höherwertige Ergebnisse erreicht werden.

• Bündelung finanzieller Ressourcen

Wird auf jedem bearbeiteten Ländermarkt eine eigenständige Kommunikationspolitik betrieben, so steht für jeden einzelnen Ländermarkt nur ein entsprechender Teil des insgesamt vorhandenen Kommunikationsbudgets zur Verfügung. In einem solchen Fall scheidet die Verwendung aufwendigerer Konzeptionen aus, da diese das Budget eines einzelnen Landes sprengen würden (vgl. *Görke*, 1985, S. 51).

> Die Einbindung des Tennisstars Boris Becker in die weltweite Vermarktung von Philips-Hifi-Geräten war dem Unternehmen 1986 nur durch eine Zusammenfassung der Kommunikationsbudgets mehrerer Länderniederlassungen möglich. Für eine einzelne Philips-Niederlassung wäre es nicht möglich gewesen, den Spieler über einen mit 5 Mio. DM dotierten 3-Jahres-Vertrag an die Unternehmung zu binden (vgl. *o.V.*, 1986).

• Nutzung internationaler Medien

Eine Vereinheitlichung der Kommunikationspolitik eröffnet den Zugang zu internationalen Medien, wobei sich die Bedeutung internationaler Medien und hier vor allem globaler Datennetze (Internet) oder satellitengestützter TV-Programme in Zukunft weiter erhöhen wird (vgl. zur augenblicklichen Verbreitung Kap. D 2.2.2.2).

• Overspill-Effekte

Wirkungssteigerungen lassen sich auch durch Ausnutzung sogenannter Overspill-Effekte erzielen. Nationale TV-Sender können beispielsweise auch in angrenzenden Ländern problemlos empfangen werden. Während es bei einer standardisierten Kommunikationspolitik über eine gesteuerte Mehrfachkonfrontation mit kommunikationspolitischen Instrumenten zu einer Verankerung von Marke und z. B. Werbebotschaft bei Nachfragern kommt, erzeugt eine differenzierte Kommunikationspolitik ggf. Irritationen bei Nachfragern.

Auf der anderen Seite gehen kommunikationspolitische Standardisierungen mit *Wirkungsminderungen* einher. Ein einheitliches Engagement auf Ländermärkten führt zwangsläufig dazu, daß länderspezifischen Besonderheiten nicht in der Weise Beachtung geschenkt werden kann, wie dies bei einer differenzierten Kommunikationspolitik der Fall wäre. Als Folge einer für mehrere Länder gemeinsam erarbeiteten Kommunikationsstrategie und eines einheitlichen Einsatzes der Kommunikationsinstrumente kann es zu Umsatzeinbußen kommen, da sich Nachfrager durch die unspezifische Unternehmenskommunikation nicht angesprochen fühlen und auf Leistungsangebote lokaler Anbieter ausweichen (vgl. so bereits *Buzzell*, 1968).

Darüber hinaus weist *Tostmann* (1985) auf die Gefahr hin, daß sich Wirkungsminderungen auch dadurch ergeben können, daß der standardisierte Einsatz kommunikationspolitischer Instrumente notwendigerweise mit einer Reduzierung kommunikationspolitischer Aussagen einhergeht. Die Gefahr der „Aussagenbanalisierung" besteht immer dann, wenn die Kernaussage der Kommunikation gewissermaßen auf den kleinsten gemeinsamen Nenner der unterschiedlichen Anforderungen aller bearbeiteten Länder verringert wird. Das Ergebnis ist dann häufig wenig aussagekräftig, weil hierbei Strategien, Motive und Slogans benutzt werden, die mehreren Ländern und Kulturkreisen gerecht werden müssen.

Das Zusammenwachsen von Ländermärkten führt nun zu einer Veränderung der Vorteilhaftigkeit von Standardisierungs- bzw. Differenzierungsmaßnahmen innerhalb der Kommunikationspolitik. Bei quasi unveränderten Kosteneffekten verlieren diejenigen Wirkungseffekte an Bedeutung, die bislang einen differenzierten Einsatz kommunikationspolitischer Strategien und Maßnahmen vorteilhaft erscheinen ließen. Insbesondere bedingt die Homogenisierung von Nachfragerpräferenzen eine Reduzierung länderspezifischer Besonderheiten. In diesem Zusammenhang verliert die von *Buzzell* (1968) aufgezeigte Gefahr des Verlustes von Marktanteilen an lokale und damit spezifisch agierende Anbieter an Bedeutung, weil das Ausmaß länderspezifischer Besonderheiten abnimmt. Da sich zugleich jedoch in zusammenwachsenden Märkten die Möglichkeit zu Wirkungssteigerungen durch Standardisierungen der Kommunikationspolitik vergrößert - z. B. durch die erhöhte Bedeutung internationaler Medien -, entsteht ein Anpassungsdruck für die internationale Unternehmung, weil die in der Vergangenheit gefällte Entscheidung über das Standardisierungs- bzw. Differenzierungsausmaß in der Kommunikation angesichts veränderter Marktbedingungen neu zu treffen ist. *Abb. D-68* faßt die Auswirkungen zusammenwachsender Märkte auf die Standardisierungs- bzw. Differenzierungsentscheidung innerhalb der internationalen Kommunikationspolitik überblicksartig zusammen.

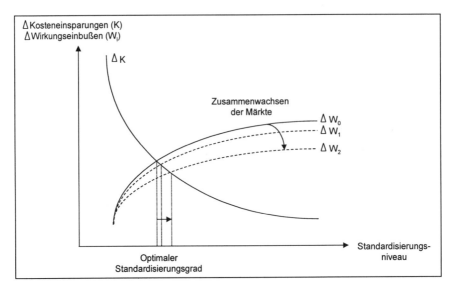

*Abb. D-68: Auswirkungen zusammenwachsender Märkte auf die Standardisierungs- bzw.
Differenzierungsentscheidung in der internationalen Kommunikationspolitik*

Im Hinblick auf die Frage, ob sich in der Unternehmenspraxis tatsächlich eine zunehmende Tendenz zur Standardisierung feststellen läßt, gibt es in der Literatur eine Vielzahl von
Untersuchungen, die zu z. T. widersprüchlichen Ergebnissen kommen. Während beispielsweise *Kreutzer* (1989) eine Untersuchung vorlegt, aus der hervorgeht, daß sich eine
Standardisierung der Werbung bei internationalen Unternehmen beobachten läßt, kommen
Hite/Fraser (1988) zu einem genau entgegengesetzten Ergebnis. Auf Basis einer schriftli-
chen Befragung von internationalen Unternehmen, in der diese gebeten wurden, den Standardisierungsgrad ihrer internationalen Werbung für 1976, 1986 und 1987 anzugeben,
glauben *Hite/Fraser*, nachweisen zu können, daß die standardisierte internationale Werbung an Bedeutung verloren habe (vgl. *Abb. D-69*).

Allerdings sind Untersuchungen - wie die von *Hite/Fraser* - mit großer Vorsicht zu betrachten, wenn die Ergebnisse auf Befragungen und zudem noch auf schriftliche Befragungen zurückgehen. Es ist so davon auszugehen, daß die Einschätzung, was unter einer
„hauptsächlich standardisierten" bzw. unter einer „hauptsächlich differenzierten" Werbung zu verstehen ist, intersubjektiv stark varriiert. Während ein Befragter eher die konzeptionelle (Input-)Perspektive vor Augen hat und allein deshalb z. B. die auf verschiedenen Ländermärkten geschalteten (aussehensmäßig unterschiedlichen) Werbeanzeigen als
standardisiert einstuft, weil diese von einer Werbeagentur entworfen worden sind, kommt
ein anderer Befragter, der das Augenmerk eher auf die (Output-)Wirkung der Werbung
richtet, bei Betrachtung derselben Werbekampagne zu einem genau gegenteiligen Ergebnis.

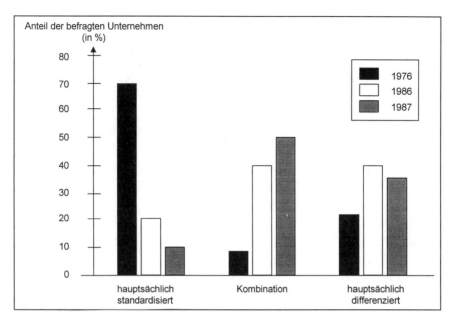

Abb. D-69: Veränderungen des Einsatz differenzierter und standardisierter internationaler Werbung zwischen 1976, 1986 und 1987 nach einer Untersuchung von Hite/Fraser (Quelle: Hite/Fraser, 1988, S. 12)

Unterstellt man jedoch selbst die gleiche Perspektive bei den Befragten, dann können auch hier bei der Beurteilung der gleichen Werbeanzeigen unterschiedliche Ergebnisse zustande kommen. Beispielsweise lassen sich die in den *Abb. D-70a* und *D-70b* abgebildeten Werbeanzeigen von Ford auf dem ungarischen und deutschen Markt - je nach Betrachtungsschwerpunkt - sowohl als standardisiert (z. B. gleicher Slogan, gleiches Motiv) als auch als differenziert (unterschiedliche Sprache, andere Perspektive bei der Motivaufnahme) einstufen.

Die Beurteilung des von Unternehmen innerhalb der internationalen Werbung eingesetzten Standardisierungsgrades setzt demnach in einem ersten Schritt die Festlegung dessen voraus, was unter einer standardisierten bzw. differenzierten Werbung zu verstehen ist. Dies erfolgt in den meisten vorliegenden Untersuchungen zur Standardisierung bzw. Differenzierung nicht in ausreichendem Maße, so daß die Untersuchungen häufig zu keinen überzeugenden Ergebnissen kommen. Aus diesem Grunde ist man bei der Beantwortung der Frage, ob internationale Unternehmen vermehrt auf standardisierte Elemente zurückgreifen, auf Plausibilitätsüberlegungen angewiesen, wonach für zusammenwachsende Märkte eine Tendenz zur Standardisierung innerhalb der internationalen Kommunikationspolitik sinnvoll erscheint.

Abb. D-70a: Werbeanzeige von Ford für das Modell „Mondeo" im ungarischen Markt

Abb. D-70b: Werbeanzeige von Ford für das Modell „Mondeo" im deutschen Markt

Ein Versuch zur *Messung des Standardisierungsgrades* im Rahmen der internationalen Kommunikationspolitik und damit zur Lösung des o. g. Problems ist in der
Entwicklung von Scoring-Modellen z. B. für einen Ähnlichkeitsvergleich innerhalb
der internationalen Anzeigenwerbung zu sehen.

Whitelock/Chung (1989) haben beispielsweise Ende der 80er Jahre ein Punktbewertungsmodell konzipiert, mit dessen Hilfe sich der Standardisierungsgrad internationaler Anzeigen anhand verschiedener Kriterien (Bild, Größe der Anzeige, Farbe, allgemeines Layout,
Headline und erklärender Text) beurteilen läßt. Ein ähnliches Modell hat *Mueller* (1991)
vorgelegt, das sich von dem Konzept von *Whitelock/Chung* durch einen differenzierteren
Kriterienkatalog – *Mueller* verwendet 11 Kriterien – und durch eine andere Aggregationsregel – bei *Mueller* weisen alle zugrunde gelegten Kriterien das gleiche Gewicht auf - unterscheidet.

Auch wenn die von *Whitelock/Chung* und *Mueller* vorgelegten Scoring-Modelle einen ersten Ansatz zur „Messung" von Standardisierungsgraden internationaler Werbung darstellen (und sich damit die Standardisierungsthese in der internationalen Kommunikationspolitik belegen oder widerlegen läßt), weist *Schlöder* (1998) zurecht darauf hin, daß
die Kriteriengewichtung in den oben skizzierten Modellen relativ willkürlich erfolgt. Da
die Bedeutung der Beurteilungskriterien im wesentlichen davon abhängen sollte, welchen
Einfluß die Kriterienausgestaltung auf die Determinanten der Standardisierungsentscheidung hat, schlägt *Schlöder* vor, die Kriteriengewichtung von Kosten- und Wirkungseffekten abhängig zu machen.

Um zu ermitteln, welchen Einfluß einzelne Kriterien auf die Ähnlichkeit internationaler
Anzeigenwerbung aus Sicht der Nachfrager haben, bedient sich *Schlöder* des multivaria-
ten Analyseverfahrens der Conjoint-Analyse (vgl. hierzu *Backhaus/Erichson/Plinke/
Weiber*, 1996). Konsumenten werden in diesem Zusammenhang aufgefordert, verschiedene internationale Anzeigen eines Unternehmens im Hinblick auf die von ihnen wahrgenommene Ähnlichkeit miteinander zu vergleichen. Hierdurch wird es anschließend möglich, die relative Bedeutung zu ermitteln, die einzelnen Beschreibungsmerkmalen (z. B.
Farbe, Motiv etc.) zur Entstehung der empirisch vorgegebenen Ähnlichkeitsurteile zukommt. Die auf diese Weise mit Hilfe der Conjoint-Analyse aus Sicht der Konsumenten
ermittelte relative Bedeutung der Kriterien stellt dabei eine Verbesserung der Modelle von
Whitelock/Chung und *Mueller* dar, da die Kriteriengewichtung nunmehr nicht mehr willkürlich erfolgt.

2.3.1.1.3.2 Der Standardisierungspfad in der Kommunikationspolitik

Das Übergewicht von Standardisierungs- gegenüber Differenzierungsvorteilen führt auf zusammenwachsenden Märkten zwangsläufig dazu, daß koordinationsbedarfsdeckende Maßnahmen in eine zunehmende Vereinheitlichung der Kommunikationspolitik münden. Um das Kostensenkungspotential von Standardisierungen auszuschöpfen, ohne zugleich Wirkungsminderungen und damit verbunden ggf. auch Umsatzeinbußen in Kauf nehmen zu müssen, vollzieht sich die Standardisierung der Kommunikationspolitik in Abhängigkeit vom Fortschreiten der Angleichung von Marktbedingungen auf den bearbeiteten Ländermärkten.

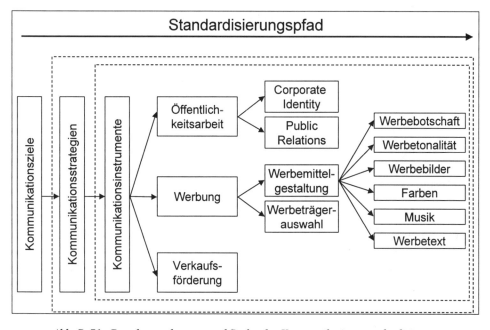

Abb. D-71: Gestaltungselemente und Stufen der Kommunikationsstandardisierung

Der Standardisierungspfad innerhalb der Kommunikationspolitik hängt maßgeblich vom situativen Kontext des internationalen Unternehmens ab. Kontextübergreifend läßt sich der Standardisierungspfad allerdings durch folgende generelle Aussagen beschreiben:

- Wenn es das Ziel der kommunikationspolitischen Standardisierung ist, Kostensenkungspotentiale zu realisieren, ohne parallel hierzu entsprechende Wirkungseinbußen hinnehmen zu müssen, dann werden kommunikationspolitische Prozesse eher standardisiert als kommunikationspolitische Ergebnisse. In der Werbung internationaler Unternehmen kommen beispielsweise häufig einheitliche Werbekonzepte oder internationale Agenturen zum Einsatz (prozessuale Komponenten). Bei wesentlich weniger Unternehmen wird hingegen das Ergebnis der kommunikationspolitischen Prozesse vereinheitlicht.

- Ein Standardisierungspfad, der sich an der Spezifität kommunikationspolitischer Maßnahmen ausrichtet, führt auch dazu, daß Kommunikationsziele eher vereinheitlicht werden als Kommunikationsstrategien und diese wiederum früher als Kommunikationsinstrumente (vgl. *Abb. D-71*).

- Am Ende des Standardisierungspfades steht nicht zwangsläufig eine vollkommene Vereinheitlichung kommunikationspolitischer Ergebnisse. Beispielsweise werden sich die in der Kommunikationspolitik verwandten Sprach- oder Textelemente angesichts weiterhin bestehender nationaler Sprachunterschiede nur in Ausnahmefällen standardisieren lassen. Die *Abb. D-72a* und *D-72b* zeigen ein Beispiel aus dem Konsumgüterbereich. Die Werbeanzeigen der Firma Mülhens unterscheiden sich auf dem deutschen und französischen Markt nur durch die innerhalb der Anzeige verwandte Sprache.

Festzuhalten bleibt, daß der Standardisierungspfad im Rahmen der Kommunikationspolitik auf zusammenwachsenden Märkten nicht allein allgemein zu beschreiben ist. Zu jedem Zeitpunkt innerhalb des dynamischen Prozesses der Angleichung von Marktbedingungen auf zusammenwachsenden Märkten ist das Ausmaß der Standardisierung kommunikationspolitischer Ziele, Strategien und insbesondere Instrumente so festzulegen, daß ein Maximum der Differenz von Kostensenkungen und Wirkungssteigerungen auf der einen und häufig nicht vermeidbaren Wirkungsminderungen auf der anderen Seite erreicht wird. Die ansonsten in der Literatur zu findende breite Diskussion des Standardisierungspotentials einzelner kommunikationspolitischer Entscheidungstatbestände (vgl. u. a. *Kulhavy*, 1981; *Killough*, 1978; *Meissner*, 1982), die mitunter auch als „Standardisierungsdebatte" bezeichnet wird (vgl. u. a. *Müller, W.G.*, 1996), ist dabei nur insofern hilfreich, als daß sich hierdurch die Determinanten des Standardisierungspfades (Kostensenkungspotentiale und Wirkungsminderungen bzw. -steigerungen) konkretisieren lassen.

Nº4711.
ECHT KÖLNISCH WASSER

Geht's uns frisch, geht's uns gut.

Kennen Sie nicht auch die Momente, in denen Sie sich nicht wohl fühlen und das Bedürfnis nach Erfrischung haben? Dann brauchen Sie *4711* ECHT KÖLNISCH WASSER - das bewährte Erfrischungsprodukt. das Ihnen hilft, sich in jeder Situation frisch und einfach gut zu fühlen.

Wie *4711* ECHT KÖLNISCH WASSER wirkt? Das Geheimnis seiner erfrischenden Wirkung liegt in der einzigartigen Kombination von ausschließlich natürlichen Inhaltsstoffen.

Und dabei ist die Anwendung von *4711* ECHT KÖLNISCH WASSER jederzeit und überall möglich: Sie geben einfach ein paar Spritzer in die Hand und verteilen *4711* ECHT KÖLNISCH WASSER auf Gesicht, Hals und Nacken.

Oder Sie benutzen die Körperpflegeprodukte von *4711* ECHT KÖLNISCH WASSER wie Duschgel, Körperlotion oder verschiedene Deodorantien.

Probieren Sie *4711* ECHT KÖLNISCH WASSER doch einfach mal aus! Entdecken Sie die natürliche Frische zum Wohlfühlen!

Duschgel, Körperlotion, Deodorantien

Abb. D-72a: Werbeanzeige von Mülhens für das Produkt „4711"
(deutschsprachig)

ℕ°4711.ᛆ

ORIGINAL EAU DE COLOGNE

On se sent frais, on se sent bien!

N'avez vous jamais eu l'impression de ne pas vous sentir bien et d'éprouver le besoin de vous rafraîchir?

Oui! Alors, ℕ4711 ORIGINAL EAU DE COLOGNE est faite pour vous. Le produit-fraîcheur reconnu qui vous aidera à vous sentir bien et frais en toute occasion.

Comment agit ℕ4711 ORIGINAL EAU DE COLOGNE? Le secret de son action rafraîchissante repose sur sa composition, unique en son genre, à partir de produits exclusivement naturels.

Et très important; ℕ4711 ORIGINAL EAU DE COLOGNE peut être utilisée n'importe quand et n'importe où: il vous suffit de verser dans votre main quelques gouttes de ℕ4711 ORIGINAL EAU DE COLOGNE; et de la passer sur le visage, le cou et la nuque. Vous pouvez aussi utiliser un des produits de soins corporels de ℕ4711 ORIGINAL EAU DE COLOGNE, gel douche, lait pour le corps ou déodorant. A propos: on trouve ℕ4711 ORIGINAL EAU DE COLOGNE en vente dans les parfumeries, les grands magasins et les pharmacies.

Essayez donc ℕ4711 ORIGINAL EAU DE COLOGNE! Vous découvrirez la fraîcheur naturelle et le bien-être.

gel douche, lait pour le corps, déodorant

Abb. D-72b: Werbeanzeige von Mülhens für das Produkt „4711"
(französischsprachig)

2.3.1.1.4 Veränderungen in der Distributionspolitik

Auch in der Distributionspolitik verändern sich durch das Zusammenwachsen von Ländermärkten – ähnlich der Situation in der Kommunikationspolitik und im Gegensatz zur Produkt- sowie Preispolitik (Veränderung nachfrager- und anbieterbezogener Rückkopplungen) - in erster Linie die anbieterbezogenen Rückkopplungen.

Die distributionspolitisch relevante Zunahme anbieterbezogener Rückkopplungen ergibt sich dabei auf zusammenwachsenden Märkten durch eine möglicherweise mit der Marktintegration einhergehende Veränderung von Handelsstrukturen. Die Homogenisierung von Nachfragerpräferenzen oder institutioneller Rahmenbedingungen ermöglicht so nicht nur Hersteller-, sondern auch Handelsunternehmen einen einfacheren Marktzugang in den zusammenwachsenden Ländermärkten. Die sich hierdurch im Hinblick auf die Handelsstrukturen ergebenden Konsequenzen lassen sich zutreffend am Beispiel der veränderten Strukturen im Lebensmittelhandel im europäischen Binnenmarkt nachvollziehen.

Während in der Lebensmittelbranche Herstellerunternehmen – wie Nestlé, Unilever oder Coca-Cola – bereits seit den 60er und 70er Jahren konsequent eine Internationalisierung ihrer Geschäftsaktivitäten betrieben haben, war der Lebensmittelhandel in der Vergangenheit eher national geprägt.

Die im Zuge der Schaffung des europäischen Binnenmarktes verbesserten Möglichkeiten, in anderen europäischen Ländermärkten aktiv zu werden, haben allerdings in der Zwischenzeit dazu geführt, daß viele Handelsunternehmen in Europa ihr Auslandsengagement deutlich vergrößert haben (vgl. zu den Auswirkungen des europäischen Binnenmarktes auf Handelsunternehmen auch *Kreke*, 1991). Das Frankfurter Handelsforschungsinstitut *M+M EUROdATA* spricht in diesem Zusammenhang sogar von einer „Internationalisierungswelle" im Lebensmittelhandel (vgl. *M+M EUROdATA*, 1997a).

Die bevorzugte Markterschließungsstrategie vieler Handelsunternehmen in der Lebensmittelbranche besteht dabei in der Übernahme von Wettbewerbern in den anvisierten Ländermärkten. Beispielsweise wurde das französische Handelsunternehmen Intermarché 1997 beherrschender Aktionär bei der deutschen SPAR, die deutsche Rewe-Gruppe übernahm 1996 den österreichischen Marktführer Billa und der britische Marktführer Tesco baut ebenfalls seine Präsenz in Mittel- und Osteuropa seit geraumer Zeit durch strategische Übernahmen aus (z. B. Übernahme von Global in Ungarn, K-Markt in Tschechien und der Slowakei sowie Savia in Polen).

Durch diese Art der Markterschließung ist es einigen Handelsunternehmen in der Zwischenzeit gelungen, ihren Internationalisierungsgrad erheblich zu steigern. Mißt man diesen anhand des Kriteriums „Anteil des Auslandsumsatzes am Gesamtumsatz" (vgl. zu alternativen Kennzahlen Kap. A), so ergibt sich für die (umsatz-)größten Lebensmittel-Handelsunternehmen in Europa ein sehr unterschiedliches Bild (vgl. *Abb. D-73*).

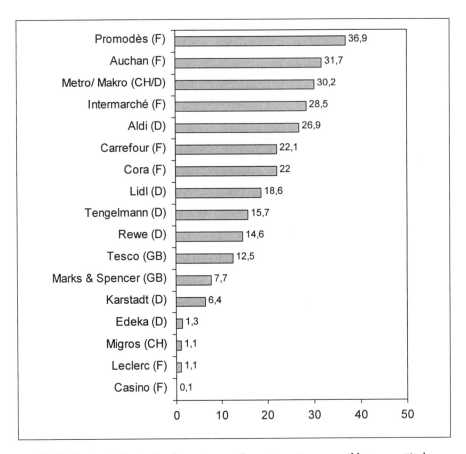

*Abb. D-73: Anteil der Auslandsumsätze am Gesamtumsatz ausgewählter europäischer
Handelsunternehmen der Lebensmittelbranche (in %)*

Während einige Unternehmen – wie Promedés, Auchan oder Metro – bereits einen signifikanten Anteil ihrer Gesamtumsätze im Ausland erwirtschaften, sind andere Handelsunternehmen (z. B. Edeka, Migros, Leclerc oder Casino) noch quasi ausschließlich in ihrem
jeweiligen Heimatmarkt aktiv. Allerdings werden auch diese Unternehmen zukünftig ihr
Auslandsengagement vergrößern müssen, wenn sie nicht von den o. g. Branchen-
Vorreitern übernommen werden wollen (vgl. hierzu auch schon *Hinrichs*, 1989; *Thiesing*,
1989). Der sich somit im Bereich des Lebensmittelhandel abzeichnende europäische Konzentrationsprozeß läßt sich u. a. auch daran festmachen, daß sich – nicht zuletzt durch ex-
ternes Wachstum - der Marktanteil der 10 größten Handelsunternehmen zwischen 1992
und 1995 von 27,8 % auf 31,2 % vergrößert hat (vgl. *M+M EUROdATA*, 1997b).

Die auch in anderen Branchen als Folge der Marktintegration beobachtbare Internationalisierung des Handels bleibt nun nicht ohne Auswirkungen auf die internationale Distributionspolitik von Herstellerunternehmen. Diese sehen sich zunehmend

den gleichen Handelsunternehmen auf verschiedenen Ländermärkten gegenüber. Hierdurch steigt der Interdependenzgrad der bearbeiteten Ländermärkte weiter an, da sich die anbieterbezogenen Rückkopplungen vergrößern: Die distributionspolitischen Entscheidungen lassen sich kaum noch länderspezifisch treffen und sind statt dessen für die Gesamtheit der bearbeiteten (zusammenwachsenden) Märkte zu fällen.

Die skizzierten Veränderungen der Handelsstrukturen wirken darüber hinaus auch auf die Gestaltung der übrigen Instrumente der internationalen Marktbearbeitung (Produkt-, Preis- und Kommunikationspolitik). In der Preispolitik läßt beispielsweise die Zusammenarbeit mit europaweit agierenden Handelsunternehmen die Durchsetzung differenzierter Herstellerpreise fraglich erscheinen. M. a. W. bedeutet dies, daß von den Veränderungen innerhalb der Distributionspolitik Rückwirkungen auf den optimalen und vor allem auch durchsetzbaren Standardisierungs-/Differenzierungsgrad im Bereich anderer Instrumente ausgehen. Hierdurch wird nochmals abschließend die bereits am Beginn dieses Kapitels D 2.3.1.1 formulierte These unterstrichen, daß eine Entscheidung über die koordinationsgerechte Anpassung im Bereich der verschiedenen Instrumente strenggenommen nicht isoliert, sondern letztlich nur simultan erfolgen kann.

2.3.1.2 Wahl geeigneter Marktein- und -austrittszeitpunkte

Unsere bisherigen Überlegungen gingen implizit davon aus, daß ein Unternehmen alternative Maßnahmen zur Anpassung an Rückkopplungen zwischen Ländermärkten unter der Annahme gegebener Marktpräsenz ergreift. Die Wahl geeigneter Marktein- und -austrittszeitpunkte stellt jedoch ein weiteres Instrument zur Koordination der Marktbearbeitung dar.

Die koordinationsgerechte Anpassung von ländermarktspezifischen Preisen kann ohne Abweichungen von der isoliert optimalen Preispolitik durch eine geeignete Wahl von *Markteintrittszeitpunkten* erfolgen. Diese wird dann zu einem Instrument, wenn sich für jedes Land als optimale, *isolierte* Preispolitik ein im Zeitablauf *sinkender Pfad* optimaler Preise (Skimming-Strategie) ergibt, wobei die Preise allerdings ein unterschiedliches Niveau einnehmen. Zu einem bestimmten Zeitpunkt sind dann die Preisdifferenzen (idealtypischerweise) stets konstant. Unter diesen Bedingungen wäre der Arbitragegewinn ebenfalls konstant. Ohne die Preisdifferenzen zu ändern, könnte ein Anbieter auf die realisierbaren Arbitragegewinne Einfluß nehmen, indem die Markteinführungszeitpunkte verändert werden, sofern das Unternehmen mit dem fraglichen Produkt auf den betreffenden Ländermärkten noch nicht vertreten ist. Eine nicht-simultane Einführung bei gleichbleibender Preispolitik hätte dann entsprechend geringere Preisdifferenzen zu bestimmten Zeitpunkten zur Folge (vgl. *Abb. D-74*).

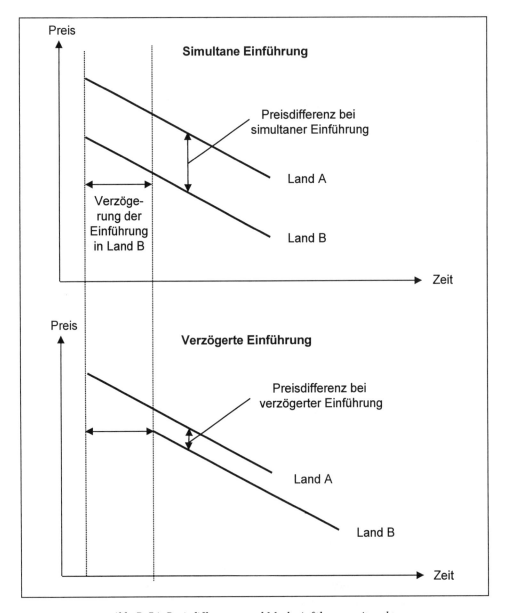

Abb. D-74: Preisdifferenzen und Markteinführungszeitpunkte

Resultat einer solchen Einführungsverzögerung wäre eine mit der Verzögerung der Markteinführung steigende Annäherung der Preise auf den beiden betrachteten Ländermärkten. Diese Annäherung ist um so größer, je stärker die Preise im Zeitablauf sinken und je weiter die Markteinführung auf einem der Ländermärkte verzögert wird. Sind für die einzelnen Ländermärkte bereits starke Preissenkungen geplant, sind geringere Verzögerungen des Markteinführungszeitpunktes auf einem der beiden Ländermärkte unseres Beispiels ausreichend, um eine gegebene Reduktion der Preisdifferenzen zu erzielen. Die aus einer Einführungsverzögerung resultierenden Effekte (geringere Erlöseinbußen) sind den möglicherweise auftretenden negativen Effekten gegenüberzustellen. Zu den negativen Effekten sind z. B. geringere Absatzpotentiale aufgrund frühzeitig eintretender Konkurrenz („late to market") und eventuell sinkende Preise zu zählen.

Unter Koordinationsgesichtspunkten wird der *Austritt* aus ausgewählten Ländermärkten zu einer ökonomisch sinnvollen Handlungsoption für international tätige Unternehmen, wenn einzelne Ländermärkte starke Rückkopplungen entstehen lassen, die ein Mißverhältnis zwischen den Erlösbeiträgen dieser Ländermärkte und den bei Aufrechterhaltung der dortigen Marktpräsenz anfallenden Koordinationskosten auf diesen und anderen Ländermärkten entstehen lassen. Die Ursachen hierfür seien an einem einfachen Beispiel erläutert.

Ein Unternehmen bearbeitet die Ländermärkte A und B und sieht sich auf diesen Märkten folgenden Preis-Absatz-Funktionen gegenüber:

$$x_A(p_A) = 225.000 - 2,5 \cdot p_A \tag{21}$$

$$x_B(p_B) = 100.000 - 2,5 \cdot p_B \tag{22}$$

Zusätzlich ist zu beachten, daß die Fertigung und Belieferung in den beiden Ländermärkten mit unterschiedlichen variablen Kosten verbunden ist. So betragen die variablen Kosten pro Stück im Land A 40.000 GE und im Land B 30.000 GE.

Geht man nun davon aus, daß vor dem Zusammenwachsen der beiden Ländermärkte z. B. für Reimporteure unüberwindbare Handelsschranken bestanden haben, dann konnte das auf den Ländermärkten A und B tätige Unternehmen in der Vergangenheit eine isolierte Preissetzung auf den beiden Ländermärkten verfolgen, wobei sich folgende länderspezifische Optima ergaben:

Land A:

$$\begin{aligned} G_A(p_A) &= (225.000 - 2,5 \cdot p_A) \cdot p_A - 40.000 \cdot (225.000 - 2,5 \cdot p_A) \\ &= 325.000 \cdot p_A - 2,5 \cdot p_A^2 - 9 \text{ Mrd.} \end{aligned} \tag{23}$$

$$\frac{\partial G_A}{\partial p_A} = 325.000 - 5 \cdot p_A \overset{!}{=} 0 \Leftrightarrow p_{A,\,opt} = 65.000 \tag{24}$$

$$\Rightarrow G_A(65.000) = 1.562.500.000 \tag{25}$$

Land B:

$$\begin{aligned} G_B(p_B) &= (100.000 - 2,5 \cdot p_B) \cdot p_B - 30.000 \cdot (100.000 - 2,5 \cdot p_B) \\ &= 175.000 \cdot p_B - 2,5 \cdot p_B^2 - 3 \,\text{Mrd.} \end{aligned} \tag{26}$$

$$\frac{\partial G_B}{\partial p_B} = 175.000 - 5 \cdot p_B \overset{!}{=} 0 \Leftrightarrow p_{B,\,opt} = 35.000 \tag{27}$$

$$\Rightarrow G_B(35.000) = 62.500.000 \tag{28}$$

Insgesamt konnte das Unternehmen somit einen Gewinn von 1,625 Mrd. GE erzielen.

Für den Fall, daß die vom betrachteten Unternehmen bearbeiteten Ländermärkte A und B nun zusammenwachsen und damit die bislang bestehenden Handelshemmnisse abgebaut werden, muß das Unternehmen angesichts der bisher vorgenommenen Preisdifferenzierung nun mögliche Reimporte berücksichtigen. Unterstellt man in diesem Zusammenhang, daß Reimporteuren Transaktionskosten in Höhe von 20.000 GE entstehen, dann würde ein Beibehalten der oben für den Fall unverbundener Märkte abgeleiteten optimalen Preise zu einer erheblichen Gewinneinbuße führen, wenn man aus Vereinfachungsgründen von einer vollständigen Arbitrageneigung der Nachfrager ausgehen würde (vgl. hierzu Kap. D 2.3.1.1.2.2.1.1). Bei Nicht-Koordination würden konkret (alle) diejenigen Nachfrager aus Land A, deren Zahlungsbereitschaft für das Produkt oberhalb des Preises des Reimporteurs (Preis im Niedrigpreisland B zzgl. Transaktionskosten des Reimporteurs), also oberhalb von 55.000 GE liegt, ihre Nachfrage beim Reimporteur decken, so daß der Anbieter in Land A keine Umsätze mehr realisieren würde. Insgesamt würde er in Land B folgende Absatzmengen (x_B^*) erreichen:

$$x_B^* = x_B(35.000) + x_A(55.000) = 12.500 + 87.500 = 100.000 \tag{29}$$

Somit würde der Anbieter bei einem Verzicht auf Preiskoordination nur noch einen Gewinn von 0,5 Mrd. GE erzielen.

Entscheidet sich der Anbieter angesichts der ohne Preiskoordination drohenden Gewinneinbußen von 1,125 Mrd. GE dazu, seine Preise länderübergreifend zu optimieren, so hat er entsprechend dem in Kapitel D 2.3.1.1.2.2.1.1 beschriebenen Vorgehen seine Gesamtgewinnfunktion (30) unter der zur Verhinderung von Reimporten notwendigen Nebenbedingung (31) zu maximieren.

$$G(p_A, p_B) = 325.000 \cdot p_A - 2,5 \cdot p_A^2 + 175.000 \cdot p_B - 2,5 \cdot p_B^2 - 12 \,\text{Mrd.} \tag{30}$$

$$|p_A - p_B| \leq 20.000 \tag{31}$$

Löst man dieses Optimierungsproblem mit Hilfe des Lösungsansatzes von Lagrange, so erhält man folgende Optimalwerte:

$$p_{A, opt} = 60.000 \Leftrightarrow x_A = 75.000 \tag{32}$$

$$p_{B, opt} = 40.000 \Leftrightarrow x_B = 0 \tag{33}$$

Das Ergebnis verdeutlicht, daß es offenbar gewinnoptimal ist, aus dem Ländermarkt B auszusteigen. Tritt man allerdings aus B aus, so ist es dann auch nicht mehr erforderlich, einen im Vergleich zur isolierten Optimierung anderen Preis im Land A zu verlangen. Aus diesem Grunde ist es für das Unternehmen optimal, im Land A den (isoliert-)optimalen Preis von 65.000 GE zu fordern. Hierdurch könnte das Unternehmen einen Gewinn von 1,5625 Mrd. GE realisieren, der allein um 62,5 Mio. GE unterhalb des Gewinns in der Ausgangssituation liegt.

Die Beurteilung eines selektiven Marktaustritts stellt also offenbar die Frage nach der relativen ökonomischen Bedeutung der bearbeiteten Ländermärkte unter Koordinationsgesichtspunkten (vgl. Kap. C 1.2). Diese stellt sich nicht nur bei der Beurteilung und Auswahl der zur Disposition stehenden Ländermärkte, sondern auf zusammenwachsenden Märkten in kontinuierlicher Weise auch *nach* dem Markteintritt. Dabei geht es allerdings im Unterschied zur instrumentellen Anpassung nicht um eine optimale Reaktion auf die vorhandenen Interdependenzen in Form eines Vergleichs der Auswirkungen isolierter und koordinierter Marktbearbeitung, sondern um den Vergleich der Gesamtgewinnsituation für ein unterschiedliches Mix an Ländermärkten als Gegenstand der Unternehmenstätigkeit. Auf dem Prüfstand steht somit weniger das „Wie" der Marktbearbeitung als vielmehr das „Ob" der Marktpräsenz.

Diese Überlegungen wie auch das oben diskutierte Beispiel zeigen, daß die Vorteilhaftigkeit des selektiven Marktaustritts als Koordinationsinstrument von einer Vielzahl von Faktoren bestimmt wird:

- Zahl bzw. Größe der Ländermärkte, die Koordinationsprobleme erzeugen und die für das Unternehmen von strategischer Bedeutung sind,

- Ausmaß des daraus entstehenden Koordinationsproblems,

- bei Marktpräsenz anfallende Koordinationskosten und -erlöse bzw. der sich daraus ergebende Koordinationsgewinn gegenüber der unkoordinierten Situation und

- Gewinnsituation bei Austritt aus den Ländermärkten, die die stärksten Koordinationsprobleme erzeugen.

Koordinationsprobleme zwischen den bearbeiteten Ländermärkten können - wie im obigen Beispiel - z. B. auf wenige oder kleine Ländermärkte im Mix eines Unternehmens zurückzuführen sein. Als Folge wäre deren ökonomische Bedeutung im Gesamtzusammenhang eines Anbieters eher gering. Ist zu erwarten, daß sich daran auch in Zukunft nichts ändert, kann die Austrittsoption ökonomisch sinnvoll werden. Dies ist gleichzeitig abhängig vom Ausmaß des von den Ländermärkten ausgelösten Koordinationsproblems. Je größer dieses wird, desto größer werden die Einbußen sein, die auf den anderen Ländermärkten zu erleiden sind. Diese Situation ist den Ergebnisauswirkungen eines Marktaustritts aus den Koordinationsprobleme verursachenden Ländermärkten gegenüberzustellen.

Die ökonomische Bewertung der Austrittsoption anhand quantitativer Kriterien wird allerdings in vielen Fällen nur unvollständig vollzogen werden können. So lassen sich einzelne quantitative Aspekte eines Marktaustritts kaum unmittelbar und genau ökonomisch bewerten. Zu denken ist z. B. an negative Signalwirkungen an Käufer in anderen Ländern, an die zumeist schwierige Bewertung von Verbundeffekten zwischen Produkten eines Sortiments im Fall von Mehr-Produkt-Unternehmen, deren Märkte in unterschiedlicher Weise von Rückkopplungen betroffen sein können, oder an Probleme bei der Quantifizierung der Interdependenzwirkungen generell. Obwohl diese Probleme offenkundig sind, ist es eine zentrale Aufgabe im Internationalen Marketing, die ökonomischen Konsequenzen der Marktpräsenz und -abstinenz soweit als möglich offenzulegen.

2.3.2 Koordinationsbedarfsreduzierende Strategien

Instrumentelle Anpassung und selektiver Marktaustritt sind Instrumente, die zur *Deckung* eines aufgrund von Interdependenzen zwischen Ländermärkten vorhandenen Koordinationsbedarfs dienen. Ein *Gegensteuern* hat demgegenüber zum Ziel, den Koordinationsbedarf zwischen den jeweiligen Ländermärkten zu *reduzieren*. Eine Reduktion des Koordinationsbedarfs führt zu abnehmenden Rückkopplungen zwischen den Ländermärkten und damit zu einem verringerten Koordinationsbedarf. Als Folge können differenzierte Marketingprogramme in stärkerem Maße gewinnmaximierend aufrechterhalten werden.

Zur Erläuterung können wir auf die Überlegungen zur Abstimmung von Preisen auf zusammenwachsenden Märkten im Kap. D 2.3.1.1.2.2.1.1 zurückgreifen. Im dort diskutierten Beispiel zur Preiskoordination bei vollständiger Arbitrage ist anhand reduzierter Arbitragekosten gezeigt worden, daß sich der Gesamtunternehmensgewinn bei koordinierter Preissetzung auf zwei zusammenwachsenden Ländermärkten ($G_{koordiniert}$ = 42,4 Mio.) zwar im Vergleich zum unkoordinierten Vorgehen ($G_{unkoordiniert}$ = 34,5 Mio.) deutlich vergrößern läßt, daß dieser Gewinn jedoch kleiner ist als im Vorfeld des Zusammenwachsens der Ländermärkte (G_{vorher} = 43,75 Mio.). Koordinationsbedarfsreduzierende Strategien können nun als „Gegensteuern" verstanden werden. M. a. W. bedeutet dies, daß das internationale Unternehmen Maßnahmen ergreift, die dazu dienen, die negativen Auswirkungen des Zusammenwachsens (also die selbst bei koordiniertem Verhalten im Vergleich zur Situation separierter Märkte entstehenden Gewinnreduktionen) abzuschwächen.

Koordinationsbedarfsreduzierende Strategien im Internationalen Marketing haben auf zusammenwachsenden Märkten den Charakter eines Versuchs, den Grad der Interdependenzen zwischen den Ländermärkten abzuschwächen. Im Grunde handelt es sich - extrem formuliert - um den Ansatz, auf dem bearbeiteten Geschäftsfeld die Durchlässigkeit der Ländergrenzen (Arbitrage) oder die Kostenwirkungen einer grenzüberschreitenden Marktbearbeitung zu beschränken. Dies ist dann sinnvoll, wenn eine Verringerung des Interdependenzgrades zwischen den Ländermärkten bei koordinationsoptimalem Verhalten neue Spielräume in der Marktbearbeitung (z. B. höhere Preisdifferenzen) schafft, deren Nutzung die Gesamterträge oder deren Eintrittswahrscheinlichkeiten verbessert. Entscheidend ist dabei die Frage, welche Bestimmungsfaktoren anbieter- und nachfragerbezogener Rückkopplungen als Ursachen des Koordinationsproblems vom Anbieter überhaupt beeinflußbar sind.

2.3.2.1 Reduktion nachfragerbezogener Rückkopplungen

Die Verringerung nachfragerbezogener Rückkopplungen zielt vor allem darauf ab, den Informations- und Güteraustausch zwischen Ländermärkten einzuschränken. Durch eine Reduktion nachfragerbezogener Rückkopplungen versucht der Anbieter letztlich, die für ihn entstehenden negativen Auswirkungen des Zusammenwachsens der Ländermärkte abzumildern oder sogar rückgängig zu machen. M. a. W. lassen sich unternehmerische Maßnahmen zur Verringerung nachfragerbezogener Rückkopplungen als einzelbetrieblicher Versuch kennzeichnen, die zusammengewachsenen Märkte erneut zu separieren (vgl. *Abb. D-75*). Während koordinationsbedarfsdeckende Strategien (vgl. Kap. D 2.3.1) einer Anpassung an das Zusammenwachsen der Ländermärkte entsprechen, kommt den hier im Mittelpunkt stehenden koordinationsbedarfsreduzierenden Strategien somit der Charakter eines „Gegensteuerns" zu.

Da der Fluß von Informationen auf Märkten mit einer demokratisch-liberalen Gesellschafts- und Wirtschaftsstruktur wohl nur in wenigen Fällen von einzelnen Anbietern beschränkt werden kann, ist die Arbitrage der zentrale Gegenstand einer Reduktion nachfragerbezogener Rückkopplungen. Da das Ausmaß der Arbitrage von den entstehenden *Arbitragegewinnen* bestimmt wird, kann eine Reduktion nachfragerbezogener Rückkopplungen an den *Preisdifferenzen* - als Bestimmungsfaktoren der Arbitrageerlöse - und den *Transaktionskosten* - als Bestimmungsfaktoren der Arbitragekosten - ansetzen. Eine Erhöhung der Transaktionskosten der Arbitrageure hat dabei unmittelbare Wirkungen auf das Ausmaß der Arbitrage. Die Veränderung von Preiswahrnehmungen zielt demgegenüber auf die *Wahrnehmung* von Arbitragegewinnen und das daraus resultierende Verhalten der Arbitrageure bei gegebenen Transaktionskosten und Preisdifferenzen.

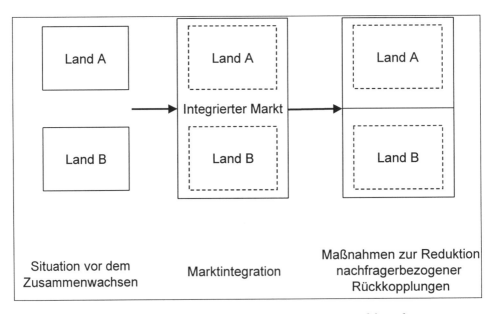

Abb. D-75: Marktseparierung durch Maßnahmen zur Reduktion nachfragerbezogener Rückkopplungen

Der einfachste Fall einer Begrenzung nachfragerbezogener Rückkopplungen besteht, unabhängig von potentiellen Arbitragegewinnen, demgegenüber in einer *Steuerung des Angebots* auf Niedrigpreismärkten. Kann z. B. sichergestellt werden, daß nur nationale bzw. regionale Nachfrage unter Ausschluß von Arbitrageuren bedient wird, ist der Arbitrage - unabhängig von Qualitäts- und Preisunterschieden - die Grundlage entzogen. Eine Einflußnahme auf die Distributeure selbst setzt allerdings entsprechende Einflußmöglichkeiten voraus. Solche gibt es vor allem im Rahmen vertraglicher Vertriebssysteme.

2.3.2.1.1 Produktmodifikation

Bei konstanten Transaktionskosten der Arbitrage steigt der Umfang grauer Märkte mit zunehmenden Arbitragegewinnen. Eine Reduktion nachfragerbezogener Rückkopplungen kann daher an den subjektiv *wahrgenommenen* Arbitrageerlösen ansetzen. Die wahrgenommenen Arbitrageerlöse werden dabei aber nicht nur durch die nominalen Preisdifferenzen eines Produktes auf zwei Ländermärkten bestimmt. Bei länderspezifischer Modifikation des Angebotes und damit länderspezifischer Produktdifferenzierung ist die wahrgenommene *Austauschbarkeit* der entstehenden *Produktvarianten* durch die Nachfrager eine weitere Voraussetzung für eine hinreichend genaue Prognose der Arbitrageerlöse.

Nur wenn eine vollständige Austauschbarkeit ländermarktspezifischer Produktvarianten aus Sicht der Nachfrager gegeben ist, hat die Produktvariation keinen Einfluß auf die wahrgenommenen Arbitrageerlöse. Dies erscheint wenig realistisch. Es ist daher zu fragen, welches *Ausmaß* an Modifikation welcher *Produktelemente* erforderlich ist, um die Wahrnehmung der Arbitrageerlöse so zu verändern, daß Güteraustausch auf das anbieterseitig gewünschte Maß reduziert wird. Dabei können sowohl *informatorische* Produktelemente (z. B. kommunikative Positionierung, Markierung) als auch *sachliche* Produktelemente (z. B. Leistungsmerkmale) zur zielgerichteten Modifikation herangezogen werden. Ebenso kann entsprechend dem Grad der „Umkehrbarkeit" zwischen reversibler und irreversibler Modifikation unterschieden werden.

Abb. D-76: Beispiel für „reversible Produktmodifikation"

• Die Variierung des Produktes führt zu irreversiblen Modifikationen, wenn diese vom Arbitrageur nicht rückgängig gemacht werden können.

Ein solcher Fall liegt vor, wenn Unternehmen bewußt die Packungsgröße ihrer Produkte in Ländermärkten variieren. Der Spirituosenhersteller Campari vertreibt seine Produkte in Italien in 1,0 l-Flaschen, in Deutschland aber in 0,7 l-Flaschen (vgl. *Walldorf*, 1987). Der Arbitrageur verfügt hier über keine Möglichkeiten, die Produktmodifikation rückgängig zu machen.

- Die Variierung des Produktes führt zu reversiblen Modifikationen, wenn diese vom Arbitrageur - bei entsprechender Erhöhung seiner Transaktionskosten um diese Änderungskosten - rückgängig gemacht werden können.

Automobilhersteller versuchen, mögliche Arbitrageprozesse (Reimporte) durch Produktmodifikationen zu verhindern, indem sie Werksgarantien allein im jeweiligen Ländermarkt anbieten. Arbitrageure umgehen jedoch diese von Automobilherstellern vorgenommenen Produktmodifikationen und bieten anstelle der Herstellergarantien eigene Garantieleistungen für ihre reimportierten Produkte an (vgl. *Abb. D-76*).

2.3.2.1.1.1 Elemente einer Modifikationsstrategie

2.3.2.1.1.1.1 Sachliche Produktmodifikation

Die Erweiterung des Marketingprogramms durch Modifikation eines Grunddesigns wird im nationalen Kontext als Produktdifferenzierung bezeichnet. Unter Produktdifferenzierung wird „die (planmäßige) Veränderung von Komponenten [...] eines Wirtschaftsgutes mit dem Zweck, das aus diesem Prozeß entstehende (neue) Produkt vom (eigenen oder fremden) Ursprungsprodukt abzuheben, ohne diese sofort zu verdrängen oder dadurch eine grundsätzliche Änderung des originären Verwendungszwecks herbeizuführen" (*Wilhelm*, 1974), verstanden (vgl. auch *Meffert*, 1998; *Nieschlag/Dichtl/Hörschgen*, 1997; *Hüttel*, 1992; *Brockhoff*, 1993). Im Unterschied zur nationalen Produktdifferenzierung dient die Modifikation im internationalen Kontext nicht dazu, das Angebotsspektrum innerhalb eines Ländermarktes zu erweitern. Ziel ist es vielmehr, durch Variationen *zwischen* den ländermarktspezifischen Angeboten die Relevanz von Preisunterschieden für die Arbitrageure zu verringern.

Die Modifikation des Angebots in sachlicher Hinsicht kann sich auf die *Verpackung*, und auf die mit dem Produkt verbundenen *ergänzenden Dienstleistungen* beziehen. Im Gegensatz dazu ist die Markierung ehe für eine informatorische Produktmodifikation von Bedeutung. Vor dem Hintergrund zusammenwachsender Märkte spielt eine Produkt*kernmodifikation* nur eine untergeordnete Rolle, weil gerade über die Homogenisierung z. B. der rechtlichen Rahmenbedingungen die Standardisierung von Produkten angestrebt wird. Während sich eine Differenzierung der Verpackung und der Dienstleistungen auf die stofflich-funktionale Beschaffenheit bezieht, zielt eine Differenzierung der Kommunikationspolitik im allgemeinen und der Markierung im besonderen auf eine informatorische Produktmodifikation ab (vgl. *Abb. D-77*).

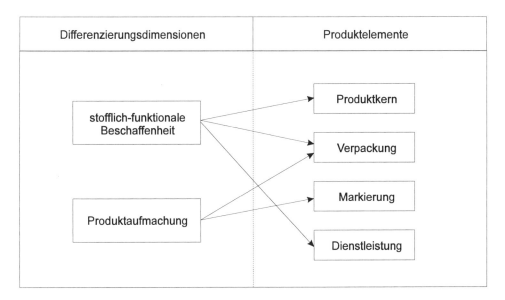

Abb. D-77: Differenzierungsdimensionen von Produktelementen

Verpackung/Packungsgrößen

Ebenso wie bei der Markenmodifikation bietet sich auch im Rahmen der Verpakkungs- und Packungspolitik eine länderspezifische Anpassung z. B. in bezug auf Größe, Farbe, Form oder Material an. Häufig stellt aber die Differenzierung, z. B. der stofflichen Beschaffenheit von Verpackungen, für Unternehmen eine zwingende Notwendigkeit und keine Wahlmöglichkeit dar. Klimatische Unterschiede, unterschiedlich ausgeprägtes Umweltbewußtsein oder verschiedenartige Entfernungen zwischen Produktionsstätten und Absatzmärkten zwingen Unternehmen, die Verpackungen ihrer Produkte an die Länderbesonderheiten anzupassen (vgl. auch Kap. D 2.3.1.1.1.1.2). Kulturelle Aspekte sowie rechtliche Regelungen haben ebenfalls Einfluß auf die Gestaltung der Verpackung. In kultureller Hinsicht ist dafür Sorge zu tragen, daß die Unternehmen die sprachlichen Besonderheiten eines Landes bei der Verpackungsgestaltung beachten.

Ein amerikanischer Hersteller von Golfbällen verkaufte z. B. seine Produkte in Japan in Viererpackungen. Die japanische Übersetzung für die Zahl vier klingt jedoch dem Wort für Tod sehr ähnlich, so daß der Erfolg folglich ausbleiben mußte (vgl. *Hill/Still*, 1984, S. 95).

Rechtliche Rahmenbedingungen beeinflussen die Verpackungsgestaltung insofern, als daß in Japan z. B. auf Zigarettenschachteln nur relativ schwache Warnungen ("Rauchen Sie nicht zu viel") bezüglich des Gesundheitsrisikos vorgeschrieben sind, während es im Oman schon einer zwingenderen Aufklärung („Rauchen ist eine Hauptursache für Krebs, Lungenkrankheiten sowie Erkrankungen des Herzens und der Arterien") bedarf (vgl. *Mühlbacher*, 1995, S. 153). Obwohl mit der Harmonisierung der institutionellen Rahmenbedingungen eine derartige Differenzierung wohl an Relevanz verlieren wird, kann dies dennoch die Bedeutung einer Verpackungsmodifikation als Koordinationsinstrument nicht vollständig beseitigen.

Als probates Instrument zur Vermeidung von Arbitrageprozessen im Rahmen der Strategie des Gegensteuerns kann sich in diesem Zusammenhang die Informationsmodifikation über Gebrauchsanweisungen in bzw. an der Verpackung erweisen. Eine Beschreibung des Produktes ausschließlich in der Landessprache und nicht, wie vor allem bei technischen Produkten zu beobachten, in verschiedenen Sprachen wirkt einem länderübergreifenden Austauschprozeß entgegen und erleichtert die Durchsetzung einer differenzierten Preispolitik erheblich. Weiterhin geeignet ist die Unterlassung von Zertifizierungsangaben. Für den Nachfrager besteht ein erhebliches Unsicherheitspotential, ob die Produkte exportierbar sind, wenn nicht auf eine bestehende Konformität mit den im Rahmen der Harmonisierung angestrebten Bestimmungen hingewiesen wird. Zwar läßt sich dieses Problem grundsätzlich lösen, dennoch trägt der Nachweis einer Übereinstimmung der Vorschriftenkategorie bei der Importbehörde zu einem Arbitragekosten erhöhenden Effekt bei, der den Güteraustausch eventuell nicht mehr effizient werden läßt (vgl. *de Zoeten*, 1993, S. 196).

Die einfachste Form der Produktmodifikation über unterschiedliche Packungen ist schließlich die Variation der Füllgröße. Beispiele hierfür sind die 250 g- und die 500 g-Packung für Teigwaren, der 250 g- und der 500 g-Becher für Margarine oder die Seife in unterschiedlicher Größe in der Faltschachtel (vgl. *Hüttel*, 1992, S. 241). Auch das eingangs geschilderte Beispiel der Campari-Packungsstrategie zeigt, wie durch regionale Packungsmodifikation die europäische Preistransparenz erheblich beeinflußt werden kann.

Angebot ergänzender Dienstleistungen

Eine weitere Möglichkeit zur Verhinderung von Arbitrageprozessen besteht darin, Produkte mit zusätzlichen immateriellen Produktbestandteilen anzubieten, die nur für den entsprechenden Ländermarkt gelten. In erster Linie bieten sich hierfür Dienstleistungen (vgl. auch Kap. D 2.3.1.1.1.1.4) wie eine kostenlose Montage oder

das Angebot von Reparatur-, Beratungs-, Schulungs-, Wartungs- bzw. Garantielei-
stungen an. Die Gesamtheit dieser Leistungen, die sowohl vor als auch nach dem
Kauf angeboten werden kann, trägt also dazu bei, das Produkt funktionsfähig zu ma-
chen bzw. die Funktionsfähigkeit zu erhalten. *Abb. D-78* zeigt produktbezogene
Dienstleistungen, die sich kaufphasenspezifisch untergliedern lassen (vgl.
Forschner, 1989, S. 70 ff.).

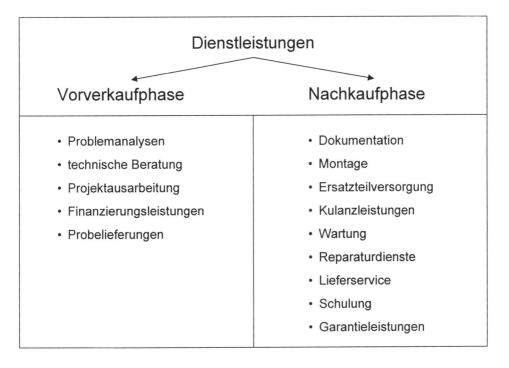

Abb. D-78: Beispiele für kaufphasenspezifische Arten von Dienstleistungen

Als Resultat ergänzender Dienstleistungen werden Preisunterschiede zwischen Ländermärkten um den Wert dieser Dienstleistungen verzerrt. Da Produkte aber nur mit
Dienstleistungen - unabhängig von der Inanspruchnahme - beschafft werden können,
ist diese Modifikation irreversibel. Der Arbitragegewinn verringert sich um den
Preisunterschied zu einem sonst identischen Produkt ohne diese Dienste, da die Ver-
äußerung ohne den ländermarktspezifisch geltenden Dienst erfolgt.

Mit Hilfe dieser Produktmodifikationen kann zum einen die Gestaltung des Lei-
stungsergebnisses qualitativ verbessert werden (z. B. kürzere Lieferzeiten), zum anderen eine andersartige Gestaltung des Leistungsprozesses erreicht werden (z. B.
Ferndiagnose bei Störungen über Datenfernübertragung anstelle von persönlichem

Kundendienst). Darüber hinaus ist eine Leistungsmodifikation über eine additive Leistungspalette in Form von Schulung und technischer Beratung möglich (vgl. *Jugel/Zerr*, 1989, S. 164 f.). Soll mit Hilfe der freiwillig oder gezwungenermaßen erbrachten Dienstleistungen der Kunde zum Kauf animiert, eine länderspezifische Kundenbindung aufgebaut oder aber dem Kunden die optimale Nutzung des Produktes ermöglicht werden, so sind diese Dienstleistungsfunktionen entsprechend den Besonderheiten einzelner Ländermärkte bzw. in Abhängigkeit von den Bedürfnisstrukturen der Zielsegmente auszufüllen.

Ein länderspezifisches Ausgestalten des Dienstleistungsangebotes eröffnet darüber hinaus die für Unternehmen interessante Möglichkeit, auf Länderbesonderheiten einzugehen, ohne das Bemühen zu gefährden, eine internationale Marke aufzubauen.

Die einfachste Art der Produktmodifikation ist in der Setzung von unterschiedlichen Garantieleistungen zu sehen. Während z. B. in Land A das Produkt mit einer Garantie von 48 Monaten angeboten wird, haftet der gleiche Hersteller in Land B nur 12 Monate für eine volle Funktionsfähigkeit des identischen Produktes. Neben der Differenzierung nach der Zeitdauer der Garantieleistung läßt sich auch der Leistungsinhalt der Garantie länderspezifisch variieren. Allerdings bedingt die Harmonisierung der rechtlichen Rahmenbedingungen häufig einen länderübergreifend standardisierten Garantie- und Gewährleistungsanspruch, so daß die Gefahr von Parallelimporten damit nicht beseitigt werden kann (vgl. zu dieser Problematik auch Kap. B 2.3.2.2).

Zusammenfassend ist festzuhalten, daß die Produktmodifikation über Zusatzleistungen vor allem für Produkte mit hohem Erklärungsbedarf und hoher Wartungsintensität (z. B. Software) geeignet ist, um die aus der Homogenisierung resultierenden Arbitrageprozesse zu vermeiden. Denn nur wenn die Zusatzleistungen von den Nachfragern als Kernelemente des Produktes wahrgenommen werden - was bei Softwareprodukten i. d. R. auch der Fall ist -, kann das Unternehmen länderübergreifend einen komparativen Vorteil erzielen.

2.3.2.1.1.1.2 Informatorische Produktmodifikation

Eine sachliche Produktmodifikation setzt an den physischen Produktelementen oder den sie ergänzenden Dienstleistungen an und verändert dadurch die Wahrnehmung von arbitragerelevanten Preisunterschieden. Zwar zielt auch die informatorische Produktmodifikation auf eine eingeschränkte Vergleichbarkeit der arbitragebedrohten Produkte; ihr Gegenstand sind aber nicht physische, sondern *informatorischemotionale Produktbestandteile*. Als solche werden z. B. subjektiv erlebte Beiträge zur Lebensqualität als Folge des Konsums verstanden (vgl. *Kroeber-Riel*, 1992). Sie leisten z. T. erhebliche Beiträge zur Zahlungsbereitschaft der Nachfrager vor allem bei Konsumgütern (vgl. *o. V.*, 1988).

Im Rahmen der informatorischen Produktmodifikation wird nicht das Produkt an sich („Hardware"), sondern seine informatorisch-emotionale Austauschbarkeit aus Sicht des potentiellen Arbitrageurs verändert. Hierfür ist vor allem die *Markierungspolitik* (vgl. auch Kap. D 2.3.1.1.1.1.3) geeignet, da Marken starke emotionale Konsumerlebnisse (z. B. Prestige, Status etc.) vermitteln können oder wichtige Kaufentscheidungsinformationen (Marke als Qualitätskriterium) liefern. Damit kann die Markierung als Instrument zur Reduktion von Rückkopplungen eingesetzt werden. Um die Austauschbarkeit der Güter bzw. die Rückkopplungseffekte zwischen den Ländern zu reduzieren, bietet sich die Möglichkeit an, einige oder alle Elemente der Markierung zu differenzieren. Neben dem Vorteil einer nicht vorhandenen länderübergreifenden Identifizierungsmöglichkeit und der somit fehlenden Möglichkeit eines Preisvergleiches ist ein weiterer Vorteil darin zu sehen, daß in jedem Land der Produktname so gewählt werden kann, daß positive Assoziationen bei den jeweiligen Nachfragern geweckt werden:

> Die Wybert GmbH bietet beispielsweise ihre Hustenpastillen in Deutschland unter der Marke „Wybert" und in der Schweiz unter der Marke „Gaba" an. Die in Deutschland angebotene Kosmetikserie „Clinique" wird in den USA unter der Marke „Linique" vertrieben.

Eine unter Modifikationsgesichtspunkten stattfindende Markendifferenzierung ist potentiell um so erfolgreicher, je gewichtiger die informatorisch-emotionalen Produktbestandteile aus Sicht der Nachfrager sind. Das Konsumerlebnis bzw. der informatorische Wert der Marke wird durch eine differenzierte Marke auf verschiedenen Ländermärkten geringer. Dabei ist nicht maßgeblich, ob das Produkt selbst identisch ist. Aus Sicht des Nachfragers fehlen für die Kaufentscheidung wesentliche Merkmale. Die subjektiv wahrgenommene Austauschbarkeit nimmt dann mit zunehmender Markendifferenzierung ab.

Die durch Markendifferenzierung realisierbaren Vorteile einer reduzierten Austauschbarkeit aus Sicht eines Anbieters sind den daraus entstehenden Nachteilen gegenüberzustellen. Diese Nachteile sind zum einen in möglichen Irritationen internationaler Zielgruppen oder in höheren Kosten unterschiedlicher Markierungen zu sehen. Unterschiedliche Markierungen haben Folgewirkungen auch für andere Marketinginstrumente. Eine die Marke in den Vordergrund rückende Kommunikationspolitik ist bei unterschiedlicher Markierung ebenfalls zu differenzieren. Kostengünstige grenzüberschreitende Medien stehen damit nicht mehr zur Verfügung, so daß auf nationale Medien ausgewichen werden muß. Die dafür anfallenden zusätzlichen Kosten sind folglich bei der Frage der internationalen Markierung ebenfalls entscheidungsrelevant.

2.3.2.1.1.2 Optimales Ausmaß der Produktmodifikation

Durch geeignete Produktmodifikation können Preisunterschiede für vergleichbare
Produkte verzerrt und Arbitragegewinne in der Wahrnehmung potentieller Arbitrageure verändert werden. Fraglich ist, welches Ausmaß der Produktmodifikation aus
Herstellersicht optimal ist bzw. an welchen Produktelementen koordinationsbedarfsreduzierende Modifikation ansetzen sollte. Produktmodifikationen entfalten Wirkungen sowohl für den Hersteller, da Produktmodifikation in aller Regel mit zusätzlichen (z. B. Produktions-)Kosten verbunden ist, als auch für den potentiellen Arbitrageur, da dessen Ertragschancen geschmälert werden. Diese Ertragsschmälerung ist
das Resultat entweder geringerer Zahlungsbereitschaft für modifizierte Produkte im
Zielland und/oder zusätzlich aufzubringender Kosten für Maßnahmen der Wieder-
herstellung der ursprünglichen Produkteigenschaften.

Auf seiten der *Arbitrageure* führt Produktmodifikation zu folgenden Effekten (vgl.
Abb. D-79):

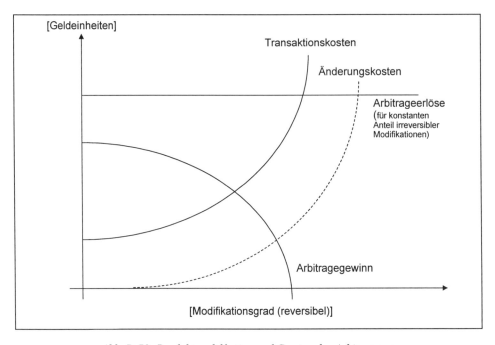

Abb. D-79: Produktmodifikation und Gewinn des Arbitrageurs

- Verringerung der Arbitrageerlöse aufgrund irreversibler Modifikationen,

- Erhöhung der Transaktionskosten der Arbitrage für die Beseitigung reversibler Modifikationen – in Abhängigkeit des Umfangs der tatsächlich stattfindenden Reversionen von Produktmodifikationen.

Mit zunehmendem Grad reversibler Modifikationen nehmen zunächst die für deren Beseitigung anfallenden Kosten („Änderungskosten") zu, sofern alle reversiblen Modifikationen rückgängig gemacht werden. Diese Annahme erscheint nur dann sinnvoll, wenn die Kosten der Reversion unabhängig vom Modifikationsgrad niedriger sind als der damit erzielbare Preisvorteil (zusätzliche Zahlungsbereitschaft des Arbitrageurs bzw. seines Kunden für den Ursprungszustand des betreffenden Produktes). Als Folge erhöhen sich die gesamten Transaktionskosten der Arbitrageure. Bei der Differenz zwischen Änderungs- und Transaktionskosten handelt es sich um die modifikationsunabhängigen Transaktionskosten (Vertragsanbahnung, -kontrolle, Transport etc.). Die Arbitrageerlöse sind vom Grad reversibler Modifikationen unabhängig bzw. konstant, da diese vollständig beseitigt werden. Sie werden jedoch vom Grad irreversibler Modifikationen beeinflußt. Je größer diese werden, desto stärker nehmen die Arbitrageerlöse ab und desto weiter wird die Gerade der Arbitrageerlöse (vgl. *Abb. D-79*) nach unten verschoben. Als Resultat sinkt mit zunehmender Intensität reversibler und irreversibler Modifikationen der Arbitragegewinn.

Aus *Herstellersicht* ist nun zu überlegen, welches Ausmaß an Produktmodifikation ökonomisch sinnvoll ist. Hierzu sind die Kosteneffekte der Produktmodifikation den aus der Begrenzung der Arbitrage resultierenden Effekten gegenüberzustellen.

Wenn ein Hersteller von Filmen für Kleinbildkameras ein Angebot in der Form differenziert, daß für ein identisches Produkt in Niedrigpreisland A eine zusätzliche Entwicklung - z. B. in Form eines Entwicklungsgutscheines, der nur im Land A eingelöst werden kann - angeboten wird und im Hochpreisland B nicht, wäre er in der Lage, nominal identische Preise zu realisieren, obwohl eine effektive Preismodifikation in Höhe des Wertes des Entwicklungsgutscheins erfolgt. Im Land B besitzt dieser Gutschein einen Wert von Null, da ein Arbitrageur bzw. dessen Kunde den Entwicklungsgutschein nicht verwenden kann. Er kann ihn bestenfalls durch einen eigenen Gutschein ersetzen. Dies wäre aber nur sinnvoll, wenn seine Kosten für den Gutschein geringer sind als der Preisunterschied. Die Änderung der Packungsgröße (z. B. „3er-Packs") in Land A wäre hingegen eine reversible Modifikation, da ein Arbitrageur diese Packs zu Einzelfilmen für den Verkauf in Land B trennen könnte.

Abnehmende Arbitragegewinne führen zu einer Verringerung nachfragerbezogener Rückkopplungen. Als Folge ist ein Anbieter z. B. in der Lage, mit zunehmendem (reversiblen und/oder irreversiblen) Modifikationsgrad höhere Preisunterschiede auf den bearbeiteten Ländermärkten durchzusetzen. Die aus den höheren Preisunterschieden resultierenden Ertragszuwächse sind dann den anbieterseitigen Kosten der

Modifikation gegenüberzustellen, um den optimalen Modifikationsgrad abzuleiten. Für gegebene modifikationsbedingte Reduktionen nachfragerbezogener Rückkopplungen und daraus resultierende Ertragszuwächse sind die Modifikationen einzusetzen, die die geringsten Kosten auf seiten des Anbieters verursachen. Für variable modifikationsbedingte Ertragszuwächse liegt das Optimum dort, wo die Grenzkosten der Modifikation den Grenzerträgen der Modifikation entsprechen (vgl. zum Prinzip auch die Vorgehensweise bei der Ermittlung des optimalen Differenzierungsgrades als koordinationsbedarfsdeckende Maßnahme in Kap. D 2.3.1.1.1.2.2).

Die Überlegungen zum Verhalten des Arbitrageurs machen deutlich, welche Vorgehensweise sich aus Herstellersicht für die Modifikation von Produkten zur Verringerung des Koordinationsbedarfs empfiehlt. Für die Optimierung des Modifikationsgrades zur Reduktion nachfragerbezogener Rückkopplungen sind neben den damit verbundenen Kosten die relativen Präferenzen der Nachfrager für modifizierte Produktbestandteile und die daraus resultierenden relativen Zahlungsbereitschaften entscheidend. Angenommen wird, daß verschiedene Produktelemente zur Modifikation zur Verfügung stehen, die unterschiedliche Modifikationskosten für den Hersteller verursachen und unterschiedliche Kosten für die Reversion der Modifikation durch den Arbitrageur und auch unterschiedliche Zahlungsbereitschaftseffekte beim Verwender des re- oder parallelimportierten Produkts auslösen. Unter diesen Annahmen ist es sinnvoll, zunächst solche Produktelemente unter Koordinationsgesichtspunkten zu modifizieren, die dem Hersteller möglichst geringe zusätzliche Modifikationskosten verursachen, gleichzeitig aber möglichst hohe Reversionskosten für den Arbitrageur erzeugen. Dann ist die ökonomische Sinnhaftigkeit der Reversion in Frage gestellt. Ist die Modifikation nicht (ökonomisch sinnvoll) reversibel, sollten möglichst hohe Zahlungsbereitschaftsverluste beim Arbitrageur bzw. seinem Kunden eintreten. In bezug auf die Zahlungsbereitschaft ist es Grundgedanke der Modifikationsstrategie, diese vor allem bei solchen Produktelementen vorzunehmen, bei denen die relative Zahlungsbereitschaft nicht nur unterschiedlich, sondern im *Niedrig*preisland *höher* als im *Hoch*preisland ist, da nur dies zu einer relativ geringeren Akzeptanz re- oder parallelimportierter Produkte auf dem Hochpreismarkt und damit zu sinkenden Arbitragegewinnen führt.

Diese Unterschiede in der relativen Zahlungsbereitschaft können unterschiedliche Ursachen haben. So hat z. B. Audi in Italien sein Modell Audi 100 und das nahezu baugleiche Nachfolgemodell A6 im Unterschied zum deutschen Markt mit einem 2,0 l 16V-Motor angeboten, der gegenüber einem nur wenig stärkeren und ebenfalls im Programm befindlichen 2,6 l-Motor in Italien steuerlich für den Fahrzeugbesitzer deutlich günstiger ist. In Deutschland wäre das 2,0 l-Modell einer zu starken Konkurrenz – aufgrund eines wesentlich geringeren Abstandes von Anschaffungs- und Betriebskosten (inkl. Steuern) – ausgesetzt gewesen. Die relative Zahlungsbereitschaft in Deutschland wäre damit geringer als in Italien. Für das aktuelle – ebenfalls A6 bezeichnete – Modell bietet Audi den 2,0 l-Motor nicht mehr an. Es wird nun, wie auch schon in Deutschland, in dieser Leistungsstufe der

1,8 l 20V-Motor mit 125 PS angeboten. Diese Produktmodifikation ist damit entfallen. Die Voraussetzung für Arbitrage sind daher besser geworden.

Im Rahmen koordinationsbedarfssenkender Maßnahmen wird daher die Identifikation solcher Produktelemente zu einer wichtigen Marktforschungsaufgabe, die bei Modifikation niedrige zusätzliche Kosten, gleichzeitig aber signifikante arbitragegewinnreduzierende Effekte entfalten.

2.3.2.1.2 Angebotssteuerung

Ein einfacher Weg zur Verringerung von Güterströmen zwischen Ländermärkten besteht in einer *Steuerung des Angebotes* auf den jeweiligen Ländermärkten. Hierunter werden alle Maßnahmen verstanden, die zur Verhinderung bzw. Einschränkung eines Verkaufs eigener Produkte an Arbitrageure dienen. Die Möglichkeit einer solchen Angebotssteuerung impliziert, daß ein Anbieter auf das Verhalten der Distributeure der Produkte in seinem Sinne - hier zur Begrenzung nachfragerbezogener Rückkopplungen - Einfluß ausüben kann. Dieser Einfluß kann auf zwei Ursachen zurückgeführt werden:

- Beschränkung nationaler Angebotsmengen und
- Einfluß auf das Verkaufsverhalten der Distributeure.

2.3.2.1.2.1 Beschränkung nationaler Angebotsmengen

Die Beeinflussung nachfragerbezogener Rückkopplungen durch eine Steuerung der Abgabemengen fußt auf der Annahme, daß Arbitrage dadurch verhindert bzw. eingeschränkt werden kann, daß die Abgabemenge eines Anbieters an die nationalen Distributeure begrenzt wird. Idealtypischerweise wird keine Arbitrage auftreten können, wenn ein Anbieter einen nationalen Markt mengenmäßig exakt im Umfang der aufgrund seines Marktbearbeitungsprogramms auftretenden Nachfrage von Inländern bedient. Erst wenn die nationale Angebotsmenge die nationale Nachfrage übersteigt oder aber die Arbitrageure eine höhere Zahlungsbereitschaft als die nationalen Nachfrager aufweisen, kann Arbitrage auftreten.

Die Volkswagen AG und auch die Daimler Benz AG versuchten in der Vergangenheit, dem zunehmenden Reimport von Automobilen aus Italien nach Deutschland dadurch zu begegnen, daß die Absatzzahlen der Vertragshändler kontrolliert und beeinflußt wurden. Kontrollmaßstab waren Schätzgrößen über „normale", d. h. dem Einzugskreis und der regionalen Nachfragestruktur entsprechende Absatzzahlen an lokale Kunden. Lagen die Liefermengen an die Vertragshändler deutlich über diesen Schätzgrößen, so hätte es sich um

einen Händler handeln können, der Reimporteure bediente. Bestätigte sich dieses bei nä-
herer Analyse, wurden die Liefermengen an den Händler stärker auf den normalerweise zu
erwartenden Umfang begrenzt. Eine weitere Maßnahme bestand darin, den Vertragshändlern die vertraglich vereinbarte Provision für den Verkauf eines neues Fahrzeugs erst
nach Ablauf von 3 Monaten nach Erstzulassung in Italien zu gewähren, um sicherzugehen,
daß die Automobile an italienische Kunden verkauft wurden. Letzteres führte allerdings
lediglich dazu, daß verstärkt „3-Monats-Autos" auf dem grauen Markt in Deutschland angeboten wurden.

Ein zentrales Problem der Angebotssteuerung besteht dabei in der Genauigkeit, mit
der die *nationalen* Nachfragemengen prognostiziert werden können. Eine vollständige Verhinderung der Arbitrage durch Mengensteuerung wird nur dann möglich sein,
wenn die Genauigkeit dieser Prognose ausreichend hoch ist. Da aber die Nachfrage
nach den Produkten eines Anbieters von einer Vielzahl von Faktoren beeinflußt
wird, gestaltet sich diese Prognose in der Praxis zumeist schwierig. Hier spielen die
Erfahrungen des lokalen Managements eine wichtige Rolle.

Einfacher ist dagegen der Vergleich der Abgabemengen *einzelner Distributeure*, vor
allem solcher, die unter ähnlichen Rahmenbedingungen agieren. Weichen die Absatzmengen solcher Händler erheblich voneinander ab, könnte dies ein Indiz für eine
Bezugsquelle von Arbitrageuren sein. Der Vergleich zwischen Prognosemenge und
Istmenge liefert einen Indikator für das Ausmaß des Steuerungsproblems. In Abhängigkeit von diesem Ausmaß kann sich ein Anpassungsbedarf ergeben. Die Anpassung kann händlerspezifisch durch individuelle Steuerung der Abgabemengen oder
händlerübergreifend erfolgen.

Eine Beeinflussung der Arbitrage über Steuerung von Abgabemengen ist nur dann
sinnvoll, wenn Händler auf eine Begrenzung ihrer Beschaffungsmöglichkeiten nicht
mit für den Anbieter kontraproduktiven Maßnahmen reagieren. Hierunter fallen z.
B.:

- schlechtere Betreuung des Angebots in Service oder Regalplatz,
- aggressiverer Verkauf von Konkurrenzprodukten,
- völliges Umschwenken auf Konkurrenzprodukte.

Reimporte lassen sich vor allem dann einschränken, wenn es dem Hersteller gelingt,
den Endverbraucher im Zielland direkt zu bedienen. Grundsätzlich stehen zur Bereinigung des Distributionskanals folgende Gestaltungsmöglichkeiten zur Verfügung
(vgl. *Schneider*, 1995, S. 259 ff.):

- Übergang vom indirekten zum direkten Export,
- Verstärkte Tendenz zum direkten Vertrieb,
- Reduzierung der Zahl der Zwischenstufen.

Beim *Übergang vom indirekten zum direkten Export* liegt das Bemühen des Herstellers darin, seine Leistungen grenzüberschreitend selbst zu vermarkten. Dies bedeutet jedoch nicht zwangsläufig, daß der Hersteller seine Produkte direkt an den Endverbraucher im Zielland verkauft. Statt dessen kann der Vertrieb durchaus auch über den Import- oder den Großhandel erfolgen (vgl. *Backhaus*, 1974; *Nieschlag/Dichtl/Hörschgen*, 1997; *Kleinaltenkamp/Plinke*, 1995). Direkter Export ist demnach sehr wohl mit indirektem Vertrieb vereinbar, bei dem die marketingpolitischen Aufgaben im Endverbrauchermarkt nicht vom Hersteller wahrgenommen werden. Die Marktnähe sowie die Kontroll- und Steuerungsfunktion gehen damit jedoch weitgehend verloren. Eine noch umfassendere Bereinigung des Absatzmarktes von Arbitrageuren sieht demnach neben der direkten Exportform die Implementierung eines *direkten Vertriebs* vor. Der Hersteller übernimmt dann nicht nur die grenzüberschreitende Vermarktung selbst, sondern ist darüber hinaus auch für den überwiegenden Teil der Funktionen zuständig, die beim Absatz an den Endverbraucher anfallen. Mit der Umsetzung einer direkten Export- und Vertriebsart ist damit gleichzeitig die Reduzierung eines mehrstufigen zu einem einstufigen Distributionskanal erfolgt. *Abb. D-80* zeigt, wie die Zahl der Handelsstufen reduziert werden kann.

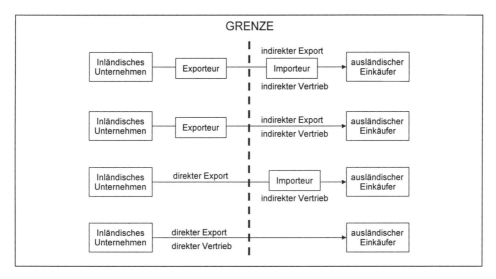

Abb. D-80: Direkter und indirekter Export sowie Vertrieb
(Quelle: In Anlehnung an Schneider, 1995, S. 262)

Mit der *Reduzierung der Zwischenstufen* im Distributionskanal steht dem Arbitrageur nur noch die Preisdifferenz zwischen Niedrigpreis- und Hochpreisland zur

Deckung der Arbitragekosten zur Verfügung, da er nicht mehr in den Genuß von niedrigeren Händler-Einkaufspreisen kommt (vgl. *de Zoeten*, 1993, S. 198).

Maßgeblich für eine Veränderung der Distributionspolitik zur Reduktion nachfragerbezogener Rückkopplungen sind die für die Maßnahmen aufzuwendenden Kosten in Relation zu damit verbundenen Erlöseffekten. Der Aufbau eigener Distributionskanäle kann mit einem erheblichen Kapitaleinsatz verbunden sein, ohne daß damit auf den jeweiligen Ländermärkten zusätzliche akquisitorische Effekte bei den nationalen Nachfragern ausgelöst werden müssen. Reduziert sich der Effekt solcher Maßnahmen lediglich auf die Vermeidung von Arbitrageprozessen, so sind deren ökonomische Auswirkungen den Kosten distributionspolitischer Maßnahmen zur Koordinationsbedarfsreduzierung gegenüberzustellen. Je nach deren Höhe kann es aus ökonomischen Gründen durchaus sinnvoll sein, Arbitrageprozesse in einem bestimmten Maße zuzulassen.

2.3.2.1.2.2 Steuerung durch Einflußnahme auf die Distributeure

Kontraproduktive Maßnahmen der o. g. Art sind vor allem dann zu vermeiden, wenn es vertragliche Beziehungen zwischen Hersteller und Händlern gibt, die für beide Seiten bestimmte Verhaltensregelungen vorsehen. Da sich diese Verhaltensregelungen auf beide Vertragsparteien beziehen können, spielen die rechtlichen Spielräume des Anbieters zur Mengensteuerung bei der Vertragsgestaltung eine wichtige Rolle. Dabei zielen diese Maßnahmen weniger darauf ab, den Preisvergleich bzw. die Informationstransparenz zu vermeiden; statt dessen ist es vielmehr das Ziel, den Absatzkanal von potentiellen Reimporteuren zu bereinigen (vgl. *de Zoeten*, 1993, S. 198).

Im Rahmen der Distributionspolitik lassen sich daher zur Vermeidung von Parallelimporten *vertragliche Vertriebssysteme* anwenden, im Rahmen derer der Absatzweg auf bestimmte Absatzmittler beschränkt wird. Vertragliche Vertriebssysteme definieren vertraglich geregelte Rechte und Pflichten in Form von Beschränkungen individueller Handlungsfreiheiten, die zum eigentlichen Handelsgeschäft hinzutreten (vgl. *Ahlert*, 1981). Sie lassen sich durch drei Merkmale kennzeichnen (vgl. auch *Ahlert, 1996*):

- Koordination marktgerichteter Aktivitäten von Hersteller und Absatzmittler,

- planmäßige, dauerhafte und (individual-)vertraglich geregelte Einschaltung ausgewählter Handelsunternehmen, die als rechtlich und wirtschaftlich selbständige Unternehmen in den Vertrieb des Herstellers eingebunden werden und

- Zusammenarbeit mit nicht weisungsgebundenen, keiner Interessenwahrungspflicht unterliegenden Händlern.

Vertriebsbindungssysteme als ein Typ vertraglicher Vertriebssysteme, welche den Distributionskanal nach qualitativen Selektionskriterien bereinigen, können sich dabei auf bestimmte Absatzgebiete oder auf bestimmte Abnehmerkreise beziehen. Während die *Vertriebswegebindung räumlicher Art*, bezogen auf das Ausland, z. B. Exportverbote für Inländer, Reimportverbote für inländische Exporteure oder Reexportverbote und Weiterexportverbote für ausländische Abnehmer vorschreibt, verpflichten *Vertriebswegebindungen personeller Art* die Absatzmittler, die bezogenen Erzeugnisse an bestimmte Kundenkreise weiterzuverkaufen (vgl. *Ahlert, 1996*). Der Exklusion bestimmter Abnehmer sind jedoch gerade in zusammenwachsenden Märkten Grenzen gesetzt (vgl. auch das folgende Kap. D 2.3.2.1.2.3). So regelt der Vertrag zur Gründung der Europäischen Wirtschaftsgemeinschaft (EWGV) in Art. 18 Abs. 1 Ziff. 3 EWGV sowie in Art. 85 Abs. 1 EWGV die eingeschränkten Möglichkeiten einer mit Handelspartnern zu vereinbarenden Nichtbelieferung bestimmter Abnehmer. Beispielsweise untersagte der Europäische Gerichtshof dem Unternehmen United Brands Corporation, welches eine extreme differenzierte Preispolitik verfolgte, ihre Abnehmer zu verpflichten, nur mit Zustimmung des Lieferanten grüne Chiquita-Bananen in andere Staaten weiterzuliefern und damit eine Marktparzellierung zu betreiben (vgl. *EuGH 27/1976*).

Eine weitere Möglichkeit, Parallelimporte weitgehend zu vermeiden, ist in der *Implementierung selektiver Vertriebsformen* zu sehen. Von dieser Absatzstrategie spricht man, wenn der Hersteller die Anzahl der Absatzmittler anhand qualitativer Anforderungen selektiert. Solche Kriterien können z. B. Einkaufsstättenimage, Betriebsformzugehörigkeit, Kreditwürdigkeit, Flexibilität, Lieferantentreue, durchschnittliche Auftragsgröße, Möglichkeit einer sachgerechten Durchführung des Kundendienstes, laufende Schulung des Personals etc. sein (vgl. *Ahlert, 1996*). Mit Hilfe der exklusiven Vertriebsform können beispielsweise alle anderen Absatzmittler, welche diese Kriterien nicht erfüllen, von der Belieferung durch den Hersteller ausgeschlossen werden. Darüber hinaus lassen sich Parallelimporte ausschließen, indem die Mitglieder dieser Vertriebsform sich verpflichten, nur vom Hersteller genehmigte Händler zu beliefern. Der Vertrieb über ausländische Händler oder inländische Parallelimporteure ist damit nicht möglich.

Bei der Wahl eines selektiven Vertriebssystems sind jedoch die gesetzlichen Vorschriften zu berücksichtigen. Insbesondere muß darauf geachtet werden, daß die Auswahl der Absatzmittler nach objektiven Kriterien erfolgt. Vor diesem Hintergrund haben der Europäische Gerichtshof und die EU-Kommission den Selektivvertrieb praktisch nur Unternehmen gewährt, die qualitativ hochwertige und erklärungsbedürftige Produkte herstellen (vgl. *Krämer*, 1985, S. 93). Je mehr die qualitativen Selektionskriterien unmittelbar mit der Funktionsfähigkeit des Produktes in Zusammenhang stehen, desto eher wird die selektive Vertriebsform zugelassen. Beispielsweise benötigt der Nachfrager eines technisch hochkomplexen Produktes eine eingehende qualifizierte Beratung durch den Händler, so daß die Distribution über ausschließlich qualifizierte Absatzkanäle keine Diskriminierung gegenüber den weniger geschulten Händlern darstellt (vgl. *de Zoeten*, 1993, S. 200). Für die internationale Koordinationsproblematik, die sich für die Unternehmen durch die Homogenisierung der institutionellen Rahmenbedingungen oder das Angleichen des Kaufverhaltens ergibt, ist der Vertrieb über Händler, die ausschließlich nach qualitativen Gesichtspunkten ausgewählt werden, aber weniger von Bedeutung. Zwar wird über die Exklusion parallelimportierender Händler die Möglichkeit von Arbitrageprozessen eingeschränkt; dennoch ist aber nicht davon auszugehen, daß auf Endverbraucherseite nicht doch ein länderübergreifender Austauschprozeß stattfinden wird. Von daher muß es das Ziel der Hersteller sein, bei einer selektiven Vertriebsstrategie die ausgewählten Händler zu verpflichten, die Produkte nur an Endverbraucher bestimmter Zielländer zu vertreiben. Auch wenn diesen Vorschriften gemäß des Vertrages zur Gründung der Europäischen Wirtschaftsgemeinschaft in der Regel enge Grenzen gesetzt sind, ist in der Praxis immer wieder zu beobachten, daß die Händler aus Sorge darüber, ihre Händlerzulassung zu verlieren, den Anforderungen auf seiten der Hersteller gerecht werden. Vor allem die Drohung der Hersteller, Rabattkürzungen oder Kontingentierungen von Lieferungen vorzunehmen, ermöglichte in der Vergangenheit eine weitgehende Disziplinierung der Händler und damit einhergehend eine Reduzierung der Parallelimporte in vielen Branchen (vgl. *Krämer*, 1985, S. 93).

2.3.2.1.2.3 Grenzen der Angebotssteuerung am Beispiel der EU

Werden auf zusammenwachsenden Märkten Formen der Angebotssteuerung zur Reduktion nachfragerbezogener Rückkopplungen durch das internationale Unternehmen ergriffen, so sind hierbei häufig enge rechtliche Grenzen zu berücksichtigen. Da mit der Marktintegration das Ziel verfolgt wird, bislang separierte Märkte zu größeren Markträumen zusammenzufassen, um die Vorteile eines freizügigeren Waren-, Personal- oder Kapitalflusses zu realisieren (vgl. zu den Zielen zusammenwachsender Märkte Kap. D 1.2.1.1), werden unternehmensindividuelle Maßnahmen zur Reduktion nachfragerbezogener Rückkopplungen vor allem im Fall der Homogenisierungen institutioneller Rahmenbedingungen nicht selten von staatlicher Seite limitiert oder bei entsprechenden Zuwiderhandlungen sanktioniert. Dies geschieht insbesondere deshalb, weil die oben beschriebenen unternehmerischen Maßnahmen der Angebotssteuerung die ursprünglichen Ziele der Marktintegration konterkarieren.

Ein in jüngster Zeit vielbeachtetes Beispiel für eine institutionelle Sanktionierung unternehmerischer Maßnahmen zur Angebotssteuerung stellt der Versuch der EU-Kommission dar, den Automobilkonzern VW durch die Verhängung von Geldbußen dazu zu bewegen, von Maßnahmen der Angebotssteuerung zur Eingrenzung von Reimporten Abstand zu nehmen.

Die bereits an anderer Stelle aufgezeigten Preisdifferenzen für PKWs in Europa (vgl. Kap. D 2.3.1.1.2.1) sind i. e. L. das Ergebnis des Vertragshändlersystems im Automobilmarkt. So ist es den Automobilherstellern gelungen, ihre Vertragshändlersysteme im Binnenmarkt beizubehalten. Da es den Vertragshändlern nicht gestattet ist, PKWs verschiedener Hersteller zu vertreiben, und die Händler zudem verpflichtet sind, die PKWs jeweils über den länderspezifisch vom Hersteller festgelegten Vertriebsweg (z. B. über einen speziellen Generalimporteur) zu beziehen, können die Automobilhersteller das länderspezifische Preisniveau für ihre PKWs nahezu vollständig festlegen. Angesichts dieser umfassenden Händlersteuerung ist es den Herstellern möglich, ein hohes Ausmaß an Preisdifferenzierung innerhalb der EU aufrechtzuerhalten.

Beschwerden gegen VW und Audi beim Autovertrieb

Brüssel (dpa) - Die Europäische Kommission prüft, ob das italienische Vertriebsnetz der *Volkswagen AG, Wolfsburg*, und der *Audi AG, Ingolstadt*, gegen den Verbraucherschutz verstoßen hat. Wie die Behörde mitteilte, soll sich der gemeinsame italienische Generalimporteur der Unternehmen, *Autogerma*, geweigert haben, Kunden aus anderen EU-Staaten ein Fahrzeug zu verkaufen. Hintergrund ist , daß gleiche Autos innerhalb der EU zu verschiedenen Preisen angeboten werden. Das liegt unter anderem an unterschiedlichen Steuerregelungen und an der Preispolitik der Autokonzerne auf dem jeweiligen Markt.

Abb. D-81: Berichterstattung über den Diskriminierungsvorwurf gegenüber dem italienischen Generalimporteur von VW und Audi
(Quelle: Süddeutsche Zeitung, 29.11.1996, S. 25)

Brüssel droht VW mit Millionenbuße

Der Wolfsburger Konzern benachteiligt angeblich deutsche Autokäufer im Ausland

Von Winfried Münster

Seit acht Jahren beobachtet die EU-Kommission die Preise auf dem europäischen Automobilmarkt. Erst jetzt aber geht sie erstmals massiv gegen einen Hersteller vor, weil er angeblich Kunden wegen ihrer Nationalität diskriminiert. Der Beschuldigte ist VW.

Auf Verlangen des Wettbewerbskommissars Karel van Miert wird die Kommission Mitte Februar Geldbußen verhängen, die einem Unternehmen mit 100 Milliarden Mark Weltumsatz wehtun sollen. Zehn Prozent des Umsatzes auf den betroffenen Märkten bilden die Höchststrafe. Van Miert will ein Exempel statuieren: Die Buße soll in Zukunft jedem Gericht eine Handhabe gegen Autohersteller geben, die einen Kunden benachteiligen, nur weil der sein neues Auto nicht in einem Heimatland bestellt, sondern in seinem anderen EU-Staat, wo das Auto billiger ist.

Die Auto-Industrie ist kein Wirtschafts-zweig wie jeder andere. Normalerweise kann sich ein Händler auf dem freien europäischen Binnenmarkt mit Ware eindecken, wo er will, und sie verkaufen, wie er will. Nicht so beim Auto. Die Industrie hat ihre traditionelle Händlerbindung 1993 in den Binnenmarkt hinüberretten können. Sie ist 1995 zwar gelockert worden, im Kern aber intakt geblieben, und das bedeutet, daß sich der Händler exklusiv an eine Automarke bindet. Er darf keine Autos anderer Marken verkaufen, warten und reparieren, jedenfalls nicht in ein- und denselben Räumen in derselben Straße. Zwar berührt diese Exklusivität die Verkaufspreise nicht. In der Theorie kalkuliert der Händler sie frei. Tatsächlich aber bestimmt sie der Hersteller, weil er den Händler durch die Markenbindung fest im Griff hat.

Nach den europäischen Regeln muß ein niederländisches Autohaus einen deutschen Kunden zu denselben Preisen be-dienen wie den Einheimischen. Tatsächlich aber will der Autokonzern die gebotene Gleichbehandlung nicht zulassen, weil er ausnutzen will, daß sich die Gewinnmargen von Land zu Land unterscheiden. Also muß etwa der deutsche Fabrikant darauf achten, daß nicht in großem Stil Bestellungen vom teuren Deutschland ins billigere Holland verlagert werden und dadurch auf längere Sicht die Preise nivelliert werden. Ein VW-Händler in Großbritannien ist eigentlich frei, seine Autos nicht beim konzerneigenen Generalimporteur in London zu ordern, sondern beim Marken-Kollegen im preiswerten Portugal. So könnte er zu Hause die Preise senken, weil das britische Pfund im vergangenen Jahr gegenüber dem Escudo stark an Wert gewonnen hat. Tatsächlich aber wird der Hersteller die Preissenkung zu verhindern trachten, da er selbst die Pfund-Aufwertung als Gewinn einstreichen will.

Dem jüngsten Preisspiegel der EU-Kommission zufolge war die Standardausführung des VW Polo im Mai 1997 netto, abzüglich Steuern, in Großbritannien um 45 Prozent teurer als im billigen Portugal. Für den Golf mußte in England fast ein Drittel mehr bezahlt werden als im preiswerten Holland. Solche Spannen sind nach Ansicht der EU-Kommission entschieden zu groß. Sie erachtet unter Berücksichtigung von Wechselkursänderungen und unterschiedlicher Steuerbelastung allenfalls 18 Prozent als angemessen, und dies auch nur kurzzeitig. Dennoch unternahm die Kommission lange Zeit nichts. Schon vor fünf Jahren hatte der Europäische Verbraucherverband BEUC die EU darüber informiert, daß Händler in Niedrigpreis-Ländern gezwungen würden, Kunden aus teuren Ländern abzuweisen oder ihnen erheblich höhere Preise als den heimischen Kunden abzuverlangen. Im vergangenen Herbst machte das Deutsche Fernsehen bei VW-Händlern in Dänemark und Holland die Probe aufs Exempel und fand die Vorwürfe bestätigt.

Branchenführer im Fadenkreuz

Dies gilt jedoch nicht nur für VW. Daß ausgerechnet Europas Branchenführer ins Fadenkreuz der Wettbewerbshüter geriet, liegt am italienischen VW-Generalimporteur Autogerma, einer 100prozentigen VW-Tochter. Über sie hatten sich deutsche und österreichische Autokäufer in Brüssel beschwert. 1995 ließ die Kommission die Räume der Italiener durchsuchen. Dabei fand sich, wie zu hören ist, belastendes Material. Es fällt auf, daß in der EU nur die Preise der europäischen Massenhersteller Fiat, Renault, Peugeot, Opel, Ford und eben VW von Land zu Land stark differieren. Die Großserien-Firmen nutzen ihre starke Position auf den heimischen Märkten und verkaufen dort teuer. Im Ausland hingegen kämpfen sie mit aggressiver Preisgestaltung. Die Preise von Nobelmarken wie BMW und Mercedes-Benz schwanken dagegen in deutlich engeren Margen.

Der Wolfsburger Konzern hat womöglich am gründlichsten „Preispolitik" betrieben. VW fühlt sich im eigenen Land besonders stark, verkauft hier besonders teuer und reizt den preisbewußten Autokäufer mithin mehr als die Konkurrenz dazu, außer Landes auf Schnäppchenjagd zu gehen. Europa steht – neuerdings – auf seiner Seite.

EIN VW-HÄNDLER in Mailand. Beschwerden über die italienische Tochterfirma Autogerma wegen Diskriminierung deutscher und österreichischer Käufer riefen die EU-Kommission gegen VW auf den Plan. Photo: Fotogramma Ropi

Kampf um Märkte notfalls auch mit Subventionen

Autohersteller müssen sich mit ihren Preisen an den nationalen Bedingungen orientieren / VW bestreitet Regelverstöße

Von Meite Thiede

Nur mit Mühe gelingt es den Wolfsburger Autobauern, ihren Zorn gegen die Brüsseler Wettbewerbshüter zurückzuhalten. Volkswagen fühlt sich gescholten für nicht erledigte Hausaufgaben der EU-Kommission: Gäbe es keine Währungs- und Steuerunterschiede zwischen den Ländern der Gemeinschaft, dann gäbe es auch kein Preisgefälle für Autos, heißt es in Wolfsburg. Und umgekehrt: Das Thema sei vom Tisch, sobald der Euro eingeführt und die Steuern harmonisiert seien.

VW bestreitet, daß deutsche Privatpersonen im Ausland von den eigenen Händlern diskriminiert würden. Im Gegenteil: Das Unternehmen weise die VW- und Audi-Importeure ausdrücklich an, private Interessenten sowie deutsche VW- und Audi-Vertragshändler ungehindert zu beliefern. Einzel-fälle, in denen die Anweisungen umgangen würden, könnten freilich nicht ausgeschlossen werden.

Anders liegt der Fall allerdings bei konzernfremden Re-Importeuren, die aber nach den geltenden EU-Richtlinien auch gar nicht beliefert werden müssen. Ein solcher Zwischenhändler löst bei den Herstellern schon deshalb Unbehagen aus, weil bei ihnen die Gewährleistungspflicht liegt. In vielen Fällen könnten diese Händler die hohen Qualitätsversprechungen der Hersteller im Service gar nicht einhalten, heißt es bei VW. „Grau-Importeure sind Leute, deren Hundehütte größer ist als ihre Werkstatt", formuliert ein VW-Sprecher die Abneigung. Die Grau-Importeure leben von sogenannten Windfall Profits – Gewinnen, die sie nicht aus ihrer betrieblichen Leistung erzielen. Die Branche wandere und werde immer dort tätig, wo die Währungs- und Steuerunterschiede am größten seien.

Grundsätzlich gilt: In den Ländern, aus denen Billig-Importe kommen, haben die Hersteller die niedrigsten Gewinnmargen, bestätigt VW. Von Verlusten ist zwar nicht die Rede, aber ein Preisunterschied von 30 Prozent dürfte wohl selbst das effizienteste Kostenstruktur zunichte machen. Das Volumen der Grauimporte hält sich allerdings in Grenzen. In den Jahren 1993 bis 1996 wurden allein aus Italien jährlich rund 20 000 VW- und Audi-Fahrzeuge nach Deutschland reimportiert, aber seit die Lira an Kurswert aufgeholt hat, lohnt sich dieses Geschäft nicht mehr. 1997 wurden laut VW aus sämtlichen EU-Ländern zusammen nur noch rund 21 000 Volkswagen und Audis nach Deutschland reimportiert.

Die Preisbildung auf den europäischen Automärkten richtet sich nach den Wettbewerbsrelationen sowie nach Steuer- und Währungsunterschieden. VW versucht, die Wettbewerbsstruktur in Deutschland in etwa auch auf die anderen Länder zu übertragen. Das bedeutet, daß der Preisunterschied zwischen einem VW Golf und einem Fiat Bravo in Italien ungefähr dem Preisabstand zwischen diesen Konkurrenzmodellen in Deutschland entspricht. Steuern und Wechselkurse kann der Hersteller nicht beeinflussen, und deshalb wird der Preis diesen Faktoren angepaßt – zu Lasten der Marge. Die Märkte werden trotzdem bedient und notfalls subventioniert, weil gewonnenes Terrain nicht freiwillig aufgegeben wird. Verlorene Märkte kann man nur schwer zurückgewinnen, weiß VW spätestens nach den Erfahrungen in Nordamerika.

Abb. D-82: Berichterstattung über die Sanktionierung von VW wegen Angebotssteuerung (Quelle: Süddeutsche Zeitung, 9.1.1998, S. 2)

Da trotz dieser straffen Händlerbindung die Anzahl reimportierter PKWs in den vergangenen Jahren stark zugenommen hat und den Automobilherstellern hierdurch nicht unerhebliche Umsatzeinbußen entstanden sind, haben die Automobilhersteller nach Auffassung der EU-Kommission z. T. versucht, ihre Vertragshändler zu verpflichten, keine Reimporteure oder reimportierende Einzelkunden zu beliefern. Z. B. wurde dem Generalimporteur von Audi und VW in Italien, der Firma Autogerma, vorgeworfen, sich auf Geheiß von VW geweigert zu haben, Kunden aus anderen EU-Staaten ein Fahrzeug zu verkaufen (vgl. Pressebericht in *Abb. D-81*).

Hierin sieht die EU-Kommission eine Diskriminierung von Kunden wegen ihrer Nationalität und droht den jeweiligen Automobilherstellern mit z. T. drakonischen Strafen, die bis zu 10 % der Umsätze in den entsprechenden Ländermärkten betragen können (vgl. Pressebericht in *Abb. D-82*). Im Januar 1998 verhängte die EU-Kommission beispielsweise gegen VW eine Strafe in Höhe von rund 200 Mio. DM, da der Konzern trotz mehrmaliger Aufforderung von den o. g. Praktiken im italienischen Markt nicht abrückte. Zudem wurde VW verpflichtet, innerhalb von 2 Monaten das wettbewerbswidrige Verhalten im italienischen Markt abzustellen (vgl. *o.V.*, 1998a, S. 11).

2.3.2.2.2 Reduktion anbieterbezogener Rückkopplungen

Die Reduktion anbieterbezogener Rückkopplungen kann an organisatorischen und kostenstrukturbezogenen Maßnahmen ansetzen. Kosten und Organisationsstruktur erzeugen Schnittstellen und damit Koordinationsbedarf, der für die ländermarktbezogene Marktbearbeitung von Bedeutung ist.

2.3.2.2.1 Organisatorische Maßnahmen

2.3.2.2.1.1 Grundlagen organisatorischer Koordinationsinstrumente

Im Mittelpunkt der Diskussion der Koordinationsprobleme international tätiger Unternehmen auf *Managementebene* steht die Frage der Verteilung der Aufgaben zwischen den arbeitsteilig getrennten Organisationseinheiten und hier vor allem zwischen der Unternehmenszentrale und den nationalen Organisationseinheiten (vgl. *Meffert/Bolz*, 1998; *Porter*, 1989; *Hünerberg*, 1994). Ziel ist dabei eine optimale Verteilung aller im internationalen Zusammenhang anfallenden Aufgaben auf die einzelnen Organisationseinheiten und deren Koordination zur Gesamtzielerreichung. Der dieser Aufgabe zugrundeliegende Koordinationsbedarf entsteht aufgrund von *organisatorischen Schnittstellen*, die durch Arbeitsteilung entstehen (vgl. *Adam, D.* 1996). Die Aufteilung zusammenhängender Aufgaben auf organisatorisch getrennte Bereiche (z. B. Aufteilung der Aufgabe der Lieferung eines bestimmten Produktes an einen bestimmten Kunden zu einem bestimmten Zeitpunkt auf die Bereiche Beschaffung, Produktion, Vertrieb und Service) führt dabei zu einem Abstimmungsbedarf zwischen den Bereichen, da jeder den Grad der Erfüllung - in unterschiedlicher Weise - beeinflussen kann. Aufgabe einer Management-Koordination ist hier, durch Sicherstellung von Zielharmonie in und Informationsaustausch zwischen den Bereichen eine gesamtoptimale Aufgabenerfüllung zu gewährleisten.

In bezug auf die Marktbearbeitung sind solche organisatorischen Schnittstellen typischerweise durch *ländermarktbezogene Verantwortlichkeiten* für Marketingentscheidungen gegeben. Vor allem multinational organisierte internationale Unternehmen mit einem „starken" und mit vielfältigen Entscheidungsbefugnissen ausgerüsteten Ländermanagement weisen einen hohen Grad an organisatorischen Schnittstellen auf, wenn von den einzelnen nationalen Niederlassungen Ländermärkte bearbeitet werden, die starke Rückkopplungen zueinander aufweisen (vgl. *Bartlett/Ghoshal*, 1990). Aufgrund der informatorischen Abhängigkeiten der Marketingentscheidungen kann dann eine weitgehende Dezentralisierung der Entscheidungskompetenzen für die Marktbearbeitung zusätzliche (organisatorische) Koordinationsprobleme erzeugen. Dies gilt hingegen nicht, wenn die bearbeiteten Ländermärkte in bezug auf marktbezogene Rückkopplungen weitgehend unabhängig voneinander sind oder wenn aufgrund einer globalen Ausrichtung des Unternehmens die für die Marktbearbeitung wesentlichen Entscheidungsbefugnisse zentralisiert sind.

Diese Überlegungen zeigen, daß die Organisation eines internationalen Unternehmens einen erheblichen Einfluß auf das Ausmaß möglicher Koordinationsprobleme (nicht nur) im Internationalen Marketing ausübt (vgl. Kap. B 2.3.2). Auslöser des Koordinationsproblems ist die arbeitsteilige Organisation interdependenter (Teil-) Prozesse. Dabei sind unterschiedliche Formen der Arbeitsteilung realisierbar:

- *Horizontale Arbeitsteilung* – das Betrauen mehrerer Personen oder Institutionen mit dem gleichen Arbeitsprozeß zur Kapazitätserhöhung – führt zur Notwendigkeit einer Koordination im Hinblick auf die (zeit- und qualitätsgerechte) Erstellung des erforderlichen Gesamtvolumens der Ergebnisse dieses singulären Prozesses.

- *Vertikale Arbeitsteilung* (auch als Spezialisierung bezeichnet) – die Aufteilung eines Gesamtprozesses in Teilprozesse und deren Verteilung auf verschiedene Personen – führt dazu, daß diese zur Erstellung eines bestimmten Ergebnisses, für das verschiedene, sequentiell oder parallel ablaufende Prozesse erforderlich sind, aufeinander abgestimmt werden müssen. Die Suche nach größtmöglichen Spezialisierungsvorteilen mündet in funktionale Organisationsstrukturen, die typischerweise eine Unterteilung in Organisationseinheiten wie Entwicklung, Einkauf, Produktion und Vertrieb vornehmen.

Die Organisation der internationalen Unternehmenstätigkeit ist nach *Perlitz* (1995) eine Funktion des „Grades der Internationalisierung". Mit zunehmender Internationalisierung der Geschäftstätigkeit lassen sich folgende Stufen der Organisationsentwicklung unterscheiden (vgl. *Perlitz*, 1995, S. 611):

- Koordinationsstelle „Ausland";

- Geschäftsbereich mit Verantwortung für Auslandsmärkte;

- Internationale Struktur:

   - eindimensionale Zentralisierung von weltweit koordinierten Aufgaben;
   - Matrix-Struktur mit situationsspezifisch dominierender Kompetenz.

Die Koordination der Marketing-Aktivitäten wird unter der Annahme der Bearbeitung interdependenter Märkte zumeist erst dann relevant, wenn die Internationalisierung eines Unternehmens systematische Züge annimmt und einen signifikanten Umfang aufweist. Eine internationale Koordinationsstelle – in *Abb. D-83* am Beispiel eines Geschäftsbereichs mit internationaler Verantwortung dargestellt – ist dabei ein früher Organisationstyp von Unternehmen mit noch geringer Bedeutung der Auslandsaktivitäten.

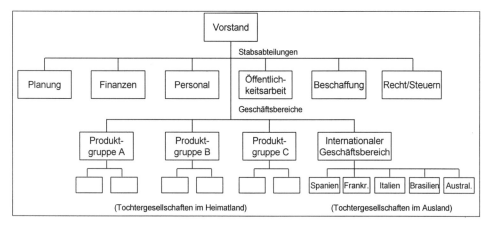

Abb. D-83: Internationale Koordinationsstelle am Beispiel des internationalen Geschäftsbereichs (Quelle: Perlitz, 1995, S. 606)

Fortgeschrittene internationale Unternehmen weisen nach *Perlitz* (1995) *Globalstrukturen* auf, wie sie in einfacher Form in *Abb. D-84* am Beispiel einer Produktstruktur dargestellt sind. Hierbei wird den Produktbereichen weltweite Verantwortung für alle produktbereichsbezogenen Funktionen zugewiesen.

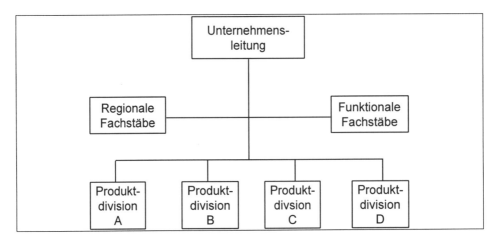

Abb. D-84: Globale Struktur am Beispiel einer Produktstruktur
(Quelle: Perlitz, 1995, S. 610)

In dem in *Abb. D-84* betrachteten Beispiel erfolgt die Koordination der Produktdivisionen durch die Unternehmensleitung, die dazu von regionalen und funktionalen Stäben unterstützt wird. Die Erfüllung der funktionalen Aufgaben erfolgt innerhalb der Produktdivisionen. Damit einher geht häufig auch eine divisionsbezogene Gewinnverantwortung. Die koordinierende Funktion der Unternehmensspitze ist tendenziell auf die Allokation von Investitionsmitteln und die Sicherstellung der Erreichung der Gesamtunternehmensziele reduziert.

Matrix-Strukturen kennzeichnet eine Kombination von funktions- und objektbezogener Organisation. Objekte sind Geschäftsbereiche in Form von Produktgruppen, Kundengruppen oder (Weltmarkt-) Regionen. Charakteristisch für die Matrix-Struktur ist die Trennung zwischen Matrix-Leitung, Matrix-Stellen und Schnittstellen (vgl. *Abb. D-85*).

Die Matrix-Leitung hat die Aufgabe, die Gesamtzielerreichung des Unternehmens sicherzustellen. Jeder Matrix-Stelle ist entweder eine funktionale oder objektbezogene Aufgabe zugeordnet. Die Schnittstelle leistet die konkrete funktional-objektbezogene Aufgabenerfüllung und verantwortet diese gegenüber einem funktionalen *und* einem objektbezogenen Vorgesetzten. Ziel der Matrix-Struktur ist – im hier betrachteten Beispiel – die simultane Koordination bestimmter Aufgaben in funktionaler und objektbezogener Hinsicht.

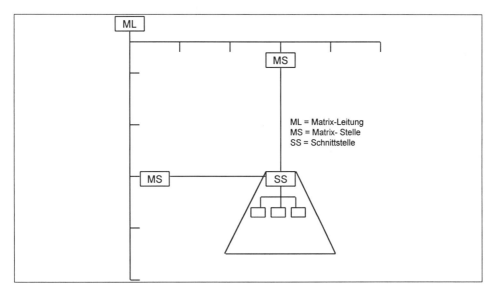

Abb. D-85: Matrix-Struktur
(Quelle: Bühner, 1996)

Unterschiedliche Organisationsstrukturen internationaler Unternehmen erfüllen unterschiedliche Koordinationsfunktionen. Die Organisationsstruktur selbst ist das *Ergebnis* führungspolitischer Entscheidungen (vgl. *Frese*, 1992). Folglich kann vorhandener Koordinationsbedarf durch organisatorische Maßnahmen gesteuert werden. Hierbei kommen Maßnahmen der *Entscheidungszentralisation* als auch der *Formalkoordination* im Rahmen bestehender Organisationsstrukturen in Betracht. Daneben ist auch die Organisationsstruktur selbst als ein mögliches Instrument der Koordination des Marketings in internationalen Unternehmen zu begreifen. Die von *Perlitz* (1995) getroffene Unterscheidung zwischen „frühen" und „fortgeschrittenen" Organisationsstrukturen internationaler Unternehmen reflektiert bereits deren Anpassung an unterschiedliche Rahmenbedingungen unternehmerischen Handelns.

2.3.2.2.1.2 Zentralisierung von Marketingentscheidungen

Die Verlagerung von Entscheidungskompetenzen bezüglich der Marktbearbeitung einer dezentralen Unternehmenseinheit (z. B. Ländervertretung) zur Unternehmenszentrale ist eine Maßnahme, die dazu beiträgt, organisatorische Schnittstellen zwischen interdependenten (Markt-)Entscheidungsproblemen zu beseitigen. Dies wird dann der Fall sein, wenn die jeweiligen Entscheidungsbefugnisse für alle von Rückkopplungen betroffenen Länder an *einer* Stelle im Unternehmen zentralisiert werden.

So könnte ein Hersteller von Pharmazeutika, der durch Koordination seiner länderspezifischen Preispolitik die Gewinnsituation des Gesamtunternehmens verbessern würde, den
Ländergesellschaften die Kompetenzen zur Preisetzung auf den von Rückkopplungen betroffenen Ländermärkten entziehen und einem internationalen Preismanager übergeben.
Wenn dieser die Möglichkeit hätte, koordinationsoptimale Preise für die einzelnen Ländermärkte zu identifizieren und zu implementieren, wäre das Problem der organisatorischen Schnittstellen weitgehend gelöst.

In der Praxis zeigen sich in bezug auf einzelne Marketingentscheidungen unterschiedliche Zentralisationsgrade (vgl. *Bolz*, 1992). Eine Reihe empirischer Untersuchungen weist übereinstimmend darauf hin, daß produktpolitische Entscheidungstatbestände wie Produktkerngestaltung und Markierung einen tendenziell hohen Zentralisationsgrad aufweisen, während insbesondere kommunikationspolitische Maßnahmen eher dezentral getroffen werden (vgl. *Wiechmann*, 1974; *Beutelmeyer/
Mühlbacher*, 1986; *Hedlund*, 1981). Preispolitische Maßnahmen zeigen demgegenüber einen stark schwankenden Zentralisationsgrad. Hier sind die empirischen Ergebnisse nicht eindeutig, was auf eine situationsspezifische Aufgabenverteilung zwischen Zentrale und nationalen Einheiten unter Berücksichtigung z. B. regionaler und
branchenbezogener Umstände schließen läßt. *Welge* (1989) stellt grundsätzlich fest,
daß Entscheidungen dann zentralisiert werden sollten, wenn

- das Entscheidungsproblem einfach strukturiert ist,

- die Verhältnisse auf dem Auslandsmarkt bekannt sind,

- eine schnelle Entscheidungsfindung nicht erforderlich ist,

- kurze Kommunikationswege zwischen den beteiligten Organisationseinheiten
  existieren,

- das Management im Ausland nur wenig qualifiziert ist und/oder

- das Auslandsengagement nur schwach ausgeprägt ist.

Der Erfolg der Zentralisation von Marketingentscheidungen in Form effizienteren
bzw. effektiveren Handelns liegt in den tatsächlichen Einflußmöglichkeiten der zentralisierten Instanzen gegenüber den Ländergesellschaften. Da die Bedeutung der
Vertreter des Unternehmens „vor Ort" durch eine Entscheidungszentralisation abnimmt, sind entsprechende Widerstände zu erwarten. Diese Widerstände werden um
so größer sein, je bedeutsamer die zentralisierten Kompetenzen in der Wahrnehmung
des nationalen Managements zur Begründung der eigenen Existenz sind und je größer die Gewinneinbußen sind, die auf nationaler Ebene aufgrund einer koordinierten
Politik zu erwarten sind.

Die Reduktion des marktbezogenen Koordinationsbedarfs durch Entscheidungszentralisation bezieht sich vornehmlich auf das Problem der *organisatorischen Abstim-*

mung zwischen den von Rückkopplungen betroffenen Unternehmenseinheiten. Dieses Problem wird durch Entscheidungszentralisation z. B. unter folgenden Bedingungen vereinfacht:

- Die zentralisierte Entscheidungsinstanz erzeugt eine *Abstimmung von Zielsetzungen* (Zielharmonie) zwischen den ländermarktspezifischen Marketingentscheidungen, indem Gesamtgewinnmaximierung unter Berücksichtigung von Rückkopplungen zwischen den Ländermärkten betrieben wird. Dies ist gleichbedeutend mit einer stärkeren Fokussierung ländermarktspezifischer Maßnahmen auf ihre Auswirkungen auf andere Ländermärkte.

- Zentralisation sorgt für einen schnelleren Fluß von Informationen zwischen den Organisationseinheiten und damit für eine *schnellere* koordinationsoptimale Entscheidungsfindung. Dies kann allerdings nur dann von Bedeutung sein, wenn die Schnelligkeit der Entscheidungsfindung dem Unternehmen einen eigenständigen Nutzen stiftet.

Die Zentralisation der Zuständigkeit für interdependente ländermarktbezogene Marketingentscheidungen stellt hingegen noch keine Reduktion der *informatorischen* Schnittstellen zwischen den Marketingentscheidungen dar. Die Aufgabe der Identifikation einer koordinationsoptimalen Politik wird von der organisatorischen Struktur der Entscheidungsfindung nicht berührt. Diese stellt sich bei zentraler wie auch bei dezentraler Organisation in grundsätzlich gleicher Weise. Der Beitrag organisatorischer Maßnahmen zur Reduktion des Koordinationsbedarfs beschränkt sich daher bestenfalls auf die Schaffung besserer Voraussetzungen zur Lösung von Koordinationsproblemen.

2.3.2.2.1.3 Formalkoordination durch Prozeßstandardisierung

Im Unterschied zur Zentralisation interdependenter Marketingentscheidungen kann sich die Formalkoordination - je nach Ausgestaltung - durch die Einflußnahme auf die Entscheidungsfindung auch auf die informatorischen Schnittstellen beziehen. Unter Formalkoordination in bezug auf bestimmte Entscheidungsprobleme soll hier ein einheitliches System von Regeln zur Beschreibung und Lösung dieser Probleme verstanden werden (technokratische Koordinationsmechanismen, vgl. hierzu *Hünerberg, 1994*). Unter formale Koordinationsmaßnahmen fallen alle Ansätze zur Standardisierung von Informations-, Planungs-, Steuerungs- und Kontrollprozessen bei der Entwicklung und Durchsetzung von Marketingmaßnahmen. Die unternehmensweite Vereinheitlichung der Vorgehensweise bei der Entscheidungsfindung wird im Internationalen Marketing als *Prozeßstandardisierung* bezeichnet (vgl. *Kreutzer, 1989*). Ein formalkoordinierender Ansatz könnte demnach vorsehen, der Interdependenz nationaler Marketingentscheidungen durch die zwangsweise Einbeziehung internationaler Auswirkungen nationaler Entscheidungen und Anpassung an das Gesamtoptimum der Unternehmung Rechnung zu tragen.

> Nationale Tochtergesellschaften mit eigenen F&E- und Produktionskapazitäten könnten z. B. durch Vorgabe von Entscheidungsregeln dazu gezwungen werden, die Auswirkungen eines hohen Produktdifferenzierungsgrades gegenüber den Angeboten anderer Tochtergesellschaften nicht nur in bezug auf die eigene, sondern auch bezüglich der Kostenpositionen anderer Tochtergesellschaften zu berücksichtigen. Ein höherer Standardisierungsgrad könnte eine Vereinheitlichung des Angebotes auf zwei Ländermärkten und in der Folge ein „Poolen" der Produktionskapazitäten mit synergetischen Kostenwirkungen (economies of scale) ermöglichen. Diese Veränderung von Entscheidungsgrundlagen kann zu koordinationsoptimalen Lösungen führen.

Die Standardisierung von Entscheidungsprozessen wird im Internationalen Marketing vorwiegend unter Effizienzgesichtspunkten betrachtet. Dies wird an den damit verbundenen Zielen deutlich (vgl. *Landwehr*, 1988; *Kreutzer*, 1986; *ders.*, 1987; *ders.*, 1989):

- Entlastung der Planungs- und Entscheidungsinstanzen durch eine standardisierungsbedingte Reduktion von Unsicherheiten und Komplexität als Folge der Festschreibung der jeweils einzubeziehenden Entscheidungsdeterminanten,

- Realisierung organisatorischer Rationalisierungspotentiale,

- Vereinfachung der Koordination durch Schaffung von Transparenz der Entscheidungsfindung,

- Erleichterung länderübergreifender Controllingmaßnahmen und

- Sicherstellung einer Abstimmung länderspezifischer Maßnahmen.

Kreutzer (1989) unterscheidet bei der Prozeßstandardisierung zwischen einer maßnahmenauslösenden Problemstellung und einer aus der jeweiligen Problemstellung resultierenden Aktivitätenfolge. Die Problemstellung definiert einen Anlaß, der grundsätzlich das Ergreifen von Optimierungsmaßnahmen erfordert. Als solche sind z. B.

- das Eintreten neuer Wettbewerber in einen Ländermarkt,

- die Veränderung von Transaktionskosten von Arbitrageuren,

- die Veränderung des Ausmaßes der Integration der bearbeiteten Ländermärkte,

- die zunehmende Internationalisierung der Unternehmung und die sich daraus ergebenden Rückkopplungen (z. B. Kostenveränderungen)

denkbar.

Koordinationsintensität und Ausmaß der Prozeßstandardisierung

Die o. g. Anlässe sind durch das Vorschreiben von Reaktionen Auslöser für das Ergreifen anpassender oder gegensteuernder Aktivitäten, wobei deren Struktur und inhaltliche Dimensionen in unterschiedlicher Detaillierung vorgeschrieben werden können. Entsprechend lassen sich unterschiedliche Standardisierungsintensitäten mit unterschiedlicher Regelungsintensität (umfassende Prozeßstandardisierung, Rahmenstandardisierung ('guidelines'), rudimentäre Prozeßstandardisierung) unterscheiden (vgl. *Hill/Fehlbaum/Ulrich*, 1981). Fraglich ist, welches Ausmaß an Prozeßstandardisierung optimal ist, da mit zunehmender Regelungsintensität die Effizienzvorteile zunehmen, aber gleichzeitig auch die gefundenen Lösungen tendenziell an Innovativität und damit Effektivität verlieren. Die Entscheidung über das Ausmaß der Prozeßstandardisierung wird dabei von einer Reihe von Einflußfaktoren bestimmt (vgl. auch *Kreutzer*, 1989):

- Vorhersehbarkeit künftiger Planungssituationen

In einer Unternehmung können Planungsprozesse nur für solche Situationen fixiert werden, die zum Zeitpunkt der Festlegung bereits annähernd bekannt und vorhersehbar sind. Für außergewöhnliche Unternehmenssituationen können standardisierte Planungsabläufe daher nicht vorgegeben werden; bei diesen ist ein flexibles und situationsabhängiges Planen erforderlich. Zu vorhersehbaren Planungssituationen läßt sich z. B. die Mediaplanung zählen, wohingegen sich die Neuproduktentwicklung für die Zukunft nur schwer prognostizieren läßt.

- Wiederholbarkeit der Planungsschritte

Hierbei geht es um die Frage, ob sich Planungssituationen nur einmalig ergeben oder ob sie sich im Zeitablauf wiederholen und somit auch eine Wiederholbarkeit der anzuwendenden Planungsschritte vorliegt. Allein im letzterem Fall bietet sich eine Standardisierung an, weil nur hier die Möglichkeit zu routiniertem Verhalten besteht.

- Klassifizierung der Problemstellung

Zu einer Vereinheitlichung der Planungsabläufe kann es innerhalb von Unternehmen nur dann kommen, wenn beim Eintritt eines Planungsanlasses keinerlei Schwierigkeiten hinsichtlich der Frage bestehen, welcher Klasse von Planungsszenarien die eintretende Situation zuzurechnen und welche Vorgehensweise innerhalb der Planung anzuwenden ist.

- Fixierbarkeit der Planungsschritte

Planungsschritte lassen sich nur für solche Planungssituationen festlegen, die sowohl durch eine operationale Zielformulierung als auch durch existierende Lösungsalgorithmen gekennzeichnet sind. Erfordern Situationen hingegen „echte Entscheidungen", so muß auf eine Standardisierung verzichtet werden.

Neben den o. g. Einflußfaktoren müssen jedoch auch die umweltbedingten Voraussetzungen erfüllt sein bzw. muß eine Nicht-Erfüllung ausgeschlossen werden können, damit eine Vereinheitlichung der Planungsprozesse im Rahmen der Marketingplanung möglich ist. Zu den umweltbedingten Voraussetzungen sind *Stabilität* und *Homogenität der Umwelt* zu rechnen.

- Stabilität der Umwelt

Als Maßstab für die Stabilität der Umwelt wird in der Literatur vorgeschlagen, die Anzahl der Umweltsituationsänderungen, das Ausmaß der Veränderungen und die Regelmäßigkeit der Veränderungstendenzen zu verwenden (vgl. u. a. *Duncan*, 1972; *Kieser/Kubicek*, 1992; *Kreutzer*, 1989). Eine solche Aufspaltung der Stabilitätsdimension gestaltet sich jedoch für den Bereich des Internationalen Marketings als äußerst schwierig, da international agierende Unternehmen auf jedem einzelnen Auslandsmarkt mit einer eigenen Umwelt konfrontiert werden. Daher wird sich die Beurteilung der Stabilität der Umwelt in aller Regel nicht objektivieren lassen, wie es o. g. Versuche suggerieren. Die Entscheidungsträger sind statt dessen auf ihre subjektive Wahrnehmung und Einschätzung angewiesen.

Für die Belange der Prozeßstandardisierung gilt, daß sich der Einsatz standardisierter Prozesse immer dann als problematisch erweist, wenn die Umwelt, eigentlich die Umwelten eines Unternehmens insgesamt als instabil eingestuft werden. In solchen Fällen erlaubt eine weitgehende Standardisierung der unternehmensinternen Marketingprozesse kein unverzügliches Reagieren auf wie auch immer ausgestaltete Änderungen der Umweltbedingungen.

- Homogenität der Umwelt

Für die Frage, welcher Grad von Prozeßstandardisierung für einzelne Unternehmen optimal ist, ist die Beziehung zwischen den relevanten Umweltfaktoren wichtig. Im Grundsatz gilt dabei, daß eine Prozeßvereinheitlichung um so limitierter ist, je heterogener die Beziehung der relevanten, auf die Entscheidung Einfluß nehmenden Umweltfaktoren ist. Dabei entsteht eine Limitierung nicht nur durch die Heterogenität von verschiedenen Umweltfaktoren, sondern auch dadurch, daß sich gleiche

Umweltfaktoren - z. B. Interessengruppen - zwischen verschiedenen bearbeiteten Ländermärkten unterschiedlich darstellen.

Koordination auf interdependenten Märkten durch Prozeßstandardisierung

Entscheidend für den Erfolg der Prozeßstandardisierung als Instrument zur Formalkoordination von Marketingentscheidungen ist die Fähigkeit zur Erfassung der relevanten, Interdependenzen erzeugenden Einflußfaktoren auf Marketingentscheidungen im internationalen Zusammenhang (vgl. Kapitel B 2.3.2). Ein bedeutsamer Effekt der Formalkoordination durch Prozeßstandardisierung liegt schon in der Definition von Situationen, die bestimmte Personen oder Organisationseinheiten im Unternehmen zu Reaktionen zwingen. Damit ergibt sich die Möglichkeit, koordinationsrelevante Situationen als Auslöser miteinzubeziehen und eine Auseinandersetzung damit herbeizuführen. Diese Möglichkeit sollte nicht unterschätzt werden, da hiermit automatisch eine *Priorisierung koordinationsrelevanter Situationen* durch Erzwingen von Reaktionen (Analyse der Situation, Ergreifen adäquater Maßnahmen) erfolgt. Aus Sicht einzelner Ländermanager kann z. B. die Bedeutung der Veränderung von Transaktionskosten von Arbitrageuren oder die Bedeutung der Veränderung des Ausmaßes der Integration des bearbeiteten Ländermarktes höchst unterschiedlich sein.

> Italienische VW-Händler, deren Absatz durch den Einkauf deutscher Reimporteure ansteigt, werden nicht automatisch davon ausgehen, daß diese Entwicklung u. U. einer Korrektur bedarf. Ihre Zielfunktion wird sich von der der VW AG unterscheiden. Gleiches könnte auch für die deutsche Niederlassung der VW AG in Italien gelten, die die Notwendigkeit einer Reaktion entsprechend anders einschätzt als die Muttergesellschaft in Deutschland.

Neben der Definition und Priorisierung koordinationsrelevanter Situationen ist die Prozeßstandardisierung ein Instrument zur inhaltlichen Bestimmung - je nach Detaillierungsgrad - der jeweils als Reaktion auf eine koordinationsrelevante Situation erforderlichen Schritte und Maßnahmen (zur Bestimmung von Reaktionsmustern vgl. *Kreutzer*, 1989). Hiermit kann das nationale Management zur Berücksichtigung der Auswirkungen seines Handelns auf andere Ländermärkte und die Gesamtsituation der Unternehmung angehalten werden. Ein konkretes Regelwerk, z. B. in Form von Planungs- und Kontrollhandbüchern, kann die bei der Reaktion zu beachtenden Ziele und situationsspezifisch grundsätzlich geeignete Maßnahmen vorschreiben. Damit werden von vornherein die organisatorischen Schnittstellen zwischen den Organisationseinheiten überwunden. Darüber hinaus beschreiben solche Entscheidungsregeln konkrete Ansätze zur Behandlung informatorischer Schnittstellen bei der internationalen Marketingkoordination.

Kreutzer (1989) stellt zu Recht fest, daß die Erarbeitung von Reaktionsmustern eine komplexe Aufgabe darstellt, die dem eigentlichen Ziel der Komplexitätsreduktion durch Prozeßstandardisierung entgegensteht. Problematisch ist daran vor allem das Bemühen, koordinationsoptimale Handlungsprozeduren zu finden, die auch in unterschiedlichen Situationen verwendet werden können. Ihre Anwendungsbereiche und damit ihre Koordinationswirkungen sind ansonsten stark begrenzt. Dieses Problem steht mit dem Detaillierungsgrad prozeßstandardisierender Regelungen in Zusammenhang. Weniger detaillierte Prozesse ('guidelines') lassen hier mehr Spielräume und Anpassungsmöglichkeiten zu. Letztlich ist damit die Koordination durch Prozeßstandardisierung ein „trade off" zwischen der Flexibilität der Regelungen und ihrer prozeßbedingten (Standard-)Koordinationsqualität.

2.3.2.2.1.4 Koordination durch Anpassung der formalen Organisationsstruktur

Organisationen sind soziale Gebilde, die eine formale Struktur aufweisen, mit deren Hilfe die Aktivitäten der Organisationsmitglieder auf ein bestimmtes Ziel hin ausgerichtet werden sollen (vgl. *Kieser/Kubicek*, 1992). Diese koordinierende Funktion formaler Organisationsstrukturen wird auch als Integration bezeichnet. Die Organisation ist in diesem Sinne ein *Instrument* zur Erreichung von Zielen und als solches ein *Gestaltungsobjekt*. Eine Anpassung der Organisationsstruktur im Hinblick auf die Bearbeitung interdependenter Ländermärkte kommt in Betracht, wenn – vereinfacht und unter Vernachlässigung weiterer möglicher Einflußfaktoren – z. B. die Spezialisierungserträge der Arbeitsteilung niedriger sind als die Koordinationskosten (vgl. Kap. B 2.3.2). Eine derartige Organisationsstruktur sowie auch jede andere Struktur wäre suboptimal, die marginalanalytisch betrachtet nicht die Differenz zwischen Spezialisierungserträgen und Koordinationskosten maximiert.

Wie bereits diskutiert, erzeugt die Organisationsstruktur organisatorische Schnittstellen zwischen arbeitsteilig voneinander getrennten Arbeitsbereichen im Unternehmen. Die Überwindung dieser Schnittstellen kann durch eine geeignete Anpassung der formalen und informalen Organisationsstruktur in der hier diskutierten Weise erleichtert werden. Informatorische Schnittstellen zwischen ländermarktbezogenen Marketingentscheidungen werden dadurch nicht berührt. So sind z. B. die koordinationsoptimalen, gesamtgewinnmaximierenden Ländermarktpreise völlig unabhängig von der Organisationsstruktur festzusetzen. Dies ist ein eigenständiges Problem. Der Hinweis auf diesen Sachverhalt erscheint insofern wichtig, als daß die Anpassung der Organisationsstruktur zunächst als ein Mittel zur *Erleichterung* koordinierender Prozesse im Unternehmen betrachtet werden muß. Eine koordinierende Wirkung auf interdependente Marketingentscheidungen muß diese per se nicht entfalten. Hierzu sind noch die informatorischen Schnittstellen zu überwinden, indem

z. B. voneinander abhängige Marketingentscheidungen simultan getroffenen werden. Die Organisation ersetzt in diesem Sinne nicht die Anpassung der Vorgehensweise bei der Entscheidungsfindung im Internationalen Marketing.

Die Diskussion unterschiedlicher Organisationsprinzipien internationaler Unternehmen (vgl. Kap. D 2.3.3.2.1.1) hat verdeutlicht, daß zwischen relativ einfachen, eindimensionalen Organisationsstrukturen - wie einem für alle Auslandsmärkte gemeinsam zuständigen Geschäftsbereich oder einer globalen Produktstruktur - und komplexeren, mehrdimensionalen Matrix-Strukturen unterschieden werden kann. Im Hinblick auf die ökonomischen Bestimmungsfaktoren von Organisationsstrukturen sind die Domänen der Einfachstrukturen in folgenden Situationen zu finden:

- bei einem für die Auslandsmärkte zuständigen, separaten Geschäftsbereich hohe Spezialisierungserträge erzielbar sind, gleichzeitig aber nur geringer Koordinationsbedarf zu den „nationalen" Aktivitäten auf dem Heimatmarkt anfällt, oder

- bei einer globalen Produktstruktur die einzelnen Produktdivisionen bei Erzielung hoher Spezialisierungserträge kaum Rückkopplungen zueinander aufweisen.

Geringer Koordinationsbedarf zwischen nationalen und „ausländischen" Marketingaktivitäten wäre dann gegeben, wenn der Heimatmarkt keinerlei Interdependenzen zu den Auslandsmärkten aufweist. Wenig realistisch erscheint dies dort, wo aus einer ethnozentrisch orientierten Strategie heraus im Ausland gleichartige Zielmärkte gesucht werden oder wo bei einer geozentrischen Strategie große Synergievorteile gesucht werden. Im Ergebnis erscheinen also einfache internationale Organisationsstrukturen nur dann adäquat, wenn der Koordinationsbedarf zwischen den ländermarkt- oder produktbezogenen Organisationseinheiten gering ist. In diesem Fall sind organisationsbezogene Entscheidungen relativ einfach zu fällen.

Problematischer wird dies, wenn die Aktivitäten der einzelnen Organisationseinheiten nicht rückkopplungsfrei voneinander durchgeführt werden können, wenn also im Sinne von *Hax* kein vollständig dekomponierbares System vorliegt (vgl. Kap. B. 2.3.2). In der Praxis wird dies ein häufig anzutreffender Fall sein, spielen doch bei der Frage der Gestaltung der Breite unternehmerischer Aktivitäten die erzielbaren Synergien oder „economies of scale" eine zentrale Rolle. Sind diese aber signifikant, wären die einzelnen Aktivitäten nie vollständig voneinander abtrennbar.

Starke Rückkopplungen zwischen Ländermärkten mögen ein Unternehmen dazu bewegen, zunächst – in Form einer Zentralisation von Maßnahmen – eine Zusammenführung aller Marketing-Aktivitäten für stark interdependente Ländermärkte durchzusetzen. Dies könnte z. B. zur Gründung von Produktdivisionen mit globaler Vermarktungsverantwortung führen. Damit würden jedoch eventuell bestehende Interdependenzen zwischen den Produktdivisionen (z. B. gemeinsame Produktions- und F&E-Kapazitäten) abgetrennt. Es könnte dann sinnvoll werden, komplexere,

mehrdimensionale Matrix-Strukturen zu wählen, um einer Nicht-Dekomponier-
barkeit des Systems „Unternehmen" stärker gerecht zu werden.

Vorteilhaft an Matrix-Organisationen ist die simultane Koordination der Aktivitäten
nach unterschiedlichen Anforderungen (vgl. *Bühner*, 1996). Eine nach (globalen)
Produktmärkten *und* Funktionen strukturierte Matrix führt im Idealfall zur Erfüllung
der Aufgaben im Unternehmen nach Maßgabe beider Dimensionen. Tatsächlich wird
dies nur dann erzielt, wenn die zwischen Produktdivisionen und Funktionen auftretenden Zielkonflikte – nur bei solchen Zielkonflikten ist die gleichzeitige Betrachtung beider Dimensionen überhaupt erforderlich – kooperativ und im Sinne des Gesamtunternehmens gelöst werden. Dafür spielt die Verteilung der Weisungsbefugnis
zwischen den Matrixstellen eine zentrale Rolle. Nur wenn jede Schnittstelle den beiden Matrixstellen einer zweidimensionalen Matrix gleichrangig zugeordnet ist, kann
dies auch erreicht werden. *Leumann* spricht in diesem Fall von einer „reifen Matrix"
(*Leumann*, 1980).

Eine reife Matrix mit gegenüber den Schnittstellen gleichrangigen Matrixstellen
stellt hohe Anforderungen an die Stelleninhaber. Denn verlangt wird, daß diese multiple und aus den o. g. Gründen häufig konfliktäre Zielsetzungen in für das Gesamtunternehmen vorteilhaftes Handeln umsetzen können. Dies bedingt eine entsprechend hohe Informationsverarbeitungskapazität der betroffenen Mitarbeiter (vgl.
Bühner, 1996). Auch wenn dies gegeben sein sollte, ist eine Matrix-Organisation
gleichbedeutend mit einer relativ hohen Zahl von vornehmlich mit Koordinationsaufgaben betrauten Mitarbeitern und entsprechend hohen Koordinationskosten. Diese können nur dann gerechtfertigt sein, wenn auch wirklich höhere Spezialisierungserträge damit realisiert werden können. In der Realität scheint dies nicht immer
möglich zu sein. Mehrdimensionale Matrix-Organisationen sind auch aus diesem
Grund z. T. stark kritisiert worden. Diese Kritik geht so weit, daß man deren Anwendung nur als „ultima ratio" empfiehlt (vgl. *Davis/Lawrence*, 1977). Ursächlich
dafür ist die Erkenntnis, daß die Abhängigkeit eines Schnittstellen-Inhabers von
zwei gleichberechtigten Vorgesetzten mit ganz unterschiedlichen Interessenlagen
und Zielsetzungen häufig nicht zu optimaler Koordination, sondern faktisch zu un-
sachgemäßen Kompromissen, Problemverdrängung (Nicht-Entscheidung) oder Fokussierung auf unternehmensinterne Probleme statt auf Kunden und Konkurrenten
führt.

Mehrdimensionale Organisationsstrukturen müssen also trotz ihrer theoretischen
Eleganz zur Lösung realer Koordinationsprobleme mit Skepsis betrachtet werden.
Fraglich ist also, wie ein Unternehmen auf zunehmende Interdependenzen zwischen
den Ländermärkten organisatorisch reagieren sollte. Realiter wäre es wohl schon als
ein weitgehender *erster Schritt* anzusehen, Abhängigkeiten zwischen den bearbeiteten Ländermärkten als ein für das Unternehmen zentrales Problem in der Unterneh-

mensführung anzuerkennen und für dieses Problem Wahrnehmung und Akzeptanz unter den relevanten Führungskräften und deren Mitarbeiter zu erzeugen. Von Bedeutung erscheint dies deshalb, weil es wohl der wichtigste Schritt hin zu wirklich gewollter und auch tatsächlich implementierter Koordination ist. Das „Kennen" des Problems ist der Anfang der Suche nach einer adäquaten Lösung. Hierzu bedarf es noch keiner Änderungen der formalen Organisationsstruktur. Deren Änderung aufgrund von ländermarktbezogenen Interdependenzen wird auch nur bei einem solchen „Kennen" von den betroffenen Mitarbeitern akzeptiert werden.

Koordination fußt auf Kommunikation, der Überwindung informatorischer Schnittstellen zwischen organisatorischen Einheiten. Als *zweiter Schritt* empfiehlt sich daher die Etablierung von Kommunikationskanälen zwischen interdependenten Stellen. Wenn Ländermarktpreise gegenseitig voneinander abhängig sind, sollten die dafür zuständigen Manager ihre Informationen austauschen und sich bei der Preisfestlegung abstimmen. Dies kann in selbstorganisierter Form geschehen, sofern dies zielführend ist. Auch dazu sind Eingriffe in die formale Struktur nicht unbedingt erforderlich. Erst wenn dauerhafter und signifikanter Koordinationsbedarf zwischen Organisationseinheiten entsteht, erscheint als *dritter Schritt* ein solcher formaler Eingriff sinnvoll. Für diesen wird es dann auch Akzeptanz geben, wenn zunächst die ersten beiden Schritte durchlaufen wurden.

2.3.2.2.1.5 Koordination durch Verhaltenssteuerung

Ziel der Koordination von Maßnahmen ist die Einflußnahme auf das Entscheidungs- und Ausführungsverhalten der einzelnen Organisationsmitglieder zum Wohle der Gesamtunternehmung. Dieses Ziel kann auch durch Maßnahmen der Verhaltenssteuerung erreicht werden. Hierzu zählen folgende Instrumente (vgl. *Hax*, 1965):

- Unternehmenskultur (Verhaltensnormen),
- Auswahl und Fortbildung von Entscheidungsträgern,
- Anreizsysteme,
- Zielsysteme.

Unternehmenskultur

Die formale Organisationsstruktur stellt nur einen Teil der koordinierenden Instanzen eines Unternehmens dar. Jede Organisation entwickelt auch informale Organisationsstrukturen, die koordinierend wirken. Als solche spielt die Unternehmenskultur als Summe der im Unternehmen geltenden, von den Unternehmensmitgliedern geteilten spezifischen Werte und Normen eine zentrale Rolle (vgl. *Kieser/Kubicek*, 1992; *Deal/Kennedy*, 1982). Solche über Sozialisationsprozesse neuer Unternehmensmitglieder vermittelten „do's and don'ts", bei denen Vorbilder („Helden") und Rituale eine wichtige Rolle spielen, können starke, verhaltenssteuernde Effekte entfalten. Diese verhaltenssteuernden Effekte können sich positiv, aber auch negativ auf die erwünschte Verhaltenskoordination auswirken.

> Die Bedeutung der Unternehmenskultur für die Koordination beruht auf der verhaltenslenkenden Wirkung eines solchen, durch Werte und Normen herbeigeführten „normativen Managements" (*Ulrich*, 1983). Das Management hat zu dessen Realisierung die Aufgabe, ein solches System normativer Regeln zu entwerfen (vgl. *Beyer*, 1993). Dieses System soll „das Verhalten der Institution auf Werte und Ziele hin lenken. Im Gegensatz zum Lenken besteht das Gestalten nicht darin, einzelne Normen und das Verhalten in aktuellen Situationen festzulegen, sondern eine sinnvolle Ordnung abstrakter Normen zu schaffen, welche vor allem unerwünschtes Verhalten verbieten, also Verhaltensfelder [...] festlegen" (*Ulrich*, 1983, S. 147).

Bei zunehmenden Interdependenzen zwischen den bearbeiteten Ländermärkten sind im Unternehmen weitverbreitete Werte und Normen von großer Bedeutung, die das Verfolgen gesamtunternehmensbezogener Ziele in den Vordergrund stellen und das Befriedigen von Bereichsegoismen verhindern. Eine in diese Richtung zielende Beeinflussung der Werte und Normen eines Unternehmens ist folglich als ein wichtiges organisationsbezogenes Koordinationsinstrument anzusehen.

Auswahl und Fortbildung von Entscheidungsträgern

Sind die aktuellen und potentiellen Führungskräfte des Unternehmens in unterschiedlichem Maße dazu bereit, im Interesse des Gesamtunternehmens zu handeln, kann deren Auswahl für weitere Führungsaufgaben anhand dieses Kriteriums koordinierende Wirkung auslösen. Voraussetzung dafür ist, daß diese Bereitschaft auch objektiv gemessen werden kann. Hintergrund für die Bedeutung dieses Kriteriums ist der aus der Strategieforschung bekannte signifikante Einfluß der „Wollens-Komponente" auf die erfolgreiche Umsetzung von Strategien in entsprechendes, strategiekonformes Verhalten (vgl. *Hilker*, 1993).

Ziel einer entsprechenden Auswahl von Führungskräften ist eine dem Unternehmen und nicht seinen Bereichen verpflichtete Schicht von Top-Managern, die als Multiplikatoren den Koordinationsgedanken in das gesamte Unternehmen hineintragen. Besondere Bedeutung haben diese Führungskräfte im Unternehmen dort, wo der Hang zur Verfolgung von Bereichszielen, die für das Unternehmen schädlich sind, am höchsten ist. Deren Vorbildfunktion sollte mittel- bis langfristig zur Veränderung der Unternehmenskultur beitragen.

Die Herausforderung bei einer Koordination über die Auswahl von Führungskräften besteht darin, die Motivation von Individuen zur Verfolgung unternehmensbezogener Ziele meßbar zu machen und diese Motivation über die Zeit zu erhalten. Gemessen werden können muß die Motivation, um eine leistungsfähige Auswahl daran knüpfen zu können. Sie muß zudem erhalten werden, um bei anhaltenden Interdependenzen ihre Wirkung über den Moment hinaus zu sichern.

Koordination über die Auswahl von Führungskräften kann nur dann erfolgreich sein, wenn ein genügend großes Potential geeigneter Kandidaten inner- und außerhalb des Unternehmens zur Verfügung steht (vgl. *Hax*, 1965). Aus- und Fortbildung im Sinne einer *Führungskräfteentwicklung* kann notwendig werden, um dieses Potential bereitzustellen. Hierzu sind entsprechende Programme und Inhalte zu entwickeln. In deren Mittelpunkt steht die Vermittlung der Notwendigkeit, Zielsetzung und Ansätze internationaler Marketingkoordination („Kennen").

Anreizsysteme

Das Verhalten von Führungskräften und Mitarbeitern wird von Anreizsystemen beeinflußt. Anreizsysteme beinhalten einkommensbezogene und nicht-einkommensbezogene Bestandteile. Nicht-einkommensbezogene Bestandteile von Anreizsystemen sind z. B. persönliche Entwicklungsmöglichkeiten und Anerkennung oder der erreichbare Status im Unternehmen. Eine zielgerechte Gestaltung von Anreizsystemen bedingt zunächst, daß „gute" Entscheidungen einzelner Mitarbeiter (koordinationsoptimale Entscheidungen) im Sinne des Gesamtunternehmens von „schlechten" Entscheidungen (Verfolgung individueller oder bereichsbezogener Zielsetzungen) unterschieden werden können. Zweitens ist zu beachten, daß die Wirkung von Anreizsystemen vom kulturellen Kontext abhängig ist (vgl. *de Pay*, 1989). Die Identifikation „guter" Entscheidungen ermöglicht es dann, daran im jeweiligen Kontext wirksame positive Sanktionen zu koppeln. „Schlechte" Entscheidungen können dementsprechend mit negativen Sanktionen belegt werden. Eine koordinierende Wirkung von Anreizsystemen ergibt sich, wenn die Anreize tatsächlich ein entsprechend aufeinander abgestimmtes Verhalten der Mitarbeiter erzeugen. Ein kulturell unterschiedlicher Hintergrund der Mitarbeiter führt dann dazu, daß unterschiedliche Anreizsysteme zur Realisierung des gleichen Ziels erforderlich sind.

Zielsysteme

Eine wesentliche Rolle bei der Koordination der Mitarbeiter im Unternehmen spielen Zielsysteme. Ziele beschreiben zukünftig angestrebte Zustände des Unternehmens. Neben der Koordinationsfunktion übernehmen Ziele auch eine Kontroll- und Motivationsfunktion. Mit der Koordinationsfunktion soll vor allem gewährleistet werden, daß „dezentrale, interdependente Entscheidungen auf verschiedenen Ebenen eines organisationalen Informations- und Entscheidungssystems auf das Zielsystem der Gesamtorganisation ausgerichtet sind" (*Heinrich*, 1973, S. 263). Für die Koordinationsfunktion von Zielen müssen folgende Funktionen erfüllt sein (vgl. *Hax*, 1965):

● Operationalität und

● Gesamtzielkomplementarität.

Neben der Meßbarkeit des Zielerreichungsgrades in Inhalt, Ausmaß und Zeitbezug spielt vor allen eine Rolle, ob ein Teilziel in bezug auf das Gesamtziel des Unternehmens komplementär ist, also ob dessen Realisierung einen Beitrag zur Verbesserung des Zielerreichungsgrades für das Gesamtunternehmen leistet. Dazu ist das Gesamtziel in komplementäre Teilziele zu zerlegen.

Ist dies nicht möglich, sind also z. B. Bereichsziele konfliktär, spricht man von *defekten Zielsystemen* (vgl. *Adam*, 1996). Im Fall defekter Zielsysteme ist die Koordination über Teilziele nicht vollständig möglich, selbst wenn angenommen werden kann, daß Ziele von den betroffenen Mitarbeitern unmittelbar in zielgerichtetes Verhalten umgesetzt werden: „Das Problem besteht in diesem Fall darin, eine Synthese der [...] Bewertungsaspekte zu finden" (*Adam*, 1996, S. 12). Bei dieser wird versucht, widersprüchlichen Ziel- und damit Bewertungsdimensionen gerecht zu werden. Der Konflikt zwischen den Zielen bleibt dabei bestehen. Es wird dann darauf verzichtet, eine für jeden Teilbereich des Unternehmens optimale Lösung zu generieren, oder aber es wird nach Möglichkeiten gesucht, Zielkonflikte aufzulösen bzw. zu ignorieren.

Im Ergebnis muß also festgehalten werden, daß Ziele nur unter bestimmten Bedingungen tatsächlich eine koordinierende Wirkung entfalten können. Im Fall komplementärer Teilbereichsziele ist diese koordinierende Wirkung gegeben. Wenn aber Zielkonflikte nicht beseitigt werden können, ist die Koordination über Ziele nicht mehr ohne weiteres möglich.

2.3.2.2.2 Kostenstrukturmaßnahmen

Ein wesentlicher Bestandteil anbieterbezogener Rückkopplungen der Marketingmaßnahmen auf den bearbeiteten Ländermärkten sind deren Auswirkungen auf die Kostenposition des Gesamtunternehmens (vgl. Kap. B 2.3.2.1). Als Ursache hierfür wurden vor allem die ländermarktübergreifende Veränderung von Kostenpositionen als Folge der Bearbeitung zusätzlicher Märkte und der Erhöhung des Produktdifferenzierungsgrades charakterisiert. Auslöser kostenbezogener Rückkopplungen sind in beiden Fällen hohe *Fixkostenanteile* der Unternehmen, die dementsprechend Kostenrückwirkungen beim Betreten neuer Ländermärkte erzeugen.

Die Reduktion kostenbezogener Rückkopplungen ist nur dann erforderlich, wenn sich daraus eine Verbesserung der Unternehmenssituation ergibt. Grundsätzlich sind hohe Fixkostenanteile unschädlich, wenn aus ihnen kein Beschäftigungsrisiko erwächst. Dies ist jedoch dann der Fall, wenn Absatz- und Produktionsschwankungen auftreten und bei sinkender Produktion fixe Kosten nicht oder nur verzögert abgebaut werden können („Remanenz fixer Kosten"). Das Risiko wächst dabei mit dem Anteil von unwiederbringlichen „sunk costs" und irreversibel vordisponierten Kosten an (vgl. *Funke*, 1995).

Die Bearbeitung neuer Ländermärkte und die Vergrößerung der Absatzmenge haben demnach nur dann positive Auswirkungen auf die Kostensituation (Stückkostensenkung), wenn keine Schwankungen in der zukünftigen Absatzmenge auftreten. Damit kann aber kaum gerechnet werden. Schwankende Absatzmengen und Preisniveaus und damit unsichere Erlöse lassen daher einen hohen Fixkostenanteil zu einer Gefahr für die Sicherung der gewünschten Ertragslage werden. Bei sinkenden Erlösen und einer unflexiblen Kostenstruktur verschlechtert sich die Kostenposition - in Analogie zu den Effekten des Betretens neuer Ländermärkte - ebenfalls ländermarktübergreifend. Das Ausmaß dieser ländermarktübergreifenden Verschlechterung wächst dabei mit dem Ausmaß der Absatzrückgänge und dem Zentralisationsgrad der Produktion.

Eine Reduktion kostenbezogener Rückkopplungen stellt daher eine Maßnahme dar, die zur Flexibilisierung des Unternehmens beiträgt. Absatzschwankungen schlagen bei hohen Anteilen variabler Kosten weniger stark auf die Unternehmenserträge durch. Die Frage, welcher Anteil fixer Kosten optimal ist, läßt sich nicht allgemeingültig beantworten. Dies hängt vom Ausmaß der zu erwartenden Erlösschwankungen und den Risikopräferenzen des Managements bzw. der Unternehmenseigner ab. Grundsätzlich gilt, daß mit zunehmendem Ausmaß der zu erwartenden Erlösschwankungen der Anteil fixer Kosten sinken sollte. Gleiches gilt, wenn das Management bzw. die Unternehmenseigner risikoscheu sind.

Alle Maßnahmen zur Senkung des Fixkostenanteils sind Instrumente des *Kostenstrukturmanagements* - im Gegensatz zum *Kostenniveaumanagement* (vgl. *Gälweiler*, 1977; *Reiß/Corsten*, 1990; *dies.*, 1992; *Funke*, 1995) -, da es vor allem darum geht, bei konstantem Kostenniveau und gegebener Beschäftigung den Anteil der fixen zugunsten der variablen Kosten zu senken. Dies verringert das Ausmaß der Veränderung der Kostenposition bei einer Veränderung der Absatzmenge. *Funke* (1995) schlägt folgende Maßnahmen zum Kostenstrukturmanagement vor:

• Verringerung der Leistungstiefe

Die Verringerung der Leistungstiefe setzt nicht an Eigenfertigung, sondern am verstärkten Fremdbezug an. Dabei werden Fixkosten (z. B. Abschreibungen auf Produktionsanlagen, Personalkosten) auf einen Zulieferer übertragen, dessen (identische) Leistungen nunmehr auf der Basis flexibel gestaltbarer Verträge eingekauft
werden. Hiermit werden Fixkosten in einem von der Vertragsgestaltung abhängigen
Umfang (re-)variabilisiert. Bei Verträgen, die feste Abnahmemengen und feste Be-
zugspreise vorsehen, haben die betroffenen Positionen über die Vertragslaufzeit allerdings wieder den Charakter fixer Kosten (vgl. *Backhaus/Funke*, 1996).

• Reduzierung der Abbauhemmnisse fixer Kosten

Eine Variabilisierung fixer Kosten kann zudem an der Reduktion ihrer Abbauhemmnisse ansetzen. Solche Maßnahmen gehen von der Erkenntnis aus, daß Kosten immer nur für einen bestimmten Zeitraum „fix" und darüber hinaus variabel sind. So
sind Personalkosten nur für die Länge der Beschäftigungsverträge bzw. die Länge
der Kündigungszeiträume fix. Ziel dieser Maßnahmen ist die Verkürzung der Zeit-
räume, in denen über die - somit fixen - Kosten nicht disponiert werden kann. Hierunter fällt z. B. der Abschluß zeitlich befristeter Personalverträge.

Als zusätzliches Instrument, das vom Kostenniveaumanagement nicht zu trennen ist,
kommt ein Ausweichen auf Kostenstrukturen mit anderen Anteilen fixer und variabler Kosten in Betracht. Dies sei an folgendem Beispiel erläutert:

Ein Unternehmen habe für die Produktion eines Produktes zwei alternative Technologien
(A und B) zur Auswahl, die unterschiedliche Anteile fixer und variabler Kosten aufweisen
(vgl. *Abb. D-86*). In einem bestimmten Bereich (in *Abb. D-86* grau unterlegt) der mit beiden Technologien realisierbaren Produktionsmengen schwankt das Kostenniveau bei beiden Technologien nur wenig. Die Kostenabweichungen von A und B sind entsprechend
gering. Größer werden diese erst mit stärker abweichenden Produktionsmengen. Bei stark
darüber hinausgehenden Produktionsmengen ist die Technologie B kostengünstiger, in der
umgekehrten Situation gilt entsprechend, daß A kostengünstiger ist. Entscheidet sich nun
das Unternehmen für die Technolgie A, sind die gegenüber Technologie B bei stark positiv abweichenden Produktionsmengen realisierten zusätzlichen Kosten wie eine *Versiche-
rungsprämie* gegenüber negativen Beschäftigungsabweichungen aufzufassen, da dann geringere Gesamtkosten und damit auch geringere kostenbezogene Rückkopplungen realisiert werden. Es ist letztlich eine Frage der in der Zukunft möglichen Schwankungen der
Produktionsmengen und der Risikoneigung des Managements, welche Kostenstruktur gewählt wird. Abzuwägen ist bei dieser Entscheidung das Ausmaß reduzierter kostenbezogener Rückkopplungen bei negativen Abweichungen von der geplanten Produktionsmenge
und die dafür entstehenden Kosten in Form zusätzlicher Produktionskosten bei stark positiv abweichenden Produktionsmengen.

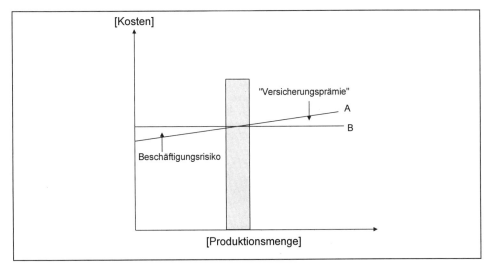

Abb. D-86: Alternative Kostenstrukturen

IAS International Case Studies Series

PharmaCo GmbH

Dieser Fall wurde von Prof. Dr. *Joachim Büschken*, Inhaber des Lehrstuhls für Allgemeine Betriebswirtschaftslehre, Absatzwirtschaft und Marketing der Katholischen Universität Eichstätt, erstellt.

2.4 Fallstudie „PharmaCo GmbH"

Hintergrund

Die PharmaCo GmbH ist ein deutsches Unternehmen, das als Tochter eines englischen Großkonzerns der Chemieindustrie die Interessen der Muttergesellschaft im Bereich des Marktes für pharmazeutische Produkte wahrnimmt. Sie ist aus einem einst selbständigen Familienbetrieb, der 1923 in Essen gegründet wurde, hervorgegangen. 1982 wurde dieses Unternehmen - zu einem Zeitpunkt, als es sich in großen wirtschaftlichen Schwierigkeiten befand - von den Familiengesellschaftern an den englischen Konzern verkauft. Das wichtigste Produkt des Unternehmens ist MULTIPROFEN, das als Schmerzmittel für verschiedene Indikationen (z. B. rheumatische Beschwerden, Unfallverletzungen) in Deutschland und in einigen wenigen benachbarten Staaten Europas angeboten wird. Auf dieses Erzeugnisse entfallen auch heute noch - wegen seiner großen Beliebtheit - über 95 % des Umsatzes von ca. 80 Mio. DM, den PharmaCo im vergangenen Jahr erzielt hat. Zurückzuführen ist diese Popularität vor allem auf die äußerst gute Verträglichkeit des Produktes, auf seinen hohen Bekanntheitsgrad und das Vertrauen der Patienten in das Produkt. Aufgrund dieser Eigenschaften genießt es auf den Ländermärkten im relevanten Preisspektrum fast eine Monopolstellung.

Die neuen Kapitaleigner haben es dem Unternehmen durch Zufuhr von zusätzlichem Kapital und Vertriebs-Know-how ermöglicht, innerhalb weniger Jahre den gesamten europäischen Markt und einige mittel- und osteuropäische Staaten sowie auch die USA und Kanada zu erschließen. In diesen Ländern wird MULTIPROFEN - wie auch auf dem Heimatmarkt - über Großhändler an Apotheken und Krankenhäuser, z. T. unter anderen Produktnamen, aber in identischer chemischer Zusammensetzung, vertrieben.

Als eigenständiges Tochterunternehmen der englischen Mutter ist PharmaCo unternehmerisch unabhängig. Alle Entscheidungen des Managements werden von der Mutter nicht inhaltlich beeinflußt; eine Kontrolle der Tochtergesellschaft erfolgt lediglich über Finanzkennzahlen, die monatlich nach England berichtet werden müssen. Eine wichtige Änderung, die der Übernahme folgte, ist eine konsequente Ausrichtung der PharmaCo einschließlich ihrer Vertriebsgesellschaften am Ziel der Gewinnmaximierung. Vor der Übernahme orientierte sich das Management an befriedigenden Gewinnen.

Die insgesamt 14 nationalen Vertriebsgesellschaften der PharmaCo einschließlich der deutschen Vertriebsgesellschaft sind neben der Produktionsgesellschaft als eigenständige 100 %ige Tochtergesellschaften organisiert, die in den jeweiligen Ländern die Vertriebsaufgabe wahrnehmen. Den Vertriebsgesellschaften entstehen dabei aufgrund des hohen Personalkostenanteils fast ausschließlich fixe Kosten, die Höhe der variablen Kosten - außer den Einstandspreisen und den Transportkosten - ist vernachlässigbar. Zielsetzung der nationalen Vertriebsgesellschaften ist die Maximierung des auf den jeweiligen Ländermärkten erzielten Gewinns. Im Mittelpunkt der Vertriebstätigkeit steht die Pflege der Beziehungen zu Absatzmittlern (Großhändler) und Ärzten, die Markierung, vor allem aber die Preisgestaltung auf dem jeweiligen Ländermarkt. Hierin sind die nationalen Vertriebsgesellschaften bislang völlig frei und werden nur nach ihren nationalen Ergebnissen kontrolliert. Eine Einflußnahme auf das nationale Management, z. B. über Lieferkontingente, findet nicht statt. Dies war in der Vergangenheit nicht immer so. Erst mit zunehmender Bedeutung des Auslandsgeschäfts - weniger als 40 % des konsolidierten Umsatzes der PharmaCo erzielt das Unternehmen noch auf dem Heimatmarkt - wurde die Preiskompetenz vom Stammhaus in die nationalen Vertriebsgesellschaften übertragen. Dies geschah, da sich Marktkenntnis „vor Ort" für die Preisfindung als extrem wichtig herausstellte.

Produziert wird MULTIPROFEN ausschließlich am Standort Essen. Bei seiner Produktion fallen konstante Grenzkosten von 600,- DM je Versandeinheit an. Das Produkt ist von der Zusammensetzung und der Markierung her vollkommen standardisiert und wird bislang zu einem einheitlichen Einstandspreis ab Werk von 800,- DM an die nationalen Vertriebsgesellschaften abgegeben, die neben dem Einstandspreis noch länderspezifische Transportkosten je Versandeinheit zu tragen haben. Beispielsweise fallen für den deutschen Markt Transportkosten in Höhe von 100,- DM je Versandeinheit für die Verteilung vom Werk an die deutschen Großhändler an, für den Transport vom Essener Werk zur Vertriebsgesellschaft nach Spanien 400,- DM je Versandeinheit. Zusätzliche Transportkosten für die Verteilung an die Großhändler auf dem spanischen Markt gibt es nicht, da die dortigen Großhändler im Gegensatz zum deutschen Markt traditionell „frei ab Vertriebsniederlassung" einkaufen.

Problemstellung

Die Freiheit der Vertriebsgesellschaften in der Preisgestaltung hat in der Vergangenheit zu sehr unterschiedlichen Ergebnissen geführt. Dies liegt daran, daß die Zahlungsbereitschaft der Kunden - MULTIPROFEN ist in allen bearbeiteten Ländern nicht verschreibungspflichtig, wird also in Apotheken „over the counter" (sog. OTC-Medikamente) verkauft - in den von PharmaCo bearbeiteten Ländern höchst verschiedenartig sind. Da alle Vertriebsgesellschaften und deren Management nach dem von ihnen erwirtschafteten Ergebnis beurteilt werden, versucht jede nationale Vertriebsgesellschaft, gewinnmaximierende Preispolitik zu betreiben.

Für Deutschland - das am wenigsten preissensible Land Europas für dieses Produkt – konnte, z. B. durch Erfahrungen aus der Vergangenheit folgende Preis-Absatz-Funktion (in DM) für eine Versandeinheit ermittelt werden:

$$p_D = 16.000 - \frac{1}{3} \cdot x_D \tag{1}$$

In Spanien, wo die Preissensibilität im Markt für MULTIPROFEN in Europa am größten ist, gilt demgegenüber folgende Preis-Absatz-Funktion (ebenfalls in DM):

$$p_E = 9.000 - \frac{1}{2} \cdot x_E \tag{2}$$

Entsprechend diesen Preis-Absatz-Funktionen haben die nationalen Vertriebsgesellschaften bislang isoliert Preispolitik betrieben. Diese Praxis ist in jüngster Vergangenheit vor allem in Europa zunehmend unter Druck geraten. Nicht nur Verbraucherverbände und Politiker in Europa haben die differenzierte Preispolitik von Arzneimittelherstellern gerade in diesem politisch sehr sensiblen Bereich immer wieder heftig kritisiert. Die zunehmende Integration des europäischen Marktes und der dadurch vereinfachte (schneller, billiger) Strom von Informationen und Gütern haben Handelsunternehmen entstehen lassen, die regionale Preisunterschiede ausnutzen. Diese Arbitrageure (Re-Importeure, Parallelimporteure) kaufen Produkte auf Ländermärkten mit relativ niedrigem Preisniveau ein, um diese dann auf „teureren" Ländermärkten wieder zu verkaufen. Dies ist vorteilhaft, solange die erzielbaren (positiven) Differenzen zwischen Einkaufs- und Verkaufspreisen unter den Transaktionskosten (Transaktionsanbahnung, Transport) liegen.

Der von Arbitrageuren im Arzneimittelmarkt Europas geschaffene graue Markt ist in den letzten Jahren kontinuierlich gewachsen. PharmaCo hat - wie viele andere ebenfalls betroffene Hersteller auch - zunächst durch Druck auf einige durch überdurchschnittliche Zuwachsraten auffällig gewordene Großhändler in den Billigländern versucht, den Verkauf an Arbitrageure und damit den Reimport zu verhindern. Zudem wurde versucht, Großhändler in den Hochpreisländern davon abzuhalten, reimportierte Ware zu listen. Die Rechtslage in der EU läßt dies jedoch auf Dauer nicht zu. Zudem „nutzt" die EU durch Re- oder Parallelimport geschaffene graue Märkte bewußt als willkommenes Mittel zur Verstärkung der Marktintegration. Sie wendet sich daher konsequent juristisch und publizistisch gegen alle Anstrengungen von

Herstellern, die Entstehung grauer Märkte zu unterbinden. Resultat dieser Entwicklung ist ein stetig zunehmender Marktanteil der grauen Ware, der vor allem durch die steigende Markttransparenz begünstigt wird. Dieser hat im letzten Jahr bereits zu spürbaren Ergebniseinbußen in den Hochpreisländern des europäischen Marktes (Deutschland, Niederlande) geführt.

Zielmärkte der Re- und Parallelimporteure sind stets die Märkte mit der größten Preisdifferenz. Im Fall von MULTIPROFEN hat dies vor allem (aber nicht nur) zu Güterströmen von Spanien nach Deutschland geführt. Die Arbitrageure kaufen dabei auf dem spanischen Markt relativ billig ein und haben für den Reimport nach Deutschland und die Verteilung an die deutschen Großhändler lediglich Transaktionskosten in Höhe der Transportkosten von 500,- DM zu tragen.

Diese Entwicklung bereitet dem Management im Stammhaus der PharmaCo zunehmend Sorge. Die Ausnutzung nationaler Unterschiede in der Zahlungsbereitschaft, auf die ein wesentlicher Teil des geschäftlichen Erfolges des Unternehmens in den letzten Jahren zurückzuführen war, gerät damit in Gefahr. Das Ausmaß dieses Problems und die Befürchtung, daß externe Umstände (EU- und nationale Politik) nicht zu einer Entschärfung der Situation führen werden, veranlaß die PharmaCo dazu, ihre Preispolitik zu überdenken. Ausgelöst wurde dies durch die Erkenntnis, daß die Entstehung grauer Märkte eine in irgendeiner Form abgestimmte nationale Preispolitik erforderlich macht. Offenbar sind in Zukunft die nationalen Preisentscheidungen zumindest in der EU nicht mehr voneinander zu trennen. Eine koordinierte Preispolitik ist somit notwendig.

Aufgabenstellung zu „PharmaCo"

(1) Was sind Koordinationsprobleme allgemein und worauf sind diese zurückzuführen? Nehmen Sie hierzu Bezug auf die Fallstudie.

(2) Welche internen und externen Faktoren beeinflussen das Ausmaß des Koordinationsproblems der Preispolitik der PharmaCo?

(3) Welche Wirkungen hätte ein Abweichen von der Maximierung des Gewinns als
Zielfunktion?

(4) Um ein erstes Gefühl für die Konsequenzen der Entstehung grauer Märkte zu
bekommen, will man auf der Basis der bekannten Preis-Absatz-Funktionen
prüfen, wie die Preispolitik für Deutschland und Spanien als „Extremmärkte"
koordiniert werden kann.

Dabei soll unterstellt werden, daß die spanische Vertriebsgesellschaft
Arbitrageure preislich wie die inländischen Kunden behandelt, die Arbitrageware
physisch auch tatsächlich zwischen den Ländern bewegt wird, Währungsrisiken
vernachlässigt werden können und auf seiten der Arbitrageure außer den
Transportkosten keine weiteren Transaktionskosten beim Reimport auftreten.

a) Im Rahmen eines „worst case"-Szenarios soll zunächst angenommen werden,
daß sich in Zukunft alle deutschen Großhändler von der spanischen Vertriebsgesellschaft der PharmaCo beliefern lassen, wenn der Preisunterschied
zwischen den beiden Ländern größer ist als die Transportkosten. Die
Konsequenzen dieses Szenarios will man der bisherigen Situation (isolierbare
Ländermärkte) gegenüberstellen, um festzustellen, welches Ausmaß das
Koordinationsproblem annehmen kann. Dabei soll der Gewinn der PharmaCo
insgesamt, also einschließlich der nationalen Vertriebsgesellschaften,
maximiert werden. Wie könnte vor dem Hintergrund dieser Annahmen ein
Optimierungsansatz für optimale koordinierte Preise für Deutschland und
Spanien aussehen?

b) Im Rahmen eines Alternativszenarios soll gezeigt werden, wie eine zwischen
Deutschland und Spanien koordinierte Preispolitik aussieht, wenn die
Arbitragemenge mit der (positiven) Differenz zwischen Preisunterschied und
Transportkosten linear zunimmt. Über die Steigung dieser Funktion hat man
allerdings noch keine Informationen. Welche Veränderungen ergeben sich
hieraus für den im ersten Schritt entwickelten Ansatz?

c) Welche Mängel weisen beide Ansätze auf? Nehmen Sie zur Beantwortung auf Ihre Annahmen Bezug. Ist das Modell Ihrer Meinung nach noch realistisch?

d) Das Management der PharmaCo denkt darüber nach, das Preisproblem in Europa durch Einführung eines Preismanagers für MULTIPROFEN zu lösen, dem die Verantwortung für die Preissetzung für alle von Arbitrage betroffenen Märkte zufallen würde. Alternativ wäre es auch möglich, von der Politik der einheitlichen Abgabepreise ab Werk (zzgl. Transportkosten) abzuweichen. Wie beurteilen Sie den Lösungsbeitrag beider Ideen? Welche Höhe hätte ein koordinationsoptimaler Abgabepreis ab Werk für die spanische Vertriebsgesellschaft bei den gegebenen Transportkosten?

3. Koordinationsprobleme auf auseinanderbrechenden Märkten

Auseinanderbrechende Märkte stellen im Sinne dynamischer Marktveränderungen das Gegenstück zu zusammenwachsenden Märkten dar (vgl. Kap. D 1.2). Sie sind durch Veränderungen von institutionellen Rahmenbedingungen oder des Verhaltens der Marktparteien gekennzeichnet. Das daraus resultierende *prinzipielle* Entscheidungsproblem für das Internationale Marketing ist damit im Vergleich zu zusammenwachsenden Märkten zunächst *identisch* und mündet in die Frage, wie auf die Veränderungen der Marktbedingungen zu reagieren ist bzw. welcher Abstimmungsbedarf in bezug auf die Marktbearbeitung daraus folgt.

Warum das *grundsätzliche* Entscheidungsproblem im Internationalen Marketing zunächst von der Frage der Richtung der Marktveränderungen (Homo-/Heterogenisierung) unabhängig ist, soll am Beispiel der Preiskoordination aus dem Bereich der instrumentellen Anpassung an zusammenwachsende Märkte erläutert werden (vgl. Kap. D 2.3.1.1.2.2).

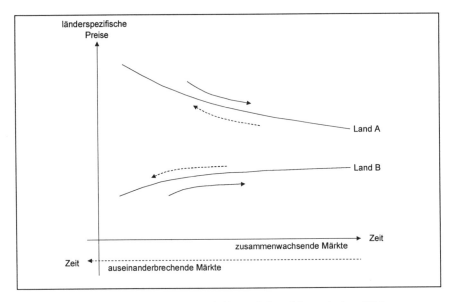

Abb. D-87: Koordinationsoptimale Preispfade auf dynamischen Märkten

Ziel der Preiskoordination ist eine für das Gesamtunternehmen gewinnmaximale Abstimmung länderspezifischer Preise. Diese Abstimmung ist Folge von Veränderungen der marktlichen Rahmenbedingungen (bei zunehmender Marktintegration z. B. verstärkte Arbitrage) und identifiziert dynamische Preispfade, die auf *zusammenwachsenden Märkten* eine Tendenz zu standardisierten Preisen beschreiben (vgl. *Abb. D-87*). Für die Preiskoordination ergibt sich die Aufgabe, die zu bestimmten Zeitpunkten (koordinations-)optimalen Länderpreise zu ermitteln.

Je geringer dabei die Transaktionskosten der Arbitrageure sind, desto stärker ist die Tendenz zur Preisstandardisierung ausgeprägt. Im Falle *auseinanderbrechender Märkte* mit steigenden Transaktionskosten würde das umgekehrte Ergebnis gelten. Hier weisen die gewinnmaximalen Preise eine Tendenz zu zunehmend differenzierten Preisen auf, die um so stärker ist, je stärker sich z. B. die Transaktionskosten der Arbitrageure aufgrund der Veränderung institutioneller Rahmenbedingungen (Importbeschränkungen, Zölle etc.) erhöhen. Die optimalen Preispfade wären bei exakt umgekehrter Veränderung der relevanten Rahmenbedingungen und sonst gleichen Ausgangssituationen nur in bezug auf die Richtung der Veränderung unterschiedlich. Die ländermarktspezifischen Preise würden sich dann für ein Land entlang des gleichen Preispfades, allerdings in *entgegengesetzter Richtung* entwickeln.

Entsteht beispielsweise ein gemeinsamer Markt und verringern sich in diesem Zusammenhang die Arbitragekosten, so ist in Kapitel D 2.3.1.1.2 gezeigt worden, daß es für Unternehmen mit einer bislang differenzierten Preispolitik auf den beteiligten Ländermärkten sinnvoll sein kann, die Preise in den Teilregionen einander anzugleichen und in einem Preiskorridor zu positionieren, dessen Breite durch länderspezifische Zahlungsbereitschaften und die Höhe der jeweiligen Arbitragekosten bestimmt wird. Bricht nun dieser gemeinsame Markt wieder auseinander, so können die Unternehmen ein höheres Maß an Preisdifferenzierung realisieren, da entweder die Arbitragekosten durch das Auseinanderbrechen des vormals gemeinsamen Marktes ansteigen oder aber Reimporte völlig unmöglich werden. *Abb. D-88* verdeutlicht diese durch die Schaffung und das anschließende Auseinanderbrechen des gemeinsamen Marktes ausgelöste preispolitische Anpassung.

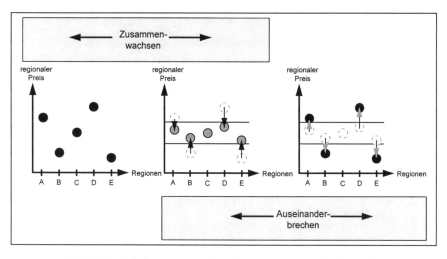

Abb. D-88: Umkehrung preispolitischer Anpassungsmaßnahmen beim
Auseinanderbrechen von Märkten

Die Identität des Entscheidungsproblems im Falle der instrumentellen Anpassung ergibt sich aus der Äquivalenz der zur Lösung dieser Entscheidungsprobleme erforderlichen Ansätze zur Optimierung instrumenteller Anpassungsmaßnahmen. Für das Preisbeispiel würde dies bedeuten, daß der formale *Optimierungsansatz* für auseinanderbrechende und zusammenwachsende Märkte identisch wäre, lediglich der Einfluß der Zeit würde sich entweder auf zunehmende oder abnehmende Rückkopplungen beziehen. Das Ergebnis wäre in beiden Fällen ein optimaler Anpassungsprozeß über die Zeit, der im Fall *zusammenwachsender* Märkte einen Anpassungsprozeß mit *zunehmender*, im Fall *auseinanderbrechender* Märkte einen Anpassungsprozeß mit *abnehmender* Standardisierung der ländermarktspezifischen Preise (oder allgemein der ländermarktspezifischen Marketinginstrumente) beschreibt. In diesem Sinne sind die im Rahmen zusammenwachsender Märkte diskutierten Koordinationsansätze zur instrumentellen Anpassung auch hier relevant und anwendbar (als von der Richtung der Marktveränderung unabhängige Ansätze). Sie werden aber vom Ergebnis her zu gegensätzlichen Richtungen der Anpassung über die Zeit führen. Es handelt sich hier also um Entscheidungsprobleme, für die Lösungsansätze entwickelt werden, die vorrangig durch die Dynamik von Märkten, nicht aber durch deren Richtung bestimmt werden.

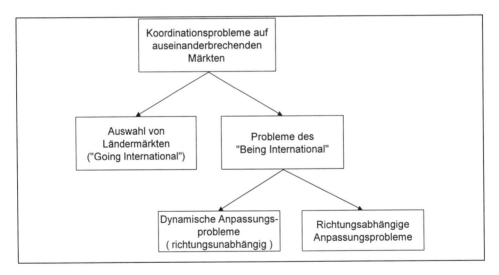

Abb. D-89: Koordinationsprobleme auf auseinanderbrechenden Märkten

Das Auseinanderbrechen von Märkten erzeugt daher Entscheidungsprobleme im Internationalen Marketing, die denen auf zusammenwachsenden Märkten ähnlich sind. Darüber hinaus werden jedoch neue Entscheidungsprobleme im Bereich des Markteinstiegs ('Going International') geschaffen, da ein institutionelles Auseinanderbrechen von Märkten (Beispiel: ehemalige UdSSR) die Frage erzeugt, auf welchen der dabei entstehenden Ländermärkten ein Anbieter vertreten sein will. Zudem entstehen einige nur hier relevante Entscheidungsprobleme, die an die Richtung der Marktveränderung gebunden sind. *Abb. D-89* zeigt eine entsprechende Übersicht über die Koordinationsprobleme auf auseinanderbrechenden Märkten.

Die Probleme des „Being International" sind also zum einen Entscheidungsprobleme, die aufgrund der Anwendbarkeit *richtungsunabhängiger* Ansätze mit bereits behandelten Instrumenten (vgl. Kap. D 2.3.1.1) angegangen werden können, deren Ergebnisse aber von der Veränderungsrichtung der Märkte abhängen („dynamische, richtungsunabhängige Ansätze"). Auf eine erneute Diskussion dieser Ansätze soll im Rahmen dieses Kapitels verzichtet werden, da sie keine grundsätzlich neuen Erkenntnisse erzeugt. Auch die Auswahl von Ländermärkten wird nur kurz reflektiert (vgl. dazu Kap. C). Statt dessen soll im folgenden die Diskussion auf *richtungsabhängige* Koordinationsprobleme als eigenständige, zusätzliche Entscheidungsproblematik auf auseinanderbrechenden Märkten beschränkt werden.

3.1 Herkunft des Koordinationsproblems

Die Ursache für Koordinationsprobleme im Rahmen des „Being International" kann in einer zunehmenden Heterogenisierung von Märkten bestehen. Kennzeichnend für die *Heterogenisierung institutioneller Rahmenbedingungen* ist die Tatsache, daß sich Unternehmen auf Ländermärkten mitunter zunehmend divergierenden rechtlichen, politischen, sozialen oder wirtschaftlichen Bedingungen gegenübersehen. Während der Güter-, Kapital- und Personentransfer vormals aufgrund ähnlicher oder zumindest aufeinander abgestimmter Rahmenbedingungen durchführbar war, bedingt die Heterogenisierung, daß Transfers zwischen Märkten unmöglich bzw. mit erhöhten Kosten verbunden sind.

> Aktuelle Beispiele für derartige Heterogenisierungstendenzen (vgl. Kap. D 1.2.1.2) sind in den Fragmentierungstendenzen des Weltmarktes, der Zersplitterung von Wirtschaftsblöcken und der Desintegration einzelner Ländermärkte zu sehen. Nicht nur der weltweiten Handelsregeln entgegenstehende sektorenspezifische Protektionismus einzelner Länder wie der USA oder Japan, sondern auch das Verhalten von Wirtschaftsgemeinschaften wie der EU oder Nafta führen für Unternehmen aus Drittstaaten zu erschwerten Exportbedingungen. Eine dritte Spielart der Heterogenisierung stellt darüber hinaus die Desintegration einzelner Ländermärkte dar. Häufig sind hierbei in erster Linie politische Motive dafür verantwortlich, daß Ländergrenzen neu gezogen werden und Ländermärkte in Teilmärkte zerfallen. Die Auflösung der ehemaligen UdSSR, die Spaltung der ehemaligen CSFR, die Zersplitterung Jugoslawiens oder der Versuch der kanadischen Region Québec, ein autonomes Staatsgebiet zu errichten, zeigen, daß der Desintegration von Ländermärkten eine hohe aktuelle Bedeutung zukommt.

Ein anderer Typus stellt die *Heterogenisierung des Kaufverhaltens* dar. Auch wenn insgesamt betrachtet Homogenisierungstendenzen überwiegen, lassen sich immer wieder branchen- und regionenspezifisch gegenläufige Entwicklungen feststellen. Aufgrund kultureller, politischer oder religiöser Bedingungen kommt es zu divergierenden Nachfragerpräferenzen zwischen Ländern oder innerhalb einzelner Ländermärkte.

Zusammenfassend soll die Heterogenisierung von Rahmenbedingungen und des Kaufverhaltens als Problem auseinanderbrechender Märkte bezeichnet werden. Unter Koordinationsaspekten führen die verschiedenen Arten des Auseinanderbrechens von Märkten für Unternehmen im Rahmen des „Being International" zu ähnlichen Problemstellungen:

(1) Bei der Abschottung von Wirtschaftsblöcken wird Unternehmen aus Drittstaaten der Import untersagt bzw. nur eingeschränkt gestattet. Das Marktgebiet des Importeurs bricht insofern zusammen, als daß eine weitergehende Marktbearbeitung von innerhalb der Wirtschaftsblöcke angesiedelten Zielmärkten erschwert bzw. unmöglich wird. Die veränderten institutionellen Rahmenbedingungen auf diesen Ländermärkten bleiben jedoch nicht ohne Auswirkung auf die übrigen, vom Exporteur bearbeiteten Ländermärkte. Beispielsweise ergeben sich Rückkopplungen dann, wenn das Unternehmen nicht in der Lage ist, die eigene Produktionskapazität unmittelbar den veränderten Bedingungen anzupassen. In diesem Fall führt die Abschottung von Wirtschaftsblöcken zu Überkapazitäten, die Auswirkungen auf das Marketing in anderen, nicht unmittelbar betroffenen Ländern haben. Für den Importeur kann sich ein Preisdruck in den eigentlich nicht betroffenen Märkten ergeben, wenn ihn die Überkapazitäten zu einer Mengenausweitung in den „verbliebenen" Märkten zwingen.

(2) Ähnliche Rückkopplungseffekte stellen sich auf zersplitterten Märkten ein. Anstatt eines einheitlichen Gesamtmarktes steht ein Unternehmen plötzlich mehreren, institutionell voneinander getrennten Ländermärkten gegenüber. Die Auswirkungen, die mit einer solchen Zersplitterung verbunden sind, hängen dabei maßgeblich von der Frage ab, ob das betrachtete Unternehmen bereits im Vorfeld international tätig war.

 • Für internationale Unternehmen, die neben dem auseinanderbrechenden Ländermarkt noch weitere Länder bearbeiten, ergibt sich ein Anpassungsbedarf an die divergierenden institutionellen Anforderungen. Abgesehen von neuen Ländergrenzen, die mitunter neuartige tarifäre Handelshemmnisse bedingen, können sich insbesondere dann Rückkopplungen zu anderen Ländern ergeben, wenn der in den entstehenden Teilmärkten jeweils implementierte rechtliche Rahmen von dem bisherigen abweicht. In diesem Fall können z. B. in der Vergangenheit getroffene Standardisierungsentscheidungen einer Überprüfung bedürfen, weil das Importieren in den zersplitterten Markt eine differenzierte Ausgestaltung einzelner Marketinginstrumente notwendig macht. Hierdurch ergibt sich jedoch auch für andere Ländermärkte ein Anpassungsdruck, weil sich die für die Ausgestaltung der Marketinginstrumente in anderen Ländern zugrunde gelegte Datensituation des Unternehmens verändert hat.

- Für Unternehmen, die bislang ausschließlich auf dem auseinanderbrechenden Ländermarkt tätig waren, ergeben sich zwei zentrale Probleme: Zum einen kann das Auseinanderbrechen des Heimatmarktes mit einer Internationalisierungsnotwendigkeit einhergehen. Angesichts des nunmehr verkleinerten Heimatmarktes sehen sich diese Unternehmen auch Überkapazitäten gegenüber. Lassen sich diese auf den gesamten Markt zugeschnittenen Kapazitäten nicht zurückführen, sind die Unternehmen gezwungen, weitere Absatzgebiete für ihre Produkte zu erschließen. Es entsteht ein Zwang zum „Going international". Zum anderen führt das Auseinanderbrechen jedoch auch dazu, daß Beschaffungslücken innerhalb der Wertschöpfungskette des Unternehmens auftreten. Dies gilt insbesondere dann, wenn die Lieferanten im nun zum Ausland zählenden Teil des ehemaligen Gesamtmarktes angesiedelt sind.

(3) Schließlich erschwert auch die Heterogenisierung von Nachfragerpräferenzen den Einsatz eines standardisierten Marketings. Ist davon auszugehen, daß eine Veränderung der Nachfragerpräferenzen in nur einem Teil der bislang bearbeiteten Ländermärkte zu beobachten ist, so ergeben sich auch in diesem Fall Rückkopplungen auf die Bearbeitung anderer - durch konstante Präferenzen gekennzeichnete - Märkte, da sich die länderübergreifend getroffene Standardisierungsentscheidung nun als suboptimal erweisen kann.

Es wird deutlich, daß sich Unternehmen auf auseinanderbrechenden Märkten mitunter einer im Vergleich zu zusammenwachsenden Märkten anderen Art von Rückkopplungen gegenübersehen. Auseinanderbrechende Märkte erzeugen nahezu ausschließlich anbieterbezogene Rückkopplungen zwischen Ländermärkten. Im Gegensatz dazu spielen nachfragerbezogene Rückkopplungen auf auseinanderbrechenden Märkten eine nur untergeordnete Rolle, da diese durch das Auseinanderbrechen tendenziell abnehmen. Dies gilt vor allem deshalb, weil die Fragmentierung des Weltmarktes, die Abschottung von Wirtschaftsblöcken, die Zersplitterung einzelner Ländermärkte oder die Heterogenisierung des Kaufverhaltens die Ursachen nachfragerbezogener Rückkopplungen (vgl. Kap. B 2.3.2.2) abschwächen. Hierfür ist weniger der Rückgang des grenzüberschreitenden Informationsaustausches als vielmehr der erschwerte oder sogar ausgeschaltete Güteraustausch verantwortlich. Beispielsweise scheiden für Nachfrager aus abgeschotteten Wirtschaftsblöcken Arbitrageprozesse ebenso aus, wie diese in zersplitterten Märkten mit höheren Transferkosten verbunden sind. Schließlich nimmt der Güteraustausch auch bei einer Heterogenisierung von Nachfragerpräferenzen ab, wenn Anbieter dieser Entwicklung durch eine Differenzierung ihrer Leistungen Rechnung tragen. Zusammenfassend läßt sich demnach feststellen, daß Koordinationsprobleme auf auseinanderbrechenden Märkten in erster Linie durch anbieterbezogene Rückkopplungen bedingt werden.

Insbesondere dann, wenn zwischen den von Anbietern bearbeiteten Ländermärkten kostenbedingte Rückkopplungen bestehen, gerät die bislang in nicht unmittelbar vom Auseinanderbrechen betroffenen Ländermärkten verfolgte Marktbearbeitungsstrategie unter Anpassungsdruck. Die zeitlich verzögerte Wirkung der Marktzersplitterung oder der Heterogenisierung des Kaufverhaltens auf andere Ländermärkte bezeichnen wir als *Domino-Effekt* auseinanderbrechender Märkte. Der Effekt bezeichnet dabei das sich auf auseinanderbrechenden Märkten mitunter ergebende Problem, daß auch andere von Anbietern bearbeitete Ländermärkte sukzessive durch das Auseinanderbrechen beeinträchtigt werden. Die Funktionsweise des Domino-Effektes soll an einem stark vereinfachten Beispiel dargestellt werden.

Einem Unternehmen ist die Entwicklung eines innovativen Produktes gelungen, für das eine hohe Nachfrage im Heimatmarkt A sowie in den Ländern B und C besteht. Die Fertigung des Produktes und damit die auszahlungswirksamen Stückkosten der Produktion sind dabei in hohem Maße erfahrungskurvenabhängig, da mit wachsenden kumulierten Absatzmengen rationellere Fertigungsmethoden angewandt werden können. Zudem ist bereits vor Einführung des Produktes absehbar, daß die Konkurrenz mittelfristig mit einer im Vergleich leistungsfähigeren Produktvariante auf den Markt kommen wird, so daß sich ein Zeitfenster zur Amortisation der bereits investierten F&E-Aufwendungen ergeben wird. Obwohl zwischen den Ländermärkten signifikante Unterschiede im Hinblick auf die Zahlungsbereitschaft für das entwickelte Produkt bestehen, beschließt das Unternehmen, das Produkt in allen Ländern zum gleichen Preis einzuführen, da ansonsten aufgrund extrem niedriger Transaktionskosten und hoher Arbitrageneigung der Nachfrager mit nachteiligen Parallelimporten gerechnet werden muß. Vor dem Hintergrund des zeitlich begrenzten Produktlebenszykluses entscheidet das Unternehmen darüber hinaus, zur schnelleren Diffusion des Produktes einen einheitlichen Preis während des gesamten Lebenszykluses aufrechtzuerhalten, der sich nicht an der tatsächlichen Entwicklung der zahlungswirksamen Stückkosten orientiert (Target-Pricing). Das Unternehmen orientiert sich bei der zur Preisfindung erforderlichen Schätzung des Verlaufs der auszahlungswirksamen Stückkosten sowie der insgesamt absetzbaren Mengen in den Ländermärkten A, B und C an den Ergebnissen umfangreicher Marktforschungsaktivitäten (vgl. *Abb. D-90*).

Nach der erfolgreichen Einführung des Produktes in den Ländern A, B und C entschließt sich das Land C in t_1, einen Wirtschaftsblock mit den Ländern E und F zu bilden und zugleich Importe aus den Ländern A und B zum Schutz der heimischen Wirtschaft zu verbieten.

Das vom Land C ausgesprochene Importverbot wirkt sich für das betrachtete Unternehmen aus Land A in der Form aus, daß sich der ursprünglich anvisierte Verlauf der Erfahrungskurve und die auf dessen Basis vorgenommene Preissetzung nicht realisieren lassen. Für das Unternehmen führt die somit verringerte Gesamtabsatzmenge zu einem langsameren Absinken der auszahlungswirksamen Stückkosten in den Ländern A und B. Daher kann der ursprünglich in diesen Ländern geplante Preis nicht weiter aufrechterhalten werden und es sind nachträgliche Preiserhöhungen vorzunehmen.

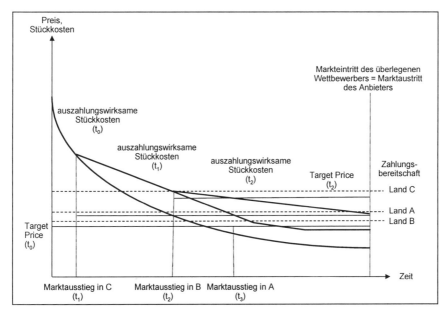

Abb. D-90: Auszahlungswirksame Stückkosten und Target-Pricing

Die Situation des betrachteten Unternehmens verschärft sich nochmals, wenn - wie in *Abb. D-90* unterstellt - die Preiserhöhung dazu führt, daß der nun geforderte Preis oberhalb der Zahlungsbereitschaft der Nachfrager in Land B liegt. Das Unternehmen sieht sich daher in der Folgeperiode t_2 gezwungen, aus Land B auszuscheiden, da der korrigierte Preis keine Nachfrage mehr erzeugt. Die wiederum einsetzende Verlangsamung des Absinkens der auszahlungswirksamen Stückkosten macht eine neuerliche Preiserhöhung im verbliebenen Land A erforderlich. Da nun auch hier der Preis oberhalb der Zahlungsbereitschaft liegt (vgl. *Abb. D-90*), folgt in t_3 der Marktaustritt aus Land A. Das Importverbot von Land C hat den Anbieter sukzessive zum Marktaustritt aus den Ländern B und A gezwungen.

Die Auswirkungen des Auseinanderbrechens von Märkten auf andere vom internationalen Unternehmen bearbeitete Märkte hängt von verschiedenen situativen Markt- und Unternehmensbedingungen ab. Neben der (mengen- und erlösbezogenen) Bedeutung des auseinanderbrechenden Marktes spielen der Umfang des Erfahrungskurveneffektes sowie die Preissensibilität der Nachfrager auf allen bearbeiteten Ländermärkten eine determinierende Rolle.

3.2 Koordinationsausmaß

Die einzelwirtschaftlichen Folgen für auf auseinanderbrechenden Märkten tätige Unternehmen hängen wesentlich von den Marktveränderungen und der jeweiligen Unternehmenssituation ab. Daher wird zur Ermittlung des Koordinationsausmaßes zunächst eine Typologisierung von Spaltungsprozessen vorgenommen (vgl. hierzu *Ackermann*, 1997), die sich sowohl auf die Fragmentierung des Weltmarktes als auch auf die Zersplitterung von Wirtschaftsblöcken oder die Desintegration einzelner Ländermärkte beziehen kann.

3.2.1 Anbieterrelevante Typen von Spaltungsprozessen

Spaltungsprozesse auf auseinanderbrechenden Märkten lassen sich im Hinblick auf

- die Marktgröße und die Symmetrieform sowie
- den Härtegrad der Marktspaltung

unterscheiden.

Marktgröße und Symmetrieform

Beim Auseinanderbrechen von Märkten hängt das Koordinationsausmaß für die auf den jeweiligen Märkten aktiven internationalen Anbieter wesentlich davon ab, inwieweit sich durch die Marktspaltung die Größe des von ihm bislang bearbeiteten und nun auseinanderbrechenden Marktgebietes verkleinert.

> Wenn sich in Anlehnung an das o. g. Beispiel der *Abb. D-90* (vgl. Kap. D 3.1) der bislang vom betrachteten Anbieter bearbeitete Ländermarkt C abspaltet und dieses Marktgebiet deshalb von diesem Anbieter nicht mehr in der gleichen Weise bearbeitet werden kann (z. B. weil der Anbieter in dieser Regionen des früheren Ländermarktes C über keine Vertriebskanäle verfügt, da er bislang den gesamten Ländermarkt von einem Vertriebsstandort im Land A aus bedient hat), dann hängt das Koordinationsausmaß für diesen Anbieter wesentlich davon ab, welche Bedeutung und damit Größe das nunmehr nicht mehr erreichbare Marktgebiet aufweist.

Da Unternehmen in der Regel nicht in allen Teilregionen eines Ländermarktes oder einer Länderregion über gleiche oder ähnliche Zugangsbedingungen verfügen, ist zwischen Präsenz- und Abstinenzregionen zu unterscheiden.

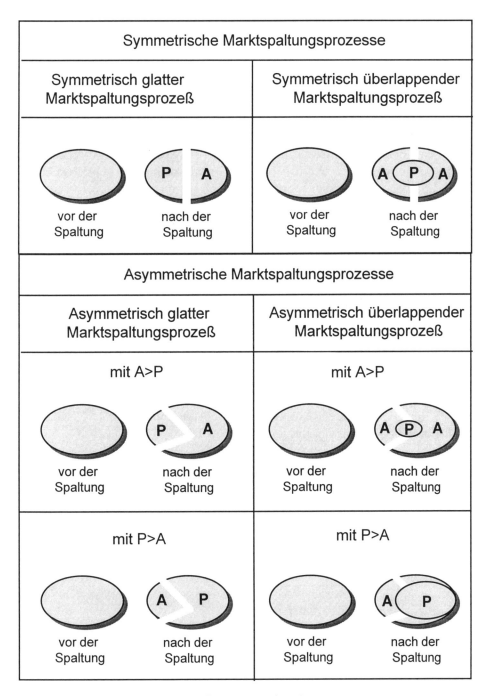

Abb. D-91: Alternative Marktspaltungstypen

Unter einer *Präsenzregion* wird dabei der Teil eines Marktes verstanden, in dem das internationale Unternehmen beispielsweise seine Produktions- und Vertriebskapazitäten konzentriert hat und der dem Unternehmen vor der Marktspaltung dazu gedient hat, alle übrigen Teilregionen des betrachteten Gesamtmarktes zu bedienen. Dementsprechend sind die Teilregionen eines Ländermarktes oder einer Wirtschaftsregion als *Abstinenzregionen* zu bezeichnen, in denen das internationale Unternehmen über keine ausreichenden Produktions- oder Vertriebskapazitäten verfügt.

Vor diesem Hintergrund lassen sich nun verschiedene Spaltungsszenarien konstruieren, die für das betrachtete internationale Unternehmen ein jeweils unterschiedliches Koordinationsausmaß mit sich bringen. In *Abb. D-91* sind einige besonders relevante Szenarien zusammengestellt worden.

Zum einen hängt das Koordinationsausmaß maßgeblich davon ab, ob der Marktspaltungsprozeß symmetrisch oder asymmetrisch abläuft. Bei einer *symmetrischen Spaltung* halbiert sich für den im früheren Gesamtmarkt tätigen Anbieter das Marktvolumen, so daß es für diesen notwendig werden kann, in den nunmehr von ihm nicht bearbeiteten Teil des früheren Gesamtmarktes (Abstinenzmarkt) neu einzutreten. Das Koordinationsausmaß vergrößert sich im Fall einer symmetrischen Spaltung noch weiter, wenn der Spaltungsprozeß nicht glatt, sondern überlappend abläuft. Hier deckt sich das Präferenzgebiet (und somit auch nicht das Abstinenzgebiet) des Anbieters nicht mit den neu entstehenden Ländergrenzen. M. a. W. besitzt der Anbieter bei einem solchen Spaltungsprozeß in jedem der entstehenden Teilmärkte Teilkapazitäten, die nicht unbedingt zur Marktbearbeitung ausreichen müssen. Der Anbieter kann hier gezwungen sein, weitergehende Marktaktivitäten in beiden Marktregionen zu entwickeln.

Während bei einer symmetrischen Marktspaltung zwei (oder mehrere) wirtschaftlich gleichbedeutende Markträume durch das Auseinanderbrechen entstehen, zeichnet sich die *asymmetrische Spaltung* dadurch aus, daß sich hier im Hinblick auf die Marktgröße unterschiedliche Teilmärkte bilden. Sofern die Produktions- und Vertriebskapazitäten des Anbieters dabei im kleineren Marktraum liegen, ist er wiederum zu Anpassungsmaßnahmen gezwungen. Einerseits kann es sich für den Anbieter in diesem Fall erneut als sinnvoll erweisen, den sich abspaltenden (größeren) Markt neu zu erschließen oder aber seine Kapazitäten im stark verkleinerten Restmarkt abzubauen. Auch hier ergibt sich unter Koordinationsgesichtspunkten weiterer Anpassungsbedarf, wenn sich das Präferenz-/Abstinenzgebiet des Anbieters nicht mit den neu entstehenden Ländergrenzen deckt. Ein deutlich geringeres Koordinationserfordernis liegt schließlich dann vor, wenn genau der umgekehrte Fall eintritt und der Anbieter über Kapazitäten im größeren Teilmarkt verfügt. Sofern der sich abspaltende Teilmarkt keine besondere Bedeutung für den betrachteten Anbieter aufweist, ist kein großer Anpassungsbedarf gegeben und das Koordinationsausmaß kann somit sehr gering sein. Allerdings ist es möglich, daß das Koordinationsausmaß auch in diesem Fall dann wieder ansteigt, wenn die neuen Ländergrenzen nicht mit der Abgrenzung der Präferenzregion des Anbieters übereinstimmen.

Härtegrad der Marktspaltung

Der Härtegrad einer Marktspaltung wird durch die nach der Spaltung bestehenden, wirtschaftlich relevanten Beziehungen zwischen den durch die Marktspaltung entstehenden Ländermärkten oder Wirtschaftsregionen bedingt. Wir sprechen dann von einer *weichen Marktspaltung*, wenn die Spaltung im Interesse aller Beteiligten liegt und daher auch nach der wirtschaftlichen Separierung intensive Austauschbeziehungen bestehen. Im Gegensatz dazu vollzieht sich das Auseinanderbrechen bei einer *harten Marktspaltung* abrupt. Hier widerspricht die Spaltung häufig den Interessen z. B. einer der entstehenden Teilregionen, so daß wirtschaftliche Austauschprozesse nach der Spaltung mitunter in hohem Maße erschwert werden. Neben den genannten Extremen (weiche vs. harte Marktspaltungen) sind darüber hinaus auch Zwischenformen denkbar, bei denen das Auseinanderbrechen sowohl Elemente weicher als auch harter Marktspaltungen aufweist.

Der Härtegrad einer Marktspaltung hat i. d. R. einen unmittelbaren Einfluß auf das Koordinationsausmaß innerhalb der internationalen Unternehmung. Je härter der Marktspaltungsprozeß vonstatten geht, desto größer ist der für Unternehmen entstehende Koordinationsbedarf. Während bei einer weichen Marktspaltung die wirtschaftlichen Austauschbeziehungen zwischen den sich voneinander lösenden Marktregionen kaum beeinflußt werden und daher ein eher geringer Koordinationsbedarf für das bislang im Gesamtmarkt tätige Unternehmen besteht, steigt das Koordinationsausmaß bei zunehmendem Härtegrad stark an. Sofern die Wirtschaftsbeziehungen zwischen den sich spaltenden Regionen quasi zum Erliegen kommen, wird es auch für Anbieter schwieriger, den Gesamtmarkt zu bedienen. Die Unternehmen sind in diesem Fall häufig gezwungen, den Teil des früheren Gesamtmarktes vollkommen neu zu erschließen, in dem sie über keine entsprechenden Produktions- und Vertriebskapazitäten verfügen.

Marktspaltungsprozesse in der Praxis

Bei den in den vergangenen Jahren vor allem in Mittel- und Osteuropa abgelaufenen Marktspaltungsprozessen lassen sich quasi alle o. g. Spaltungstypen finden (vgl. *Tab. D-18*). Beispielsweise läßt sich die Zersplitterung des Länderblocks RGW als asymmetrischer Marktspaltungsprozeß bezeichnen, da die einzelnen, nach der Auflösung des RGW separat operierenden Ländermärkte (z. B. die UdSSR und Albanien) über eine sehr unterschiedliche Marktgröße verfügen.

Die Frage, ob es sich darüber hinaus um einen glatten oder überlappenden Marktspaltungsprozeß handelt bzw. ob die Präferenzregion die Abstinenzregion überwiegt, läßt sich nur unternehmensbezogen beurteilen. Dies hängt davon ab, in welchen einzelnen Länderregionen des RGW das internationale Unternehmen vor dem Auseinanderbrechen über Kapazitäten verfügte.

Darüber hinaus handelt es sich bei der Auflösung des RGW um eine (überwiegend) weiche Marktspaltung, da die Auflösung quasi im Interesse aller ehemaligen Mitgliedsstaaten lag und die Zerstörung der wirtschaftlichen Austauschbeziehungen zwischen den Mitgliedsstaaten des RGW zudem weniger durch die Auflösung des Länderblocks als vielmehr durch den parallel stattfindenden Übergang von der sozialistischen Planwirtschaft zur Marktwirtschaft bedingt wurde.

Region / Kriterium	Wirtschafts-block RGW	Ländermärkte		
		UdSSR	Jugoslawien	CSFR
Symmetrie-form	asymme-trisch	asymme-trisch	asymme-trisch	symme-trisch
Härtegrad	weich	mittel	hart	weich

Tab. D-18: Einordnung von Marktspaltungen in Mittel- und Osteuropa

Im Gegensatz zum asymmetrischen und weichen Marktspaltungsprozeß bei der Auflösung des RGW sind die darüber hinaus im Anschluß abgelaufenen Zersplitterungsprozesse einzelner Ländermärkte in Mittel- und Osteuropa anders in die o. g. Typologie einzuordnen. Die Aufspaltung der UdSSR läßt sich beispielsweise zwar auch als asymmetrischer Spaltungsprozeß auffassen, wobei jedoch das Auseinanderbrechen einen größeren Härtegrad aufgewiesen hat. Dies gilt insbesondere deshalb, weil sich Rußland lange Zeit gegen die Abspaltung einzelner Teilregionen der UdSSR stellte, wie an der politisch problematischen Loslösung der Staaten des Baltikums deutlich geworden ist. Als Folge der nicht im gegenseitigen Einvernehmen abgelaufenen Abspaltung der baltischen Staaten sind quasi alle wirtschaftlichen Austauschbeziehungen zwischen den baltischen Staaten auf der einen und Rußland bzw. den übrigen Regionen der ehemaligen UdSSR auf der anderen Seite zum Erliegen gekommen und aus Sicht der baltischen Staaten durch Wirtschaftsbeziehungen zu westlichen Staaten substituiert worden.

Der (asymmetrische) Spaltungsprozeß in Jugoslawien weist im Vergleich zu den o. g. Marktspaltungen einen noch größeren Härtegrad auf. Die Abspaltung Kroatiens vom serbisch dominierten Restjugoslawien stieß vor allem in Serbien auf ein solches Maß an Ablehnung, daß die Spaltung den mehrjährigen, ethnisch geprägten Jugoslawien-Krieg mit sich brachte.

Daß die Zersplitterung von Ländermärkten nicht zwangsläufig einen asymmetrischen Charakter aufweisen muß und zudem auch als weiche Marktspaltung ablaufen kann, zeigt das Beispiel der ehemaligen CSFR. Hier bestehen auch nach der Marktspaltung intensive Austauschbeziehungen zwischen Tschechien und der Slowakei, so daß der Koordinationsbedarf für Unternehmen, die zuvor in der gesamten Tschechoslowakei tätig waren, relativ gering war.

> BP hat beispielsweise vor dem Auseinanderbrechen der CSFR den gesamten tschechoslowakischen Markt für Schmiermittel über eine Niederlassung in Prag bedient. Nach der Marktspaltung hat das Unternehmen eine neue Niederlassung in Bratislava (Slowakei) gegründet, um den sich von Tschechien abspaltenden Ländermarkt Slowakei weiterhin bearbeiten zu können. Das Unternehmen baute in diesem Zusammenhang quasi eine „Zwillingsniederlassung" in Bratislava auf, ohne daß jedoch darüber hinausgehender Koordinationsbedarf bestand (vgl. *Ackermann*, 1997, S. 86 ff.).

3.2.2 Auswirkungen auseinanderbrechender Märkte

Unabhängig davon, ob sich das Auseinanderbrechen von Märkten durch eine Veränderung institutioneller Rahmenbedingungen oder durch eine Heterogenisierung des Kaufverhaltens ergibt, erwächst hieraus für internationale Anbieter die Notwendigkeit, ihre Marktbearbeitung den neuen Marktbedingungen anzupassen. Das konkrete Koordinationsausmaß hängt dabei neben der individuellen Unternehmenssituation insbesondere von der Art und der Intensität der Marktspaltung ab. Aus diesem Grunde werden im folgenden die Auswirkungen auseinanderbrechender Märkte exemplarisch anhand von zwei Praxisbeispielen erläutert, die sich auf die Folgen auseinanderbrechender Märkte durch eine Heterogenisierung institutioneller Rahmenbedingungen beziehen. Das erste Beispiel der EU-Bananenmarktverordnung zeigt die mit der Bildung von Länderblöcken mitunter in bestimmten Sektoren einhergehende Fragmentierung des Weltmarktes auf. Im anschließenden zweiten Beispiel wird die Folge der Desintegration einzelner Ländermärkte am Beispiel der Auswirkungen des Auseinanderbrechens der ehemaligen UdSSR für einen deutschen Schuhsohlenmaschinenhersteller erläutert.

3.2.2.1 Die Auswirkungen der Fragmentierung des Weltmarktes als Folge der Schaffung von Wirtschaftsblöcken am Beispiel der EU-Bananenmarktverordnung

Die Schaffung von Wirtschaftsblöcken geht mit einem zunehmenden Freihandel zwischen den beteiligten Ländern, allerdings i. d. R. zugleich auch mit protektionistischen Maßnahmen gegenüber Unternehmen aus Drittstaaten und damit auch mit einer Fragmentierung des Weltmarktes einher. Exemplarisch kann das Bestreben von Wirtschaftsblöcken, die Unternehmen der beteiligten Länder vor Konkurrenz aus Drittstaaten zu schützen, an der Wirtschaftspolitik der EU nachvollzogen werden. Die Beschränkung der Einfuhr japanischer Videorecorder, die Kontingentierung amerikanischer TV-Produktionen in Europa, die begrenzte Einfuhr marokkanischer Schnittblumen oder die Beschränkung von Bananenimporten aus Südamerika sind nur einige Beispiele für den nach außen entfalteten Protektionismus. Gerade an den Folgen der 1993 von der EU erlassenen EU-Bananenmarktverordnung (vgl. hierzu u. a. *Nuhn*, 1994; *Kuschel*, 1995) läßt sich dabei das Koordinationsausmaß nachvollziehen, das durch Rückkopplungen für beteiligte Anbieter entsteht.

Der Bananenmarkt

Der Bananenanbau ist aufgrund klimatischer Anforderungen auf bestimmte Regionen der Welt beschränkt. Traditionelle Anbaugebiete befinden sich in Südeuropa (EU-Bananen), in Afrika und im karibischen bzw. pazifischen Raum (AKP-Bananen) sowie in Südamerika (Dollar-Bananen).

Der Anbau in den verschiedenen Regionen ist jedoch mit unterschiedlichen Problemen verbunden. Der EU-Bananenanbau sieht sich vor allem geographisch/klimatischen Problemen gegenüber. In den Anbaugebieten in Portugal, Spanien, Griechenland sowie in den französischen Übersee-Départements sind die Bodenverhältnisse und die klimatischen Bedingungen so beschaffen, daß die Bananenerzeugung mit quantitativen und qualitativen Mängeln behaftet ist. Eine für den Bananenanbau ähnlich schlechte Ausgangssituation findet sich in den AKP-Staaten. Hier kommen zu geographisch/klimatischen Schwächen strukturelle Probleme hinzu, die einen Anbau anderer landwirtschaftlicher Erzeugnisse mitunter ausschließen. Im Gegensatz zu den EU- und AKP-Anbaugebieten sind sehr viel günstigere Bedingungen in Südamerika anzutreffen. Neben optimalen klimatischen Voraussetzungen ist der Anbau in Ecuador, Costa Rica, Kolumbien, Honduras oder Panama vor allem durch Großplantagen gekennzeichnet, die wegen geringer Lohnkosten und rationalisierter Erntemethoden deutliche Produktionskostenvorteile gegenüber EU- oder AKP-Anbietern sichern. Entsprechend hoch war in der Vergangenheit der Anteil der Dollar-Bananen in Europa (vgl. *Tab. D-19*).

Die ganzjährige Weltproduktion betrug 1991 ca. 48 Mio. Tonnen, wovon 20 % für den Export bestimmt waren. Angesichts der beschriebenen Kosten-, aber auch der Qualitätsvorteile des Dollar-Bananenanbaus ist es nicht verwunderlich, daß Dollar-Bananen ein Anteil von 80 % an den weltweiten Bananenexporten zukommt. Auch in Europa entfiel -

trotz Zollvorteilen von EU- und AKP-Bananen - auf Dollar-Bananen zu Beginn der 90er Jahre ein Marktanteil von ungefähr 66 % (vgl. *Tab. D-19*). Da darüber hinaus mehr als 35 % der weltweiten Bananenexporte auf Europa entfielen und Europa daher der wichtigste Bananen-Importeur war, stellte das Übergewicht der Dollar-Bananen ein erhebliches Problem für die Bananen anbauenden Mitgliedsstaaten der EU dar.

Mitgliedsstaat	EU-Bananen	AKP-Bananen	Dollar-Bananen	Import-anteil in Europa
Belgien/Luxemburg	-	0,6	99,4	5,6
Dänemark	0,1	5,0	94,8	1,5
Frankreich	59,1	40,9	-	13,8
Deutschland	-	0,1	99,9	37,2
Griechenland	-	7,4	92,6	1,1
Niederlande	-	2,8	97,2	2,0
Irland	-	3,6	96,1	1,2
Italien	-	11,1	88,9	14,3
Portugal	-	4,7	95,2	2,7
Spanien	100,0	-	-	9,3
Großbritannien	0,3	79,4	11,2	11,2
EG-Gesamt	**17,5**	**16,7**	**65,8**	**100,0**

Tab. D-19: EU-Bananenimporte nach Herkunftsregionen 1991
(Quelle: Read, 1994)

Die EU-Bananenmarktverordnung

Aus diesem Grunde beschloß der Rat der Europäischen Union in seiner Verordnung Nr. 404/93 die sog. „Bananenmarktverordnung". In ihr wird die gemeinsame Marktorganisation für Bananen und Bananenerzeugnisse im Rahmen einer einheitlichen EU-Agrarmarktpolitik festgelegt. Neben Qualitäts- und Vermarktungsnormen (Titel I), in denen Mindestanforderungen für nicht-europäische Bananen in bezug auf Länge, Durchmesser, Krümmung, Festigkeit und Schädlingsbefall formuliert worden sind, diente die Bananenmarktverordnung vor allem der Regelung von Drittlandimporten. In diesem Zusammenhang sah die EU-Bananenmarktverordnung ein aus Importlizenzen und Zollkontingenten bestehendes Modell vor. In Abhängigkeit von vorgegebenen Importkontingenten legte die Verordnung unterschiedliche Zölle für Dollar- und (über eine garantierte Importmenge hinausgehende, sog. nichttraditionelle) AKP-Bananen fest. Die in *Tab. D-20* wiedergegebenen Zollsätze führten für Dollar-Bananen zu einer Preissteigerung von 20 %, sofern das vorgegebene Kontingent (1995: insgesamt 2,2 Mio. Tonnen) nicht überschritten wurde, und zu einer Steigerung von 170 % bei Überschreitung des Kontingentes.

	innerhalb des Kontingents eingeführte Mengen	**außerhalb des Kontingents eingeführte Mengen**
Dollar-Bananen	100 ECU/t	850 ECU/t
nichttraditionelle AKP-Bananen	0 ECU/t	750 ECU/t

Tab. D-20: Zollsätze für Importbananen in der EU

Die Folgen der Bananenmarktverordnung

Die Bananenmarktverordnung hat zu unterschiedlichen Auswirkungen in den Mitgliedsstaaten der EU geführt. Während in Ländern wie Frankreich oder Spanien, in denen vormals Dollar-Bananen nicht vertrieben werden durften, die Zulassung kontingentierter Mengen zu einem Absenken des Preisniveaus geführt hat, läßt sich für Dollar-Bananen geprägte Länder wie Deutschland, die Niederlande oder Dänemark der gegenteilige Effekt beobachten. Die durch Zölle bedingte Verteuerung der Dollar-Bananen hat hier zu einem deutlichen Preisanstieg und damit einhergehend zu einer abnehmenden Nachfrage geführt. Insgesamt hat sich aus der Einführung der EU-Bananenmarktverordnung ergeben, daß die Importeure von Dollar-Bananen in Europa 30 % der von ihnen vor Einführung der Verordnung erreichten Mengen verloren haben.

Vor dem Hintergrund der hier betrachteten Frage, welche Auswirkungen von der Abschottung von Ländermärkten auf das Marktengagement in anderen Ländern ausgehen, ist vor allem das Verhalten der Erzeuger und Importeure von Dollar-Bananen interessant.

Die Erzeugung und der Vertrieb der lateinamerikanischen Bananenproduktion wird in erster Linie durch US-amerikanische Konzerne beherrscht. Die sich als Folge der EU-Bananenmarktverordnung ergebenden Preis- und Mengenentwicklungen in Europa haben die Unternehmen gezwungen, die frei werdenden Kapazitäten auf andere Märkte umzuleiten. Neben der intensiveren Marktbearbeitung in Osteuropa ist die Mehrzahl der Dollar-Bananen, die ursprünglich für den europäischen Markt bestimmt waren, in den US-amerikanischen Markt, den größten Einzelmarkt der Welt, umgeleitet worden. Als Folge der ausgeweiteten Angebotsmenge in den USA kam es dort zwangsläufig zu Preissenkungen. Insgesamt bedingte also die Abschottung des europäischen Bananenmarktes veränderte Anbieterstrategien auf zunächst „unbeteiligten" Ländermärkten. Trotz aller Anpassungsmaßnahmen konnten Erzeuger und Importeure von Dollar-Bananen Verluste von insgesamt mehreren hundert Mio. US-$ nicht verhindern.

3.2.2.2 Die Auswirkungen der Desintegration von Ländermärkten am Beispiel des Auseinanderbrechens der ehemaligen UdSSR

Aus der Aufspaltung eines bislang einheitlichen Ländermarktes in mehrere rechtlich selbständige Länder resultiert für interne - also innerhalb des betroffenen Landes angesiedelte Unternehmen - und externe Unternehmen, die in einem Drittmarkt beheimatet sind, ein mitunter beträchtlicher Koordinationsbedarf, der wiederum abhängig ist vom Typ der länderspezifischen Marktspaltung. Für *interne Anbieter* zerbrechen gewachsene Beschaffungs-, Produktions- und Absatzstrukturen, da ein Teil des bisherigen Heimatmarktes nun Ausland darstellt. Zur Aufrechterhaltung der bisherigen Wertschöpfungsketten sind interne Anbieter häufig daher zu einer Internationalisierung ihrer Geschäftätigkeit gezwungen. Für *externe Anbieter* ergeben sich vor allem zwei koordinationsrelevante Auswirkungen:

- Die Anzahl rechtlich autonomer Ländermärkte vergrößert sich. Häufig lassen sich die neu entstehenden Länder nur mit einem veränderten Leistungsprogramm bearbeiten, da andere rechtliche Anforderungen zu erfüllen sind.

- Die zerstörten Wertschöpfungsbeziehungen innerhalb des zersplitterten Ländermarktes sind dafür verantwortlich, daß die anfallende Nachfrage insgesamt geringer wird.

Für deutsche Unternehmen hat vor allem das Auseinanderbrechen der ehemaligen UdSSR beträchtliche Auswirkungen zur Folge gehabt. Gehörte die UdSSR insbesondere für viele Bereiche der deutschen Industriegüterindustrie bis Ende der 80er Jahre zu den strategischen Kernmärkten, so fielen die Auswirkungen des mit dem Zerfall einhergehenden Nachfragerückgangs um so deutlicher aus, wie sich an einem Beispiel aus dem Maschinenbau zeigen läßt.

Der Markt für Schuhsohlenmaschinen

Der Weltmarkt für Schuhsohlenmaschinen teilt sich werkstoffbezogen auf die Bereiche Leder- (10 %), Gummi- (30 %), PVC- (45 %) und Polyurethan-Sohlen (15 %) auf. Während Ledersohlen vor allem im Segment der hochpreisigen Schuhproduktion zum Einsatz kommen und Gummisohlen in erster Linie bei der Produktion von Schuhen für den gewerblichen Bedarf verwendet werden, konkurrieren PVC- und Polyurethan-Sohlen im Massengeschäft. Im Vergleich zu klassischen PVC-Schuhsohlen besitzen Polyurethan-Schuhsohlen den Vorteil, daß sie ein geringeres Gewicht und zudem eine geringere Abnutzung (Abreibung) aufweisen. Allerdings lassen sich Polyurethan-Schuhsohlen schwerer verarbeiten und verursachen darüber hinaus höhere Beschaffungskosten als der Grundstoff PVC.

Der Weltmarkt für Schuhsohlenmaschinen läßt sich werkstoffbezogen segmentieren, da Schuhsohlenmaschinen jeweils nur für einen Grundstoff verwendbar sind. Insgesamt ist der Wettbewerb vor allem durch klein- und mittelständische Maschinenbauer geprägt. Neben einigen wenigen international bedeutenden Herstellern besitzt die Mehrzahl der Wettbewerber keinen nennenswerten Marktanteil und realisiert jeweils Jahresumsätze von weniger als 10 Mio. DM. Starker Wettbewerb herrscht dabei eher bei „klassischen" PVC-Schuhsohlenmaschinen, wohingegen im Segment der Polyurethan-Sohlen eine relativ geringe Wettbewerbsintensität besteht.

Unternehmensstrategien vor dem Zerfall der UdSSR

Die deutsche Schuhsohlenmaschinenindustrie erholte sich nach dem 2. Weltkrieg recht schnell von den Kriegsfolgen. Bereits Mitte der 50er Jahre wurde das Vorkriegsniveau in der Produktion erreicht. Seit Anfang der 60er Jahre konnte zudem ein konstantes Wachstum durch eine schrittweise Internationalisierung sichergestellt werden.

Einige der deutschen Schuhsohlenmaschinenhersteller konzentrierten ihr Auslandsengagement dabei verstärkt auf den osteuropäischen Markt und besonders den Markt der UdSSR, da für diesen seit Mitte der 70er Jahre hohe Wachstumsraten zu erwarten waren. Im Gegensatz zu europäischen, amerikanischen oder südostasiatischen Schuhherstellern präferierten Hersteller in der UdSSR zunehmend Polyurethan, da die positiven Eigenschaften wie niedriges Gewicht, gute Dämpfung, geringer Abrieb, gute Beständigkeit gegen Öle, Fette, Hitze oder Kälte sowie die gegenüber PVC verbesserten Isoliereigenschaften geschätzt wurden. Daher gingen einige der Schuhsohlenmaschinenhersteller in ihrem Osteuropa-Engagement sogar so weit, daß sie auf Basis der dortigen Präferenzen für den Grundstoff Polyurethan ihre Produktlinien nahezu ausschließlich auf Polyurethan-Schuhsohlenmaschinen auslegten und die Herstellung von PVC-Schuhsohlenmaschinen weitgehend einstellten.

Die Folgen des Zerfalls der UdSSR

Als unmittelbare Folge der Auflösung von RGW und UdSSR sowie des Ausscherens einzelner Republiken aus der GUS reduzierte sich die Industrieproduktion zwischen 1989 und 1992 um mehr als 30 %. Diese Entwicklung blieb nicht ohne Auswirkung auf die Schuhhersteller in Osteuropa. Zerstörte Wertschöpfungsketten in Verbindung mit einem Kaufkraftverlust der Bevölkerung von bis zu 50 % ließen auch die Schuhproduktion zusammenbrechen.

Insbesondere für diejenigen deutschen Schuhsohlenmaschinenhersteller, die in den 70er und 80er Jahren ihre Kapazitäten an der sich ausweitenden Nachfrage der UdSSR ausgerichtet hatten, brachte diese Entwicklung dramatische Marktveränderungen. *Tab. D-21* zeigt die Umsatzentwicklung eines Polyurethan-Maschinenbauers in den Jahren 1989 bis 1993. Sie verdeutlicht, daß der Zusammenbruch des Osteuropa-Geschäftes mit Auswirkungen in anderen Marktregionen verbunden ist. Der skizzierte Maschinenbauer hatte Mitte der 80er Jahre eine speziell auf die Erfordernisse des in Osteuropa präferierten Grundstoffs Polyurethan basierende Maschinenreihe entwickelt, wobei die Konzeptionierung F&E-Kosten in Höhe von knapp 80 Mio. DM verursacht hatte. Bei der Markteinführung im Jahre 1986 war man von konstanten Marktverhältnissen und einer Lebenserwartung der Produktlinie von 10 Jahren ausgegangen. Angesichts des Wegfalls der Osteuropa-Umsätze sah sich der Hersteller zu Beginn der 90er Jahre gezwungen, seine Wettbewerbsstrategie in anderen Ländermärkten zu ändern. Er versuchte, die noch nicht amortisierten Entwicklungskosten durch eine Hochpreisstrategie in den Marktregionen außerhalb Osteuropas zu erreichen. Die Folge waren Marktanteilsverluste an Hersteller von Maschinen substitutiver Werkstoffe wie PVC oder Gummi. Das Unternehmen mußte als Folge der sukzessive wegbrechenden Ländermärkte seine Belegschaft innerhalb von 3 Jahren von 1850 auf 500 Mitarbeiter reduzieren. Der Konkurs konnte 1993 nur durch die Übernahme durch einen anderen internationalen Wettbewerber abgewendet werden.

Region	1989	1991	1993
Deutschland	30.145	28.193	20.402
Westeuropa (ohne Deutschland)	8.659	9.004	4.229
Osteuropa	109.283	16.063	6.136
USA/Kanada	11.144	7.968	6.077
Nahost/Fernost	22.379	23.805	12.274
Mittel-/Südamerika	8.836	5.927	5.608
Afrika	2.352	2.428	819
Gesamt	**192.798**	**93.388**	**55.545**

Tab. D-21: Umsatzentwicklung eines Schuhsohlenmaschinenherstellers (in TDM)

Das skizzierte Beispiel verdeutlicht, daß das Auseinanderbrechen von Ländermärkten nicht allein für interne Anbieter mit z. T. erheblichen Koordinationsproblemen verbunden ist, die diese zu einer Internationalisierung ihrer Marktbearbeitung zwingen. Für die im obigen Beispiel nicht weiter betrachteten Schuhhersteller der ehemaligen UdSSR bedingte der sich als Folge des Zusammenbruchs der UdSSR ergebende Verlust von Teilen des heimischen Absatzmarktes die Notwendigkeit, entweder neue ausländische Absatzmärkte zu erschließen oder aber den Umfang der Schuhherstellung zu reduzieren.

Darüber hinaus ergeben sich auch für externe Anbieter weit über die Bedeutung des einzelnen zersplitterten Ländermarktes hinausgehende Folgen. Die erwähnten Schuhmaschinenhersteller, die sich auf das Osteuropa- und vor allem das UdSSR-Geschäft spezialisiert hatten, wurden durch den Zusammenbruch der dortigen Absatzmärkte zu einer Anpassung ihrer Marktbearbeitung in anderen, nicht unmittelbar betroffenen Ländermärkten gezwungen (Domino-Effekt).

3.3 Koordinationsstrategien auf auseinanderbrechenden Märkten

Auseinanderbrechende Märkte erzeugen vornehmlich anbieterbezogene Rückkopplungen zwischen den bearbeiteten Ländermärkten. Da sowohl das Auseinanderbrechen aufgrund veränderter institutioneller Rahmenbedingungen als auch aufgrund einer Heterogenisierung des Kaufverhaltens zur Entstehung neuer Ländergrenzen führt bzw. bestehende Ländergrenzen in ihrer Bedeutung intensiviert, reduzieren sich nachfragerseitige Austauschprozesse. M. a. W.: Auf auseinanderbrechenden Ländermärkten nimmt die Gefahr nicht erwünschter Arbitrage tendenziell ab.

Die Fokussierung auf anbieterbezogene Rückkopplungen als Ergebnis auseinanderbrechender Märkte verringert die strategischen Reaktionsmöglichkeiten für Unternehmen. Während sich Unternehmen auf zusammenwachsenden Märkten koordinationsbedarfsdeckender und -reduzierender Maßnahmen bedienen können, besteht auf auseinanderbrechenden Märkten generell keine Möglichkeit, den Koordinationsbedarf zu reduzieren. Da vor allem das Abschotten von Wirtschaftsblöcken und die Zersplitterung von Ländermärkten aus Sicht einzelner Anbieter zumeist unumkehrbare politische Tatbestände schaffen, ist ein einzelwirtschaftliches Gegensteuern durch koordinationsbedarfsreduzierende Maßnahmen tendenziell nicht möglich. Für Unternehmen besteht grundsätzlich nur die Möglichkeit, sich den veränderten Rahmenbedingungen oder dem geänderten Kaufverhalten anzupassen. Im Mittelpunkt der Koordinationsstrategien auf auseinanderbrechenden Märkten stehen somit koordinationsbedarfsdeckende Maßnahmen.

Das Auseinanderbrechen von Ländermärkten zwingt Unternehmen dazu, die bisherigen Marktbearbeitungsstrategien neu zu definieren. Sowohl die im Rahmen des „Going International" als auch des „Being International" getroffenen Entscheidungen bedürfen angesichts einer geänderten Datensituation der Überprüfung. Dabei weist die strategische Anpassung beim Auseinanderbrechen institutioneller Rahmenbedingungen einen anderen Schwerpunkt auf als bei der Heterogenisierung des Kaufverhaltens.

3.3.1 Anpassungsstrategien beim Auseinanderbrechen institutioneller Rahmenbedingungen

Die anbieterbezogenen Rückkopplungen beim Auseinanderbrechen institutioneller Rahmenbedingungen (z. B. Desintegration von Ländermärkten, Zersplitterung von Wirtschaftsblöcken) ergeben sich in erster Linie durch die Veränderung der Kostenposition der international agierenden Unternehmung. Eine Folge des Auseinanderbrechens ist der Verlust von Absatzmengen in den zersplitterten oder abgeschotteten

Ländermärkten. In den im Kapitel D 3.2.2 angeführten Beispielen führte die Abschottung des europäischen Bananenmarktes für Anbieter aus dem Dollar-Raum zu einer Reduzierung ihres Absatzes in Europa um 30 %. Die Zerschlagung der UdSSR bedingte für Schuhsohlenmaschinenhersteller, daß sich ihre Osteuropa-Umsätze um 95 % verringerten. Im Mittelpunkt der strategischen Anpassung muß daher der Versuch stehen, die Verschlechterung der Kostenposition beispielsweise durch fehlende Erfahrungskurveneffekte abzuschwächen.

Damit führt das Auseinanderbrechen von Ländermärkten aufgrund geänderter institutioneller Rahmenbedingungen jedoch zwangsläufig zu einem Neueinstieg in die konzeptionelle Phase des „Going International". Die in den betroffenen Ländermärkten bedrohten Absatzvolumina sind zu kompensieren, indem

- neue, bislang nicht bearbeitete Ländermärkte erschlossen werden oder

- die zersplitterten bzw. abgeschotteten Ländermärkte mit anderen Strategien bearbeitet werden.

Nachdem die auf den Handel mit Dollar-Bananen spezialisierten Importeure feststellen mußten, daß das durch gestiegene Einfuhrzölle erhöhte Preisniveau für Dollar-Bananen zu einer deutlichen Verringerung des Absatz- und somit auch des Importvolumens führte, versuchen sie einerseits, den europäischen Markt mit neuen Strategien zu bearbeiten, und andererseits, neue, bislang nicht bearbeitete Märkte zu erschließen. Beispielsweise verfolgt die Dole Food Company Inc. als Reaktion auf die mit der EU-Bananenmarktverordnung verbundenen Mengenverluste im Handel mit Dollar-Bananen folgende Anpassungsstrategien:

- Die Marktbearbeitung in Osteuropa wurde intensiviert. Insbesondere wurden Dollar-Bananen in die bislang nicht bearbeiteten Märkte Südosteuropas exportiert. Allerdings ließen sich in Osteuropa nur deutlich geringere Kilopreise als in Westeuropa erzielen.

- Parallel hierzu versuchte das Unternehmen, die Sonderstellung der AKP-Staaten für die Bearbeitung westeuropäischer Märkte zu nutzen. Das Unternehmen erwarb diverse Kapitalbeteiligungen an Bananenproduzenten aus AKP-Staaten, um die Importrestriktionen für Dollar-Bananen zu umgehen und am geschützten Handel mit Kolonialbananen zu partizipieren.

Unabhängig davon, ob als Folge des Auseinanderbrechens aufgrund institutioneller Rahmenbedingungen neue Ländermärkte erschlossen werden oder die zersplitterten bzw. abgeschotteten Ländermärkte mit abgewandelten Erschließungsstrategien bearbeitet werden, stellen die koordinationsbedarfsdeckenden Maßnahmen Problemstellungen des „Going International" dar. Das Auseinanderbrechen von Ländermärkten in bezug auf institutionelle Rahmenbedingungen zwingt Unternehmen zur Überprüfung von Marktauswahl- und Markterschließungsentscheidungen (vgl. Kap. C).

3.3.2 Anpassungsstrategien bei der Heterogenisierung des Kaufverhaltens

Die Heterogenisierung des Kaufverhaltens äußert sich in Präferenzveränderungen bei Nachfragern auf den betroffenen Ländermärkten. Der Fall, daß die Nachfrager aller bearbeiteten Ländermärkte ihr Kaufverhalten ändern, ist vermutlich eher selten anzutreffen. Häufiger sehen sich Unternehmen dem Problem gegenüber, daß Nachfrager einzelner Regionen oder Märkte z. B. aufgrund eines kulturellen Wertewandels differenziertere Bedürfnisse entwickeln.

Durch diese Präferenzänderungen eines Teils der bislang bedienten Nachfrager entsteht ein anbieterbezogener Koordinationsbedarf, da die in der Vergangenheit länderübergreifend getroffenen Standardisierungs-/Differenzierungsentscheidungen ggf. nicht aufrechterhalten werden können. Für Unternehmen kommen u. a. folgende Anpassungsmöglichkeiten in Frage:

- Die Präferenzänderungen werden ignoriert. Das für das Gesamtunternehmen festgelegte Standardisierungs-/Differenzierungsprofil wird beibehalten (*Strategie des Ignorierens*).

- Auf allen Ländermärkten werden preis-, produkt- und ggf. auch kommunikations- sowie distributionspolitische Anpassungen in der Absicht vorgenommen, um die in der Vergangenheit realisierten Standardisierungsvorteile beizubehalten (*Strategie der Unternehmensneuausrichtung*).

- Während auf allen übrigen Märkten eine unveränderte Marktbearbeitung erfolgt, werden die Aktivitäten im sich heterogenisierenden Marktgebiet auf die speziellen Erfordernisse ausgerichtet. Nur für den durch geänderte Präferenzen charakterisierten Ländermarkt werden Anpassungen der Marketinginstrumente vorgenommen (*Strategie der Marktneuausrichtung*).

- Da das bisherige Leistungsspektrum in dem durch geänderte Präferenzen gekennzeichneten Länder(teil-)markt auf keine Akzeptanz mehr stößt, tritt der Anbieter aus diesem (Teil-)Markt aus (*Austrittsstrategie*).

Die Entscheidung darüber, welche der aufgezeigten Handlungsalternativen vorteilhaft ist, hängt vom Verhältnis der jeweiligen gesamtunternehmensbezogenen Erlös- und Kostenänderungen ab. Optimal erscheint die strategische Option, bei der der zusätzlich realisierbare Gesamtgewinn maximal ausfällt bzw. der entstehende Gewinnrückgang minimiert wird. Da die letztliche Entscheidung von der unternehmensspezifischen Markt- und Kostenposition auf allen bearbeiteten Ländermärkten abhängt, lassen sich einige strategische Faustregeln formulieren:

(1) Die *Strategie des Ignorierens* erscheint immer dann sinnvoll, wenn die Erlöseinbußen im sich heterogenisierenden (Teil-)Markt gering ausfallen. Abgesehen davon, daß in diesem Länder(teil-)markt auch bei Beibehaltung der bisherigen Marktbearbeitungsstrategien weiterhin Gewinne erzielt werden müssen, sollten die Erlöseinbußen geringer sein als die mit einer landes- oder gesamtunternehmensbezogenen Strategieadaption verbundenen Kostenzuwächse.

(2) Im Gegensatz dazu bietet sich die *Strategie der Unternehmensneuausrichtung* dann an, wenn die Standardisierungsvorteile insgesamt überwiegen und der sich heterogenisierende Markt zudem bedeutende Gewinnbeiträge liefert. In diesem Fall werden Erlösschmälerungen auf anderen Ländermärkten und Anpassungskosten in Kauf genommen, da diese geringer ausfallen als die ansonsten entstehenden Gewinnrückgänge im sich verändernden Länder(teil-)markt.

(3) Dies bedeutet im Umkehrschluß auch, daß eine *Strategie der Marktneuausrichtung* nur dann sinnvoll ist, wenn die differenzierte Marketingpolitik in dem sich verändernden Ländermarkt die Kostenposition in anderen Ländermärkten nicht verändert und die durch eine differenzierte Marktbearbeitung erreichbaren Mehrerlöse in diesem Ländermarkt die Anpassungskosten überkompensieren.

(4) Ein selektiver Marktaustritt (*Austrittsstrategie*) ist vorteilhaft, wenn keine der genannten, auf die weitergehende Bearbeitung aller bisherigen Ländermärkte ausgerichteten Strategien ökonomisch vorteilhaft ist.

IAS International Case Studies Series

Petrolub AG

Dieser Fall wurde von *Manfred Ackermann* unter der Anleitung von Prof. Dr. Klaus Backhaus, Direktor des Betriebswirtschaftlichen Instituts für Anlagen und Systemtechnologien der Westfälischen Wilhelms-Universität Münster, erstellt.

3.4 Fallstudie „Petrolub AG"

Die Petrolub Holding AG ist ein deutsches, in Hamburg ansässiges Unternehmen, das seit den 60er Jahren in der Mineralölwirtschaft tätig ist. Es ist, verglichen mit der internationalen Konkurrenz, ein relativ kleines Unternehmen mit einem Jahresumsatz von ca. 9,5 Mrd. DM. Die Aktien des Unternehmens werden weitestgehend von deutschen Energieversorgern und Banken sowie dem amerikanischen Ölgiganten American Oil (AMOIL) gehalten. Lediglich ein kleiner Teil befindet sich in Streubesitz. Die Aktie wird nicht an der Börse notiert.

Der Umsatz des Konzerns konnte in den letzten Jahren konstante Wachstumsraten verzeichnen, lediglich im Jahr 1992 wird es nach Schätzung der Unternehmensführung zu einer Stagnation des Umsatzes kommen. Die Entwicklung des Umsatzes seit 1990 zeigt *Abb. PETROLUB-1*:

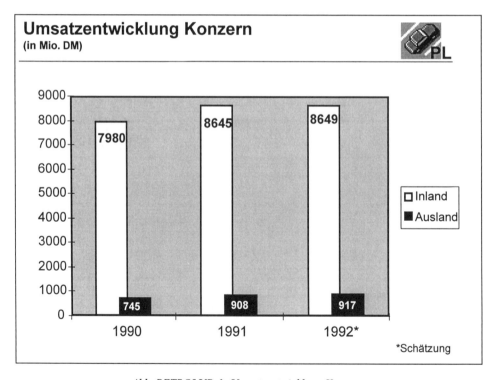

Abb. PETROLUB-1: Umsatzentwicklung Konzern

Abb. PETROLUB-1 zeigt darüber hinaus, daß die Petrolub AG ein primär im deutschen Markt tätiges Unternehmen ist.

Die Petrolub konzentriert sich bei ihren Aktivitäten lediglich auf den „Downstream"-Bereich, d. h. die Vermarktung von Mineralölprodukten. Im „Upstream"-Bereich (Förderung) ist sie nicht tätig, sondern bezieht ihre Ölprodukte und Flüssiggas direkt von Raffinerien. Hierbei handelt es sich oft um Unternehmen, mit denen sie bei ihren Downstream-Aktivitäten in direkter Konkurrenz steht.

Das Unternehmen ist in fünf strategische Geschäftseinheiten (SGE) gegliedert (vgl. *Abb. PETROLUB-2*).

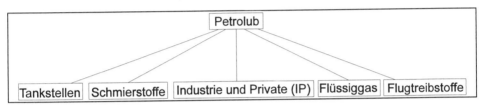

Abb. PETROLUB-2: Die SGEs von Petrolub

Mit seinen Geschäftsfeldern ist das Unternehmen durch eigene Tochtergesellschaften in Deutschland, Österreich, Ungarn und der Tschechoslowakei präsent.

Die Investitionen im gesamten Konzern sind in den letzten Jahren rückläufig, vor allem in Deutschland. Lediglich im Osten Deutschlands werden für den Bau neuer Tankstellen noch Investitionen vorgenommen, der Großteil der Investitionen dient jedoch der Modernisierung der Stationen und der Netzbereinigung. Zunehmend werden die Investitionen nach Zentral- und Osteuropa verlagert, deren Märkte noch nicht das Sättigungsniveau von Deutschland und Österreich verzeichnen (vgl. *Abb. PETROLUB-3*).

Die strategischen Geschäftsfelder

• Das Kerngeschäft „Tankstellen"

Das Tankstellengeschäft läßt sich in die drei Bereiche Kraftstoffversorgung, Shop und Dienstleistungen unterteilen.

Der Verkauf von Kraftstoffen über das Einzelhändlernetz (Tankstellen) hat der Petrolub einen hohen Bekanntheitsgrad gebracht. Abhängig von Größe und Lage der Station belaufen sich die Kosten für die Errichtung einer Tankstelle auf ca. 2 bis 4 Mio. DM. Das Tankstellengeschäft ist somit vergleichsweise investitionsintensiv.

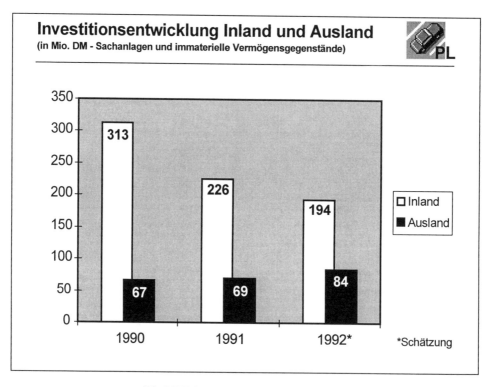

Abb. PETROLUB-3: Investitionsentwicklung

Die an den Tankstellen vertriebenen Kraftstoffe werden von Raffinerien bezogen, die ihrerseits das Rohöl auf dem Rotterdamer Ölmarkt beschaffen. Im Tankstellengeschäft werden Preise zu Wiederbeschaffungskosten kalkuliert: Es wird versucht, für jeden Liter den Erlös zu erzielen, der es ermöglicht, diesen Liter Kraftstoff z.B. am Rotterdamer Markt wiederzubeschaffen. Fallende Notierungen in Rotterdam werden daher sofort an die Kunden weitergegeben, weil jede Gesellschaft ihren Marktanteil halten oder ausbauen möchte.

Einen großen Einfluß hat auch der Dollarkurs, da Weltmarktpreise in Dollar deklariert werden. Steuern, Rohölpreise und Dollarkurs sind die zentralen Einflußfaktoren für Benzinpreisveränderungen. Der Einfluß der Mineralölgesellschaften ist eher gering. Beispielhaft für die Steuerbelastung sei die Situation für Normalbenzin in Deutschland betrachtet (vgl. *Abb. PETROLUB-4*).

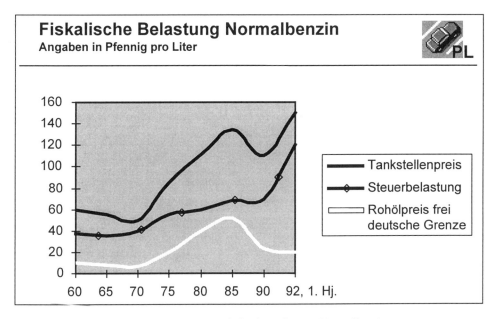

Abb. PETROLUB-4: Fiskalische Belastung Normalbenzin

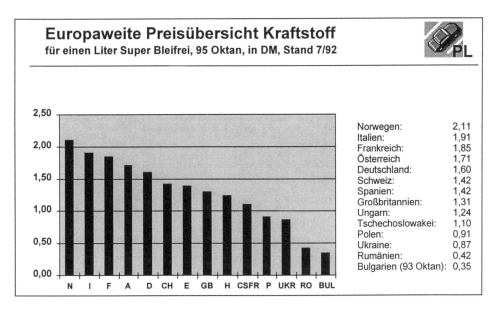

Abb. PETROLUB-5: Europaweite Preisübersicht Kraftstoff

Die unterschiedlichen steuerlichen Belastungen bewirken europaweit erhebliche Preisdifferenzen, die vor allem in grenznahen Regionen einen „Tanktourismus" zum benachbarten Niedrigpreisland entstehen lassen. Eine Übersicht über die europaweiten Preise gibt *Abb. PETROLUB-5*.

Die hohe Markttransparenz verschärft nicht nur national, sondern auch international den Wettbewerb. Kaum ein anderes Produkt ist mit so weithin sichtbaren Preisen ausgezeichnet wie Kraftstoffe an den Tankstellen.

Bei den Vertragsbeziehungen der Petrolub zu den Tankstellenbetreibern lassen sich drei Vertragstypen unterscheiden:

(1) *„Company owned Company operated (CoCo)"-Service-Stations:* Hierbei ist die Petrolub Eigentümer und Betreiber der Tankstelle. Vorteilhaft ist die volle Kontrolle durch das Unternehmen, nachteilig der zusätzliche Personalbedarf und dadurch verursacht hohe Personalkosten, die Fixkosten darstellen.

(2) *„Company owned Dealer operated (CoDo)"-Service-Stations:* Hierbei liegt die operative Verantwortung beim Betreiber der Tankstelle. Die Petrolub erhält in diesem Fall von dem Betreiber eine Pachtgebühr und zahlt wiederum an den Pächter eine Umsatzprovision. Petrolub schließt überwiegend Verträge auf dieser Basis ab.

(3) *„Dealer owned Dealer operated (DoDo)"-Service-Stations:* Hierbei ist der Betreiber auch Eigentümer der Tankstelle. Vertragliche Regelungen können die Freiräume des Betreibers nur geringfügig einschränken. Meist hat der Eigentümer nur einen Abnahmevertrag mit der Petrolub und benutzt nicht das Firmenlogo (sog. „Freie Tankstellen").

Immer wichtiger im Tankstellengeschäft wird das *Folgemarktgeschäft* (Verkauf von Lebensmitteln, Souvenirs etc. im sog. „Selection-Shop") sowie der Dienstleistungsbereich (Autowäsche, Autoreparatur etc.). Zwar macht der Verkauf von Treibstoffen 60 % des Umsatzes einer Station aus, er trägt jedoch nur zu 29 % am Einkommen einer Station bei (vgl. hierzu *Abb. PETROLUB-6* und *PETROLUB-7*).

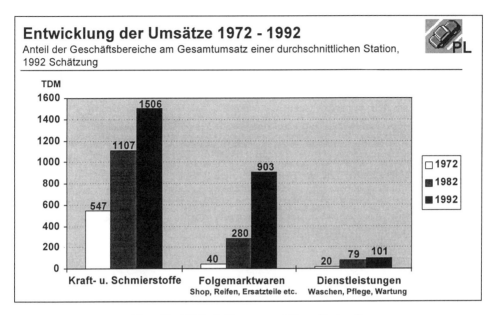

Abb. PETROLUB-6: Umsatzentwicklung Tankstellen

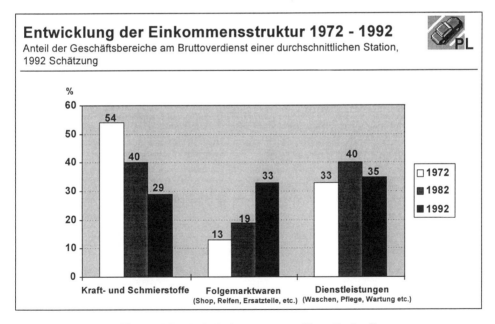

Abb. PETROLUB-7: Einkommensentwicklung Tankstellen

Der zunehmenden Bedeutung des Shop-Geschäftes trägt man durch ein klares Konzept Rechnung: Mit sog. *„Selection Shops"* soll der eigenständige Charakter des Shop-Geschäftes unterstrichen werden und eine Entkopplung vom „Fahrbahngeschäft" erzielt werden. Dem nicht tankenden Kunden wird das Signal „Nachbarschaftsladen - Nahversorger" vermittelt. Tankstellen-Shops übernehmen zunehmend die Funktion der immer mehr zurückgedrängten Einzelhändler. Damit wird veränderten Verbrauchergewohnheiten Rechnung getragen - dem Trend zum Schnellimbiß und einer größeren Bequemlichkeit. Der Kunde erspart sich durch den Tankstop zusätzliche Einkaufswege und Wartezeiten an Kassen, er findet schnell sein Produkt und hat keine Parkplatzprobleme. Er ist auch besonders preisunsensibel.

Zur Versorgung der Tankstellen-Shops wurde die CLARIS - Service- und Vertriebs-GmbH gegründet, ein Joint-Venture der Petrolub und Schlekkerland, an dem beide Unternehmen zu je 50 % beteiligt sind.

- Die ergänzenden Geschäftsfelder

- Schmierstoffe

Die Petrolub bietet eine Palette von ca. 400 Schmierstoffen an, die genau auf die Bedürfnisse der Kunden zugeschnitten sind und somit ein Eingehen auf Länder-, Regionen- und Nachfragerspezifika ermöglichen. Trotz der hohen Produktanzahl sind aus Kostengründen Gebinde und Layout der Produkte weitestgehend standardisiert.

Zu den Abnehmern zählen große Industrieunternehmen, die Schmierstoffe in der Produktion einsetzen, z. B. Maschinenschmieröle, Turbinenöle, Reglerflüssigkeiten, Zylinderöle und Schmierfette. Ein anderer wichtiger Abnehmerzweig ist der gesamte Automobilbereich. Als Produkte sind hier z. B. Getriebeöle, Bremsflüssigkeiten und verschiedene Sorten von Motoröl zu nennen, die direkt an Automobilproduzenten und an Reparaturbetriebe geliefert werden.

Ein Absatzweg ist der Vertrieb über Großketten wie OBI und Metro, die einen kleinen Teil der Produktpalette, allem voran die gängigen Motorenöle Herix (normal synthetisch) und Herix Plus (hoch synthetisch), in 5 und 10 Liter Gebinden anbieten. Nachteilig an dieser Vertriebsform ist, daß die Großketten auch Produkte der Konkurrenz anbieten und so eine klare Profilierung gegenüber den Wettbewerbern erschwert wird.

- Flüssiggas

Der Vertrieb von Flüssiggas ist ein stark expandierender Zweig des Unternehmens. Ein länderübergreifend verstärktes Umweltbewußtsein der Verbraucher verspricht mittelfristig enorme Absatzsteigerungen. Flüssiggase sind auch unter den Namen Propan und Butan bekannt, die sich lediglich durch ihren Heizwert unterscheiden.

Das Flüssiggas wird von Raffinerien, die in der Regel auch über die Leitungsnetze verfügen, gekauft, in eigenen Anlagen abgefüllt und auch unter eigenem Logo vertrieben. Abnehmer sind die Großindustrie, die es z. B. als Rohstoff in der Petrochemie einsetzt, mittelständische Unternehmen und private Haushalte.

Private Haushalte beziehen das Flüssiggas aus einem externen Speicher, mit dem z. B. Heizungen, Klimaanlagen etc. betrieben werden. Das Gas wird durch den eigenen Fuhrpark der Petrolub zum Kunden gebracht.

– Flugtreibstoffe

Auf internationalen Flughäfen vertreibt die Petrolub Kerosin an große Fluggesellschaften und an private Flieger. Das Kerosin wird von Raffinerien gekauft und direkt an die Tankläger an den Flughäfen geliefert.

Internationale Großkunden wie Lufthansa oder British Airways werden direkt von der Zentrale in Hamburg aus betreut. So wird durch einen Ansprechpartner, eine einheitliche Preispolitik und Fakturierung eine intensive Kundenbindung garantiert. Umsatzschwächere Kunden (z. B. private Flieger und national operierende Fluggesellschaften) werden mit länderspezifisch unterschiedlichen Preisen durch die jeweiligen Landesgesellschaften betreut und auch von dort fakturiert.

Die ethnozentrische Internationalisierungsstrategie

Petrolub ist ein internationalisierendes Unternehmen mit einer ausgeprägten ethnozentrischen Marktstrategie. Mit seinen Geschäftsfeldern ist das Unternehmen zwar auf mehreren Ländermärkten präsent. Aber Schwerpunktmärkte sind Deutschland und Österreich. Darüber hinaus ist man jedoch bereits seit den 70er Jahren in Ungarn und der Tschechoslowakei präsent, zuerst mit Schmierstoffen und seit der wirtschaftlichen Transformation auch mit einem stark expandierenden Tankstellennetz. Seit 1991 werden in Rumänien und Bulgarien und seit Anfang 1992 in der Ukraine über selbständige Distributoren Schmierstoffe vertrieben, auch um sich hier einen ersten Marktzugang zu verschaffen und den Markt für einen späteren Eintritt der anderen Geschäftsbereiche zu beobachten. Die Aktivitäten werden von Wien aus koordiniert.

Der größte ausländische Markt ist Österreich, der hinsichtlich seiner Struktur eine große Ähnlichkeit mit dem deutschen Markt aufweist. Eine nicht unerhebliche Bedeutung liegt in seiner Funktion als Transitland für viele holländische, dänische und deutsche Urlauber auf ihrer Durchreise nach Italien, Ungarn oder Kroatien. Hier ist es dem Unternehmen rechtzeitig gelungen, an den Hauptverkehrsadern durch ein breites Tankstellennetz Präsenz zu zeigen.

Sorgen bereitet dem österreichischen Management jedoch der Tanktourismus. Vor allem in den grenznahen Regionen fahren Konsumenten nach Slowenien, Ungarn, in die Tschechoslowakei oder auch nach Italien, weil deren Benzin- und Dieselpreise teilweise um 40 % unter den österreichischen Preisen von ca. 1,71 DM liegen. Die Preisdifferenzen resultieren vor allem aus fehlenden Mineralölsteuern in den benachbarten Ländern. Bemühungen der gesamten Mineralölindustrie und der österreichischen Regierung um eine Einführung einer Mineralölsteuer in den jeweiligen Ländern sind bislang ohne Erfolg geblieben. In Italien sind für das Preisgefälle vor allem Wechselkursparitäten verantwortlich. Erhebliche Einbußen erleidet hierbei nicht nur das traditionelle Geschäft, sondern auch das Folgegeschäft, also der Umsatz der Shops. Der Tanktourismus hat hierbei eine Art Multiplikatorwirkung.

Die Entwicklungs- und Plandaten des Tankstellennetzes, die von Wien aus auch für die Tschechoslowakei und Ungarn aufgestellt werden, zeigt *Abb. PETROLUB-8*.

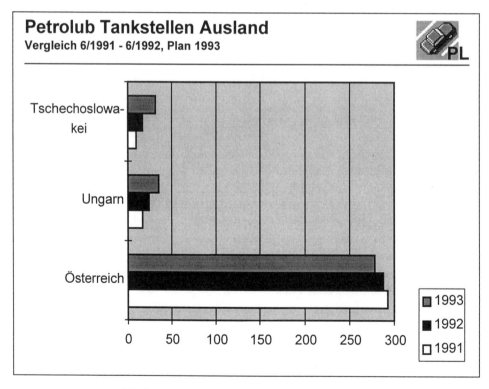

Abb. PETROLUB-8: Petrolub Tankstellennetz Ausland

- Der Auslandsmarkt Tschechoslowakei

Als besonders problematisch gilt der tschechoslowakische Markt. Die Regierung unter Premierminister Václav Klaus hat im Rahmen des Transformationsprozesses und einer möglichen Aufnahme in die EU rechtzeitig umfangreiche Programme zur Westorientierung der Wirtschaft ins Leben gerufen. Wie attraktiv der Markt und effektiv die Produktion in der Tschechoslowakei sind, zeigte z. B. das große Interesse internationaler Autoproduzenten an ŠKODA, das nun mehrheitlich zur Volkswagen-Gruppe gehört. Von seiten deutscher Unternehmen fließt in die Tschechoslowakei - neben Ungarn - auch der größte Teil deutscher Direktinvestitionen.

Die Geographie des Landes mit den wichtigsten Haupt- und Bundesstraßen zeigt *Abb. PETROLUB-9.*

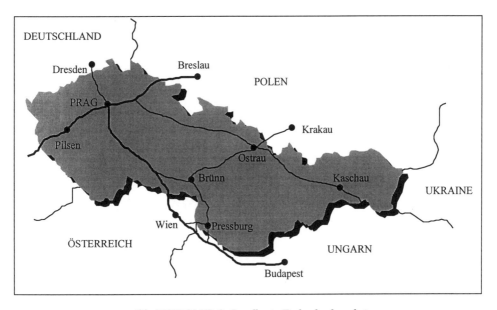

Abb. PETROLUB-9: Landkarte Tschechoslowakei

„Auch in der Tschechoslowakei sind wir zuerst mit Schmierstoffen präsent gewesen, das war ungefähr um das Jahr 1980 herum. 1989 haben wir dann aufgrund der guten Erfahrungen im Markt eine erste Tankstelle in Prag eröffnet", berichtet Frau Dr. Tritschler, die Leiterin des Bereichs „Internationale Aktivitäten" der Petrolub AG. „Und wir werden dieses Netz weiter ausbauen", fügt sie hinzu.

– Tankstellen

Zur Zeit besitzt Petrolub in Prag und Umgebung neun Stationen, auf den nach Prag führenden Autobahnen sechs und in der Nähe von Preßburg als einziges internationales Unternehmen drei Stationen. Das Netzwerk ist im slowakischen Raum aufgrund der unterentwickelten Motorisierung und der schwächeren Kaufkraft noch nicht sehr stark ausgebaut. Wegen der begrenzten finanziellen Mittel wurden zuerst Tankstellen im stärker motorisierten Prager Raum errichtet. Wie in Ungarn ist die jährliche Absatzmenge auch in der Tschechoslowakei mit ca. 3 Mio. Litern pro Station sehr hoch.

Das Angebot in den Shops beinhaltet neben tschechoslowakischen auch einen kleinen Teil westlicher Produkte, für die sich aufgrund der schwachen Kaufkraft jedoch noch kein tragfähiges Segment entwickelt hat. CLARIS hat seinen Sitz in Preßburg und beliefert das gesamte Netz in der Tschechoslowakei sowie von hier aus auch den Wiener und Budapester Raum. Dieser Standort wurde aufgrund der regionalen Nähe zu Wien und Budapest sowie aufgrund der niedrigen Lohnkosten in der Tschechoslowakei gewählt.

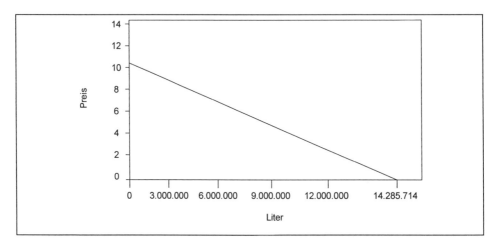

Abb. PETROLUB-10: PAF für Normalbenzin in der Tschechoslowakei

Um die Zahlungsbereitschaft im tschechoslowakischen Markt bestmöglich abzugreifen, hatte die Petrolub eine österreichische Marktforschungsagentur damit beauftragt, die Preisbereitschaft im tschechoslowakischen Markt zu eruieren. Mit Hilfe moderner Marktforschungsverfahren, insbesondere der Conjoint-Analyse, hat die Agentur für einen Liter Normalbenzin in der Tschechoslowakei die folgende Preis-Absatz-Funktion ermittelt:

$$p_1 = 10,3 - 7,21 \cdot 10 - 7 \, x_1$$

Die graphische Umsetzung der Preis-Absatz-Funktion in *Abb. PETROLUB-10* zeigt, daß die tschechoslowakischen Benzinkäufer relativ preiselastisch reagieren.

– Schmierstoffe

Das Marktsegment Schmierstoffe besitzt aufgrund der Schwerindustrie in der slowakischen Region eine besondere Bedeutung. Die Industrie produziert Kriegsmaterial (Panzer, Rüstungsmaschinerie), Werkzeugmaschinen, Fahrräder etc., deren Hauptabnehmer vor allem russische Unternehmen sowie die russische und ungarische Regierung sind. Zu Ungarn besteht vor allem aus historischen Gründen eine starke Bindung: Preßburg war zur Zeit der Österreichisch-Ungarischen Monarchie Königssitz der Ungarn. So lebt auch heute noch mit ca. 600.000 Ungarn eine starke Minorität in der slowakischen Region. Ein weiterer wichtiger Abnehmerzweig ist die Automobilindustrie, hier vor allem das Unternehmen ŠKODA sowie Automobilwerkstätten in der gesamten Republik.

Aufgrund der Nähe zu den entscheidenden Behörden und der auf Prag ausgerichteten Infrastruktur werden alle Aktivitäten von der Zentrale in Prag aus koordiniert, eine kleine Repräsentanz in Preßburg betreut Kunden im Süden der Republik. Auch in der CSFR arbeitet man mit regional operierenden Distributoren und Großhändlern zusammen, die einen Teil der Produktpalette anbieten. Die gesamte Logistik, sowohl an die Distributoren als auch an Großhandel und Einzelhandel, wird vom Großlager in Prag aus vorgenommen.

– Flugtreibstoffe

Aufgrund des wirtschaftlichen Transformationsprozesses gewinnt die Tschechoslowakei für ausländische Unternehmen zunehmend als Absatzmarkt an Bedeutung. Vertreter ausländischer Firmen fliegen verstärkt Prag an, um hier erste Geschäftskontakte zu knüpfen bzw. bestehende Kontakte weiter zu intensivieren. Das verstärkte Interesse hat zur Konsequenz, daß sich internationale Fluggesellschaften den neuen Marktverhältnissen anpassen und vermehrt Flüge zwischen kleineren europäischen bzw. außereuropäischen Flughäfen und Prag anbieten. Für den Luftverkehrsbereich bedeutet das verstärkte Verkehrsaufkommen auf dem Prager Flughafen ein vergrößertes Absatzpotential, das durch einen Ausbau des Lagers am Flughafen und eine verstärkte Anbindung der internationalen Kunden erschlossen wird.

– Flüssiggas

Seitens der Geschäftsführung wird vor allem dem Flüssiggasmarkt ein beträchtliches
Wachstumspotential vorausgesagt. So wurde Ende 1991 für 40 Mio. DM in Pilsen
eine Gasflaschenabfüllanlage erworben, mit der man als erstes westliches Unternehmen in den Markt eingetreten ist. Die Anlage wird linear über 20 Jahre abge-
schrieben, wobei die Abschreibungsgegenwerte über den Markt verdient werden
sollen. Mittlerweile sind auch die österreichische OMV und Shell im Markt.

Da sich die Anlage aber noch nicht auf westeuropäischem Niveau befindet, wird
noch eine Reihe von Rationalisierungsinvestitionen anfallen, die über die ersten vier
Jahre mit insgesamt 2 Mio. DM beziffert werden. Mit der Anlage soll der gesamte
tschechoslowakische Markt bearbeitet werden. Zur Zeit ist die Anlage erst zu 70 %
ausgelastet. Es wird aber versucht, vor allem im slowakischen Raum industrielle
Kunden zum Einsatz der Ressource Flüssiggas zu gewinnen. Aufgrund des wirtschaftlichen Transformationsprozesses wird davon ausgegangen, im Jahr 1994 eine
80 %-ige und um die Jahrtausendwende eine 100 %-ige Auslastung der Anlage erzielen zu können, die eine Kapazität von 5 Mio. Litern besitzt.

Dies ist eine strategische Notwendigkeit, da in den nächsten Jahren verstärkt Konkurrenzunternehmen in den Markt eintreten werden und die Gewinnspannen in diesem Bereich ohnehin schon sehr eng kalkuliert sind. Gibt der Markt für 1992 eine
Wachstumsrate von 11 % vor, so kalkuliert man für 1993 mit 8 %, 1994 mit 7 %,
1995 mit 5 % und in den Folgejahren mit 3 %. Der Markt soll zuerst mit den gängigen 50-Liter-Flaschen bearbeitet werden, die aufgrund ihres geringen Preises von
99,- DM und ihrer kleinen Größe schnell ein tragfähiges Marktsegment bilden. Pro
Gasflasche fallen variable Kosten in Höhe von 25,- DM an.

Aufgabenstellung zu „Petrolub AG"

„Was mir momentan Sorgen bereitet, ist der Konflikt zwischen den Tschechen und den Slowaken", meinte Frau Dr. Tritschler. „Was passiert, wenn der Markt plötzlich auseinanderbricht - wie zum Beispiel die ehemalige UdSSR? Der Vorstand nimmt meine diesbezüglichen Überlegungen nicht so ganz ernst und meint, das wäre wieder eine meiner theoretischen Spielereien. Aber ich möchte einfach wissen, ob es zu irgendwelchen Rückkopplungen käme und welche Konsequenzen dies für unsere Geschäftspolitik hätte." Frau Dr. Tritschler hatte auch bereits ein „Strategiepapier" erarbeitet, das allerdings vor allem Fragen enthielt:

(1) Nach welchen Kriterien können auseinanderbrechende Ländermärkte systematisiert werden? Um was für eine Art der Marktspaltung würde es sich hier handeln?

(2) Müßte die Spaltung der Tschechoslowakei aus wirtschaftspolitischer Sicht unbedingt ein destruktives Phänomen sein? Wo ließen sich positive Aspekte für die Petrolub festmachen?

(3) Ordnen Sie die bearbeiteten Ländermärkte der Petrolub in ein 4-Felder-Länderportfolio nach den Kriterien Marktattraktivität und Marktbarrieren ein. Wo befinden sich die Märkte jetzt und wo würden sie sich nach einer Desintegration befinden? Welche unternehmenspolitischen Konsequenzen würden sich hieraus ergeben?

(4) Welche Auswirkungen hätte das Auseinanderbrechen des Marktes auf die Marktbearbeitungs- und Markteintrittsstrategie im Schmiermittelbereich? Inwiefern würden sich Ausstrahlungswirkungen auf andere Ländergesellschaften ergeben?

(5) Welche Maßnahmen würden sich der Petrolub anbieten, um langfristig im internationalen Wettbewerb konkurrenzfähig bleiben zu können?

(6) Ursache einer Marktspaltung ist häufig ein verstärktes Kultur- und Traditionsbewußtsein einer regionalen Gruppe. Hierbei kommt es dann zum sog. „Konsumpatriotismus". Ist eine Standardisierungsstrategie auf einem auseinanderbrechenden Markt dann nicht ein Widerspruch in sich?

(7) Welche Konsequenzen würden sich aufgrund der Marktspaltung für den Tankstellenbereich ergeben? Berücksichtigen Sie die unterschiedlichen Vertragsformen. Analysieren Sie preispolitische Rückkopplungen bei einem Verlust der

Tankstellen. Gehen Sie von einer konstanten Preis-Absatz-Funktion aus. Welcher Koordinationsbedarf würde sich dann ergeben? Was würde passieren, wenn in der Slowakei niedrigere Preise festgesetzt werden?

(8)   Beschreiben Sie die Konsequenzen im Flüssiggasbereich. Welche kosten-politischen Auswirkungen würde die Marktspaltung verursachen? Entwickeln Sie mit Hilfe eines Spreadsheets unterschiedliche Szenarien!

(9)   Welche konzeptionellen Maßnahmen lassen sich prophylaktisch ergreifen, um das Ausmaß einer Marktspaltung auf die Unternehmenssituation zu minimieren?

(10) Wodurch wird ex post eine Analyse der durch die Marktdivision verursachten Auswirkungen in Jugoslawien und der UdSSR erschwert? Wo sehen Sie in Europa die Gefahr weiterer Marktspaltungen und wo läge hier die Besonderheit?

Literaturverzeichnis

Ackermann, M. (1997), Auswirkungen auseinanderbrechender Märkte in Mittel- und Osteuropa auf das Marketing internationaler Unternehmen, Diplomarbeit am Betriebswirtschaftlichen Institut für Anlagen und Systemtechnologien der Westfälischen Wilhelms-Universität Münster, Münster 1997.

Adam, B. (1993a), Grundstein für die Festung Europa, in: TopBusiness, 1993, Nr. 10, S. 34-38.

Adam, B. (1993b), Krieg der Sterne, in: TopBusiness, 1993, Nr. 4, S. 30-36.

Adam, D. (1969), Koordinationsprobleme bei dezentralen Entscheidungen, in: Zeitschrift für betriebswirtschaftliche Forschung (ZfbF), 1969, S. 615-623.

Adam, D. (1996), Planung und Entscheidung, 4. Auflage, Wiesbaden 1996.

Adolphs, B. (1997), Stabile und effiziente Geschäftsbeziehungen. Eine Betrachtung von vertikalen Koordinationsstrukturen in der deutschen Automobilindustrie, Lohmar 1997.

Ahlert, D. (1981), Vertragliche Vertriebssysteme zwischen Industrie und Handel, Wiesbaden 1981.

Ahlert, D. (1996), Distributionspolitik, 3. Auflage, Stuttgart/ New York 1996.

Ali, I. (1984), Rice in Indonesia: Price Policy and Competitive Advantage, Bulleting of Indonesian Economic Studies (BIES), 1984, Nr. 3, S. 80-99.

Aliber, R. Z. (1970), A Theory of Direct Investment, in: *Kindleberger, C.P.* (Hrsg.), The International Corporation, Cambridge/ Mass., London 1970, S. 19 ff.

Altstadt, O./ Marlinghaus, S. (1997), Europas neue Preise, in: Beschaffung aktuell, 1997, Nr. 4, S. 32-39.

Alwin, A. (1969), Deutsche Direktinvestitionen in Entwicklungsländern, in: Wirtschaftsdienst, 1969, Nr. 4.

Arrow, K. J. (1962), The economic implications of learning by doing, in: The Review of Economic Studies, 1962, S. 155-173.

Ayal. I./ Zif, J. (1985), Competitive Market Choice Strategies in Multinational Marketing, in: *Wortzel, H.V./ Wortzel, L.H.* (Hrsg.), Strategic Management of Multinational Corporations, New York 1985, S. 265-277.

Backhaus, K. (1974), Direktvertrieb in der Investitionsgüterindustrie: eine Marketing-Entscheidung, Wiesbaden 1974.

Backhaus, K. (1977), Bestimmungsfaktoren der Lieferantenauswahl als Basis einer Marktsegmentierung im internationalen Anlagengeschäft, in: *Engelhardt, W.H./ Laßmann, G.* (Hrsg.), Anlagen-Marketing, Opladen 1977, S. 57-72.

Backhaus, K. (1989), Strategien auf sich verändernden Weltmärkten - Chancen und Risiken, in: Die Betriebswirtschaft (DBW), 1989, S. 465-481.

Backhaus, K. (1991), Investitionsgütermarketing im Wachstumsmarkt Europa, in: *VDI-Gesellschaft Entwicklung, Konstruktion, Vertrieb* (Hrsg.), Der Vertrieb von Investitionsgütern im europäischen Wachstumsmarkt, Düsseldorf 1991, S. 1-27.

Backhaus, K. (1996), Grundbegriffe des Industrieanlagen- und Systemgeschäfts, 4. Auflage, München/ Münster 1996.

Backhaus, K. (1997), Industriegütermarketing, 5. Auflage, München 1997.

Backhaus, K./ Aufderheide, D./ Späth, G.-M. (1994) Marketing für Systemtechnologien: Entwicklung eines theoretisch -ökonomisch begründeten Geschäftstypenansatzes, Stuttgart 1994

Backhaus, K./ Büschken, J. (1995), Internationales Marketing - Begriff und Aufgabenbereiche, Arbeitspapier Nr. 18 des Betriebswirtschaftlichen Instituts für Anlagen und Systemtechnologien der Universität Münster, Münster 1995.

Backhaus, K./ Erichson, B./ Plinke, W./ Weiber, R. (1996), Multivariate Analysemethoden, 8. Auflage, Berlin 1996.

Backhaus, K./ Evers, H.-J./ Büschken, J./ Fonger, M. (1992), Marketingstrategien für den schienengebundenen Güterfernverkehr, in: *Evers, H.-J.* (Hrsg.), Beiträge aus dem Institut für Verkehrswissenschaften an der Universität Münster, Heft 126, Göttingen 1992.

Backhaus, K./ Funke, S. (1994), Fixkostenintensität und Kostenstrukturmanagement: Ergebnisse einer empirischen Studie, in: Controlling, Mai/Juni 1994, Heft 3, S. 124-129.

Backhaus, K./ Funke, S. (1996), Auf dem Weg zur fixkostenintensiven Unternehmung, in: Zeitschrift für betriebswirtschaftliche Forschung (ZfbF), 1996, Heft 2, S. 95-129.

Backhaus, K./ Hilker, J. (1994), Die Triade als Absatzmarkt des deutschen Maschinenbaus, in: Die Betriebswirtschaft (DBW), 1994, Heft 2, S. 175-192.

Backhaus, K./ Meyer, M. (1986), Ansätze zur Beurteilung von Länderrisiken, in: Zeitschrift für betriebswirtschaftliche Forschung (ZfbF)-Sonderheft 20/1986, S. 39-60.

Backhaus, K./ Meyer, M./ Weiber, R. (1985), A LISREL-Modell for Country Risk Assessment, in: *Malhotra, N. K.* (Hrsg.), Developments in Marketing Science, Academy of Marketing Science 1985, S. 437-441.

Backhaus, K./ Siepert, H.-M. (1987), Auftragsfinanzierung im industriellen Anlagengeschäft, Stuttgart 1987.

Backhaus, K./ Stadie, E./ Voeth, M. (1997), Standortfaktor Telekommunikation und Multimedia. Ein Handlungsrahmen für ländliche Regionen am Beispiel des Münsterlandes, Münster 1997.

Backhaus, K./ Voeth, M. (1994), Strategische Allianzen - Erfolgversprechender Weg zur Existenzsicherung in der Textil- und Bekleidungsindustrie? in: Schriftenreihe des Textilverbandes Nord-West, 1994, Heft 94, S. 10-38.

Backhaus, K./ Voeth, M. (1995), Internationales Investitionsgütermarketing, in: *Hermanns, A./ Wißmeier, U.K.* (Hrsg.), Internationales Marketing Management, München 1995, S. 387-409.

Backhaus, K./ Voeth, M. (1998), International Price Coordination on Integrating Markets, in: Proceedings of the Conference „International Marketing", Montpellier 1997 (in Druck).

Bamberger, I./ Evers, M. (1997), Ursachen und Verläufe von Internationalisierungsentscheidungen mittelständischer Unternehmen, in: *Macharzina, K./ Oesterle, M.-J.* (Hrsg.), Handbuch Internationales Management, Wiesbaden 1997, S. 103-137.

Bamberger, I./ Wrona, T. (1997), Globalisierungsbetroffenheit und Anpassungsstrategien von Klein- und Mittelunternehmen - Ergebnisse einer empirischen Untersuchung, in: Zeitschrift für Betriebswirtschaft (ZfB), 1997, Heft 7, S. 713-735.

Barnard, C.I. (1938), The Functions of the Executive, Cambridge/ Mass. 1938.

Baron, S./ Bierach, B./ Thelen, F. (1997), Konsum ist lokal, in: Wirtschaftswoche, Nr. 10 v. 27.2.1997, S. 130-133.

Bartlett, C.A./ Ghoshal, S. (1990), Internationale Unternehmensführung, Frankfurt a. M./ New York 1990.

Bauer, P. (1993), Die neue US-Regierung geht beim Welthandel auf Konfrontationskurs, in: VDI-Nachrichten, 1993, Nr. 14, S. 14.

Bäurle, I. (1996), Internationalisierung als Prozeßphänomen, Wiesbaden 1996.

Becker, J. (1993), Marketing-Konzeption, 5. Auflage, München 1993.

Becker, U. (1996), Das Überleben multinationaler Unternehmungen, Frankfurt a. M. 1996.

Becker, W. (1997), Die Währungsunion auf der Zielgeraden, in: Anlage-Management, 1997, Nr. 11, S. 8-11.

Behrmann, N.J. (1962), Foreign Associates and Their Financing, in: *Micksell, R.F.* (Hrsg.), Private and Government Investment Abroad, Eugene/ Oregon 1962, S. 89 ff.

Belz, C. (1997), Internationale Preisharmonisierung, in: Thexis, 1997, Nr. 2, S. 26-30.

Benkenstein, M./ Richter, H.-J./ Rüland, J./ Schröder, J. (Hrsg.) (1995), Osteuropa im Umbruch: Perspektiven für die neuen Bundesländer, Wiesbaden 1995.

Berekoven, L. (1983), Der Dienstleistungsmarkt in der Bundesrepublik Deutschland: Theoretische Fundierung und empirische Analyse, Göttingen 1983.

Berekoven, L. (1985), Internationales Marketing, 2. Auflage, Berlin 1985.

Berg, H./ Meissner, H.G./ Schünemann, W.B. (Hrsg.) (1990), Märkte in Europa - Strategien für das Marketing, Stuttgart 1990.

Berg, R. A. (1991), Cooperative Linkages: Selection Determinants and Performance in the Small Business Sector, in: Journal of Global Marketing, 1991, Nr. 1/2, S. 71-90.

Berger, R./ Töpfer, A. (1991), Strategische Vorbereitung auf den europäischen Binnenmarkt, in: *Töpfer, A./ Berger, R.* (Hrsg.), Unternehmenserfolg im europäischen Binnenmarkt, Landsberg/ Lech 1991, S. 9-46.

Berndt, R./ Fantapié Altobelli, C./ Sander, M. (1997), Internationale Marketing-Politik, Berlin/ Heidelberg 1997.

Berschens, R./ Dunkel, M. (1997), Jagd auf die Kasse, in: Wirschaftswoche, Nr. 19 v. 1.5.1997, S. 16 f.

Beutelmacher, W./ Mühlbacher, H. (1986), Standardisierungsgrad der Marketingpolitik transnationaler Unternehmungen, Wien 1986.

Beyer, H. (1993), Interne Koordination und partizipatives Management, Marburg 1993.

Bierach, B. (1997), Schmoren im eigenen Saft, in: Wirtschaftswoche, Nr. 30 v. 17.7.1997, S. 58-61.

Bierwisch, H.-J. (1994), Von der Texaco zur Dea - die Geburt einer neuen Marke, in: Harvard Business Manager (HBM), 1994, Nr. 2, S. 68-74.

Birkinshaw, J./ Morrison, A./ Hulland, J. (1995), Structural and Competitive Determinants of a Global Integration Strategy, in: Strategic Management Journal, 1995, S. 637-655.

Bleicher, K. (1968), Koordinationsorgane in der Unternehmensorganisation, in: Zeitschrift für Organisation (ZfO), 1968, S. 281-297.

Boldt, K./ Hirn, W. (1997), Fit wie ein Turnschuh, in: Manager Magazin, 1997, Nr. 12, S. 64-91.

Bolz, J. (1992), Wettbewerborientierte Standardisierung der internationalen Marketingpolitik, Darmstadt 1992.

Böndel, B. (1995), Internet-Historie: Keine Kontrolle, in: Wirtschaftswoche, Nr. 42 v. 12.10.1995, S. 108 f.

Bonsch, W./ Keßeler, H.-D. (1997), EURO-Fahrplan: Was Sie tun müssen, damit die Umstellung klappt, in: Kompetenz, 1997, Nr. 2, S. 42-52.

Borchert, M. (1997) Außenwirtschaftslehre, 5. Auflage, Wiesbaden 1997.

Borrus, A./ Symonds, W.C./ Smith, G. (1996), Singing the Nafta Blues, in: Business Week, 9.12.1996, S. 26 f.

Bovée, C./ Arens, W. (1986), Contemporary Advertising, Illinois 1986.

Bradley, F. (1991), International Marketing Strategy, Cambridge 1991.

Brockhoff, K. (1993), Produktpolitik, 3. Auflage, Stuttgart/ New York 1993.

Brooke, M.Z. (1986), International Management: A Review of Strategies and Operations, London u. a. 1986.

Büchner, W./ Schuppert, S. (1998), Die Einführung des Euro hat Folgen für die Preisauszeichnung, in: Blick durch die Wirtschaft, Nr. 20 v. 29.1.1998, S. 5.

Buckley, P.J./ Casson, M.C. (1976), The Future of the Multinational Enterprise, London 1976.

Bucklin, L.P. (1990), The Grey Market Threat to International Marketing, MSI-Report Nr. 90/116, Boston 1990.

Bühner, R. (1996), Betriebswirtschaftliche Organisationslehre, 8. Auflage, München/ Wien 1996.

Bullinger, H.-J./ Thaler, K. (1995), Coordination and Management of European Automotive Supply Chains, Frauenhofer-Institut für Arbeitswissenschaften und Organisation, Stuttgart 1995.

Burgmaier, S. (1997), Harte Bandagen: Das Kartell der großen Kartenorganisationen in Europa zerbricht, in: Wirtschaftswoche, Nr. 7 v. 6.2.1997, S. 42 f.

Burmann, G. (1991), Strategische Handlungsalternativen für die Automobilindustrie, in: *Töpfer, A./ Berger, R.* (Hrsg.), Unternehmenserfolg im europäischen Binnenmarkt, Landsberg/ Lech 1991, S. 491-512.

Busse, C. (1992), Kaputter Markt, in: Wirtschaftswoche, Nr. 5 v. 24.1.1992, S. 124 f.

Buzzell, R.D. (1968), Can You Standardize Multinational Marketing?, in: Harvard Business Review (HBR), 1968, Nr. 6, S. 102-113.

Carl, V. (1989), Problemfelder des internationalen Managements, München 1989.

Cateora, P.R. (1990), International Marketing, 7. Auflage, Homewood 1990.

Cecchini, P. (1988), Europa '92: Der Vorteil des Binnenmarktes, Baden-Baden 1988.

Channon, D.F./ Jalland, M. (1979), Multinational Strategic Planning, London 1979.

Cook, W.D./ Hebner, J.K. (1993), A Multicriteria Approach to Country Risk Evaluation: with an Example Employing Japanese Data, in: International Review of Economics and Finance, 1993, Nr. 2, S. 327-348.

Crolly, H. (1997), PC-Hersteller Dell will in Deutschland unter die ersten fünf, in: Die Welt, Nr. 162 v. 15.7.1997, S. 17.

Cummings, R.W. (1968), Effectiveness of Pricing in an Indian Wheat Market: A Case Study of Khama, Punjab, in: American Journal of Agricultural Economics, 1968, S. 687-701.

Cvar, M. (1986), Case Studies in Global Competition, Patterns of Success and Failure, in: *Porter, M.E.* (Ed.), Competition in Global Industries, Boston/ Mass., S. 483-515.

Czinkota, M./ Ronkainen, I.A. (1993), International Marketing, 3. Auflage, Chicago 1993.

Dähn, M. (1996), Wettbewerbsvorteile internationaler Unternehmen: Analyse - Kritik – Model-lentwicklung, Wiesbaden 1996.

Dahringer, L.D./ Mühlbacher, H. (1991), International Marketing - A Global Perspective, Reading/ Mass. u. a. 1991.

Daser, S./ Hylton, D.P. (1991), The European Community Single Market of 1992: European Exe-cutives Discuss Trends for Global Marketing, in: International Marketing Review (IMR), 1991, Heft 5, S. 44-48.

Davis, S.M./ Lawrence, P.R. (1977), Matrix, Reading 1977.

de Pay, D. (1989), Kulturspezifische Determinanten der Organisation von Innovationsprozessen, in: Zeitschrift für Betriebswirtschaft (ZfB), 1989, Ergänzungsheft 1, S. 131-140.

Deal, T.E./ Kennedy, A.A. (1982), Coporate Cultures: The Rites and Rituals of Coporate Life, Reading 1982.

Deutscher Industrie- und Handelstag (DIHT) (Hrsg.) (1981), Investieren im Ausland, Bonn 1981.

Deutscher Industrie- und Handelstag (DIHT) (Hrsg.) (1997), Aussenhandel und Wettbewerbsfähigkeit. DIHT-Umfrage bei den deutschen Auslandshandelskammern, Bonn 1997.

Deysson, C. (1994), Mann fürs Grobe, in: Wirtschaftswoche, Nr. 9 v. 4.3.1994, S. 32-36.

Dichtl, E. (1992), Exportnation Deutschland, 2. Auflage, München 1992.

Dichtl, E./ Leibold, M./ Beeskow, W./ Köglmayr, H.-G./ Müller, S./ Potucek, V. (1983), Die Entscheidung kleiner und mittlerer Unternehmen für die Aufnahme einer Exporttätigkeit, in: Zeitschrift für Betriebswirtschaft (ZfB), 1983, Heft 5, S. 428-444.

Dichtl, E./ Issing, O. (Hrsg.) (1984), Exporte als Herausforderung für die deutsche Wirtschaft, Köln 1984.

Dieckheuer, G. (1995), Internationale Wirtschaftsbeziehungen, 3. Auflage, München 1995.

Dieter, H. (1996), Asiatisch-pazifische Wirtschaftsgemeinschaft und Welthandelsorganisation, in: Außenpolitik, 1996, Nr. 3, S. 275-287.

Diller, H. (1991), Preispolitik, 2. Auflage, Stuttgart 1991.

Droege, W.P.J./ Backhaus, K./ Weiber, R. (1993), Strategien für Investitionsgütermärkte, Landsberg/ Lech 1993.

Dörner, H.F., Freiherr von (1991), Auswirkungen des neuen Produkthaftungsrechtes für deutsche Unternehmen, in: *Töpfer, A./ Berger, R.* (Hrsg.), Unternehmenserfolg im europäischen Binnenmarkt, Landsberg/ Lech 1991, S. 251-284.

Dülfer, E. (1997), Internationales Management in unterschiedlichen Kulturbereichen, 5. Auflage, München 1997.

Duncan, R.B. (1972), Characteristics of Organizational and Perceived Environmental Uncertainty, in: Administrative Science Quarterly, 1972, Nr. 9, S. 313-327.

Dunning, J.H. (1980), Towards an Eclectic Theory of International Production: Some Empirical Tests, in: Journal of International Business Studies, 1980, S. 9 ff.

Durnoik, P.G. (1985), Internationales Marketing, Baden-Baden 1985.

Edmondson, G./ Browder, S. (1996), Angst at Airbus, in: Business Week, 30.12.1996, S. 16 f.

Eirund, H./ Münzberg, H. (1996), Druck auf die Preise, in: Blick durch die Wirtschaft, Nr. 249 v. 24.12.1996, S. 11.

Eirund, H./ Münzberg, H. (1997), Euro legt Preisdifferenzen gnadenlos offen, in: Handelsblatt, Nr. 14 v. 21.1.1997, S. 14.

Ellis, F./ Magrath, P./ Trotter, B. (1991), Indonesia Rice Marketing Study 1989-1991, Main Report, Bulog 1991.

Emerson, M. (1989), The economics of 1992: An assesment of the potential economic effects of completing the internal market of the European Community, o.O. 1989.

Engardio, P./ Moore, J./ Hill, C. (1996), Time for a reality check in Asia, in: Business Week, 2.12.1996, S. 40-46.

Engelke, H. (1997), Globalisierung ökonomisch: Antriebskräfte, Zwischenergebnisse, Perspektiven, in: *Hülsbömer, A./ Sach, V.* (Hrsg.), Globalisierung - eine Satellitenaufnahme, Frankfurt a. M. 1997, S. 57-77.

Erhart, M. (1991), Öffentliche Auftragsvergabe, in: *Röttinger, M./ Weyringer, C.* (Hrsg.), Handbuch der europäischen Integration, Wien 1991, S. 735-757.

Europäische Kommission (1996), EWWU und Euro - Wie können sich Unternehmen auf die Umstellung vorbereiten?, Brüssel 1996.

Falkenstein, A. (1989), Freier Warenverkehr in der EG, Baden-Baden 1989.

Faulhaber, P./ Schmitt, H. (1988), Der intelligente Zulieferer, in: BddW v. 23.12.1988, S. 7.

Fels, G. (1993), Morgendämmerung im Osten, in: iwd, Nr. 1 v. 7.1.1993, S. 2.

Fels, G. (1997), Globalisierung - nur eine mentale Falle, in: iwd, Nr. 1 v. 2.1.1997, S. 2 f.

Fieten, R.. (1977), Die Gestaltung der Koordination betrieblicher Entscheidungssysteme, Frankfurt a.M. 1977.

Forschner, G. (1989), Investitionsgüter-Marketing mit funktionellen Dienstleistungen, Berlin 1989.

Franzen, D. (1996), Wachstumschancen in Schwellenländern positiv, in: Prognos Trendletter, 1996, Nr. 2, S. 1-3.

Frenkel, M. (1994), Wechselkursvolatilität und Terminkursverzerrungen, Baden-Baden 1994.

Frentz, M. H. (1993), Up - Or Out? Strategische Wettbewerbsanalyse des japanischen Luftverkehrsmarktes, in: Zeitschrift für Verkehrswissenschaft, Heft 2, 1993, S. 133ff

Frese, E. (1975), Koordination von Entscheidungen in Sparten-Organisationen, in: BfuP, 1975, S. 217-234.

Frese, E. (1992), Organisationstheorie, 2. Auflage, Wiesbaden 1992.

Fricke, T./ Klusmann, S. (1997), Weltweit gefragt, in: Manager Magazin, 1997, Nr. 12, S. 234-243.

Funke, S. (1995), Fixkosten und Beschäftigungsrisiko, München 1995.

Gälweiler, A. (1977), Steuerung der Kostenhöhe und Kostenstruktur durch strategische Planung, in: Die Betriebswirtschaft (DBW), 1977, S. 67-75.

Gaul, W./ Lutz, U. (1993), Paneuropäische Tendenzen in der Preispolitik: Eine empirische Studie, in: Der Markt, 1993, Nr. 4, S. 189-204.

Gaul, W./ Lutz, U. (1994), Pricing in International Marketing and Western European Economic Integration, in: Management International Review, 1994, Nr. 2, S. 101-124.

Gersemann, O. (1997), Lange überfällig, in: Wirtschaftswoche, Nr. 29 v. 10.7.1997, S. 16 f.

Gerstner, E./ Holthausen, P. (1986), Profitable pricing when market segments overlap, in: Marketing Science, 1986, S. 55-69.

Ghemawat, P./ Spence, A.M. (1989), Die Modellierung des globalen Wettbewerbs, in: *Porter, M.E.* (Hrsg.), Globaler Wettbewerb. Strategien der neuen Internationalisierung, Wiesbaden 1989.

Gierl, H. (1989), Individualisierung und Konsum, in: Markenartikel, 1989, Nr. 8, S. 422-428.

Glaum, M. (1996), Internationalisierung und Unternehmenserfolg, Wiesbaden 1996.

Glismann, H.H./ Horn, E.J. (1984), Tarifäre und nicht-tarifäre Handelshemmnisse, in: *Dichtl, E./ Issing, O.* (Hrsg.), Exporte als Herausforderung für die deutsche Wirtschaft, Köln 1984.

Görke, W. (1985), Globaler Glamour, in: Absatzwirtschaft, 1985, Heft 6, S. 50 f.

Grabner-Kräuter, S. (1992), Markterschließungsstrategien unter Risikoaspekten, in: Wirtschaftswissenschaftliches Studium, 1992, Heft 9, S. 434-439.

Haberler, G. (1933), Der internationale Handel, Berlin 1933.

Hakkio, C.S./ Rush, M. (1989), Market Efficiency and Cointegration: An Application to the Sterling and Deutsche Mark Exchange Markets, in: Journal of International Money and Finance, 1989, S. 75-88.

Hammann, P. (1992), Der Wert einer Marke aus betriebswirtschaftlicher und rechtlicher Sicht, in: *Dichtl., E./ Eggers, W.* (Hrsg.), Marke und Markenartikel als Instrumente des Wettbewerbs, München 1992, S. 204-245.

Hasholzner, A. (1996), Herausforderung Südamerika, in: telcom report, 1996, Heft 2, S. 6-8.

Hatschikjan, M.A. (1995), Haßlieben und Spannungsgemeinschaften - Zum Verhältnis von Demokratien und Nationalismen im neuen Osteuropa, in: Das Parlament, vom 22.9.1995, Beilage B39/95, S. 12-21.

Hax, H. (1965), Die Koordination von Entscheidungen, Köln u. a.1965.

Heckscher, E.F. (1966), The effect of foreign trade on the distribution of income, in: *Ellis, H.S./ Metzler, L.A.* (Hrsg.), Readings in the theory of international trade, London 1966.

Hedlund, G. (1981), Autonomy of Subsidiaries and Formalization of Headquarters - Subsidiary Relationship in Swedish MNC's, in: *Otterbeck, L.* (Hrsg.), The Management of Headquarters - Subsidiary Relationship in Multinational Corporations, Aldershot 1981.

Heinrichs, J. (1973), Die Koordination von Entscheidungen in multinationalen Unternehmungen, Diss., Mannheim 1973.

Heise, M. (1997), Die Zukunft des Mittelstandes im globalen Zeitalter, in: *Heidelberger Club für Wirtschaft und Kultur e.V.* (Hrsg.), Globalisierung: Der Schritt in ein neues Zeitalter, Berlin 1997, S. 25-35.

Helm, R. (1997), Internationale Markteintrittsstrategien, Lohmar 1997.

Henderson, B.D. (1984), Die Erfahrungskurve in der Unternehmensstrategie, 2. Auflage, Frankfurt a. M./New York 1984.

Hennan, D.A./ Perlmutter, H.V. (1979), Multinational Organization Development, Reading 1979.

Henzler, H.A. (1979), Neue Strategie ersetzt den Zufall, in: mm, 1979, Heft 4, S. 122-129.

Henzler, H.A./ Rall, W. (1985), Aufbruch in den Weltmarkt, in: Manager Magazin, 1985, Nr. 9, S. 176-190, Nr. 10, S. 254-262, Nr. 11, S. 167-174.

Hermann, A./ Ochel, W./ Wegner, M. (1990), Bundesrepublik und Binnenmarkt '92, München 1990.

Hermann, K. (1997), Industriestandort Deutschland in einem globalen Wettbewerb, in: *Heidelberger Club für Wirtschaft und Kultur e.V.* (Hrsg.), Globalisierung: Der Schritt in ein neues Zeitalter, Berlin 1997, S. 49-61.

Hermanns, A. (1995), Aufgaben des internationalen Marketing-Managements, in: *Hermanns, A./ Wißmeier, U.K.* (Hrsg.), Internationales Marketing-Management, München 1995, S. 23-68.

Hermanns, A./ Wißmeier, U.K. (Hrsg.) (1995), Internationales Marketing-Management, München 1995.

Heydt, K.-E., von der (1989), Direkte und indirekte Besteuerung im EG-Binnenmarkt, in: *C.E. Poeschel Verlag* (Hrsg.), EG-Binnenmarkt 1992: Chancen und Risiken für das mittelständische Unternehmen, Stuttgart 1989, S. 61-96.

Heynen, C.-H. (1975), Die Koordination dezentraler Entscheidungen: Ein verhaltenstheoretischer Ansatz zur Koordination von Marketing-Entscheidungen, Diss., Münster 1975.

Hildebrandt, L./ Weiss, C. A. (1997) Internationale Markteintrittsstrategien und der Transfer von Marketing-Know-how, in: Zeitschrift für betriebswirtschaftliche Forschung (ZfbF), Nr. 1, 1997, S. 3-25

Hildebrandt, L./ Weiss, C.A. (1997), Internationale Markteintrittsstrategien und der Transfer von Marketing-Know-how, in: Zeitschrift für betriebswirtschaftliche Forschung (ZfbF), 1997, Nr. 1, S. 3-25.

Hilker, J. (1993), Marketingimplementierung, Wiesbaden 1993.

Hill, C.W.L./ Hwang, P./ Kim, W.C. (1990), An Eclectic Theory of Choice of International Entry Mode, in: Strategic Management Journal, 1990, S.117-128.

Hill, J.S./ Still, R.R. (1984), Adapting Products to LDC Tastes, in: Harvard Business Review, (HBR), 1984, Nr. 3/4, S. 92-101.

Hill, W./ Fehlbaum, R./ Ulrich, P. (1981), Organisationslehre, 3. Auflage, Bern/ Stuttgart 1981.

Hilpert, H.-G./ Nehls, H. (1996), APEC - Kooperation und Intgration im asiatisch-pazifischen Raum, in: ifo-Schnelldienst, 1996, Nr. 32, S. 46-54.

Hinrichs, W. (1989), Der deutsche Einzelhandel auf dem Wege zum Europäischen Binnenmarkt – Probleme des Mittelstandes, in: Markenartikel, 1989, Nr. 6, S. 260-268.

Hirsch, S. (1967), Location on Industry and International Competitiveness, Oxford 1967.

Hirschburger, U./ Zahorka, H.J. (1996), Der Euro, Stuttgart 1996.

Hite, R.E./ Fraser, C. (1988), International Advertising Strategies of Multinational Corporations, in: Journal of Advertising Research, 1988, Nr. 4, S. 9-17.

Höfer, M.A. (1997), Völlig losgelöst, in: Capital, 1997, Nr. 9, S. 87-98.

Homburg, C. (1995), Single Sourcing, Double Sourcing, Multiple Sourcing ...? Ein ökonomischer Erklärungsansatz, in: Zeitschrift für Betriebswirtschaft (ZfB), 1995, Heft 8, S. 813-834.

Huckemann, M./ Dinges, A. (1998), Euro-Preis Marketing, Neuwied 1998.

Hufbauer, G.C. (1970), The Impact of National Characteristics & Technology on the Commodity Composition on Trade in Manufactured Goods, in: *Vernon, R.* (Hrsg.), The Technology Factor in International Trade, New York 1970, S. 172 ff.

Hülsbömer, A./ Sach, V. (1997), Wachstum und Integration von Währungsräumen - EWWU und Globalisierung, in: *dies.* (Hrsg.), Globalisierung - eine Satellitenaufnahme, Frankfurt a. M. 1997, S. 78-90.

Hummel, T. (1994), Internationales Marketing, München u. a.1994.

Hünerberg, R. (1994), Internationales Marketing, Landsberg/ Lech 1994.

Hüttel, K. (1992), Produktpolitik, 2. Auflage, Ludwigshafen 1992.

Hymer, S.H. (1960), The International Operations of National Firms: A Study of Direct Investment, Thesis MIT 1960.

Institut der deutschen Wirtschaft (1997), Globalisierung im Spiegel von Tehorie und Emperie, in: Beiträge zur Wirtschafts- und Sozialpolitik Nr. 235, Köln 1997.

Jacob, H. (1971), Preispolitik, 2.Auflage, Wiesbaden 1971.

Jahrreiß, W. (1984), Zur Theorie der Direktinvestition im Ausland, Berlin 1984.

Jenner, T. (1994), Internationale Marktbearbeitung: Erfolgreiche Strategien für Konsumgüterhersteller, Wiesbaden 1994.

Jensen, S. (1998), Der Preis ist heiß, in: Manager Magazin, 1998, Nr. 3, S. 119-131.

Johanson, J./ Widersheim-Paul, F. (1974), The Internationalization of Firm - Four Swedish Case Studies, in: Journal of International Business Studies, Oktober 1974, S. 305-322.

Johnson, H.G. (1970), The Efficiency and Welfare Implications of the International Corporation, in: *Kindleberger, C.P.* (Hrsg.), The International Corporation, Cambridge/ Mass. 1970, S. 35 ff.

Jonquières, G. de (1997), WTO urged to act on regional pacts, in: Financial Times, 6.2.1997, S. 10.

Jugel, S./ Zerr, K. (1989), Dienstleistungen als strategisches Element eines Technologie-Marketing, in: Marketing ZFP, 1989, Heft 3, S. 162-164.

Julitz, L. (1995), Aufbruch zu neuen Märkten, in: Frankfurter Allgemeine Zeitung, Nr. 218 v. 19.9.1995, S. 15.

Kahler, R./ Kramer, R.L. (1977), International Marketing, Cincinnati u. a. 1977.

Kahmann, J. (1972), Absatzpolitik multinationaler Unternehmungen, Ein Leitfaden für nationales und internationales Marketing, Berlin 1972.

Kaiser, H. (1998), Schnäppchen beim Nachbarn, in: Der Stern, 1998, Nr. 4, S. 110 f.

Kalish, S./ Mahajan, V./ Muller, E. (1995), Waterfall and Sprinkler New-Product Strategies in Competitive Global Markets, in: International Journal of Research in Marketing, 1995, S. 105-119.

Kalka, R. (1997), Die Preisfalle der Einheitswährung, in: Gablers Magazin, 1997, Nr. 9, S. 22-25.

Kapferer, J.-N. (1992), Die Marke - Kapital des Unternehmens, Landsberg/ Lech 1992.

Karfakis, C.J./ Moschos, D.M. (1990), Interest Rate Linkages within the European Monetary System: A Time Series Analysis, in: Journal of Money, Credit and Banking, 1990, S. 388-394.

Keegan, W.J. (1984), Multinational Marketing Management, 3. Auflage, Englewood Cliffs 1984.

Kiani-Kress, R. (1997), Keine Chance ohne Netz, in: Wirtschaftswoche, Nr. 21 v. 15.5.1997, S. 126-133.

Kieser, A./Kubicek, H. (1992), Organisation, 3. Auflage, Berlin und New York 1992.

Killough, J. (1978), Improved Payoffs from Transnational Advertising, in: Harvard Business Review (HBR), 1978, Nr. 4, S. 102-110.

Kirsch, W., (1971), Die Koordination von Entscheidungen in Organisationen, in: Zeitschrift für betriebswirtschaftliche Forschung (ZfbF), 1971, Nr. 1, S. 61-82.

Kleinaltenkamp, M./ Plinke, W. (1995), Technischer Vertrieb: Grundlagen, Berlin u. a. 1995

Klusmann, S. (1997), Reifeprüfung, in: Manager Magazin, 1997, Nr. 10, S. 8-11.

Köhler, R./ Hüttemann, H. (1989), Marktauswahl im internationalen Marketing, in: *Marcharzina, K./ Welge, M.K.* (Hrsg.), HWInt, Stuttgart 1989, Sp. 1428-1440.

Koller, H./ Raithel, U./ Wagner, E. (1998), Internationalisierungsstrategien mittlerer Industrieunternehmen am Standort Deutschland, in: Zeitschrift für Betriebswirtschaft (ZfB), 1998, Heft 2, S. 175-203.

Kommission der Europäischen Gemeinschaften (1988), Die Gemeinschaft 1992: Ein Markt mit neuen Dimensionen, Brüssel 1988.

Kommission der Europäischen Gemeinschaften (1989), Sich den Herausforderungen der frühen 90er Jahre stellen, in: Europäische Wirtschaft, 1989, Heft 11, S. 208 ff.

Kommission der Europäischen Gemeinschaften (1992), The Economics of 1992 - An Assessment of the Potential Effects of Completing the Internal Market of the EC, Brüssel 1992.

Kosiol, E. (1962), Organisation der Unternehmung, Wiesbaden 1962.

Kotler, P. (1991), Marketing Management - Analysis, Planning, Implementation and Control, Englewood Cliffs 1991.

Kotler, P./ Bliemel, F. (1995), Marketing-Management, 8. Auflage, Stuttgart 1995.

Krämer, L. (1985), EWG-Verbraucherrecht, Baden-Baden 1985.

Kreilkamp, E. (1987), Strategisches Management und Marketing, Berlin/ New York 1987.

Kreke, J.M. (1991), Strategische Maßnahmen eines Handelsunternehmens zur Vorbereitung auf den Europäischen Binnenmarkt, in: *Töpfer, A./ Berger, R.* (Hrsg.), Unternehmenserfolg im europäischen Binnenmarkt, Landsberg/ Lech 1991, S. 397-411.

Kreutzer, R. (1986), Prozeßstandardisierung als strategischer Ansatzpunkt eines Global Marketing, Arbeitspapier Nr. 44 des Instituts für Marketing der Universität Mannheim, Mannheim 1986.

Kreutzer, R. (1987), Lead Country-Konzept, in: Wirtschaftswissenschaftliches Studium, 1987, Nr. 8, S. 416-419.

Kreutzer, R. (1989), Global Marketing - Konzeption eines länderübergreifenden Marketing, Wiesbaden 1989.

Kreutzer, R. (1991), Länderübergreifende Segmentierungskonzepte, in: Jahrbuch der Absatz- und Verbrauchsforschung, Nr. 1, 1991, S. 4-27.

Kroeber-Riel, W. (1992), Konsumentenverhalten, 5. Auflage, München 1992.

Kulhavy, E. (1986), Internationales Marketing, Linz 1986.

Kumar, B.N./ Haussmann, H. (Hrsg.) (1992), Handbuch der internationalen Unternehmenstätigkeit, München 1992.

Kuschel, H.-D. (1995), Die Bananenmarktordnung der europäischen Union: „Ein Muster für eine protektionistische Handelspolitik", in: Recht der internationalen Wirtschaft, 1995, Nr. 41, o. S.

Kusy, M. (1995), Slovak Exceptionalism, in: *Musil, J.* (Hrsg.), The End of Czechoslovakia, Budapest 1995, S. 139-155.

Kutschker, M. (1992): Die Wahl der Eigentumsstrategie der Auslandsniederlassung in kleineren und mittleren Unternehmen, in: *Kumar, B.N./ Haussmann, H.* (Hrsg.), Handbuch der internationalen Unternehmenstätigkeit, München 1992, S. 497-530.

Kutschker, M. (1994a), Dynamische Internationalisierungsstrategie, Diskussionsbeitrag Nr. 41 der Wirtschaftswissenschaftlichen Fakultät Ingolstadt, Ingolstadt 1994.

Kutschker, M. (1994b), Dynamische Internationalisierungsstrategie, in: *Engelhard, J./ Rehkugler, H.* (Hrsg.), Strategien für nationale und internationale Märkte. Konzepte und praktische Gestaltung, Wiesbaden 1994, S. 221-248.

Kutschker, M. (1997a), Internationalisierung der Unternehmensentwicklung, in: *Macharzina, K./ Oesterle, M.-J.* (Hrsg.), Handbuch Internationales Management, Wiesbaden 1997, S. 45-67.

Kutschker, M. (1997b), Führung von Internationalisierungsprozessen, in: *Engelhard, J.* (Hrsg.), Strategische Führung internationaler Unternehmen. Paradoxien, Strategien und Erfahrungen, Wiesbaden 1997, S. 1-37.

Kutschker, M. (1997c), Management in China, Frankfurt a. M. 1997.

Kutschker, M./ Bäurle, I. (1997), Three + One: Multidimensional Strategy of Internationalization, in: Management International Review (MIR), 1997, Nr. 2, S. 103-125.

Kutschker, M./ Bäurle, I./ Schmid, S. (1997), International Evolution, International Episodes, and International Epochs – Implications for Managing Internationalization, in: Management International Review (MIR), Special Issue, 1997, Nr. 2, S. 101-124.

Kutschker, M./ Schmid, G. (1995), Netzwerke internationaler Unternehmungen, Diskussionsbeiträge der Wirtschaftswissenschaftlichen Fakultät Ingolstadt, Katholische Universität Eichstätt, Nr. 64, Ingolstadt 1995.

Kutter, S. (1997), Kreislauf geschlossen, in: Wirtschaftswoche, Nr. 24 v. 5.6.1997, S. 66-69.

Landwehr, R. (1988), Standardisierung der internationalen Werbeplanung, Frankfurt a. M. 1988.

Lavigne, M. (1995), The Economics of Transition, London 1995.

Leumann, P. (1980), Die Matrix-Organisation. Unternehmensführung in einer mehrdimensionalen Struktur, 2. Auflage, Bern 1980.

Levitt, T. (1983), The Globalization of Markets, in: Harvard Business Review (HBR), 1983, Nr.5, S. 87-91.

Liedtke, A. (1992), „Raider heißt jetzt Twix, sonst ändert sich nix", in: Markenartikel, 1992, Nr. 9, S. 402-415.

Link, W. (1997), Erfolgspotentiale für die Internationalisierung, Wiesbaden 1997.

Linnemann, H. (1966), An Economic Study of International Trade Flows, Amsterdam 1966.

Losonez, M. (1990), RGW- und EG-Perspektiven der künftigen Beziehungen aus ungarischer Sicht, in: *Welzmüller, R.* (Hrsg.), Marktaufteilung und Standortpoker in Europa, Köln 1990, S. 339-352.

Lück, W./ Trommsdorff, V. (Hrsg.) (1982), Internationalisierung der Unternehmung als Problem der Betribswirtschaftslehre, Wissenschaftliche Tagung des Verbandes der Hochschullehrer für Betriebswirtschaftslehre, Technische Universität Berlin, Berlin 1982.

Lutz, U. (1994), Preispolitik im internationalen Marketing und westeuropäische Integration, Frankfurt a. M. u. a. 1994.

M+M EUROdATA (1997a), Internationalisierungswelle im Lebensmittelhandel rollt an, M+M EUROdATA-Pressemitteilung v. 12.11.1997.

M+M EUROdATA (1997b), Lebensmittelhandel Europa: Konzentration nimmt weiter zu, M+M EUROdATA-Pressemitteilung v. 9.10.1997.

Macharzina, K. (1982), Theorie der internationalen Unternehmenstätigkeit- Kritik und Ansätze einer integrativen Modellbildung, in: *Lück, W./ Trommsdorff, V.* (Hrsg.), Internationalisierung der Unternehmung als Problem der Betriebswirtschaftslehre, Wissenschaftliche Tagung des Verbandes der Hochschullehrer für Betriebswirtschaftslehre, Technische Universität Berlin, Berlin 1982, S. 111-143.

Macharzina, K. (1993), Unternehmensführung, Das internationale Managementwissen, Konzepte - Methoden - Praxis, Wiesbaden 1993.

Macharzina, K./ Oesterle, M.-J. (1997), Das Konzept der Internationalisierung im Spannungsfeld zwischen praktischer Relevanz und theoretischer Unschärfe, in: *dies.* (Hrsg.), Handbuch Internationales Management, Wiesbaden 1997, S. 3-21.

Macharzina, K./ Welge, M.K. (Hrsg.) (1989), Handwörterbuch Export und Internationale Unternehmung, Stuttgart 1989.

Magee, S.P. (1977), Information and the multinational corporation: An appropriability theory of direct foreign investment, in: *Bhagwati, J.N.* (Hrsg.), The new international economic order: The north south debate, Cambridge/ Mass. 1977, S. 317 ff.

Magrath, P. (1989), Measuring the Integration of the Rice Marketing System in Indonesia, M.A. Diss., University of East Anglia, 1989.

Martin, H.-P./ Schumann, H. (1996), Die Globalisierungsfalle: Der Angriff auf Demokratie und Wohlstand, Hamburg 1996.

May, B. (1995), Die neuen Herausforderungen für den Freihandel, in: *Kaiser, K./ Schwarz, H.-P.* (Hrsg.), Die neue Weltpolitik, Schriftenreihe der Bundeszentrale für politische Bildung, Bd. 334, Bonn 1995, S. 236-246.

Mayer, Otto (Hrsg.) (1989), Der Europäische Binnenmarkt: Perspektiven und Probleme, Hamburg 1989.

Mechler, H. (1961), Koordination im Betrieb, Stuttgart 1961.

Meffert, H. (1986), Marketing im Spannungsfeld von weltweitem Wettbewerb und nationalen Bedürfnissen, in: Zeitschrift für Betriebswirtschaft (ZfB), 1986, Heft 8, S. 689-712.

Meffert, H. (1988), Internationale Markenstrategien, in: *Meffert, H.* (Hrsg.), Strategische Unternehmensführung und Marketing, Wiesbaden 1988, S. 289-297.

Meffert, H. (1989a), Globalisierungsstrategien und ihre Umsetzung im internationalen Wettbewerb, in: Die Betriebswirtschaft (DBW), 1989, S. 445-463.

Meffert, H. (1989b), Marketingstrategien, globale, in: *Marcharzina, K./ Welge, M.K.* (Hrsg.), Handwörterbuch Export und Internationale Unternehmung, Stuttgart 1989, Sp. 1412-1427.

Meffert, H. (1989c), Euro-Marketing im Spannungsfeld zwischen nationalen Bedürfnissen und globalem Wettbewerb, in: *Bruhn, M./ Wehrle, F.* (Hrsg.), Europa 1992 - Chancen und Risiken für das Marketing, Münster 1989, S. 13-18.

Meffert, H. (Hrsg.) (1990), Marktorientierte Unternehmensführung im europäischen Binnenmarkt: Perspektiven aus der Sicht von Wissenschaft und Praxis, Stuttgart 1990.

Meffert, H. (1997), Der Euro aus Sicht der Unternehmen, in: *Wissenschaftliche Gesellschaft für Marketing und Unternehmensführung e.V.* (Hrsg.), Mitglieder-Informationen, 1997, Nr. 3, S. 19-26.

Meffert, H. (1998), Marketing, 8. Auflage, Wiesbaden 1998.

Meffert, H./ Althans, J. (1982), Internationales Marketing, Stuttgart u. a. 1982.

Meffert, H./ Bolz, J. (1992), Globale Wettbewerbsstrategien und länderübergreifende Integration, Arbeitspapier Nr. 70 der Wissenschaftlichen Gesellschaft für Marketing und Unternehmensführung, hrsg. von *Meffert, H./ Wagner, H./ Backhaus, K.*, Münster 1992.

Meffert, H./ Bolz, J. (1998), Internationales Marketing-Management, 3. Auflage, Stuttgart u. a. 1998.

Meffert, H./ Pues, C. (1995), Markterschließungsstrategien in Osteuropa - Stand und Perspektiven, in: *Benkenstein, M./ Richter, H.-J./ Rüland, J./ Schröder, J.* (Hrsg.), Osteuropa im Umbruch: Perspektiven für die neuen Bundesländer, Wiesbaden 1995., S. 47-84.

Meffert, H./ Pues, C. (1997), Timingstrategien des internationalen Markteintritts, in: *Macharzina, K./ Oesterle, M.-J.* (Hrsg.), Handbuch Internationales Management, Wiesbaden 1997, S. 253-266.

Meier, F. (1993), Letzter Anker, in: Wirtschaftswoche, Nr. 12 v. 19.3.1993, S. 196-200.

Meissner, H. G. (1988), Strategisches Internationales Marketing, Berlin u. a. 1988

Meissner, H.G. (1981), Außenhandels-Marketing, Stuttgart 1981.

Meissner, H.G. (1982), Die Probleme der internationalen Werbung im Überblick, in: *Tietz, B.* (Hrsg.), Die Werbung, Bd. 3: Die Werbe- und Kommunikationspolitik, Landsberg/ Lech 1982, S. 3017-3043.

Meissner, H.G. (1990), Marketing im Gemeinsamen Europäischen Markt, in: *Berg, H./ Meissner, H.G./ Schünemann, W.B.* (Hrsg.), Märkte in Europa - Strategien für das Marketing, Stuttgart 1990.

Meissner, H.G. (1994), Internationale Markenstrategien, in: *Bruhn, M.* (Hrsg.), Handbuch Markenartikel, Stuttgart 1994, Bd. 1, S. 673-685.

Meissner, H.G. (1995), Strategisches internationales Marketing, 2. Auflage, München/ Wien 1995.

Meissner, H.G./ Gerber, S. (1980), Die Auslandsinvestition als Entscheidungsproblem, in: Betriebswirtschaftliche Forschung und Praxis, 1980, Heft 2, S. 217-228.

Merkle, E. (1984), Technologiemarketing, in: Marketing ZFP, 1984, Nr. 1, S. 5-14.

Meyer, M. (1985), Konzepte zur Beurteilung von Länderrisiken, Arbeitspapier Nr. 4 des Lehrstuhls für Betriebswirtschaftslehre der Johannes Gutenberg-Universität Mainz, Mainz 1985.

Meyer, M. (1987), Die Beurteilung der Risiken der internationalen Unternehmung, Berlin 1987.

Meyer, M./ Müschen, J. (1997), Markterschließungsstrategien in Mittel- und Osteuropa, Arbeitspapier Nr. 1 des Lehrstuhls für BWL und Marketing der Universität Würzburg, Würzburg 1997.

MHAL (1993), Raumordnerische Entwicklungsperspektive der Internationalen Koordinierungskommission (Entwurf), *Internationale Koordinierungskommission der MHAL* (Hrsg.), Aachen 1993.

Miesenböck, K. (1989), Der Weg zum Export. Chancen für Klein- und Mittelbetriebe, Wien 1989.

Miller, K.D. (1992), A Framework for Integrated Risk Management in International Business, in: Journal of International Business Studies, 1992, S. 311-331.

Miller, K.D. (1993), Industry and Country Effects on Managers' Perceptions of Enviromental Uncertainties, in: Journal of International Business, 1993, Nr. 4, S. 693-714.

Minc, A. (1989), Die deutsche Herausforderung, Hamburg 1989.

Mühlbacher, H. (1995), Internationale Produkt- und Programmpolitik, in: *Hermanns, A./ Wißmeier, U.K.* (Hrsg.), Internationales Marketing-Management, München 1995, S. 139-175.

Mueller, B. (1991), Multinational Advertising: Factors Influencing the Standardized vs. Specialised Approach, in: International Marketing Review, 1991, Nr. 1, S. 7-18.

Müller, S. (1991), Die Psyche des Managers als Determinante für Exporterfolge: Eine kulturvergleichende Studie zur Auslandsorientierung von Managern aus sechs Ländern, Stuttgart 1991.

Müller, S./ Kornmeier, M. (1997), Motive und Unternehmensziele als Einflußfaktoren der einzelwirtschaftlichen Internationalisierung, in: *Macharzina, K./ Oesterle, M.-J.* (Hrsg.), Handbuch Internationales Management, Wiesbaden 1997, S. 71-101.

Müller, W.G. (1996), Die Standardisierbarkeit internationaler Werbung, in: Marketing ZFP, 1996, Nr. 3, S. 179-191.

Müller-Merbach, H. (1973), Operation Research, München 1973.

Münzberg, H. (1998), Der Countdown läuft: Die Chancen der Euro-Einführung, in: Blick durch die Wirtschaft, Nr. 26 v. 6.2.1998, S. 3.

Musil, J. (Hrsg.) (1995), The End of Czechoslovakia, Budapest 1995.

Naisbitt, J. (1984), Megatrends, Bayreuth 1984.

Namuth, M. (1997), Kampf gegen die Fälscher: Das Geschäft mit den Imitat-Produkten boomt, in: Wirtschaftswoche, Nr. 35 v. 21.8.1997, S. 52 f.

Nerreter, W./ Stöcher, J. (1989), Import und Export: Mit Auslandskooperation einschließlich Osthandel, 6. Auflage, Herne 1989.

Nienhaus, A. (1993), Rückbesinnung auf heimische Produkte, in: Arbeitgeber, 1993, Nr. 17, S. 572-576.

Nieschlag, R./ Dichtl, E./ Hörschken, H. (1997), Marketing, 18. Auflage, Berlin 1997.

Nuhn, H. (1994), Bananenerzeugung für den Weltmarkt und die EG-Agrarpolitik, in: Geographische Rundschau, 1994, Nr. 46, S. 80-87.

o.V. (1986), Marketing by Bum-Bum, in: Absatzwirtschaft, 1986, Heft 3, S. 14-19.

o.V. (1988), The Year of the Brand, in: Economist, 24.12.1988, S. 95-96.

o.V. (1993), Problem für die Nummer zwei, in: werben&verkaufen, 1993, Nr. 34, S. 35.

o.V. (1994a), Nur knapp auf Rang zwei, in: iwd, Nr. 12 v. 24.3.1994, S. 1.

o.V. (1994b), Japan beugt sich dem amerikanischen Druck, in: Frankfurter Allgemeine Zeitung, Nr. 61 v. 14.3.1994, S. 15.

o.V. (1994c), Die Ukraine fällt wirtschaftlich immer weiter zurück, in: Frankfurter Allgemeine Zeitung, Nr. 12 v. 15.1.1994, S. 11.

o.V. (1994d), Rußlands Regierung hat 1994 große Pläne, in: Frankfurter Allgemeine Zeitung, Nr. 72 v. 26.3.1994, S. 12.

o.V. (1994e), Strafzölle gegen japanische Telefone, in: Frankfurter Allgemeine Zeitung, Nr. 39 v. 16.2.1994, S. 11.

o.V. (1995a), Bei Automobilen besteht der Binnenmarkt bislang nur auf dem Papier, in: Frankfurter Allgemeine Zeitung, Nr. 170 v. 15.7.1995, S. 11.

o.V. (1995b), Kaufkraft der Mark im Ausland kräftig gestiegen, in: Süddeutsche Zeitung vom 22.7.1995, S. 26.

o.V. (1996a), Die Giganten kehren zurück, in: Manager Magazin, Spezial, Januar 1996, S. 3-22.

o.V. (1996b), Werbung im World Wide Web wird hitverdächtig, in: VDI-Nachrichten, Nr. 5 v. 2.2.1996, S. 1.

o.V. (1996c), Champagner in Toulouse, in: Der Spiegel, Nr. 46 v. 11.11.1996, S. 114-117.

o.V. (1996d), Europäischer Binnenmarkt: Erfolgsbilanz mit kleinen Schrammen, in: iwd, 1996, Nr. 48 v. 28.11.1996, S. 8.

o.V. (1996e), In Québec wird weiter taktiert, in: Handelsblatt, Nr. 210 v. 30.10.1996, S. 10.

o.V. (1996f), Immer mehr „Regionalisten", in: Außenwirtschaft, 1996, Nr. 7, S. 27 f.

o.V. (1996g), Mercosur und Chile einigen sich auf Handelsabkommen, in: Süddeutsche Zeitung, Nr. 70 v. 23./24.3.1996, S. 22.

o.V. (1996h), Transatlantische Freihandelszone: Anlauf mit Stolpersteinen, in: Außenwirtschaft, 1996, Nr. 3, S. 8-10.

o.V. (1997a), Nestlé ist an der Spitze, in: Wirtschaftswoche, Nr. 42 v. 9.10.1997, S. 12.

o.V. (1997b), Deutschland im Welthandel Vize-Meister, in: Die Welt, Nr. 239 v. 14.10.1997, S. 13.

o.V. (1997c), Deutsche Handelsunternehmen sind kaum im Internet vertreten, in: Frankfurter Allgemeine Zeitung, Nr. 230 v. 4.10.1997, S. 19.

o.V. (1997d), Bundesregierung will den Handel im Internet fördern, in: Blick durch die Wirtschaft, Nr. 210 v. 31.10.1997, S. 1.

o.V. (1997e), Der Widerstand in Europa gegen Boeing wächst, in: Frankfurter Allgemeine Zeitung, Nr. 91 v. 19.4.1997, S. 15.

o.V. (1997f), Intensive Beziehungen beschleunigen Warenaustausch, in: Außenwirtschaft, Sonderheft 1997, S. 10 f.

o.V. (1998a), Brüssel verhängt Rekordbuße gegen Volkswagen, in: Frankfurter Allgemeine Zeitung, Nr. 24 v. 29.1.1998, S. 11.

o.V. (1998b), Global aufs Glatteis?, in: Absatzwirtschaft, 1998, Heft 2, S. 9.

o.V. (1998c), Teures Israel: Der Bic-Mac-Index, in: Wirtschaftswoche, Nr. 4 v. 15.1.1997, S. 11.

o.V. (1998d), Hermes vor dem Härtetest, in: Wirtschaftswoche, Nr. 6 v. 29.1.1998, S. 8.

OECD (1996), Market Access after the Uruguay Round, Paris 1996.

OECD (1996), Trade and competition: frictions after the Uruguay Round, Paris 1996.

Ohlin, B. (1931), Die Beziehung zwischen internationalem Handel und internationaler Bewegung von Arbeit und Kapital, in: Zeitschrift für Nationalökonomie, 1931, S. 161-199.

Ohmae, K. (1985), Die Macht der Triade, Wiesbaden 1985.

Ohmae, K. (1990), Strategic Alliances in the Borderless World, in: *Backhaus, K./ Piltz, K.* (Hrsg.), Strategische Allianzen, Zeitschrift für betriebswirtschaftliche Forschung (ZfbF)-Sonderheft Nr. 27, 1990, S. 21-34.

Ohmae, K. (1990), The Borderless World. Power and Strategy in the Interlink Economy, o.O. 1990.

Ohmae, K. (1996), Der neue Weltmarkt: das Ende des Nationalstaates und der Aufstieg der regionalen Wirtschaftszonen, Hamburg 1996.

Onkvisit, S./ Shaw, J. (1993), International Marketing - Analysis and Strategy, 2. Auflage, New York 1993.

Ostermann, T. (1997), Oh, oh – diese Deutschen..., in: Management-Berater, Heft 10, 1997, S. 14-15.

Pausenberger, E. (1980), Internationale Unternehmungen in Entwicklungsländern, Düsseldorf 1980.

Perlitz, M. (1995), Internationales Management, 2. Auflage, Stuttgart/ Jena 1995.

Pfetsch, F.R. (1997), Die Rolle der Nationalstaaten: Anachronismus oder Renationalisierung, in: *Heidelberger Club für Wirtschaft und Kultur e.V.* (Hrsg.), Globalisierung: Der Schritt in ein neues Zeitalter, Berlin 1997, S. 115-126.

Piazolo, D. (1996), Die Pläne für eine Transatlantische Freihandelszone: Chancen, Risiken und Alternativen, in: Die Weltwirtschaft, 1996, S. 103-116.

Plump, D. (1976), Die Koordination des Marketings in multinationalen Unternehmungen. System-analyse und Ansätze zur Systemgestaltung, St. Gallen 1976.

Porter, M.E. (1989), Der Wettbewerb auf globalen Märkten: Ein Rahmenkonzept, in: *Porter, M.E.* (Hrsg.), Globaler Wettbewerb - Strategien der neuen Internationalisierung, Wiesbaden 1989, S. 17-68.

Porter, M.E. (Hrsg.) (1986), Globaler Wettbewerb: Strategien der neuen Internationalisierung, Wiesbaden 1986.

Posner, M.V. (1961), International Trade and Technical Change, in: Oxford Economic Papers, 1961, S. 223 ff.

Prahalad, C.K./ Doz, Y.L. (1987), The Multinational Mission, London 1987.

Preissner, A./ Schwarzer, U. (1996), Alarmstufe Rot für die Industrie, in: Manager Magazin, 1996, Nr. 2, S. 120-129.

Proff, H./ Proff, H.V. (1996), Bedeutung der zunehmenden Regionalisierung der Weltwirtschaft für die Wettbewerbsstrategien international tätiger Unternehmen, in: Zeitschrift für Betriebswirt-schaft (ZfB), 1996, Heft 4, S. 437-457.

Przybylski, R. (1993), Neuere Aspekte der Länderrisikobeurteilung internationaler Unter-nehmungen, Hamburg 1993.

Pues, C. (1994), Markterschließungsstrategien bundesdeutscher Unternehmen in Osteuropa, Wien 1994.

Quack, H. (1995), Internationales Marketing, München 1995.

Ravallion, M. (1985), The Performance of Rice Markets in Bangladesh During the 1974 Famine, in: Economic Journal, 1985, S. 15-29.

Ravallion, M. (1986), Testing Market Integration, in: American Journal of Agricultural Economics, 1986, S. 102-109.

Read, R.A. (1994), The EC internal Banana Market: The Issues and the Dilemma, in: The World Economy, 1994, Nr. 17, S. 219-235.

Reich, N.T. (1987), Förderung und Schutz diffuser Interessen durch die Europäischen Gemein-schaften, Baden-Baden 1987.

Reinhardt, A./ Browder, S./ Stodghill, R. (1996), Three huge hours in Seattle, in: Business Week, 30.12.1996, S. 18 f.

Reiß, M./ Corsten, H. (1990), Grundlagen des betriebswirtschaftlichen Kostenmanagements, in: Wirtschaftswissenschaftliches Studium, 1990, S. 621-639.

Reiß, M./ Corsten, H. (1992), Gestaltungsdomänen des Kostenmanagements, in: *Männel, W.* (Hrsg.), Handbuch Kostenrechnung, Wiesbaden 1992, S. 1478-1491.

Remmerbach, K.-U./ Walters, M. (1994), Markenstrategien im europäischen Binnenmarkt, in: *Bruhn, M.* (Hrsg.), Handbuch Markenartikel, Stuttgart 1994, S. 289-297.

Ricardo, D. (1817), Principles of political economy and taxation, London 1817.

Richter, K. (1988), Der EG-Binnenmarkt als offener Markt, in: *Weidenfeld, W.* (Hrsg.), Binnenmarkt '92: Perspektiven aus deutscher Sicht, Arbeitspapier Nr. 1 der Bertelsmann Stiftung/ Forschungsgruppe Europa, Gütersloh 1988, S. 185-189.

Ricks, D.A. (1983), Products That Crashed into the Language Barrier, in: Business and Society Review, 1983, Nr. 1, S. 46-50.

Ringlstetter, M./ Skrobarczyk, P. (1994), Die Entwicklung internationaler Strategien, in: Zeitschrift für Betriebswirtschaft (ZfB), 1994, Heft 3, S. 333-357.

Robinson, H.J. (1961), The Motivation and Flow of Foreign Privat Investment, Menlo Park 1961.

Röhr, K. (1971), Die Koordination der betrieblichen Teilpläne mit dem Unternehmensgesamtplan bei kollegialer, ressortgebundener Führungsstruktur, München 1971.

Root, F.R. (1988), Entering International Markets, in: *Walter, I./ Murray, T.* (Hrsg.), Handbook of International Management, New York u. a. 1988, S. 18-37.

Sabel, H. (1971), Produktpolitik in absatzwirtschaftlicher Sicht, Wiesbaden 1971.

Sabel, H./ Weiser, C. (1998), Dynamik im Marketing, 2. Auflage, Wiesbaden 1998.

Samli, A.C./ Still, R./ Hill, J.S. (1993), International Marketing - Planning and Practice, New York 1993.

Sander, M. (1994), Die Bewertung internationaler Marken auf Basis der hedonistischen Theorie, in: Marketing ZFP, 1994, Nr. 4, S. 234-245.

Sander, M. (1997), Internationales Preismanagement: eine Analyse preispolitischer Handlungsalternativen im internationalen Marketing unter besonderer Berücksichtigung der Preisfindung bei Marktinterdependenzen, Heidelberg 1997.

Sandler, G. (1989), Bedingungen für erfolgreiche Markenstrategien im Verbrauchsgüterbereich, in: *Bruhn, M.* (Hrsg.), Handbuch des Marketing, München 1989, S. 325-342.

Sattler, H. (1995), Markenbewertung, in: Zeitschrift für Betriebswirtschaft (ZfB), 1995, Heft 6, S. 663-682.

Schaft, W. (1989), Beseitigung der Steuergrenzen - Harmonisierung der indirekten Steuern, in: *Mayer, Otto* (Hrsg.), Der Europäische Binnenmarkt: Perspektiven und Probleme, Hamburg 1989, S. 282-312.

Schanz, K.-U. (1995) Internationale Unternehmensstrategien in der neuen WTO-Welthandelsordnung, Chur/ Zürich 1995.

Schanz, K.-U. (1995), Internationale Unternehmensstrategien in der neuen WTO-Welthandelsordnung, St. Gallen 1995.

Schaps, J. (1991), Die EG und das GATT, in: *Röttinger, M./ Weyringer, C.* (Hrsg.), Handbuch der europäischen Integration, Wien 1991, S. 552-570.

Schirm, S. A. (1997), Politische und ökonomische Auswirkungen der NAFTA, in: Außenpolitik, 1997, Nr. 1, S. 68-78.

Schlöder, F.-E. (1998), Standardisierung in der internationalen Kommunikationspolitik: Einsatzmöglichkeiten von Scoring-Modellen zur Beurteilung des Standardisierungsgrades, Diplomarbeit am Betriebswirtschaftlichen Institut für Anlagen und Systemtechnologien der Westfälischen Wilhelms-Universität Münster, Münster 1998.

Schneider, D.J.G. (1984), Ansatzpunkte für ein internationales Investitionsgüter-Marketingkonzept, in: Der Markt, 1984, Nr. 3, S. 69-77.

Schneider, D.J.G. (1995), Internationale Distributionspolitik, in: *Hermanns, A./ Wißmeier, U.K.* (Hrsg.), Internationales Marketing-Management, München 1995, S. 256-280.

Schneider, D.J.G./ Müller, R.U. (1989), Datenbankgestützte Marktselektion: Eine methodische Basis für Internationalisierungsstrategien, Stuttgart 1989.

Schöneweis, C. (1998), Neuere Konzepte zur Bewertung von Länderrisiken im Rahmen der internationalen Marktauswahlentscheidung, Diplomarbeit am Betriebswirtschaftlichen Institut für Anlagen und Systemtechnologien der Westfälischen Wilhelms-Universität Münster, Münster 1998.

Scholl, R.F. (1989), Internationalisierungsstrategien, in: Handwörterbuch Export und Internationale Unternehmung, Stuttgart 1989, Sp. 983-1001.

Schulz, R./ Brandmeyer, K. (1989), Die Marken-Bilanz: ein Instrument zur Bestimmung und Steuerung von Markenwerten, in: Markenartikel, 1989, Nr. 7, S. 364-370.

Schurawitzki, W. (1995), Praxis des internationalen Marketing, Wiesbaden 1995.

Schütz, P. (1989), Der europäische Binnenmarkt als Herausforderung für deutsche Unternehmen, in: Ruhr-Forschungsinstitut für Innovations- und Strukturpolitik, 1989, Nr. 6.

Siems, D. (1994), Lächerliche Strafen, in: Wirtschaftswoche, Nr. 9 v. 10.3.1994, S. 34.

Siems, D. (1997), Konkurrenzkampf der Steuerreformer in Europa wird härter, in: Die Welt, Nr. 187 v. 19.9.1997, S.25.

Silvapulle, P./ Jayasuriya, S. (1992), Testing for Market Integration: A Multiple Cointegration Approach, Discussion Paper 25/92, Department of Economics, La Trobe University (Australien), August 1992.

Simon, H. (1989), Markteintrittsbarrieren, in: *Macharzina, K./ Welge, M.K.* (Hrsg.), Handwörterbuch Export und Internationale Unternehmung, Stuttgart 1989, Sp. 1441-1453.

Simon, H. (1992), Preismanagement: Analyse, Strategien, Umsetzung, 2. Auflage, Wiesbaden 1992.

Simon, H./ Wiese, C. (1992), Europäisches Preismanagement, in: Marketing ZFP, 1992, Nr. 4, S. 246-256.

Sofia, Z.A. (1981), Rationalizing country risk ratios, in: *Ensov, R.R.* (Hrsg.), Assessing country risk, London 1981, S. 49-68.

Sommer, C. (1994), Falsche Signale, in: Manager Magazin, 1994, Nr. 6, S. 160-164.

Sorenson, R.Z., Wiechmann, U.E. (1975), How Multinationals View Marketing Standardization, in: Harvard Business Review (HBR), 1975, Nr. 3, S. 38-54.

Springer, R. (1993), Markteintrittsstrategien für Osteuropa, in: Marketing ZFP, 1992, Nr. 4, S. 259-270.

Stahr, G. (1993), Internationales Marketing, 2. Auflage, Ludwigshafen 1993.

Stegmüller, M. (1995), Internationale Marktsegmentierung als Grundlage für internationale Marketing-Konzeptionen, Bergisch-Gladbach/ Köln 1995.

Stein, I. (1992), Theorien der Multinationalen Unternehmung, in: *Schoppe, S.G.* (Hrsg.), Kompendium der Internationalen Betriebswirtschaftslehre, 2. Auflage, München/ Wien 1992, S. 49-151.

Stockner, W. (1984), Die Bewertung des Länderrisikos als Entscheidungshilfe bei der Vergabe internationaler Bankkredite, Frankfurt a. M. 1984.

Streil, J./ Weyringer, C. (1991), Der Binnenmarkt und die vier Freiheiten, in: *Röttinger, M./ Weyringer, C.* (Hrsg.), Handbuch der europäischen Integration, Wien 1991, S. 289-328.

Stucken, B.-U. (1996), Verhandeln mit Chinesen, in: Harvard Business Manager (HBM), 1996, Nr. 2, S. 115-120.

Suckrow, C. (1996), Internationale Geschäftsfeld-Positionierung in Investitionsgütermärkten, Wiesbaden 1996.

Suda, Z. (1995), Slovakia in Czech National Consciousness, in: *Musil, J.* (Hrsg.), The End of Czechoslovakia, Budapest 1995, S. 106-127.

Tabor, S.R. (1989), Price and Quality of Rice in Java: An Investigation into the Demand for Closely Related Goods, Amsterdam 1989.

Takeuchi, M.T./ Porter, M.E. (1989), Die Koordination globaler Fertigungsprozesse, in: *Porter, M.E.* (Hrsg.), Globaler Wettbewerb. Strategien der neuen Internationalisierung, Wiesbaden 1989, S. 95-126.

Terpstra, V. (1987), International Marketing, 4. Auflage, New York 1987.

Terpstra, V./ Sarathy, R. (1994), International Marketing, 6. Auflage, Fort Worth 1994.

Theihs, N. (1997), Globalisierung als Herausforderung für KMU, in: Arbeitgeber, 1997, Nr. 7, S. 207 f.

Thiesing, E.-O. (1989), Einzelhandel im gemeinsamen Binnenmarkt – Auswirkungen und strategische Optionen, in: *Bruhn, M./ Wehrle, F.* (Hrsg.), Europa 1992: Chancen und Risiken für das Marketing, Münster 1989.

Tietz, B. (1989), Die Dynamik des Euromarktes: Konsequenzen für die Neupositionierung der Unternehmen, Stuttgart 1989.

Tietz, B./ Zentes, J. (Hrsg.) (1993), Ost-Marketing - Erfolgspotentiale osteuropäischer Konsumgütermärkte, Düsseldorf u. a. 1993.

Timmer, P. (1974), A Model of Rice Marketing Margins in Indonesia, Food Research Institute Studies, 1974, Nr. 2, S. 145-167.

Tödtmann, C. (1995), Markenschutz: Schnell anmelden, in: Wirtschaftswoche, Nr. 15 v. 6.4.1995, S. 94-96.

Töpfer, A./ Berger, R. (Hrsg.) (1991), Unternehmenserfolg im Europäischen Binnenmarkt, Landsberg/ Lech 1991.

Tostmann, T. (1984), Möglichkeiten und Grenzen internationaler Werbekampagnen, in: *Hermanns, A./ Meyer, A.* (Hrsg.), Zukunftsorientiertes Marketing für Theorie und Praxis, Berlin 1984, S. 217-234.

Tostmann, T. (1985), Die Globalisierung der Werbung, in: Harvard Manager (HM), 1985, Nr. 2, S. 54-60.

Toyne, B./ Walters, P.G.P. (1993), Global Marketing Management - A Strategic Perspective, 2. Auflage, Needham Heights 1993.

Trommsdorff, V./ Schuchardt, C.A. (1998), Transformation osteuropäischer Unternehmen, Wiesbaden 1998.

Ulrich, H. (1983), Management – eine unverstandene gesellschaftliche Funktion, in: *Siegwart, H./ Probst, G.* (Hrsg.), Mitarbeiterführung und gesellschaftlicher Wandel: Die kritische Gesellschaft und ihre Konsequenzen für die Mitarbeiterführung, Bern/ Stuttgart 1983.

Vernon, R. (1966), International Investment and International Trade in the Product Cycle, in: Quarterly Journal of Economics, 1966, S. 207.

Vernon, R.. (Hrsg.) (1970), The Technology Factor in International Trade, New York 1970.

Viner, J. (1965), Studies in the theory of international trade, New York 1965.

Walldorf, E.G. (1987), Auslandsmarketing: Theorie und Praxis des Auslandsgeschäfts, Wiesbaden 1987.

Walldorf, E.G. (1992), Die Wahl zwischen unterschiedlichen Formen der internationalen Unternehmer-Aktivität, in: *Kumar, B.N./ Haussmann, H.* (Hrsg.), Handbuch der Internationalen Unternehmenstätigkeit, München 1992, S. 447-470.

Walter, N./ Böttcher, B. (1991), Gesamtwirtschaftliche Rahmenbedingungen und Entwicklungen, in: *Töpfer, A./ Berger, R.* (Hrsg.), Unternehmenserfolg im Europäischen Binnenmarkt, Landsberg/ Lech 1991, S. 59-73.

Waltermann, B. (1989), Internationale Markenpolitik und Produktpositionierung: markenpolitische Entscheidungen im europäischen Automobilmarkt, Wien 1989.

Weiss, C. (1991), Entry Strategies in Newly Industrializing Countries, Arbeitspapier Nr. 238 der Fakultät für Wirtschaftswissenschaften der Universität Bielefeld, Bielefeld 1991.

Weiss, C.A. (1996) Die Wahl internationaler Markteintrittsstrategien: eine transaktionskostenorientierte Analyse, Wiesbaden 1996

Weiss, C.A. (1996), Die Wahl internationaler Markteintrittsstrategien, Wiesbaden 1996.

Welge, M.K. (1989), Koordinations- und Steuerungsinstrumente, in: *Macharzina, K./ Welge, M.K.* (Hrsg.), Handwörterbuch Export und Internationale Unternehmung, Stuttgart 1989, Sp. 1182-1191.

Weltbank (1988), World Debt Tables, External Debt of Development Countries, Washington D.C. 1988.

Welzmüller, R. (Hrsg.) (1989), Marktaufteilung und Standortpoker in Europa: Veränderungen der Wirtschaftsstrukturen in der Weltmarktregion Europa, Köln 1989.

Wenner, W./ Köster, J. (1989), Das europäische Unternehmen - Konzepte - Strategien - Maßnahmen für das mittelständische Unternehmen im Binnenmarkt, Bonn 1989.

Wesnitzer, M. (1993), Markteintrittsstrategien in Osteuropa: Konzepte für die Konsumgüterindustrie, Wiesbaden 1993.

Wettwer, B. (1996), Weltpolizist, in: Wirtschaftswoche, Nr. 26 v. 20.6.1996, S. 30-34.

Whitelock, J./ Chung, D. (1989), Cross-Cultural Advertising – An Empirical Study, in: International Journal of Advertising, 1989, S. 291-310.

Wiechmann, U. (1974), Integrating Multinational Market Activities, in: Columbia Journal of World Business, Winter 1974, S. 32-44.

Wilhelm, H. (1974), Produktdifferenzierung, in: *Tietz, B.* (Hrsg.), Handwörterbuch Außenhandel, Stuttgart 1974, Sp. 1706-1716.

Williamson, O. (1991), Comparative Economic Organization: The Analysis of Discrete Structural Alternatives, in: Administrative Science Quarterly, 1991, S. 269-296.

Wißmeier, U.K. (1992), Strategien im internationalen Marketing, Wiesbaden 1992.

Wolffgang, H.-M. (1996), Die EG-Bananenmarktordnung im Spannungsverhältnis von Völkerrecht, Europarecht und Verfassungsrecht, in: Zeitschrift für Zölle und Verbrauchssteuern, 1996, Nr. 6, S. 3-15.

Wörner, H. (1997), Strategien, Methoden und Techniken der internationalen Marktauswahl, in: *Macharzina, K./ Oesterle, M.-J.* (Hrsg.), Handbuch Internationales Management, Wiesbaden 1997, S. 194-207.

Wupperfeld, U./ Kögylmayr, H.-G. (1998), Euro – eine Herausforderung für das Marketing, in: Blick durch die Wirtschaft, Nr. 13 v. 20.1.1998, S. 5.

Wyeth, J. (1992), The Measurement of Market Integration and Applications to Food Security Policies, Discussion Paper Nr. 314, Institute of Development Studies, o.O. 1992.

Yip, G.S. (1992), Total Global Strategy, Managing for Worldwide Competitive Advantage, Englewood Cliffs 1992.

Zänker, A. (1996), Tollhaus widersprüchlicher Rechtsprechungen, in: Welt am Sonntag, Nr. 25 v. 23.6.1996, S. 37.

Zentes, J. (1993), Eintritts- und Bearbeitungsstrategien für osteuropäische Konsumgütermärkte, in: *Tietz, B./ Zentes, J.* (Hrsg.), Ost-Marketing - Erfolgspotentiale osteuropäischer Konsumgütermärkte, Düsseldorf u. a. 1993, S. 63-104.

Ziesemer, B. (1994), Heim ins Reich, in: Wirtschaftswoche, Nr. 11 v. 24.3.1994, S. 34-40.

Zoeten, R., de (1993): Technische Harmonisierung und Euro-Marketing, München 1993.

Zschiedrich, H. (1993), Binnenmarkt Europa, Wiesbaden 1993.

Stichwortverzeichnis

Abstinenzregionen 414

Anden-Pakt 209

Angebotssteuerung 356, 367 ff.

Anpassungspfade 295 f., 328 ff., 343 ff.

Anpassungsstrategie 262, 424 f., 426 f.

Apec 207 ff.

Arbitrage 87 ff.
  -ausmaß 303, 356
  differenzierungsabhängige 293 f.
  differenzierungsunabhängige 294 f.
  -gewinn 309, 356
  -kosten 313, 324, 405
  -neigung 301 f., 310 f.
  optimale 311 ff.
  -prozeß 87 f., 235, 360 ff.
  unvollständige 319 ff.
  vollständige 313 ff.

AEAN 209

Auslandsinvestitionsmotive 32, 99 f.

Austrittsstrategie 349 ff., 410 f., 426

Bedürfnisbefriedigung, differenzierte 221

Being International 91, 181 ff., 233 ff., 404 f.

Beschaffungsprozesse 254

Bildung 218 f.

Brand Equity 271

Built-in-Flexibility 267 f.

Cecchini-Bericht 241 f.

Commodities 261

Dienstleistung (s) 283 ff., 360 ff.
  -klassifizierung 284

Differenzierung (s)
  -dimensionen 358
  -grad 182, 238, 288 ff.
  -politik 233
  -potential 337 ff.
  -vorteil 78 f.

Direktinvestitionstheorien 30 f.

Distributionspolitik 264, 347 ff.

Domino-Effekt 410

Einstiegsinvestition 101

Eintrittsentscheidung 91., 97 ff.

Entwicklungsprogramme 221 f.

Entwicklungszeiten 124

Erfahrungskurve (n) 245 ff.
  -effekt 222, 226, 245 ff.
  -konzept 245 ff.

Erfolgsbedingung
  externe 126
  interne 126

Erfolgskopplung 89

Europäische Union 190 ff.

Europäischer Binnenmarkt 190

Export
  direkter 139, 368 f.
  indirekter 139, 368 f.

Exportwirtschaft, deutsche 35 ff.
  Niveauprobleme 36 f.
  Strukturprobleme 37 ff.

Filterverfahren 114 ff., 122

Fixkostenintensität 81 f., 228 f.

Fixkostenanteile 392 ff.

Formalisierung 73

Formalkoordination 381

Freihandelszone 187, 189

Führungskräfteentwicklung 390

Gegensteuerungsstrategie 262, 354 ff., 424

Geschäftsbereich, internationaler 377

Global brands 274 f.

Global Marketing 222 ff.

Global player 126, 182, 222

Global sourcing 87, 254 f.

Globalisierung (s)
  geschäftsfeldspezifische 125
  -Pull 84, 94
  -Push 84
  -tendenzen 222 ff.
  -these 84, 94, 124 f.
  -vorteile 223, 274

Going International 91, 97 ff., 406

Größenvorteil 78 f.

Grundnutzen 266

Gruppierungsverfahren 114 ff., 126

Güteraustausch 30, 87 ff., 257 ff.

Handel (s)
    -gemeinschaft 210
    -hemmnisse 102, 239 ff.
    -schranken 191, 244
    -verflechtungen, internationale 25 f.

Heterogenisierungstendenzen 185, 211 ff., 221 ff.

Homogenisierungstendenzen 185, 188 ff., 217 ff.

Image 299

Imagevorteil 138

Importe
    latente, graue 258
    Parallel- 234 ff., 258
    Re- 234 f., 258, 303 f., 309

Inflation 205 f., 305 f.

Information (s)
    -angebot 249 ff.
    -bedarf 69
    -nutzung 256

Informationsaustausch 83 ff., 249, 388 f.
    -anbieterinduzierter 249 ff.
    -nachfragerinduzierter 253

Integration (s)
    -tendenzen 206
    vertikale 191 ff.

Interdependenz 127 f., 142
    -grad 182 f., 245, 258

Internationalisierung (s)
    des Welthandels 21 ff.
    episoden 130 f.
    epochen 130 f.
    ethnozentrische 119, 120 ff.
    geozentrische 119, 124 ff. 222
    -grad 22 ff.
    -muster 129 ff.
    polyzentrische 119 f., 123 f.
    -strategie 119 ff., 129 f.
    -tendenz 24 ff.
    -theorie 30 f.

Internet 84 ff.

Investition (en)
    direkt 30 f.
    -intensität 110
    Motive für Auslands- 32 f.

Joint venture 139

Kaufkraftniveau 300 f.

Kaufverhalten (s)
    -heterogenisierung 95, 221, 426 ff.
    -homogenisierung 95, 217 ff.
    -individualisierung 221 ff.

Know How-Vertrag 139

Kommunikation (s)
    -instrumente 337 ff.
    -kosten 335 ff.
    -politik 264, 331 ff.
    -standardisierung 331 ff.
    -standardisierungpfad 343 ff.
    -technologie 219 f.
    -wirkung 335 ff.

Komplexität 69

Konfiguration 75 ff.

Konkurrenz
    -netzwerk 225
    -verhalten 226 ff.
    -vorteile, komparative 65 f.

Kontingentierung 102

Konvergenzthese 217 f.

Koordination (s)
    -anforderungen 231
    -aufgabe 71 ff.
    -ausmaß 239 ff., 412 ff.
    -bedarf 69 , 89, 181
    -begriff 71 ff.
    -erfordernis 233
    -erlöse 182 f.
    -gewinn 182 f.
    -intensität 383 ff.
    -kosten 182 f.
    -probleme 88, 122, 127, 181 ff., 233 ff., 404 ff.
    -bedarfreduzierende Strategie 262 ff., 354 ff.
    -bedarfsdeckende Strategie 264 ff.
    -stelle, internationale 377 f.
    -strategien 262, 424 f.

Koordination (s)
-ziele 181 ff.
Kopplung, informatorische 89
Kosten
-degressionseffekte 81 f., 101, 236, 288
irreversible, vordisponierte 393 f.
marketingrelevante 81 f.
-niveaumangement 393
-position 82
reversible 349
-strukturmanagement 392 ff.
-strukturveränderungen 26 ff.
-vorteile 30 f.
Kundenorientierung 65
Länder
-blöcke, Zersplitterung 211 ff.
-selektion 114 ff.
Ländermarkt
-bewertung 98 ff.
-desintegration 214 ff., 421 ff.
-dynamik 183, 231 ff.
-kombination 127 f.
-typologie 112 ff.
Länderrisiken 103 ff.
qualitative Beurteilungskonzepte 107 ff.
quantitative Beurteilungskonzepte 107 ff.
Lizenz-Vertrag 139
Lokalisierungsvorteil 274
Märkte
auseinanderbrechende 211, 404 ff.
graue 258 f.
interdependente 127 f.
zersplitterte 211, 407 f.
zusammenwachsende 233 ff.
Managementanforderungen 69
Marken
-bewertung 272 ff.
-bilanz 273
-differenzierung 362 f.
-internationalisierung 271 ff.
-management, dynamisches 280 ff.
-übergang, informationsgestützt 281
-verschmelzung, progressive 281
-wechsel 281 ff.
-wert 271

Marketing
-begriff 65 f.
-effizienz 76
-effektivität 76
globales 223 ff.
internationales (Begriff) 67 ff., 91
multi-nationales 92 ff.
Markierung (s) 271 ff.
-politik 362
Markt
-attraktivität 98 ff.
-auswahl 98 ff.
-auswahlverfahren 114 ff.
-barrieren 100 ff.
-bewertung 98
-dynamik 231 f.
gemeinsamer 187
grauer 257 ff.
-spaltungsprozesse 412 ff.
Marktausrichtung
internationale 129 ff.
globale 129 ff.
multinationale 129 ff.
Marktaustritt (s) 349 ff.
-bewertung 354
-selektiver 352 f.
-zeitpunkt 349
Marktbearbeitung (s)
Effektivität 237
Effizienz 237
grenzüberschreitende 68 ff.
länderspezifische 181
Standardisierungsgrad 182
Markteintritt (s)
-barrieren 100 ff.
-zeitpunkt 349 ff.
Markterschließung (s) 97, 129 ff.
-strategie 138 ff.
-design 139
Marktneuausrichtung 426
Marktsegmentierung, internationale 114 ff.
Markttypen 112 f.
Abstinenzmärkte 113, 126
Gelegenheitsmärkte 113, 126
Hoffnungsmärkte 113, 126
Kernmärkte 113, 126

Matrix-Organisation 387 f.
MCCA 210
Medien, internationale 250 ff., 336
Mercosur 209
Modifikationen
    irreversible 357 ff.
    reversible 357 ff.
Modifikationsstrategie 358 ff.
Modular Design 267
Nachfrageverhalten 121
    Konvergenz 217 ff.
    Regionalisierung 221 f.
Nafta 206 f.
Netzwerk, internationales 78 f.
Operation Risk Index 108 ff.
Organisationsstruktur 375 ff., 386 ff.
Overspill-Effekte 336
Parallelimporte 235, 258
Personalakquisition 124 f.
Political Risk Index 108
Präferenz (en) 270, 300
    Angleichung 217
    -region 412
    -zone 187
Preis
    -differenzen 234, 259, 308 ff., 382
    -differenzierung 258, 305, 406 ff.
    -harmonisierung 296
    -koordination 296 ff., 309 ff.
    -korridor-Ansatz 328 f., 405
    -niveau 89, 300
    -politik 296 ff.
    -pfade 328 ff., 405
    -schwellenproblem 306 f.
    -stabilität 204
    -standardisierung 296 ff.
Preisoptimierung 309, 322 ff.
    konkurrenzorientiert 322
    kostenorientiert 322
    nachfragerorientiert 323 ff.
Produkt (e)
    -bestandteil, informatorisch-emotional
    362
    -design 278 f.

Produkt (e)
    -differenzierung 287
    -differenzierungsgrad 288 ff.
    -elemente, informatorische 356
    -elemente, sachliche 356
    -identifikation 272 f.
    -kern 266 f.
    -lebenszyklus 133 ff., 247
    -modifikation, sachliche 356, 358 ff.
    -modifikation, informatorische 356, 362
    ff.
    -name 275
    -politik 264 ff.
    standardisierte 268
    -standardisierung 258 ff., 285
    -zeichen 276 f.
Profit Opportunity Recommendation 108 f.
Protektionismus 407
Prozeßstandardisierung 381 ff.
Punktbewertungsmodell
    eindimensionale 107 ff.
    mehrdimensionale 108
Qualitätsdifferenzen 257 ff.
Rahmenbedingungen, institutionelle 184,
231 ff.
Referenzmarkt 98
Regionalmärkte 213
Ressourcenbündelung 336
Risiko 69 ff.
Rückkopplung 74 ff.
    anbieterbezogene 75 ff., 236 ff., 288 ff.,
    374 ff.
    Ergebnisrelevanz 90, 235
    nachfragerbezogene 83 ff., 231,
    234, 244, 249 ff., 291 ff., 354 ff.
    sachliche 89 f.
Schnittstelle
    informatorische 73, 386, 388
    organisatorische 73, 386
Schranken
    administrative 191 ff.
    physische 191 ff.
    steuerliche 191 ff..
    technische 191 ff.
Segmentierungskriterien 118 f.

Single sourcing 255

Skimming-Strategie 349

Sozio-demographische Entwicklung 219

Spezialisierung 376

Spezifität 101 f.

Staatsverschuldung 104 ff., 204

Standardisierung (s)
  Ausmaß 264 ff.
  -debatte 338 ff.
  Dienstleistungs- 283
  -strategie 232
  Verpackungs- 268 ff.

Steuern 192 f.

Strategie des Ignorierens 427

Strukturprobleme 37 f.

Sunk costs 81

Switching-costs 101

TAFTA 210

Target Pricing 410 ff.

Timing Strategien 131 ff.

Tochtergesellschaft 139

Transaktionskosten 139, 355
  -Arbitrage 355
  Beschaffungs- 87

Transporttechnologie 220

Triade-Konzept 223 f.

Umwelt
  -homogenität 384 f.
  -stabilität 383 f.

Unternehmen (s)
  globale 76
  internationale 76 f.
  -kultur 389
  multinationale 75 f.

Unternehmen (s)
  -neuausrichtung 426 f.
  transnationale 78 ff.
  -ziele, ländermarktübergreifende 82 ff.

Verhaltenssteuerung 389 ff.

Verpackung (s) 268 ff., 359f.
  -funktionen 269

Vertragsproduktion 139

Verschuldungskrise, weltweite 104 ff.

Vertrieb (s)
  -bindungssysteme 371
  direkter 371
  selektiver 371
  -systeme, vertragliche 370 ff.

Währungskurse 305 f.

Weltmarktkonzeption 181 f.

Wettbewerb (s)
  -nachteil 106
  -vorteil 30 f., 65 f., 78

Zahlungsbereitschaft 286 f., 405

Zentralisation (s)
  von Entscheidungskompetenzen 73
  -grad 75 f., 379 f.

Ziel (e)
  -bildungsprozeß 82 f.
  -erreichungsgrad 82 f.
  -harmonie 380
  -komplementarität 391
  -operationalität 391
  -system 82 f.

Zinsniveaustabilität 204

Zollunion 187, 209

Zusatzleistung 361

Zusatznutzen 269, 280

Ihre Meinung zählt!

Um unsere Fachliteratur an Ihren Wünschen auszurichten und weiter zu verbessern, sind wir an Ihrer Meinung interessiert.
Deshalb bitten wir Sie freundlichst um Ihre Mitarbeit. Vielen Dank!

Aus welchem Buch stammt dieser Fragebogen?_____

_____

Welche Erwartungen hatten Sie an das Buch?_____

_____

_____

Wurden Ihre Erwartungen erfüllt?   ❏ ja   ❏ nein   ❏ teilweise

Wie beurteilen Sie den Inhalt?_____

_____

_____

Wie bewerten Sie die typografische Gestaltung? (Textanordnung, Schriftgröße, Lesbarkeit, Abbildungen)_____

_____

_____

Wie beurteilen Sie den Preis? ❏ sehr preisgünstig ❏ angemessen ❏ zu teuer

Was könnte man besser machen?_____

_____

_____

Sonstiges_____

_____

_____

Und so erreichen Sie uns:
Fax 07 11/21 94-119 • Telefon 07 11/21 94-112
Schäffer-Poeschel Verlag • Joachim Bader • PF 103241 • 70028 Stuttgart
e-mail: bader@schaeffer-poeschel.de • Internet: http://www.schaeffer-poeschel.de

SCHÄFFER POESCHEL